[증보3판]

땅의 소재파악부터 실권리자 등기까지

조상 땅 찾기의 모든 것

최 종 배 編著

법률출판사

머리말

 이 책자의 증보판을 세상에 내놓은 지도 벌써 5년이 지났습니다. 그동안 많은 독자들께서 편저자에게 질문과 조언을 주셨습니다. 한편으로는 책자에서 많은 도움을 받음으로써 조상이 남긴 땅을 찾게 되었다는 성공담을 보내주시기도 하였습니다.

 조상이 남긴 땅의 소재를 찾는 일은 이 책자 한 권에 의지하는 것만으로도 가능했다고 말씀하시는 분들이 많았습니다. 그런데 어려운 과정을 거쳐 땅의 소재를 찾은 뒤에도 여전히 어려움이 많았다는 경험담을 토로하시는 분들도 많았습니다.

 땅의 소재를 찾은 다음에는 대부분의 상속인들이 변호사나 법무사를 찾았을 것입니다. 상속인이 찾은 - 조상이 남긴 - 땅에 대하여 상속인이 권리행사를 할 수 있는 방안을 모색하기 위한 노력이었을 것입니다. 그러나 명쾌한 답을 듣지 못하는 경우도 많았을 것입니다.

그동안 관련 법령의 개정도 있었고, 대법원이 판례를 변경한 경우도 있었습니다. 독자님들께서 보완을 요구하신 내용도 상당히 많았습니다.

이 책은 위와 같은 내용을 보완함에 중점을 두고 원고를 다시 정리하다보니 책자가 더 무거워졌습니다. 그렇지만 이 책자가 독자 여러분들의 모든 어려움을 일거에 해소해 드리지는 못할 것임은 잘 알고 있습니다.

이 책자에서 부족한 부분은 독자 여러분과의 소통을 통하여 보완해 나아갈 것을 약속하면서 편저자의 전자우편주소를 알려드립니다. 편지로나마 애로사항을 해소하시기 바랍니다. 누구라도 편지를 주시면 신속히 회신을 드릴 것이며 보수를 요구하지 않습니다.

독자 여러분 모두의 행운과 건강을 기원하면서 줄입니다.
감사합니다.

편저자 최종배의 주소
cjb4128@naver.com

차 례

CHAPTER 1

조상 땅의 소재파악

제1장 조상 땅의 소재파악

제1절 조상 땅 찾아주기 서비스

제1관 서비스 이해하기

현재 우리나라의 모든 지방자치단체에서는 「조상 땅 찾아주기」 서비스를 무료로 제공하고 있다.

이 서비스는 2001년부터 시행하고 있으며, 현재 이 서비스를 이용하는 민원인의 수가 연간 수십만 명에 이른다고 한다. 하지만 이러한 민원인들 모두가 조상의 땅을 찾아보겠다고 마음먹은 사람은 아닐 것이다. 개인회생·파산을 신청한 사람에게는 법원이 위 서비스 이용 결과를 제출하도록 요구하고 있기 때문에 어쩔 수 없이 이 서비스를 이용하는 사람도 많다고 한다.

한편, 실제로 조상이 소유하던 땅의 소재를 파악하고자 하는 민원인도 상당히 많다고 한다. 이는 조상이 남겨놓았지만 내가 알지 못하는 땅이 있을 것이라는 합리적인 의심을 품고 있는 사람들이 상당히 많다는 의미일 것이다.

이 서비스는 지방자치단체에서 사용하는 지적(地籍)에 관한 전산망을 이용한다. 조상(피상속인)과 후손(상속인)의 인적사항을 기초로 하여 조상이 소유하던 땅의 소재 등을 전산망으로 검색하고, 그 결과를 신청인에게 알려주는 것이 이 제도이다.

여기에서 지적전산망이라고 함은 토지대장과 임야대장의 전산기록을 말한다. 이들 전산기록에 등록되어 있는 최종 토지 소유자와 그 후손인 신청인이 피상속인과 상속인의 관계에 해당하는지 여부를 검색하여 그것이 일치하는 것으로 나타나면 그 땅의 소재·지번·지목·면적·개별공시지가 등을 신청인에게 알려주는 제도이다.

위 서비스를 신청할 수 있는 사람은 피상속인(토지 소유자)의 직계비속에 한정된다. 따라서 피상속인과의 사이에 방계혈족의 관계에 있는 사람은 신청인이 될 수 없다.

토지대장과 임야대장을 합하여 '지적공부(地籍公簿)'라고 부른다. 지적공부는 모든 토지에 대하여 필지별(筆地別)로 소재·지번(地番)·지목·면적·경계 및 좌표 등을 조사·측량하여 등록한 공문서이다. 「공간정보의 구축 및 관리 등에 관한 법률」의 규정에 의하여 토지를 그 주된 용도에 따라 종류를 구분하고 지적공부에 등록을 하는데, 토지의 종류를 '지목(地目)'이라고 부른다.

지목은 전(田)·답(畓)·과수원·목장용지·임야(林野)·광천지·염전·대(垈)·공장용지·학교용지·주차장·주유소용지·창고용지·도로·철도용지·제방(堤防)·하천·구거(溝渠)·유지(溜池)·양어장·수도용지·공원·체육용지·유원지·종교용지·사적지(史蹟地)·묘지·잡종지로 나뉜다.

이들 지목 중 임야(산)는 '임야대장'에 등록하고, 나머지 모든 지목에 해당하는 토지에 관한 정보는 '토지대장'에 등록한다. 이들과 관련하여 더 자세한 내용은 뒤에서 따로 검토한다.

여기에서는 주의할 점 한 가지가 있다. 현재의 토지 상태로만 보면 임야가 아닌 것처럼 보이는 경우에도 지목을 임야로 등록한 경우가 있다는 점이 그것이다.

현재의 상태에서는 임야로 보이지 않지만 1920년대에 작성된 최초의 임야대장을 조제할 때에는 임야로 보였던 땅[이른바 '야산(野山)']은 지목이 임야로 등록된 경우가 많이 있다.

사람이 사망하면 그와 동시에 상속이 개시된다. 사망한 사람을 '피상속인'이라고 하며, 사망한 사람으로부터 재산(적극재산 및 소극재산 모두)을 물려받는 사람을 '상속인'이라고 부른다.

상속인이 되는 제1순위는 피상속인의 배우자 및 피상속인과 촌수(寸數)가

가장 가까운 직계비속(直系卑屬) 또는 직계존속이다. 이들을 '공동상속인'이라고 한다. 상속순위 및 상속분(相續分 : 공동상속인 각자의 상속지분)에 관하여는 뒤에서 구체적으로 살펴보기로 한다.

제2관 서비스 이용 요령

조상 땅 찾아주기 서비스는 지적전산망에 등록된 조상의 성명, 주민등록번호 및 주소 등을 전산으로 검색한다. 검색한 결과 신청인의 조상(직계존속) 명의로 등록된 땅이 발견되고, 그 조상과 신청인의 관계가 일치하면 신청인에게 땅에 관한 정보(소유자 · 지목 · 지적 · 면적 등)를 알려준다.

위 서비스는 찾고자 하는 토지 소유자의 직계비속임을 증명할 수 있는 사람이면 누구나 가까운 지방자치단체에서 무료로 이용할 수 있다.

이 서비스를 이용하기 위해서는 신청인의 신분증명서(주민등록증, 운전면허증, 여권 등)와 해당 가족관계증명서(2007. 12. 31. 이전에 사망한 사람에 대한 것은 '제적등본')를 제출해야 한다.

대리인이 출석할 경우에는 위임장과 인감증명서 및 위임인의 신분증명서 사본도 필요하다. 가족관계증명서는 '등록기준지'별로 작성되고, 제적등본은 '본적지'별로 작성되었다.

제3관 서비스의 한계

조상 땅 찾아주기 서비스의 첫 번째 한계점을 살펴본다. 이 서비스는 조상의 이름이 전산망에 한글로만 나타난다. 따라서 동명이인(同名異人 : 성과 이름이 발음으로는 같지만 한자가 다르거나 같은 한자일지라도 각각 다른 사람)이 한꺼번에 - 복수(複數)로 - 나타나는 경우가 많다. 이러한 경우에는 찾고자 하는 땅이 발견되더라도 주민등록번호까지 일치하지 않는 한 민원을 담당하는 공무원

으로서는 그 땅이 신청인의 조상이 소유한 땅이라고 단정적으로 알려줄 수는 없을 것이다.

우리나라에서 주민등록번호가 처음으로 만들어진 때는 1962. 6. 20.이다. 즉 이 날부터 「주민등록법」이 최초로 시행되었다. 「주민등록법」이 시행되었다고 하여 모든 국민이 즉시 주민등록을 하지는 않았다. 심지어는 주민등록을 하지 아니한 채 죽은 사람도 많다.

결국 주민등록 제도가 시행되기 전 또는 주민등록을 마치기 전에 사망한 조상의 경우라면 신청인으로서는 동명이인이 소유하던 토지에 관한 정보를 제공받을 가능성마저 배제할 수 없다.

두 번째의 한계점을 살펴본다. 6·25전쟁 당시(1950. 6. 25.~1953. 7. 27.)에 지적공부인 토지대장이나 임야대장이 소실(燒失 : 불에 타서 없어짐) 또는 분실된 경우 등의 문제이다.

소유권에 관한 등기를 마치지 않았거나 마치지 못한 조상의 경우에는 없어진 지적공부의 복구등록을 신청했을 가능성도 희박하다. 이러한 유형도 전산망으로는 확인이 불가능하다. 따라서 이러한 경우 신청인의 입장에서는 사실은 신청인의 조상이 땅을 소유했음에도 불구하고 조상이 땅을 소유하지 않았다고 단정해 버리는 안타까운 결론에 이르게 된다.

세 번째의 한계점을 검토한다. 신청인의 조상이 소유하던 땅을 어떠한 사유로든 국가나 지방자치단체 또는 제3자인 개인 등이 소유권보존등기나 소유권이전등기를 마친 경우의 문제이다. 이 서비스는 어느 토지이든 가리지 않고 지적전산망에 마지막 소유자로 등록되어 있는 사람(자연인)의 이름만을 검색대상으로 한다.

따라서 신청인으로서는 이 단계에서 조상 땅 찾는 일을 포기할 가능성이 있다. 참고로, 토지대장이나 임야대장의 소유자란은 부동산등기를 실행한 등기소에서 새로운 소유자에 관한 정보를 지방자치단체에 통보를 해주면 지방자치단체는 이 통보에 터 잡아 등록을 한다. 이에 따라 신청인의 조상 명의 뒤에 제3자 명의의 새로운 등기가 이루어진 경우에는 찾고자 하는 조상의 성명은 위 전산망으로는 검색이 되지 않는다.

앞에서도 언급하였듯이 이 서비스를 신청하는 민원인이 한 해에도 수십만 명이 넘지만 실제로 땅의 소재를 찾는 사람은 그리 많지 않다고 한다.

대부분의 신청인은 막연히 대박(?)을 기대했다는 의미일까? 그렇지는 않을 것이다. 많은 민원인들이 지방차치단체 민원실에 헛걸음을 한 다음 조상 땅 소재 파악을 포기한 이유 중 하나는 이 서비스의 한계 때문으로 보인다.

따라서 이 서비스를 이용한 적이 있다고 하여 더 찾아보는 일을 쉽게 단념할 것은 아니라고 본다. 다만, 조상이 소유한 땅의 존재를 확인하는 일을 스스로 해결한다고 하더라도 상당한 시간과 노력은 들여야 한다는 점은 각오를 해야 할 것이다.

'복구등록'은 이미 토지대장 또는 임야대장이 만들어져서 토지에 관한 현황 및 소유자에 관한 정보가 그 지적공부에 등록되었지만, 어떤 사정(소실 등)으로 인하여 이 지적공부가 없어진 경우의 문제이다.

지적공부에는 토지의 소재·지번·지목·면적 등 '토지의 현황' 및 소유자의 성명·주소·주민등록번호·공유자관계 등 '소유자의 현황'이 등록된다. 그런데 이 토지대장이나 임야대장이 멸실(滅失)된 경우에는 '토지의 현황' 부분은 지적공부를 보관·관리하는 기초지방자치단체에서 당연히 복구등록을 하지만, '소유자의 현황' 부분은 소유자가 복구등록을 할 수 있는 근거 자료(등기사항전부증명서 또는 확정판결문)를 가지고 가서 복구등록을 해달라고 신청을 하는 경우에만 복구등록이 될 수 있다.

제2절 조상 땅 소재 탐색의 허와 실

이미 조상 땅 찾아주기 서비스를 이용해 보았지만 시원한 답을 얻지 못하였다면 그 다음 단계를 진행하기 전에 다음 '제3절 제2관'에서 열거하는 사유에 해당하는지 여부를 충분히 검토하여야 할 것이다.

조상이 소유했던 땅이 있을 것이라는 점에 관하여 합리적인 이유가 있다고 하더라도 제3절 제2관에서 소개하는 요건 중 어느 하나에라도 해당한다면 조상이 소유했던 땅은 존재하지 않는다고 보아도 무방할 것이다. 막연히 조상 땅을 찾아 나섰다가 시간과 비용만을 소비한 뒤에 포기하는 사례도 상당히 많은 것으로 보인다. 이 점은 주의를 해야 하겠다.

제3절 조상 땅의 존재 가능성 분석

제1관 합리적 의심이 필요한 경우

여기에서 열거하는 사유 중 어느 하나에 해당하는 경우에는 조상이 땅을 소유했을 수도 있다고 보아야 한다. 다만, 이들 사유에 해당할 것이라는 점에 관하여는 합리적이고도 강한 이유가 있어야 할 것이다.

합리적인 이유라고 함은, ㉮ 조상이 소유했던 토지 관련 고문서(古文書)가 발견되는 경우, ㉯ 족보상으로 조상이 고관대작(高官大爵)의 직위에 있었다는 기록이 엿보이는 경우, ㉰ 근현대에 살던 조상의 비문(碑文 : 비석에 새겨진 글)에서 토지 관련 어떤 힌트가 발견되는 경우, ㉱ 과거 세대의 어른들로부터 조상이 많은 땅을 가지고 있었다는 말을 들은 경우, ㉲ 조상이 종손가(宗孫家)의 장남이었던 경우 등을 말한다.

땅의 소재를 찾을 가능성이 있는 사유는 다음과 같다.

① 주민등록을 마치지 아니한 채 사망한 조상인 경우

여기에 해당하는 경우는 「주민등록법」이 시행된 1960. 6. 20. 이전에 사망한 조상 또는 「주민등록법」이 시행된 뒤에 사망하였지만 주민등록을 마치지 않았거나 마치지 못한 조상(일본, 만주, 간도, 북한 지역 등에서 살았기 때문에 생사를 알 수 없는 행방불명자 등)을 말한다. 주민등록을 마쳤던 조상일지라도 과거에 '제적부(除籍簿)'가 어떤 사정(분실, 소실 등)으로 인하여 없어진 경우에도 마찬가지이다.

여기에 해당하는 경우에는 한 가지 어려움도 있을 수 있다. 소재를 찾은 땅의 소유자가 조상으로 보이는 경우에도 그 조상과 상속관계를 증명하는 일이 쉽지 않다는 점이 그것이다.

가령 강원도 철원군의 경우처럼 해당 조상이 전쟁 전에 사망하고, 전쟁 중 호적부가 소실된 경우에서 이러한 문제점이 나타난다. 정전(停戰) 후 후손이 취적(就籍 : 법원의 허가를 받아 없어진 호적을 부활시키는 일)을 하면서 조상의 호적사항(현행법에서는 '가족관계등록사항'이라고 함)을 명확히 해두지 아니하였거나 하지 못한 경우가 여기에 해당한다.

이러한 경우에는 해당 족보 및 그 조상을 기억하는 사람의 도움을 받아 해당 조상이 나의 직계존속이라는 사실(상속관계)을 증명할 수밖에 없을 것이다. 그러나 그 증명은 쉽지 않을 것이다. 해당 조상의 행적을 알고 있는 사람들 대부분은 이미 세상을 떠났을 개연성이 높기 때문이다.

이에 관한 증명이 불가능하다면 해당 조상의 명의로 남아 있을 것으로 추정되는 땅을 찾는 일은 단념할 수밖에 없을 것이다.

② 조상의 땅이었으나 그 조상 또는 그 후손인 조상(상속인)이 소유권보존등기 또는 소유권이전등기를 마치지 아니한 채 사망한 경우

여기에 해당하는 경우는, 가령 할아버지가 땅을 소유했지만 할아버지와 아버지가 그 땅에 대하여 모두 소유권보존등기를 마치지 아니한 경우 또는 할아버지는 소유권보존등기를 마쳤으나 아버지가 소유권이전등기(상속등기)를 마치지 아니한 채 사망한 경우이다.

과거 우리의 조상 중 여성은 부동산에 관하여 직접 관여하는 경우가 드물었다. 남성의 경우에는 역사적 격동기를 거치면서 부동산에 관한 권리관계를 관리하는 일을 소홀히 할 수밖에 없었던 경우도 많았다.

그리고 의료의 혜택을 받지 못하던 시절에는 정신상의 건강이 좋지 못한 조상도 드물지 않았기 때문에 이러한 문제점이 발생하곤 하였다. 잃어버린 조상 땅을 찾게 되는 유형 중 비교적 많은 경우는 여기에 해당한다.

③ 조상의 명의로 소유권보존등기는 마쳤으나 전쟁 등의 사유로 지적공부와 부동산등기부가 멸실된 후 조상이 아무런 조치를 취하지 아니한 땅

이러한 경우 중에는 뒤에서 검토하게 되는 사정명의인(査定名義人)이 직접 조상인 경우에만 조상의 땅을 발견할 수 있다.

만약 조상이 사정명의인이 아닌 경우, 즉 다른 사람이 사정받은 땅의 소유권을 조상이 이전받은 경우에는 그 땅을 발견하는 것은 매우 어려운 일이라고 보아야 할 것이다.

후자의 경우에는 오히려 사정명의인이면서 땅을 처분하였던 사람의 후손이 조상의 땅을 찾을 개연성이 있다. 그 이유는 뒤에서 대법원의 설명을 통하여 이해를 돕기로 한다.

1910년 조선을 강제로 병합한 일본제국주의는 조선총독부에 '임시토지조사국'을 설치하고, 1910년부터 1924년까지 사이에 조선에 있는 모든 땅에 관하여 경계측량과 더불어 토지조사사업 및 임야조사사업을 실시하였다.

이 과정에서 각 필지별(筆地別)로 그 소유자가 누구인지를 특정하여 '토지조사부' 및 '임야조사부'에 기록하였는데, 이러한 일련의 절차를 '사정(査定)'이라고 한다. 조사해서 확정하였다는 뜻이다. 그리고 이러한 장부에 소유자로 기록된 사람을 '사정명의인(查定名義人)'이라고 부른다. 이와 관련한 내용은 뒤에서 상세히 검토하기로 한다.

④ 조상의 명의로 사정받은 땅을 누군가가 불법 내지 위법한 방법으로 소유권보존 등기를 마쳐버린 땅

이 사례는 많은 사례들 중에서 특히 흔한 사례이다. 뒤에서 검토하게 될 이른바 특별조치법이 여러 번에 걸쳐 시행됨에 따라 정당한 권원 없는 사람이 남의 땅을 여러 차례에 걸쳐 특별조치법이 시행되던 기회에 가로챈 경우도 있고, 국가나 지방자치단체가 행정상의 착오 등으로 인하여 개인 소유의 땅을 국가 등의 명의로 소유권보존등기를 마친 경우도 상당히 발견되고 있다.

그러나 국가 등 행정기관의 등기는 특별조치법에 터 잡은 등기는 아니지만 편의상 여기에서 같이 언급하였다.

과거 우리나라는 「부동산소유권이전등기 등에 관한 특별조치법」 및 「임야소유권이전등기 등에 관한 특별조치법」 등 한시법(限時法 : 일정한 기간 동안만 효력을 갖는 법률)을 제정·시행한 일이 여러 번 있었다. 실무상 이들 법률을 일반적으로 줄여서 부르는 통칭이 '특별조치법'이다. 이들 특별조치법의 공통적인 특징은 다음과 같다.

격동기에 살던 조상들은 부동산을 사실상 양수(讓受)한 사람이면서도 그 양수 사실을 직접 증명할 수 있는 등기원인증서(매매계약서, 증여계약서, 교환계약서 등)를 소지하지 못하였거나 양도인이 등기의무에 협조할 수 없는 경우 등의 사유로 해당 부동산의 소유권보존등기나 소유권이전등기를 마칠 수 없는 경우가 많았다.

따라서 이러한 사람들을 구제할 목적 등으로 등기에 관한 일반법인 「부동산기법」의 특별법으로써 이 특별조치법들을 제정·시행하였던 것이다. 즉 「부동산등

기법」이 규정하는 '공동신청주의'에 대한 특별한 내용을 위 특별조치법에 규정함으로써 권리자가 단독으로 소유권에 관한 등기를 신청하게 한 것이다.

그러나 이 특별조치법들은 그 순기능에도 불구하고 역기능도 비일비재하였다는 사실이 드러나고 있다. 즉 권원 없는 사람이 남의 부동산을 가로채는 용도로 악용된 경우가 많았다. 뒤에서 자세히 검토한다.

제2관 땅의 존재 가능성이 희박한 경우

여기에서는 개략적인 설명만을 하고, 구체적인 내용은 뒤에서 자세히 검토하기로 한다. 조상이 다음의 유형 중 어느 하나에 해당하는 경우에는 그 조상의 명의로는 땅이 존재하지 않는다고 보는 것이 합리적이다.

① 사정(査定) 당시 미성년자

앞에서 잠시 언급한 바와 같이 일본제국주의는 조선의 모든 영토에 대하여 경계측량을 하고, 각 필지에 대하여 지번(地番)을 부여하였다. 이 때 만들어진 '토지조사부' 및 '임야조사부'에는 해당 땅에 대한 소유자의 성명과 그의 주소를 기재하였다. 이 당시 소유자로 기록된 사람은 주로 성년(당시에는 만20세) 이상의 남자로서 호주 또는 장남이었다. 필자는 아직 위 조사부에 미성년자의 성명이 기재된 사례는 발견하지 못하였다.

토지조사부는 1910년부터 1918년 사이에 만들어졌다. 처음에는 도시지역부터 토지조사사업을 실시하다가 나중에는 산간벽지에서 마무리를 하였다고 전해진다.

이 '토지조사부'에는 악산(惡山)인 임야를 제외한 모든 땅의 소유자가 기재되었다. 즉, 임야일지라도 야산(野山)에 불과한 임야는 지목을 '임야'로 분류하면서도 이 토지조사부에 기재하였다.

'임야조사부'는 1916년부터 1924년까지 사이에 작성되었다. 여기에서는 지목

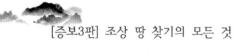
이 임야인 산만을 그 대상으로 하였다. 임야조사부에 기재된 내용은 토지조사부의 그것과 거의 같다.

② 여성인 조상

사정 당시 조선에서는 일본의 민법('의용민법'이라고 함)과 일본의 부동산등기법령을 사용하였다. 따라서 피상속인의 재산은 원칙적으로 호주상속인(戶主相續人)이 단독상속을 하였으며〔이를 '가독상속(家督相續)'이라고 명명하였다〕, 호주가 사망하면 그의 장남이 호주가 되었다. 그렇기 때문에 당시 사정명의인은 원칙적으로 모두 성년 남자로 되었다.

조상의 제사를 중요시하던 시대였기 때문에 가(家)의 대(代)가 끊기는 것을 금기시하였으므로 성년 남자가 없는 가는 많지 않았다. 양자제도가 성행하였기 때문이다.

따라서 매우 예외적인 경우가 아니라면 토지가 여자의 성명으로 사정되는 경우는 없었다. 그리고 설령 여자의 이름으로 사정이 된 경우가 있다고 하더라도 지금에 와서 그 여자인 조상의 성명이 자기의 조상이라는 사실을 증명하는 것도 쉽지 않다고 보아야 한다.

과거 우리의 풍습 내지 인습에 의하면 여성은 족보에서 조차도 그 이름을 기록해주지 않았다. 그리고 20세기 초까지만 해도 여성에게는 이름을 지어주지 아니한 경우도 많았다. 이름이 없는 여자의 호적에는 그 성명을 '김씨', '박씨', '이씨' 따위로 기재하였다.

제4절 관련 장부 및 문서 이해하기

여기에서는 조상 땅 찾아주기 서비스를 이용하여 - 지적전산망에 의하여 - 조상이 소유했을 것으로 추정되는 땅을 찾지는 못하였지만, 다른 정황에 의하여 조상이 땅을 소유했으리라는 강하고도 합리적인 의문을 갖고 있는 경우를 상정하여 조상이 소유했을 것으로 추정되는 땅을 추적하는 방법을 모색해본다.

이를 위해서는 우선 어느 시기에 어떠한 문서가 만들어졌으며, 그 문서에는 어떠한 내용이 적혀 있고, 이러한 문서는 어디에서 찾을 수 있을 것인가 등을 이해하여야 한다. 이러한 것들을 잘 이해해야만 시간과 비용을 크게 줄이면서 잃어버린 조상 땅의 소재를 찾을 수 있다.

제1관 토지조사부(土地調査簿)

제1항 토지조사부의 작성 배경(토지조사사업)

1897년 조선 고종은 연호(年號)를 광무(光武)로 정하고. 그해 10월 황제즉위식을 거행한다. 당시 열강들(미국·소련·프랑스·독일·일본 등)의 이권다툼에 시달리던 조선이 자주독립국임을 대내외에 선언한 것이다. 그러나 고종의 이러한 통치는 오래가지 못했다.

일본제국은 1904년 러일전쟁을 치름에 있어 대한제국의 영토를 군사상 요새(要塞)로 사용하기 위해서 조선과 한일의정서 및 제1차한일협약을 체결한다.

일본은 온갖 수단을 동원하여 대한제국의 황실을 공포분위기로 몰아가다가 이윽고 1905년 11월 17일 대한제국의 외부대신 박제순과 일본제국의 주한공사(일본특명전권공사) 하야시 곤스케(배후에는 이토 히로부미가 있다) 사이에 '을사보호조약'이라는 불평등조약을 체결하여 대한제국의 외교권을 빼앗는다.

이 당시 일본제국을 위하여 공을 세운 대한제국의 대신(大臣 : 현재는 장관에 해당함) 5명을 '을사5적'이라고 부르는데, 학부대신 이완용, 내부대신 이지용,

외부대신 박제순, 군부대신 이근택, 농상공부대신 권중현이 그들이다.

이들의 후손은 조상 땅을 찾을 수 없다. 이들은 친일반민족행위자들이기 때문이다. 이와 관련한 내용은 뒤에서 다시 구체적으로 검토한다.

그 뒤 일본제국은 치밀한 계획을 수립해오다가 친일파들을 꾀어 1910년〔융희(隆熙) 4년〕 8월 22일 한일강제병합조약('한일합방'이라고도 한다)을 체결하여 대한제국 고종의 통치권을 완전히 빼앗고, 대한제국을 일본국에 복속시킨다.

이렇게 대한제국을 강제로 복속시킨 일본제국은 조선총독부에 임시토지조사국을 설치한 뒤 '토지조사사업'이라는 작업을 시작한다.

당시 대한제국에서는 토지의 면적을 세는 단위로 '결(結)'·'뭇'·'목'·'짐', '두락(斗落)'·'마지기' 따위를 사용하고 있었으므로 토지의 경계가 분명하지 않았다. 따라서 인접한 토지의 소유자들 사이에 다툼이 잦았을 것임은 짐작이 된다. 하지만 토지를 측량하는 기술이 없던 조선으로서는 어쩔 수 없는 노릇이었다.

일본제국주의자들은 이러한 사정(事情) 등을 빌미로 내세우면서 대한제국의 토지를 빼앗는 것을 주된 목적으로 '조선총독부 임시토지조사국'이 나서서 조선의 모든 토지에 대한 토지조사사업을 실시하였다. 법적 근거는 1912. 8. 13. 제령(制令 : 조선총독이 발포한 명령으로서 법률을 대신하던 것) 제2호로 공포된 「토지조사령」이다.

「토지조사령」의 규정 중 주요 골자를 소개한다. 토지의 소유자는 조선총독이 정하는 기간 내에 그 주소, 성명(명칭) 및 소유지의 소재, 지목, 자번호, 사표, 등급, 지적, 결수를 임시토지조사국장에게 신고하여야 한다. 다만, 국유지는 보관관청에서 통지하여야 한다(제4조).

임시토지조사국장은 지방토지조사위원회에 자문하여 토지 소유자 및 그 강계(疆界 : 경계)를 사정한다. 사정을 하는 때에는 30일간 이를 공시한다(제9조). 제9조의 사정에 불복하는 자는 공고기간 만료 후 60일 내에 고등토지조사위원회에 제기하여 재결을 받을 수 있다(제11조). 토지 소유자의 권리는 사정의 확정 또는 재결의 확정에 의하여 **확정한다**(제15조). 임시토지조사국장은 토지대장 및 지도를 작성하여 토지의 조사 및 **측량**에 대한 사정으로 확정하는 사항 또는 재결을 거치는 사항을 등록한다(제17조).

이 토지조사사업은 한일합방이 되기도 전인 1909년에 이미 경기도 부천 지역에서 시범사업을 실시하였고, 1910년 서울부터 본격적으로 조사를 시작하였다고 한다. 산을 제외한 모든 토지(야산 포함)에 대한 경계측량과 더불어 소유관계·면적·등급(가격)·분쟁지 등을 조사하였다. 그 기간은 1910년부터 1918년까지이다.

이 토지조사사업은 전국을 동시에 실시한 것은 아니었고, 도시지역부터 순차적으로 진행하였다고 전해진다. 이 토지조사와 다음에 검토하는 임야조사가 끝날 무렵쯤에는 일본제국의 회사인 동양척식주식회사, 식산은행 및 일본인들이 소유자로 사정받은 토지가 조선 영토의 40% 이상이었다는 기록이 있다.

이러한 조사를 하는 과정에서는 땅의 소유자로 하여금 신고를 하도록 하였고, 당시의 토지소유자인 지주(地主) 입장에서는 신고를 하면 불이익을 받을 수도 있다는 염려를 하였을 것이다. 여기에서 말하는 불이익이란 부당한 조세의 징수 등을 뜻한다. 이러한 일련의 조사 및 확정 절차를 '사정(査定)'이라고 부른다는 점에 관하여는 앞에서 언급하였다.

토지조사의 내용은 일필지조사 및 분쟁지조사를 뜻하는데, 조사의 종결로써 원칙적으로 소유자가 확정되었다. 즉 사정을 받은 사람(사정명의인)은 해당 토지를 원시적(原始的)·창설적(創設的)으로 취득한 소유자로 확정되는 반면 종전의 소유자는 ― 진정한 소유자일지라도 ― 영구적으로 그 소유권을 상실하였다.

스스로 지주신고를 한 지주로서도 조사한 내용이 사실과 다른 경우 등에는 사정에 관한 공시기간 만료 후 60일 이내에 이의신청을 할 수 있었다.

이의신청을 받은 고등토지조사위원회는 재조사 내지 재심사를 실시하였는데,

이를 '재결(裁決)'이라고 하였다. 이 경우에는 재결에 의해서 소유자가 확정되었다.

재결에 관하여 조금 더 부연하자면, 재결이 이루어진 대부분의 사례는 동일한 토지에 대하여 2명 이상이 자기의 소유라고 신고를 하는 경우 고등토지조사위원회가 제1차적으로는 당사자들의 화해를 권고하였고, 화해가 성립하지 않는 경우에는 제2차적으로 분쟁지조사를 벌였는데, 이러한 분쟁지의 대부분은 국유지였다고 한다.

그 이유는 광무시절(1897∽1907년)에 내장원(內藏院 : 대한제국 시대에 황실경비의 예산·결산을 맡아보던 관아(官衙))이 역둔토(驛屯土 : 역토와 둔토를 합한 말. 역에 급전(給田)으로 준 토지, '역둔전'이라고도 함)를 마련하는 과정에서 부당하게 개인의 토지를 빼앗은 적이 많았기 때문이라고 한다. 이러한 토지에 대한 재결에서는 90% 이상이 개인의 소유로 확정되었다고 한다. 위 고등토지조사위원회가 재결절차에서 공정(公正)을 기했음을 짐작케 한다.

6·25전쟁 당시 토지(임야)조사부와 구 토지대장이 함께 멸실된 지역이라면 이 재결에 관한 기록을 찾아서 자기의 조상이 재결에 의하여 소유권을 확정받았음을 입증(立證)할 수도 있을 것이다. 이 문서들은 국가기록원이나 기초지방자치단체에서 찾을 수 있다. 하지만 대부분의 지방자치단체는 이를 국가기록원에 이관(移管)하였다고 이해하여도 무방하다.

고종황제가 일본에 의하여 강제퇴역하게 되는 1907년(순종원년)까지 만들어진 고문서(古文書)에는 '광무(光武)'라는 연호가 등장하는 경우가 많다.

이후 일제강점기에 만들어진 문서에서는 '대정(大正)'과 '명치(明治)'라는 연호를 사용하였는데, '대정'은 일본 다이쇼라고 하는 왕이 사용하던 연호라고 한다. 대정 1년(원년)은 1912년이며, 이 연호는 1926년(소화 원년)까지 사용되었다. 명치는 일본제국이 1867년부터 1912년까지 사용하던 연호이다. 명치의 일본식 발음은 '메이지'이다.

제2항 토지조사부의 내용

조선총독부 임시토지조사국이 토지조사사업을 시행하면서 작성한 공문서 중의 하나가 토지조사부이다. 토지조사부에는 그 토지에 대한 지번 · 지목 · 지적 · 신고연월일 · 소유자의 주소 및 성명이 적혀있다. 오른쪽에서 왼쪽으로 행을 바꾸는 세로 형태의 글씨이며, 모두 한자와 일본어로 적어놓았다. 최초의 토지대장(폐쇄토지대장)은 이 토지조사부의 기록을 토대로 만들어졌다.

토지조사부에는 당시의 소유자 주소를 적어 놓았는데, 토지의 행정구역명칭과 소유자 주소의 행정구역명칭이 동일한 경우에 있어서의 소유자 주소란에는 동일한 행정구역명칭은 기록을 생략하였다.

이 토지조사부에 소유자로 기록된 사실이 나타나면 그 사람이 그 땅의 소유자라는 가장 결정적인 증거자료가 된다. 다만, 같은 동(洞) · 리(里)에 동명이인(同名異人)이 있는 경우에만 특별히 예외로 취급된다.

제3항 토지조사부의 기능 · 효력

구 토지조사령(1912. 8. 13. 제령 제2호)에 의한 토지조사부에 토지소유자로 등재되어 있는 자는 재결에 의하여 사정내용이 변경되었다는 등의 반증이 없는 이상 토지소유자로 사정받고 그 사정이 확정된 것으로 추정할 것이다 (대법원 1986. 6. 10. 선고 84다카1773 전원합의체 판결).

––

일제강점기의 토지조사령에 기하여 행하여진 토지조사사업에서 토지소유자로 사정받은 사람은 당해 토지의 소유권을 원시적 · 창설적으로 취득하는 것으로서, 사정은 토지 소유권관계의 출발점을 이룬다.

또한 토지 사정 이후 100여년에 이르는 오랜 기간 동안에 토지에 관한

거래 기타 법률관계에 관한 변동원인이 있었을 적지 않은 개연성, 그 사이에 우리 사회에 일어난 전란(戰亂) 기타 현저한 사회적·경제적 변동 또는 토지이용현황의 추이 등에도 불구하고 사정명의인의 후손은 일단 상속이라는 포괄적 권리승계에 의하여 사정명의인이 가지던 토지 소유권의 승계취득을 쉽사리 증명할 수 있다. 이러한 사정 등을 고려하면 <u>사정명의인의 후손으로서 상속에 의하여 그 소유권을 승계취득하였음을 소송상 주장하는 경우에 그의 선대(先代)와 사정명의인의 동일성은 엄격하게 증명되어서 법관이 그에 관하여 확신을 가질 수 있어야 하고, 그 점에 관하여 의심을 제기할 만한 사정이 엿보임에도 함부로 이를 추단하여서는 안 된다.</u>

한편, 토지조사부에 사정받은 것으로 기재된 사람의 이름이 당사자가 내세우는 사람의 이름과 다름에도 그들을 동일인이라고 인정하기 위하여는 합리적이고 납득할만한 근거가 제시되어야 한다(대법원 2011. 11. 24. 선고 2011다56972 판결).

위 판례가 말하는 '추정(推定)'은 어떤 사정을 그렇다고 단정해버리는 '간주(看做)'에는 미치지 못하지만, 그에 버금가는 매우 강력한 법률상의 추정으로 해석된다.

따라서 "이 추정을 뒤집기 – 번복(飜覆)하기 – 위해서는 '반증(反證 : 추정사실과 양립할 수 없는 증거)'이 있어야 한다"고 설명하였음을 주목하여야 한다. 즉 추정이 옳지 않다는 점을 입증하기 위해서는 그 추정에 반대되는 증거가 있어야 함을 의미한다.

위 판례가 설명하였듯이 이 추정을 깨뜨릴 가능성은 재결(裁決)에 의하여 애초의 사정 내용이 바뀌었다는 사실 또는 같은 최소행정구역(동·리) 안에 성명이 같은 사람이 존재하였다는 사실에 대한 증명이 있어야 한다. 따라서 이 토지조사부에 조상의 성명이 분명하게 적혀있다면 나의 조상이 소유했던 땅임에는 틀림이 없다고 단정해도 거의 무방하다. 다만, 나의 명의로 등기를 할 수 있느냐의 문제 – 상속인이 소유권을 행사할 수 있느냐의 문제 – 는 뒤에서 따로 검토한다.

위 두 번째 판례가 말하는 동명이인(同名異人)은 한글로는 같은 이름이지만 한자로는 이름자의 글자가 같지 않은 경우를 말한다. 이러한 예외적인 경우가 아니라면 사정명의인의 소유권이 부정되는 경우는 거의 없다고 보아야 한다. 다만, 뒤에서 심도 있게 검토할 특별조치법에 의하여 사정명의인의 상속인 아닌 사람이 소유권보존등기를 마친 경우에는 사정(事情)이 다를 수 있다.

특별조치법에 터 잡은 등기는 "적법한 절차에 따라 마쳐진 등기"라는 추정을 받기 때문이다. 사정명의인에게 소유권이 있다는 점도 강력한 추정을 받지만 특별조치법에 의하여 이루어진 소유권보존등기도 강력한 적법추정을 받기 때문에 두 개의 추정이 충돌하는 문제이다. 이와 관련한 문제는 뒤에서 특별조치법을 소개할 때 자세히 검토하기로 한다.

제4항 토지조사부의 보존 · 관리

토지조사부와 임야조사부를 과거에는 세무서에서 관리하였으나, 현재는 원칙적으로 기초지방자치단체(시 · 구 · 군)에서 그 원본을 보존 · 관리하고 있다. 열람은 자치단체를 직접 방문하여야만 가능하지만, 정보공개청구를 통하여 그 등본을 우송받을 수도 있다. 그러나 대부분의 기초지방치단체는 이 토지(임야)조사부를 국가기록원에 이관하였다.

그리고 기초지방자치단체가 기록을 이관(移管)한 경우에는 국가기록원에서 마이크로필름으로 촬영하여 보관하면서 누구에게나 컴퓨터 화면으로 열람과 등사를 허용하고 있다. 열람 · 등사와 관련한 수수료는 내야 한다.

따라서 찾는 땅의 소재지 기초지방자치단체나 국가기록원(대전본원 기록관,

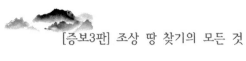

부산기록관, 서울기록정보센터, 광주기록정보센터)에 직접 방문하거나 정보공
개청구를 하는 방법으로 열람 및 등사를 할 수 있다. 정보공개청구는 인터넷
또는 우편을 이용해서도 가능하다.

한편, 국가기록원 홈페이지에서도 열람을 할 수는 있으나, 화질이 좋지 않아
정확한 내용을 파악하기에는 어려운 경우가 많다는 단점도 있다.

그러나 우리나라 전 국토에 대한 토지조사부가 모두 보존되지는 못했다. 이
문서들 중에는 전란으로 인하여 소실되었거나 어떤 사유인지도 알지 못한 채
그 소재를 찾지 못하고 있는 경우도 있다.

그러나 토지조사부나 임야조사부의 소재를 찾지 못하는 경우에도 구 토지대장
(임야대장)은 각 지방자치단체에서 보관·관리하고 있다. 이것마저도 분실 또는
소실된 지역도 있다. 이러한 경우에는 국가기록원에서도 자료를 확인할 길이
없음은 말할 나위도 없다.

토지조사부·임야조사부, 구 토지대장·임야대장 및 폐쇄등기부가 모두 멸실
된 경우에는 그 땅의 소재를 추적하는 일은 불가능하다고 보아야 한다. 다만,
혹시 지적원도(地籍原圖)·임야원도가 존재하는 경우에는 이를 토대로 하여
조선총독부 관보나 농지분배 관련 서류를 확인해 볼 수는 있겠으나, 상당한
어려움은 있을 것으로 예상된다. 지적원도와 임야원도는 현재 우리가 사용하는
지적도 및 임야도의 효시(嚆矢)를 말한다.

토지조사부나 임야조사부를 이용하여 조상이 소유하던 땅의 소재를 찾고자
하지만 지번을 알지 못하는 경우에는 동(洞)·리(里) 전체 또는 읍이나 면 전체에
대하여 찾아보아야 할 것이다. 그리고 이 문서들이 작성된 시기가 1910년부터
1924년이므로 당시의 행정구역 명칭 및 동·리의 지명(地名)도 정확히 알아야
할 것이다.

1914년에는 전국적으로 행정구역의 개편과 더불어 그 명칭이 변경되었다.

과거의 행정구역 명칭은 해당 자치단체의 홈페이지에서 알아 볼 수도 있고, 지방자치단체의 지적업무를 담당하는 부서에 문의하면 될 것이다. 향토사학자들도 잘 알고 있다. 그리고 국가기록원 홈페이지에서도 검색이 가능하다.

토지조사부 또는 임야조사부에서 조상의 성명과 주소가 본인의 조상과 일치하는 토지나 임야를 발견하였을 때에는 그에 터 잡아 해당 토지에 대한 지적공부(폐쇄된 것) 및 폐쇄등기부등본(현재의 것은 등기사항전부증명서) 등에 의하여 소유자의 변동 내역을 조사해 보아야 할 것이다. 그 뒤의 절차는 뒤에 따로 설명하기로 한다.

제2관 임야조사부(林野調査簿)

임야조사부는 오직 지목이 임야(산번지)에 해당하는 토지만을 대상으로 작성되었다. 그러나 야산에 해당하는 토지는 그 지목이 임야일지라도 토지조사부에 작성(등재)하였다는 점에 관하여는 앞에서 언급하였다. 임야조사부 역시 조선총독부 임시토지조사국에서 생산한 공문서이다. 임야조사사업은 1916년부터 1924년까지 사이에 실시되었고, 그 재결이 완결된 해는 1935년이다.

임야조사부에도 토지조사부와 마찬가지로 임야의 소재 · 지번 · 지적 · 면적 및 소유자의 주소 · 성명(명칭)이 기재되었다. 편성 및 기재 방식도 토지조사부와 같다. 다만, 임야조사부에는 '연고자란(緣故者欄)'을 두었고, 그곳에 소유자가 아니면서 그 임야를 사실상 사용 · 수익하는 사람의 주소와 성명을 적어 놓았다. 만약 임야가 국가의 소유로 사정되면서 조상의 성명이 연고자란에 적혀 있는 경우에는 그 뒤에 그 조상에게 해당 임야에 대한 양여(讓與)가 되었을 가능성이 있다.

'양여(讓與)'라고 함은 사실상의 소유자임에도 불구하고 임야조사사업 당시에 신고를 하지 아니하거나 조사사업 직전에 사실상 국가에 빼앗기는 바람에 국(國)이 사정받은 임야를 실질적인 소유자에게 반환하던 것을 이르던 말이다. 이에 관하여는 뒤에서 따로 검토한다.

　임야조사부도 토지조사부와 같은 권리추정력이 인정된다. 즉 특별한 사정이 없는 한 소유자로 사정받아 임야조사부(또는 임야조사서)에 성명과 주소가 기재된 사람은 사정 당시에는 정당한 소유자였음이 추정된다. 이 추정은 '법적 추정'이라는 점에 관하여는 앞에서 설명하였다.

> (1) 구 조선임야령(1918. 5. 1. 제령 제5호, 폐지) 제3조, 제10조, 동 시행규칙(1918. 5. 1. 총령 제38호, 폐지) 제1조, 제9조, 동 시행수속 (1918. 11. 26. 조선총독부훈령 제59호, 폐지) 제27조, 제51조, 제77조 및 그 별지 제9호 서식, 제79조, 구 조선특별연고삼림양여령(1926. 4. 5. 제령 제7호, 폐지) 제1조, 제2조 등 관계규정을 종합하면, 임야조사사업 당시 조사령에 의하여 작성된 임야조사서상의 소유자란에 '國'으로 기재되고, 그 연고자란에 특정 개인의 씨명과 주소가 기재되어 있으나 비고란이 공란으로 되어 있고, 임야원도에 그 씨명이 괄호 속에 기재되어 있는 경우에, 위 관계 규정 중 특히 시행수속 제79조에서 "조사령 제10조의 규정에 의하여 민유(民有)로 사정하여야 할 국유 임야의 연고자의 씨명, 주소는 이를 소유자의 씨명, 주소란에 기재하고 비고란에 지적계 없음(地籍屆 ナシ)이라고 기재하여야 한다."고 규정하고, 그 별지 제9호 양식(임야조사서 용지)의 비고란의 기재방법에 관한 설명에서도 이 점을 분명히 하고 있으며, 시행수속 제27조에서 "민유 또는 조사령 제3조 제2항의 연고 있는 것으로 신고된 임야로서 좌의 각 호의 1에 해당하는 것은 구 삼림법 제19조의 규정에 의한 계출(屆出)을 하였는지 여부를 묻지 않고 이를 민유로 조사한다."고 규정하고 있는 점에 비추어 볼 때, 국유 임야의 연고자

로 기재되어 있을 뿐인 경우에는 조사령 제10조나 시행수속 제27조의 각 호에 해당하지 아니한 것으로 조사된 결과라고 추정하여야 할 것이므로, 그 기재방법을 위 시행수속 규정대로 따르지 아니한 사정이나 그와 같이 국유 임야의 연고자로 기재된 자가 구체적으로 어떠한 연고를 가지고 있었는지를 입증하지 못하는 한 그 연고자가 조사령 제10조 또는 시행수속 제27조의 각 호에 해당하여 당해 임야의 소유자로 사정받았다거나 양여령에 의하여 당해 임야를 양여받았다고 볼 수 없다.

(2) 「구 조선임야령」의 시행 이전에 작성된 임야조사부가 그 명칭 및 서식이 「구 임야조사령」 및 동 시행수속에 기재된 것(명칭이 "임야조사서"이고, 소유자란과 연고자란이 구별되어 있음)과 다소 다르다고 하더라도 해당 임야가 조선총독이 지정한 위치에 있는 이상 이는 「구 조선임야령」에 의하여 작성된 것과 동일한 의미를 갖는 것이라고 보아야 할 것이므로, 그와 같은 임야조사부의 국유 및 사유 구분란에 "國"으로, 그 소유자 또는 연고자란에 특정 개인의 씨명(氏名)과 주소가 기재되어 있고, 비고란이 공란(空欄)으로 남아있는 경우에, 이는 임야가 국유로 사정된 토지인데 특정 개인이 연고자라는 뜻을 나타낸 것으로서, 그 후 國자가 적법하게 주말(朱抹 : 붉은 글씨로 지움)되고 "私"자로 정정되었다는 사정이 없는 한 조사령이 시행된 이후에 작성된 임야조사서의 소유자란에 국으로, 그 연고자란에 특정 개인의 씨명 · 주소가 기재되고, 비고란이 공란으로 되어 있는 경우와 그 해석을 달리할 수 없다(대법원 1999. 9. 3. 선고 99다18619 판결).

위 판례에서 사용한 용어들을 풀이한다. '조선임야령'은 1918년 5월 1일 공포된 「조선임야조사령」을 위 판례가 줄여서 표현한 것이다.

'훈령(訓令)'은 상급관청에서 하급관청을 지휘·감독하기 위하여 내리는 명령을 말한다.

'조선특별연고삼림양여령'은 1927. 2. 1. 조선총독부 제령 제7호로 시행된 것으로서 이 영에서는 국유림 중 불요존치임야(不要存置林野)를 특별연고자에게 양여(讓與)할 수 있는 근거를 만들어 두었다.

'씨명(氏名)'은 성명(姓名)의 일본식 표현이고, '임야원도(林野原圖)'는 임야에 대한 최초의 지적도이며, '지적계'는 '지적계출(地積屆出)'의 줄임말이고, '계출'은 신고라는 의미이다.

「삼림법」은 융희2년(1908년) 법률 제1호로 공포되었다. 이 법 제19조에 의하면 임야의 소유자가 지적의 계출(屆出)을 하지 아니한 임야는 국유로 간주하여 '國'이 사정을 받았다. 따라서 임야조사부의 연고자란에 사실상의 소유자로서 신고를 하지 아니한 자의 성명과 주소를 기재하였던 것이다.

위 판례의 (1)부분에서는 임야조사부(임야조사서 포함)의 연고자란에 기재된 연고자에 관한 사항의 권리추정력에 관하여 설명하고 있다. 이 부분에 관한 내용은 뒤에서 따로 검토하기로 한다.

위 판례 중 (2)부분에서 말하는 요지는 이렇다. 조사부의 명칭이 '임야조사부'가 아니라 '임야조사서'라고 된 것일지라도 임야조사부와 동일하게 취급해야 한다는 것이다.

임야조사사업을 실시하던 당시에 뭐가 그리도 급했는지는 알 수 없으나 조선총독부 임시토지조사국에서는 「조선임야조사령」, 「조선임야조사령 시행규칙」 및 「조선임야조사령 시행수속」이 만들어지기도 전에 이미 임야의 조사사업을 시행하고 있었던 것이다. 그렇기 때문에 대법원은 조사부의 명칭이 다른 것이 존재하

는 사실을 인정하고 '임야조사서'에 대하여도 임야조사부와 같은 효력을 부여하였다. '임야조사서'도 '임야조사부' 및 '토지조사부'와 마찬가지로 그에 소유자라고 기재된 사람은 그 진정한 소유자로 추정이 된다는 것이다.

이를 요약하자면, '임야조사서'는 '임야조사부'와는 달리 법적 근거가 마련되기 이전에 작성된 문서이기는 하지만, 법적 근거가 마련된 후에 작성된 임야조사부와 같이 취급해야 한다는 것이다. 여기에서 말하는 추정은 '간주' 내지 '의제'에 버금가는 강력한 추정이라는 점에 관하여는 앞에서 언급하였다. 즉, 반증(反證)이 없으면 뒤집을 수 없는 추정이다.

제3관 토지대장·임야대장

제1항 최초의 토지대장·임야대장

토지대장은 1911년 11월부터 조제하기 시작하였다고 전해지는데, 1914년 4월 25일 조선총독부령 제45호로 「토지대장규칙」을 공포하였다. 앞에서 살펴본 바와 같은 절차에 따라 만들어진 토지조사부를 토대로 토지대장을 조제하였다. 1920년 8월 20일 조선총독부령 제113호로 「임야대장규칙」을 공포하고, 임야조사부를 토대로 임야대장을 만들었다. 이러한 것들이 현재 사용되고 있는 토지대장과 임야대장의 효시(嚆矢)인 것이다. 현재는 이들을 '구 토지대장(또는 폐쇄토지대장)' 및 '구 임야대장(또는 폐쇄임야대장)'이라고 부른다.

위 「토지대장규칙」의 내용 중 주요 골자는 이렇다. 토지대장에는 토지의 소재·지번·지목·지적·지가, 소유자의 주소·성명 또는 명칭 등을 등록한다(제1조 제1항).

소유권의 이전에 관한 사항은 등기관리(登記官吏)의 통지가 있지 아니하면 토지대장에 등록할 수 없다. 다만, 국유지의 불하(拂下)·교환·양여(讓與) 또는 미등기 토지의 수용으로 인하여 소유권을 이전한 경우 및 미등기 토지가 국유로 된 경우에는 그러하지 아니하다(제2조 제1항 제1호).

제2조 제1항 본문에서는 "소유권의 이전에 관한 사항은 등기관리의 통지가 있지 아니하면 토지대장에 등록할 수 없다"고 규정하였다. 이 규정에 의하면 이 토지대장에 소유자의 변경사항이 등록되어 있다면 그 변경된 사항은 부동산등 기부에 등기를 마쳤음을 의미한다. 여기에서 말하는 통지는 등기관이 토지대장의 관리주체에게 하는 통지를 말한다. 따라서 이 규정은 구 등기부는 멸실된 반면 구 토지대장은 남아 있는 경우에는 중요한 의미를 갖는다. 그리고 당시의 「임야대장규칙」은 「토지대장규칙」의 규정 중 대부분의 규정을 준용하였다.

당시의 대장은 한자로 작성되었으며, 세로 형태의 글씨로 씌었고, 오른쪽에서 왼쪽으로 행을 바꾸는 모습이었다. 토지조사부와 임야조사부는 최초의 소유자(사정명의인)만 기재되었지만, 이들 대장에는 소유자 및 토지의 변동에 관한 사항도 기재되어 있다. 즉, 사정명의인으로부터 해당 토지를 승계취득한 자의 성명(또는 명칭)과 주소도 기재되어 있다.

이들 구 토지대장·임야대장에 기재된 내용 중 1950. 11. 30.까지의 소유자에 관한 부분은 강력한 권리추정을 인정받는다. 그러나 「구 지적법」이 시행된 1950. 12. 1.부터 전부개정된 「지적법」(법률 제2801호)이 1975. 12. 31. 개정되어 1976. 3. 31. 시행되기 전(1976. 3. 30.)까지 사이에 기재된 소유자에 관한 사항 중 '소유자복구'가 된 것은 권리추정력을 인정받지 못한다. 이 당시의 「지적법」(법률 제2801호로 개정되기 전의 것)에는 소유자복구를 할 수 있는 근거를 마련하지 않았기 때문이다. 그러다가 1976. 3. 31. 시행된 「지적법」(법률 제2801호)에서는 소유자복구를 할 수 있는 근거를 마련하였으므로, 그 이후에 소유자복구를 하였다면 이는 다시 권리추정을 인정받게 되었다.

최초로 만들어진 이들 대장의 소유자란에는 토지조사부나 임야조사부의 소유자란에 기재된 소유자에 관한 사항을 그대로 옮겨 적었으므로, 그 토지대장과 임야대장에 최초의 소유자로 기재된 사람은 적법한 소유자로 추정을 받는다. 따라서 이러한 토지대장과 임야대장은 「부동산등기법」에서 말하는 등기원인증서가 되므로, 이 대장들을 기초로 땅의 소유권보존등기를 마칠 수 있다.

아직 등기된 적이 없거나 이미 이루어진 소유권보존등기가 판결에 의하여 말소됨에 따라 등기부가 폐쇄된 경우의 부동산을 '미등기부동산'이라고 한다.

「부동산등기법」 제65조 제1호는 "미등기의 토지에 관한 소유권보존등기는 토지대장, 임야대장에 최초의 소유자로 등록되어 있는 자 또는 그의 상속인, 그 밖의 포괄승계인이 신청할 수 있다."고 규정하였다.

위 규정에 터 잡아 소유권보존등기를 신청하려는 사람은 그 등기를 신청할 수 있는 '등기원인을 증명하는 서면'으로 토지대장이나 임야대장을 제출해야 하는데, 이 대장을 실무상 '등기원인증서(登記原因證書)'라고 부른다.

위 규정에서 말하는 '포괄승계인'이란 '포괄유증을 받은 자(포괄수증자)' 또는 회사합병에 있어서의 합병 후 '존속회사'를 말한다.

제2항 권리추정을 받지 못하는 토지대장·임야대장

지적법

(1975. 12. 31. 개정., 법률 제2801호)

제13조(지적공부의 복구) 소관청은 지적공부가 멸실된 때에는 대통령령이 정하는 바에 따라 지체없이 이를 복구하여야 한다.

부   칙 〈법률 제2801호, 1975. 12. 31.〉

제1조(시행일) 이 법은 공포 후 3월이 경과한 날로부터 시행한다.

지적법시행령

[시행 1976. 5. 7.] [대통령령 제8110호, 1976. 5. 7., 전부개정]

제10조(지적공부의 복구) 법 제13조의 규정에 의하여 지적공부를 복구하고자 할 때에는 소관청은 내무부령이 정하는 바에 따라 멸실 당시의 지적공부와 가장 부합된다고 인정되는 관계자료에 의거하여 토지표시에 관한 사항을 복구등록하여야 한다. 다만, 소유자에 관한 사항은 부동산등기부나 법원의 확정판결에 의하지 아니하고서는 복구등록할 수 없다.

부   칙 〈대통령령 제8110호, 1976. 5. 7.〉

제6조(지적공부의 복구조치) 이 영 시행 당시의 지적공부 중 토지표시에 관한 사항은 복구등록되고 소유자는 복구등록되지 아니한 것(소관청이 참고자료로서 임의로 소유자의 표시를 한 것을 포함한다)에 대하여는 제10조의 규정을 적용한다.

1950. 12. 1.부터 시행된 「지적법(법률 제165호)」 및 그 시행령에는 멸실된 지적공부의 복구에 관하여 규정한바 없었고, 1975. 12. 31.부터 시행되었던 「지적법(법률 제2801호로 전면개정)」 제13조에 근거한 같은 법 시행령 제10조는 지적공부를 복구할 때는 소관청은 멸실 당시의 지적공부와 가장 부합된다고 인정되는 자료에 의하여 토지표시에 관한 사항을 복구등록하되, 소유자에 관한 사항은 부동산등기부나 확정판결에 의하지 않고서는

복구등록을 할 수 없도록 규정하고, 그 부칙 제6조는 이 영 시행 당시 지적공부 중 토지표시에 관한 사항은 복구되고, 소유자는 복구되지 아니한 것(소관청이 임의로 소유자표시를 한 것을 포함한다)에 대하여는 제10조의 규정을 적용한다고 각 규정하였으므로, 이와 같이 복구된 토지대장에 소유자 이름이 기재되어 있다 하더라도 이를 복구된 토지대장이라고 할 수 없고, 그와 같이 복구된 토지대장에 권리추정력을 인정할 수는 없다 할 것이다(대법원 1992. 1. 21. 선고 91다6399 판결).

위 판례에서 말하는 '복구등록'이란 어떤 사유(주로 한국전쟁)로 지적공부(地籍公簿 : 토지대장 및 임야대장)가 없어진 경우에 종전에 있었던 지적공부와 같은 지적공부를 새로이 만드는 것을 말한다.

그런데 1950. 12. 1.부터 1975. 12. 30.까지 사이에 시행된 「지적법(법률 제165호)」이 시행되던 당시에 복구등록이 된 대장에 대하여는 소유자 권리추정력을 인정하지 않겠다는 것이 대법원의 태도이다. 왜냐하면 당시에는 토지대장이 멸실되더라도 소유자에 관한 사항은 복구등록을 할 수 있는 법적 근거가 없었기 때문이다.

그러나 전면개정된 「지적법(법률 제2801호」)이 시행되는 때인 1975. 12. 31.부터는 복구등록이 된 토지대장에 소유자로 등록된 사람은 진정한 소유자로 인정을 하겠다는 것이 대법원의 설명이다. 위 판례는 1975. 12. 31.부터 위 「지적법」이 시행되었다고 설명하고 있으나 그 날은 위 법을 공포한 날이다. 위 「지적법」 부칙 제1조는 "공포 후 3월이 경과한 날부터 시행한다."고 규정하였다. 이 부분은 대법관들이 실책을 범하였다. 따라서 '1975. 12. 31.'은 '1976. 3. 31.'이라고 해석하여야 옳다.

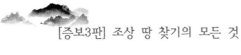

다만, 이 경우에도 부동산등기부상의 소유자 또는 확정판결에 의해 소유자임을 증명하여 복구등록을 한 경우에만 복구등록된 토지대장상의 소유자를 정당한 소유자라고 추정한다는 의미이다. 그 이유는 한국전쟁으로 토지대장이 멸실된 뒤 행정관청(세무서)에서는 조세부과 등 행정편의만을 목적으로 소유자복구를 함부로 하였고, 이에 따라 토지대장의 진정성이 담보되지 않았기 때문이다.

최초의 토지대장(임야대장)은 오른쪽에서 왼쪽으로 행을 바꾸는 형식이고, 세로형 끌씨로 작성되었다. 이들 대장의 오른쪽 하단에는 '소유자'를 표시하는 란(欄)이 있는데, 이 소유자란은 다시 성명 또는 명칭란과 주소란으로 구분이 되어 있다.

최초의 토지대장(또는 최초의 임야대장)의 '성명 또는 명칭'란을 표시함에 있어서 "姓名又ハ名稱"으로 표시한 것은 그야말로 최초로 작성된 것이다. 그런데 성명 또는 명칭란을 표시함에 있어서 "姓名又는名稱"이라고 문법에도 맞지 않는 어색한 모습으로 표시된 것도 발견된다. 이러한 것은 최초의 것이 멸실된 후에 복구등록을 한 것이다. 후자(복구등록이 된 대장)의 경우에는 소유자복구가 어느 시기에 되었는지를 잘 살펴볼 필요가 있다는 점에 관하여는 앞에서 살펴보았다.

부동산에 대한 등기부는 법원이 관리한다. 토지대장은 행정관청이 관리한다. 이렇게 관리의 주체가 다르다보니 토지대장과 등기부의 기재내용이 서로 다른 경우도 있다. 이러한 경우에는 부동산의 지번·지목·면적 등 '부동산의 현황'은 토지대장을 기준으로 등기부를 바로잡고, '소유자에 관한 현황', 즉 소유자의 성명(또는 명칭), 주소, 주민등록번호 등은 등기부를 기준으로 토지대장을 고쳐야 한다. 이는 과거부터 현재까지 동일하다.

부동산등기부도 역사의 흐름에 따라 여러 차례 변경이 되었지만 토지대장도 멸실 여부와 관계없이 여러 번 바뀌었다. 따라서 조상 땅을 찾다보면 현재 유효한

토지대장뿐만 아니라 폐쇄된 토지대장도 찾아보아야 할 경우가 있다. 대부분의 경우가 그렇다.

앞으로는 한자로 기록하던 것(최초의 것)을 '부책식 토지대장'으로, 그 다음의 것을 '카드식 토지대장'으로, 현재 사용하는 것을 '토지대장'으로 각각 부르기로 한다. 임야대장도 마찬가지이다. 사안에 따라서는 이 세 종류의 토지대장(임야대장)을 모두 조사하여야 할 경우도 있다.

제3항 창씨개명(創氏改名) · 귀속임야대장(歸屬林野臺帳)

1945. 8. 9. 이후 북위 38도선 이남에 있는 토지로서 일본정부, 일본의 기관, 국민, 사회단체 또는 조합 등의 재산은 「미군정법령」 제33조에 의하여 미군정청이 관리하게 되면서 임야에 대한 회계, 이용 및 보존사무의 대행책임관으로 농림부장관을 위촉하였다.

농림부는 각 시 · 도에 대하여 위와 같이 미군정에 귀속한 토지 중 귀속임야를 조사하여 보고하도록 지시하였다. 당시에는 지적소관청이 세무서였는데, 임야에 대한 관할세무서에서는 '귀속임야대장(歸屬林野臺帳)'을 작성하여 농림부장관에게 보고하였다. 1945. 8. 15. 해방에 따라 대한민국정부가 수립되었고, 1948. 9. 20. 효력이 발생한 「한미 재정 및 재산에 관한 최초협정」에 의하여 미군정이 관리하던 모든 귀속토지는 대한민국정부에 이양되었다.

6 · 25전쟁 당시 농림부는 위와 같이 세무서에서 작성한 귀속임야대장을 부산으로 피난하면서도 이를 챙겨들고 피난을 떠났다. 전쟁 중 멸실한 지역의 귀속임야대장은 각 시 · 도의 산림공무원이 '전귀속임야대장(前歸屬林野臺帳)'을 작성하였다.

그런데 1957년 서울 광화문에 있던 농림부청사에 화재가 발생하여 귀속임야대장이 소실되었다고 한다. 이에 따라 농림부는 각 시 · 도에서 보관하던 귀속임야

대장 및 전귀속임야대장을 제출받아 보관하였고, 현재는 이들을 산림청에서 보관하고 있다.

일본은 조선인들에게 창씨개명(創氏改名 : 1940년 2월부터 조선인의 성명을 일본식 성과 이름으로 바꾸던 것)을 강요하였다. 당시 조선인 중 창씨개명을 한 사람이라고 하여 반드시 친일파라고 말할 수는 없다. 그리고 보통은 성(姓)을 바꾸었는데, 이름까지 전부 바꾼 사람도 적지 않았다.

창씨개명을 한 조상의 경우 해방 이후 성명복구가 되지 아니하였으면 - 원칙적으로 해방 이후 관계공무원이 직권으로 복구를 하였는데, 이를 누락한 사례도 있다 - 조상 땅 찾기와 관련하여 문제가 될 수 있다.

귀속임야를 조사함에 있어 당시 공무원들의 부실한 조사로 인하여 성명복구가 되지 아니한 조선인의 경우에는 그를 일본인으로 오판하여 조선인 소유 임야를 귀속임야(歸屬林野)라고 판단한 사례가 적지 않기 때문이다.

귀속임야대장에 기재되면 이는 앞에서 검토한 바와 같이 미군정을 거쳐 대한민국의 소유로 된다. 이와 같은 경우에는 창씨개명 사실을 증명함으로써 귀속임야가 아님을 입증할 수 있을 것이다. 이를 증명하는 가장 유력한 증거는 '제적부' 및 '폐쇄등기부'이다.

'성명복구'라 함은 군정법률 제122호로 공포되고, 1946. 10. 23. 시행된 「조선 성명복구령」에 의하여 창씨개명 전의 성명으로 호적부를 고치던 것을 밀한다. 이 영의 시행으로 인하여 일본식 성과 이름은 당연히 소급하여 무효로 되었으므로, 일본식 성명을 종전처럼 사용하고자 하는 당사자만 호적공무원에게 신고하도록 하였다.

6 · 25사변으로 멸실되기 전의 임야대장에 터 잡아 전국의 귀속임야를 기재한 귀속임야대장이 만들어졌고, 이를 근거로 1952. 7. 26.자 국유화 결정이 이루어졌으며, 이 결정이 이루어지자 그 대상 임야들을 귀속임야 국유화대장, 귀속재산국유화조치대장, 국유화결정귀속임야대장, 국유 (前歸屬 : 전귀속)임야대장에 기재한 데 이어, 재무부와 농림부의 협의로 국유화결정귀속임야대장의 정비작업이 이루어진 것이므로, 국유(전귀 속)임야대장은 결국 6 · 25사변으로 멸실되기 전의 임야대장에 터 잡아 이루어졌다고 할 수 있고, 따라서 위 임야대장 중 <u>소유자란 기재에 부여된 권리추정력은 국유(전귀속)임야대장에도 그대로 이어진다고 할 수 있으 므로 국유(전귀속)임야대장에 귀속재산으로 기재되어 있는 임야는 1945. 8. 9. 현재 일본인의 소유라고 봄이 타당하다고 할 것인바</u>(대법원 1992. 6. 26. 선고 92다12216 판결, 1995. 5. 26. 선고 95다12125 판결, 1996. 11. 15. 선고 96다32812 판결 등 참조), 원심이 인용한 을 제3호증의 1, 2인 '국유(전귀속)임야대장'에 이 사건 임야가 1945. 8. 9. 당시 일본인 인 곡본민부(谷本民富)의 소유로 등재되어 있음이 분명하므로 위 법리에 비추어 이 사건 임야는 1945. 8. 9. 당시 일본인 곡본민부가 소유하였다가 군정법령에 의하여 미군정청이 귀속재산으로 취득하였다고 보아야 할 것이다(대법원 1998. 7. 24. 선고 96다16506 판결).

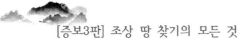

제4관 부동산등기부

제1항 부동산등기 제도의 이해

우리나라에서 「민법」이 처음 시행된 날은 1960. 1. 1.이다. 그러니까 1959. 12. 31.까지는 우리나라에 「민법」이 없었다. 「민법」이 제정되어 시행될 때까지는 일본제국의 민법을 원용하는 「조선민사령」이 「민법」의 구실을 하였는데, 이를 '의용민법'이라고 부른다.

의용민법은 부동산의 소유권취득에 관하여 '의사주의(意思主義)'를 채용하였다. 따라서 부동산을 매매하는 경우에서 매매대금을 모두 지급하면 소유권은 당연히 매수인에게 이전되었다. 즉 소유권이전등기를 마치지 않더라도 소유권을 취득하였다. 증여나 교환 등 법률행위에 의한 취득의 경우에도 마찬가지이다.

토지나 임야에 대하여 사정을 받은 경우는 물론이고, 의용민법이 시행되던 당시에는 사정받은 사람으로부터 부동산을 매수한 사람도 등기 없이 소유권을 취득하였기 때문에 「민법」이 시행될 때까지는 소유권이전등기를 소홀히 했던 시기라고 말할 수 있다.

가령 나의 할아버지가 1959. 12. 31. 이전에 누군가로부터 부동산을 매수하는 계약을 체결하고(말로만 하는 계약도 무방함), 매매대금을 모두 지급한 후 사망하였다면 비록 등기를 하지 않았다고 하더라도 나의 아버지 또는 나는 당연히 그 부동산의 소유권을 상속받는다. 다만, 이러한 경우에는 「민법」 부칙 제10조의 경과규정에 의하여 「민법」 시행일부터 6년 내에 등기를 하지 아니하면 그 소유권을 잃었다.

「민법」이 제정되어 시행되면서부터는 '형식주의'를 채택한다. 따라서 이때부터는 법률의 규정에 의하여 당연히 소유권에 변동이 생기는 상속·형성판결·수용·경매 등을 제외한 법률행위에 의한 부동산물권변동은 등기를 하여야만 효력이 생기는 것으로 바뀌었고, 지금까지도 이 형식주의는 계속 유지되고 있다.

따라서 부동산에 대한 매매, 증여나 교환과 같은 법률행위에 의한 소유권변동에서는 소유권이전등기를 마치지 아니하면 소유권을 취득하지 못한다.

의용 부동산등기법을 적용하던 우리나라에서 우리의 「부동산등기법」은 1960. 1. 1. 처음으로 시행되었다. 이때까지는 일본제국의 부동산등기법을 모방한 「조선부동산등기령(1912. 3. 26. 시행)」(조선총독부제령 제9호) 및 「조선부동산증명령(1912. 4. 1. 시행)」(조선총독부제령 제15호)이 우리의 「부동산등기법」 및 「부동산등기규칙」과 같은 역할을 하였다.

조상 땅을 찾는 일과 관련하여 부동산등기가 매우 중요한 자료라는 점은 따로 말할 필요가 없을 것이다. 따라서 부동산등기의 기재형식에 관한 변천과정을 알아두어야 하는 것도 필수적이다.

① 처음의 등기부는 한자 및 일본어로만 기재하는 것이었다.

② 그 다음에는 한자와 한글을 병용하는 등기부로 변경되었고,

③ 이는 다시 한글타자기를 이용하는 방식으로 변경된다.

④ 그 후에는 컴퓨터로 작성하는 현재의 등기부로 바뀌었다.

현재 사용하고 있는 등기부가 아닌 것은 모두 '폐쇄등기부'이다. 실무자들은 이들 폐쇄등기부들에 관하여 '구등기부', '말소등기부', '이기폐쇄등기부' 등 여러 가지의 명칭을 혼용하고 있다. 땅을 찾는 일에서는 폐쇄등기부를 조사하여야 할 경우가 많다고 보아야 한다. 아마도 대부분의 사례에서 폐쇄등기부의 검토를 필요로 할 것이다.

판결은 그 효력의 측면에서 크게 셋으로 구분된다. 가장 많은 것은 '이행판결'이다. 이는 금전의 지급을 명령하는 것과 같이 채무자로 하여금 채권자에게 어떤 의무를 이행하라고 명하는 것을 말한다. 이 판결의 대부분은 강제집행의 근거(집행권원)가 된다.

'확인판결'은 이 용어에서 드러난 것처럼 법원이 어떤 법률관계가 어떠하다고

선언하는 판결을 말한다. 해고무효확인, 채무부존재확인 등이 그것이다.

마지막으로 '형성판결'은 어떤 법률상태의 변경(취소, 해지, 해제 등)을 선언하는 법원의 판결을 말한다. 「민법」 제187조에서 말하는 판결이 여기에 해당한다. 실무상으로 자주 취급되는 것으로는 이혼판결, 공유물분할판결 등이 형성판결이다.

「민법」 제187조는 "상속, 공용징수, 판결, 경매 기타 법률의 규정에 의한 부동산에 관한 물권의 취득은 등기를 요하지 아니한다. 그러나 등기를 하지 아니하면 이를 처분하지 못한다."고 규정하였다.

위 규정이 말하는 '상속'은 「민법」에서, '공용징수'는 이른바 '토지수용'을 말하는 것으로서 「공익사업을 위한 토지 등의 취득 및 보상에 관한 법률」 등에서, '판결'은 「민사소송법」에서, '경매'는 「민사집행법」에서 각각 규정하고 있다. 따라서 이들을 '법률의 규정에 의한 부동산물권의 변동'이라고 한다.

「민법」이 말하는 '판결'은 위에서 살펴본 '형성판결'을 뜻한다. 이들은 위 규정이 말하는 것과 같이 등기를 하지 않고 있더라도 위 법률의 규정에 의하여 당연히 소유권을 취득하기 때문에 소유권이전등기를 하지 않더라도 소유자로 인정을 받는다. 다만, 등기를 하지 않고서는 처분하지 못할 뿐이다.

이에 반하여 「민법」 제186조는 "부동산에 관한 법률행위로 인한 물권의 득실변경은 등기하여야 그 효력이 생긴다."고 규정하였다.

'법률행위'란 당사자 쌍방 또는 일방의 의사표시에 의하여 권리변동(권리의 발생, 변경, 소멸)이라는 법률상의 결과(법률효과)를 발생시키는 원인 중의 하나를 말하는 것으로서, '매매', '증여', '교환' 등이 여기에 해당한다. 이들은 법률의 규정에 의한 물권변동이 아니므로, 소유권이전등기를 마쳐야만 비로소 소유권을 취득하는 것이다.

가령 매매계약을 체결하고 그에 따른 매매대금을 모두 지급하였더라도 등기를 하지 않고 있는 동안에는 아직 소유자가 아닌 것을 의미한다. 1960. 1. 1. 제정

「민법」이 시행되기 전까지는 위 제186조의 규정이 없었으므로, 일본의 민법인 이른바 의용민법을 적용하였다. 즉 1959. 12. 31.까지는 매매, 증여, 교환 등 법률행위에 의한 물권(소유권)의 취득도 등기 없이 가능하였다. 이를 '의사주의'라고 하며, 이후 법률행위에 의한 물권의 취득은 등기를 해야만 소유권을 취득하게 된 것을 이르는 말은 '형식주의'라고 한다.

제2항 부동산등기부 읽는 법

앞에서 언급한 것처럼 부동산등기부는 그 모습이 여러 번에 걸쳐 변경되었다. 조상의 땅을 찾으려는 사람은 반드시 부동산등기부를 이해해야만 한다. 여기에서는 현재 사용하고 있는 부동산등기사항전부증명서를 토대로 부동산등기부를 읽는 요령을 소개한다. 먼저 그 모습을 그림으로 소개한다. 이 그림에서 원문자(圓文字)인 아라비아숫자는 설명을 위하여 필자가 임의로 써넣은 것이다.

등기사항전부증명서(①말소사항 포함) – ②토지

③〔토지〕 충청북도 충주시 대소원면 ○○리 ○○

④【표제부】 (토지의 표시)					
표시번호	접 수	소 재 지 번	지목	면 적	등기원인 및 기타사항
1	~~1989년7월28일~~	~~충청북도 중원군 어류면 ○○리 ○○~~	답	1026㎡	⑤부동산등기법 제177조의6 제1항의 규정에 의하여 2000년 02월 09일 전산이기
2		~~충청북도 충주시 어류면 ○○리 ○~~	답	1026㎡	⑥~~1995년 1월 1일 행정구역변경으로 인하여 2000~~

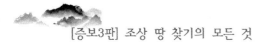

		~~ㅇ~~		~~년 4월 6일 등거~~
~~3~~		충청북도 충주시 대소원면 ○○리 ○○	답	1026㎡	⑦2012년 1월 1일 행정구역변경으로 인하여 2012년 1월 2일 등기

⑧【갑구】 (소유권에 관한 사항)				
⑨순위번호	등기목적	⑩접 수	등기원인	권리자 및 기타사항
1	소유권이전	1957년6월11일	1955년11월20일 상환완료	⑪소유자 ~~○○○ 중원군 이류면 ○○라 ○○~~
				농지개량에 의한 분할로 인하여 등기 동리 ○○-○에서 전사 접수 1989년 7월 27일 제23295호
				부동산등기법 제177조의6 제1항의 규정에 의하여 2000년 02월 09일 전산이기
⑫1-1	1번등기명의인표시변경	2010년4월5일 제14349호	1995년 11월 1일 행정구역및지번변경	⑬○○○의 주소 충청북도 충주시 이류면 ○○리 ○○-○
⑭2	소유권이전	2014년 3월 21일 제12018호	2014년 3월 20일 증여	소유자 ○○○ 710712-※※ ※※※※※ 충청북도 충주시 대소원면 ○○길 ○○-○

⑮【을구】 (소유권 이외의 권리에 관한 사항)				
순위번호	등기목적	접 수	등기원인	권리자 및 기타사항
1	근저당권설정	201년4월5일 제14350호	2010년4월5일 설정계약	채권최고액 금65,000,000원 ⑯(이하 생략)

① 말소사항 포함 : 부동산등기부에 기록(등록)된 사항에 관하여 발급되는 등본(등기사항증명서)의 종류는 '말소사항포함등본'과 '현재유효사항등본'이 있다. 이는 등기사항증명서의 발급을 신청하는 사람이 선택할 수 있다. 말소사항은 글자를 실선으로 그은 부분을 말한다.

② 토지 : 등기부는 '토지등기부'와 '건물등기부'로 구분하여 편성된다. 그리고 건물등기부는 '일반건물등기부'와 '구분건물등기부'로 나뉜다.

③ 〔토지〕 : 이 부분은 이 등기부가 공시(公示)하고 있는 토지의 소재 및 지번에 관한 현재의 현황을 표시한다.

④ 표제부 : 부동산등기부는 표제부, 갑구 및 을구로 편성된다. 이 중 표제부에는 부동산의 현황이 기록된다.

⑤ 전산이기 : 1998년 부동산등기부의 전산화를 위하여 「부동산등기법」이 개정되었고, 이 때 종이로 편제하였던 부동산등기를 전산입력을 함에 있어서 구 등기부에 기재된 유효사항은 전산등기부에 옮겨 기록하였다. 이와 같이 옮겨서 기록하는 것을 '전사(轉寫)'라고 한다.

⑥ 행정구역변경 : 행정구역의 변경으로 인하여 부동산 소재지의 명칭이 변경되는 경우에는 등기관이 직권으로 – 신청을 받지 아니하고 – 이를 변경 기록한다.

⑦ 행정구역이 변경되어 새로운 소재 · 지번을 기록하는 경우에는 종전의 소재 · 지번은 실선으로 지운다. 이 등기사항증명서는 '말소사항포함증명서'이므로 이처럼 실선으로 지운 부분이 드러나지만, '현재유효사항증명서'의 경우에는 지운 부분은 나타나지 않는다.

⑧ 갑구 : 갑구에는 '소유권에 관한 사항'을 기록한다. 즉 소유자가 누구인지, 소유권에 대하여 가압류, 압류, 가처분 등의 처분제한이 있는지 등을 공시한다.

⑨ 순위번호 : 같은 등기부에서 권리의 순위는 같은 구에서는 순위번호에 의하고, 다른 구끼리는 접수번호의 빠르고 늦음에 따른다. 순위번호는 갑구 및 을구에만 기록된다.

⑩ 접수번호 : 접수번호는 등기신청을 받은 등기소에서 그 등기를 수리한 일련번호를 기록한다. 바로 옆에 있는 '등기원인일자'는 등기를 하게 한 법률행위의 성립일을 뜻한다. 등기의 기록은 접수의 순서에 따른다.

⑪ 및 ⑬ : 소유자의 주소가 ⑬으로 변경되었으므로 변경 전의 주소인 ⑪을 실선으로 지웠다.

⑫ 부기호수 : 순위번호를 변경하지 아니하면서 해당 사항란에 기재된 표시변경 사유를 나중에 기록하는 때에는 순위번호에 부기호수(附記號數)를 기록함으로써 주등기(主登記)의 순위를 유지한다. 즉 '1'과 '1-1'은 같은 순위이므로, ⑭에 있는 '2'보다는 이들의 순위가 빠르다.

⑮ 을구 : 을구에서는 '소유권 이외의 권리에 관한 사항'을 기록한다. 을구는 기록할 사항이 없는 경우에는 편성을 하지 않는다. 소유권 이외의 권리는 근저당권, 지상권(구분지상권 포함), 전세권, 임차권, 가등기담보권 등을 말한다.

⑯ 근저당권에 관한 등기에는 채권액, 채무자 및 근저당권자를 표시한다.

제3항 등기의 추정력(推定力) 및 입증책임(立證責任)에 관한 이해

점유자가 점유물에 대하여 행사하는 권리는 적법하게 보유하는 것으로 추정한다(「민법」 제200조). 이와 같이 법률이 권리를 추정한다고 규정하는 경우를 '법률상 추정'이라고 한다.

그런데 우리 「민법」과 「부동산등기법」은 부동산등기에 대하여는 이러한 권리추정에 관하여 아무런 언급도 하지 않았다. 그러나 대법원은 오래 전부터 부동산등

기부에 권리에 관한 등기가 있으면 그 등기상의 명의인에게는 그 등기가 공시(公示)하는 내용의 권리가 있는 것으로 추정한다. 이를 '등기의 권리추정력'이라고 한다.

　조상 땅을 찾는 문제와 관련이 있는 등기는 주로 소유권보존등기와 소유권이전등기이다. 이와 관련한 대법원의 태도를 소개한다.

원심판결 이유에 의하면, 원심은 이 사건 임야에 대한 1/2지분에 관하여 피고 김맹삼의 남편이며, 같은 김여삼, 같은 김여완의 선대인 소외 망 김만금 명의로 소유권보존등기가 경료된 사실은 당사자 간에 다툼이 없으므로 특단의 사정이 없는 한 위 보존등기는 적법한 것으로 추정된다고 전제하고, 원고 주장인 이 사건 임야는 원래 원고의 선대인 소외 망 황정화의 소유인데 위 김만금은 관계문서를 위조하고, 허위의 확인서 및 보증서를 발급받아 부동산소유권이전등기특별조치법에 따른 위와 같은 소유권보존등기를 경유한 원인무효한 것이라는 주장에 대하여는 이를 인정할 증거가 없다하여 원고의 청구를 배척하고 있다.

그러나 부동산 소유권보존등기가 경료되어 있는 이상 그 보존등기 명의자에게 소유권이 있음이 추정된다 하더라도 그 보존등기 명의자가 보존등기를 하기 이전의 소유자로부터 부동산을 양수한 것이라고 주장하고, 전소유자는 양도한 사실을 부인하는 경우에는 그 보존등기의 추정력은 깨어지고, 그 보존등기 명의자 측에서 그 양수 사실을 입증할 책임이 있다 할 것인바(당원 1974. 2. 26. 선고 73다1658 판결 참조), 기록에 의하면 피고들은 이 사건 임야는 원래 원고의 선대인 소외 망 황정화의 소유인 것을 동인으로부터 소외 망 김기봉이 1920. 3.경 이를 매수하고 1950년

음력 8월 15일 그의 자인 소외 망 김만금에게 증여하여 위 김만금 명의로 소유권보존등기를 경료한 것이라고 주장하고 있고(피고의 1981. 6. 8.자 준비서면 참조), 원고는 그 매도사실을 부인하고 있으므로 피고들은 위 매수사실을 입증할 책임이 있고, 원심으로서는 그 입증에 따라 판단을 하여야 할 것인데도 불구하고 그 매매사실에 대하여는 아무런 판단도 함이 없이 위에서 본 바와 같이 위 보존등기의 추정을 뒤집을 증거가 없다하여 원고의 청구를 배척하였음은 입증책임에 관한 법리를 오해하여 판결에 영향을 미친 위법이 있다 하겠고, 이는 원심판결을 파기하지 않으면 정의와 형평에 현저히 반한다고 할 것이다(대법원 1982. 9. 14. 선고 82다카707 판결).

위 판례가 설명하는 내용을 보충하면 이렇다. 원래 소유권보존등기는 최초의 소유자가 하는 등기이다. 우리나라에 있는 땅에 대한 대장상 최초의 소유자로서 보존등기를 할 수 있는 사람은 원칙적으로 – 국가는 예외 있음 – 조선총독부 임시토지조사국에서 작성한 토지조사부 또는 임야조사부(임야조사서 포함)에 소유자로 사정(査定)을 받은 사람과 그 사정받은 사람의 상속인이다.

위 판례에 나타난 보존등기의 명의인은 자기가 보존등기를 하기 전에 종전의 소유자로부터 양수(매매나 증여)하였다고 주장한다. 그러나 최초의 소유자는 양도한 사실이 없다고 주장하므로, 이 사건의 보존등기에는 권리추정력이 인정되지 않는다는 것이다. 그러나 뒤에서 검토하게 될 각종의 '특별조치법'에 터 잡은 소유권이전등기에서는 이 판례의 법리(法理)가 그대로 적용되지는 않는다.

이 판례의 끝부분에서 양수 사실을 "입증할 책임이 있다"고 한 부분은 '입증책임(立證責任)'에 관한 것이므로, 이와 관련하여 간단히 언급한다. 민사소송절차에서 어떤 권리를 소송상 주장하는 당사자는 그 주장사실을 뒷받침할 수 있는 증거를 제출하여 증명을 하여야 하고, 만약 증명하지 못하면 불이익(패소가능성)을 받게 된다.

그러나 어떤 권리에 대하여 법률상의 '추정'을 받는 당사자가 있는 경우에는 그 추정을 받는 당사자의 상대방이 그 추정을 깨뜨리지 못하면 - 추정사실에 대한 반증을 제출하지 못하면 - 추정을 받는 당사자가 소송에서 이기는 결과로 된다.

위 판례의 경우에는 보존등기에 추정력이 미치지 않는다고 하였다. 최초로 사정받은 사람이 양도사실을 인정하지 않기 때문이다. 따라서 현재의 보존등기 명의인이 최초의 소유자로부터 양수받은 사실을 입증(증명)하지 못하면 불이익을 받아 그 소유권보존등기는 말소된다는 의미이다. 보존등기의 추정력에 관한 대법원판례 하나를 더 소개한다.

보존등기의 추정력에 관한 법리는 보존등기의 경우에도 그 등기명의인이 일응 소유자로 추정받기는 하나 당해 토지를 사정받은 사람이 따로 있음이 밝혀진 때에는 위 추정력은 깨어진다 할 것이므로, 이 경우에는 등기명의 인이 구체적으로 그 승계취득 사실을 주장 입증하지 못하는 한 그 등기는 원인 없는 무효의 등기가 된다 할 것인바, 원심은 위와 같은 취지 아래 그 거시(擧示)의 증거에 의하여 본건에서 문제된 토지가 원고들의 선대인 망 김우식이 사정받은 동 망인 소유의 토지였음을 확정하고 나서, 피고들 이 주장하는 바와 같은 승계취득사실을 인정할 증거 없다 하여 피고들 또는 그 피상속인 명의로 된 보존등기나 이를 근거로 하여 경료된 소유권 이전등기를 무효의 등기로 판단하고 있다.

> 원심의 위와 같은 판단조처는 정당하고, 거기에 채증법칙을 위배하여
> 사실을 오인하였다거나 이유모순의 위법이 없으며, 또 보존등기의 추정력
> 에 관한 법리를 오해한 위법도 없다(대법원 1980. 8. 26. 선고 79다434
> 판결).

앞에서 소개한 두 개의 판결 모두 甲이 사정받은 토지에 대하여 乙이 소유권보
존등기를 마친 사례이다. 이 사례에서 甲(또는 甲의 상속인)이 원고가 되어
乙을 상대로 소유권보존등기의 말소등기절차를 이행하라는 소를 제기한 것이다.
甲이 양도사실을 부인하는 위 사안에서는 모두 피고가 패소하였다. 즉 그 소유권
보존등기는 말소되어야 한다는 것이 대법원의 태도이다.

앞의 판결(82다카707)은 乙이 「부동산소유권이전등기 등에 관한 특별조치법」
에 터 잡아 소유권보존등기를 마친 경우이고, 뒤의 판결(79다434)은 乙이 「부동
산등기법」에 터 잡아 소유권보존등기를 마친 사례이다. 위 사안에서는 앞의
판결에서도 원고(사정명의인의 상속인은 법률의 규정에 의해 당연히 피상속인의
사정명의인이라는 신분을 승계취득하므로, 사정명의인과 같은 취급을 받는다)
가 승소하였다.

여기에서 주의해야 할 점은 과거 여러 차례에 걸쳐 시행된 적이 있는 각종의
특별조치법에 터 잡아 마쳐진 등기(소유권보존등기 및 소유권이전등기)에는
「부동산등기법」에 터 잡아 경료된 등기에 비하여 더욱 강력한 추정력이 인정되기
때문에 사정명의인이 현재의 등기상 명의인을 상대로 소를 제기하여 승소하는
일이 그리 쉽지 않다는 점이다. 이와 관련한 내용은 나중에 상세히 검토한다.

제5관 조선총독부 관보(官報)

제1항 서언

제1관부터 제4관까지에 있는 서류들, 즉 토지조사부, 임야조사부(임야조사서 포함), 구 토지대장, 구 임야대장, 및 등기부는 모두 대법원에서 권리추정력을 인정하는 공문서들이라는 점을 살펴보았다(다만, 일부 토지대장·임야대장은 제외). 즉 이들 문서에 소유자로 기재된 사람은 해당 토지의 진정한 소유자로 추정된다.

이 관 제3항부터 제5항까지에서 소개하는 문서는 해당 문서에서 특정인을 소유자라고 표시를 했더라도 그 문서 자체만으로는 정당한 소유자라는 권리추정을 받지 못하는 것도 있다.

그러함에도 불구하고 이들 문서는 그 나름대로 중요한 의미를 갖는다. 이들 문서 하나하나만으로는 소유자라는 추정을 받지는 못할 수도 있지만, 앞에서 검토한바 있는 문서들이 어떤 사정으로 인하여 권리추정을 받지 못할 위험에 처해진 경우에는 그 문서를 보충하여 강력한 권리추정을 인정받게 하는 수단(보충자료)으로는 그 활용가치가 있다.

그리고 단독으로 권리추정을 받을 수 있는 문서에 해당하는 것이 아무것도 없는 경우에는 이 관에서 소개하는 문서들의 조합에 의하여 해당 토지에 대한 소유권이 있음을 증명할 수도 있을 것이다.

제2항 조선총독부 관보의 이해

일제강점기에 조선총독부가 발행한 관보(官報)도 조상 땅을 찾는 일에서는 중요한 의미를 갖는 경우가 있다. 특히 지적공부와 조사부가 모두 멸실된 지역에 해당하는 경우에는 조상이 땅을 소유했다는 자료는 이 관보에서 찾을 수밖에 없다. 어느 지역은 토지조사부와 임야조사부가 함께 멸실되기도 하였고(가령

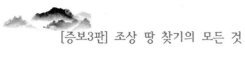

강원도 철원군), 어떤 지역에서는 토지조사부는 보존을 하였지만 임야조사부는 멸실한 경우도 있다(가령 충청북도). 그리고 이 관보는 특히 과거 조상이 소유했을 가능성이 있는 '임야'를 추적하는 경우에는 많은 도움이 될 수 있다.

이 관보는 1910년부터 1945년까지 발행이 되었고, 현재 국립중앙도서관(서울 서초구 반포대로 201, 3층 정부연속간행물실)에서 보관하면서 일반인에게 열람과 등사를 허용한다. 위 도서관은 위 관보를 일자별·인명별·분류별로 검색이 가능하도록 보존하고 있다.

그리고 국가기록원에서도 이들 관보를 보존·관리하면서 일반인에게 열람과 등사를 허용하고 있다. 국가기록원이 제공하는 것들 중에서는 인터넷으로 열람할 수 있는 것도 있다. 그리고 '대한민국 전자관보' 홈페이지를 통해서도 열람이 가능하다.

위 관보에 게재된 고시 중에는 임야양여고시·보안림편입고시·사방공사편입고시 등의 내용이 있다. 물론 이 관보는 한자 및 일본어로 기재된 관청의 신문이다. 이들은 일제강점기에 임야의 소유자를 파악할 수 있는 중요한 자료로 활용되기도 한다. 이하 이들 관보의 '고시'에 대하여 각각 사례를 나누어 살펴본다.

제3항 임야양여고시(林野讓與告示)

일본제국은 임야조사사업을 시작하기 전인 1911. 11. 10. 「요존치예정지임야 선정표준에 관한 건」을 제정하여 군사 및 학술상 공용으로 존치(存置)할 필요가 있거나 보안림에 준하여 보존할 필요가 있는 국유림을 '요존치임야(要存置林野)'로 분류하고, 그 나머지 임야는 '불요존치임야'로 분류하였다. 그 후 1926. 4. 5. 「조선특별연고삼림양여령」을 제정(1927. 2. 21. 시행)하여 국유림 중 불요존치임야는 그 특별연고자에게 양여할 수 있도록 하였다.

여기에서 말하는 '특별연고자'란 사실상은 그 임야의 소유자이지만 토지조사사업 당시에 소유자신고를 하지 않았거나 할 수 없었기 때문에 국유(國有)로 사정(査定)된 임야에 대한 임야조사부(임야조사서 포함) 연고자란에 씨명(氏名 : '성명'의 일본식 표기)과 주소가 기재된 자를 말한다. 특별연고자라고 하더라도 위 양여령의 시행일로부터 1년 이내에 출원(出願 : 양여신청)을 하여야만 양여를 받을 수 있었다. 이 양여는 무상(無償)이었다. 그러나 그 실질은 자기 소유인 임야의 소유권을 되찾는 것에 불과한 것이었다.

필자가 그 실질은 자기 소유인 임야의 소유권을 되찾는 것에 불과하다고 말하는 이유는 이렇다. 대한제국 정부는 1908년 1월 24일 법률 제1호로 「삼림법 (森林法)」을 제정·시행함에 있어 임야의 소유자는 3년 이내에 농상공부대신에게 신고[당시에는 '계출(屆出)'이라고 하였음]하도록 하였으며, 그 신고가 없는 임야는 국유로 간주하였다. 그 후 일제가 임야조사사업을 시행할 당시에 개인 및 국(國)이 함께 신고한 임야의 경우에는 재결절차를 거쳐 대부분 개인의 소유로 확정을 하였다고 한다. 그러나 개인의 신고가 없는 임야는 모두 국유로 사정하였다고 한다. 이와 같이 신고를 하지 못하여 소유권을 잃은 임야 소유자들의 원성을 잠재우기 위하여 제정된 것이 「조선특별연고삼림양여령」이었던 것이다.

원심판결 이유에 의하면 원심은 이 사건 임야는 경기 이천군 설성면 산60 임야 1정9무보에서 분할된 임야로서 위 분할 전의 임야는 원래 국(國)이 사정받은 국유임야였으나 그 연고자이던 소외 망 유사권이 일제시대에 조선특별연고삼림양여령에 의하여 피고 국으로부터 양여받아 소유권이 전등기까지 마친 동 망인의 소유였는데 동 망인이 1959. 2. 12. 사망하여 호주상속인이 된 소외 망 유천룡이 이를 단독상속하였다가 그의 처자인 소외 망 이복순, 유을식을 거쳐 1989. 2. 22.에 이르러 소외 유을식의 처자인 원고들이 이를 공동상속하였음에도 소외 망 유사권 및 그의 후손들이 6·25사변으로 이 사건 임야에 관한 등기부 및 지적공부가 소실된 후 망인 명의의 위 소유권이전등기의 회복등기 및 상속등기를 미처 마치지 못하고 있음을 기화로 피고 국은 1988. 4. 22. 이 사건 제1,3 임야에 관하여 아무런 권원 없이 소유권보존등기를 경료하였다는 원고들의 주장에 대하여 먼저 원고들의 선대라는 소외 망 유사권이 피고 국으로부터 이 사건 임야로 분할되기 전의 위 임야를 그 연고자로서 양여받았는지, 나아가 그 소유권이전등기까지 경료한 사실이 있는지의 점에 관하여 이에 일부 부합하는 듯한 거시증거들은 이를 믿을 수 없고, 다만 갑 제4호증의 1,2(경기도보 표지 및 내용)의 각 기재에 의하면 위 분할 전의 임야는 1942. 8. 29. 조선총독부 경기도 고시 제278호에 의하여 삼림령에 정한 보안림에 편입되면서 소외 망 유사권의 소유로 고시된 사실을 인정할 수 있으나 이러한 사실만으로 동 망인이 피고 국으로부터 위 분할 전의 임야를 연고자로서 양여받아 그 소유권이전등기까지 마친 것이라고 단정할 수는 없다 하여 이를 배척하였다.

그러나 원심이 판시한 바와 같이 일제하 임야조사사업 시행 당시 국 명의로 사정을 받았다가 그 후인 1942. 8. 29. 조선총독부 경기도 고시 제278호에 의하여 「삼림령」 제1조에 정한 보안림에 편입될 때 위 유사권의 소유로 고시된 바 있다면 자기소유의 임야를 사정 당시 적법하게 신고하지 아니하였던 자나 삼림을 적법하게 점유하고 있는 자 등 국유임야의 특별연고자는 1927. 2. 21.부터 시행된 「조선특별연고삼림양여령」에 의하여 이를 양여받을 수 있도록 되어 있었고, 위 양여령에 따라 많은 국유임야가 연고자에게 실제로 양여되어 온 점에 비추어(당원 1992. 2. 11. 선고

> 91다33025 판결 참조) 위 유사권이 역시 국으로부터 연고자로서 위 임야
> 를 양여받았다고 봄이 타당할 것이다(대법원 1992. 7. 14. 선고 92다9906
> 판결).

위 판결은, 조상이 임야조사부에 소유자로 사정을 받은 것이 아닌 임야에
관한 내용이다. 사정받은 명의인은 국가(소유자란에는 '國'으로 기재됨)이고,
조상이 그 임야조사부에 '연고자(緣故者)'로 기재된 뒤에 그 국유임야를 양여(讓
與)받은 경우에는 위 양여고시에 그 내용이 적혀 있다. 대법원은 이러한 연고자가
양여를 받은 것이라는 내용이 조선총독부 관보 또는 도보(道報)의 고시에 의해
확인되면 그 양여고시에 나타난 사람에게 권리추정력을 인정하고 있다. 따라서
위 임야조사부의 연고자란에 기재된 사람의 상속인은 정당한 소유자로 추정을
받는다는 것을 의미한다.

원래 무주물(無主物)인 부동산은 「민법」 제252조 제2항의 규정에 의하여 국유
(國有)로 한다. 그리고 일제강점기에 일본국이나 일본인이 소유하다가 제2차
세계대전의 패배에 따라 도망치면서 버리고 간 부동산은 국가의 소유로 된다.
이 사안의 경우 국의 입장에서 보면 국이 사정을 받았으며, 미등기상태(등기부가
멸실된 상태)로 남아 있는 임야이기 때문에 국의 소유라고 생각했을 것이다.
이에 따라 국은 소유권보존등기를 마친 것으로 보인다.

위 판례에 나타난 사안을 요약하면 이렇다. ① 임야조사부에 국(國) 명의로
사정(유사권은 연고자로 기재) → ② 유사권이 소유권보존등기를 마침 → ③
등기부 멸실 → ④ 국이 소유권보존등기를 마침 → ⑤ 유사권의 상속인이 국을
피고로 소유권확인소송 제기 → ⑥ 원고인 상속인이 승소

위 판결에서는 '멸실회복등기'를 줄여서 단순히 '회복등기'라고 표현하였다. 멸실회복등기는 과거에 화재 등의 사유로 인하여 법원 및 등기소에서 보관·관리하던 등기부가 없어진 경우에 법원행정처장이 일정한 기간을 정하여 멸실회복등기를 할 수 있도록 공고하고, 실제의 권리자가 위 기간 중에 등기를 신청하면 종전과 동일한 등기부를 조제하였다. 위 기간 중에 멸실회복등기를 하지 못한 경우에는 새로이 소유권보존등기를 허용하고 있다.

1926년 「조선특별연고삼림양여령」을 제정하여 시행하였는데, 여기에서 말하는 양여는 해당 임야에 대하여 연고가 있는 사람(임야조사부 또는 임야조사서에 연고자로 기재된 사람)에게 그 임야의 소유권을 무상으로 이전해준 것을 이르는 말이다. 현행법의 용어를 빌어 표현하면 국유재산의 증여에 해당하는 것이다.

제4항 보안림편입고시(保安林編入告示)·보안림해제고시

일제강점기에 시행된 「삼림령」(1911. 6. 20. 조선총독부제령 제10호) 및 「삼림령 시행규칙」(1911. 6. 20. 조선총독부령 제74호)에 근거하여 삼림(森林)을 보안림으로 편입할 때에는 조선총독부 관보에 이를 고시(告示)하였다.

이와 같이 보안림으로 편입할 때에는 보안림편입조서를 작성하였고, 그 조서에는 소유자를 기재하도록 하였다. 따라서 임야조사부 및 구 임야대장이 모두 멸실되었으면서 폐쇄등기부도 없는 경우에는 위 관보에 있는 고시는 해낭 임야의 소유권에 관한 결정적인 입증자료가 될 수도 있다.

> 이 사건 청구원인은 "이 사건 임야인 '강원 고성군 토성면 천진리 산34 임야 35,306㎡(3정5단6무보)'는 원래 원고들의 조부인 소외 망 최영순 소유로서, 소외 망 최응재를 거쳐 원고들이 상속한 것인데, 소외 망 김익수

가 1971. 11. 22. 아무런 권원 없이 이에 관 하여 소유권보존등기를 마치고, 이에 터 잡아 피고 명의의 소유권이전등기가 경료되었으므로, 위 각 등기는 무효이다."는 것이고, 원심은 이에 대하여, 먼저 이 사건 임야가 위 최영순의 사망 당시까지 그의 소유였는지를 살피건데, 이에 부합하는 듯한 갑 제8호증의 1 기재와 증인 이상기, 오월송, 박응재, 장계석의 각 증언은 믿지 아니하고, 갑 제3호증의 1, 갑 제4호증의 1,2의 각 기재와 원심의 정부기록보존소장에 대한 사실조회회신은 조선총독부 관보와 사방사업계획서에 '강원 양양군 토성면 천진리 산34 임야 5정5단8 무보'가 최영순의 소유라고 기재되어 있다는 것인데, 위 임야와 이 사건 임야의 면적이 크게 다른 점, 그 주위 토지와의 형상에 차이가 있는 점에 비추어 이 사건 임야와 같은 토지라고 단정하기 어려우며, 가사 위 임야가 이 사건 임야라 하더라도 위 각 기재에는 권리추정력이 없으므로, 이것만 으로는 이 사건 임야가 위 최영순의 소유이고 그가 사망할 때까지 소유하 였다고 인정하기에 부족하다고 하여 위 원고의 청구를 배척하였다. 그러므로 먼저 위 두 개의 임야가 동일한 것인지 여부를 살피기로 한다.

(대법원은 두 개의 임야가 동일한 것이라고 판단하였다. 그 이유 부분은 인용을 생략한다.)

이어서 이 사건 임야를 위 망 최영순의 소유로 볼 수 있는지를 보기로 한다.

가. 갑 제4호증의 1의 기재와 원심의 정부기록보존소장에 대한 사실조회 회신의 내용은, 강원도지사가 1928. 3. 27. 조선총독부 산림부장에게

보낸 문서로서, 그 제목은 "소화(昭和) 3년도 사방공사계획서 제출에 관한 건"이고, 그 내용은 "강원도는 '양양군 토성면 제2호 구역 사방공사계획'으로서, 소화 3년에 강원도 양양군 토성면 천진리와 봉포리의 민유임야(民有林野) 54.5hr 중 28.4hr에 해송과 산오리나무의 묘목 138,047그루를 심을 계획이다."는 것이며, 별지로 첨부한 "소화 3년도 사방공사시행구역 지적조서"에는 "강원 양양군 토성면 천진리 산34 임야 5정5단8무보 중 사방공사를 시행할 면적은 3정3단이고, 위 임야의 소유자는 천진리에 거주하는 최영순(원고들의 망 조부임)"이라고 씌어 있다(한편 위 문서는 참고사항으로서 "사업을 시행한 후에는 보안림에 편입하여 관리한다(소화 2년도에 공사를 완료한 강원도 양양군 토성면 천진리와 봉포리의 제1호 구역은 이미 편입하였다."고 덧붙이고 있다).

그리고 갑 제3호증의 1은 조선총독의 1930. 6. 27.자 조선총독부 고시 제281호로서, 그 내용은 "삼림령 제1조에 따라 좌기(左記)의 개소(個所)를 1930. 6. 29.부터 보안림에 편입한다."는 것이고, 위 "소화 3년도 사방공사 시행지역 지적조서"에 기재된 임야들을 포함하여 "34 임야 5정5단8무보"의 소유자는 위 "최영순"이라고 기재되어 있다(그러므로 이 고시는 위 참고사항란의 기재에 비추어 볼 때, 그 기재 임야에 대한 위 사방공사가 완료되었기 때문에 이루어진 것이라고 여겨진다).

나. 한편 위 고시가 이루어진 1930년 당시 임야를 보안림에 편입하는 절차를 보기로 하는바, 삼림령(1911. 6. 20. 조선총독부 제령 제10호) 제1조는 "조선총독은 국토의 보안, 위해의 방지, 수원(水源)의 함양,

항행(航行)의 목표, 공중의 위생, 어부(어류의 유치와 증식이라는 뜻임) 또는 풍치를 위하여 필요하다고 인정할 때에는 삼림을 보안림에 편입할 수 있다."고, 삼림령 시행규칙(1911. 6. 20. 조선총독부령 제74호) 제9조는 "보안림의 편입은 지역을 지정하여 조선총독부 관보에 이를 고시한다."고 각각 정하고 있었고, 삼림령 시행절차(1911. 8. 31. 조선총독부 훈령 제73호) 제4조 제1항 제1호에 따르면 보안림의 편입에 관한 조사를 할 때에는 보안림편입조서를 작성하도록 되어 있는데, 위 보안림편입조서에는 "소재지, 전 면적, 편입 면적, 지정 또는 명령 사항, 지황(地況), 임황(林況), 종래의 관행과 삼림취급, 편입을 요하는 사유, 비고"뿐 아니라 "소유자"를 기재하도록 되어 있고, "주의사항"으로서 "소유자"란에 공유(共有)일 경우 "외 하명(外何名)"이라고 쓰고 따로 명세서를 첨부하여야 하며, 국유일 경우 "국(國)"이라고 쓴다.고 덧붙이고 있다(위 훈령 제1호 서식).

다. 그러므로, 이처럼 "보안림 편입조서"를 작성할 때 그 소유자를 조사하여 기재하도록 되어 있고, 이는 당시의 등기부 또는 임야대장의 기재에 따랐을 것이라고 여겨지며, 이에 터 잡아 갑 제3호증의 1의 기재와 같은 "보안림 편입고시"에 그 소유자를 기재한 점, 국유로 사정된 임야의 "보안림 편입고시"에 개인이 소유자로기재된 경우 그 기재에 권리추정력을 부여하고 있는 당원의 견해(당원 1992. 7. 14. 선고 92다9906 판결 및 1992. 2. 11. 선고91다33025 판결 참조)를 종합하여 볼 때, 이 사건 임야는 위 보안림 편입의 고시 당시 위 최영순의 소유로 등기까지 마쳤다고 봄이 상당하다 할 것이다.

당시 조선총독부는 사인(私人) 소유의 임야를 보안림(保安林)으로 편입하는 경우에는 보안림편입조서를 작성하였고, 보안림에 편입된 사실을 관보에 고시하였다. 대법원은 임야조사부(또는 임야조사서)가 없는 경우에도 보안림편입조서에 소유자로 기재된 사람은 그 임야를 사정받은 사람으로 추정하여 당시의 소유자라고 인정하고 있다.

관보에서 보안림편입고시를 찾았다면 국가기록원에서도 보안림편입조서를 찾을 수 있을 것이다. 이 조서에는 그 보안림이 소재한 임야의 소유자·지번·면적 등이 적혀 있다. 위 판결에 나타난 지역은 등기부가 멸실된 사실이 있는 지역으로 보인다.

국유로 사정된 임야에 관하여「구 삼림령(1911. 6. 20. 조선총독부 제령 제10호, 폐지)」에 의한 조선총독부의 보안림편입고시에 개인이 소유자로 기재되어 있는 경우에 그 기재에 권리추정력을 부여하는 것은 그 기초가 되는 보안림편입조서를 작성할 때 그 소유자를 조사하여 기재하도록 되어 있고, 이는 당시에 등기부 또는 임야대장에 따랐을 것이라고 여겨지기 때문인 것이므로(대법원 1994. 2. 25. 선고 93다57841 판결 참조), 이 사건 임야와 같이 그 등기부와 임야대장 등 지적공부가 6·25전쟁 중 멸실된 후에 사방지정지 지정고시나 보안림해제(예정)고시가 된 경우에는 그 고시에 특정 개인이 소유자로 기재되어 있다고 하더라도, 그와 같이 소유자로 기재하게 된 구체적인 근거나 경위가 밝혀지지 아니하는 한 그러한 기재를 가지고 특정 개인을 당해 임야의 소유자라고 인정하거나 그러한 기재의 근거가 된 적법한 권리추정력이 있는 관계서류가 있다고 추정할 수 없다(대법원1999. 9. 3. 선고 99다18619 판결).

이 판례가 설명하고 있는 임야의 경우에는 등기부와 임야대장이 한국전쟁 당시에 소실되었다. 그리고 보안림지정예정지의 해제고시 자체도 한국전쟁의 정전(停戰) 이후에 있었기 때문에 권리추정력을 부여할 수 없다는 것이다. 이 사안은 예외적인(특별한) 경우에 해당한다. 왜냐하면 보안림에서 해제한다는 내용의 고시가 조선총독부 관보에 게재되었다는 것은 그 임야가 보안림으로 지정될 때에도 같은 소유자 명의로 고시가 되었을 개연성이 높기 때문이다. 그런데, 위 판례에 나타난 사안의 경우에는 보안림으로 지정될 당시의 고시를 찾지 못한 채 소를 제기하였던 것으로 보인다.

제5항 사방공사편입고시(砂防工事編入告示)

사방공사라 함은 산이 비바람에 씻겨 무너지는 것, 즉 산사태를 막기 위한 공사를 말한다. 일제강점기에 사방사업을 실시하는 경우에는 「조선사방사업령」에 의하여 도지사나 공공단체가 조선총독의 인·허가를 받아야 했고, 그 구체적인 시행을 함에 있어서는 임야지적조서 등을 작성하여 농림국장에게 제출하였다.

이 지적조서에는 '소유자·점유자'란이 있으며, 여기에는 그 씨명(氏名)과 주소, 지적도, 면적 등을 기재하였다. 이러한 내용을 고시한 것을 '사방공사편입 고시'라 한다.

사방사업설계서의 부속서류에는 소유자뿐만 아니라 점유자 및 연고자도 기재 하였기 때문에 그 자체로는 권리추정력을 인정받지 못한다. 이 사방공사를 실시 하기로 결정된 임야는 조선총독부 관보에 고시를 하였는데, 이 고시 내용에는 임야 소유자의 성명과 임야의 지번이 적혀 있다.

아래의 판례는 임야조사부에 국이 사정받은 것으로 기재되어 있음에도 불구하 고 사방사업설계서에 편철된 '임야지적조서'에는 개인의 성명이 소유자로 기재 되어 있다는 이유 등으로 국의 소유가 아니라고 판단하였다.

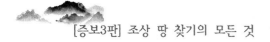
사방공사편입고시의 내용은 그 자체로는 원칙적으로 권리추정력이 인정되지
않지만, 조상의 분묘가 존재하는 등 특별한 사정이 있는 경우에는 권리를 인정받
을 수도 있다. 다음 판례는 예외적으로 권리의 추정을 받을 수도 있는 조건(여건)
을 설명하고 있다.

임야조사사업 당시 작성된 임야조사서와 임야원도에는 국유로 조사되고
갑이 단순한 연고자로 조사되어 있으나, 그 후 작성된 사방사업설계서에
편철된 임야지적조서에는 갑이 소유자로 기재되어 있고, 임야 내에는
선대의 분묘가 있어 갑의 후손들이 임야를 관리해온 경우, 위 임야지적조
서가 작성된 당시 임야사방사업을 실시하는 절차에 관한「구 조선사방사
업령(1933. 8. 25. 제령 제17호)」,「같은 령 시행규칙」(1934. 2 10. 조선총
독부령 제11호)의 구체적인 실시를 위하여 마련된「구 사방사업실시수속」
(1934. 10. 2. 임정 제120호 별책)에서 작성하도록 규정한 임야지적조서
의 양식에 의하면 해당 임야의 지번, 지목, 면적, 시공면적을 기재한
다음 구별란에 사유ㆍ연고림ㆍ대부지 국유 등으로 구분하여 기재하고,
사유ㆍ연고림ㆍ대부지의 경우에는 "소유자, 점유자 또는 관계자란"에
그 주소와 씨명을 기재하도록 되어 있는바, 위와 같이 임야지적조서를
작성할 때 그 소유자를 구별하여 기재하도록 되어 있고, 이는 당시 등기부
또는 임야대장의 기재에 따랐을 것이라고 보여지는데,「구 조선임야조사
령(1918. 5. 1. 제령 제5호)」제8조ㆍ제11조ㆍ제17조에 의하면 임야소유
자의 권리가 도장관의 사정 또는 그에 대한 재결에 의하여 확정되면 도장
관은 임야대장 및 임야도를 조제하여 그 사실을 등록하여야 한다고 규정하
고 있는 점에 비추어볼 때, 위 임야지적조서의 기재는 적어도 갑 앞으로

> 사정된 사실을 인정할 수 있는 하나의 유력한 자료가 될 수 있고, 더욱이
> 임야조사서에 갑이 임야의 연고자로 기재되어 있는 점과 그 임야 내에는
> 선대의 분묘가 있어 갑의 후손들이 위 분묘를 수호하면서 나무를 식재하는
> 등 임야를 관리해온 점을 보태여 보면, 위 임야는 임야조사사업 당시
> 갑 앞으로 사정되어 그 임야대장에 갑이 소유자로 등록되었을 가능성이
> 매우 크다(대법원 1999. 10. 22. 선고 99다35911 판결).

'씨명(氏名)'은 성명의 일본식 표기이고, '도장관(道長官)'은 일제강점기에 행정구역을 도(道) · 부(府) · 군(郡) · 면(面)으로 구분하던 당시 도(道)의 우두머리이므로, 현재의 도지사에 해당한다.

제6관 지적원도(地籍原圖) · 지세명기장(地稅明記帳) 등

제1항 지적원도 · 임야원도

조선총독부 임시토지조사국에서 1910년부터 1924년까지 사이에 조선의 모든 국토에 대하여 토지조사사업과 임야조사사업을 시행할 때 그들은 여러 가지 측량기법을 동원하여 임야를 제외한 모든 토지는 한꺼번에 지적도를 그렸고, 임야에 대하여는 임야만을 별도로 모아 임야도를 그렸다. 오늘날에는 이들을 각각 '지적원도' 및 '임야원도'라고 부른다.

이들 그림에는 각 필지별로 지적도 · 임야도에 있는 지번 근처에 당시의 소유자 성명을 써놓긴 하였으나 고치기 어려운 필기구가 아닌 연필로 쓰기도 하였고, 그 소유자에 대한 주소도 기재하지 않았다. 즉, 지적원도와 임야원도는 토지조사부와 임야조사부를 작성할 때 참고할 목적으로 단순히 소유자의 성명을 적어둔 것에 불과하다.

따라서 우리 법원은 이 지적원도 및 임야원도에 대하여는 권리추정력을 인정하지 않는다. 그러나 다른 증거자료를 보충하는 자료로서는 그 가치를 무시할 수 없으므로 - 특히 지적공부 및 토지조사부나 임야조사부가 멸실된 지역에서 - 대법원의 입장을 이해할 수 있는 판례를 여기에 소개한다.

이 지적원도 및 임야원도는 현재 우리가 사용하고 있는 지적도 및 임야도의 모태가 된 것이다. 당시에는 동(洞)·리(里)별로 1번지부터 모번(母番)만을 부여하였으며, 오늘날 우리가 사용하는 이른바 '가지번지'는 없었다.

「토지조사령(1912. 8. 13. 제령 제2호)」, 「토지조사령 시행규칙(1912. 8. 13. 조선총독부령 제6호)」, 「조선총독부 임시토지조사국 조사규정」, 「조선총독부 임시토지조사국 측량규정」에 의하면 토지측량의 결과에 따라 조제된 지적원도(地籍原圖)에 소유자의 성명을 기재하도록 규정되어 있지 않으므로, 어떤 토지의 지적원도에 어떤 사람의 성명이 기재되어 있는 사실이 인정된다면 그와 같은 사실은 그 사람이 그 토지의 소유자로 사정을 받은 것으로 짐작케 하는 유력한 자료가 되는 것이기는 하지만, 토지의 지번·지목·지적·소유자 등 토지의 조사에 관한 사항을 토지조사부에 기재하는 외에 지적원도에 지번·지목·지적과 함께 소유자의 성명까지 병기한 것은 법령의 근거 없이 행정의 편의를 위하여 한 것으로 보이고, 따라서 지적원도에 사람의 성명이 기재되어 있는 사실만으로는 그 사람이 그 토지의 소유자로 사정을 받은 사실이 추정된다고 볼 수 없는 것이며(당원 1993 . 10. 12. 선고 93다29181 판결 참조), 다만, 「조선임야조사령 시행수속(1918. 11. 26. 조선총독부 훈령 제59호)」 제51조에 의하면 「조선임야조사령(1918. 5. 1. 제령 제5호)」에 의하여 조사 및 측량을 하는 임야에

관하여 작성한 원도에는 "소유자 및 국유임야의 연고자의 씨명(氏名)·명칭"을 기재하도록 규정하고 있으나, 「토지조사령」 제2호에 의하면 임야 중 전·답·대지 등 「토지조사령」에 의하여 조사 및 측량을 할 토지 사이에 있는 임야는 「토지조사령」에 의하여 조사 및 측량을 하도록 규정하고 있고, 「조선임야조사령」 제1조는 「조선임야조사령」에 의한 임야의 조사 및 측량은 임야 중 토지조사령에 의한 것을 제외한 나머지 임야를 대상으로 한다는 취지로 규정하고 있으므로, 임야라고 하더라도 어떤 사람의 성명이 「조선임야조사령」 및 그 관련 규정에 의하여 작성된 원도에 기재되어 있는 경우에는 그 기재만으로 그 사람이 당해 임야의 소유자로 사정받았다고 추정할 수는 없는 것이다(대법원 1996. 12. 26. 선고 96다40486 판결).

「구 조선임야령(1918. 5. 1. 제령 제5호)」 제3조, 「구 조선임야령 시행규칙(1918. 5. 1. 부령 제36호)」 제1조, 「구 조선특별연고삼림양여령(1926. 4. 5. 제령 제7호)」 제1조·제2조, 「구 조선임야조사령 시행수속」 제5조에 따라 작성된 <u>임야원도(林野原圖)상에 연고자로 기재되어 있어 임야조사 당시 연고자로 신고한 자로 볼 수 있는 자라 하더라도 그것만으로는 그가 어떠한 연고관계를 가진 자인지를 확정할 수 없고</u>, 한편 「구 조선특별연고삼림양여령」 제1조·제2조의 규정에 의하면 「구 조선임야조사령 시행규칙」 제1조 각 호가 정하는 연고자 중에서도 일부만을 특별연고자로 한정하여 그에게 국유임야를 양여할 것을 규정하고 있으므로, <u>임야조사서의 연고자란에 연고자로 기재되고, 임야원도에 연고자로 기재되어 있는 자라 하더라도 그가 임야에 관하여 구체적으로 어떠한 내용의 연고를 가지고 있었는지를 입증하지 못하는 한 그 자체만으로 그가 「구 삼림법」 제19조에</u>

의한 지적의 계출(屆出 : 신고를 뜻함)을 하지 아니하여 국유로 귀속된 임야의 종전 소유자 내지 상속인으로서 「구 조선임야조사령」 제10조에 의하여 해당 임야를 사정받았다거나 「구 조선특별연고삼림양여령」 제2조에 의하여 해당 임야를 양여받았다고 볼 수는 없다(대법원 1998. 9. 8. 선고 98다18216 판결).

어느 토지의 지적원도에 어떤 사람의 성명이 기재되어 있다면 그 기재는 「세부측도실시규정」에 의하여 그 사람이 당해 토지의 소유자임을 표시한 것으로 볼 것이지, 이를 가지고 아무런 근거 없이 행정의 편의만을 위하여 임의로 기재한 것이라고 볼 수 없다고 함은 상고이유에서 지적하는 바와 같다.

그러나 토지 소유자의 사정은 지적원도의 소유자 기재 그 자체에 의거하여 이루어지는 것이 아니라 원도 및 토지 소유자의 신고서에 의하여 실지조사부를 조제한 다음(「세부측도실시규정」 제45조) 그 실지조사를 자료로 다시 토지조사부를 조제하여 그 토지조사부에 의하여 비로소 이루어지는 것이고, 한편 실지(實地)에서 세부측도를 하면서 연필로 작성한 원도의 선이나 지번, 지목 등의 기재에 대하여는 실지 작업 당일 먹을 입히도록 하고 있으나, 지주명(地主名)만은 먹을 입히지 않고 실측할 때 연필로 기재한 그대로 존치하는 방법으로 이를 원도에 표시하도록 하고 있는바(「세부측도실시규정」 제71조, 제85조), 이와 같이 지적원도의 소유자 기재가 사정의 직접적인 근거자료가 되는 것이 아니라 변개 방지를 위한 아무런 장치도 없이 연필로 임시로 기재해두는 것에 불과하다면, 그것이 설사

> 임시토지조사국의 규정에 따라 기재된 것이라 하더라도 그것을 가지고 곧바로 거기에 기재된 사람이 그 토지의 소유자로 사정받았다고 추정할 수 없다(대법원 2000. 4. 7. 선고 99다40006 판결).

「세부측도실시규정」은 1913. 5. 10. 조선총독부 임시토지조사국 훈령 제18호이다. 이는 측량업무와 관련하여 필지별 세부측량의 실시 및 지적원도·임야원도의 조제 등에 관하여 규정하였다.

제2항 지세명기장·임야세명기장

> 지세명기장이나 임야세명기장은 조세부과의 행정목적을 위하여 작성된 문서에 불과하여 소유권변동을 기재하는 토지대장이나 임야대장과는 달라 이의 기재로써 당연히 권리양도 내지 소유권 추정력이 있다고 할 수 없으므로, 임야 사정을 받은 갑 측에서 그로부터 그 부동산을 승계취득을 하였다는 을의 승계취득사실 주장을 갑이 부인하는 경우에는 선대(先代)인 을의 승계취득을 주장하는 병이 구체적으로 그 승계사실을 주장·입증하지 아니하면 병 명의의 위 부동산에 대한 보존등기의 추정력은 깨어진다고 볼 것이고, 동 보존등기는 실체적 권리관계에 부합되지 아니하는 것으로서 말소되어야 한다(대법원 1975. 11. 15. 선고 75다205 판결).

지세명기장(地稅明記帳)과 임야세명기장(林野稅明記帳)은 토지조사사업 및 임야조사사업을 실시한 후 토지대장 및 임야대장을 조제한 다음에 이를 토대로

작성된 것이 아니라 제정 「지적법」에 터 잡아 토지이동에 관한 작업을 마친 지적공부를 토대로 적성한 것이다.

즉 민유과세지(民有課稅地 : 조세의 부과 대상인 민간 소유 토지)를 면단위 및 소유자별로 조제한 장부이다. 이는 오로지 조세부과를 목적으로 세무서에서 만들었다. 작성연도도 1920년부터 1960년대까지이고, 종류도 다양하다.

이 장부는 과거 세무서에서 보관하던 것을 국가기록원으로 이관하였다고 하는데, 한국전쟁 당시에 소실된 것도 매우 많다고 한다. 이들은 토지의 소유권에 관한 소송에서 증거능력을 인정받지는 못한다. 증거능력이란 소송절차에서 증거로 사용될 수 있는 자격을 말한다.

제7관 족보(세보)

'족보(族譜)'는 남계혈통(男系血統 : 남자 계열의 씨족)의 성과 본관(本貫 : 시조의 발상지 내지 장기거주지)을 기반으로 편찬되는 씨족원 구성 등에 관한 역사서이다. 이를 '세보(世譜)'라고도 부른다.

족보를 그 구성원의 범위에 따라 분류하면 이는 본관 소속원 전원을 망라하는 '종보(宗譜)', 각 파별로 구성되는 '대동보(大同譜)' 및 각 지파별로 편성하는 '파보(派譜)' 내지 '지보(支譜)' 등이 있다. 그리고 그 범위를 1가(一家)로 축소한 것은 특별히 '가첩(家牒)'이라고 부른다. 족보는 대략 30년 내지 50년에 한 번씩 편찬하는 것이 관행이다.

족보는 일반적으로 각 파(派)의 시조를 중심으로 세수(世數) 내지 대수(代數)의 내림차순에 따라 - 항렬(行列)에 따라 - 편성하며, 여기에 기재되는 중요한 내용으로는 성별, 성명, 출생연월일 및 사망연월일, 분묘의 소재지, 배우자에 관한 사항, 양자에 관한 사항, 벼슬 이름(관직명), 선행(善行)의 업적 등이 기재되는데, 오늘날에는 학력 및 학위를 기재하기도 한다. 여기에서는 모계(母系)의

계통은 알아보기 어렵다.

과거에는 주로 종손가(宗孫家)에서만 족보를 보관 내지 소장하고 있었는데, 현재 국립중앙도서관에서는 다양한 족보들을 소장하면서 누구에게나 열람과 등사를 허용하고 있다.

조상의 땅을 찾는 일과 관련해서만 살펴보면, 족보가 중요한 용도로 쓰이는 것은 사실이지만, 족보에는 다소 과장되거나 누락된 기록이 많기 때문에 피상속 인과 상속인의 연결 관계를 직접 증명하는 자료로는 쓰이지 못한다.

다만, 종중 관련 소송에서는 종중원의 범위 등에 관한 사항을 증명하는 방법으로써 매우 큰 의미가 있는 자료가 된다.

> 족보는 종중 또는 문중이 종원의 범위를 명백히 하기 위하여 일족의 시조를 기초로 하여 그 자손 전체의 혈통, 배우자, 관력(官歷) 등을 기재하여 제작·반포하는 것으로서, <u>족보가 조작된 것이라고 인정할 만한 특별한 사정이 없는 한 혈통에 관한 족보의 기재 내용은 이를 믿는 것이 경험칙에 맞다</u>(대법원 2000. 7. 4. 자 2000스2 결정).

종중의 종원(宗員)에 관한 세보(世譜)가 발간되었다면 그 세보의 기재가 잘못되었다는 등의 특별한 사정이 없는 한 그 세보에 의하여 종중회의의 소집통지 대상이 되는 종원의 범위를 확정함이 상당하다(대법원 1999. 5. 25. 선고 98다60668 판결, 1994. 5. 10. 선고 93다51454 판결 등 참조).

종중총회는 특별한 사정이 없는 한 족보에 의하여 소집통지 대상이 되는 종중원의 범위를 확정한 후 국내에 거주하여 소재가 분명하여 연락통지가 가능한 모든 종중원에게 개별적으로 소집통지를 함으로써 각자가 협의와 토의와 의결에 참가할 수 있는 기회를 주어야 하고, 일부 종중원에게 소집통지를 결여한 채 개최된 종중총회의 결의는 효력이 없는 것임은 논지(論旨)가 주장하는 바와 같으나, 그 소집통지의 방법은 반드시 직접 서면으로 하여야만 하는 것은 아니고, 구두(口頭) 또는 전화로 하여도 되고, 다른 종중원이나 세대주를 통하여 하여도 무방하다(대법원 2000. 2. 25. 선고 99다20155 판결).

CHAPTER **2**

상속인 명의 등기가능성 판단하기

제2장 상속인 명의 등기가능성 판단하기

제1절 서언

우리는 앞에서 조상이 소유했을 가능성이 있는 땅의 소재를 찾는 방법을 검토하였고, 그 과정에서 확보(수집)할 수 있는 장부나 문서에는 어떠한 것이 어디에 있는지를 알아보았다. 그리고 각각의 문서를 취급하는 대법원의 태도 내지 입장(증거능력)도 검토하였다.

앞에서 검토한 방법으로 조상이 소유했던 땅의 존재를 알아냈다고 하여 모두 상속인의 소유가 될 수 있는 것은 아니다. 따라서 제2장에서는 위와 같이 찾아낸 조상 명의와 관련이 있는 땅을 상속인의 명의로 소유권에 관한 등기를 마침으로써 그 땅의 소유권을 행사할 가능성이 있는지 여부를 살펴보고자 한다. 즉 권리분석을 하는 요령을 검토한다.

그리고 상속인의 명의로 소유권에 관한 등기를 마칠 수 없는 어떤 사정이 있는 경우에는 그러한 사정을 만들어낸 불법행위자를 상대로 손해배상을 청구할 가능성이 있는지 여부도 알아보려고 한다.

조상의 명의와 관련이 있었던 땅의 소재·지번을 찾았다고 하더라도 그 땅을 상속인의 명의로 등기까지 마치려면 국가·지방자치단체·개인 또는 종중 등을 상대로 소송을 제기하고, 그 소송에서 승소를 해야만 하는 경우가 적지 않다. 아니 대부분은 소송을 거쳐야만 상속인의 명의로 소유권보존등기 또는 소유권이전등기를 마칠 수 있다.

소송절차는 법률전문가에게 위임함으로써 해결할 수도 있지만, 등기가능성(승소가능성)의 판단만큼은 상속인이 수집한 증거자료를 토대로 스스로 해결할 수 있어야 할 것이다. 남소(濫訴), 즉 함부로 제기하는 소송의 대가(결과)는 적지 않은 재산적 손실로 돌아오기 때문이다.

제2절 미등기 토지

땅은 있으나 등기가 없다고 하여 그 땅에 주인이 없는 것은 아니다. 그 주인인 소유권자가 등기를 마치면 할 수도 있는 소유권행사를 하지 못하고 있을 따름이다.

미등기토지라 함은 조상이 소유하던 땅을 찾고 보니 부동산등기부가 없는 경우이다. 소유권보존등기를 누구도 한 적이 없거나 등기부가 멸실되었기 때문이다.

이러한 경우의 대부분은 토지대장이나 임야대장의 소유자란에 사정명의인의 성명과 주소만 기재되어 있다. 또 어떤 땅의 토지대장이나 임야대장에는 그 소유자란에 "토지소유자를 복구하여야 할 대상임", 또는 "미등기"라고만 적혀 있을 뿐 소유자에 관한 정보는 아예 기재가 없는 경우도 있다. 이러한 땅은 6.25전쟁 당시에 토지대장·임야대장이 소실된 지역에서 주로 발견되고 있다.

토지구획정리사업이나 농지에 대한 경지정리사업 등의 시행에 의하여 새로운 지번이 부여된 땅의 경우 또는 환지(換地)가 교부된 경우에는 해당 사업의 시행자가 등기소에 등기를 촉탁(囑託)한다.

휴전선과 철책선 사이인 비무장지대(D.M.Z.) 안의 땅도 소유권에 관한 등기가 가능하다. 이 부분과 관련한 문제들은 뒤에서 다시 살펴보기로 한다.

미등기인 땅의 소재를 찾았다 함은 대부분 토지조사부 또는 임야조사부를 찾은 경우를 의미한다. 또는 조선총독부가 발행한 관보에서 조상이 소유자라고 고시된 사실을 찾은 경우일 것이다.

이러한 경우에는 찾은 자료의 등본, 조상으로부터 나(또는 우리들)까지 상속관계가 연결된다는 사실을 증명할 수 있는 자료(제적등본·가족관계증명서) 및 토지대장·임야대장의 각 등본 등 부동산 소유권보존등기에 필요한 서류를 준비하여 즉시 소유권보존등기를 마치면 된다. 이러한 경우에는 뒤에서 검토하는 사안과는 달리 소송절차 없이도 즉시 상속인 명의로 소유권보존등기를 마칠 수가 있다. 소유권보존등기와 관련한 사항은 「부동산등기법」이 규율한다.

위의 사례에서 만약 법원이나 등기소의 등기관이 등기신청에 대한 수리(受理)를 거부한다면 이유를 설명해줄 것이며, 그 거부사유를 보완할 수 없다면 국가를 피고로 하여 소유권확인소송을 제기하는 문제를 검토해야 할 것이다.

경기도와 강원도에는 휴전선이 있다. 휴전선으로부터 남북으로 각각 2㎞를 비무장지대라고 한다. 원칙적으로는 너비 4㎞는 비무장지대이지만, 사실상은 남과 북의 위 거리는 일정하지 않다. 북에서는 내려왔고, 남에서는 밀고 올라간 지역이 많기 때문이다.

아무튼 이 지역에는 미등기인 땅이 꽤 많은 것이 현실이다. 등기된 것은 거래도 된다. 비무장지대의 남방한계선으로부터 민간인통제선까지 사이에도 이러한 토지가 발견될 수 있다. 그리고 섬 지역이나 산악지대 등에서도 간혹 미등기부동산이 발견되곤 한다.

부동산등기법

[시행 2020. 8. 5.] [법률 제16912호, 2020. 2. 4., 일부개정]

제7조(관할 등기소) ① 등기사무는 부동산의 소재지를 관할하는 지방법원, 그 지원(支院) 또는 등기소(이하 "등기소"라 한다)에서 담당한다.
② 부동산이 여러 등기소의 관할구역에 걸쳐 있을 때에는 대법원규칙으로 정하는 바에 따라 각 등기소를 관할하는 장이 관할 등기소를 지정한다.

제22조(신청주의) ① 등기는 당사자의 신청 또는 관공서의 촉탁에 따라 한다. 다만, 법률에 다른 규정이 있는 경우에는 그러하지 아니하다.

② 촉탁에 따른 등기절차는 법률에 다른 규정이 없는 경우에는 신청에 따른 등기에 관한 규정을 준용한다.

③ 등기를 하려고 하는 자는 대법원규칙으로 정하는 바에 따라 수수료를 내야 한다.

제23조(등기신청인) ① 등기는 법률에 다른 규정이 없는 경우에는 등기권리자(登記權利者)와 등기의무자(登記義務者)가 공동으로 신청한다.

② 소유권보존등기(所有權保存登記) 또는 소유권보존등기의 말소등기(抹消登記)는 등기명의인으로 될 자 또는 등기명의인이 단독으로 신청한다.

③ 상속, 법인의 합병, 그 밖에 대법원규칙으로 정하는 포괄승계에 따른 등기는 등기권리자가 단독으로 신청한다.

④ 등기절차의 이행 또는 인수를 명하는 판결에 의한 등기는 승소한 등기권리자 또는 등기의무자가 단독으로 신청하고, 공유물을 분할하는 판결에 의한 등기는 등기권리자 또는 등기의무자가 단독으로 신청한다. 〈개정 2020. 2. 4.〉

제24조(등기신청의 방법) ① 등기는 다음 각 호의 어느 하나에 해당하는 방법으로 신청한다. 〈개정 2016. 2. 3.〉

1. 신청인 또는 그 대리인(代理人)이 등기소에 출석하여 신청정보 및 첨부정보를 적은 서면을 제출하는 방법. 다만, 대리인이 변호사[법무법인, 법무법인(유한) 및 법무조합을 포함한다. 이하 같다]나 법무사[법무사법인 및 법무사법인(유한)을 포함한다. 이하

같다]인 경우에는 대법원규칙으로 정하는 사무원을 등기소에 출
　　　석하게 하여 그 서면을 제출할 수 있다.

　2. 대법원규칙으로 정하는 바에 따라 전산정보처리조직을 이용하여
　　　신청정보 및 첨부정보를 보내는 방법(법원행정처장이 지정하는
　　　등기유형으로 한정한다)

② 신청인이 제공하여야 하는 신청정보 및 첨부정보는 대법원규칙으
로 정한다.

제26조(법인 아닌 사단 등의 등기신청) ① 종중(宗中), 문중(門中), 그밖에
대표자나 관리인이 있는 법인 아닌 사단(社團)이나 재단(財團)에 속하는
부동산의 등기에 관하여는 그 사단이나 재단을 등기권리자 또는 등기의
무자로 한다.

② 제1항의 등기는 그 사단이나 재단의 명의로 그 대표자나 관리인이
신청한다.

제27조(포괄승계인에 의한 등기신청) 등기원인이 발생한 후에 등기권리자
또는 등기의무자에 대하여 상속이나 그 밖의 포괄승계가 있는 경우에는
상속인이나 그 밖의 포괄승계인이 그 등기를 신청할 수 있다.

제65조(소유권보존등기의 신청인) 미등기의 토지 또는 건물에 관한 소유
권보존등기는 다음 각 호의 어느 하나에 해당하는 자가 신청할 수 있다.

　1. 토지대장, 임야대장 또는 건축물대장에 최초의 소유자로 등록되
　　　어 있는 자 또는 그 상속인, 그 밖의 포괄승계인

　2. 확정판결에 의하여 자기의 소유권을 증명하는 자

　3. 수용(收用)으로 인하여 소유권을 취득하였음을 증명하는 자

제3절 국가 · 지방자치단체 등이 소유권보존등기를 마친 경우

국가나 지방자치단체가 땅의 소유자가 되는 경우는 ① 토지조사사업 · 임야조사사업 당시에 소유자로 사정받은 경우, ② 위 조사사업들이 끝난 뒤에 개인으로부터 매수(공공용지의 협의취득) 또는 수용한 경우, ③ 일본국이나 일본인들이 소유하다가 1945. 8. 15. 미군정청의 소유로 된 경우의 토지 등일 것이다. ④ 친일반민족행위자가 소유하던 땅도 국가의 소유이긴 하지만 이에 관하여는 뒤에서 따로 검토한다.

위의 사유에 해당하는 것이 아닌 토지, 즉 나의 조상이 소유하던 땅이었으나 어떤 이유인지 알 수 없이 국가나 지방자치단체가 소유권보존등기를 마친 경우가 있다.

이러한 경우에는 국가나 지방자치단체를 상대로 소유권보존등기의 말소등기 절차를 이행하라고 청구하는 소송 또는 소유권의 확인을 구하는 소송을 제기할 수 있다. 국가 또는 지방자치단체로부터 제3자의 명의로 이전된 경우(여러 번 이전되었더라도 무방하다. 다만, 시효취득이 문제될 수는 있다. '시효취득'에 관하여는 뒤에서 검토한다)에도 마찬가지이다.

개인이 조상의 땅을 가로채는 유형으로 가장 많은 사례는 각종 특별조치법이 시행되던 기회에 편승하여 함부로 - 위법한 방법으로 - 등기를 마친 경우일 것이며, 드물긴 하지만 이른바 토지브로커라고 불리던 자들이 호적부 등 관련 서류를 위조하는 범죄의 방법으로 등기를 마친 경우도 있다. 이와 관련한 문제는 뒤에서 다시 설명한다.

국가가 미등기부동산에 대하여 소유권보존등기를 할 수 있는 근거가 무엇이며, 피상속인이 사정받은 땅에 대하여 국가가 소유권보존등기를 마친 경우 그 상속인이 취할 조치가 무엇인가를 잘 시사하고 있는 대법원의 판례 하나를 여기에 소개한다.

1. 가. 민법 제252조는 무주의 부동산은 국유로 한다고 정하고 있고, 구 국유재산법(1994. 1. 5. 법률 제4698호로 개정되기 전의 것) 제8조는 총괄청 또는 관리청은 대통령령이 정하는 바에 의하여 무주의 부동산을 국유재산으로 취득한다고 정하고 구 국유재산법 시행령(1994. 4. 12. 대통령령 제14209호로 개정되기 전의 것) 제4조 제1항은 총괄청 또는 관리청은 무주의 부동산을 국유재산으로 취득하고자 할 때에는 '1. 부동산의 표시', '2. 공고 후 6월이 경과할 때까지 당해 부동산에 대하여 정당한 권리를 주장하는 자의 신고가 없는 경우에는 이를 국유재산으로 취득한다는 뜻'을 공고하여야 한다고 정하고 있다.

나. 기록에 의하면, 국가인 피고는 1985년 이후 국유재산 사무의 총괄청인 기획재정부의 주관으로 전국에 산재해 있는 미등기의 무주부동산에 관하여 국가 명의로 소유권보존등기를 하는 권리보전조치를 추진하였는데, 기획재정부는 그 대상재산을 국유재산대장, 등기부, 지적공부 등을 상호 대조하여 선정하되, 지적공부의 소유자란에 '미상', '불명'으로 기재되어 있거나 공란으로 되어 있는 미등기의 재산을 일응 부주부동산으로 취급하여 실태 및 현지조사, 소관청 분류 및 이관, 토지대장의 등록·변경 및 관련 공부 정리 등의 절차를 거쳐 권리보전조치를 진행한 사실을 알 수 있다.

다. 진정한 소유자가 있는 토지에 관하여 그 소유자가 행방불명되어 생사 여부를 알 수 없다 하더라도 그가 사망하고 상속인도 없다는 점이 입증되거나 그 토지에 대하여 민법 제1053조 내지 제1058조에 의한 국가귀속절차가 이루어지지 아니한 이상 그 토지가 바로 무주부동산이 되어 국가 소유로 귀속되는 것은 아니다. 또한 무주부동산이 아닌 한 국유재산법 제8조에 의한 무주부동산의 처리절차를 밟아 국유재산으로 등록되었다 하여 국가 소유로 되는 것도 아니다(대법원 1999. 2. 23. 선고 98다59132 판결, 대법원 2011. 12. 13. 선고 2011도8873 판결 등 참조).

한편 6·25동란으로 인하여 지적공부가 멸실된 토지의 진정한 소유권자를 가리는 소송에서 대법원은 종래에는 토지 사정 당시 작성된 토지조사부의 소유자란에 소유자로 등재된 사실만으로는 토지사정을 거쳐 그 소유권이 확정된 것이라고 단정할 수 없다는 입장을 취하였으나(대법원 1982. 5. 11. 선고 81다188 판결, 대법원 1982. 6. 10. 선고 81다92 판결 등 참조), 1986년에 판례를 변경하여 토지조사부에 소유자로 등재되어 있는 자는 반증이 없는 이상 토지소유자로 사정받고 그 사정이 확정된 것으로 추정하여야 한다는 입장을 취하였다(대법원 1986. 6. 10. 선고 84다카1773 전원합의체 판결 참조).

그리고 소유권보존등기의 추정력은 그 보존등기 명의인 이외의 자가 당해 토지를 사정받은 것으로 밝혀지면 깨어지는 것이며 상속인이 존재하는 부동산은 무주부동산이 아니라고 할 것이나(대법원 1997. 5. 23. 선고 95다46654, 46661 판결 등 참조), 사정 이후에 사정명의인이 그 토지를 다른 사람에게 처분한 사실이 인정된다면 사정명의인 또는 그 상속인들에게는 소유권보존등기 명의자를 상대로 하여 그 등기의 말소를 청구할 권원이 없게 되는 것이다(대법원 2008. 12. 24. 선고 200779718 판결, 대법원 2012. 6. 14. 선고 2012다10

355 판결 등 참조).

라. 국가배상책임은 공무원의 직무집행이 법령에 위반한 것임을 요건으로 하는데, 공무원의 직무집행이 법령이 정한 요건과 절차에 따라 이루어진 것이라면 특별한 사정이 없는 한 이는 법령에 위반한 것이라고 볼 수 없는 것이다(대법원 2000. 11. 10. 선고 2000다26807 판결등 참조). 그런데 위에서 살펴본, 미등기부동산에 대한 피고의 권리보전조치의 경위와 내용, 토지조사부에 소유자로 등재된 자의 지위에 관한 판례변경 경위 및 광복 이후 농지개혁과 6·25동란 등을 거치면서 토지소유권에 관하여도 극심한 변동이 있었던 점 등을 감안하여 보면, 피고가 지적공부에 소유자 기재가 없는 미등기의 토지에 대하여 국가 명의로 소유권보존등기를 하는 권리보전조치를 취한 것이 위법한 행위라고 볼 수는 없는 것이며, 피고가 그 권리보전조치를 하는 과정에서 그 토지의 진정한 소유자가 따로 있음을 알고 있음에도 불구하고 국가 명의로 소유권보존등기를 경료하였다는 등의 특별한 사정이 없는 한 그 토지의 사정명의인 또는 그 상속인에 대한 관계에서 무슨 불법행위가 된다고 할 수는 없는 것이다.

2. 원심은 그 판시와 같은 사실을 인정한 다음, 이 사건 토지에 관하여 소외인이 사정을 받아 그 상속인들이 존재함에도 불구하고 피고 명의로 소유권보존등기를 경료한 행위에 대하여, 피고가 국유재산법령이 정한 무주부동산 취득절차를 거쳤는지 여부에 관한 증거가 없을 뿐만 아니라, 설령 그러한 절차를 거쳤다고 하더라도 사정명의인 내지 그 상속인의 존재 여부를 조사하지 아니한 채 지적공부에 소유자 기재가 없다고 하여 바로 무주부동산 취득절차를 취하였다는 이유로 피고에게 원고들

의 소유권 상실로 인한 손해를 배상할 책임이 있다고 판단하였다. 그러나 앞서 본 법리에 비추어 원심판결 이유와 기록을 살펴보면, 피고는 지적공부에 소유자 기재가 없는 미등기의 이 사건 토지에 관하여 앞서 본 바와 같은 국유재산에 관한 권리보전조치의 일환으로 국가 명의로 소유권보존등기를 경료한 것인바, 피고가 이 사건 토지에 관하여 진정한 소유자가 따로 있음을 알았다는 등의 특별한 사정이 없는 이상 원고들에 대한 관계에서 불법행위가 된다고 할 수 없다(대법원 2014. 12. 11. 선고 2011다38219 판결).

위 판례에서 언급한 "「민법」 제1053조 내지 제1058조에 의한 국가귀속절차"를 간략히 설명하면 이렇다.

피상속인이 사망한 뒤 상속인이 없는 것으로 보이는 경우에는 상속인수색공고를 한다. 이 공고기간 내에 상속인임을 주장하는 자가 없으면 가정법원이 피상속인과 생계를 같이 하고 있던 자나 피상속인의 요양간호를 한 자 등 피상속인과 특별한 연고가 있던 자의 청구에 의하여 그 청구인에게 상속재산의 전부나 일부를 분여(分與)할 수 있고, 이러한 분여가 없거나 분여하고 남은 재산은 국가에 귀속하는 절차를 말한다.

위 판례는 피상속인의 명의로 사정된 토지를 발견한 원고(상속인)가 국가를 상대로 손해배상을 청구하여 항소심에서는 승소를 하였으나, 대법원에서 파기환송이 되었다. 만약 손해배상을 청구하기보다는 국가 명의의 소유권보존등기의 말소등기절차를 이행하라는 청구를 하였더라면 어렵지 않게 승소하였을 것으로 보인다.

대법원판례 하나를 더 소개한다. 아래의 판례에서 다룬 사안은 개인인 피고가

「농지개혁법」(뒤에서 소개한다)의 규정에 의하여 소유권을 취득하였지만 소유권 보존등기를 마치지 않고 있는 사이에 국가가 소유자 없는 땅이라는 이유로 「민법」 및 「국유재산법」의 관련 규정에 터 잡아 국유라고 주장한 사안이다. 그러나 국가가 패소하였다(원고 대한민국의 청구 기각).

> 원심판결 이유에 의하면 원심은 그 채택한 증거에 의하여 판시 사실을 인정한 다음 비록 이 사건 각 부동산에 관하여 경료된 피고 명의의 각 소유권보존등기가 원인무효의 등기이고, 피고가 원심판결문 별지 부동산 목록 4항 기재 토지에 대한 수용보상금을 수령할 권한이 없다고 하더라도, 원고가 피고에 대하여 이 사건 각 부동산에 대한 소유권확인과 원인무효인 피고 명의의 위 각 소유권이전등기의 말소를 구하기 위하여는 원고가 현재 이 사건 각 부동산의 소유자임을 요하고, 나아가 주위적으로 부당이득을 원인으로, 예비적으로 불법행위를 원인으로 하여 이 사건 수용보상금의 반환을 구하기 위하여는 위 수용 당시 원고가 별지 부동산 목록 4항 기재 토지의 진정한 소유자였음을 요한다고 할 것이라고 전제한 다음, 원고의 주장과 같이 원고가 민법 제252조 제2항의 규정에 따라 소외 최경춘의 행방불명시 이 사건 구 경기 양주군 노해면 공덕리 543의1 (답 1,638평)의 소유권을 취득하거나 또는 국유재산법 제8조의 규정에 따라 무주부동산 공고기간 만료시 이 사건 각 부동산의 소유권을 취득하기 위하여는 위 공덕리 543의1 토지와 그로부터 분할된 이 사건 각 부동산이 무주의 부동산이어야 할 것인바, 위 인정사실과 같이 소외 망 이우면이 구 경기 양주군 노해면 공덕리 543 임야(3,471평)를 사정받았더라도, 그 후 농지개혁법 시행 당시 위 토지로부터 분할된 공덕리

543의1 답 1,638평이 위 최경춘 명의로 토지소유신고가 되었다면 특별한 사정이 없는 한 위 최경춘은 일응 농지개혁법에 의하여 등기 없이도 위 공덕리 543의1 토지에 대한 소유권을 취득하였다고 할 것인데, 위 최경춘이 이미 사망하였고, 그의 상속인이 전혀 없다는 점에 관한 아무런 주장·입증도 없는 이 사건에서 위 최경춘이 1957. 12. 24. 이후 행방불명 되어 현재 그 생사 여부를 알 수 없다는 점만으로는 위 공덕리 543의1 토지와 이 사건 각 부동산이 바로 무주의 부동산으로 된다고는 볼 수 없고, 달리 이를 인정할 증거도 없으므로 원고가 이 사건 각 부동산에 관하여 국유재산법 제8조의 규정에 따라 무주부동산으로 공고하여 국유 재산으로 지정했다고 해서 그 소유권을 취득하였다고 할 수는 없다고 판단하여 원고가 이 사건 각 부동산의 현재의 소유자임을 전제로 한 이 사건 소유권확인청구 및 소유권이전등기말소청구와 원고가 별지 부동 산 목록 4항 및 토지의 수용 당시의 소유자였음을 전제로 하는 이 사건 주위적 및 예비적 금원 지급청구는 더 나아가 살펴볼 필요 없이 모두 이유 없다고 하여 원고의 청구를 배척하였는바, 기록과 관계법령에 비추 어보면 원심의 위와 같은 인정판단은 옳고, 거기에 소론이 주장하는 바와 같은 무주부동산의 국유귀속에 관한 사실오인 및 법리오해의 위법이 있다고 할 수 없다(대법원 1997. 11. 28. 선고 97다23860 판결).

주위적 청구와 예비적 청구는 민사소송절차에서 원고가 소장(訴狀)에 청구취 지를 기재할 때의 문제이다.

원고가 소장의 청구취지에 A 권리를 청구하면서 만약 A 권리를 인용할 수 없다면 B 권리를 인용해달라고 청구하는 형태이다. 이 경우에 A 청구를 '주위적 청구'라고 하고, B 청구를 '예비적 청구'라고 한다. 이러한 청구에 대하여 법원이 A 청구를 인용하는 경우에는 B 청구에 대하여는 판단을 하지 않는다.

원래 주인이 없는 부동산(무주부동산)과 상속인 없이 사망한 피상속인의 재산은 「민법」의 규정에 의하여 국유로 된다.

그리고 「구 농지개혁법」의 규정에 의하여 농지를 취득하는 것은 법률의 규정에 의한 취득에 해당하므로 소유권에 관한 등기를 마치지 않더라도 소유권을 취득한다. 「구 농지개혁법」에 관하여는 뒤에서 검토한다.

위 판례의 사안에서 다툼의 대상인 부동산은 분필(分筆 : 1필의 토지를 2필 이상으로 쪼개는 것)이 되어 일부는 토지수용이 된 상태에서 국가가 개인을 상대로 토지 및 수용보상금을 국가에 넘겨달라면서 소를 제기하였다가 패소하였다. 그러나 실무에서는 이와는 반대로 개인이 국가를 상대로 소를 제기하는 사례가 더 많을 것이다.

부동산의 소유자가 행방불명되어 생사 여부를 알 수 없다 하더라도 그가 사망하고 상속인도 없다는 점이 입증되거나 그 부동산에 대하여 민법 제1053조 내지 제1058조에 의한 국가귀속절차가 이루어지지 아니한 이상 그 부동산이 바로 무주부동산이 되어 국가 소유로 귀속되는 것은 아니고, 무주부동산이 아닌 한 국유재산법 제8조에 의한 무주부동산 공고절차를 밟아 국유재산으로 등록되었다 하여 국가 소유로 되는 것도 아니며, 국유재산법 제8조에서 무주의 부동산을 국유로 취득하는 절차를 규정하고 있으나, 이는 단순히 지적공부상의 등록절차에 불과하고, 이로써 권리의 실체관계에 영향을 주는 것은 아니다.

따라서 <u>부동산에 등기부상 소유자가 존재하는 등 그 부동산의 소유자가</u>

따로 있음을 알 수 있는 경우에는 비록 그 소유자가 행방불명이 되어 생사 여부를 알 수 없다 하더라도 그 부동산이 바로 무주부동산에 해당하는 것은 아니므로, 이와 같이 소유자가 따로 있음을 알 수 있는 부동산에 대하여 국가가 국유재산법 제8조에 의한 무주부동산 공고절차를 거쳐 국유재산으로 등기를 마치고 점유를 개시하였다면, 특별한 사정이 없는 한 그 점유의 개시에 있어서 자기의 소유라고 믿은 데에 과실이 있다고 할 것이다(대법원 2008. 10. 23. 선고 2008다45057 판결).

위 판례와 관련이 있는 법률의 규정을 아래에 인용한다.

민법

[시행 2021. 1. 26.] [법률 제17905호, 2021. 1. 26., 일부개정]

제252조(무주물의 귀속) ② 무주의 부동산은 국유로 한다.

제1053조(상속인 없는 재산의 관리인) ① 상속인의 존부가 분명하지 아니한 때에는 법원은 제777조의 규정에 의한 피상속인의 친족 기타 이해관계인 또는 검사의 청구에 의하여 상속재산관리인을 선임하고 지체없이 이를 공고하여야 한다. 〈개정 1990. 1. 13.〉

제1056조(상속인 없는 재산의 청산) ① 제1053조 제1항의 공고 있은 날로부터 3월내에 상속인의 존부를 알 수 없는 때에는 관리인은 지체없이 일반상속채권자와 유증받은 자에 대하여 일정한 기간 내에 그 채권 또는 수증을 신고할 것을 공고하여야 한다. 그 기간은 2월 이상이어야

한다.

제1057조(상속인수색의 공고) 제1056조 제1항의 기간이 경과하여도 상속인의 존부를 알 수 없는 때에는 법원은 관리인의 청구에 의하여 상속인이 있으면 일정한 기간 내에 그 권리를 주장할 것을 공고하여야 한다. 그 기간은 1년 이상이어야 한다.

제1057조의2(특별연고자에 대한 분여) ① 제1057조의 기간 내에 상속권을 주장하는 자가 없는 때에는 가정법원은 피상속인과 생계를 같이 하고 있던 자, 피상속인의 요양간호를 한 자 기타 피상속인과 특별한 연고가 있던 자의 청구에 의하여 상속재산의 전부 또는 일부를 분여할 수 있다. 〈개정 2005. 3. 31.〉

② 제1항의 청구는 제1057조의 기간의 만료 후 2월 이내에 하여야 한다. 〈개정 2005. 3. 31.〉

제1058조(상속재산의 국가귀속) ① 제1057조의2의 규정에 의하여 분여(分與)되지 아니한 때에는 상속재산은 국가에 귀속한다.

② 제1055조 제2항의 규정은 제1항의 경우에 준용한다.

제1059조(국가귀속재산에 대한 변제청구의 금지) 전조 제1항의 경우에는 상속재산으로 변제를 받지 못한 상속채권자나 유증을 받은 자가 있는 때에도 국가에 대하여 그 변제를 청구하지 못한다.

국유재산법

[시행 2021. 1. 1.] [법률 제17758호, 2020. 12. 29., 타법개정]

제12조(소유자 없는 부동산의 처리) ① 총괄청이나 중앙관서의 장은 소유

자 없는 부동산을 국유재산으로 취득한다.

② 총괄청이나 중앙관서의 장은 제1항에 따라 소유자 없는 부동산을 국유재산으로 취득할 경우에는 대통령령으로 정하는 바에 따라 6개월 이상의 기간을 정하여 그 기간에 정당한 권리자나 그 밖의 이해관계인이 이의를 제기할 수 있다는 뜻을 공고하여야 한다.

③ 총괄청이나 중앙관서의 장은 소유자 없는 부동산을 취득하려면 제2항에 따른 기간에 이의가 없는 경우에만 제2항에 따른 공고를 하였음을 입증하는 서류를 첨부하여 「공간정보의 구축 및 관리 등에 관한 법률」에 따른 지적소관청에 소유자 등록을 신청할 수 있다. 〈개정 2009. 6. 9., 2011. 3. 30., 2014. 6. 3.〉

④ 제1항부터 제3항까지의 규정에 따라 취득한 국유재산은 그 등기일부터 10년간은 처분을 하여서는 아니 된다. 다만, 대통령령으로 정하는 특별한 사유가 있으면 그러하지 아니하다.

제4절 국가 등이 소유권이전등기를 마친 경우

국가나 지방자치단체가 소유권이전등기를 마칠 수 있는 경우를 생각해본다. 첫 번째는 조상으로부터 양수한 경우이다. 두 번째는 공익사업을 위하여 토지를 수용(收用)한 경우이다. LH(한국토지주택공사), 한국농어촌공사(구 농지개량조합), KTX(한국고속철도) 등도 공익사업을 위하여 수용의 주체가 되는 경우가 있다. 이들도 국가나 지방자치단체와 같이 보면 된다.

국가 등이 토지를 수용할 때에는 수용의 주체가 토지의 소유자와 협의를 한다. 협의가 성립하지 않으면 '재결'이라는 절차를 거치는 것이 일반적이다.

부동산등기부에 나타나 있는 최종소유자가 사망한 사람으로 확인되면 수용의 주체는 그 상속인을 찾는다. 상속인을 찾을 수 없거나 최종소유자를 알 수 없는 경우에는 수용대상 토지의 수용보상금을 법원에 공탁한다. 이 경우의 피공탁자(공탁금의 출급청구권을 갖는 사람)는 '상속인들' 또는 '등기부상 최종소유자'가 된다.

이 공탁금의 소멸시효는 10년이다. 공탁 후 10년이 지나면 국고(國庫)에 귀속된다는 뜻이다. 공탁금의 소멸시효가 완성되기 전이면 출급청구권이 있음을 증명하는 문서를 가지고 법원으로부터 공탁금을 출급할 수 있다는 점에 관하여는 두말할 나위가 없다. 공동상속인이 여럿인 경우에는 자기의 상속분(相續分)에 해당하는 공탁금만을 출급할 수도 있다.

제5절 무권리자인 사인(私人)이
소유권보존등기 · 소유권이전등기를 마친 경우

여기에서는 국가나 지방자치단체가 아닌 사인이 나의 조상이 사정받은 땅에 대하여 소유권보존등기를 마쳤거나 조상 명의로 등기되어 있던 땅에 대하여 소유권이전등기를 마친 경우를 검토한다.

나의 조상이 사정받은 땅에 대하여 제3자가 소유권보존등기 또는 소유권이전등기를 마쳤다면, ① 조상이 제3자에게 땅을 양도한 뒤 등기절차에 협력한 경우, ② 제3자가 「농지개혁법」에 의하여 분배받은 - 원칙적으로 지목이 전 · 답 · 과수원에 해당하는 농지만 해당한다. - 농지에 대하여 농지대금의 상환을 완료한 뒤 등기를 마친 경우, ③ 제3자가 부정한 방법으로 특별조치법에 편승하여 등기를 마친 경우 중 어느 하나에 해당한다고 보아야 한다. 이 절에서는 위 ②와 관련한 내용을 검토하고, 특별조치법에 의한 등기는 절을 바꾸어 뒤에서

살펴본다.

상속권을 침해하는 사람은 보통 공동상속인이거나 가까운 친족인 경우가 많다.「민법」제999조는 "상속권이 참칭상속권자(僭稱相續權者)로 인하여 침해된 때에는 상속권자 또는 그 법정대리인은 상속회복의 소를 제기할 수 있다. 상속회복청구권은 그 침해를 안 날부터 3년, 상속권의 침해행위가 있은 날부터 10년을 경과하면 소멸한다."고 규정하였다.

여기에서 주로 문제가 되는 것은 위 단기의 '제척기간'이므로, 이에 주목하여야 한다. 원래 소유권은 원칙적으로 시효(時效)로 인하여 소멸하지 않는다. 수백년이 흘러도 마찬가지이다. 토지를 상속받은 사람은 소유권을 승계한다. 따라서 상속에 따른 소유권보존등기나 소유권이전등기(상속등기)를 마치지 않더라도 상속인은 법률의 규정에 의하여 그 토지의 소유권을 당연히 취득하므로 상속인의 위 소유권은 소멸할 수 없는 것이다.

그런데 공동상속인 등 참칭상속인에 의하여 상속권을 침해당한 경우에는 민법 제999조의 규정에 의하여 그 회복청구를 할 수 있는 기간이 한정된다. 따라서 조상의 땅에 대한 소재를 찾은 경우에 있어서도 상속인의 소유권을 침해한 자가 참칭상속인에 해당하는가 그렇지 아니한가는 중요한 의미를 갖는다.

이를 구별하는 중요한 점을 정리하자면, 상속인이 그 소유권을 침해한 자를 상대로 소를 제기함에 있어 소장의 청구원인에서 주장하는 내용이 '상속을 원인'으로 하는 경우에는 상속회복의 소에 해당하지만, 그 주장이 '물권적 청구권', 즉 소유권에 터 잡은 '방해배제청구권'인 경우에는 상속회복청구권에 해당하지 않는다. 이와 관련하여 이해를 도울 만한 대법원판례를 아래에 소개한다.

참고로, 방해배제청구권이란 소유권 등 물권의 내용이 정당한 근원(根源)이 없는 행위로 인하여 방해를 받고 있을 때, 그 침해행위자에게 그 위법한 침해를 제거해 줄 것을 청구할 수 있는 권리를 말한다. 소유권에 관한 방해배제청구권 및 방해예방청구권은 「민법」 제214조가 규정하였다.

자신이 진정한 상속인임을 전제로 그 상속으로 인한 소유권 또는 지분권 등 재산권의 귀속을 주장하면서 참칭상속인 또는 참칭상속인으로부터 상속재산에 관한 권리를 취득하거나 새로운 이해관계를 맺은 제3자를 상대로 상속재산인 부동산에 관한 등기의 말소 등을 청구하는 경우에는, 그 소유권 또는 지분권이 귀속되었다는 주장이 상속을 원인으로 하는 것인 이상 그 청구원인 여하에 관계없이 이는 민법 제999조 소정의 상속회복청구의 소에 해당하고(대법원 1984. 2. 14. 선고 83다600, 83다카2056 판결, 대법원 1991. 12. 24. 선고 90다5740 전원합의체 판결 등 참조), 상속회복청구권의 제척기간에 관한 민법 제999조 제2항은 이 경우에도 적용된다(대법원 1981. 1. 27. 선고 79다854 전원합의체 판결 참조). 그리고 상속회복청구의 상대방이 되는 참칭상속인은 정당한 상속권이 없음에도 재산상속인임을 신뢰케 하는 외관을 갖추고 있는 사람이나 상속인이라고 참칭하여 상속재산의 전부 또는 일부를 점유하고 있는 사람을 가리키는 것으로서, 상속재산인 부동산에 관하여 공동상속인 중 1인 명의로 소유권이전등기가 경료된 경우 그 등기가 상속을 원인으로 경료된 것이라면 그 명의인은 재산상속인임을 신뢰케 하는 외관을 갖추고 있는 사람으로서 참칭상속인에 해당한다고 할 것이다.

따라서 공동상속인 중 1인이 상속등기에 갈음하여 「구 부동산소유권 이전등기 등에 관한 특별조치법(법률 제4502호)」에 따라 그 명의의 소유권이전등기를 경료한 경우에 그 이전등기가 무효라는 이유로 다른 공동상속인이 그 등기의 말소를 청구하는 소는 상속회복청구에 해당한다(대법원

> 1984. 2. 14. 선고 83다600, 83다카2056 판결, 대법원 1993. 4. 13.
> 선고 93다3318 판결 참조). 나아가 상속회복청구의 소에서는 법원이
> 제척기간의 준수 여부에 관하여 직권으로 조사한 후 기간도과 후에 제기된
> 것으로 판명되면 부적법한 소로 각하하여야 한다(대법원 1993. 2. 26.
> 선고 92다3083 판결 참조). (대법원 2010. 1. 14. 선고 2009다41199
> 판결).

피상속인의 소유로 확인된 땅은 특별한 사유(타인이 시효취득을 한 경우)가 없으면 상속인은 피상속인의 법률상 지위를 그대로 상속한다. 따라서 피상속인이 소유권보존등기나 소유권이전등기를 실행할 수 있었던 상태인 경우에는 상속인이 동일한 등기를 실행할 수 있음은 앞서 『부동산등기법』의 관련 규정을 검토하였다.

이 때 권원 없는 타인이 소유권보존등기 또는 소유권이전등기를 마쳐 둔 경우에는 그 타인을 상대로 그 등기의 말소절차를 이행하라는 청구를 하는 것이 일반적이지만, 그 등기의 말소절차를 이행하라고 청구하는 대신 직접 상속인 앞으로 소유권이전등기절차를 이행하라고 청구할 수도 있다. 뒤의 경우는 '진정명의회복을 원인으로 한 소유권이전등기'의 청구이다.

말소등기의 경우에는 이미 존재하는 위법한 타인 명의의 등기를 말소한 다음 다시 상속인 명의의 소유권보존등기를 실행하게 되지만, 소유권이전등기를 명하는 판결을 받아 확정되면 한 번의 소유권이전등기를 하게 된다. 제세공과금을 절약하는 요령이 될 것이다.

다만, 동일한 토지와 관련하여 동일한 당사자를 상대로 등기말소청구를 했다가 패소 확정판결을 받은 원고가 다시 진정명의회복을 원인으로 한 소유권이전등

기를 청구하는 소를 제기하는 것은 허용되지 않는다. 같은 이유로 진정명의회복을 원인으로 한 소유권이전등기절차의 이행을 청구했다가 패소 확정판결을 받은 뒤에 동일한 당사자를 상대로 다시 말소등기절차의 이행을 청구하는 것도 허용되지 않는다. 위 두 개의 소송은 모두 소유권의 방해배제청구권에 터 잡은 것이어서 뒤의 소송은 중복제소(重複提訴)에 해당하기 때문이다.

> 진정한 등기명의의 회복을 위한 소유권이전등기청구는 이미 자기 앞으로 소유권을 표상하는 등기가 되어 있었거나 법률에 의하여 소유권을 취득한 자가 진정한 등기명의를 회복하기 위한 방법으로 현재의 등기명의인을 상대로 그 등기의 말소를 구하는 것에 갈음하여 허용되는 것으로서 그 법적 성질은 소유권에 기한 방해배제청구권이므로, 진정한 등기명의의 회복을 위한 소유권이전등기청구권을 행사하기 위하여는 그 상대방인 현재의 등기명의자에 대하여 진정한 소유자로서 그 소유권을 주장할 수 있어야 할 것이고(대법원 2001. 9. 20. 선고 99다37894 전원합의체 판결 참조), 한편 구 민법 당시 부동산을 매수하였으나 민법 시행일로부터 6년 내에 등기하지 아니한 경우에는 민법 부칙 제10조 제1항에 의하여 위 매매에 의하여 취득한 부동산의 소유권을 상실하고, 이러한 민법 부칙 제10조 제1항의 규정은 법률행위의 당사자뿐만 아니라 제3자에 대한 관계에서도 적용되는 것이다(대법원 1967. 11. 28. 선고 67다1879 판결). (대법원 2009. 4. 9. 선고 2006다30921 판결).

위 판례에서 말하는 '구 민법'은 1960. 1. 1. 시행된 제정 「민법(법률 제471호)」을 뜻한다.

민법 제999조 제2항은 "상속회복청구권은 그 침해를 안 날부터 3년, 상속권의 침해행위가 있은 날부터 10년을 경과하면 소멸한다."고 규정하고 있는바, 여기서 그 제척기간의 기산점이 되는 '상속권의 침해행위가 있은 날'이라 함은 참칭상속인이 상속재산의 전부 또는 일부를 점유하거나 상속재산인 부동산에 관하여 소유권이전등기를 마치는 등의 방법에 의하여 진정한 상속인의 상속권을 침해하는 행위를 한 날을 의미한다. 또한 제척기간의 준수 여부는 상속회복청구의 상대방별로 각각 판단하여야 할 것이어서, 진정한 상속인이 참칭상속인으로부터 상속재산에 관한 권리를 취득한 제3자를 상대로 제척기간 내에 상속회복청구의 소를 제기한 이상 그 제3자에 대하여는 민법 제999조에서 정하는 상속회복청구권의 기간이 준수되었으므로, 참칭상속인에 대하여 그 기간 내에 상속회복청구권을 행사한 일이 없다고 하더라도 그것이 진정한 상속인의 제3자에 대한 권리행사에 장애가 될 수는 없다(대법원 2009. 10. 15. 선고 2009다42321 판결).

위 판례가 말하는 내용 중에서 중요한 또 하나의 포인트는, 진정한 상속인이 참칭상속인으로부터 상속재산을 양수한 제3자를 상대로 그 등기의 말소청구(또는 진정명의회복을 위한 소유권이전등기청구)를 하는 경우에도 상속회복청권의 제척기간이 적용된다는 점이다(대법원 1981. 1. 27. 선고 79다854 전원합의체 판결 참조).

제1관 「농지개혁법」에 의한 등기

제1항 서언

일제의 강점으로부터 벗어난 이후 북한지역에서는 지주들이 소유한 농지를 무상(無償)으로 몰수하여 농민들에게 무상으로 분배를 하였다. 반면 대한민국(남한지역)에서는 농지(원칙적으로 지목이 전·답·과수원인 것)의 소유자가 직접 경작하지 않는 소작농지(小作農地) 등을 지주로부터 국가가 그 매수대금을 5년에 걸쳐 분할 상환하는 조건으로 매수한 다음 농민들에게 분배하였다. 이 농지를 분배받은 농민들은 이 농지에 대한 매수대금을 5년 동안 현물(곡식) 등으로 분할하여 변제하는 방식이었다. 이렇게 농지대금을 갚는 것을 '상환(償還)'이라고 한다.

위와 같은 내용을 담아 시행한 법률은 「농지개혁법(법률 제31호)」이며, 이 법은 1949. 6. 21. 제정되어 1994. 12. 22. 「농지법」이 제정될 때까지 시행되었다.

이 법의 요지는 이렇다. 국가는 국가가 몰수하였거나 소유하는 농지, 소유자가 분명하지 않은 농지, 농가(農家) 아닌 자가 소유하는 농지, 비자경농지(非自耕農地), 자영하지만 3정보(약 9천 평)를 초과하는 농지 등을 확보한 다음 소농가에 분배를 하였는데, 지주로부터 매수한 대가는 정부가 발행하는 5년짜리 정부보증부 융통식 증권을 교부하였고, 5년간 균분(均分)하여 상환하였다.

정부가 위와 같이 확보한 농지는 자경농가 1가(家)마다 3정보를 초과하지 않는 범위에서 분배를 하였으며, 이 농지를 분배받은 농가는 위 농지대금을 5년 동안 균분하여 생산물이나 현금으로 상환하는 것이 위 「농지개혁법」의 골자이다.

당시 이 사업과 관련하여 발행되거나 작성된 관련 문서의 명칭은 분배농지부, 분배농지상환대장, 분배농지보상대장, 지가증권, 지주신고서, 지주확인일람표, 농지경작조서, 농지소표, 농가별분배농지일람표, 지가보상사정원부, 지주별농

지확인일람표, 보상대장 등이 있다.

이들 문서는 국가기록원이나 광역시 및 도에서 보관하는 것도 있고, 멸실된 것도 많은 것으로 알려진다. 이러한 문서들이 조상의 명의로 작성되었음이 확인된다면 조상이 사정받은 땅이 아니더라도 조상이 상환을 완료한 경우에는 해당 농지를 원시취득하였다고 해석된다.

앞에서 살펴본 절차에 따라 상환을 완료한 농가는 당해 농지의 소유권을 취득하였고, 그에 따라 자기 앞으로 등기를 마칠 수 있었다. 그리고 상환을 완료한 수분배자(受分配者)는 소유권이전등기를 마치지 않더라도 해당 농지의 소유권을 취득하였다. 법률의 규정에 의한 취득이기 때문이다.

이와 같이 취득한 농지(일부 잡종지, 농도 및 구거를 포함한다)를 위 「농지개혁법」에 의거하여 등기를 마치는 경우에는 등기부의 '등기원인'란에 위 법률의 공포번호인 '법률 제31호', '법률 제108호', '법률 제561호'를 각각 기재하였다. 즉, 위 공포번호가 등기부에 기재된 경우에는 그 등기는 「농지개혁법」에 터 잡은 등기라고 이해하면 된다.

제2항 제정 「농지개혁법」의 주요 규정

농지개혁법

[시행 1949. 6. 21.] [법률 제31호, 1949. 6. 21., 제정]

제1조 본법은 헌법에 의거하여 농지를 농민에게 적정히 분배함으로써 농가경제의 자립과 농업생산력의 증진으로 인한 농민생활의 향상 내지 국민경제의 균형과 발전을 기함을 목적으로 한다.

제2조 본법에서 농지는 전, 답, 과수원, 잡종 기타 법적 지목 여하에

불구하고 실제경작에 사용하는 토지현상에 의한다.

농지경영에 직접 필요한 지소, 농도, 수로 등은 당해 몽리농지에 부속한다.

제3조 본법에 있어 농가라 함은 가주 또는 동거가족이 농경을 주업으로 하여 독립생계를 영위하는 합법적 사회단위를 칭한다.

제4조 본법 시행에 관한 사무는 농림부장관이 차를 관장한다.

본법의 원활한 운영을 원조하기 위하여 중앙, 시도, 부군도, 읍, 면, 동, 리에 농지위원회(以下 委員會라 함)을 설치한다.

제5조 정부는 좌에 의하여 농지를 취득한다.

1. 좌의 농지는 정부에 귀속한다.

    (가) 법령 급 조약에 의하여 몰수 또는 국유로 된 농지

    (나) 소유권의 명의가 분명치 않은 농지

2. 좌의 농지는 적당한 보상으로 정부가 매수한다.

    (가) 농가 아닌 자의 농지

    (나) 자경하지 않는 자의 농지, 단, 질병, 공무, 취학 등 사유로 인하여 일시 이농한 자의 농지는 소재지위원회의 동의로써 도지사가 일정기한까지 보류를 인허한다.

    (다) 본법 규정의 한도를 초과하는 부분의 농지

    (라) 과수원, 종묘포, 상전등 숙근성 작물재배토지를 3정보 이상 자영하는 자의 소유인 숙근성작물재배 이외의 농지

제6조 좌의 농지는 본법으로써 매수하지 않는다.

1. 농가로서 자경 또는 자영하는 일가당 총면적 3정보이내의 소유농지 단, 정부가 인정하는 고원, 산간 등 특수지역에는 예외로 한다.

2. 자영하는 과수원, 종묘포, 상전 기타 숙근성 작물을 재배하는 농지

3. 비농가로서 소규모의 가정원예로 경작하는 500평 이내의 농지

4. 정부, 공공단체, 교육기관 등에서 사용목적을 변경할 필요가 있다고 정부가 인정하는 농지

5. 공인하는 학교, 종교단체 급 후생기관등의 소유로서 자경이내의 농지 단, 문교재단의 소유지는 별로히 정하는 바에 의하여 매수한다.

6. 학술, 연구 등 특수한 목적에 사용하는 정부인허 범위내의 농지

7. 분묘를 수호하기 위하여 종전부터 소작료를 징수하지 아니하는 기존의 위토로서 묘 매일위에 2반보이내의 농지

8. 미완성된 개간 급 간척농지 단, 기완성부분은 특별보상으로 매수할 수 있다.

9. 본법 실시이후 개간 또는 간척한 농지 단, 국고보조에 의한 것은 전호단서에 준한다.

   전항 제1호의 농가로서 제2호, 제7호 내지 제9호의 비매수토지를 겸유할 경우에는 기면적은 제1호 면적에 합산하지 않는다. 단, 본법 실시후 신규로 기경작농지를 제2호의 숙근성 작물에 전용하는 부분은 합산한다.

제8조 보상은 좌의 방법에 의하여 정부에서 발행하는 정부보증부융통식증권으로 소유명의자 또는 기선정한 대표자에게 지급한다.

1. 증권액면은 전조에서 결정된 보상액을 환산한 당해연도 당해농지 주산물수량으로 표시한다.

2. 증권의 보상은 5년 균분년부로 하여 매년 액면농산물의 결정가격으로 산출한 원화를 지급한다. 단, 보상액이 소액이거나 또는 정부가 인정하는 육영, 교화, 학술재단에 대한 보상은 일시불 또는 기간을 단축할 수 있다.

제11조 본법에 의하여 정부가 취득한 농지 급 별도 법령에 의하여 규정한 국유농지는 자경할 농가에게 좌의 순위에 따라 분배 소유케 한다.

1. 현재 당해농지를 경작하는 농가

2. 경작능력에 비하여 과소한 농지를 경작하는 농가

3. 농업경영에 경험을 가진 순국렬사의 유가족

4. 영농력을 가진 피고용 농가

5. 국외에서 귀환한 농가

제12조 농지의 분배는 농지의 종목, 등급 급 농가의 능력 기타에 기준한 점삭제에 의거하되 1가당 총경영면적 3정보를 초과하지 못한다.

제6조 말항은 전항 면적에 준용한다.

제6조 제1항 제1호의 농지에 관하여는 점삭제를 적용하지 않는다.

제13조 분배받은 농지에 대한 상환액 급 상환방법은 다음에 의한다.

1. 상환액은 당해농지의 주생산물 생산량의 12할5푼을 5연간 납입케 한다.

2. 상환은 5연간 균분 년부로 하여 매년 주생산물에 해당하는 현곡 또는 대금을 정부에 납입함으로써 한다.

3. 농가의 희망과 정부가 인정하는 사유에 따라서 일시상환 또는 상환기간을 신축할 수 있다.

제15조 분배받은 농지는 분배받은 농가의 대표자 명의로 등록하고 가산으

로서 상속한다.

제16조 분배받은 농지에 대하여는 상환 완료까지 좌의 행위를 제한한다.

1. 매매, 증여 기타 소유권의 처분

2. 저당권, 지상권, 선취특권 기타 담보권의 설정

제18조 농지의 분배를 받은 농가가 상환금, 조세, 수세 기타 정부 또는 공인단체가 대부 또는 인수한 채무를 지변하지 못하는 경우에는 정부는 당해농지의 소유권을 반환시키기 위하여 당해농지 소관 재판소에 소송을 제기할 수 있다. 이 경우에 최종 재판소는 2심 상급재판소까지로 한다.

재판소가 농지의 소유권 반환을 판결한 때에는 정부는 그 농지를 좌의 가격에 의하여 매수하고 미변제의 채권액을 공제한 잔액을 제8조에 의준하여 농가에게 반환한다.

1. 상환 미완료한 때에는 기상환액의 75%로 한다.

2. 립모작물이 있는 때 급 농가가 자력으로 실시한 개량, 시설 등에 대하여는 그 전부 혹은 일부를 별도 심사 보상한다.

제19조 상환 미완료한 농가가 절가, 전업, 이주 등으로 인하여 이농케 되거나 또는 경작 능력의 변동 등으로 인하여 경작지의 전부 혹은 일부를 포기하려 할 때에는 소재지위원회를 경유하여 정부는 좌의 가격 급 제8조 방법에 의하여 차를 매수한다.

1. 기상환액 전액으로 한다.

2. 립모 급 개량, 시설 등은 심사실비 금액을 첨가 보상한다.

3. 본법에 의하여 분배받지 않은 농지 급 상환을 완료한 농지는 소재지 관서의 증명을 얻어 당사자가 직접 매매할 수 있다.

> 제20조 전2조 또는 기타에 의하여 정부가 취득한 농지는 본법에 의하여
>   분배한다.
> 제6장 부   칙 〈법률 제31호, 1949. 6. 21.〉
> 제26조 본법 제2조 제2항의 부속지급 기타 각 조항에 관하여 본법 실시상
>   필요한 규정은 별로히 대통령령으로써 정한다.

제3항 「농지개혁법」 관련 중요한 판례

다음에는 분배농지상환에 따른 농지의 취득 및 등기와 관련한 대법원의 태도를
검토해본다.

> 「농지개혁법 시행령」 제32조·제38조의 규정을 종합하여 보면 분배농지
> 는 전 필수에 대한 농지소표를 작성하여 이를 토대로 대지조사를 한 다음
> 소재지 농지위원회의 토의를 거쳐 각 농지별 분배농지일람표를 작성하고,
> 농가 소재지의 구·시 또는 읍·면에서 10일간 종람케 하여(수복지역
> 내의 토지에 대한 종람기간은 20일이다) 종람기간이 경과하도록 이의신
> 청이 없을 때에 분배농지로 확정되고, 이 경우 상환대장을 작성하여 관할
> 구청·시청 또는 읍·면사무소와 관할 세무서에 비치하는 것이므로, 농지
> 에 대하여 상환대장이 작성되어 있는 경우에는 그 토지는 적법한 농지분배
> 절차를 거쳐 분배가 확정이 된 것으로 추정이 되고, 다른 특별한 자료가
> 없는 한 이를 배척할 수 없는 것이며(당원 1990. 10. 23. 선고 89다카2486
> 5 판결, 1994. 1. 14. 선고 93다4120 판결 각 참조), 또한 농가별 분배농지
> 일람표에 표시된 농가에 대한 분배농지로 확정된 이상 그 후에는 특별한

> 사정이 없는 한 「농지개혁법」 제22조 소정의 재사신청도 할 수 없는 것이다 (당원 1956. 1. 26. 선고 4288민상316 판결 참조). (대법원 1994. 5. 24. 선고 94다8198 판결).

위 판례에서 언급한 '전 필수(全 筆數)'는 모든 필지를 말하고, '수복지역(收復地域)'은 6 · 25전쟁 전에는 북한의 땅이었으나 정전협정 후에는 대한민국(남한)의 땅이 된 지역을 말한다. 한편, '재사신청(再査申請)'은 이해관계인이 하는 이의신청을 뜻한다.

> 구 농지개혁법(1949. 6. 21. 법률 제31호로 제정되었다가 1994. 12. 22. 법률 제4817호 농지법 부칙 제2조 제1호로 폐지되기 전의 것, 이하 같다)에 의한 농지분배 절차의 근본서류인 농지소표상에 지주로 기재되어 있다 하여 실체법상 소유권을 가진 자로 추정되는 것은 아니고, 분배농지확정절차가 완료된 후 상환에 필요한 사항을 기재하기 위하여 작성하는 서류인 분배농지상환대장이나 분배농지부 또한 그 기재에 권리변동의 추정력을 인정할 수는 없다. 따라서 분배농지부 등에 토지의 사정명의인 아닌 사람이 소유자로 등재되어 있다 하더라도 그것만으로 그 명의자가 소유자로 추정된다고 할 수는 없다.
> 그러나 농지분배 관련 서류들의 기재내용을 다른 사정들과 종합하여 권리변동에 관한 사실인정의 자료로 삼는 데는 아무런 제약이 없으므로 농지소표, 분배농지부 등 분배대상 농지를 확인하는 서류나 상환대장 등 상환에 필요한 사항을 기재하는 서류뿐 아니라, 농지를 국가에 매수당한 지주가

보상을 받는 과정에서 작성된 보상신청서, 지주신고서, 지가사정조서, 지가증권 등 보상에 관한 서류에도 소유자 기재가 일치되어 있는 경우라면, 이러한 서류들은 적어도 농지분배 당시에는 그 토지 소유권이 그 명의자에게로 이전되어 있었다는 사실을 인정할 수 있는 유력한 자료가 된다고 할 것이다. 그리고 이러한 경우 위와 같은 유력한 자료의 증명력을 배척하려면 그에 배치되는 합리적인 다른 사정이 있는지를 면밀히 살펴 신중하게 판단하여야 한다(대법원 2013. 6. 27. 선고 2012다91354 판결 등 참조).

한편, 구 농지개혁법에 의하여 자경하지 않는 농지를 정부가 매수한 것은 후에 그 농지가 분배되지 않을 것을 해제조건으로 하여 행한 조치라 할 것이므로 후에 그 농지가 분배되지 않기로 확정되었다면 원소유자에게 농지대가보상금이 지급되었는지 여부를 불문하고 원소유자에게 소유권이 환원된다고 보아야 한다.

그리고, 구 농지법(1994. 12. 22. 법률 제4817호로 제정되어 1996. 1. 1.부터 시행)은 그 부칙 제2조에서 농지개혁법 및 농지개혁사업정리에관한특별조치법(이하 "특조법"이라 한다)을 각 폐지하는 한편, 부칙 제3조에서 '이 법 시행 당시 종전의 농지개혁법 및 특조법에 의하여 농지대가상환 및 등기 등이 종료되지 아니한 분배농지에 대한 농지대가상환 및 등기 등은 이 법 시행일부터 3년 이내에 종전의 규정에 의하여 완료되어야 한다.'고 규정하고 있는데, 이 규정에 의하면 농지법 시행일부터 3년의 기간이 경과함으로써 농지대가상환에 관한 근거규정이 없어질 뿐만 아니라 그 후에는 농지대가상환을 하더라도 농지개혁법 및 특조법의 적용을 받을 수 없어 법률의 규정에 의한 소유권취득이 불가능하게 되므로, 농지

> 법 시행일부터 3년 내에 농지대가상환 및 등기를 완료하지 않은 농지에
> 대하여는 더 이상 분배의 절차인 농지대가상환을 할 수 없고, 따라서
> 위와 같은 농지는 분배하지 않기로 확정된 것으로 보고 그 소유권이 원소
> 유자에게 환원된다고 해석하는 것이 옳다(대법원 2002. 5. 28. 선고
> 2000다45778 판결 등 참조). (대법원 2014. 6. 26. 선고 2014다13808
> 판결)

위 판례가 말하는 '해제조건'이라 함은 이러하다. 정부가 비자경농지(非自經農地)를 매수하는 것은 자경농가에게 분배하는 것을 조건으로 하는 것이므로, '분배'라는 조건이 성취되지 않는 경우에는 그 조건의 불성취로 인하여 매매의 효력이 확정적으로 발생하지 않게 되고, 그 매수농지는 결국 매도인인 비자경농가에게 환원된다는 것이다.

이 경우에 있어서는 그 농지대가보상이 지급되었는지 여부는 따질 것도 없다는 의미이다. 정부가 이미 지급한 농지대가보상금은 별도의 절차에 의하여 환수하였을 것이다.

「농지개혁사업정리에 관한 특별조치법」은 1968. 3. 13. 시행되었는데, 「농지개혁법」이 시행된 직후에 6 · 25전쟁이 발발함에 따라 농지개혁사업에 많은 차질이 생겼으므로, 「농지개혁법」에 대한 특별법으로써 위 특별조치법을 시행하여 농지개혁사업을 조속히 종결하고자 하였다.

> 구 농지개혁법(1949. 6. 21. 법률 제31호로 제정 시행되다가 1994. 12.
> 22. 법률 제4817호 농지법이 1996. 1. 1.부터 시행됨에 다라 폐지된

법률) 시행 이전에 농지를 타인에게 매도하고 농지개혁법 시행 당시 이를 자경하지 아니한 자는 그 농지에 대한 소유권을 완전히 상실하는 것이 원칙이다(대법원 1989. 5. 9. 선고 88다카12681 판결, 대법원 1994. 11. 8. 선고 94다28253 판결 등 참조). 다만, 구 농지법(1994. 12. 22. 법률 제4817호로 제정되어 1996. 1. 1.부터 시행된 것)은 그 부칙 제2조에서 구 농지개혁법 및 구 농지개혁사업정리에 관한 특별조치법(이하 "특조법"이라 한다)을 각 폐지하는 한편, 그 부칙 제3조에서 "이 법 시행 당시 종전의 농지개혁법 및 특조법에 의하여 농지대가 상환 및 등기 등이 종료되지 아니한 분배농지에 대한 농지대가 상환 및 등기 등은 이 법 시행일부터 3년 이내에 종전의 규정에 의하여 완료하여야 한다."라고 규정하고 있는바, 위 규정에 의하면 농지법 시행일부터 3년의 기간이 경과함으로써 농지대가 상환에 관한 근거규정이 없어질 뿐만 아니라 그 후에는 농지대가 상환을 하더라도 농지개혁법 및 특조법의 적용을 받을 수 없어 법률의 규정에 의한 소유권취득이 불가능하게 되므로, 농지법 시행일부터 3년 내에 농지대가 상한 및 등기를 완료하지 않은 농지에 대하여는 더 이상 분배의 절차인 농지대가 상환을 할 수 없고, 따라서 위와 같은 농지는 분배되지 않기로 확정된 것으로 보고 그 소유권이 원소유자에게 환원된다고 해석하여야 한다(대법원 2007. 10. 11. 선고 2007다43856 판결 참조). 한편, 민법 부칙 제10조 제1항은 "본법 시행일 전의 법률행위로 인한 부동산에 관한 물권의 득실변경은 이 법 시행일로부터 6년 내에 등기하지 아니하면 그 효력을 잃는다."고 규정하고 있다. 그런데 민법 시행 전에 부동산의 매매가 있었으나 소유권 관련 공부가 6·25전쟁 등으로 멸실된 경우에 민법 부칙 제10조 제1항이 적용되려면 현재 소유권이전등기가

현존하지 아니한다거나 민법 시행 후 그 부칙 소정의 등기기간 내에 소유권이전등기가 이루어지지 아니하였다는 사정만으로는 부족하고, 소유권 관련 공부의 멸실 전에 소유권이전등기가 경료되지 아니하였음이 밝혀지지 않으면 안 된다. 또 민법 시행 전의 소유권취득을 내세워 현재의 등기명의인을 상대로 그 권리를 주장하기 위해서는 민법 시행 전의 매수사실을 주장·입증하는 것으로는 부족하고 등기한 사실까지 주장·입증하여야 한다.

그런데 그 부동산이 비자경농지여서 정부가 매수하여 분배하였으나 농지대가 상환이 완료되지 않아서 농지법 부칙 제3조에서 정한 시행일로부터 3년이 경과됨에 따라 원소유자의 소유로 환원된 경우, 원소유자가 구 민법 시행 당시의 법률행위로 소유권을 취득하였으나 민법 부칙 제10조 제1항에 따른 이전등기를 한 바 없어 소유권을 상실하였으므로, 그 소유권이 원소유자의 전자에게로 환원되었다고 주장하려 한다면 소유권 관련 공부의 멸실 전에 원소유자가 소유권이전등기를 경료하지 아니하였다는 점에 대한 입증은 원소유자가 민법 부칙 제10조 제1항의 적용에 따라 소유권을 상실하였다고 주장하는 자가 하여야 한다(대법원 2009. 5. 28. 선고 2006다79698 판결).

분배농지의 소유권 귀속에 관하여 정리하면 이렇다. 「농지개혁법」 시행 당시에 분배농지에 대한 상환을 완료한 수분배자(受分配者)는 소유권이전등기를 마치지 않더라도 그 농지의 소유권을 취득하였다. 그러나 그 상환을 완료하지 못한 경우에는 「농지개혁사업정리에 관한 특별조치법」(이하 '특별조치법'이라 한다)의 규정에 따라 해당 분배농지의 소유권 귀속이 결정되었다.

위 특별조치법을 시행하던 당시에도 해당 농지의 소유권 귀속에 관한 문제가 정리되지 아니한 경우에는 「농지법」이 시행된 때로부터 3년 안에 「농지개혁법」 및 특별조치법의 규정에 따라 상환을 완료하고 소유권에 관한 등기를 마쳐야만 분배농지의 소유권을 취득할 수 있었다.

즉 「농지법」이 시행된 날로부터 3년이 경과할 때까지 분배농지에 대한 상환이 완료되지 아니한 농지는 원래의 소유자(정부가 강제 매수할 당시의 매도인인 비자경농가 또는 3정보를 초과 소유한 자경농가)에게 환원이 되었다.

위 판례의 뒷부분에서 설명하고 있는 민법 부칙의 경과규정에 관하여는 뒤에서 다시 검토한다.

농지대가의 상환을 완료한 수분배자는 구 농지개혁법에 의하여 등기 없이도 완전히 분배농지에 관한 소유권을 취득하게 되는 것이고(대법원 1979. 3. 13. 선고 78다2209 판결 등 참조), 앞서 본 농지법 부칙 제3조의 규정도 "농지대가 상환 또는 등기 등"이라고 하지 아니하고 "농지대가 상환 및 등기 등"이라고 규정함으로써 농지대가 상환 및 등기가 모두 종료되지 아니한 경우에 관하여 정하고 있는 것이라고 해석되므로, 농지대가 상환을 완료하여 구 농지개혁법에 의하여 등기 없이 완전한 소유권을 취득한 자가 농지법 시행일부터 3년 내에 등기를 마치지 아니하였다고 하여 그 소유권을 상실한다고는 볼 수 없다(대법원 2007. 10. 11. 선고 2007다43856 판결).

「구 농지개혁법 시행령」 제32조는 "분배농지를 확정하기 위하여 전 필수에 환하여 농지소표에 의한 대지조사(對地調査)를 행한다. 구청장, 시장 또는 읍·면장은 전항에 의한 대지조사를 기초로 소재지 위원회의 의(議)를 경(經)하여 각 농가별 분배농지일람표를 작성하여 농가 소재지의 구, 시 또는 읍·면에서 10일간 열람케 한다. 전항의 열람기간이 경과하도록 소재지 위원회에 이의신청이 없을 때에는 분배농지로서 확정한다"고 규정하고 있는바, 이와 같이 <u>농가별 분배농지일람표는 분배농지의 확정을 위한 것</u>이지, 원심판시와 같이 매수농지인지 여부를 확정하기 위한 것이 아니다.

반면에, 지주별 농지확인일람표 또는 지주확인일람표는 6·25사변 중 관련서류 소실로 지주보상업무에 공백이 생기자 임시조치로서 농림부장관의 통첩(通牒)으로 하달한 '보상신청수속요령에관한건'(1950. 11. 15. 농지 제48호), '지가증권발급에관한건'(1951. 4. 28. 농지 제243호), '지가증권발급에관한건'(1952. 3. 29. 농지 제627호) 등에 정한 것으로서, '농지소재지 시·읍·면장이 농지소표에 의하여 지주를 별도로 구분하고 다시 성별로 구분하여 3통씩 작성하여 도지사에게 제출한 서류'이고, 그 확인일람표에 의하여 지가증권을 발급하도록 되어 있었다.

따라서, 이러한 <u>지주별 농지확인일람표는 분배농지 확정을 위한 농가별 분배농지일람표와 달리 지주보상, 즉 지가증권 발급을 위한 문서로서</u> 양자는 별개의 문서인데도, 원심은 이를 마치 같은 문서인 것처럼 판시하고 있다.

<u>국유 또는 구 농지개혁법 제6조에 정한 것을 제외한 농지는 구 농지개혁법의 공포와 동시에 당연히 정부가 매수하여 소유권을 취득하는 것이고,</u>

> <u>국가의 소유권취득은 원시취득으로써 대항요건으로서의 등기를 필요로</u>
> <u>하지도 아니한다</u>(대법원 1993. 2. 12. 선고 92다28297 판결 등 참조).
> 또 구 농지개혁법에 의하여 자경하지 않는 농지를 정부가 매수한 것은
> 후에 그 농지가 분배되지 않을 것을 해제조건으로 하여 행한 조치라 할
> 것이므로, 그 매수한 농지 중「구 농지개혁법 시행령」제32조 등에 정한
> 절차를 거쳐 확정된 분배농지에 포함되지 않거나, 그 분배농지로 확정된
> 농지 중 실제로 농가에 분배되지 않는 등으로「구 농지개혁사업정리에관
> 한특별조치법」(1994. 12. 22. 법률 제4817호 농지법 부칙 제2조에 의하여
> 폐지되기 전의 것) 시행 당시에 분배되지 아니한 농지는 같은 법 제2조
> 제1항의 규정에 의하여 국유로 등기되거나 확인된 경작자에게 분배할
> 농지를 제외하고는 그 법 시행과 동시에 분배하지 않기로 확정되었고,
> 이에 따라 원소유자에게 농지대가보상금이 지급되었는지 여부를 불문하
> 고 원소유자에게 소유권이 환원된다고 보아야 한다(대법원 2002. 5.
> 28. 선고 2000다45778 판결 등 참조). (대법원 2003. 10. 10. 2002다566
> 6 판결).

　법률행위에서 조건을 붙이는 경우 중 '정지조건'은 그 조건이 성취되면 그 법률행위는 그 조건이 성취된 때부터 효력이 생기고, '해제조건'이 붙은 법률행위는 그 조건이 성취되면 그 법률행위는 그 조건이 성취된 때부터 효력을 잃는다.

　따라서 국가가 농지의 원소유자와 매매계약을 체결함에 있어 붙인 '수분배자에게 분배할 것'이라는 조건이 불성취로 되는 경우, 즉 분배를 하지 않기로 확정되는 경우에는 그 농지는 당연히 원소유자에게 환원되는 것이다.

제2관 특별조치법에 의한 등기

제1항 특별조치법과 권리추정력

「부동산등기법」에 의하면 부동산에 관한 소유권이전등기는 등기의무자(등기명의를 넘겨주는 자)와 등기권리자(등기명의를 이전받는 자)가 공동으로 신청하여야 한다. 즉 법률행위에 따라 소유권변동을 목적으로 하는 소유권이전등기는 공동신청주의를 채택하고 있다. 이 공동신청주의는 의용 부동산등기법을 시행하던 일제강점기에도 마찬가지로 채택하였다.

한편, 처음부터 등기가 되어 있지 아니한 땅(미등기토지)을 상속한 경우에는 상속인이 단독으로 소유권보존등기를 신청할 수 있다. 그러나 공동상속의 경우에는 상속인들 전원의 명의로만 신청하여야 한다. 즉, 여러 명의 공동상속인 중 한 사람이라도 누락하면 공동소유로 하는 상속등기는 가능하지 않다.

우리 역사에는 아픈 사건들이 많았다. 일제강점기에는 강제징용, 해방 뒤에는 한국전쟁이 대표적이다. 이러한 사건들을 겪으면서 땅의 종전 권리자가 행방불명이 되거나 죽는 경우가 많았으며, 권리를 승계(양수)한 사람이 소유권취득을 위한 등기를 하고자 할 때 종전 권리자의 협력을 기대할 수 없는 경우가 많았다. 즉 공동신청이 불가능한 경우가 있어 등기권리자가 등기신청을 하지 못하는 경우가 많았다.

이러한 애로를 겪고 있는 진정한 권리자를 보호하기 위하여 만든 한시법(限時法 : 일정한 기간 동안만 효력을 갖는 법률)이 몇 차례 시행되었다. 이들을 통칭 '특별조치법' 또는 '특조법'이라고 줄여 부른다.

이들 특별조치법의 주요 골자는 부동산이 있는 곳에 연고가 있는 사람들(2명 또는 3명)이 '보증서'라는 것을 작성해주면 권리를 취득한 사람이 해당 지방자치단체의 확인절차를 거치고, 토지대장 또는 임야대장상의 소유자 명의변경을 한 뒤 단독으로 자기 앞으로 소유권보존등기 또는 소유권이전등기를 신청할 수 있도록 한 것이다.

즉, 위와 같이 만들어진 보증서 및 확인서를 「부동산등기법」이 규정하는 등기원인을 증명하는 서면(매매계약서, 증여계약서, 판결서 등)과 동일한 것으로 간주하여 간편하게 등기를 실행할 수 있도록 한 것이다.

이러한 제도의 취지에 의하면 이들 법률은 진정한 권리취득자에게는 무척이나 고마운 시혜적 법률이었음이 틀림없다. 그러나 일제강점기에 광산이나 탄광노동자 또는 어떤 사정으로 만주나 간도 등으로 떠난 사람, 한국전쟁 중에 납북된 사람 등의 땅은 시쳇말로 표현하면 "먼저 보는 놈이 주인"이 되었다. 다시 말해서 특정 부동산에 관하여 아무런 권리도 없는 자가 허위의 보증서에 터 잡아 확인서를 발급받은 후 소유권이전등기를 마친 경우가 많았다.

뒤늦게 이러한 사정을 알게 된 진정한 소유자가 원인무효인 등기의 말소를 구하려고 해도 뒤에서 검토하는 바와 같이 대법원의 태도에 의하면 그 일은 녹녹치가 않다.

특별조치법에 의하여 이루어진 등기는 부동산등기부의 '등기원인'란에 등기의 근거가 된 '법률의 공포번호'를 기재한다. 부동산등기사항전부증명서나 폐쇄등기부에 '법률 제000호'라고 법률의 공포번호가 적혀 있다면 뒤에서 검토하게 될 판례들이 요구하는 입증(立證)이 가능할 것인지 여부를 꼼꼼히 검토한 다음 소송을 시작할 것인지 또는 포기할 것인지 여부를 판단하여야 할 것이다.

앞에서 살펴본 바 있는 「농지개혁법」에 관련한 등기 및 여기의 특별조치법에 따른 등기에 관하여, 실질은 부적법한 등기일지라도 그 등기를 말소하는 것에 대하여 우리 법원의 입장은 호의적이지 않다고 이해를 해야 한다. 즉, 원고의 승소확률이 낮은 편이다. 이하 대법원의 판례를 통하여 우리 법원의 태도를 살펴본다.

원심은 제1심판결을 인용하여, 소외 2가 일제강점기에 사정받은 경주시 (주소 1 생략) 답 527평에서 분할된 이 사건 임야에 관하여, 소외 1이 '1971. 2. 27. 소외 3으로부터 매수하여 사실상 소유하고 있다'는 내용의 보증서를 작성받고, 이를 근거로 1995. 5. 16. 「부동산소유권이전등기 등에 관한 특별조치법」(법률 제4502호, 실효, 이하 "특별조치법"이라 한다)에 의하여 소외 1명의로 소유권보존등기를 마친 사실, 그 후 이 사건 임야는 1997. 4. 10. 매매를 원인으로 하여 1997. 4. 30. 소외 4에게 소유권이전등기가 마쳐졌다가 소외 4가 사망하자 피고 7이 2008. 11. 15. 협의분할에 의한 상속을 원인으로 소유권이전등기 등을 마친 사실을 인정한 다음, ① 이 사건 보증서에 매도인으로 기재된 소외 3은 소외 2의 차남 소외 5의 아들에 불과하여 소외 2의 적법한 상속인이 아니고, 이 사건 임야를 증여받았다는 증거도 부족하여 소외 3에게 이 사건 임야를 매도할 적법한 권원이 없었고, ② 소외 4의 상속인들은 소외 4가 이 사건 임야 지상에 소외 4 등의 분묘를 설치했다고 주장하나, 현장검증 결과 및 측량감정 결과 그 분묘는 이 사건 임야 지상에 위치하지 않는 것으로 나타난다는 사정을 종합하면, 소외 1명의의 소유권보존등기의 기초가 된 이 사건 보증서는 실체적 기재 내용이 허위이므로, 위 소유권보존등기에 관한 추정력이 깨어졌다고 판단하였다.

그러나, 원심의 위와 같은 판단은 다음과 같은 이유로 수긍할 수 없다.
특별조치법에 의하여 소유권보존등기가 이루어진 경우 그 부동산을 사정받은 사람이 따로 있다든가 토지대장에 등기명의인에 앞서 다른 사람의 소유명의로 등재되어 있는 경우라도 그 등기는 특별조치법 소정의 적법한 절차에 따라 마쳐진 것으로서 실체적 권리관계에 부합하는 등기로 추정되므로, 특별조치법에 의하여 경료된 소유권보존등기의 말소를 소구하려는 자는 그 소유권보존등기 명의자가 특별조치법 소정의 보증서와 확인서를 허위작성 내지 위조하였다든가 그 밖에 다른 사유로 그 보존등기가 적법하게 이루어진 것이 아니라는 주장과 입증을 하여야 한다.

그리고, 특별조치법에 따른 소유권보존등기는 토지대장의 소유명의인으로부터 직접 양수받은 경우뿐만 아니라 제3자를 거쳐 양수받은 경우도 허용되므로, 위 보증서나 확인서상의 매도인명의나 매수일자의 기재가 실제와 달리 되어 있다고 하더라도 그것만으로는 그 등기의 적법추정력이 깨어진다고 할 수 없으며, 보증서 등의 허위성 여부가 다투어지고 있는 소송과정에서 보존등기 명의자가 자기에 대한 양도인이나 그 이전의 양도인들이 토지대장상의 소유명의자로부터 이어받은 취득경위를 명백히 주장하지 못한다고 하더라도 특별한 사정이 없는 한 그것만으로는 그 등기의 원인증서인 보증서와 확인서가 허위작성된 것이라고 할 수 없다(대법원 1994. 12. 23. 선고 94다40734 판결 등 참조). (대법원 2014. 1. 23. 선고 2013다74684 판결).

위 판례가 언급한 '협의분할(協議分割)'은 공동상속이 이루어진 경우에 있어서 공동상인들이 협의에 의하여 원래의 상속분(법정상속분)과는 다른 비율에 의하여 상속재산을 분할하는 것을 말한다. 협의에 의한 분할의 경우에는 공동상속인 중 한 사람에게 상속재산의 전부를 상속케 하고 나머지 공동상속인들은 상속재산을 전혀 분배받지 아니할 수도 있는데, 이러한 경우에도 증여에 해당하지는 않는다.

상속협의분할은 공동상속인 전원이 참가하여야만 그 효력이 있다. 즉, 공동상

속인 중 어느 한 사람이 외국에 거주하거나 행방불명이 된 경우에도 그를 제외한 채 이루어진 협의분할은 무효가 된다. 다만, 협의는 공동상속인 전원이 같은 자리에서 할 필요는 없고, '상속재산 분할협의서'에 공동상속인 전원이 동의하였다는 점이 분명히 드러나기만 하면 효력이 발생한다.

위 판례에 나타난 사안에서 만약 이 등기가 특별조치법에 터 잡은 것이 아니라 「부동산등기법」에 근거하여 이루어진 소유권보존등기였다면 대법원도 원심(항소심)의 판단을 수긍했을 것이다. 즉, 판결의 결과가 달랐을 것이다.

우리 법원이 특별조치법에 근거한 등기(소유권보존등기 및 소유권이전등기 모두 같은 법리를 적용함)에 대하여 강력한 '적법추정력'을 인정하는 이유는 ① 복수의 보증인이 실체관계를 보증한 점, ② 사정명의인으로 기재된 시기에 비하여 보증서 및 확인서가 작성된 시기는 최근이라는 점, ③ 토지대장이나 임야대장상의 소유명의인을 변경등록하기 전에 일정한 기간을 정하여 공고를 하고, 이해관계인이 이의를 신청할 수 있는 기회를 제공한 점 등을 고려하였기 때문일 것이다.

그러나 ①과 관련하여 살펴보면, 그 보증인이라는 사람들은 해당 부동산 소재지에 인접한 지역에서 일정한 기간 이상 거주한 자를 시·읍·면장이 위촉할 뿐 이들에게는 특별한 지식이나 학식을 요구하지 않았다. 그리고 특별조치법에 의하여 등기를 실행하는 경우의 대부분은 앞의 권리자가 해당 부동산 소재지를 떠났거나 사망한 경우이고, 보증인(보증서 작성인)들은 대부분 등기를 하려는 자와 일정한(밀접한) 관계에 있는 자들이다. 이 보증인들에게는 특별한 교육이 행해졌다는 기록도 엿보이지 않는다.

②와 관련하여 살펴보면, 보증서 및 확인서는 사정(査定)·재결(裁決)에 의하여 작성된 토지조사부·임야조사부에 비하면 최근에 작성된 문서임은 부인할 수 없다. 그러나 이 문서들은 앞에서 언급한 바와 같이 그 신빙성에 강한 의문을

제기할 수밖에 없다.

이에 비하여 일제강점기에 일본인들이 작성한 토지조사부 및 임야조사부의 소유자에 관한 기재는 오히려 믿음을 주고 싶다. 재결에 의하여 확정된 경우는 더욱 그렇다. 왜냐하면, 사정 당시 일본인들은 매우 치밀하게 만들어진 여러 종류의 규정들에 근거하여 토지조사부 및 임야조사부를 만들었다. 그리고 만약 소유자가 불분명한 땅이 발견되는 경우라면 일본계 농업회사인 동양척식주식회사 등의 명의로 사정을 하였을망정 거짓으로 조선인 명의로 사정을 하였을 가능성은 희박하다고 해야 할 것이기 때문이다.

③과 관련해서는, 이의신청기간은 통상 2개월이라는 기간을 주었으나, 이를 공고하는 방법이라고는 고작 읍·면의 사무소 게시판에 공고문을 부착하는 것이 전부였다. 그나마 게시판에 공고문을 붙인 직후에 사진촬영만 하고는 그 공고문을 떼어내는 일도 비일비재하였다고 한다.

한편, 일제강점기에 시행된 토지조사 및 임야조사 당시에는 이의서가 제출된 부동산에 관하여는 관보 게재는 물론 엄격히 선발된 재결위원들의 재결에 의하여 최종 소유자를 확정하였다는 점에서 - 절차적 측면에서 - 그 신빙성이 더 높다고 해야 한다.

일본인에 대하여는 신뢰를 보내기 어렵다고 하더라도 법령이 정한 절차가 구체적이고도 객관성이 담보되었다면 그들의 개별 사안에 대한 조사 및 확정절차 등의 행태는 신뢰할 수도 있는 것이다.

특별조치법에 터 잡은 등기의 대부분은 당시의 소유자가 연고지를 떠난 경우에 마쳐졌고, 과거 촌락의 구성은 같은 종족이 집성촌을 이루어 살았던 특성 등을 고려하면 이 보증서와 확인서는 그 객관성이 담보되기 어려운 환경이었다.

이에 비하면 일본인에 의하여 작성된 토지조사부나 임야조사부 등의 소유자에 대한 기재는 오히려 객관성이 담보되었다고 할 수 있다. 그러함에도 불구하고 우리 법원은 사정명의인보다는 보증서에 의해 보증된 명의인에게는 강한 신뢰를 주고 있다. 즉 특별조치법에 근거한 등기는 "적법한 절차에 따라 이루어진 등기"라는 추정을 하는 것이다.

'추정(推定)'이라는 용어를 사용하고는 있지만, 사실상으로는 '간주(看做)' 내지 '의제(擬制)'처럼 운용하고 있는 것이 대법원의 태도이다.

아무튼, 특별조치법에 의해 마쳐진 등기를 깨뜨리기 위해서는〔과거의 판례들은 주로 '복멸(覆滅)'이라고 표현하였다〕그 보증서나 확인서가 허위로 작성되었거나 위조된 것이라는 사실을 직접 주장하고 입증(立證 : 증명)하여야 한다. 쉽게 말하면, 보증서를 작성한 사람이 허위로 작성한 사실을 자백해주는 정도는 되어야 한다. 간접증거 내지는 정황증거만으로 이 추정을 깨뜨리기는 불가능에 가깝다는 의미이다.

또는 어떤 사정에 비추어 볼 때 해당 특별조치법으로는 가능하지 아니한 등기였다는 점이 입증되어야 한다.

참고로, 위 보증서 및 확인서의 보존기간은 10년이다. 그러나 일부 기초지방자치단체에서는 10년이 훨씬 지난 보증서를 보관하고 있는 경우도 많이 있다.

뒤에서는 위와 같은 문제점을 잔뜩 품고 있던 특별조치법에 해당하는 것들은 언제 어떠한 모습으로 시행되었는지를 검토한다.

「구 부동산소유권이전등기 등에 관한 특별조치법」(1977. 12. 31. 법률 제3094호로 제정된 것. 이하 "구 부동산특별조치법"이라 한다)의 규정 취지에 비추어 볼 때 위 법률이 요구하는 3인의 보증인들은 위 법률에 의하여 등기를 하고자 하는 확인서 발급신청인 이외의 제3자를 의미하는 것이라고 해석하여야 하고, 따라서 보증인으로 위촉된 본인이 자신 또는 자신이 대표자로 있는 종중이 사실상 양수한 토지에 관하여 위 구 부동산 특별조치법에 의한 등기를 경료하고자 할 경우에는 자신은 당해 토지에 관한 보증인이 될 수 없다고 봄이 상당하므로 <u>확인서 발급신청 종중의 대표 자신이 이 구 부동산특별조치법상 보증인의 1인으로 된 보증서 및 이에 기한 확인서에 의하여 경료된 등기는 절차상 위법한 등기로서 적법성 의 추정을 받을 수 없다</u>(대법원 1994. 3. 8. 선고 93다7884 판결 등 참조). (대법원 2010. 11. 11. 선고 2010다45944 판결).

위 판례가 말하는 취지에 의하면, 특별조치법에 의하여 개인 명의로부터 종중 의 명의로 소유권이전등기를 마치는 과정에서 그 종중 소속 종중원이 보증서를 작성하였으므로, 위 등기를 가능하게 한 보증서 3통 중 1통은 효력을 부인하여야 한다는 것이다.

즉, 보증인 3인의 보증서가 필요함에도 불구하고 사실상 보증인 2인의 보증서 에 의하여 이루어진 등기이므로 그 등기는 무효라는 의미이다. 이러한 법리는 그 등기명의를 이전받는 사람이 종중 아닌 개인일지라도 동일하게 적용되어야 할 것이다. 그리고 위와 같은 법리(法理)는 뒤에서 검토하는 모든 특별조치법에 공통적으로 적용된다.

제2항 1970년대 제정「부동산소유권이전등기 등에 관한 특별조치법」

○ 공포번호 : 제3094호(1978. 3. 1. 시행, 제정법률)

　　　　　　제3159호(1979. 1. 1. 시행, 개정법률)

　　　　　　제3562호(1982. 4. 3. 시행, 개정법률)

부동산소유권이전등기등에관한특별조치법

[시행 1978. 3. 1.] [법률 제3094호, 1977. 12. 31., 제정]

제1조(목적) 이 법은 부동산등기법에 의하여 등기하여야 할 부동산으로서 이 법 시행당시 소유권보존등기가 되어 있지 아니하거나 등기부기재가 실제 권리관계와 일치하지 아니하는 부동산을 간이한 절차에 의하여 등기할 수 있게 함을 목적으로 한다.

제2조(용어의 정의) ① 이 법에서 "부동산"이라 함은 이 법 시행일 현재 토지대장 또는 임야대장에 등록되어 있는 토지와 가옥과세대장에 등록되어 있는 건물을 말한다.

② "마을공동재산"이라 함은 지방자치법 제145조의 규정에 의한 동·리의 주민이 새마을사업으로 공동사용하기 위하여 소유하는 재산을 말한다.

제3조(적용범위) 이 법은 제2조에 규정된 부동산으로서 1974년 12월 31일 이전에 매매·증여·교환등 법률행위로 인하여 사실상 양도된 것에 한하여 이를 적용한다. 다만, 마을공동재산은 이 법 시행만료일까지의 것으로 한다.

제4조(적용지역 및 대상) 이 법의 적용지역 및 대상은 다음 각 호와 같다. 다만, 수복지구는 제외한다.

---

1. 읍·면지역의 전 토지 및 건물

2. 시지역(人口 50萬이상의 市는 제외한다)의 농지 및 임야

3. 시지역의 마을공동재산

제6조(대장상의 명의변경과 소유권보존등기) ① 대장상의 소유명의인으로부터 미등기부동산을 사실상 양도받은 자는 제10조의 규정에 의하여 발급받은 확인서(이하 "確認書"라 한다)를 첨부하여 대장소관청에 대하여 대장상의 소유명의인의 변경등록을 신청할 수 있다.

② 제1항의 신청을 받은 대장소관청은 확인서에 의하여 대장상의 소유명의인의 변경등록을 하여야 한다.

③ 제2항의 규정에 의하여 변경등록된 대장상의 소유명의인은 그 대장등본을 첨부하여 자기명의로 소유권보존등기를 신청할 수 있다.

제7조(소유권이전절차) ① 이 법에 의한 소유권이전등기는 부동산등기법 제28조의 규정에 불구하고 확인서를 발급받은 사실상의 양수자 또는 그 대리인이 등기소에 출석하여 신청할 수 있다.

② 제1항의 등기를 신청하는 경우에는 확인서로써 부동산등기법 제40조 제1항 제2호의 등기원인을 증명하는 서면에 갈음하고 동조 동항 제3호의 등기의무자의 권리에 관한 등기필증은 제출하지 아니한다.

③ 제1항의 등기를 신청하는 경우에는 대장등본을 제출하여야 한다.

제10조(확인서의 발급) ① 미등기부동산을 그 대장상의 소유명의인으로부터 사실상 양수한 자와 이미 등기되어 있는 부동산을 그 소유권의 등기명의인 또는 그 상속인으로부터 사실상 양수한 자는 이 법에 의한 등기를 신청하기 위하여 대장소관청으로부터 확인서의 발급을 받아야 한다.

② 확인서를 발급받으려는 자는 시장 또는 읍·면장이 당해 부동산 소재지 리·동에 대통령령으로 정하는 기간 이상 거주하고 있는 자 중에서 위촉하는 3인 이상의 보증서를 첨부하여 대장소관청에 서면으로 신청을 하여야 한다.

③ 대장소관청은 제2항의 신청서를 접수한 때에는 대통령령이 정하는 사항을 2월 이상 공고한 후 확인서를 발급하여야 한다. 그러나 공고기간내에 제11조의 이의신청이 있는 부동산에 관하여는 그 이의에 대한 처리가 완결되기 전에는 확인서를 발급하지 못한다.

④ 전항의 규정에 의한 공고는 대장소관청이 당해 시·읍·면과 리·동사무소의 게시판에 하여야 한다.

제11조(이의신청등) ① 제10조의 규정에 의한 확인서발급신청에 대하여 이의가 있는 자는 동조의 공고기간 내에 이의신청을 할 수 있다.

② 제1항의 규정에 의한 이의신청을 접수한 대장소관청은 공고기간만료일부터 2월내에 사실조사를 거쳐 이의신청에 대한 처리를 하여야 한다.

'명의신탁(名義信託)'은 부동산의 실제 소유자인 甲이 그 소유 명의만을 乙의 명의를 차용하여 乙 명의로 등기 또는 등록(토지대장 또는 임야대장에 이름을 올리는 것)하는 것을 말한다. 이때 甲을 '명의신탁자(名義信託者)'라 하고, 乙을 '명의수탁자(名義受託者)'라고 부른다.

이러한 명의신탁약정은 과거에는 유효한 것으로 취급하였지만, 「부동산실권리자명의 등기에 관한 법률」이 시행된 1995. 7. 1. 이후에는 원칙적으로 무효로 한다.

대법원 2010. 1. 14. 선고 2009다71756 판결

원심판결 이유에 의하면, 원심은 영천시 매산동 산 56-2 임야 56,727㎡ (이하 '이 사건 부동산'이라고 한다)는 소외 전치대가 사정받은 토지인데, 원고 종중이 위 부동산을 전치대로부터 매수한 후 그에 관한 구 임야대장 상의 소유자 명의를 종중원인 소외 1, 2, 3 명의로 등재하였다가 그 후 1933년경 다시 소외 1 단독 명의로 변경한 사실, 1981. 8. 31. 이 사건 부동산 중 각 1/2 지분에 관하여 구 부동산소유권 이전등기 등에 관한 특별조치법(법률 제3094호, 실효, 이하 '특조법'이라고 한다)에 기하여 피고 1과 소외 4 명의로 소유권보존등기가 경료된 사실, 1997. 7. 2. 이 사건 부동산 중 피고 1 지분에 관하여 피고 2, 3을 근저당권자로 하는 근저당권설정등기가 각 경료된 사실 등을 인정한 다음, 피고 1 명의의 위 소유권보존등기는 특조법에 의하여 할 수 있는 등기에 해당하고, 그 등기의 기초가 된 보증서나 확인서가 허위라는 점을 인정할 증거가 없다는 이유로, 위 소유권보존등기의 추정력이 깨어지지 않았다는 전제하에, 그 등기가 원인무효임을 전제로 하는 원고의 피고들에 대한 청구를 모두 배척하였다.

그러나 특조법에 의하여 할 수 있는 소유권보존등기는 동법 제3조의 취지에 비추어 볼 때, 그 원인행위인 매매, 증여, 교환 등 법률행위가 1974. 12. 31. 이전에 이루어진 것에 한한다고 해석되므로, 그 원인행위 일자가 그 이후로 인정되는 경우에는 위 등기에 그 기재 내용대로의 추정 력이 있는 것이라고 할 수 없는바(대법원 2006. 8. 24. 선고 2006다3220 0 판결 등 참조), 기록에 의하면, 피고 1 스스로 1980년 내지 1981년경

자신의 증조부인 소외 5를 중시조로 하는 종중으로부터 이 사건 부동산 지분을 명의신탁받아 그에 기해 소유권보존등기를 경료한 것이라고 주장하고 있는 사실을 알 수 있는바, 결국 이는 특조법의 적용을 받을 수 없는 시점의 취득원인 일자를 내세우는 경우에 해당하여 그 주장 자체로 특조법에 의한 등기를 마칠 수 없는 경우에 해당함이 분명하므로, 피고 1 명의로 경료된 위 소유권보존등기의 추정력은 깨어졌다고 보아야 할 것이고, 따라서 그 등기가 실체적 권리관계에 부합하는 것이라는 점이 주장·입증되었다는 등의 다른 특별한 사정이 없는 한 위 소유권보존등기는 원인무효의 등기라고 보아야 할 것임에도, 이와 달리 원심이 위 소유권보존등기가 특조법에 의하여 할 수 있는 등기에 해당하여 위 등기의 추정력이 깨어진 것으로 볼 수 없다는 이유로 위 등기가 원인무효임을 전제로 하는 원고의 청구를 모두 배척한 데에는, 특조법에 따라 마쳐진 등기의 추정력에 관한 법리를 오해하여 판결에 영향을 미친 위법이 있다고 할 것이다. 이 점을 지적하는 상고이유의 주장은 이유 있다.

위 판결에 나타난 쟁점은 당해 토지에 대한 등기가 특별조치법의 적용대상인지 아닌지 여부를 간과한 하급심의 판단에 대하여 대법원이 지적하고 있는 것이다.

이 판례에서 문제가 된 부분은 위 특별조치법에 터 잡아 등기를 할 수 있는 '원인행위'가 언제 이루어졌는가에 관한 것이다.

이 사안에서는 명의신탁의 시점에 관한 문제인데, 하급심의 판결 중에는 과거 (오래 전에) 종중이 종원(宗員)에게 명의신탁을 했다가 특별조치법이 시행되는 기회에 '명의신탁해지'를 원인으로 그 소유 명의를 종중으로 바꾸는 경우에도 이 법의 적용대상으로 오판을 하는 경우가 있는 것으로 보인다. 그러나 이미 이루어진 명의신탁을 해지하여 그 소유 명의를 명의수탁자로부터 명의신탁자에게 되돌리는 행위는 위 법 제3조가 말하는 "매매, 증여, 교환 등 법률행위"에 해당하는 것으로 해석하여서는 안 된다.

왜냐하면 명의신탁에서 명의신탁자와 명의수탁자의 관계에서는 여전히 명의신탁자가 그 부동산의 소유권을 가지고 있으므로, 명의신탁자의 명의로 명의만을 되돌리는 것은 그 부동산을 "사실상 취득하는 행위"가 아니기 때문이다. 그러나 대법원의 태도는 이와 다르다.

위 판례에서 다룬 내용과 유사한, 즉 종중이 종원에게 명의신탁을 해두었던 토지라는 이유로 그 명의신탁을 해지하였다고 주장하면서 각종의 특별조치법에 터 잡아 종중의 명의로 소유권보존등기 또는 소유권이전등기를 마친 사례는 매우 많을 것으로 추정된다.

왜냐하면 일제강점기에 토지조사 및 임야조사를 시행할 당시에는 종중의 명의로는 토지를 소유할 수 있는 법적 근거가 없었으므로 종중으로서는 종원에게 명의신탁을 할 수 밖에 없었기 때문이다.

당시에 시행하던 「조선부동산등기령」에서는 종중 명의로 토지에 관한 등기를 할 수 있는 근거를 마련하지 못하였다. 그 이후 조선고등법원이 판례법(관습법)을 생산함에 따라 명의신탁에 관한 법리가 완성되었고, 이때부터는 종중도 자기의 명의로 소유권보종등기나 소유권이전등기를 할 수 있게 되었다.

그리고 광복 이후에는 우리의 법원도 이 명의신탁 법리를 무분별하게 받아들임으로써 부동산투기 및 조세포탈의 관행(폐단)을 양성한 결과가 되었다.

위 판례와 관련한 내용은 뒤에서 「임야소유권이전등기 등에 관한 특별조치법」 관련 판례를 소개할 때에 더 자세히 검토하기로 한다.

제3항 1990년대 제정 「부동산소유권이전등기 등에 관한 특별조치법」

○ 공포번호 : 제4502호(1993. 1. 1. 제정 시행)

　　　　　　　제4586호(1993. 12. 10. 개정 시행)

　　　　　　　제4775호(1994. 9. 1. 개정 시행)

부동산소유권이전등기등에관한특별조치법

[시행 1993. 1. 1.] [법률 제4502호, 1992. 11. 30., 제정]

제1조(목적) 이 법은 부동산등기법에 의하여 등기하여야 할 부동산으로서 이 법 시행당시 소유권보존등기가 되어 있지 아니하거나 등기부기재가 실제 권리관계와 일치하지 아니하는 부동산을 용이한 절차에 의하여 등기할 수 있게 함을 목적으로 한다.

제2조(정의) 이 법에서 "부동산"이라 함은 이 법 시행일 현재 토지대장 또는 임야대장에 등록되어 있는 토지와 건축물대장에 등록되어 있는 건물을 말한다.

제3조(적용범위) 이 법은 제2조에 규정된 부동산으로서 1985년 12월 31일 이전에 매매·증여·교환 등 법률행위로 인하여 사실상 양도된 부동산, 상속받은 부동산과 소유권보존등기가 되어 있지 아니한 부동산에 대하여 이를 적용한다.

제4조(적용지역 및 대상) 이 법의 적용지역 및 대상은 다음 각 호와 같다. 다만, 수복지구는 제외한다.

　1. 읍·면지역의 전 토지 및 건물

　2. 시지역(人口 50萬 이상의 市는 제외한다)의 농지 및 임야

제6조(대장상의 명의변경·소유자복구와 소유권보존등기) ① 미등기부동

산을 사실상 양도받은 자와 미등기부동산을 상속받은 자 또는 소유자미복구부동산의 사실상의 소유자는 확인서를 첨부하여 대장소관청에 소유명의인의 변경등록 또는 복구등록을 신청할 수 있다.

② 제1항의 신청을 받은 대장소관청은 확인서에 의하여 대장상의 소유명의인의 변경등록 또는 복구등록을 하여야 한다.

③ 제2항의 규정에 의하여 변경등록 또는 복구등록된 대장상의 소유명의인은 그 대장등본을 첨부하여 자기명의로 소유권보존등기를 신청할 수 있다.

제7조(소유권 이전절차) ① 이 법에 의한 소유권이전등기는 부동산등기법 제28조의 규정에 불구하고 확인서를 발급받은 사실상의 양수자 또는 그 대리인이 등기소에 출석하여 신청할 수 있다.

② 제1항의 등기를 신청하는 경우에는 확인서로써 부동산등기법 제40조 제1항 제2호의 등기원인을 증명하는 서면에 갈음하고 동조 동항 제3호의 등기의무자의 권리에 관한 등기필증은 제출하지 아니한다.

③ 제1항의 등기를 신청하는 경우에는 대장등본을 제출하여야 한다.

제10조(확인서의 발급) ① 미등기부동산을 사실상 양수한 자와 이미 등기되어 있는 부동산을 그 소유권의 등기명의인 또는 그 상속인으로부터 사실상 양수한 자, 부동산의 상속을 받은 자 및 소유자미복구부동산의 사실상의 소유자는 이 법에 의한 등기를 신청하기 위하여 대장소관청으로부터 확인서의 발급을 받아야 한다.

② 확인서를 발급받으려는 자는 시장 또는 읍 · 면장이 당해 부동산소재지 동 · 리에 대통령령으로 정하는 기간 이상 거주하고 있는 자 중

에서 위촉하는 3인 이상의 보증서를 첨부하여 대장소관청에 서면으로 신청을 하여야 한다.

③ 대장소관청은 제2항의 신청서를 접수한 때에는 대통령령이 정하는 사항을 2월 이상 공고한 후 확인서를 발급하여야 한다. 그러나 공고기간 내에 제11조의 이의신청이 있는 부동산에 관하여는 그 이의에 대한 처리가 완결되기 전에는 확인서를 발급하지 못한다.

④ 제3항의 규정에 의한 공고는 대장소관청이 당해 시·읍·면과 동·리의 사무소의 게시판에 하여야 한다.

제11조(이의신청등) ① 제10조의 규정에 의한 확인서발급신청에 대하여 이의가 있는 자는 동조 제3항의 규정에 의한 공고기간내에 이의신청을 할 수 있다.

② 제1항의 규정에 의한 이의신청을 접수한 대장소관청은 공고기간만료일부터 2월내에 사실조사를 거쳐 이의신청에 대한 처리를 하여야 한다.

대법원 2011. 2. 24. 선고 2010다88477 판결

부동산소유권이전등기 등에 관한 특별조치법(1992. 11. 30. 법률 제4502호. 실효. 이하 '특별조치법'이라 한다)에 의하여 마쳐진 등기는 그 법 소정의 적법한 절차에 따라 마쳐진 것으로서 실체적 권리관계에 부합하는 등기로 일응 추정된다고 할 것이므로, 특별조치법에 의하여 경료된 소유권이전등기의 말소를 구하려는 자는 위 법 소정의 보증서나 확인서가 허위 작성 내지 위조되었다든가 그 밖에 다른 사유로 인하여 그 이전등기가 적법하게 이루어진 것이 아니라는 주장과 입증을 하여야 하는 것이고, 나아가 허위의 보증서나 확인서라 함은 권리변동의 원인에 관한 실체적 기재 내용이 진실에 부합하지 않는 것을 의미하며, 위 법에 의한 소유권이전등기는 소유 명의인으로부터 직접 양수한 경우뿐만 아니라 제3자를 거쳐 양수한 경우에도 허용된다(대법원 1999. 6. 25. 선고 99다15818 판결, 대법원 2008. 5. 29. 선고 2008다3992 판결 등 참조).

원심판결 이유에 의하면, 원심은 채택 증거들을 종합하여 그 판시와 같은 사실, 즉, 이 사건 임야에 관하여 대전지방법원 장항등기소 1970. 7. 24. 접수 제637호로 원고와 소외 1의 공유로 소유권보존등기가 경료된 사실, 피고 종중은 특별조치법에 따라 이 사건 임야에 관하여 같은 등기소 1995. 4. 28. 접수 제8742호로 1977. 8. 1.자 매매를 원인으로 한 소유권이전등기를 경료한 사실을 인정한 다음, 특별조치법 제10조 제1항은 '미등기부동산을 사실상 양수한 자와 이미 등기되어 있는 부동산을 그 소유권의 등기명의인 또는 그 상속인으로부터 사실상 양수한 자, 부동산의 상속을 받은 자 및 소유자미복구부동산의 사실상의 소유자는 이 법에 의한

등기를 신청하기 위하여 대장소관청으로부터 확인서의 발급을 받아야 한다'라고 규정하고 있는데, 원고가 1985년경 이 사건 임야에 관하여 무단으로 소유권보존등기를 경료하였다는 것을 시인하고 피고 2, 3이 1985년경 피고 종중에 대하여 원고가 충남 서천군 마산면 벽오리 (이하 생략) 임야 22,116㎡를 피고 종중 앞으로 소유권을 이전하는 것을 조건으로 이 사건 임야를 피고 종중에게 증여하였다는 피고들의 주장은 그 자체로 이미 등기되어 있던 이 사건 임야의 소유권등기명의인인 원고와 소외 1로부터 이 사건 임야를 사실상 양수하였다는 것에 해당하지 아니하여 특별조치법에 따른 등기를 마칠 수 없음이 명백한 경우에 해당하므로 피고 종중 명의로 마쳐진 소유권이전등기의 추정력은 번복되었다고 판단하였다.

그러나 원심의 이와 같은 판단은 앞서 본 법리와 아래와 같은 사정에 비추어 볼 때 이를 그대로 수긍하기 어렵다.

기록에 의하면, 피고들은 '이 사건 임야는 1932년경 소외 2, 3이 국가로부터 매수한 것임에도 원고와 소외 1이 1970년경 무단으로 소유권보존등기를 경료하였는데, 위 소외 2, 3의 상속인인 피고 2, 3이 1985년경 이러한 사실을 알고 원고와 소외 1에게 항의하자, 원고와 소외 1은 잘못을 시인하고 피고 2, 3에게 이 사건 임야를 넘겨주기로 약속하였으며, 피고 2, 3은 원심 판시와 같은 조건 아래 이 사건 임야를 피고 종중에 증여하였다'는 취지로 주장하였음을 알 수 있다.

사정이 이와 같다면, 피고들의 주장은 "등기명의인인 원고와 소외 1로부터 피고 2, 3이 소유권을 넘겨받기로 하였고, 이어 피고 2, 3으로부터 피고 종중이 증여받은 것"이라는 취지임이 분명하므로, 이와 같이 <u>피고 종중이</u>

소유 명의인으로부터 직접 양수한 것이 아니라 제3자를 거쳐 양수한 것이라고 주장하였다 하더라도 이러한 사정만을 들어 특별조치법에 따른 등기를 마칠 수 없음이 명백한 경우에 해당한다고 볼 수는 없다 할 것이다. 그럼에도 불구하고, 원심은 이미 등기되어 있는 부동산을 그 소유 명의인 이외의 자로부터 양수하였다고 주장하는 경우에는 특별조치법에 따른 등기를 마칠 수 없음이 명백하다는 이유로, 피고 종중 명의의 소유권이전등기의 추정력이 번복되었다고 판단하였으니, 이러한 원심판결에는 특별조치법의 적용대상과 그에 따라 마쳐진 등기의 추정력에 관한 법리를 오해한 위법이 있다고 할 것이다.

위 판례의 밑줄 그은 부분 중 뒷부분은 이른바 '중간생략등기'도 허용된다는 취지를 설명하고 있다.

'중간생략등기'란 가령 소유권이전에 관한 법률행위(매매, 증여 등)가 갑과 을 사이에서 먼저 이루어지고, 을이 자기 앞으로 등기를 마치지 아니한 채 다시 을과 병 사이에서 법률행위가 이루어진 경우에서 그 소유권이전등기는 갑으로부터 직접 병 앞으로 경료하는 경우를 말한다. 이 경우 갑과 병 사이에 더 많은 원인행위의 관여자가 있더라도 마찬가지이다.

1990. 9. 1. 「부동산등기 특별조치법」이 시행되기 전에는 당사자들의 합의만 있으면 이러한 중간생략등기를 허용하는 것이 대법원의 태도였다. 위 법률이 시행된 뒤에는 이러한 중간생략등기를 마치는 경우에는 형사상의 제재를 받는다.

원심은 이 사건 임야가 1918. 6. 19. 소외 망 이기주의 명의로 사정된 미등기의 토지인데 판시와 같이 원고가 이기주를 단독상속한 사실, 피고가 1994. 12. 28. 이 사건 임야에 관하여 특별조치법에 따라 그 명의로 보존등기를 경료한 사실을 인정하고, 피고 명의의 보존등기는 특별조치법에 의하여 마쳐진 것으로서 실체적 권리관계에 부합하는 등기로 추정된다고 할 것이지만, 그 채용증거들에 의하여 인정되는 다음과 같은 사정들, 즉 피고 명의의 보존등기의 기초가 된 보증서에는 구체적인 권리변동사유의 기재가 생략된 채 단지 피고가 그의 아버지인 소외 망 김명석으로부터 상속받아 사실상 이를 소유하고 있다는 현재의 권리상태에 관하여서만 기재되어 있을 뿐인 점, 위 보증서를 작성한 보증인들은 이 사건 임야의 권리변동관계나 이 사건 임야를 매도한 사람이 누구인지조차 모르는 상태에서 김명석이 이 사건 임야를 개간하여 경작하였던 사정과 김명석의 분묘가 이 사건 임야에 설치되어 있던 사정만을 토대로 피고의 재촉에 따라 김명석의 상속인 중 한 사람인 피고가 이 사건 임야의 적법한 소유자일 것이라고 만연히 추측하여 위와 같은 내용의 보증서를 작성하여 주었다는 것인 점, 그 후 위 보증인들은 판시 소외 문중(이기주 및 원고가 종중원이다)으로부터 위 보증서의 작성 경위에 관하여 추궁당하자 "잘못 보증한 것에 대하여 이씨 문중산인 것을 정정 보증한다."는 내용의 서면을 작성·교부하였다가 다시 이를 번복하는 내용의 서면을 피고측에 작성·교부하여 주는 등 일관성이 없는 태도를 보인 점, 이 사건 임야에는 김명석의 분묘 이외에 소외 문중 선조들의 분묘 2기가 그 이전에 이미 설치되어 있었던 점, 또한 피고가 이 사건 임야의 적법한 취득원인이라고 내세우는 매수사실을 인정하기 어려운 점 등을 종합하여 보면, 피고 명의의 보존등기의 기초가 된 보증서는

> 그 실체적 기재 내용이 진실이 아님을 의심할 만큼 증명된 것으로 봄이
> 상당하여 그 보존등기의 추정력이 복멸되었다고 판단하였다.
>
> 위에서 본 법리와 기록에 의하여 살펴보면, 원심의 위와 같은 사실 인정과
> 판단은 모두 수긍할 수 있고, 거기에 상고이유의 주장과 같은 채증법칙위
> 반, 특별조치법에 따라 마쳐진 등기의 추정력 등에 관한 법리오해의 위법
> 이 없다(대법원 2005. 6. 24. 선고 2005다21975 판결).

위 판례에서 다룬 사안은 이렇다. 문제의 임야는 원고의 피상속인이 사정을
받았는데, 피고는 피고의 피상속인이 원고의 피상속인으로부터 매수하였다는
원인을 내세워 보증인으로 하여금 보증서를 작성하게 한 다음 피고 명의로
소유권보존등기를 마쳤다. 이에 원고가 특별조치법에 의하여 마쳐진 이 보존등
기의 말소등기절차 이행을 청구하였다.

위 판례는 특별조치법에 의하여 마쳐진 등기의 추정력을 뒤집기 위해서는
원고가 어느 정도의 입증을 하여야 하는가에 관하여 설명하고 있다. 보증서가
허위작성된 것이라는 입증의 정도는 그 실체적 기재 내용이 진실이 아님을
의심할 만큼 증명하는 것으로 충분하고, 법관이 확신할 정도까지 되어야 하는
것은 아니라는 점에 관하여 잘 설명하고 있다. 위 사안에서는 피고의 피상속인의
분묘가 해당 임야에 설치되어 있음에도 이는 무시되었다. 피고의 피상속인 외의
분묘 2기도 있었기 때문이다.

위 판례는 원고의 청구가 인용되었지만, 다음에 소개하는 판례의 경우에는
원고가 패소하였다. 두 개의 판례에 의하여 '입증의 정도' 내지 '입증의 방법'을
잘 이해할 수 있고, 조상 땅을 찾는 과정에서는 이를 반드시 이해할 필요가
있으므로 관련 판례 하나를 더 소개한다.

특조법에 의한 등기의 추정력을 번복하기 위한 입증의 정도는 등기의 기초가 된 보증서나 확인서의 실체적 기재 내용이 진실이 아님을 의심할 만큼 증명되어야 하며, 그와 같은 입증이 없는 한 그 등기의 추정력은 번복되지 아니하고(대법원 1997. 10. 16. 선고 95다57029 전원합의체 판결, 2004. 12. 24. 선고 2004다45226 판결 등 참조), 또 <u>특조법에 따라 등기를 마친 자가 보증서나 확인서에 기재된 취득원인이 사실과 다른 취득원인에 따라 권리를 취득하였음을 주장하는 경우에는, 특별한 사정이 없는 한 위의 사유만으로 특별조치법에 따라 마쳐진 등기의 추정력이 번복된다고 볼 수는 없으며, 그 밖의 자료에 의하여 새로이 주장된 취득원인 사실에 관하여도 진실이 아님을 의심할 만큼 증명되어야 그 등기의 추정력이 번복된다고 할 것이다</u>(대법원 2001. 11. 22. 선고 2000다71388, 71395 전원합의체 판결 참조) (2005. 4. 29. 선고 2005다2189 판결).

이 판례에 나타난 사안을 정리하면 이렇다. 이 사건 부동산은 원고의 피상속인이 소유하던 것이었다. 피고는 위 부동산을 원고의 피상속인으로부터 대물변제를 받았다는 취지(원고의 피상속인이 제3자에게 부담하는 채무를 대신 변제하고, 이 사건 부동산의 소유권을 원고의 피상속인으로부터 이전받았다는 취지)의 보증서 및 확인서를 발급받아 특별조치법에 터 잡아 소유권이전등기를 마쳤다.

이에 원고는 위 등기는 원인무효라면서 그 등기의 말소를 청구하는 소를 제기하였다. 제1심과 제2심의 판단은, 피고가 주장하는 대물변제로 인하여 해당 부동산을 취득하였다는 주장은 여러 가지의 정황증거 등에 의하여 신빙성이 없다고 판단하여 위 특별조치법에 의한 등기의 권리추정력을 부인하였다. 그러나 대법원은 위 판례에 나타난 이유로 원심의 판결을 파기하였다.

위 판결 중 "특조법에 따라 등기를 마친 자가 보증서나 확인서에 기재된 취득원인이 사실과 다른 취득원인에 따라 권리를 취득하였음을 주장하는 경우에는"이라고 기재하였는데, 위 구절의 끝부분 중 '경우에는'을 '경우에도'라고 표기하였더라면 더욱 좋았을 것이다.

아무튼 위 사안의 경우에는 피고가 주장하는 대물변제 사실이 제1심 및 제2심을 통하여 부정되었을 뿐 피고 스스로 대물변제 외의 다른 원인사실을 변론에서 주장한 바가 없다. 따라서 대법원의 견해에는 찬동하기 어렵다.

특별조치법 제3조는 1985. 12. 31. 이전에 매매·증여·교환 등 법률행위로 인하여 사실상 양도된 부동산, 상속받은 부동산에 대하여 특별조치법을 적용한다고 규정하고 있기 때문에 1986. 1. 1. 이후의 법률행위는 특별조치법의 적용대상이 될 수 없는 것인데, 그 법률행위의 일자를 그 적용대상이 되는 일자로 허위로 기재하여 보증서를 작성한 것은 설령 그 결과 등재된 부동산등기부의 표시가 실제관계와 부합한다고 할지라도 특별조치법 제13조 제1항 제3호에 해당한다(대법원 1990. 8. 24. 선고 90도1031 판결, 1999. 3. 23. 선고 98도4481 판결 등 참조) (대법원 2001. 12. 27. 선고 2001도4651 판결).

위 판례가 말하는 특별조치법 제13조 제1항 제3호는 "허위의 보증서를 작성한 자"에 대한 형벌규정이다. 위 사안에서 만약 보증서를 작성한 사람이 그 법률행위의 성립시기를 알지 못하였다고 하더라도 결과는 위와 다르지 않을 것이다.

참고로, 지금까지 검토한 특별조치법들은 모두 허위의 보증서를 작성한 자를 처벌하는 형벌규정을 마련해두었다. 그러나 지금에 와서 그와 같은 허위의 보증서 작성행위자를 처벌할 수 없다. 공소시효(公訴時效)가 완성되었기 때문이다. 따라서 과거에 허위의 보증서를 작성한 보증인도 이제는 진실을 말할 수도 있을 것이다.

제4항 2000년대 제정 「부동산소유권이전등기 등에 관한 특별조치법」

○ 공포번호 : 제7500호(2006. 1. 1. 시행, 제정법률)

　　　　　　　제8080호(2006. 12. 26. 시행, 개정법률)

부동산소유권 이전등기 등에 관한 특별조치법

[시행 2006. 1. 1.] [법률 제7500호, 2005. 5. 26., 제정]

제1조(목적) 이 법은 「부동산등기법」에 따라 등기하여야 할 부동산으로서 이 법 시행 당시 소유권보존등기가 되어 있지 아니하거나 등기부의 기재가 실제 권리 관계와 일치하지 아니하는 부동산을 용이한 절차에 따라 등기할 수 있게 함을 목적으로 한다.

제2조(정의) 이 법에서 사용하는 용어의 정의는 다음과 같다.

　1. "부동산"이라 함은 이 법 시행일 현재 토지대장 또는 임야대장에 등록되어 있는 토지 및 건축물대장에 기재되어 있는 건물을 말한다.

　2. "소유자미복구부동산"이라 함은 토지대장·임야대장 또는 건축물대장(이하 "대장"이라 한다)에 소유명의인이 등록되어 있지 아니한 부동산을 말한다.

3. "대장소관청"이라 함은 지적공부를 관리하는 시장(구를 두는 특
별시·광역시 및 시에 있어서는 구청장을 말한다)·군수를 말한
다.

제3조(적용범위) 이 법은 제2조 제1호에 규정된 부동산으로서 1995년
6월 30일 이전에 매매·증여·교환 등 법률행위로 인하여 사실상 양도
된 부동산, 상속받은 부동산과 소유권보존등기가 되어 있지 아니한
부동산에 대하여 이를 적용한다.

제4조(적용지역 및 대상) 이 법의 적용지역 및 대상은 다음 각 호와 같다.
다만, 수복지구는 이를 제외한다.

1. 읍·면 지역의 토지 및 건물

2. 광역시 및 시 지역의 농지·임야 및 지가 1제곱미터당 6만500원
이하의 모든 토지. 다만, 광역시 및 인구 50만 이상의 시에 대하
여는 1995년 1월 1일 이후 광역시 또는 그 시에 편입된 지역에
한한다. 이 경우 광역시 설치 당시의 시 지역은 편입으로 보지
아니한다.

제6조(대장의 명의변경·소유자복구와 소유권보존등기) ① 미등기부동산
을 사실상 양도받은 사람과 미등기부동산을 상속받은 사람 또는 소유자
미복구부동산의 사실상의 소유자는 확인서를 첨부하여 대장소관청에
소유명의인의 변경등록 또는 복구등록을 신청할 수 있다.

② 제1항의 규정에 따른 신청을 받은 대장소관청은 확인서에 의하여
대장상의 소유명의인의 변경등록 또는 복구등록을 하여야 한다.

③ 제2항의 규정에 따른 변경등록 또는 복구등록된 대장상의 소유명
의인은 그 대장등본을 첨부하여 등기소에 자기명의로 소유권보존등기

를 신청할 수 있다.

제7조(소유권 이전절차) ① 이 법에 따른 소유권이전등기는 「부동산등기
법」 제28조의 규정에 불구하고 확인서를 발급받은 사실상의 양수인
또는 그 대리인이 등기소에 출석하여 신청할 수 있다.

② 제1항의 규정에 따른 등기를 신청하는 경우에는 확인서로 「부동산
등기법」 제40조 제1항 제2호의 등기원인을 증명하는 서면에 갈음하
고, 동항 제3호의 등기의무자의 권리에 관한 등기필증은 제출하지 아
니한다.

③ 제1항의 규정에 따른 등기를 신청하는 경우에는 대장등본을 제출
하여야 한다.

제10조(확인서의 발급) ① 미등기부동산을 사실상 양수한 사람과 이미
등기되어 있는 부동산을 그 부동산의 등기명의인 또는 상속인으로부터
사실상 양수한 사람, 부동산의 상속을 받은 사람 및 소유자미복구부동
산의 사실상의 소유자는 이 법에 따른 등기를 신청하기 위하여 대장소관
청으로부터 확인서를 발급받아야 한다.

② 제1항의 규정에 따른 확인서를 발급받으려는 사람은 시·구·읍·
면장이 해당 부동산소재지 동·리에 대통령령이 정하는 기간 이상 거
주하고 있는 사람 중에서 보증인으로 위촉하는 3인 이상의 보증서를
첨부하여 대장소관청에 서면으로 신청을 하여야 한다.

③ 제2항의 규정에 따른 신청서를 접수한 대장소관청은 보증인들에
게 허위보증의 벌을 경고한 다음 보증취지를 확인하여야 한다.

④ 제3항의 규정에 따른 보증취지를 확인한 대장소관청은 해당 부동
산에 대하여 현장조사를 실시하여 보증사실의 진위를 확인하여야 한

다.

⑤ 제4항의 규정에 따른 현장조사로 보증사실의 진정성을 확인한 대장소관청은 그 신청사실 및 대통령령이 정하는 사항을 2월 이상 공고한 후 확인서를 발급하여야 한다. 다만, 공고기간 이내에 제11조의 규정에 따른 이의신청이 있는 부동산에 관하여는 그 이의에 대한 처리가 완결되기 전에는 확인서를 발급하지 못한다.

⑥ 제5항의 규정에 따른 공고는 대장소관청이 해당 시·군·구·읍·면과 동·리의 인터넷 홈페이지 및 사무소의 게시판에 하여야 한다.

⑦ 제2항 내지 제6항의 규정에 따른 보증인의 자격과 대장소관청의 보증취지 확인, 현장조사 및 확인서 발급의 절차 등 그 밖에 필요한 사항은 대통령령으로 정할 수 있다.

제11조(이의신청 등) ① 제10조의 규정에 따른 확인서 발급신청에 관하여 이의가 있는 사람은 동조 제5항의 규정에 따른 공고기간 이내에 이의신청을 할 수 있다.

② 제1항의 규정에 따른 이의신청을 접수한 대장소관청은 공고기간만료일부터 2월 이내에 사실조사를 거쳐 이의신청 내용의 타당성 여부를 판단하여 그 결과를 확인서 발급신청자와 이의신청인에게 통보하여야 한다.

제12조(다른 법률의 적용배제) 이 법의 규정에 따라 등기를 신청한 경우에는 「부동산등기 특별조치법」 제11조 및 「부동산 실권리자명의 등기에 관한 법률」 제10조의 규정을 적용하지 아니한다.

부   칙 〈법률 제7500호, 2005. 5. 26.〉

제2조(유효기간) 이 법은 2007년 12월 31일까지 효력을 가진다. 다만,

이 법 시행중에 제10조의 규정에 따른 확인서의 발급을 신청한 부동산 및 제11조의 규정에 따른 확인서 발급에 대한 이의신청이 제기된 부동산에 대하여는 유효기간 경과 후 6월까지는 이 법에 따른 등기를 신청할 수 있다.

제5항 현행 「부동산소유권이전등기 등에 관한 특별조치법」

이 법은 2020. 8. 5.부터 2022. 10. 19.까지만 효력을 갖는 한시법(限時法)이다.

이 법은 과거에 시행되었던 특별조치법들과는 달리 촘촘한 규정들을 마련함으로써 진정한 권리자가 아니면 이 법을 적용하여 소유권에 관한 등기를 할 수 없도록 하는 장치를 두었다고 평가할 수 있다.

과거에 시행되었던 한시법들(특별법들)도 이 법과 같은 정도의 안전장치만이라도 만들어두었더라면 진정한 권리자가 부동산 소유권을 상실하는 일을 많이 줄일 수 있었을 것이라는 아쉬움이 남는다.

부동산소유권 이전등기 등에 관한 특별조치법

(약칭: 부동산소유권이전등기법)

[시행 2020. 10. 20.] [법률 제17506호, 2020. 10. 20., 일부개정]

제1조(목적) 이 법은 「부동산등기법」에 따라 등기하여야 할 부동산으로서 이 법 시행 당시 소유권보존등기가 되어 있지 아니하거나 등기부의 기재가 실제 권리관계와 일치하지 아니하는 부동산을 용이한 절차에 따라 등기할 수 있게 함을 목적으로 한다.

제2조(정의) 이 법에서 사용하는 용어의 뜻은 다음과 같다.

1. "부동산"이란 이 법 시행일 현재 토지대장 또는 임야대장에 등록되어 있는 토지 및 건축물대장에 기재되어 있는 건물을 말한다.

2. "대장"이란 「공간정보의 구축 및 관리 등에 관한 법률」에 따른 토지대장·임야대장 또는 「건축법」에 따른 건축물대장을 말한다.

3. "소유자미복구부동산"이란 대장에 소유명의인이 등록되어 있지 아니한 부동산을 말한다.

4. "대장소관청"이란 「공간정보의 구축 및 관리 등에 관한 법률」 및 「건축법」에 따라 대장을 관리하는 특별자치시장·특별자치 도지사·시장·군수·구청장(자치구의 구청장을 말한다. 이하 같다)을 말한다.

제4조(적용범위) ① 이 법은 부동산으로서 1995년 6월 30일 이전에 매매·증여·교환 등 법률행위로 인하여 사실상 양도된 부동산, 상속받은 부동산과 소유권보존등기가 되어 있지 아니한 부동산에 대하여 이를 적용한다.

② 제1항에도 불구하고 소유권의 귀속에 관하여 소송이 계속 중인 부동산에 관하여는 이 법을 적용하지 아니한다.

제5조(적용 지역 및 대상) 이 법의 적용 지역 및 대상은 다음 각 호와 같다. 다만, 수복지구는 제외한다. 〈개정 2020. 10. 20.〉

1. 읍·면 지역: 토지 및 건물

2. 특별자치시 및 인구 50만 미만의 시(「제주특별자치도 설치 및 국제자유도시 조성을 위한 특별법」 제10조 제2항에 따른 행정시를 포함한다. 이하 같다) 지역: 농지 및 임야

3. 광역시 및 인구 50만 이상의 시 지역: 1988년 1월 1일 이후 직
   할시·광역시 또는 그 시에 편입된 지역의 농지 및 임야. 이 경
   우 광역시 설치 당시의 시 지역은 편입으로 보지 아니한다.

제7조(대장의 명의변경·소유자복구와 소유권보존등기) ① 미등기부동산
을 사실상 양도받은 사람과 미등기부동산을 상속받은 사람 또는 소유자
미복구부동산의 사실상의 소유자는 확인서를 첨부하여 대장소관청에
소유명의인 변경등록 또는 복구등록을 신청할 수 있다.

② 제1항의 신청을 받은 대장소관청은 확인서에 따라 대장상의 소유
명의인의 변경등록 또는 복구등록을 하여야 한다.

③ 제2항에 따라 변경등록 또는 복구등록된 대장상의 소유명의인은
그 대장등본을 첨부하여 등기소에 자기 명의로 소유권보존등기를 신
청할 수 있다.

제8조(소유권 이전절차) ① 이 법에 따른 소유권이전등기는 「부동산등기
법」 제23조 제1항에도 불구하고 확인서를 발급받은 사실상의 양수인
또는 그 대리인이 단독으로 신청할 수 있다.

② 제1항의 등기를 신청하는 경우에는 확인서로 등기원인을 증명하는
「부동산등기법」 제24조 제2항의 첨부정보를 갈음한다.

③ 제1항의 등기를 신청하는 경우에는 대장등본을 제출하여야 한다.

제11조(확인서의 발급) ① 미등기부동산을 사실상 양수한 사람과 이미
등기되어 있는 부동산을 그 부동산의 등기명의인 또는 상속인으로부터
사실상 양수한 사람, 부동산의 상속을 받은 사람 및 소유자미복구부동
산의 사실상의 소유자는 이 법에 따른 등기를 신청하기 위하여 대장소관
청으로부터 확인서를 발급받아야 한다.

② 확인서를 발급받으려는 사람은 시·구·읍·면장이 다음 각 호의
어느 하나에 해당하는 사람 중에서 위촉하는 5명 이상의 보증인의
보증서를 첨부하여 대장소관청에 서면으로 신청을 하여야 한다. 다
만, 보증인에는 제2호에 해당하는 사람이 1명 이상 포함되어야 한다.

 1. 해당 부동산 소재지 동·리에 대통령령으로 정하는 기간 이상 거
    주하고 있는 사람

 2. 변호사·법무사의 자격이 있는 사람

③ 제2항 제2호에 따른 보증인은 다른 보증인과 제1항에 따라 확인
서를 발급받으려는 사람을 직접 대면하여 그 보증 내용이 사실인지
여부를 확인한 후 보증서를 작성하여야 한다.

④ 제2항 제2호에 따른 보증인은 제1항에 따라 확인서를 발급받으려는
사람으로부터 법무부령으로 정하는 바에 따라 보수를 받을 수 있다.

⑤ 제2항에 따른 신청서를 접수한 대장소관청은 보증인들에게 허위
보증의 벌을 경고한 다음 보증취지를 확인하여야 한다.

⑥ 제2항에 따른 신청서를 접수하고 제5항에 따라 보증취지를 확인
한 대장소관청은 다음 각 호의 사항을 실시한 후 확인서를 발급하여
야 한다. 다만, 공고기간 내에 제12조의 이의신청이 있는 부동산에
관하여는 그 이의에 대한 처리가 완결되기 전에는 확인서를 발급하지
못한다.

 1. 해당 부동산에 대한 「부동산등기법」상 등기명의인 또는 그 상속
    인(배우자, 직계존비속 및 4촌 이내의 혈족에 한정한다)에게 확
    인서 신청 및 발급취지의 통지(제3호의 공고기간 내 등기명의인
    또는 그 상속인을 확인할 수 없는 정당한 사유로서 대통령령으로

정하는 경우에는 제외한다)

2. 해당 부동산에 대한 보증사실의 진위, 해당 토지에 관한 현재의 점유·사용 관계, 소유권에 관한 분쟁유무 및 소유권입증에 관련되는 문서 등의 확인 등 현장조사

3. 해당 확인서의 신청사실 및 대통령령으로 정하는 사항을 해당 시·군·구·읍·면과 동·리의 인터넷 홈페이지 및 사무소의 게시판에 2개월간 게시하는 방식으로 공고

⑦ 제2항부터 제6항까지에 따른 보증인의 자격과 대장소관청의 보증취지 확인, 현장조사 및 확인서 발급의 절차 등 그 밖에 필요한 사항은 대통령령으로 정할 수 있다.

제12조(이의신청 등) ① 확인서 발급신청에 대하여 이의가 있는 사람은 제11조 제6항 제3호에 따른 공고기간 내에 이의신청을 할 수 있다.

② 제1항에 따른 이의신청을 접수한 대장소관청은 공고기간 만료일부터 2개월 이내에 사실조사를 거쳐 이의신청 내용의 타당성 여부를 판단하여 그 결과를 확인서 발급신청자와 이의신청인에게 통보하여야 한다.

제13조(자료의 보관) ① 대장소관청은 이 법에 따라 작성된 보증서 및 확인서 등의 자료와 기록을 법률의 유효기간이 경과한 다음날부터 10년간 보존하여야 한다.

② 제1항에 따라 보존하여야 할 자료의 종류와 보관 등에 관한 구체적인 사항은 대통령령으로 정한다.

제15조(보증인의 교육 등) ① 시장·군수·구청장은 제11조 제2항의 보증인을 대상으로 대통령령으로 정하는 보증과 관련된 교육을 실시하여

야 한다.

② 제11조 제2항 제2호의 보증인은 이 법에 따라 본인이 보증한 부동산에 관하여 이 법에 따른 등기에 관한 업무를 수임할 수 없다.

제16조(벌칙) ① 다음 각 호의 어느 하나에 해당하는 사람은 1년 이상 10년 이하의 징역 또는 1천만원 이상 1억원 이하의 벌금에 처하거나 이를 병과할 수 있다.

1. 허위의 방법으로 확인서를 발급받은 사람

2. 행사할 목적으로 제11조의 문서를 위조 또는 변조한 사람

3. 허위의 보증서를 작성한 사람

4. 타인을 기망하여 허위의 보증서를 작성하게 한 사람

5. 제1호부터 제3호까지의 문서를 행사한 사람

② 중대한 과실로 인하여 허위의 보증서를 작성하거나 이를 작성하게 한 사람은 1년 이하의 징역 또는 1천만원 이하의 벌금에 처한다.

부   칙 〈법률 제16913호, 2020. 2. 4.〉

제1조(시행일) 이 법은 공포 후 6개월이 경과한 날부터 시행한다.

제2조(유효기간) 이 법은 시행일부터 2년간 효력을 가진다. 다만, 이 법 시행 중에 제11조에 따라 확인서의 발급을 신청한 부동산 및 제12조에 따라 확인서 발급에 대한 이의신청이 제기된 부동산에 대해서는 유효기간 경과 후 6개월까지는 이 법에 따른 등기를 신청할 수 있다.

제3조(유효기간 경과 후의 경과조치) 이 법 시행 중(부칙 제2조 단서의 기간을 포함한다)에 제16조의 죄를 범한 사람은 이 법의 유효기간 경과 후에도 이 법을 적용한다.

제6항 「임야소유권이전등기 등에 관한 특별조치법」

○ 공포번호 : 제2111호(1969. 6. 21. 시행)

　　　　　　　제2204호(1970. 6. 19. 시행)

　　　　　　　제9143호(2008. 12. 19. 폐지)

임야소유권이전등기등에관한특별조치법

[시행 1969. 6. 21.] [법률 제2111호, 1969. 5. 21., 제정]

제1조(목적) 이 법은 부동산등기법에 의하여 등기하여야 할 임야로서 이 법 시행당시 소유권이전등기를 하지 아니하였거나 보존등기가 되어 있지 않은 임야를 간략한 절차에 의하여 등기하지 못한 취득자에게 등기하게 함으로써 산림행정의 효율적인 운영을 기하게 함을 목적으로 한다.

제2조(임야의 정의) 이 법에서 "임야"라 함은 산림법 제2조의 규정에 의한 산림을 말한다.

　↳ 「산림법」(법률 제1268호, 1963. 2. 9. 시행)

　　제2조(산림의 정의) ① 본법에서 산림이라 함은 다음 각 호의 1에 해당하는 것을 말한다. 단, 농지, 주택지, 가로 기타 각령(閣令)으로 정하는 토지와 임목(林木)은 제외한다.

　　　1. 집단적으로 생육하고 있는 목죽(木竹)과 그 토지

　　　2. 전호의 토지를 제외하고 목죽의 집단적 생육에 사용하게 된 토지

　　　3. 집단적으로 생육한 목죽이 일시상실된 토지

　　② 산림이 아닌 산악원야 기타의 토지에 대하여도 각령의 정하는 바에 의하여 본법의 전부 또는 일부의 규정을 준용할 수 있다.

제3조(배제규정) 임야로서 1960년 1월 1일전에 매매·증여·교환 등 기

타 법률행위로 인하여 사실상 양도된 것 중 제7조의 규정에 의한 이의신청이 없는 것은 민법 부칙 제10조의 규정에 불구하고 이 법에 의한 등기를 할 수 있다.

↳ 「민법」

부칙 제10조(소유권이전에 관한 경과규정) ① 본법 시행일 전의 법률행위로 인한 부동산에 관한 물권의 득실변경은 본법 시행일부터 3년 내에 등기하지 아니하면 그 효력을 잃는다.

③ 본법 시행일 전의 시효완성으로 인하여 물권을 취득한 경우에도 제1항과 같다.

제4조(등기신청인) 이 법에 의한 이전등기는 등기명의인으로부터 임야의 권리를 이어 받은 등기하지 못한 취득자 또는 그로부터 다시 그 권리를 이어 받은 자 및 그 대리인이 등기소에 출석하여 단독으로 등기를 신청할 수 있다.

제5조(등기원인서류등) 이 법에 의한 등기의 신청을 함에 있어서 필요한 등기원인증서와 등기필증은 다음 각 호의 서류로써 갈음할 수 있다.

1. 임야소재지의 리·동에 대통령령이 정하는 기간 이상 거주하고 있는 자로서 당해 구청장·시장 또는 읍·면장이 위촉하는 3인의 보증서

2. 구청장·시장 또는 군수가 당해 임야에 관하여 발행한 확인서

제6조(공고 및 확인서발급) 구청장·시장 또는 군수가 전조 제2호의 확인서발급신청을 접수한 때에는 50일간 그 사실을 공고한 후 확인서를 발급한다.

제7조(이의와 조사등) ① 제5조 제2호의 확인서발급에 이의가 있는 자는 전조의 공고기간 중에 불복의 사유를 문서로써 구청장·시장 또는 군수

에게 제출할 수 있다.

② 구청장·시장 또는 군수는 전항의 규정에 의한 이의신청이 접수된 때에는 접수된 날로부터 30일내에 등기하지 못한 취득자의 진위를 조사 확인한 후 확인서를 발급하거나 신청을 기각한다.

③ 이의신청이 기각된 자는 민사소송을 제기할 수 있다.

제10조(임야대장명의변경과 보존등기) ① 등기를 하지 아니한 임야로서 임야대장명의인으로부터 그 권리를 이어 받은 등기하지 못한 취득자 또는 그 대리인은 제5조 내지 제7조의 규정에 의하여 발급받은 보증서와 확인서를 첨부하여 구청장·시장 또는 군수에게 임야대장의 명의변경을 신청할 수 있다.

② 전항의 규정에 의하여 임야대장의 명의인이 된 자 또는 그 대리인은 임야대장등본을 첨부하여 소유권보존등기를 신청할 수 있다.

제11조(등기기간) 이 법에 의하여 등기하여야 할 임야의 등기를 하지 못한 취득자는 이 법 시행일로부터 1년 내에 등기하여야 한다.

부   칙 〈법률 제2111호, 1969. 5. 21.〉

③ (동전) 부동산투기억제에관한특별조치세법에 의한 과세대상지역내의 임야에 대하여는 이 법을 적용하지 아니한다. 그러나, 정부의 계획에 의한 고속도로건설을 위한 제한지역 중 대통령령이 정하는 지역에 대하여는 그러하지 아니하다.

부동산투기억제에관한특별조치세법

[시행 1968. 1. 1.] [법률 제1986호, 1968. 3. 7., 일부개정]

제3조(과세대상) 서울특별시·부산시와 대통령령이 정하는 지역(이하 "課稅對象地域"이라 한다)에 소재하는 토지는 이 법의 적용을 받는다.

부동산투기억제에관한특별조치세법시행령

[시행 1968. 1. 1.] [대통령령 제3324호, 1967. 12. 30., 제정]

제6조(과세대상) 법 제3조의 규정에 의하여 "과세대상지역"을 다음과 같이 정한다.

1. 서울특별시 전역
2. 경기도 의정부시 전역
3. 경기도 양주군 중 장흥면·별내면·구리면
4. 경기도 광주군 중 동부면·서부면·중부면·대왕면
5. 경기도 시흥군 중 과천면·서면·안양읍
6. 경기도 고양군 중 신도면·지도면
7. 경기도 김포군 중 고촌면·계양면
8. 경기도 부천군 중 오정면·소래면·소사읍
9. 부산시 전역
10. 경상남도 동래군 중 철마면·일광면·기장면
11. 경상남도 김해군 중 대동면·대저면·명지면
12. 경상남도 양산군 중 동면
13. 정부의 계획에 의하여 건설되는 서울·부산 간의 고속도로중심선에서 좌우 4키로미-터 범위내의 지역. 다만, 도로건설이 준공된 날로부터 1년 이내에 한한다.

「구 임야소유권이전등기 등에 관한 특별조치법」(1969. 5. 21. 제정법률 제2111호, 실효됨, 이하 "특조법"이라 한다)에 따라 등기를 마친 자가 보증서나 확인서에 기재된 취득원인이 사실과 다름을 인정하더라도 그가 다른 취득원인에 따라 권리를 취득하였음을 주장하는 때에는, 특조법의 적용을 받을 수 없는 시점의 취득원인일자를 내세우는 경우와 같이 그 주장 자체에서 특조법에 따른 등기를 마칠 수 없음이 명백하거나 그 주장하는 내용이 구체성이 전혀 없다든지 그 자체로서 허구임이 명백하다는 등의 특별한 사정이 없는 한, 위와 같은 사유만으로는 위 특조법에 의하여 마친 등기의 추정력이 깨어진다고 볼 수 없으며, 그 밖의 자료에 의하여 새로이 주장된 취득원인사실에 관하여도 진실이 아님을 의심할 만큼 증명되어야 비로소 그 등기의 추정력이 깨어진다(대법원 2001. 11. 22. 선고 2000다71388, 71395(병합) 전원합의체 판결, 대법원 2005. 4. 29. 선고 2005다2189 판결 등 참조).

또한, 특조법 제3조의 규정취지는 그 법률에 의하여 소유권이전등기를 할 수 있는 등기는 그 원인행위가 1960. 1. 1. 이전에 이루어진 것에 한한다는 것이 아니라, 민법 시행일인 1960. 1. 1. 이전의 법률행위로 인한 부동산에 관한 물권의 득실변경은 민법 시행일로부터 6년 이내에 등기를 하지 아니하면 그 효력을 잃는다는 민법 부칙 제10조의 규정에 불구하고 특조법에 의한 등기를 할 수 있다는 취지로서 민법 부칙 제10조의 적용배제를 정한 것인바, 따라서 1960. 1. 1. 전후를 막론하고 특조법이 시행된 1969. 6. 20.까지 이루어진 법률행위로 인하여 사실상 양도된 것 중 같은 법 제7조의 규정에 의한 이의신청이 없는 것은 그 법률에 의한 등기를 할 수 있다고 보아야 한다(대법원 1996. 10. 11. 선고 95다479

> 92 판결 참조). (대법원 2010. 1. 28. 선고 2009다76133 판결).

위 판례의 앞부분에 적용한 법리(法理)는 임야가 아닌, 즉 「부동산소유권이전등기 등에 관한 특별조치법」 및 다른 특별조치법의 규정에 터 잡아 마친 등기에도 그대로 적용된다.

그리고 「민법」 부칙 제10조는 과거 의용민법을 적용할 당시에는 부동산 물권변동에 관하여 '의사주의(意思主義)'를 채용하였으나, 1960. 1. 1. 우리의 「민법」이 시행되면서부터는 '형식주의(形式主義)'를 채용함에 따른 경과규정이다.

> 「구 임야소유권이전등기등에관한특별조치법」(법률 제2111호)에 의한 소유권이전등기는 등기의무자가 소재불명인 때는 물론 설사 소재한다고 하더라도 등기의무에 협력하지 아니한 때라든가 그 밖에 부득이한 때에 위 법에 정한 간략한 절차에 따라 할 수 있다고 보아야 할 것임은 상고이유의 주장과 같고(대법원 1977. 4. 26. 선고 76다1377 판결 참조), 이러한 법리가 「구 부동산소유권이전등기등에관한특별조치법」(법률 제4502호, 이하 "특별조치법"이라 한다)에 의한 등기에도 그대로 적용된다고 하디라도, 원심이 인용한 제1심판결이 확정한 사실, 즉 이 사건 임야의 구 임야대장의 소유자란에는 정운기가 사정받은 것으로 기재된 다음 칸에 1966. 3. 8.자로 '이의정정'에 의하여 정하빈, 정하익, 정하윤, 정용철, 정하일(이하 '정하빈 외 4인'이라 한다)의 소유인 것으로 등재되었고, 위 임야대장이 폐쇄되어 카드식 임야대장으로 이기되는 과정에서 1966. 3. 8.자로 '소유자복구'를 변동원인으로 하여 정하빈 외 4인 명의로 등재된 사실,

원고들이 판시와 같이 정운기를 상속한 사실, 이 사건 임야에 대한 보존등기가 경료되어 있지 아니하고 있었는데 피고 종중에서 1995. 6. 15. 수원지방법원 성남지원 광주등기소 접수 제23201호로 특별조치법에 의한 피고 종중 명의로의 소유권보존등기(이하 '이 사건 보존등기'라 한다)를 경료한 사실 등에 비추어 보면, 피고 종중으로서는 그 명의로 이 사건 보존등기를 경료함에 있어서 정운기의 후손들인 원고들의 동의가 있었다고 하더라도 원고들의 위 주장은 어차피 배척될 수밖에 없는 것으로 보여 원심의 잘못은 판결의 결과에 영향이 없음이 명백하므로, 이 부분 상고이유의 주장은 받아들일 수 없다.

<u>특별조치법에 따라 등기를 마친 사람이 보증서나 확인서에 기재된 취득원인과 다른 취득원인에 따라 권리를 취득하였다고 주장하는 때에도 그 주장 자체에서 특별조치법에 따른 등기를 마칠 수 없음이 명백하거나 그 주장하는 내용이 구체성이 전혀 없다든지 그 자체로서 허구임이 명백한 경우 등과 같은 특별한 사정이 없는 한 그 등기의 추정력이 깨어지지 아니한다</u>(대법원 2001. 11. 22. 선고 2000다71388,71395 전원합의체 판결, 2002. 3. 12. 선고 2001다78416 판결 등 참조).

원심이 인용한 제1심판결 이유에 의하면, 원심은 이 사건 보존등기를 위한 보증서에는 '보증인 이홍수, 이용식, 박인수는 피고 종중이 종중 위토(位土)로 하기 위하여 1978. 8. 1. 정하빈 외 4인으로부터 매수하여 사실상 소유하고 있음을 연대하여 보증한다'고 기재되어 있는 사실을 인정하고, 피고 종중은 이 사건 임야를 정운기의 명의로 사정받고 그 후 종중의 결의에 따라 각 파(派)의 자손들이 정하빈 외 4인의 공동명의로 변경등록 하였다가 이 사건 보존등기를 경료한 것이라고 주장하여 위

보증서의 기재와는 다른 취득원인을 주장하고 있지만, 그것만으로는 위 명의신탁과 관련하여 특별조치법에 따른 등기를 마칠 수 없음이 명백하다고는 볼 수 없고, 달리 피고 종중이 주장하는 위 명의신탁과 관련하여 그것이 진실이 아님을 의심하게 할 만한 특별한 사정이 있다는 점에 대한 증거가 없으므로 이 사건 보존등기의 추정력은 여전히 유지된다고 판단하였는바, 위에서 본 법리와 기록에 의하여 살펴보면 원심의 위와 같은 사실인정과 판단은 모두 정당하여 수긍이 가고, 거기에 상고이유의 주장과 같은 채증법칙위배로 인한 사실오인, 특별조치법에 따라 경료된 보존등기의 추정력에 관한 법리오해 등의 위법이 없다(대법원 2004. 12. 23. 선고 2004다25741 판결).

위 사안은, 「구 임야소유권이전등기 등에 관한 특별조치법」에 의한 보증서에는 "갑이 전 소유자 을로부터 매수한 것"이라는 취지로 기재되어 있으나, 갑이 소송절차에서 주장할 때에는 "갑이 전 소유자 을에게 명의신탁을 하였다가 그 명의신탁을 해지한 것"이라는 취지로 취득원인을 달리 주장한 사안이다. 그런데 대법원은 이러한 경우에도 위 특별조치법에 터 잡은 소유권보존등기의 추정력은 여전히 유지된다고 판시하였다.

필자가 앞에서도 짧게 언급한 바와 같이 명의신탁을 해지하고 명의수탁자의 명의로부터 명의신탁자의 명의로 그 소유자의 명의만을 되돌리는 것은 위 특별조치법들이 규정하고 있는 동법의 적용요건인 매매·증여·교환 등 법률행위에 의한 "사실상의 취득"에 해당하지 않는다. 원래부터 − 명의신탁을 해지하기 전부터 − 명의신탁자의 소유였기 때문이다.

대법원의 일관된 입장에 따르면 명의신탁자와 명의수탁자 사이에서는 '명의신탁자'가 소유자이고, 명의신탁자·명의수탁자와 제3자 사이(명의신탁자 및 명의수탁자 vs 제3자의 관계)에서는 명의수탁자가 소유자이기 때문이다.

위 사안에서 피고 종중은 특별조치법에 의한 등기를 실행할 당시에는 매매(매도인은 원고의 피상속인임)를 원인으로 소유권을 취득하였다는 취지를 기재한 보증서를 제출하여 확인서를 발급받았다. 그러나 위 소송의 변론절차에서는 원고의 피상속인 명의로 사정받기 이전부터 종중이 소유한 토지이지만 사정명의를 원고의 피상속인 명의로 신탁하였다는 주장을 하였다.

대법원은 원고의 주장인 "명의신탁해지는 특별조치법에 터 잡아서는 등기를 할 수 없는 등기원인이다"라는 점에 관하여는 무시한 채 이미 특별조치법에 터 잡아 마쳐진 등기는 피고가 등기 당시와는 다른 원인으로 취득하였다는 주장을 하는 경우에도 그 등기의 권리추정력은 깨지지 않는다는 점에 관하여만 설시하고 있다. 동문서답을 한 것이다. 이는 상고심의 판단이므로 대법원 전원합의체에서 판례를 변경하지 않는 한 위와 같은 문제점은 앞으로도 계속 반복될 것이다.

특별조치법에 터 잡아 등기를 하려는 사람의 경우, 그가 진정한 권리자라고 한다면 등기의무자가 행방불명이 되었거나 등기의무가 있음에도 불구하고 등기절차에 협력하지 아니하는 경우에도 민사소송절차를 거쳐 「부동산등기법」의 관련 규정에 의해 등기를 실행할 수 있는 방법은 존재한다. 즉, 특별조치법이 시행되지 않더라도 해당 등기의 실행은 가능한 것이다.

그런데 굳이 특별조치법에 터 잡은 등기라는 이유만으로 그 특별조치법을 적용할 수 있는 요건을 갖추지 못한 경우까지도 그 등기에 매우 강력한 권리추정력을 부여하는 대법원판결의 태도는 옳지 않다고 보아야 할 것이다. 왜냐하면 위 판결이 설명하는 것과 같이 "특별조치법에 따른 등기를 마칠 수 없음이 명백한" 경우임에도 불구하고 원고의 청구를 배척하는 것은 법원이 새로운 입법(立

法)을 하는 결과가 되기 때문이다.

만약 법원이 원고의 청구를 받아들여 특별조치법에 터 잡은 이 등기의 말소를 명한다면 피고로서는 별도의 소에서 원고가 되어 그가 정당한 소유자라는 점에 관하여 입증책임을 부담하게 되므로, 재판의 결과인 승패는 쉽사리 예측할 수 없게 될 것이다. 이는 천양지차인 것이다.

위 대법원판결과는 정면으로 배치되는 '대법원 등기선례'를 소개한다. 아래의 등기선례는 소유권이전등기에 관한 질의회신이지만, 이 법리는 소유권보존등기에도 똑같이 적용된다. 그리고 다른 모든 특별조치법에도 이 법리는 그대로 적용되어야 한다.

위 재판부의 태도에 의하면 명의신탁해지의 경우에도 명의신탁자가 소유권보존등기 및 소유권이전등기를 할 수 있다는 것인데, 법원행정처의 견해에 의하면 이러한 경우에는 위 등기를 수리해서는 안 된다는 결론에 이른다.

이러한 이유인지는 알 수 없으나 다른 하급심의 판결들도 이처럼 견해가 갈리는 것으로 보인다. 이러한 문제점은 주로 개인 명의로 대장상 등록 또는 등기부상 등기된 부동산에 대하여 종중이 명의신탁을 해지하였다면서 종중의 명의로 소유권이전등기를 실행한 사례에서 어렵지 않게 발견되고 있다. 위 판결과 아래의 등기선례는 모두 대법원에서 생산된 것이다.

「명의신탁해지와 부동산소유권이전등기등에관한특별조치법」

제정 1993. 12. 20. 〔등기선례 제4-737호, 시행〕

1985. 12. 31. 이전에 매매, 증여, 교환 등 법률행위로 인하여 사실상 양도된 부동산은 「부동산소유권이전등기 등에 관한 특별조치법」(법률 제4502호)에 의하여 소유권이전등기를 할 수 있으나, <u>명의신탁해지의 경우</u>

에는 위와 같은 법률행위에 해당하지 않는다고 보여지므로, 위 법에 의하여 소유권이전등기를 할 수 없다(1993. 12. 20. 등기 제3178호 질의회답).

제7항 「분배농지소유권이전등기에 관한 특별조치법」

이 특별법(「부동산등기법」에 대한 특별법)은 1963. 5. 2.부터 1965. 6. 30.까지 시행된 한시법(限時法)이다.

이 법의 입법 목적은, 「농지개혁법」에 의하여 농지를 분배받은 사람으로부터 위 「농지개혁법」의 절차에 따르지 아니한 채 사실상 분배농지를 취득하여 경작하는 사람을 구제하기 위하여 구·시·읍·면 농지위원회가 확인하는 경우에는 분배농지의 전득자(轉得者)는 그 확인서를 등기원인증서에 갈음하게 하고, 단독으로 소유권이전등기를 마칠 수 있는 길을 열어주는 것이 그 골자이다.

ㅇ 공포번호 :   제613호(1961. 5. 5. 시행, 제정법률)
          제1340호(1963. 5. 2. 시행, 개정법률)
          제1671호(1965. 1. 1. 시행, 개정법률) - 시행기간 연장

분배농지소유권이전등기에관한특별조치법

[시행 1961. 5. 5.] [법률 제613호, 1961. 5. 5., 제정]

제1조 본법은 분배농지에 대한 소유권이전등기절차를 간략신속하게 함을 목적으로 한다.

제2조 ① 농지개혁법에 의하여 분배된 농지로서 분배받은 자의 명의로 소유권이전등기절차를 필하기 전에 동법 소정의 절차를 밟지 아니하고

분배농지의 권리를 이어받은 사실상의 현소유자에게 정부는 직접 그 소유권이전등기절차를 이행한다.

② 전항의 현소유자는 농지개혁법의 정하는 적격농가이어야 한다.

제3조 ① 본법 실시에 있어 구청장, 시장 또는 읍·면장이 그 구, 시 또는 읍·면의 농지위원회의 확인에 의하여 발부하는 상환완료 및 사실상의 소유를 증명하는 서면은 등기원인을 증하는 서면으로 한다.

② 구·시 또는 읍·면의 농지위원회가 전항의 확인을 하고자 할 때에는 농지 소재지 리·동농지위원회의 의견을 들어야 한다.

제4조 본법 시행에 필요한 사항은 농림부령으로 정한다.

「농지개혁법 시행령」 제38조에 의하여 같은 시행령 제32조의 분배농지 확정절차가 완료된 후 상환에 필요한 사항을 기재하기 위하여 작성하는 상환대장에 어느 토지가 분배대상 농지로 기재되어 있고, 같은 시행령 제39조에 의하여 분배받은 농민에게 교부하는 상환증서가 발행되었다면, 그 토지에 대하여 분배농지 확정절차가 적법하게 이루어졌다고 추정할 수 있고(대법원1993. 3. 26. 선고 92다25472 판결, 대법원 1994. 1. 14. 선고 93다4120 판결 등 참조), 한편 「분배농지소유권이전등기에 관한 특별조치법」(이하 "특별조치법"이라 한다)에 의한 소유권이전등기의 원인증서는 사실상의 현소유자임을 증명한다는 데에 의미가 있는 것으로서 위 「농지개혁법 시행령」 제39조에 의한 상환증서와는 그 작성명의자나 내용 및 발부요건 등을 달리하는 별개의 증서이다(대법원 1994. 12. 9. 선고 94다39703 판결 참조). (대법원 1998. 11. 27. 선고 97다41103 판결).

「부동산소유권이전등기 등에 관한 특별조치법」이나 「분배농지소유권이전등기에 관한 특별조치법」, 「일반농지의 소유권이전등기 등에 관한 특별조치법」, 「임야소유권이전등기에 관한 특별조치법」에 의하여 소유권보존등기나 소유권이전등기가 된 경우, 그 등기는 그 법에 규정된 절차에 따라 적법하게 된 것으로서 실체적 권리관계에도 부합하는 것으로 추정되는 것이므로, 이와 같은 추정을 번복하기 위하여는 그 등기의 기초가 된 특조법 소정의 보증서나 확인서가 위조되었거나 허위로 작성된 것이라든지 그 밖의 다른 어떤 사유로 인하여 그 등기가 특조법에 따라 적법하게 된 것이 아니라는 점을 주장·입증하여야 한다는 것이 당원의 확립된 판례가 취하여 온 견해이다(당원 1978. 12. 13. 선고 78다564 판결, 1987. 10. 13. 선고 86다카2928 전원합의체 판결, 1987. 10. 28. 선고 87다카1312 판결, 1987. 5. 24. 선고 87다카1785 판결, 1989. 6. 13. 선고 89다카2759 판결 등 참조). (대법원 1990. 5. 25. 선고 89다카2479 판결).

제8항 「일반농지의 소유권이전등기 등에 관한 특별조치법」

이 법률은 1964. 9. 17.부터 1965. 6. 30.까지 시행되었다. 이 법률의 입법목적은 「민법」 부칙 제10조에 의하여 해야 할 등기와 일반농지에 대한 소유권이전등기절차를 간략히 할 수 있게 하고, 미등기인 농지의 소유권보존등기를 장려하는 것이었다.

「농지개혁법」에 따른 분배농지와 과수원인 농지는 이 법을 적용하지 않았다. 농지의 소재지 이(里)·동의 장이나 2인의 보증서 또는 시장·구청장·읍장·면

장의 확인서가 있으면 사실상의 소유자가 단독으로 등기를 마칠 수 있게 하였다.

제정 「민법」 부칙 제10조는 소유권이전등기에 관한 경과규정이다. 의용민법을 적용하던 당시에는 법률행위에 의한 부동산물권변동에 관하여 '의사주의'를 채용하였다가 「민법」이 시행(1960. 1. 1.)되면서 '형식주의'를 채택하였다는 점에 관하여는 앞에서 언급한 바 있다. 「민법」 부칙 제10조는 이와 관련이 있는 경과규정이다.

이 부칙 제10조는 "본법 시행 전의 법률행위로 인한 부동산에 관한 물권의 득실변경은 본법 시행일부터 3년(1963. 1. 1.부터 시행된 법률 제1250호에서 '5년'으로 개정되었다가 1965. 1. 1. 시행된 법률 제1668호에서는 다시 '6년'으로 개정됨) 내에 등기하지 아니하면 그 효력을 잃는다. 본법 시행일 전에 시효완성으로 인하여 물권을 취득한 경우에도 같다"고 규정하였다.

○ 공포번호 : 제1657호(1964. 9. 17. 시행, 제정법률)
제1670호(1964. 12. 31. 시행, 개정법률)

일반농지의소유권이전등기등에관한특별조치법

[시행 1964. 9. 17.] [법률 제1657호, 1964. 9. 17., 제정]

제1조(목적) 이 법은 민법 부칙 제10조의 규정에 의하여 행하여야 할 일반농지에 대한 소유권이전등기절차를 간략하게 하고 미등기의 농지에 대한 보존등기를 필하게 함을 목적으로 한다.

제2조(일반농지의 정의) 이 법에서 일반농지라 함은 농지개혁법에 의한 분배농지와 과수원을 제외한 토지로서 그 법적 지목여하에 불구하고 토지현상이 실제경작에 사용하는 토지를 말한다.

제3조(적용범위) 이 법은 일반농지로서 등기하지 못하였거나 또는 1953년 7월 28일부터 이 법 시행일까지의 사이에 토지등기부상 등기사항에 변동이 없는 것에 한하여 적용한다.

제4조(등기신청인) 이 법에 의한 이전등기는 등기명의인으로부터 일반농지의 권리를 이어 받은 사실상의 현소유자 · 시효취득자 또는 그 대리인이 등기소에 출석하여 단독으로 등기를 신청할 수 있다.

제5조(등기원인서류등) 이 법에 의한 이전등기에 있어서는 등기신청에 필요한 등기원인증서와 등기필증은 다음의 보증서 및 확인서로 가름할 수 있다.

  1. 농지소재지 리 · 동의 장과 당해 리 · 동에 거주하는 자 중에서 시장(서울特別市와 釜山市에 있어서는 區廳長) 또는 읍 · 면장(이하 "區廳長 · 市長 또는 邑 · 面長"이라 한다)이 위촉하는 2인의 보증서

  2. 구청장 · 시장 또는 읍 · 면장의 동일농가에 속한 농지세대장과 대조한 확인서

제6조(공고 및 확인서발급) 구청장 · 시장 또는 읍 · 면장은 전조의 확인서 발급신청을 접수한 때에는 14일간 동 사실을 공고한 후 이를 발급한다.

제7조(이의와 조사) ① 제5조의 확인서발급에 이의가 있는 자는 전조의 공고일로부터 14일 이내에 불복의 사유를 문서로써 구청장 · 시장 또는 읍 · 면장에게 제출할 수 있다.

② 전항의 이의가 제출된 때에는 구청장 · 시장 또는 읍 · 면장은 14일 이내에 사실상의 현소유 또는 시효취득의 진위를 조사한 후 확인서를 발급한다.

제10조(토지대장명의변경과 보존등기) ① 등기하지 아니한 일반농지로서

토지대장명의인으로부터 그 권리를 이어받은 사실상의 현소유자 · 시효취득자 또는 그 대리인은 제5조 · 제6조 · 제7조의 규정에 의하여 발급받은 보증서와 확인서를 첨부하여 구청장 · 시장 또는 군수에게 토지대장의 명의변경을 신청할 수 있다.

② 전항의 규정에 의하여 토지대장의 명의인이 된 자 또는 그 대리인은 토지대장등본을 첨부하여 소유권보존등기를 신청할 수 있다.

원심은 그 채택증거에 의하여, 파주군 천현면 금곡리(지번, 지목 및 면적 생략)(이하 "이 사건 토지"라 한다)의 망 소외 1이 사정받은 토지인데, 원고의 할아버지인 소외 2가 1937년경 이 사건 토지를 소외 1로부터 매수한 뒤 그 소유권을 원고의 아버지인 망 소외 3에게 이전한 사실, 이 사건 토지에 관하여 「구 일반농지의 소유권이전등기에 관한 특별조치법」(1964. 9. 17. 법률 제1657호)에 의하여 1964년 12월 소외 3의 소유로 구 토지대장(갑 제2호증)상의 명의변경절차가 이행된 사실, 그러나 이 사건 토지에 관하여 현재에 이르기까지 소외 3앞으로 소유권의 취득에 관한 등기가 행하여진 일은 없는 사실, 소외 3이 2002. 4. 14. 사망하여 원고가 이 사건 토지를 단독으로 상속한 사실을 인정한 다음 판시와 같은 사정을 들어 원고로서는 미등기인 이 사건 토지에 관하여 피고를 상대로 소유권의 확인을 구할 법적 이익이 있다고 판단하고, 나아가 이 사건 토지에 관한 원고의 소유권을 인정하여 그 청구를 인용하였다.

그러나, 민법 시행 전에 부동산의 소유권을 취득하였으나 그 시행으로부터 6년 내에 그 취득에 관한 등기를 하지 아니한 경우에는 민법(1964.

12. 31. 법률 제1668호로 개정된 것) 부칙 제10조에 따라 그 소유권이 상실된다. 이는 위 특별조치법에 의하여 토지대장상에 소유자로 기재되었다고 하여 달라지지 아니한다.

그러므로, 이 사건에서 원심이 인정한 대로 소외 3 앞으로 그 소유권의 취득에 관한 등기가 행하여진 일이 없다고 하면(소외 3의 처인 소외 4는 소외 3이 빚을 많이 져서 압류를 당할까 염려하여 이 사건 토지의 소유권보존등기를 하지 않았다고 증언하고 있다), 그가 의용민법 시행 당시 소유권을 취득하였다고 하여도, 이는 1966. 1. 1.로써 그 소유권을 상실하였다고 할 것이고, 따라서 원고가 이 사건 토지의 소유권을 상속을 원인으로 하여 취득할 수 없는 것이다(대법원 2009. 3. 12. 선고 2008다97935 판결).

이 사건 기록과 관계증거에 의하여 비추어 보면, 「구 일반농지의 소유권이전등기 등에 관한 특별조치법」(법률 제1657호) 또는 「구 부동산소유권이전등기 등에 관한 특별조치법」(법률 제3094호)에 의하여 이루어진 이 사건 각 부동산에 관한 소유권이전등기에 관하여, 원심판시의 사정만으로는 위 각 등기의 원인된 보증서의 실체적 기재내용이 진실이 아니라고 의심하기에 족할 정도로 증명되었다고 보기 어렵다고 하여 그 등기의 추정력의 번복을 인정하지 아니한 원심의 조치는 모두 수긍이 가고, 원심의 사실인정과 판단에 소론과 같은 심리미진이나 채증법칙위반, 위 각 특별조치법의 법리오해, 석명권 불행사 등의 위법이 있다고 할 수 없으며, 소론이 내세우는 대법원판결들은 사안을 달리하여 이 사건에서 원용하기에 적절하지 않으므로 원심판결이 대법원판례를 위반하였다고 볼 수 없다.

> 위 각 특별조치법에 의한 등기는 공부상 소유명의인으로부터 직접 양수한
> 경우뿐만 아니라 상속인이나 제3자를 거쳐 양수한 경우에도 허용되는
> 것이므로, 그 보증서상의 매수일자나 등기부상의 매매일자가 공부상에
> 기재된 소유명의인의 사망일자 이후로 되어 있다는 사정만으로는 그 등기
> 의 적법 추정력이 깨어지는 것은 아니며(대법원 1996. 5. 10. 선고 95다66
> 63, 6670 판결 참조), 위 각 특별법상의 보증인 중의 일부가 소극적으로
> 매매 여부의 사실관계를 잘 알지 못하면서 다른 보증인의 확인내용을
> 믿고 보증서를 작성하였다고 하여 이것만으로써는 그 보증서가 허위로
> 작성된 것으로서 이에 의한 등기의 추정력이 깨어진다고 할 수 없는 것이
> 므로(대법원 1991. 11. 12. 선고 91다26188 판결 참조), 같은 취지에서
> 한 원심의 판단은 정당하고, 원심판결에 소론과 같은 법리오해 등의 위법
> 이 있다고 할 수 없다(대법원 1997. 7. 11. 선고 97다14125 판결).

위 판례에서는 '석명권(釋明權)'을 언급하였다. 민사소송절차에서 재판장은
소송관계를 분명하게 하기 위하여 당사자에게 사실상 또는 법률상 사항에 대하여
질문할 수 있고, 증명을 하도록 촉구할 수 있다(「민사소송법」 제136조 제1항).
당사자는 필요한 경우 재판장에게 상대방에 대하여 설명을 요구하여 줄 것을
요청할 수 있다(같은 조 제3항). 법원은 당사자가 간과하였음이 분명하다고
인정되는 법률상 사항에 관하여 당사자에게 의견을 진술할 기회를 주어야 한다
(같은 조 제4항). 위와 같은 내용을 석명권이라고 한다.

「일반농지의 소유권이전등기 등에 관한 특별조치법」(법률 제1657호)에 의한 소유권보존등기가 경료된 토지에 있어서 그 토지를 사정받은 사람이 따로 있는 것으로 밝혀진 경우라도 그 등기는 같은 법 소정의 적법한 절차에 따라 마쳐진 것으로서, 실체적 권리관계에도 부합하는 것으로 추정되는 것이므로, 그 추정의 번복을 구하는 당사자로서는 그 등기의 기초가 된 보증서가 위조 내지 허위로 작성되었다든지 그 밖의 사유로 적법하게 등기된 것이 아니라는 것을 주장·입증하여야 할 것이고, 등기의 추정력을 번복하기 위한 보증서의 허위성의 입증정도는 법관이 확신할 정도가 되어야 하는 것은 아니나, 적어도 그 실체적 기재 내용이 진실이 아님을 의심할 만큼 증명하여야 할 것이다(당원 1994. 10. 21. 선고 93다1 2176 판결, 1995. 12. 12. 선고 94다52096 판결 등 참조). (대법원 1996. 11. 15. 선고 96다31024).

위 판례에서 설명하는 법리는 부동산등기와 관련이 있으면서 특별조치법이라는 법률명을 사용하기만 하면 그 법률에 터 잡은 등기에는 그대로 적용된다. 이는 그 등기가 소유권보존등기인지 소유권이전등기인지를 가리지 않고 동일하게 적용된다.

제9항 「농지개혁사업 정리에 관한 특별조치법」

이 법률은 1968. 3. 13.부터 1996. 1. 1.까지 시행되었다. 이 법의 입법목적은 분배농지를 분배받은 사람이 상환을 완료하지 못하고 있는 경우에 국가가 나서서 분배받은 사람에게 소유권이전등기를 해줌과 동시에 저당권을 설정하는 방법으

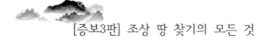

로 분배농지사업을 조속히 정리하는 것 등을 주요 골자로 하였다.

○ 공포번호 : 제1993호(1968. 3. 13. 시행, 제정법률)

제4796호(1995. 1. 1. 시행, 타법개정)

제4817호(1996. 1. 1. 시행, 타법폐지 및 본법 폐지)

농지개혁사업정리에관한특별조치법

[시행 1968. 3. 13.] [법률 제1993호, 1968. 3. 13., 제정]

제1조(목적) 이 법은 농지개혁법에 의한 농지개혁사무를 조속히 종결함에 필요한 사항을 규정함을 목적으로 한다.

제2조(취득농지의 등기) ① 농지개혁법(이하 "農改法"이라 한다) 제5조 제1호와 제2호의 규정에 의하여 정부가 취득한 농지로서 이 법 시행당시 분배되지 아니한 농지 및 농지부속시설은 국유로 등기하여야 한다.

② 정부는 다음 각 호의 1에 해당하는 농지로서 경작자가 확인된 농지는 그 경작자에게 분배하고 농지대가상환은 이 법 시행당시의 정부관리양곡 수납가격으로 산출한 금액을 이 법 시행일로부터 1년 내에 수납한다.

 1. 농지위원회의 결정 또는 법원의 판결에 의하여 정부가 취득한 농지로서 분배되지 아니한 농지

 2. 농지대가보상을 완료한 농지로서 분배되지 아니한 농지

③ 전항의 규정에 의한 분배신청은 이 법 시행일로부터 1년 내에 하여야 한다. 이 기간은 불변기간으로 한다.

제4조(미불보상금의 지급) 정부는 농지 및 농지부속시설에 대한 보상에 관하여는 농개법 제2조 제2항 (나)의 규정에 의한 시설로서 동법 제7조 제1항 제3호의 규정에 의한 보상 미완료분은 1960년을, 이 법 시행일 이후에 취득한 것은 이 법 시행일로부터 기산하여 5연간 균분 년부로 지급하되 매년 액면 농산물을 정부관리양곡 수납가격으로 산출한 금액으로 한다.

제5조(미상환액의 수납) 농개법 제13조 제2호의 규정에 의한 농지대가미 상환액 및 과도정부법령 제173호의 규정에 의한 채권액은 당해 농지 분배연도의 정부관리양곡 수납가격으로 산출한 금액으로 수납한다.

제8조(상환미완료농지의 소유권이전등기) ① 제5조의 규정에 의한 상환액의 수납이 불가능하다고 인정되는 농지로서 수배자의 신청이 있을 때에는 국가는 수배자명의로 소유권이전등기를 하는 동시에 그 미상환 전량을 그 연도의 정부관리양곡 수납가격으로 산출한 금액을 채권으로 하여 국가명의로 저당권을 설정등기한다.

② 전항의 규정에 의한 채무와 과도정부법령 제173호에 의한 채무는 이 법 시행일로부터 3년 내에 변제하여야 한다.

③ 정부는 수배자가 전항의 기간 내에 채무를 변제하지 아니할 때에는 저당권을 실행한다.

④ 전항의 규정에 의하여 경매를 2회 실시하여도 경락자가 없을 때에는 정부가 그 농지를 인수한다.

⑤ 전항의 규정에 의하여 농지를 인수한 때에는 지체없이 농가에 공매하여야 한다.

제9조(양도 · 전매농지의 소유권이전등기) ① 정부는 수배자가 상환액을

완납하기 전에 제3자에게 양도하거나 전매한 분배농지는 제5조의 규정에 의하여 미상환액을 완납하였을 때에는 양수자 또는 전매수자에게 소유권이전등기를 한다.

② 전항의 규정에 의한 분배농지의 권리를 양수 또는 전매수하는 자는 농개법 제3조의 규정에 의한 농가이어야 한다.

③ 제1항의 등기는 구청장·시장 또는 읍·면장이 그 당해 구·시·읍·면 농지위원회의 확인에 의하여 발부하는 상환증서 및 양수 또는 전매수한 사실을 증명하는 서면을 등기원인서면으로 한다.

제12조(제소) 농개법 및 이 법 시행으로 인하여 이의가 있는 이해관계인은 이 법 시행일로부터 1년 내에 제소할 수 있다.

제13조(시행령) 이 법 시행에 관하여 필요한 사항은 대통령령으로 정한다.

위 법률에서 사용한 용어를 정리한다. '불변기간(不變期間)'은 법원도 늘이거나 줄일 수 없는 기간을 말하고, '수배자(受配者)'는 분배농지를 분배받은 자를 말한다.

'과도정부법령 제173호'의 정식 명칭은 '남조선과도정부법령 제173호'이다. 1945. 8. 15. 이후 「농지개혁법」이 시행될 때까지 미군정청은 일본국 및 일본인 등으로부터 몰수한 농지 중 논과 밭을 위 법령에 의하여 조선인들에게 상한 2정보(약 6천평)의 범위 내에서 매각(분배)함에 있어 15년 연부로 상환하도록 하였다. 위 특별조치법 제8조 제2항에서 말하는 '채무'는 위 과도정부법령에 따른 미상환액을 말한다.

「구 농지개혁사업 정리에 관한 특별조치법」(1994. 12. 22. 법률 제4817호, 농지법 부칙 제2조 제1호로 폐지. 이하 "특별조치법"이라 한다) 제9조는 농지 수분배자가 상환완료 전에 분배농지를 양도하거나 전매한 경우 상환을 완료한 양수자 또는 전매수자로 하여금 간이한 방법에 의하여 소유권이전등기를 할 수 있도록 하는 절차를 마련한 것이므로, 이와 같은 등기도 일단 등기가 된 바에는 그 명의자는 특별조치법 제9조의 소정 절차에 따른 소유자라는 추정을 받게 된다(대법원 1989. 12. 12. 선고 89다카6249 판결 참조).

그러나, 특별조치법 제9조 제2항에 의하면 분배농지의 권리를 양수 또는 전매할 수 있는 자는 「구 농지개혁법」(1994. 12. 22. 법률 제4817호, 농지법 부칙 제2조 제1호로 폐지) 제3조의 규정에 의한 농가이어야 하고, 동법에서 말하는 농가는 자연인에 한하는 것으로 해석되므로(대법원 1989. 5. 23. 선고 88다카5331 판결 참조), 법인이나 법인격이 없는 사단으로서는 특별조치법 소정의 절차에 따른 소유권이전등기를 경료할 수 없었던 것이 명백하다. 따라서, 농가가 아닌 법인이나 법인격 없는 사단의 명의로 경료된 특별조치법에 기한 소유권이전등기는 적법한 절차에 의하여 마쳐진 것이라고 볼 수 없으므로, 실체법상 권리관계에 부합하는 등기라는 추정력은 깨어지는 것으로 보아야 할 것이다.

기록에 의하면 원고는 분할전 각 토지에 관하여 특별조치법 제9조에 기한 각 소유권이전등기를 경료하였으나 원고는 법인격 없는 사단인 종중으로서 농가에 해당하지 않음이 명백하므로, 원고 명의의 위 각 소유권이전등기는 위 법리에 따라 그 추정력이 번복되어 원인 없는 무효의 등기라고 보아야 할 것이다(대법원 2007. 5. 10. 선고 2007다3612 판결).

「구 농지개혁법」에 의하여 자경하지 않는 농지를 정부가 매수한 것은 후에 그 농지가 분배되지 않을 것을 해제조건으로 매수한 것이므로, 「구 농지개혁사업정리에 관한 특별조치법」(위 농지법 부칙 제2조 제2호로 폐지, 이하 '특별조치법'이라 한다)에 의하여 시행 당시에 분배되지 아니한 농지는 특별조치법 제2조 제1항의 규정에 의하여 국유로 등기되거나 확인된 경작자에게 분배할 농지를 제외하고는 특별조치법 시행과 동시에 분배하지 아니하기로 확정되어 원소유자의 소유로 환원되는 것이고(대법원 1996. 2. 13. 선고 95다41031 판결 참조), 특별조치법 제2조 제1항에 의하여 국유로 등기한 농지라 하더라도 그 후 특별조치법 제2조 제3항의 기간 내에 특별조치법 제2조 제2항에 의거하여 분배된 농지를 제외한 그 외의 농지는 특별조치법 제2조 제3항의 1년의 기간이 경과됨과 동시에 국가의 매수조치가 해제되어 원소유자의 소유로 환원되는 것(대법원 1981. 12. 8. 선고 81다782, 81다카141 판결, 2001. 8. 21. 선고 99다55878 판결 등 참조)이다.

이처럼 「구 농지개혁법」에 의하여 정부가 매수한 농지가 농민들에게 분배되지 않는 것으로 확정될 경우, 그 소유권은 원소유자에게 복구되는 것이므로 국가가 「구 농지개혁법」에 따라 농지를 매수한 것은 이를 자경하는 농민 등에게 분배하기 위한 것이고, 분배하지 아니하기로 확정되는 경우에는 원소유자에게 환원되는 것이 매수 당시부터 예정되어 있는 것이므로, 국가의 매수농지에 대한 점유는 진정한 소유자의 지배를 배제하려는 의사를 가지고 하는 자주점유라고 볼 수 없고, 권원의 성질상 타주점유로 보아야 할 것이다(대법원 2001. 12. 27. 선고 2001다48187 판결).

위 판결의 뒷부분은 국가가 시효취득을 주장한 데 대한 판단이다. 소유의 의사로 하는 점유를 자주점유(自主占有)라 하고, 소유의 의사가 없는 점유를 타주점유(他主占有)라고 한다. 타주점유에는 그 점유 기간의 장단과 관계없이 시효취득이 인정되지 않는다. 취득시효에 관하여는 뒤에서 자세히 검토한다.

법률행위(매매, 교환, 증여, 대물변제 등)의 효력과 관련하여, 법률행위에 어떤 조건이 붙어 있는 경우 그 조건이 성취되면 그 때부터 그 법률행위의 효력이 생기는 조건을 '정지조건(停止條件)'이라 하고, 그 조건이 성취되면 그때부터 법률행위는 효력을 잃게 하는 조건을 '해제조건(解除條件)'이라고 한다.

위 판례에서는 정부가 농지를 매수한 행위는 유효하지만, 일정기간 후까지 분배가 되지 않는 경우에는 그 매매는 효력을 잃는 것, 즉 해제조건부로 한 매수라는 의미이다.

상환완료 전의 농지매매는 원칙적으로 무효이고, 다만, 상환을 완료하지 않은 농지를 현실로 매수인에게 인도하지 아니하고 분배받은 자 스스로 상환을 완료하여 소유권을 취득할 것을 정지조건으로 하는 경우와 비농지화를 정지조건으로 하는 경우에 한하여 유효하다고 할 것이고(대법원 1993. 3. 26. 선고 92다25472 판결, 1982. 8. 24. 선고 81다카1263 판결 등 참조), 「농지개혁법」에 의한 농지개혁사무를 조속히 종결함에 필요한 사항을 규정함을 목적으로 제정된 「농지개혁사업정리에 관한 특별조치법」(1968. 3. 13. 법률 제1993호, 1991. 1. 1.부터 시행된 농지법 부칙 제2조 제2호에 따라 폐지되었다. 이하 "법"이라 한다) 제9조 제1항에는 "정부는 수배자가 상환액을 완납하기 전에 제3자에게 양도하거나 전매한 분배농지는 제5조의 규정에 의하여 미상환액을 완납하였을 때에는 양수인 또는 전매수인에게 소유권이전등기를 한다.", 제3항에는 "제1항의 등기는 구청장·시장, 읍·면장이 그 당해 구·시·읍·면 농지위원회의 확인에 의하여 발부하는 상환증서 및 양수 또는 전매수한 사실을 증명하는 서면을 등기원인서면으로 한다."고 규정하고, 법 시행령 제11조, 제12조에는 그 절차에 관하여 규정하고 있으나, 법 제9조의 규정취지는 농지수분배자의 상환완료 전에 양도 또는 전매받은 자가 소정의 상환을 완료한 경우에 수분배자로부터의 양수나 전매 사실을 수분배자 또는 전매자로부터 증명받거나 공동신청으로 소유권이전등기를 받을 수 없는 특별한 경우에 법 제9조 제3항 소정의 서면 등에 의한 단독 등기신청에 의한 간이한 방법에 의하여 소유권이전등기를 할 수 있는 길을 터놓아 그에 의하여도 할 수 있는 절차를 규정한 것에 불과한 것이므로(대법원 1989. 12. 12. 선고 89다카6249 판결 참조), <u>위 규정에 의하여 상환완료 전의 농지매매가 일반적으로 유효하게 된다거나 양수인이 국가를 상대로 직접 자기 앞으로 소유권이전등기를 청구할 수 있는 실체법적 권리가 부여되는 것은 아니라 할 것이다</u>(대법원 1994. 12. 12. 선고 94다1678 판결 참조). (대법원 1999. 8. 20. 선고 99다19711 판결).

위 판례의 도입부와 끝부분에서 말하는 취지는 이러하다. 가령 정부로부터 농지를 분배받은 갑이 그 농지에 대한 상환대금을 완납하기 전에 이를 을에게 양도한 경우라고 하더라도 「농지개혁사업정리에 관한 특별조치법」의 적용을 받을 수 있는 것과 그렇지 아니한 것이 있다는 설명이다.

위 특별조치법의 적용을 받아 그 농지의 전득자(轉得者)인 을이 소유권을 취득할 수 있는 경우로는, ① 갑이 상환을 완료할 때까지는 자경(自經)을 하다가 상환이 완료된 후에 을에게 소유권을 이전하기로 하는 조건부 양도인 경우와, ② 갑이 상환을 완료하기 전에 을에게 그 농지의 점유를 이전할 경우에는 을이 농지가 아닌 목적으로 사용하는 것을 조건으로 하는 경우만 해당한다는 것이다.

즉, 위와 같은 조건부가 아닌 전득행위(轉得行爲 : 수배자 갑으로부터 을이 양수하는 행위)는 무효라는 취지이다.

적법히 분배받아 상환을 완료한 농지에 관하여 국가를 상대로 소유권이전등기청구의 소를 제기하는 경우에는「농지개혁사업정리에 관한 특별조치법」제12조의 규정은 적용되지 아니한다 할 것인바(대법원 1970 .11. 30. 선고 70다2301 판결 참조), 원심이 같은 취지에서 이 사건 소는 위 특별조치법 제12조 소정의 제소기간인 1년이 경과된 후에 제소되었으므로 부적법하다는 피고 한철석, 김완규의 주장을 배척한 조치는 옳다(대법원 1996. 4. 26. 선고 95다4007 판결).

제6절 「수복지역내 소유자미복구토지의 복구등록과 보존등기 등에 관한 특별조치법」

이 법의 특색은 이 법을 적용할 수 있는 지역을 수복지역(收復地域)으로 제한하였다는 점이다. 수복지역은 6·25전쟁 전에는 북한의 땅이었으나 정전선언 이후에는 남한의 땅이 된 지역을 말한다.

○ 공포번호 : 제3627호(1983 7. 1. 시행, 제정법률)

　　　　　　 제4042호(1988. 12. 31. 시행, 일부개정)

　　　　　　 제5454호(1998. 1. 1. 시행, 타법개정)

　　　　　　 제5592호(1998. 12. 28. 시행, 타법개정)

　　　　　　 제16916호(2020. 2. 4. 시행, 일부개정)

수복지역내소유자미복구토지의복구등록과보존등기등에관한특별조치법

[시행 1983. 7. 1.] [법률 제3627호, 1982. 12. 31., 제정]

제1조(목적) 이 법은 수복지역내소유자미복구토지의 소유자복구등록을 촉진하고, 부동산등기법에 의하여 등기하여야 할 부동산으로서 소유권보존등기가 되어 있지 아니하거나 등기부기재가 실제권리관계와 일치하지 아니하는 부동산을 간이한 절차에 의하여 등기할 수 있게 함으로써 수복지역내에서의 효율적인 토지관리와 부동산소유권보호에 기여함을 목적으로 한다.

제2조(정의) 이 법에서 사용하는 용어의 정의는 다음과 같다.

　　1. "수복지역"이라 함은 북위38도 이북의 수복지구(同地區의 行政區

域에 編入되는 北緯38度 以南地域을 포함한다)와 경기도 파주군
장단면·군내면·진서면 및 진동면의 지역을 말한다.

2. "소관청"이라 함은 수복지역내의 지적공부를 관리하는 시장·군
수를 말한다.

3. "소유자미복구토지"라 함은 1953년 7월 27일 이전에 지적공부가
전부 또는 일부 분·소실된 이래 토지대장 또는 임야대장에 토지
표시에 관한 사항은 복구등록되었으나 소유권에 관한 사항은 복
구등록되지 아니한 토지를 말한다.

제3조(적용대상) 이 법은 수복지역내의 부동산에 대하여 적용한다. 다만,
1953년 7월 27일에 발효된 통칭 한국정전협정에 의하여 획정된 남경계
선 북방지역과, 군사시설보호법 제3조의2 제1호의 민간인통제선 북방
지역 중 대통령령이 정하는 바에 의하여 내무부장관이 국방부장관과
협의하여 고시하는 지역 및 소유권의 귀속에 관하여 법원에 소송이
계속중인 부동산에 대하여는 이 법을 적용하지 아니한다.

제4조(소유자복구등록신청) ① 소유자미복구토지의 소유자(相續人과 사
실상의 讓受者 기타 사실상의 所有者를 포함한다)는 대통령령으로 정하
는 소유권자임을 증빙하는 서면을 갖추어 관할소관청에 소유자복구등
록신청을 할 수 있다.

② 제1항의 경우에 소유권자임을 증빙하는 서면을 갖출 수 없는 때에
는 3인 이상의 보증인의 보증서를 첨부하여 제출하여야 한다.

제5조(보증인의 자격과 위촉등) ① 제4조 제2항의 보증인이 될 수 있는
자는 토지소재지 리·동에 주민이 상시 거주하는 경우에는 1945년
8월 15일 이후 1953년 7월 27일 사이에 당해 리·동에 적어도 1년

이상 성년자로 거주하고 최근 10연간 그 리·동에 계속 거주하고 있는 자로서, 토지소재지 리·동에 주민이 상시 거주하지 아니하는 경우에는 1945년 8월 15일부터 1953년 7월 27일 사이에 당해 리·동에 적어도 1년 이상 성년자로 거주하고 최근 5연간 그 리·동 또는 인근 리·동에 계속 거주하고 있는 자로서 각각 대통령령이 정하는 결격사유에 해당되지 아니하는 자로 한다. 이 경우 인근 리·동의 범위는 관할 시장·군수가 정하여 고시한다.

② 보증인은 주민이 상시 거주하는 리·동지역에 있어서는 시·읍·면장이, 주민이 상시거주하지 아니하는 리·동지역에 있어서는 시장·군수가 리·동마다 5인 이내를 위촉하되, 보증인의 위·해촉절차와 보증서의 발급절차 등에 관한 사항은 대통령령으로 정한다.

③ 시장·군수와 읍·면장이 보증인을 위촉함에 있어서는 미리 보증인으로 될 자의 거주사실과 결격사유 유무 및 인근주민들로부터의신망도등을 엄밀히 조사하여야 한다.

제6조(토지소유자복구심사위원회설치와 기능) ① 수복지역내토지의 소유자복구등록신청에 관한 사항을 심사·결정하기 위하여 당해 토지를 관할하는 시·군에 토지소유자복구심사위원회(이하 "市·郡委員會"라 한다)를, 도에 토지소유자복구재심사위원회(이하 "道委員會"라 한다)를 둔다.

② 시·군위원회는 토지소유자복구등록신청사항을 심사·결정하고, 도위원회는 시·군위원회의 결정사항에 대한 이의신청사항을 재심사·결정한다.

제8조(공고·이의신청 및 심사회부) ① 소관청은 소유자복구등록신청서

를 접수한 때에는 지체 없이 대통령령이 정하는 사항을 3월간 당해
시 · 군 · 읍 · 면과 리 · 동(第5條 第1項 後段의 隣近 里 · 洞을 포함한
다) 사무소의 게시판에 공고하고 일간신문에 1회 이상 게재하여야 하며,
당해 토지에 관한 현재의 점유 · 사용관계 · 소유권에 관한 분쟁 유무
및 소유권입증에 관련되는 문서 등을 사실조사하여야 한다.

② 소관청은 공고기간이 만료되면 즉시 소유자복구등록신청서와 그
공고기간내에 접수된 이의신청 및 제1항의 규정에 의한 사실조사서류
기타 참고자료를 갖추어 시 · 군위원회의 심사에 회부하여야 한다.

③ 소관청은 시 · 군위원회의 심사 · 결정에 필요하다고 인정될 때에는
소유자복구등록신청 또는 이의신청에 대한 의견서를 제출할 수 있다.

제9조(시 · 군위원회의 심사등) ① 시 · 군위원회는 심사를 함에 있어서
필요하다고 인정할 때에는 직권 또는 이해관계인의 신청으로 보증인의
심문 · 검증 · 감정 기타 사실조사를 하거나 서류의 제출을 명할 수 있으
며, 소관청의 직원으로 하여금 사실조사를 하게 할 수 있다.

② 제1항의 규정에 의한 증거조사에 관하여 이 법에 규정이 없는 것
에 관하여는 민사소송법 중 증거조사절차에 관한 규정을 준용한다.

제10조(시 · 군위원회의 결정) ① 시 · 군위원회의 결정은 소관청으로부터
심사회부된 날로부터 6월 이내에 결정서로 하여야 한다. 다만, 부득이
한 사정이 있는 때에는 시 · 군위원회는 결정으로 그 기간을 3월간 연장
할 수 있다.

② 제1항의 결정서에는 결정에 참여한 위원장과 위원장이 지명한 위
원 2인 이상이 서명날인하여야 한다.

③ 시 · 군위원회가 심사 · 결정한 때에는 지체없이 결정서 정본을 작

성하여 관할소관청과 신청인등 이해당사자에게 송달하여야 한다.

④ 시·군위원회의 심사·결정방법, 결정서의 기재사항 기타 심사절차에 관하여 필요한 사항은 대통령령으로 정한다.

제11조(심사청구) ① 제10조의 규정에 의하여 시·군위원회가 결정한 사항에 대하여 이의가 있는 자는 그 결정이 있은 것을 안 날로부터 1월 이내, 결정이 있은 날로부터 3월 이내에 관할소관청을 거쳐 관할 도위원회에 재심사를 청구할 수 있다.

② 제1항의 재심사청구가 있는 때에는 도위원회는 6월 이내에 재심사결정을 하여야 한다.

③ 도위원회가 제2항의 재심사결정을 한 때에는 지체 없이 재심사결정서 정본을 작성하여 관할소관청과 신청인등 이해당사자에게 송달하여야 한다.

④ 도위원회의 재심사결정에 관하여는 시·군위원회의 심사·결정절차를 준용한다.

제12조(결정의 효력과 복구등록) ① 시·군위원회의 결정은 제11조 제1항의 기간 내에 재심사청구가 없는 경우에는 그 기간만료일의 익일에 확정된다.

② 도위원회의 재심사결정사항은 그 결정일에 확정된다.

③ 제1항 및 제2항의 규정에 의하여 소유자가 확인된 때에는 관할소관청은 지체 없이 토지대장 또는 임야대장에 소유자를 복구등록하여야 한다.

제13조(소유명의변경등록) ① 미등기부동산(所有者未復舊土地를 제외한다)의 사실상 양수자와 상속인은 제19조의 규정에 의하여 발급받은

확인서(이하 "確認書"라 한다)를 첨부하여 소관청에 대하여 소유명의인의 변경등록을 신청할 수 있다.

② 제1항의 신청을 받은 소관청은 확인서에 의하여 소유명의인의 변경등록을 하여야 한다.

제15조(소유권보존등기) ① 제12조 제3항의 규정에 의하여 소유자로 복구등록된 자와 제13조 제2항의 규정에 의하여 소유명의인으로 변경등록된 자는 복구등록 또는 변경등록일로부터 기산하여 3월이 경과된 날 이후에 그 대장등본을 첨부하여 자기명의로 소유권보존등기를 신청할 수 있다.

② 등기공무원은 제1항의 규정에 위반한 소유권보존등기신청에 대하여는 이를 각하하여야 한다.

제16조(소유권이전등기절차) ① 이 법에 의한 소유권이전등기는 부동산등기법 제28조의 규정에 불구하고 확인서를 발급받은 부동산의 사실상의 양수자 또는 그 대리인이 등기소에 출석하여 신청할 수 있다.

② 제1항의 등기를 신청하는 경우에는 부동산등기법 제40조 제1항 제2호의 등기원인을 증명하는 서면은 확인서로 이에 갈음하고, 동조 동항 제3호의 등기의무자의 권리에 관한 등기필증과 농지개혁법 제19조 제2항의 규정에 의한 농지매매증명서 및 소득세법의 규정에 의한 주민등록등본을 제출하지 아니한다.

③ 제1항의 등기를 신청하는 경우에는 대장등본을 제출하여야 한다.

제19조(확인서의 발급) ① 미등기부동산(所有者未復舊土地를 제외한다)의 사실상 양수자와 이미 등기되어 있는 부동산을 그 소유권의 등기명의인 또는 그 상속인으로부터 사실상 양수한 자 및 부동산의 상속인이

이 법에 의한 소유명의인의 변경등록 또는 소유권이전등기를 신청하고
자 하는 때에는 관할소관청으로부터 확인서를 발급받아야 한다.

② 제1항의 규정에 의하여 확인서를 발급받고자 하는 자는 제5조의
규정에 의한 보증인 3인 이상의 보증서를 첨부하여 읍·면장을 거쳐
관할소관청에 서면으로 신청하여야 한다.

③ 소관청은 제2항의 신청서를 접수한 때에는 지체없이 대통령령이
정하는 사항을 3월간 당해 시·군·읍·면과 리·동(第5條 第1項後段
의 隣近 里·洞을 포함한다) 사무소의 게시판에 공고하고 일간신문에
1회 이상 게재한 후 확인서를 발급하여야 한다. 다만, 공고기간 내에
이의신청이 있는 부동산에 관하여는 그 이의에 대한 처리가 완결되기
전에는 확인서를 발급하지 못한다.

제20조(무신고토지등의 국유화) 1988년 12월 31일까지 관할소관청에 소
유자복구등록을 신청하지 아니하거나 신청이 취하된 소유자미복구토
지 및 각 위원회의 결정 또는 재심사결정에 의하여 신청이 기각된 소유
자미복구토지는 이 법의 유효기간만료후(附則 第2項 但書의 경우에는
각 委員會의 決定 또는 再審査決定日로부터) 무주의 토지로 보아 국유
재산법이 정하는 바에 의하여 국유재산으로 취득하되, 취득한 날로부터
10연간은 매각처분을 하지 못한다.

제22조(벌칙) ① 다음 각 호의 1에 해당하는 자는 1년 이상 10년 이하의
징역 또는 100만원 이상 1,000만원 이하의 벌금에 처한다.

1. 허위의 방법으로 제19조의 확인서를 발급받은 자

2. 행사할 목적으로 제19조의 확인서를 위조 또는 변조한 자

3. 허위의 보증서를 작성한 자

4. 제1호 내지 제3호의 문서를 행사한 자

② 위원회의 심사에 있어 선서한 보증인이 허위의 공술을 한 때에도 제1항의 형과 같다.

③ 정당한 이유 없이 보증인이 위원회에 출석하지 아니하거나 요구된 서류를 제출하지 아니한 때, 출석한 보증인이 선서 또는 증언을 거부한 때에는 1년 이하의 징역 또는 100만원 이하의 벌금에 처한다.

④ 중대한 과실로 인하여 허위의 보증서를 작성하거나 이를 작성하게 한 자도 제3항의 형과 같다.

부   칙 〈법률 제3627호, 1982. 12. 31.〉

① (시행일) 이 법은 공포 후 6월이 경과한 날로부터 시행한다.

② (유효기간) 이 법은 제20조의 규정을 제외하고는 1988년 12월 31일까지 효력을 가진다. 다만, 이 법 시행중 소관청 또는 위원회에 접수된 소유자복구등록신청과 그에 따른 제12조 제3항의 소유자복구등록은 유효기간 경과 후에도 이 법의 규정에 의하여 심사 · 결정 · 등록할 수 있고, 제12조 제3항의 규정에 의하여 소유자복구등록된 토지와 제19조의 규정에 의하여 확인서의 발급신청을 한 부동산에 대하여는 유효기간 경과 후 2년까지는 대장등본 또는 확인서를 발급받아 이 법에 의한 등록 또는 등기를 신청할 수 있다.

③ (경과조치) 이 법 시행중 제22조의 죄를 범한 자에 대하여는 이 법의 유효기간 경과 후에도 이 법을 적용한다.

④ (경과조치) 이 법 시행당시의 소유자미복구토지로서 군작전 수행을 위하여 군이 점유중인 토지는 징발법에 의하여 군이 징발한 것으로 본다.

수복지역내소유자미복구토지의복구등록과보존등기등에관한특별조치법

[시행 2020. 8. 5.] [법률 제16916호, 2020. 2. 4., 일부개정]

부   칙 〈법률 제16916호, 2020. 2. 4.〉

제1조(시행일) 이 법은 공포 후 6개월이 경과한 날부터 시행한다.

제2조(무신고토지등의 국유화에 관한 적용례) 제20조 제2항의 개정규정
은 종전의 규정에 따라 국유재산으로 취득한 토지에도 적용한다.

「구 수복지역내 소유자미복구토지의 복구등록과 보존등기 등에 관한 특별
조치법」(1982. 12. 31. 법률 제3627호, 1991. 12. 31. 실효. 이하 "특별조
치법"이라 한다)에 의하여 소유권보존등기가 이루어진 경우에는 그 토지
를 사정받은 사람이 따로 있더라도 그 등기는 특별조치법이 정하는 적법한
절차에 따라 마쳐진 것으로서 실체적 권리관계에 부합하는 등기로 추정되
므로, 그 추정의 번복을 구하는 당사자로서는 그 등기의 기초가 되는
보증서나 확인서가 위조되었다거나 허위로 작성되었다든지 그 밖의 사유
로 적법하게 등기가 마쳐진 것이 아니라는 것을 주장ㆍ입증하여야 하고,
여기에서 보증서가 허위라고 함은 권리변동의 원인이 되는 실체적 기재
내용이 진실이 아님을 의미하는 것이므로, 보증서의 실체적 기재 내용이
진실이 아님을 의심할 만큼 증명이 된 때에는 그 등기의 추정력은 깨어진
다고 보아야 하고, 보증서의 허위성의 입증 정도가 법관이 확신할 정도가
되어야만 하는 것은 아니다(대법원 1996. 4. 23. 선고 95다11184 판결,

> 대법원 1996. 7. 30. 선고 95다14794 판결, 대법원 1997. 8. 22. 선고
> 97다11362 판결, 대법원 2001. 4. 13. 선고 2001다4903 판결 등 참조).
> (대법원 2008. 1. 24. 선고 2006다9965 판결).

이 법은 특별조치법의 하나이기는 하나 다른 종류의 특별조치법들과는 다른
점이 많다.

그 내용을 들여다보면, ① 적용지역에 있어서 이 법은 경기도와 강원도의
일부 지역에만 적용된다. ② 위 지역에 있는 토지 중에서도 소유자미복구토지를
대상으로 하는 점도 이 법률만의 특징이다. ③ 이 법 제20조는 일정한 기간이
지난 뒤에는 소유자미복구인 토지는 국유로 한다고 규정하였다. 다만, 국유로
등기한 후 10년 동안은 처분하지 못하게 하였다.

위 ②와 관련하여 살펴보자면, '소유자미복구토지'에 해당하는 토지는 그 토지
대장이나 임야대장의 소유자란에 「공간정보의 구축 및 관리 등에 관한 법률」의
규정에 의하여 토지소유자를 복구할 토지" 또는 "미등기"라는 취지만이 적혀
있을 뿐, 소유자에 관한 정보는 아무것도 없다. 이는 어떤 사유로 인하여
토지대장(임야대장)이 분실 또는 멸실된 적이 있어 토지의 현황만을 복구한
채 그 소유자에 대한 정보는 복구등록을 하지 못하고 있기 때문이다. 과거에는
강원도와 경기도의 일부지역에서는 이처럼 소유자복구가 되지 않은 토지가 꽤
많았다.

「구 지적법」은 폐지되었고, 현재는 「공간정보의 구축 및 관리 등에 관한 법률」이
소유자복구에 관한 절차 등을 규율한다.

위 ③과 관련한 문제점을 검토한다. 법 제20조에서는 일정한 시점이 될 때까지
소유자복구를 하지 아니하는 토지는 국가의 소유로 한다고 하면서도 10년 동안

은 그 토지를 처분하지 못하게 하였다. 그 이유는 아래의 판례가 설명하는 것과 같이 입법자의 생각 또한 국가가 소유권보존등기를 마친 후에도 10년이 지나야만 국가의 소유로 볼 수 있다는 의미였을 것이다. 즉, 등기부시효취득을 염두에 둔 입법이었다고 보인다.

그렇지만 필자의 생각은 다르다. 결론부터 말하자면 국가는 등기 후 10년이 지나더라도 시효취득을 주장하기는 어려울 것이다. 그 이유는 이렇다. 시효취득에 관한 문제는 뒤에서 검토하게 되지만 여기에서 짧게 말하자면, 남의 토지를 등기한 자가 그 등기를 유지한 채 10년이 경과하면 그 토지를 시효취득하게 되는 조건(요건) 중에는 '소유의사=자주점유' 및 '무과실'이라는 요건을 모두 갖추어야 한다.

국가가 위와 같은 부동산을 취득하기 위해서 위 요건을 갖추었는지를 살펴본다. '무주부동산(無主不動産)'은 주인을 알지 못하는 부동산이 아니라 주인이 없는 부동산을 말한다. 그런데 위 부동산(소유자미복구토지)들은 모두 주인이 있다고 보아야 한다. 그 주인이 외국에 거주하거나 외국인이 되었더라도(대한민국국적을 상실했더라도) 그 땅의 주인은 존재하는 것이다. 북한지역에 거주하는 사람도 「대한민국헌법」은 대한민국 국민으로 본다.

또 다른 요건인 '무과실'이라고 하는 요건은 소유의 의사를 가진 자가 그 부동산을 취득함에 있어서 그를 취득할 만한 정당한 권원(權原)이 있다고 믿은 데에 과실이 없음을 의미한다. 그런데 국가는 자기가 잘 보관·관리했어야 할 장부들(등기부, 토지대장, 임야대장 등)을 분실 내지 소실케 하였다. 이 부분에 관하여 토지의 소유자는 아무런 과실이 없다. 그런데 국가는 자기의 잘못으로 인하여 – 물론 분실 내지 소실에 관하여 그 이유가 명백한 한국전쟁의 경우에는 불가항력이었지만 – 없어진 장부들 덕분에(?) 타인(국민)이 소유하는 토지의 소유권마저도 국가가 취득한다면 이는 정의와는 거리가 멀다.

소유권은 시효(時效)로 인하여 소멸하는 일은 없다. 우리 「민법」이 각종 권리에 관하여는 소멸시효를 규정하면서도 소유권에 관하여는 소멸시효를 적용하지 아니하는 데에는 그럴만한 이유가 있는 것이다. 어딘가에는 소유자가 존재할 것이라는 점을 잘 알고 있고, 해당 부동산을 점유하지도 아니하는 국가가 취득시효에 의하여 소유자미복구인 토지의 소유권을 취득할 수 있을까?

아래 판례의 취지에도 불구하고 필자는 판례보다 한 발 더 나아가 국가의 시효취득은 가능하지 않다고 본다. 법 제20조의 규정은 단지 소유자복구를 독려하는 의미만을 갖는 규정으로 보고 싶다. 그리고 위 법 제20조는 이 법 제1조가 규정한 입법의 목적 중 "소유권을 보호하고자 한다."고 규정하고 있는 것과는 저촉되는 규정이라고 해석하여야 할 것이다.

수복지역 안에 있는 토지 중에는 그 토지를 사정받고 소유하던 사람의 재산을 상속한 상속인이 그 땅의 소재를 찾지 못하고 있거나 소유자복구등록을 하는 방법을 알지 못하기 때문에 복구등록이 되지 않고 있는 토지가 많이 있을 것이다.

원심은 「수복지역내 소유자미복구토지의 복구등록과 보존등기에 관한 특별조치법」(이하 "특조법"이라 한다) 제20조가 1991. 12. 31.까지 관할 소관청에 소유자복구등록신청을 하지 아니한 소유자미복구토지는 이를 무주의 토지로 보아 국유재산법이 정하는 바에 의하여 국유재산으로 취득한다고 규정하고 있는데, 주문 기재의 10필지의 토지들에 관하여 1991. 12. 31.까지 소유자복구등록신청이 없었으므로, 위 토지들은 1992. 1. 1.자로 국유로 되었다고 판단하여 원고의 이 사건 소유권확인청구를 배척하였다.

그러나, <u>특조법 제20조는 1991. 12. 31.까지 소유자복구등록신청이 없을</u>

때에는 그 토지를 무주의 토지로 보고 국가 앞으로 소유권보존등기를 경료한다는 취지의 규정이지, 위 기한까지 소유자복구등록신청이 없거나 국가가 위 절차에 따라 소유권보존등기를 하면 법률에 의하여 국가가 그 토지에 대한 소유권을 원시취득한다는 취지의 규정은 아니므로, 국가가 그 토지를 등기부시효취득하기 전까지는 진실한 소유자는 언제든지 그 토지가 자기의 소유임을 주장할 수 있다고 할 것이다(당원 1991. 7. 23. 선고 91다16013 판결 참조). (대법원 1997. 1. 21. 선고 96다43690 판결).

제7절 징발(徵發)된 토지

제1관 징발에 대한 이해

'징발'이라고 함은 군사상의 필요에 의하여 국가가 토지를 취득함에 있어 징발관(국방부장관 등)이 발부하는 징발영장에 의하여 토지를 취득하고, 그에 따른 보상을 하되 나중에 군사상의 필요가 없게 된 때에는 원소유자에게 '환매권(還買權)'을 주는 절차를 말한다. 즉 특수한 수용절차이다.

일제강점기 중 1930∽1940년대에는 일본이 조선을 만주 등 대륙진출의 병참기지화 하였으므로, 그 필요에 의하여 「조선징발령」 등을 시행하면서 토지 및 각종 자원을 징발하였다. 이 시기에는 토지의 징발보다는 인력의 강제동원에 초점이 맞추어졌다고 할 수 있다.

그 후 6·25전쟁 발발 당시 「징발에 관한 특별조치령」에 의하여 토지의 징발이 본격적으로 실시되었고, 비상계엄 아래에서도 징발이 이루어진 적이 있다. 징발과 관련하여 현재 시행중인 법률은 「징발법」이다.

제2관 「징발에 관한 특별조치령」

이 영은 군 작전상 필요한 시설 및 물자를 징발하는 것 등을 목적으로 대통령긴급명령 제6호로 제정·시행(1950. 7. 26.)되었고, 1963. 5. 20. 폐지되었다. 이 영의 주요한 규정은 다음과 같다.

징발에관한특별조치령

[시행 1950. 7. 26.] [대통령긴급명령 제6호, 1950. 7. 26., 제정]

제1조 본령은 단기 4283년 6월 25일 북한괴뢰군의 침탈로 인하여 발생한

비상사태에 있어서 군작전상 필요한 군수물자, 시설 또는 인적자원(以下 徵發目的物 또는 被徵用者라 稱한다)을 징발 또는 징용함을 목적으로 한다.

제2조 징발 또는 징용은 징발관이 발행하는 징발영장 또는 징용영장으로서 이를 행한다.

제3조 징발관은 다음과 같다.

1. 국방부 제1국장

2. 특명의 사령관

3. 륙·해·공군총참모장

4. 군단장·사단장·위수사령관인 독립단대장

5. 통위부사령장관, 경비부사령관 및 해병대사령관

6. 비행단장

제4조 징발영장 또는 징용영장은 징발목적물의 소유자 또는 피징용자의 주소를 관할하는 도지사, 시장, 경찰서장, 읍·면장 및 선박회사사장(以下 徵發 또는 徵用執行官이라 稱한다)에 교부하며 이를 집행케 한다. 단 긴급을 요하는 시에는 헌병사령관 및 그 례하부대장 또는 국방부장관이 임명하는 국군장교로 하여금 징발영장 또는 징용영장을 집행케 할 수 있다.

제5조 징발목적물 또는 피징용자를 영수 또는 인도받은 징발관은 징발목적물 소유자 또는 피징용자에 대하여 징발 또는 징용증명서를 교부한다.

제7조 징발목적물 또는 징용대상은 다음과 같다.

1. 식량, 식료품 및 음료수

  2. 수송기관 및 그 부속품

  3. 의료기구 및 의료약품

  4. 통신기기 및 그 부속품

  5. 연료

  6. 보도선전에 요하는 물자 또는 시설

  7. 건물 및 토지

  8. 인적자원

  9. 기타 군작전상 필요한 물자시설 및 마필

제14조 징발목적물 또는 피징용자에 대하여는 따로 대통령이 정하는 바에
  의하여 원상회복 또는 보상을 한다.

제3관 「국가보위에 관한 특별조치법」

이 법은 1971. 12. 27. 제정(법률 제2312호)·시행되었고, 1981. 12. 17.
폐지되었다.

국가보위에관한특별조치법

  [시행 1971. 12. 27.] [법률 제2312호, 1971. 12. 27., 제정]

제1조(목적) 이 법은 비상사태하에서 국가의 안전보장과 관련되는 내정,
  외교 및 국방상 필요한 조치를 사전에 효율적이며 신속하게 취함으로써
  대한민국의 안전을 보장하고 국가보위를 확고히 함을 목적으로 한다.

제2조(국가비상사태의 선포) 국가안전보장(이하 "國家安保"라 한다)에 대

한 중대한 위협에 효율적으로 대처하고 사회의 안녕질서를 유지하여 국가를 보위하기 위하여 신속한 사전대비조치를 취할 필요가 있을 경우 대통령은 국가안전보장회의의 자문과 국무회의의 심의를 거쳐 국가비상사태(이하 "非常事態"라 한다)를 선포할 수 있다.

제3조(비상사태선포의 해제) ① 국가안보에 대한 중대한 위협이 제거 또는 소멸되었을 때에는 대통령은 지체없이 비상사태선포를 해제하여야 한다.

② 국회는 전항의 해제를 대통령에게 건의할 수 있으며, 대통령은 특별한 사유가 없는 한 이를 해제하여야 한다.

③ 비상사태선포가 해제된 경우 비상사태하에서 취하여진 모든 조치에 관한 경과조치는 대통령령으로 정한다.

제5조(국가동원령) ① 비상사태하에서 국방상의 목적을 위하여 필요한 경우 대통령은 국무회의의 심의를 거쳐 전국에 걸치거나 또는 일정한 지역을 정하여 인적, 물적 자원을 효율적으로 동원하거나 통제운영하기 위하여 국가동원령을 발할 수 있다.

② 동원대상, 동원인원 및 동원물자, 동원의 종류, 기간과 이를 위한 조사, 기타 필요한 사항은 대통령령으로 정한다.

③ 대통령은 동원물자의 생산, 처분, 유통, 이용 및 그 수출입등에 관하여 이를 통제하는데 필요한 명령을 발할 수 있다.

④ 대통령은 동원대상지역내의 토지 및 시설의 사용과 수용에 대한 특별조치를 할 수 있다. 이에 대한 보상은 징발법에 준하되 그 절차는 대통령령으로 정한다.

⑤ 본조의 국가동원령을 발한 때에는 대통령은 지체없이 국회에 통고

하여야 한다.

[92헌가18 1994. 6. 30. 국가보위에관한특별조치법(1971. 12. 27. 법률 제2312호) 제5조 제4항은 헌법에 위반된다.]

국가보위에관한특별조치법제5조제4항에의한동원대상지역내의토지의 수용 · 사용에관한특별조치령

[시행 1971. 12. 31.] [대통령령 제5912호, 1971. 12. 31., 제정]

제1조(목적) 이 영은 국가비상사태에 있어서 국가보위에 관한 특별조치법 제5조 제1항의 규정에 의한 국가동원령이 발하여진 동원대상지역에서 군작전수행을 위하여 긴절한 필요가 있는 토지의 사용과 수용을 신속하게 행함으로써 대한민국의 안전을 보장하고 국가보위를 확고히 함을 목적으로 한다.

제29조(징발토지의 수용) ① 국가는 이 영 시행당시 징발토지 중 군사상 긴요하여 군이 계속 사용할 필요가 있는 사유재산은 이 영에 의하여 이를 수용할 수 있다.

② 국가가 수용할 징발토지는 국방부장관이 이를 정한다.

제30조(가격사정) ① 전조의 규정에 의하여 국가가 수용하는 토지의 가격사정은 제25조의 규정에 따라 설치된 보상심의회의 심의를 거쳐 국방부장관이 행한다.

② 국방부장관은 전항의 규정에 의하여 가격사정을 행함에 있어서는 수용당시의 시가를 기준으로 하되, 국세청장이 고시하는 가격기준에 의하여 산출한 평가액을 참작하여 적정하게 결정하여야 한다.

제31조(수용통지) ① 국방부장관은 전조의 규정에 의하여 가격을 결정한

때에는 당해 토지의 표시·금액 기타 필요한 사항을 기재한 수용통지서를 그 토지의 소유자 또는 재산관리인(이하 "피수용자"라 한다) 및 담보물권자에게 송달하여야 한다.

② 국방부장관은 전항의 통지서를 송달함에 있어서 피수용자 및 담보물권자의 주소·거소 기타 송달할 장소를 알 수 없을 때에는 국방부령이 정하는 바에 의하여 그 뜻을 당해 토지의 소재지를 관할하는 구·시·읍·면의 게시장에 게시하여 30일간 공고하고 일간신문에 3회 이상 공고하여야 한다.

③ 전항의 공고기간이 경과한 때에는 통지서가 피수용자에게 송달된 것으로 본다.

제32조(매매) 전조의 규정에 의한 통지서를 받고 이에 동의하는 피수용자는 그 통지서가 송달된 날로부터 30일 이내에 당해 토지를 국가에 매도하여야 한다.

제33조(수용결정) ① 제31조의 규정에 의한 통지를 받고도 피수용자가 토지를 국가에 매도하지 아니할 때에는 제30조 제1항의 규정에 의하여 결정한 가격으로 국방부장관이 이를 수용한다.

② 국방부장관은 전항의 규정에 의하여 수용을 결정한 때에는 당해 피수용자에게 수용결정통지서를 송달하고, 당해토지의 담보물권자에게 그 사실을 통지하여야 한다. 이 경우에 제31조 제2항 및 제3항의 규정을 준용한다.

③ 제1항의 수용결정은 결정일로부터 6월 이내에, 제35조 및 제20조 제1항의 규정에 의한 증권의 교부 또는 현금의 지급을 하거나 제35조 및 제21조 제1항의 규정에 의한 공탁을 하여야 한다.

④ 전항의 규정에 의한 증권의 교부나 현금의 지급 또는 이의 공탁이 없는 때에는 그 토지에 대한 수용 결정은 그 효력을 상실한다.

⑤ 제3항의 규정에 의한 수용대금의 지급 또는 공탁이 있는 때에 국가는 당해 토지의 소유권을 취득하고, 그 토지상의 소유권 이외의 일체의 권리는 소멸된다.

제36조(소유권이전) ① 국방부장관은 전조 및 제20조 제2항의 규정에 의하여 한국은행으로부터 받은 교부대장 1부와 전조 및 제21조 제1항의 규정에 의한 공탁을 증명하는 서류를 등기촉탁서에 첨부하여 그 토지의 관할등기소에 소유권이전등기를 촉탁하여야 한다.

② 등기공무원은 전항의 규정에 의하여 등기의 촉탁을 받은 때에는 촉탁서만으로 소유권이전등기를 행하여야 한다.

③ 제32조 및 제33조 제1항의 규정에 의하여 국가가 매수 또는 수용한 재산의 소유권이전등기에 관하여는 부동산등기법 제36조 제1항의 규정에 불구하고 한국은행의 교부대장 또는 공탁을 증명하는 서류를 등기의무자의 승락서로 본다.

④ 국방부장관은 이 영에 의하여 수용할 토지가 등기부에 등재되지 아니한 경우에는 당해토지의 토지대장에 등재된 바에 의하여 소유자에 대신하여 소유권보존등기를 촉탁할 수 있으며, 이 촉탁을 받은 등기공무원은 그 촉탁만으로 소유권보존등기를 행하여야 한다.

⑤ 등기공무원은 제33조의 규정에 의한 수용을 원인으로 하는 소유권이전등기의 촉탁이 있는 경우에 당해토지에 이미 소멸된 소유권 이외의 권리가 등기되어 있는 때에는 그 등기를 말소하여야 한다.

제39조(환매권) ① 이 영에 의하여 수용한 토지의 수용대금으로 지급한

증권의 상환이 종료되기 전 또는 그 상환이 종료된 날로부터 5년 이내에 당해 토지의 전부 또는 일부가 군사상 필요 없게 된 때에는 피수용자 또는 그 상속인(이하 "환매권자"라 한다)은 이를 우선매수할 수 있다. 이 경우에 환매권자는 국가가 수용한 당시의 가격에 증권의 발행년도부터 환매년도까지 연 5푼의 이자를 가산한 금액을 국고에 납부하여야 한다.

② 국방부장관은 전항의 규정에 의하여 매각할 토지가 생긴 때에는 환매권자에게 그 뜻을 통지하여야 한다. 그러나 환매권자의 주소 또는 거소를 알 수 없을 때에는 이를 2종 이상의 일간신문에 2회 이상 공고하여야 한다.

③ 환매권자는 전항의 규정에 의한 통지를 받은 날 또는 그 최후의 공고가 끝난 날로부터 3월이 경과한 때에는 환매권을 행사하지 못한다.

제40조(승계인에 대한 효력) 이 영에 의한 사용 또는 수용을 위하여 진행된 절차의 효력은 승계인에게도 미친다.

국가보위에관한특별조치법제5조제4항에의한동원대상지역내의토지의 수용·사용에관한특별조치령에의하여수용·사용된토지의정리에 관한특별조치법

(약칭: 국보위수용토지법)

[시행 1997. 1. 13.] [법률 제5266호, 1997. 1. 13., 제정]

제1조(목적) 이 법은 종전의 국가보위에관한특별조치법 제5조 제4항의 규정에 의하여 제정된 국가보위에관한특별조치법제5조제4항에의한

동원대상지역내의토지의수용·사용에관한특별조치령(이하 "特別措置令"이라 한다)에 의하여 수용·사용된 토지의 정리에 관하여 필요한 사항을 규정함을 목적으로 한다.

제2조(환매권이 소멸되지 아니한 수용토지의 처리) ① 국방부장관은 특별조치령에 의하여 수용된 토지의 수용대금으로 지급한 증권의 상환이 종료되기 전 또는 그 상환이 종료된 날부터 5년 이내에 당해 토지의 전부 또는 일부가 군사상 필요 없게 된 토지(이하 "還買對象土地"라 한다) 중 이 법 시행당시 환매권이 소멸되지 아니한 토지에 대하여 지체없이 당해 토지의 피수용자 또는 그 상속인(이하 이 條에서 "還買權者"라 한다)에게 환매할 것을 통지하여야 한다. 다만, 환매권자의 주소 또는 거소를 알 수 없을 때에는 이를 전국을 보급대상으로 하는 2종 이상의 일간신문에 2회 이상 공고하여야 한다.

② 환매권자는 국가가 수용한 당시의 가격에 증권의 발행연도부터 환매연도까지 년 5푼의 이자를 가산한 금액을 국고에 납부하고 당해 토지를 매수할 수 있다.

③ 환매권자는 제1항의 규정에 의한 통지를 받은 날 또는 그 최후의 공고가 끝난 날부터 3월이 경과한 때에는 환매권을 행사하지 못한다.

제3조(환매권이 소멸된 수용토지의 처리) ① 국방부장관은 환매대상토지로서 환매통지 또는 공고 없이 이 법 시행당시 환매권이 소멸된 토지 중 다음 각 호의 1에 해당하는 토지를 제외한 토지의 피수용자 또는 그 상속인에게 국유재산법 제21조의 규정에 의한 재산관리관(이하 "財産管理官"이라 한다)의 의견을 들은 후 1998년 12월 31일까지 당해 토지를 우선 매수할 것을 통지하여야 한다. 다만, 피수용자 또는 그

상속인의 주소 또는 거소를 알 수 없을 때에는 제2조 제1항 단서의 규정을 준용하여 공고하여야 한다.

1. 이 법 시행당시 군사상 사용하고 있거나 5년 이내에 사용할 계획이 있다고 재산관리관이 인정한 토지

2. 환매권이 소멸된 후 이 법 시행일전까지 국유재산법의 규정에 의하여 매각·교환·양여 및 국방부장관외의 다른 소관청으로 관리환된 토지

② 제2조 제2항의 규정은 제1항의 규정에 의한 매수에 이를 준용한다. 이 경우 "환매권자"는 "피수용자 또는 그 상속인"으로 본다.

③ 피수용자 또는 그 상속인이 제1항의 규정에 의한 통지를 받은 날 또는 그 최후의 공고가 끝난 날부터 3월 이내에 매수신청을 하지 아니한 때에는 그 매수를 포기한 것으로 본다.

제4조(수용토지의 수의계약에 의한 매각) ① 국가는 특별조치령에 의하여 수용된 토지의 수용대금으로 지급한 증권의 상환이 종료된 날부터 5년이 경과한 후 당해 토지의 전부 또는 일부가 군사상 필요없게 된 때에는 국유재산법의 규정에 불구하고 피수용자 또는 그 상속인에게 우선적으로 수의계약에 의하여 매각당시의 시가로 이를 매각할 수 있다.

② 제1항의 규정에 의한 매각대상토지가 공공사업지역에 편입되어 있는 경우에는 국가는 제1항의 규정에 불구하고 피수용자 또는 그 상속인의 동의를 얻어 당해 공공사업시행자에게 이를 매각할 수 있다.

③ 국방부장관은 제1항의 규정에 의하여 매각할 토지가 생긴 때에는 지체없이 피수용자 또는 그 상속인에게 그 뜻을 통지하여야 한다. 다만, 피수용자 또는 그 상속인의 주소 또는 거소를 알 수 없을 때에는

제2조 제1항 단서의 규정을 준용하여 공고하여야 한다.

④ 피수용자 또는 그 상속인이 제3항의 규정에 의한 통지를 받은 날 또는 그 최후의 공고가 끝난 날부터 6월 이내에 매수신청을 하지 아니한 때에는 그 매수를 포기한 것으로 본다.

부   칙 〈법률 제5266호, 1997. 1. 13.〉

② (환매권 소멸시기에 관한 특례) 제2조의 규정에 의한 환매대상토지로서 국방부장관의 환매통지 또는 공고 없이 환매권이 이 법 시행일부터 6월 이내에 소멸하는 경우 당해 환매권은 이 법 시행일부터 6월이 되는 날에 소멸하는 것으로 본다.

앞에 인용한 「국가보위에 관한 특별조치법」 제5조 제4항은 헌법재판소가 위헌결정을 한 바 있다. 그렇다면 위 조항에 근거하여 징발(수용)한 토지의 현재 소유권자는 누구인가? 이 문제에 관하여는 다음에 인용하는 대법원판례가 잘 설명해주고 있다.

대법원 1995. 12. 5. 선고 95다39137 판결

원심판결 이유에 의하면 원심은 제1심 판결이유를 인용하여, 원래 원고의 소유이던 경기 고양군 (주소 생략) 임야 3,372㎡에 관하여 국가보위에관한특별조치법(이하 위 특별조치법이라 한다) 제5조제4항에의한동원대상지역내의토지의수용·사용에관한특별조치령(이하 특별조치령이라 한다) 제29조에 기하여 1978. 3. 20.자로 같은 달 6. 토지수용을 원인으로 하는 피고 명의의 소유권이전등기가 거쳐진 사실을 인정한 다음, 위 부동산에 관한 피고 명의의 위 소유권이전등기의 근거가 된 위 특별조치령의 모법인 위 특별조치법 제5조 제4항은 공공의 필요에 의한 재산권의 수용·사용에 관하여 법률의 위임 범위를 넘는 것일 뿐만 아니라 그 수용에 대한 보상기준에 있어서도 헌법이 정한 정당보상의 원리에 어긋나는 보상기준을 정하고 있으므로 헌법에 위배되는 법률조항으로서 무효라 할 것이고, 따라서 위 법조 및 그에 근거한 위 특별조치령에 기하여 행하여진 행정처분(수용)을 원인으로 하는 피고의 위 소유권이전등기 역시 원인 흠결의 무효의 등기라 할 것이니 피고는 원고에게 위 부동산에 관한 위 소유권이전등기의 말소등기 절차를 이행할 의무가 있다는 원고의 주장에 대하여, 헌법재판소가 1994. 6. 30. 선고 92헌가18 위 특별조치법 제5조 제4항 위헌제청 사건에서 "국가보위에관한특별조치법(1971. 12. 27. 법률 제2312호) 제5조 제4항은 헌법에 위반된다."는 결정을 선고한 사실은 당원에 현저하므로 위 법조는 위 결정이 있었던 1994. 6. 30.부터 그 효력을 상실하였다고 할 것이고, 따라서 위 법조에 기한 특별조치령(1971. 12. 31. 대통령령 제5912호) 및 그에 터 잡은 국방부장관의 토지수용 역시 헌법에 위반되어 위법하다고 할 것이나, 헌법재판소의 결정이 있기 전에 행하여진 국방부장관의 수용 결정이 위 특별조치법과 위 법에 근거한 특별조치령에 근거하여 행하여졌다는 이유만으로 그 하자가 중대하고 명백하여 당연무효의 처분이라고 할 수 없고, 달리 위 부동산에 대한 국방부장관의 수용결정이 위 헌법재판소의 위헌결정을 이유로 취소되었다는 사정을 찾아 볼 수 없다고 하여 원고의 주장을 배척하였다.

행정청이 어느 법률에 근거하여 행정처분을 한 후에 헌법재판소가 그

법률을 위헌으로 결정하였다면 결과적으로 그 행정처분은 법률의 근거 없이 행하여진 것과 마찬가지가 되어 하자 있는 것이 된다고 할 것이나, 하자 있는 행정처분이 당연무효가 되기 위하여는 그 하자가 중대할 뿐만 아니라 명백한 것이어야 하는데 일반적으로 법률이 헌법에 위반된다는 사정은 헌법재판소의 위헌결정이 있기 전에는 객관적으로 명백한 것이라고 할 수는 없으므로 특별한 사정이 없는 한 이러한 하자는 위 행정처분의 취소 사유에 해당할 뿐 당연무효 사유는 아니라 할 것이고(당원 1994. 10. 28. 선고 93다41860 판결, 1995. 3. 3. 선고 92다55770 판결 등 참조), 이는 이 사건 수용처분의 근거 법률인 위 특별조치법 제5조 제4항에 헌법재판소가 그 위헌결정(1994. 6. 30. 선고 92헌가18 결정) 이유에서 설시하고 있는 바와 같은 여러 가지 중대한 헌법 위배 사유가 있었다 하더라도 위 행정처분 당시 그와 같은 사정의 존재가 객관적으로 명백하였던 것이라고는 단정할 수 없는 이상 마찬가지라고 보아야 할 것이다. 그리고 이처럼 위헌인 법률에 근거한 행정처분이 당연무효인지의 여부는 위헌결정의 소급효와는 별개의 문제로서 위헌결정의 소급효가 인정된다고 하여 위헌인 법률에 근거한 행정처분이 당연무효가 된다고 할 수 없다 (당원 1994. 10. 28. 선고 92누9463 판결 참조).

위 대법원판례가 설명하는 내용을 요약하면 이러하다. 「국가보위에 관한 특별조치법」 제5조 제4항은 헌법재판소의 위헌결정에 따라 1994. 6. 30.부터 효력을 상실하였다. 따라서 위 법조항의 위임에 따른 대통령령(시행령)도 효력을 상실하였다.

다만, 수용의 근거인 법률의 조항이 위헌결정을 받았더라도 해당 행정처분인

수용처분 그 자체가 '당연무효'로 되는 것은 아니고, '취소의 대상인 행정처분'에 해당할 뿐이다.

행정처분이 당연무효로 되는 경우에는 해당 행정처분은 처음부터 존재하지 않는 것과 같다. 즉 수용 그 자체가 없었던 것과 같으므로 수용 당시의 토지소유자는 여전히 해당 토지의 소유권자이다. 그러나 그 수용처분을 취소의 대상으로 보게 되면 해당 수용처분은 그 행위가 취소될 때까지는 여전히 유효한 행정처분으로 취급된다.

제4관 「징발법」

「징발법」은 1963. 5. 1. 최초로 시행된 이래 9회에 걸쳐 개정되면서 지금까지 시행되고 있다. 이 법은 전시·사변 또는 이에 준하는 비상사태하에서 군작전을 수행하기 위하여 필요한 토지, 물자, 시설 또는 권리의 징발(徵發)과 보상에 관한 사항을 규정한다. 이하 현행법의 규정 중 중요한 것만을 인용한다.

이 법의 시행에 의하여 대통령긴급명령 제6호 「징발에 관한 특별조치령」은 폐지되었다.

징발법

[시행 2014. 8. 10.] [법률 제12565호, 2014. 5. 9., 일부개정]

제1조(목적) 이 법은 전시·사변 또는 이에 준하는 비상사태하에서 군작전을 수행하기 위하여 필요한 토지, 물자, 시설 또는 권리의 징발(徵發)과 그 보상에 관한 사항을 규정함을 목적으로 한다.

제2조(정의) 이 법에서 사용하는 용어의 뜻은 다음과 같다.

1. "징발관"이란 징발영장을 발부하여 이를 집행하게 할 수 있는 권한이 있는 사람을 말한다.

2. "징발집행관"이란 징발영장에 의하여 징발을 집행하는 사람을 말한다.

제3조(징발관) ① 징발관은 국방부장관이 된다. 다만, 비상계엄이 선포된 지역에서는 그 지역을 관할하는 계엄사령관이 징발관이 된다.

② 징발관은 그 권한을 대통령령으로 정하는 사람에게 위임할 수 있다.

제4조(징발집행관) 징발집행관은 징발목적물의 소재지 또는 소유자·점유자의 거주지를 관할하는 특별시장, 광역시장, 도지사, 특별자치도지사, 시장, 군수 또는 경찰서장이 된다. 다만, 군 작전상 부득이한 경우에는 징발관이 현역 장교 중에서 임명할 수 있다.

제5조(징발목적물) 징발목적물은 다음 각 호의 어느 하나에 해당하는 동산·부동산 및 권리로 구분하며, 동산은 소모품인 동산과 비소모품인 동산으로 구분한다.

3. 부동산

가. 토지

나. 건물

다. 인공구조물

제7조(징발 집행절차) ① 징발관이 징발을 하려는 경우에는 징발영장을 발행하여 징발집행관에게 교부하고 집행하게 한다.

② 제1항에 따른 징발영장을 받은 징발집행관은 징발집행통지서를 징발목적물의 소유자·점유자 또는 관리자(이하 "징발대상자"라 한다)에게 교부하여야 한다. 제8조에 따른 전신(電信)을 받은 경우에도 또한

같다.

③ 제2항에 따라 징발집행통지서를 받은 자는 징발목적물의 표시가 사실과 다른 경우에는 해당 징발목적물에 대한 제12조 제1항에 따른 징발증이 교부되기 전까지 징발집행관을 거쳐 징발관에게 그 정정을 요구할 수 있다.

제9조(징발목적물 제출의무) ① 징발대상자가 제7조 제2항에 따른 징발집행통지서를 받았을 때에는 그 목적물을 지정 기일까지 지정 장소에 제출하여야 한다. 다만, 징발목적물이 부동산이나 권리인 경우에는 지정 기일까지 징발집행관에게 인계하여야 한다.

② 제1항에 따른 징발목적물의 제출 또는 인계에 드는 비용은 국가가 부담한다.

제11조(징발물인수증) 징발집행관은 징발목적물을 제출받았거나 인계받았을 때에는 즉시 그 징발대상자에게 징발물인수증을 교부하고 그 징발목적물을 징발관에게 인계하여야 한다.

제12조(징발증 교부 등) ① 징발관이 제11조에 따라 징발집행관으로부터 징발목적물을 받았을 때에는 대통령령으로 정하는 바에 따라 지체없이 그 형상(形狀), 과세기준, 가격, 그 밖에 필요한 사항을 조사하고 그에 대한 징발증을 그 징발대상자에게 교부하여야 한다.

② 징발관은 제7조 제3항에 따른 정정요구가 이유 있다고 인정하는 경우에는 이를 정정하여 징발목적물에 대한 징발증을 교부하여야 한다.

제14조(원상회복) 징발물은 소모품인 동산을 제외하고는 원상을 유지하여야 하며, 징발이 해제되어 징발대상자에게 반환할 때에는 원상으로 반환하여야 한다. 다만, 징발대상자가 원상회복을 원하지 아니하거나

멸실, 그 밖의 사유로 원상회복을 할 수 없을 때에는 예외로 한다.

제15조(징발 해제) ① 징발관은 징발물을 사용할 필요가 없게 되었거나 징발물이 멸실된 경우에는 지체 없이 징발을 해제하여야 한다.

② 계속 사용할 필요가 있는 징발물이라 하더라도 징발된 날부터 10년이 지났을 때에는 징발대상자는 국방부장관에게 징발물의 매수에 관하여 협의할 것을 요청할 수 있다.

제16조(해제 절차) ① 징발관이 제15조에 따라 징발을 해제할 때에는 징발해제통지서와 징발해제증을 발행하여 징발집행관에게 교부하고 징발물을 징발대상자에게 반환하게 한다. 다만, 징발물이 멸실되어 반환할 수 없을 때에는 반환불능통지서를 발행하여 교부하게 한다.

② 제1항에 따라 징발집행관이 징발물을 징발대상자에게 반환할 때에는 징발해제증을 교부하여야 한다.

③ 징발관은 징발물을 보호하기 위하여 필요하다고 인정하면 직접징발대상자에게 징발해제증을 교부하고 징발물을 반환할 수 있다. 이 경우 징발관은 지체없이 징발집행관에게 그 뜻을 통고하여야 한다.

④ 제2항과 제3항에 따른 징발물의 반환에 드는 비용은 국가가 부담한다.

제19조(보상) ① 소모품인 동산을 징발하였을 때에는 정당한 대가를 징발대상자에게 보상한다.

② 비소모품인 동산이나 부동산을 징발하였을 때에는 정당한 사용료를 지급한다.

③ 제14조 단서의 경우, 징발대상자에게 손실이 있을 때에는 그 손실을 보상한다. 다만, 그 손실이 천재지변, 전쟁, 그 밖의 불가항력으로

인한 경우에는 예외로 한다.

④ 권리를 징발하였을 때에도 정당한 사용료를 지급한다.

⑤ 제2항과 제4항에 따른 사용료는 매 사용연도분을 그 다음 해에 지급하고, 제3항에 따른 보상은 징발이 해제되는 날부터 2년 이내에 지급한다. 다만, 보상금 지급이 지연되는 경우에는 대통령령으로 정하는 법정이자율 이상의 이율에 따른 이자를 더하여 지급하여야 한다.

제21조(보상기준) ① 징발물에 대한 사용료 등은 해당 사용연도나 징발 해제 당시의 표준지의 공시지가 또는 실제 거래가격 등을 기준으로 평가한 적정 가격으로 정한다.

② 제1항에서 정하는 보상기준에 관한 세부사항은 대통령령으로 정한다.

제22조(보상시행 공고 등) ① 국방부장관은 징발물에 대한 보상을 할 때에는 대통령령으로 정하는 바에 따라 보상의 범위와 일시, 청구절차, 그 밖에 필요한 사항을 미리 공고하여야 한다. 다만, 공고기간은 10일 이상으로 하여야 한다.

② 국방부장관은 징발보상금의 지급을 결정하였을 때에는 즉시 징발 대상자에게 징발보상금지급통지서를 보내야 한다.

제22조의2(보상금의 지급) ① 징발재산에 대한 보상금은 현금으로 지급하되 국가의 재정 형편상 부득이한 경우에는 국무회의의 심의를 거쳐 징발보상증권(이하 "증권"이라 한다)으로 지급할 수 있다. 다만, 보상금액 또는 그 끝수가 증권의 액면가액 미만인 경우에는 현금으로 지급한다.

② 제1항에 따라 증권으로 지급하는 경우에는 10년의 범위에서 기간을 정하여 일시 또는 분할 상환하여야 하며, 상환금에 대한 이율과 지급 절차 및 증권의 액면가액은 대통령령으로 정하되 상환금에 대한

이율은 법정이자율 이상으로 한다.

제22조의3(보상금의 지급 절차) ① 제22조 제2항 또는 제24조 제4항에 따른 징발보상금지급통지서를 받은 징발대상자는 현금보상의 경우에는 그 통지서를 국방부장관에게 제출하고 국방부장관으로부터 현금을 지급받으며, 증권보상의 경우(제22조의2 제1항 단서에 따른 현금보상의 경우를 포함한다)에는 그 통지서를 한국은행에 제출하고 한국은행으로부터 증권을 교부받거나 현금을 지급받는다.

② 한국은행은 제1항에 따라 증권 또는 현금을 징발대상자에게 교부 또는 지급하였을 때에는 지체없이 지급대장 2부를 작성하여 1부는 한국은행에 갖추어 두고 1부는 국방부장관에게 보내야 한다.

제22조의4(공탁) ① 징발대상자가 현금 또는 증권을 수령하기를 거부하거나 대통령령으로 정하는 기간 내에 제22조 제2항 또는 제24조 제4항에 따른 징발보상금지급통지서를 국방부장관이나 한국은행에 제출하지 아니하여 징발대상자에게 현금 또는 증권을 지급 또는 교부할 수 없을 때에는 해당 현금이나 증권을 공탁관에게 공탁하여야 한다. 이 경우 현금보상일 때에는 국방부장관이 공탁하고, 증권보상일 때(제22조의2 제1항 단서에 따른 현금보상의 경우를 포함한다)에는 한국은행이 공탁한다.

② 제1항에 따라 공탁한 증권 중 그 상환금을 지급하지 못한 것이 있을 때에는 그 상환금에 대하여도 제1항과 같은 방식으로 공탁한다.

제23조(보상청구권의 소멸시효) 보상청구권은 제22조 제1항에 따른 공고기간이 끝난 날부터 5년간 행사하지 아니하면 소멸시효가 완성된다.

제24조의2(전치주의) 징발보상금지급청구의 소(訴)는 국방부장관의 징

발보상금 지급 결정의 통지를 받고 제24조 제3항에 따른 재심 절차를 거친 후가 아니면 제기할 수 없다. 다만, 제19조 제5항 본문에서 규정하는 기한까지 징발보상금 지급 결정의 통지가 없거나 재심청구를 한 날부터 60일이 지난 경우에는 그러하지 아니하다.

제24조의4(재판상 화해 성립의 의제) 다음 각 호의 어느 하나에 해당하는 경우에는 징발보상금의 지급에 관하여 징발대상자와 국가 사이에 「민사소송법」에 따른 재판상의 화해가 성립된 것으로 본다.

  1. 제22조의3 제1항에 따라 현금을 지급받거나 증권을 교부받은 때
  2. 제22조의4 제1항에 따라 공탁된 현금이나 증권을 공탁관으로부터 받은 때

제5관 「징발재산정리에 관한 특별조치법」

이 법은 「징발법」에 의하여 징발된 재산(이하 "징발재산"이라 한다)을 1973년 12월 31까지 매수보상 및 징발해제를 하기 위하여 필요한 사항을 규정함을 목적으로 1970. 2. 1.부터 현재까지 시행되고 있다. 다음에는 주요한 규정만을 인용한다.

징발재산 정리에 관한 특별조치법(약칭: 징발재산법)

[시행 2018. 12. 24.] [법률 제16035호, 2018. 12. 24., 일부개정]

제1조(목적) 이 법은 징발법 시행당시 징발된 재산(이하 "徵發財産"이라 한다)을 1973년 12월 31일까지 매수보상 및 징발해제를 하기 위하여 필요한 사항을 규정함을 목적으로 한다.

제2조(징발재산의 매수) ① 국가는 징발재산 중 군사상 긴요하여 군이 계속 사용할 필요가 있는 사유재산은 이를 매수한다.

② 국가가 매수할 징발재산은 국방부장관이 이를 정한다.

제3조(징발재산의 사정가격) ① 국가가 매수하는 징발재산의 가격사정은 징발재산심의회의 심의를 거쳐 국방부장관이 행한다.

② 제1항의 징발재산심의회의 구성과 운영에 관하여 필요한 사항은 대통령령으로 정한다. 〈개정 1989. 12. 21.〉

③ 국방부장관은 제1항의 규정에 의하여 가격사정을 행함에 있어서는 매수 당시의 시가를 기준으로 하되, 국세청장이 고시하는 가격기준에 의하여 산출한 평가액을 참작하여 적정하게 결정하여야 한다.

제4조(매수통지) ① 국방부장관은 제3조의 규정에 의하여 가격을 결정한 때에는 당해 재산의 표시금액 기타 필요한 사항을 기재한 매수통지서를 그 징발재산의 소유자 또는 재산관리인(이하 "被徵發者"라 한다) 및 그 담보물권자에게 송달하여야 한다.

② 국방부장관은 제1항의 통지서를 송달함에 있어서 피징발자 및 그 담보물권자의 주소·거소 기타 송달할 장소를 알 수 없을 때에는 대통령령이 정하는 바에 의하여 그 뜻을 당해 재산의 소재지를 관할하는 구·시·읍·면의 게시장에 게시하여 30일간 공고하고 일간신문

에 3회 이상 공고하여야 한다. 〈개정 1989. 12. 21.〉

③ 제2항의 공고기간이 경과한 때에는 통지서가 피징발자에게 도달된 것으로 본다. 〈개정 1989. 12. 21.〉

제5조(매매) 제4조의 규정에 의한 통지서를 받고 이에 동의하는 피징발자는 그 통지서가 송달된 날로부터 30일 이내에 당해 재산을 국가에 매도하여야 한다. 〈개정 1989. 12. 21.〉

제6조(징발재산의 매수결정) ① 제4조의 규정에 의한 통지를 받고도 피징발자가 징발재산을 국가에 매도하지 아니할 때에는 제3조 제1항의 규정에 의하여 결정한 가격으로 국방부장관이 이를 매수한다.

② 국방부장관은 제1항의 규정에 의하여 매수를 결정한 때에는 당해 재산의 피징발자에게 매수결정통지서를 송부하여야 한다.

③ 제1항의 매수결정은 결정일로부터 6월 이내에 제12조의 규정에 의한 증권의 교부나 현금의 지급 또는 제13조의 규정에 의한 공탁을 하여야 한다. 〈개정 1989. 12. 21.〉

④ 제3항의 규정에 의한 현금의 지급, 증권의 교부 또는 제13조의 규정에 의한 공탁이 없는 때에는 그 재산에 대한 징발이 해제된다.

제8조(징발보상에 관한 특례) ① 이 법 시행당시 징발재산에 대한 사용료 또는 징발재산의 손실로 인한 피해보상금(이하 "徵發補償金"이라 한다)을 받고자 하는 피징발자는 1972년 12월 31일까지 국방부장관에게 징발보상금지급신청서를 제출하여야 한다.

② 국방부장관은 제1항의 규정에 의한 신청서를 받는 때에는 그 징발을 해제하는 날 또는 매수통지서를 송달하는 날까지 피징발자에게 징발보상금지급통지서를 송달하여야 한다. 이 경우 제4조 제2항 및 제3항의 규정은 징발보상금지급통지서의 송달에 이를 준용한다.

③ 이 법 시행당시 징발이 해제되지 아니한 징발재산에 대하여 제1항
의 규정에 의한 징발보상금지급신청기간으로부터 2년이 경과한 때에
는 당해 징발재산에 관한 보상청구를 할 수 없다.

④ 국방부장관은 제1항의 규정에 의한 징발보상금지급신청에 관한 사
항을 미리 공고하여야 한다. 이 경우에 그 공고는 10종 이상의 일간
신문 및 라디오를 통하여 3회 이상 공고하여야 한다.

⑤ 징발보상에 관하여 이 법에 규정한 사항을 제외하고는 징발법의
규정에 의한다.

제8조의2(전치주의) 징발보상금지급청구의 소송은 국방부장관에게 징발
보상금의 지급을 신청하고 그 지급결정의 통지를 받은 후가 아니면
이를 제기할 수 없다. 다만, 징발보상금의 지급을 신청한 날로부터
1년이 경과한 때에는 그러하지 아니하다.

제8조의3(보상청구기준) 피징발자는 어떠한 절차에 의하여서도 징발법
제21조의 규정에 의한 기준을 초과하여 징발보상금을 청구하지 못한다.

제9조(매수대금등의 지급) 이 법에 의한 징발재산의 매수대금 또는 징발보
상금은 이를 징발보상증권(이하 "證券"이라 한다)으로 지급한다. 다만,
피징발자가 받는 매수대금과 징발보상금 및 그 단수가, 10,000원 미만
인 경우에는 현금으로 지급한다.

제11조(국채법의 적용) 이 법에 의한 징발보상증권의 발행, 상환 및 기타
증권의 사무 취급에 관한 사항에 대하여는 국채법을 적용한다.

제12조(증권의 교부등) ① 제5조의 규정에 의한 매매에 관한 증서, 제6조
제2항의 규정에 의한 매수결정통지서(第7條 第1項의 規定에 依하여
異議申請한 者는 그 異議에 대한 裁決통지서를 함께 提出하여야 한다)
또는 제8조 제2항의 규정에 의한 징발보상금지급통지서를 받은 피징발

자는 당해 증서 또는 통지서를 한국은행에 제출하고 한국은행으로부터
증권을 교부받거나 현금을 지급받는다.

② 한국은행은 제1항의 규정에 의하여 증권 또는 현금을 피징발자에
게 교부 또는 지급한 때에는 지체없이 매수대금과 징발보상금에 대한
교부대장 3부를 작성하여 그 1부를 비치하고 2부를 국방부장관에게
송부하여야 한다. 〈개정 1989. 12. 21.〉

제13조(지급되지 아니한 증권등의 처리) 한국은행은 피징발자가 증권 또
는 현금의 수령을 거부하거나 피징발자에게 증권 또는 현금의 지급을
할 수 없을 때에는 당해 증권 또는 현금을 공탁관에게 공탁하여야 한다.
〈개정 2007. 3. 29.〉

제14조(소유권이전) ① 국방부장관은 제12조 제2항의 규정에 의하여 한
국은행으로부터 받은 교부대장 1부와 제13조의 규정에 의한 공탁을
증명하는 서류를 등기촉탁서에 첨부하여 해당 징발재산의 관할등기소
에 소유권이전등기를 촉탁하여야 한다.

② 등기관은 제1항의 규정에 의하여 등기의 촉탁을 받은 때에는 촉탁
서만으로 소유권이전등기를 행하여야 한다.

③ 제5조 및 제6조 제1항에 따라 국가가 매수한 재산의 소유권이전
등기에 관하여는 한국은행의 교부대장 또는 공탁을 증명하는 서류를
「부동산등기법」 제98조 제1항에 따른 등기의무자의 승낙이 있음을 증
명하는 서면으로 본다. 〈개정 2011. 4. 12.〉

④ 국방부장관은 이 법에 의하여 매수할 징발재산이 등기부에 등재되
지 아니한 경우에는 당해 재산의 토지대장에 등재된 바에 의하여 소
유자에 대신하여 소유권보존등기를 촉탁할 수 있으며 이 촉탁을 받은
등기관은 그 촉탁서만으로 소유권보존등기를 행하여야 한다.

제15조(증권의 상환등) ① 이 법의 규정에 의하여 발행한 증권은 발행한 날로부터 1년간 거치한 후 10년간 균등분할상환하며 상환금에 대한 이율은 연 5분으로 한다.

② 한국은행은 제13조의 규정에 의하여 공탁한 증권 중 그 상환금을 지급하지 못한 것이 있을 때에는 당해 상환금을 공탁관에게 공탁하여야 한다. 〈개정 2007. 3. 29.〉

제17조(잔여지의 매수청구권) ① 동일한 피징발자의 소유에 속하는 토지의 일부를 매수하므로 인하여 그 잔여지가 종전의 목적에 사용할 수 없게 되거나 그 가치가 현저하게 저하된 때에는 피징발자는 그 전부의 매수를 청구할 수 있다.

② 국방부장관은 제1항의 규정에 의한 청구가 있을 때에는 그 재산을 이 법에 의하여 매수하여야 한다. 〈개정 1989. 12. 21.〉

제18조(징발해제) 이 법에 의하여 매수하지 아니하는 사유인 징발재산은 1973년 12월 31일까지 그 징발을 해제하여야 한다.

제18조의2(특례) 법령에 의하여 군이 사용하고 있는 재산 중 사유재산에 대하여는 이 법에 의하여 1973년 12월 31일까지 매수보상하거나 징발을 해제하여야 한다.

제20조(환매권) ① 이 법에 의하여 매수한 징발재산의 매수대금으로 지급한 증권의 상환이 종료되기 전 또는 그 상환이 종료된 날로부터 5년 이내에 당해 재산의 전부 또는 일부가 군사상 필요 없게 된 때에는 피징발자 또는 그 상속인(이하 이 條에서 "還買權者"라 한다)은 이를 우선매수할 수 있다. 이 경우에 환매권자는 국가가 매수한 당시의 가격에 증권의 발행연도부터 환매연도까지 연 5푼의 이자를 가산한 금액을 국고에 납부하여야 한다.

② 국방부장관은 제1항의 규정에 의하여 매각할 재산이 생긴 때에는 환매권자에게 그 뜻을 통지하여야 한다. 다만, 환매권자의 주소 또는 거소를 알 수 없을 때에는 이를 2종 이상의 일간신문에 2회 이상 공고하여야 한다. 〈개정 1970. 12. 31., 1989. 12. 21.〉

③ 환매권자는 제2항의 규정에 의한 통지를 받는 날 또는 그 최후의 공고가 끝난 날로부터 3월이 경과한 때에는 환매권을 행사하지 못한다. 〈개정 1970. 12. 31., 1989. 12. 21.〉

제20조의2(매수한 징발재산의 처리) ① 이 법에 의하여 매수한 징발재산의 매수대금으로 지급한 증권의 상환이 종료된 날부터 5년이 경과한 후 당해 재산의 전부 또는 일부가 군사상 필요 없게 된 때에는 국가는 국유재산법의 규정에 불구하고 수의계약에 의하여 매각 당시의 시가로 피징발자 또는 그 상속인에게 매각할 수 있다.

② 제1항의 규정에 의한 매각대상재산이 공공사업지역에 편입되어 다른 법률에서 그 공공사업목적 이외의 다른 목적으로의 처분을 제한하는 경우에는 국가는 제1항의 규정에 불구하고 피징발자 또는 그 상속인에게 매각하지 아니하고 당해 공공사업시행자에게 이를 매각할 수 있다. 〈신설 1993. 12. 27.〉

③ 국방부장관은 제1항의 규정에 의하여 매각할 재산이 생긴 때에는 지체없이 피징발자 또는 그 상속인에게 그 뜻을 통지하여야 한다. 다만, 피징발자 또는 그 상속인의 주소 또는 거소를 알 수 없을 때에는 이를 2종 이상의 일간신문에 2회 이상 공고하여야 한다.

④ 피징발자 또는 그 상속인이 제3항의 규정에 의한 통지를 받은 날 또는 그 최후의 공고가 끝난 날부터 3월 이내에 매수신청을 하지 아니한 때에는 그 매수를 포기한 것으로 본다.

제21조(시행령) 이 법 시행에 관하여 필요한 사항은 대통령령으로 정한다.

부   칙 〈법률 제2172호, 1970. 1. 1.〉

② (경과조치) 이 법 시행당시 지적이 복구되지 아니한 징발재산 또는 소유권에 관하여 분쟁이 있는 징발재산은 그 지적이 복구되는 날 또는 그 소유권의 귀속이 확정되는 날로부터 2년 이내에 이 법에 의하여 처리하여야 한다. 〈개정 1970. 12. 31.〉

부   칙 〈법률 제4618호, 1993. 12. 27.〉

제2조(환매통지 없이 환매권이 소멸된 매수징발재산의 처리) ① 1983년 12월 31일 이전에 환매권이 발생하였으나 제20조 제2항의 규정에 의한 통지 또는 공고 없이 이 법 시행당시 이미 환매권이 소멸된 매수징발재산 중 1984년 1월 1일부터 이 법 시행일까지 군사상 목적으로 사용된 바 없는 재산으로서 군사상 필요가 없는 것에 대하여는 국방부장관은 1995년 12월 31일까지 피징발자 또는 그 상속인에게 환매할 것을 통지하여야 한다.

② 제1항의 규정에 의한 환매통지를 받은 피징발자 또는 그 상속인은 국가가 매수한 당시의 가격에 증권의 발행연도부터 환매연도까지 년 5푼의 이자를 가산한 금액을 국고에 납부하고 당해 재산을 매수할 수 있다.

「징발재산정리에 관한 특별조치법」에 의한 국방부장관의 징발매수결정이 있으면 국가는 징발보상에 관한 징발보상증권의 교부, 현금지급 또는 공탁이 없는 것을 해제조건으로 하여 등기 없이 징발재산에 대한 소유권을

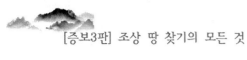

취득하는 것이고, 이 징발재산 매수결정은 행정처분으로써 그 하자가 중대하고 외관상 명백하여 당연무효라고 볼 수 없는 한 그 처분이 취소되지 아니하고는 그 효력을 다툴 수 없는 것이고(대법원 1991. 10. 22. 선고 91다26690 판결 참조), 또한 선행한 행정처분인 징발매수결정이 당연무효가 아닌 이상 그 결정에 따라 피징발자 앞으로 행한 공탁도 적법한 것으로 볼 것이다(대법원 1991. 10. 22. 선고 90다20503 판결 참조). 원심판결 이유와 기록에 의하면, 피고 대한민국은 이 사건 김해시 삼계동 구 산29의1 토지 및 구 384 토지에 관하여 이 사건 징발매수결정을 할 당시 임야대장 또는 등기부상 소유자로 되어 있는 소외 최한조가 이미 사망하였으나 상속등기가 마쳐져 있지 않아 그 상속사실을 몰랐을 뿐만 아니라 그 매수대금을 지급할 수 없는 사정이 있어 이를 등기명의자인 위 최한조 앞으로 공탁한 사실을 인정할 수 있는바, 사실관계가 이와 같다면 위 최한조를 피징발자로 보고 한 이 사건 징발매수결정은 그 하자가 중대하고 객관적으로 명백하여 당연무효라고 할 수는 없고, 또 이 사건 징발매수결정이 적법하게 취소된 바도 없으므로, 피고 대한민국 앞으로 마쳐진 판시 소유권이전등기는 무효라고 할 수 없다(대법원 1998. 4. 10. 선고 98다703 판결).

위 대법원판례의 견해에 따르면 이미 사망한 사람을 피공탁자로 한 공탁행위도 유효하다는 것이다.

참고로, 공탁금출급청구권의 소멸시효는 10년이다. 즉 사망한 사람을 피공탁자로 지정하여 한 공탁금도 피공탁자의 상속인이 10년 안에 출급을 하지 않으면 해당 공탁금은 국고(國庫)에 귀속된다.

「징발재산정리에 관한 특별조치법」 제20조 제1항의 환매권은 '징발재산의 매수대금으로 지급한 증권의 상환이 종료되기 전 또는 그 상환이 종료된 날로부터 5년 이내에 당해 재산의 전부 또는 일부가 군사상 필요가 없게 된 때' 발생하는 것으로 규정하고 있어 징발재산이 위 기간 내에 군사상 필요가 없게 된 때에만 환매권을 행사할 수 있고, 위 기간이 지난 후에 군사상 필요가 없게 된 경우에는 환매권을 행사할 수 없다.

원심판결 이유에 의하면, 1994. 4. 29. 피고가 원고에게 위에서 본 바와 같이 이 사건 토지에 대한 매수신청을 하라는 취지의 통지를 했다고 하더라도 위 통지는 위 특별조치법 제20조의2의 규정에 따른 통지로써 원고에게 환매권(우선매수권)을 인정하는 것은 아니라고 판단하였는바, 위와 같은 판단은 위 특별조치법 제20조의2의 규정은 같은 법 제20조의 규정과는 달리 환매기간이 경과한 징발재산에 대하여 국가가 국유재산법의 규정에도 불구하고 피징발자에게 수의계약으로 매각할 수 있다는 취지일 뿐이지, 피징발자에게 우선매수권(환매권)을 인정하는 것은 아니라는 대법원의 확립된 견해(대법원 1991. 10. 22. 선고 91다26690 판결 참조)에 따른 것으로 옳다(대법원 1998. 3. 10. 선고 98다208 판결).

「징발재산정리에 관한 특별조치법」 부칙 제2조에 의한 환매권을 행사할 수 있는 기간은 국방부장관의 통지가 있었을 때에는 같은 법 부칙 제2조 제3항, 같은 법 제20조 제3항에 의하여 그 통지를 받은 날부터 3개월이라고 할 것이나, 국방부장관의 통지가 없었을 때에는 같은 법 부칙 제2조의

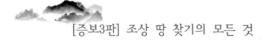

환매권이 제척기간의 경과로 환매권이 소멸된 자에게 은혜적으로 환매권을 재행사할 수 있도록 배려한 것이라는 점과 그로 인한 법률관계가 조속하게 안정되어야 한다는 필요를 고려하고, 나아가 국방부장관의 통지가 있는 경우와의 균형에 비추어 볼 때 국방부장관의 통지가 있는 경우에 최종적으로 환매권을 행사할 수 있는 시한과 같은 1996. 3. 31.까지라고 봄이 상당하다(대법원 1997. 6. 27. 선고 97다16664 판결).

1997. 12. 27.부터 시행된 이 법의 개정법 부칙 제2조 제1항에서는 "1983. 12. 31. 이전에 환매권이 발생하였으나 제20조 제2항의 규정에 의한 통지 또는 공고 없이 이 법 시행 당시 이미 환매권이 소멸된 매수징발재산 중 1984년 1월 1일부터 이 법 시행일까지 군사상 목적으로 사용된 바 없는 재산으로서 군사상 필요가 없는 것에 대하여는 국방부장관은 1995년 12월 31일까지 피징발자 또는 그 상속인에게 환매할 것을 통지하여야 한다."고 규정하였고, 같은 조 제2항은 "제1항의 규정에 의한 환매통지를 받은 피징발자 또는 그 상속인은 국가가 매수한 당시의 가격에 증권의 발행연도부터 환매연도까지 연 5푼의 이자를 가산한 금액을 국고에 납부하고 당해 재산을 매수할 수 있다."고 규정하였으며, 제3항에서는 "제20조 제2항 및 제3항의 규정은 제1항의 경우에 이를 준용한다."고 규정하였다.

특별조치법 제20조 제1항 소정의 "군사상 필요 없게 된 때"에 해당 여부는 당해 징발재산을 특정 군부대가 주둔하거나 기타 현실적인 점유상태를 유지, 지속시켜 왔느냐의 여부만에 의할 것이 아니라 고도로 현대화 된 작전개념에

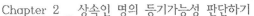

맞추어 군이 계속 사용하여야 할 긴요성 여부에 따라 결정하여야 할 것이므로, 매수한 징발재산이 군작전 수행을 위하여 사용되어 온 이상 단지 그 사용이 단기간 또는 간헐적이라거나 군이 이를 계속 사용하면서 그 사용에 지장이 없는 한도 내에서 군의 사용과 병존적으로 민간인이 사용하는 것을 용인한 사정만으로 그 토지부분이 군사상 필요 없게 된 때에 해당한다고 단정할 수는 없다(대법원 1994. 9. 23. 선고 93다57674 판결).

국방부장관이 한 징발재산 매수결정이 특별조치법의 규정에 의하여 적법하게 된 것이라면, 그 징발재산 매수결정을 원인으로 한 피고의 점유는 그 후 징발이 해제되었는지 여부와 상관없이 그 매수결정 당시에 과실 없이 개시되었다고 보아야 할 것이고, 한편 징발보상증권의 교부나 현금의 지급 또는 공탁이 징발재산 매수결정일로부터 6개월이 경과한 후인 1974. 6. 17.에야 이루어짐으로써 특별조치법 제6조 제3항, 제4항의 규정에 의하여 그 징발이 해제되어 소유권이 소유권자에게 환원되었다고 하더라도, 단지 그와 같은 사유만으로는 피고의 점유가 자주점유에서 타주점유로 전환되었다고는 할 수 없으므로, 원심판결에서 논하는 바와 같이 등기부취득시효에 관한 법리를 오해한 위법이 있다고 볼 수 없다.

피고가 징발재산 매수결정을 한 때로부터 6개월이 경과한 후에야 징발증권과 현금을 공탁함으로써 징발이 해제되어 그 소유권이 원소유자인 원고에게 환원된 이 사건에서, 피고가 징발 해제를 원인으로 하여 소유권이전등기말소를 구하는 원고에게 등기부취득시효를 주장하는 것이 신의칙에 반하여 허용될 수 없다고는 볼 수 없다(대법원 1995. 8. 22. 선고 95다17991 판결).

법 제6조 제3항은 "제1항의 매수결정은 결정일로부터 6월 이내에 제12조의 규정에 의한 증권의 지급이나 현금의 지급 또는 제13조의 규정에 의한 공탁을 하여야 한다."고 규정하였고, 같은 조 제4항에서는 "제3항의 규정에 의한 현금의 지급, 증권의 교부 또는 제13조의 규정에 의한 공탁이 없는 때에는 그 재산에 대한 징발이 해제된다."고 규정하였다.

위 판례가 말하는 취지는 국가가 매수결정을 한 후 6개월이라는 기간 안에 현금의 지급, 증권의 교부 또는 공탁을 하지 않아 그 매수결정이 실효(해제)되었더라도 국가(국방부)의 점유는 자주점유이므로 국가는 그 토지를 시효로 취득할 수 있다는 것이며, 국가가 이 시효취득을 주장하는 것이 '신의칙'에 반하는 것도 아니라는 것이다.

그러나, 국가가 행정처분(매수결정)을 할 당시에는 적법한 절차에 따랐으나, 그 후 법률의 규정에 따르지 아니함으로써 위 행정처분이 실효(매수결정의 해제)되었음에도 불구하고 국가의 점유는 역시 자주점유라고 하는 위 판례의 견해에는 찬동하기 어렵다.

법률이 규정하는 보상을 하지 아니한 점유이므로, 이는 마치 사인 사이에 매매계약을 체결한 후 매매대금을 지급하지 아니한 매수인이 그 토지를 점유하는 것과 같이 보아야 한다.

이러한 매수인의 점유를 두고 사주점유라고 보아 그 매수인에게 점유취득시효 내지 등기부취득시효를 인정해주는 것과 같은 이치이기 때문에 위 판례의 견해는 무리가 있다고 해야 하겠다.

점유의 권원이 정당할 때에만 자주점유의 추정이 인정되어야 하고, 불법적인 점유에는 이를 인정해서는 안 될 것이기 때문이다.

제8절 종중(宗中)에 대한 이해

제1관 서언

조상 땅을 찾는 일을 하다보면 조상이 소유했던 땅의 소재를 알아낸 다음에는 지적공부(토지대장 및 임야대장)의 등본이나 부동산등기부의 등본을 발급받아 살펴보게 된다.

이들 서류를 보면 조상 아닌 누군가가 그의 명의로 소유권보존등기 또는 소유권이전등기를 마친 사실을 발견하게 되는 경우가 왕왕 있다. 앞에서 살펴본 바와 같이 각종의 특별조치법이 여러 차례에 걸쳐 시행되는 바람에 타인이 범죄행위를 저질러 땅을 가로채는 경우가 비일비재하였고, 각종 토지개발행위 등으로 인하여 토지수용이 된 경우도 많기 때문이다.

정당한 권원 없이, 즉 범죄행위에 해당하는 방법으로 개인의 땅을 가로챈 사람은 대부분 피상속인의 측근(친족 또는 인척)이라고 할 수 있는 사람들이다. 종중이 땅을 가로챈 경우도 많다. 거꾸로 실제 소유자는 종중임에도 불구하고 개인(종중원)이 종중의 땅을 명의신탁 받은 지위(명의수탁자의 신분)를 이용하여 그 땅을 처분한 경우도 많다.

따라서 조상 땅과 관련하여 종중과 종중원 사이에서는 분쟁이 끊임없이 생기고 있다.

종중과 종중원 사이에서 토지 관련 분쟁이 많은 이유를 살펴보면, 조선총독부 임시토지조사국이 토지 및 임야조사를 실시할 당시에는 종중이 토지의 소유자로 될 수 있는 법적 근거가 없었으므로, 종중이 소유하는 토지의 사정명의 자체를 종중원의 명의로 한 데에서부터 기인하는 경우가 많다. 이것이 분쟁의 씨앗이다.

해방 이후 우리 대법원이 명의신탁에 관한 법리를 무분별하게 인정하였고, 각종의 특별조치법이 시행된 적도 여러 차례다보니 이러한 분쟁은 끊임없이 발생하게 된 것이라고 해석된다. 따라서 조상 땅을 찾는 과정에서는 종중의 실체에 관한 이해는 필수적이라고 해도 과언이 아닐 것이다.

우리나라는 조상의 분묘(墳墓)와 관련하여 일종의 종교적 단체라고 할 수 있는 종중이 매우 발달하였다. 종중이 구성되지 아니한 혈족이 없다고 해도 과언이 아닐 것이다. 게다가 동일한 혈족 내에서도 '대종회(大宗會)', '소종중(小宗中)' 및 '지파종중(支派宗中)' 등 그 명칭과 종류도 다양하다.

이하 종중은 어떠한 조건에서 성립하며, 어떠한 기관에 의해 그 의사를 결정해야 하는지 등에 관하여 법률적 측면에서 고찰하기로 한다.

제2관 종중의 성립요건 및 법적 성격

「부동산등기법」은 등기명의인이 될 수 있는 자로 '자연인', '법인' 및 '법인격 없는 사단 = 법인 아닌 사단 = 비법인사단' 등을 규정하고 있다. 비법인사단이라고 함은 사람으로 뭉친 단체이지만 법인격(法人格)을 갖추지는 못한 단체를 말하는데, 여기에 해당하는 것으로는 교회, 사찰, 종중, 동창회 및 부락(마을) 등이 있다.

사람의 경우에는 주민등록번호, 법인의 경우에는 법인등록번호가 있듯이 비법인사단인 종중이 그의 명의로 부동산을 등기하기 위해서는 '부동산등기용 등록번호'가 있어야 한다. 위 부동산등기용 등록번호를 부여받기 위해서는 종중의 실체를 증명하는 서류로써 '정관', '종중규약' 및 '종중총회의사록' 등도 있어야 한다. 그리고 종중이 민사소송 등에서 소송의 당사자가 되려면 '종중의 실체'가 인정되어야 한다.

종중의 실체라고 하면 종중이 의사를 결정하고 활동하기 위한 조직 등을 말하는데, 이와 관련한 세부적 사항은 대법원의 태도를 살펴보면서 이해하기로 한다.

고유의 의미의 종중이란 공동선조의 후손들에 의하여 그 선조의 분묘수호 및 봉제사(奉祭祀)와 후손 상호간의 친목을 목적으로 형성되는 자연발생적인 종족단체로서 특별한 조직행위가 없더라도 그 선조의 사망과 동시에 그 후손에 의하여 성립한다. 다만, 비법인사단이 민사소송에서 당사자능력을 가지려면 일정한 정도로 조직을 갖추고 지속적인 활동을 하는 단체성이 있어야 하고, 또한 그 대표자가 있어야 하므로(「민사소송법」 제52조), 자연발생적으로 성립하는 고유한 의미의 종중이라도 그와 같은 비법인사단의 요건을 갖추어야 당사자능력이 인정된다 할 것이고, 이는 소송요건에 관한 것으로서 사실심의 변론종결시를 기준으로 판단하여야 한다(대법원 2010. 3. 25. 선고 2009다95387 판결 참조).

그리고, 자연발생적으로 성립한 종중이 특정 시점에 부동산 등에 대한 권리를 취득하여 타인에게 명의신탁을 할 수 있을 정도로 유기적 조직을 갖추고 있었는지 여부 등은 그 권리귀속의 주체에 관한 문제, 즉 본안에 관한 문제로서 종중의 당사자능력과는 별개이다.

한편, 공동선조의 후손은 성년이 되면 당연히 그 종중의 구성원(종원)이 되는 것이고, 그 중 일부를 임의로 그 구성원에서 배제할 수 없으므로, 특정지역 내에 거주하는 일부 종중원이나 특정 항렬(行列)의 종중원 등만을 그 구성원으로 하는 단체는 종중 유사의 단체에 불과하고 고유의 의미의 종중은 될 수 없다(대법원 2002. 5. 10. 선고 2002다4863 판결 등 참조). (대법원 2013. 1. 10. 선고 2011다64607 판결).

'소송요건'이라 함은 민사소송에서 법원의 심판을 받기 위한 전제조건을 말하는데, 여기에 해당하는 것으로는 재판의 관할권이 있을 것, 당사자능력이 있을 것, 소송능력이 있을 것, 권리보호의 이익이 있을 것 등이 있다. 이들 소송요건을 갖추지 못한 소는 부적법하여 각하를 면하지 못한다. 즉 본안소송으로 진행할 수 없다.

민사소송에서 제1심과 제2심(항소심)은 법률적 판단과 사실관계의 판단을 모두 한다. 따라서 제1심과 제2심을 '사실심'이라 하고, 상고심(제3심)은 법률판단만을 할 뿐 사실문제에 관한 판단을 하지 않기 때문에 '법률심'이라고 부른다.

위 판례가 말하는 "소송요건은 사실심의 변론종결시를 기준으로 판단한다."고 하는 것은 종중이 소송의 당사자가 되었을 때 그 종중이 그 소송의 주체로서 사실에 관한 판단을 받을 수 있는지 여부는 사실심의 변론종결 당시에 판단을 하기 때문에 소송이 계속되는 도중에도 이를 보완(추완)하면 된다는 뜻이다.

'당사자능력'이라고 함은 민사소송의 당사자로서 소송상의 모든 효과의 귀속주체가 될 수 있는 능력이라는 추상적 개념이다. 민법상의 '권리능력'에 대응하는 개념으로서 자연인, 법인, 비법인사단, 비법인재단은 원칙적으로 당사자능력이 인정된다.

'항렬(行列)'은 방계혈족의 대수(代數) 내지 세수(世數)를 표시하는 말이다. 일반석으로 같은 항렬의 방계혈족은 '돌림자'가 같다.

위 판례는 "자연발생적으로 성립한 종중이 특정 시점에 부동산 등에 대한 권리를 취득하여 타인에게 명의신탁을 할 수 있을 정도로 유기적 조직을 갖추고 있었는지 여부 등은 그 권리귀속의 주체에 관한 문제, 즉 본안에 관한 문제로서 종중의 당사자능력과는 별개이다."라고 표현하였다.

'당사자능력'에 관하여 좀 더 깊이 들여다본다. 당사자능력은 소송의 주체, 즉 원고 또는 피고가 될 수 있는 일반적인 능력을 말한다. 이는 민법상의 권리능력에 대응하는 개념이라고 이해하여도 무방하다. 「민사소송법」 제52조에서는 "법인이 아닌 사단이나 재단은 대표자 또는 관리인이 있는 경우에는 그 사단이나 재단의 이름으로 당사자가 될 수 있다."고 규정하였다. 당사자능력은 소송법상의 개념이고, 명의신탁자가 될 수 있는가의 문제는 실체법상의 개념이므로, 위 판례는 소송법상의 개념인 당사자능력과는 다른 문제라고 말하고 있는 것이다.

민사소송절차에서 당사자들이 다투는 사실상·법률상의 권리가 누구에게 귀속되는가의 문제를 심리하는 절차를 '본안(本案)'이라고 하는데, 일반적으로 본안심리는 '소송요건'이 구비되었음이 확인된 뒤에 하게 된다. 당사자능력이 있느냐의 문제는 소송요건이다. 따라서 소송요건이 갖추어지지 아니한 경우에는 본안심리를 할 것도 없이 소(訴)를 '각하(却下)'하게 된다.

위 판례의 끝부분에서 "특정지역 내에 거주하는 일부 종중원이나 특정 항렬의 종중원 등만을 그 구성원으로 하는 단체는 종중 유사의 단체에 불과하고 고유의 의미의 종중은 될 수 없다."고 표현한 의미는 이렇다. 종중은 공동시조의 후손 중 성년인 모든 사람은 그 소속 종중원이 되는, 즉 자연발생적으로 성립하는 단체이므로 누군가가 인위적으로 일부의 종중원에 대하여 종중원이 될 수 있는 자격을 배제하는 경우에는 그 단체는 종중 자체로서도 인정될 수 없다는 의미이다.

과거에 종중이 부동산을 종중원에게 명의신탁하는 이유 중 많은 경우는 그 부동산에 대하여 당장 종중의 명의로 등기할 수 있는 종중의 실체를 갖추지 못하였기 때문이다. 다시 말하면 종손가의 일부 어른들만의 의사결정에 의하여 명의신탁을 하였으므로 - 종중총회의 결의를 거치지 아니한 상태에서 이루어진 결정이므로 - 이는 종중 유사단체의 결정에 불과한 경우가 많았다.

종중의 대표자는 종중의 규약이나 관례가 있으면 그에 따라 선임하고, 그것이 없다면 종장(宗長) 또는 문장이 그 종원 중 성년 이상의 사람을 선출하며, 평소에 종중에 종장이나 문장이 선임되어 있지 아니하고 선임에 관한 규약이나 관례가 없으면 현존하는 연고항존자가 종장이나 문장이 되어 국내에 거주하고 소재가 분명한 종원에게 통지하여 종중총회를 소집하고, 그 회의에서 종중 대표자를 선임하는 것이 일반 관습이고(대법원 1997. 11. 14. 선고 96다25715 판결, 대법원 2009. 5. 28. 선고 2009다7182 판결 등 참조), 종원들이 종중재산의 관리 또는 처분 등에 관하여 대표자를 선정할 필요가 있어 적법한 소집권자에게 종중총회의 소집을 요구하였으나 소집권자가 정당한 이유 없이 이를 소집하지 아니할 때에는 차석 연고항존자 또는 발기인이 총회를 소집할 수 있다(대법원 1993. 8. 24. 선고 82다54180 판결, 대법원 1994. 5. 10. 선고 93다51454 판결 등 참조).

현행 「민법」의 규정에 의하면 성년이 되는 시기는 만19세가 되는 때이다. 과거에는 여성은 종중원이 되지 못하는 관행이 있었다. 그러나 2005년 7월 21일 대법원 전원합의체 판결이 선고된 이후로는 여성이라 하여 종중원 자격을 주지 않는 종중은 종중의 실체가 부인된다.

종중의 우두머리를 법률에서는 '대표자'라고 표현한다. '종장(宗長)'과 '문장(門長)'은 종중의 우두머리를 관습상 지칭하는 말이다. '연고항존자(年高行尊者)'는 아직 종중의 우두머리로 선출(선임)되기 전인 사람으로서 해당 종중원들 중에서 항렬(行列)이 가장 높으면서 나이가 많은 사람을 말한다. 그러나 종중의 대표자는 반드시 연고항존자가 선출이나 추대되어야 하는 것은 아니다.

> 종중은 공동선조의 분묘수호와 제사 및 종중원 상호간의 친목도모 등을 목적으로 하는 자연발생적인 종족단체로서 특별한 조직행위를 필요로 하는 것은 아니나 공동선조를 누구로 하느냐에 따라 종중 안에 무수한 소종중이 있을 수 있으므로, <u>어느 종중을 특정하고 그 실체를 파악함에 있어서는 그 종중의 공동선조가 누구인가가 가장 중요한 기준이 되고, 공동선조를 달리하는 종중은 그 구성원도 달리하는 별개의 실체를 가지는 종중이라고 할 것이다</u>(대법원 2002. 5. 10. 선고 2002다4863 판결, 대법원 2007. 10 .25. 선고 2006다14165 판결 등 참조). (대법원 2010. 5. 13. 선고 2009다101251 판결).

위 판례가 말하는 취지는 이렇다. 가령 성과 본이 같은 혈족으로서 5세 甲을 시조로 하는 종중, 10세 乙을 시조로 하는 종중 및 15세 丙을 시조로 하는 종중이 있다고 가정하자. 종중원 A에게 甲과 丙은 직계존속이지만 乙은 직계존속이 아니라면 위 A는 乙종중에서는 종중원이 될 수 없다. 위 예에서 만약 위 甲, 乙, 丙이 모두 A의 직계존속인 경우라면 A는 3개의 종중 모두에 소속된 종중원이 된다.

> 고유한 의미의 종중은 공동선조의 후손들에 의하여 선조의 분묘 수호와 봉제사 및 후손 상호간의 친목도모를 목적으로 형성되는 자연발생적인 친족단체로서 그 선조의 사망과 동시에 그 자손에 의하여 성립하는 것으로

그 대수(代數)에 제한이 없다(대법원 1996. 8. 23. 선고 96다20567 판결 등 참조). 그리고, 종중에 유사한 비법인사단은 반드시 총회를 열어 성문화(成文化)된 규약을 만들고 정식의 조직체계를 갖추어야만 비로소 단체로서 성립하는 것이 아니라, 실질적으로 공동의 목적을 달성하기 위하여 공동의 재산을 형성하고, 일을 주도하는 사람을 중심으로 계속적으로 사회적인 활동을 하여 온 경우에는 이미 그 무렵부터 단체로서의 실체가 존재한다고 보아야 한다(대법원 1996. 3. 12. 선고 94다56401 판결 참조).

한편, 종중이나 종중 유사단체가 당사자능력을 가지는지 여부에 관한 사항은 법원의 직권조사사항이므로, 그 당사자능력 판단의 전제가 되는 사실에 관하여는 법원이 당사자의 주장에 구속될 필요 없이 직권으로 조사하여야 하며, 그 사실에 기하여 당사자능력 유무를 판단함에 있어서는 당사자가 내세우는 종중이나 단체의 목적, 조직, 구성원 등 단체를 사회적 실체로서 규정짓는 요소를 갖춘 실체가 실재하는지의 여부를 가려서 그와 같은 의미의 단체가 실재한다면 그로써 소송상 당사능력이 있는 것으로 볼 것이고, 그렇지 아니하다면 소를 각하하여야 할 것이다(대법원 1997. 12. 9. 선고 94다41249 판결 참조).

나아가 당사자가 고유한 의미의 종중과 종중 유사단체의 성격 구분을 제대로 하지 못하여 종중 유사단체의 성격 및 실체에 관하여 일부 부적절한 주장을 하였다고 하더라도 전체적으로 보아 처음부터 종중 유사단체라고 볼 수 있는 주장을 하여 왔다면 그 실체가 종중 유사단체라고 하는 사실관계의 기본적 동일성은 유지되는 것이므로(대법원 2002. 4. 12. 선고 2000다16800 판결 등 참조), 법원으로서는 종중 유사단체로서의 실재 여부를 가려 당사자능력 유무를 판단하여야 한다(대법원 2010. 4. 29. 선고 2010다1166 판결).

위 판례가 말하는 '종중 유사단체'란 조상의 분묘수호, 봉제사 및 친목도모를 목적으로 하는 단체라는 점에서는 종중과 유사하지만, 특정 지역에 거주하거나 특정 항렬을 가진 자들만으로 인위적으로 조직된 단체 또는 의사결정기관과 집행기관 등을 갖추지 못한 단체라는 점에서 종중과 구별된다. 이는 소송에서 당사자능력이 부인된다.

고유의미의 종중이 자연발생적으로 성립된 후에 정관 등 종중규약을 작성하면서 일부 종원의 자격을 임의로 제한하거나 확장한 종중규약은 종중의 본질에 반하여 무효라고 할 것이지만, <u>어떤 종중의 종중규약이 종중의 본질에 반한다고 하더라도 이미 성립되어 있는 종중의 실재 자체가 부인된다거나 그 종중이 고유의미의 종중이 아닌 종중 유사단체에 불과하다고 추단할 수는 없다고</u> 할 것이다(대법원 1997. 11 .14. 선고 96다25715 판결, 대법원 1998. 4. 28. 선고 97더57405 판결 등 참조). (대법원 2008다30482, 30499 판결).

위 판례가 설명하는 취지를 부연하여 설명하자면 이러하다. 종중이 종중으로서의 실체는 갖추었으나, 그 종중의 규약(또는 정관)에 의하면 종중의 실체를 부인하게 할 만한 내용이 포함된 경우라면 그 규약이나 정관을 개정하면 되는 것이므로, 그것 때문에 종중의 실체 자체를 부정해야 할 것은 아니라는 의미이다.

> 종중은 공동선조의 분묘수호와 제사 및 후손 상호간의 친목을 목적으로
> 하여 형성되는 자연발생적 종족단체로서 그 선조의 사망과 동시에 그
> 자손에 의하여 관습상 당연히 성립되는 것이므로 후손 중 특정지역 거주자
> 나 특정 범위 내의 자들만으로 구성된 종중이란 있을 수 없고(당원 1993.
> 5. 27. 선고 92다34193 판결 참조), <u>종중이 공동선조의 제사봉행을 주목</u>
> <u>적으로 하는 것과 구관습상의 양자제도의 목적에 비추어 보면, 타가에</u>
> <u>출계한 자는 친가의 생부를 공동선조로 하여 자연발생적으로 형성되는</u>
> <u>종중의 구성원이 될 수는 없는 것</u>이다(당원 1992. 4. 14. 선고 91다28566
> 판결 참조). (대법원 1996. 8. 23. 선고 96다12566 판결).

위 판례가 말하는 취지는 이렇다. 가령 甲의 아들 A가 갑가(甲家)를 출계하여
乙가에 입적함으로써 乙의 양자가 된 경우에서, A는 乙의 직계존속을 시조(始祖)
로 하는 종중의 종중원임에는 틀림없지만, 甲의 직계존속을 시조로 하는 종중에
서는 종중원의 자격이 없다는 의미이다.

제3관 종중의 기관 및 의사결정

반드시 그래야만 하는 것은 아니지만, 일반적으로 종중의 대표자인 회장은
연고항존자(年高行尊者 : 생존한 사람 중에서 가장 항렬이 높고, 나이가 많은
사람)가 되고, 집행기관으로는 부회장, 총무, 이사, 감사, 간사 등으로 조직한다.
그러나 이러한 명칭은 법률에서 강제하는 것은 아니므로 그 임원의 명칭보다는
회의체를 구성하여 중요한 안건을 처리하는 실질적인 기구인가 여부가 문제될
뿐이다.

'항렬(行列)'이란 이른바 '돌림자'라고도 하는데, 이는 남자들에게만 세대(世代)에 의하여 정해지는 것이 관행이다. 시조(始祖)와 가까운 세대일수록 항렬이 높다고 한다. 예를 들어 김해김씨 15세는 16세보다 항렬이 높다. 족보를 편찬함에 있어서는 보통 세대의 순서에 따라 편성한다.

종중의 의사결정에 관하여 살펴보면, 종중이 소유하는 중요한 재산의 처분은 종중총회의 결의가 있어야 한다. '정기총회'란 보통 종중원들이 특별한 소집통지를 받지 않더라도 매년 일정한 날(예 : 시제일)에 정기적으로 모이는 자리에서 이루어지는 총회를 말하고, '임시총회'는 특별한 안건의 처리를 위하여 대표자가 국내에 있는 연락가능한 모든 종중원에게 소집통지를 하여 구성하는 총회를 말한다.

종중이 소유하는 중요한 재산의 처분은 반드시 종중총회의 결의가 있어야 하며, 일상적인 지출(사무용품비, 인건비, 제세공과금의 지출 등)이 아닌 중요한 안건으로서 총회의 결의사항에 해당하지 아니하는 사안은 보통 임원회의라고 부르기도 하는 의사결정기관의 결의에 따라 처리한다.

종중을 주식회사에 비유하자면, 회장은 대표이사에, 임원회의는 이사회에 각각 해당한다고 이해하면 무방할 것이다. 그리고 종중총회는 주주총회에 비유하면 될 것이다.

종중은 비법인사단이다. 대법원의 태도를 종합해보면, 법인 아닌 사단이 성립하기 위해서는 ① 고유의 목적으로 사단적 성격을 갖는 규약(자치법규)을 만들고, 그에 근거하여 의사결정기관(임원회의) 및 집행기관(대표자)을 두는 등의 조직을 갖추고, ② 기관의 의결 및 업무집행은 다수결의 원리에 따라야 하며, ③ 그 조직에 의하여 대표권 행사의 방법, 총회 및 임원회의 등의 운영, 자본의 구성, 재산의 관리 및 기타 단체로서의 주요사항이 확정되어야 한다.

대법원의 해석에 의하면 총회의 결의는 「민법」상의 비법인사단에 관한 규정을 준용하므로, 출석인원의 과반수가 찬성하면 의안은 결의가 되는 것이라고 한다. 비법인산단의 정관이나 규약에 의결정족수를 달리 정할 수는 있다.

> 종중총회는 특별한 사정이 없는 한 족보에 의하여 소집통지 대상이 되는 종중원의 범위를 확정한 후 국내에 거주하고, 소재가 분명하여 통지가 가능한 모든 종중원에게 개별적으로 소집통지를 함으로써 각자가 회의와 토의 및 의결에 참가할 수 있는 기회를 주어야 하고, 일부 종중원에게 소집통지를 결여한 채 개최된 종중총회의 결의는 효력이 없으나, 그 소집통지의 방법은 반드시 직접 서면으로 하여야만 하는 것은 아니고, 구두(口頭) 또는 전화로 하여도 되고, 다른 종중원이나 세대주를 통하여 하여도 무방하다(대법원 2001. 6. 29. 선고 99다32257 판결, 대법원 2007. 9. 6. 선고 2007다34982 판결 등 참조). (대법원 2012. 9. 13. 선고 2012다12825 판결).

위 판례에 의하면 종중총회를 소집함에 있어 소집통지의 대상이 되는 종중원의 범위는 족보에 의하여 확정하여야 한다고 하였다. 그런데 앞에서도 언급한 바와 같이 족보라는 것은 일반적으로 30년 내지 50년마다 한 번씩 만들어진다. 이에 따라 성년이 된 사람들 중에서도 족보에 이름이 기재되지 못한 사람도 꽤 많은 것이 현실이다.

종중총회는 국내에 거주하는 종중원 중 연락이 가능한 모든 성년자에게 소집통지를 하여야 한다. 그런데 족보에 기재되지 아니한 종중원에게 소집통지를 누락하는 경우에는 그 총회는 부적법한 총회로 된다. 따라서 연락이 가능한지 여부를 조사하는 절차는 거쳐야 할 것이다. 이를테면 신문에 공고를 하거나 각 종중원

중 세대주에게 개별적으로 연락을 하면서 그의 직계존·비속에게 통지를 대행케 하는 방법 등이 있을 것이다.

민법 제74조에 의하면 사단법인과 어느 사원과의 관계사항을 의결하는 경우에는 그 사원은 의결권이 없으므로, 그 유추해석상 피고 종중의 총회에서 피고 종중과 어느 종원과의 관계사항을 의결하는 경우에는 그 종원은 의결권이 없다고 할 것이다. 여기서 의결권이 없다는 의미는 해당 종원이 종중총회에서 의결권을 행사할 수는 없다는 의미로, 결의 성립에 필요한 의결정족수 산정의 기초가 되는 종원의 수에 산입되지 않는다는 것이지, 의사정족수 산정의 기초가 되는 종원의 수에는 포함된다고 보아야 한다 (대법원 2009. 4. 9. 선고 2008다1521 판결 등 참조). 따라서 의결권이 없는 해당 종원이 그 결의를 한 회의에 참가하였다는 사정만으로 그 결의가 위법하여 무효라고 할 것은 아니다.

한편, 위와 같이 종중과의 관계사항을 의결하는 관계로 의결권이 제한되는 종원은 종원의 지위와 관계없이 개인적으로 종중과 이해관계를 가지는 자에 한정되는 것이지, 그와 같은 관계에 있는 종원과 직계존비속의 관계에 있다는 등의 사정만으로 그 역시 의결권이 제한된다고 볼 것은 아니다. 또한, 의결권이 제한되는 종원이라 하여 다른 종원들의 의결권을 위임받아 행사하는 것까지 제한된다고 볼 근거는 없다(대법원 2012. 8. 30. 선고 2012다38216 판결).

위 판례가 말하는 취지는 이렇다. 종중총회는 민법상 비법인사단의 사원총회에 관한 규정을 준용한다. 사원총회의 결의는 전체 사원의 과반수(過半數)가 참석하여야 의사에 관한 회의를 진행할 수 있다. 이 과반수를 '의사정족수'라고 한다.

그리고, 특정 사안에 관한 결의는 의사정족수를 이룬 사원 중에서 과반수의 찬성이 있어야만 그 의안은 결의를 통과한다. 이 후자의 과반수를 '의결정족수'라고 한다.

가령 종중원의 전체 인원이 10명이라고 하면, 의사정족수는 6명이다. 그리고 이 경우에서 의결정족수는 6명이 참석한 경우라면 4명이고, 7명이 참석한 경우에도 4명이 된다. 8명이 참석하였다면 의결정족수는 5명이 된다.

위 판례가 말하는 "비법인사단과 사원과의 관계사항"이라고 함은 종중과 종중원과의 관계사항을 의미하므로, 종중과 종중원과의 관계사항의 의결에서는 해당 종중원은 의사정족수를 산정할 때에는 그에 포함이 되지만, 의결정족수를 산정할 때에는 그에 산입되지 않는다. 표결권이 없기 때문이다.

그리고 '관계사항'이라고 함은 해당 안건의 가결 또는 부결에 따라 그 종중원이 직접적으로 이해관계를 갖는 사항을 말한다. 어떤 것이 직접적인 이해관계가 있는 사항인가는 사안에 따라 구체적으로 검토하여야 할 것이다.

적법한 대표자 자격이 없는 비법인사단의 대표자가 한 소송행위는 후에 대표자 자격을 적법하게 취득한 대표자가 그 소송행위를 추인(追認)하면 행위시에 소급하여 효력을 갖게 되고, 이러한 추인은 상고심에서도 할 수 있다(대법원 1997. 3. 14. 선고 96다25227 판결, 대법원 2010. 12. 9. 선고 2010다77583 판결 등 참조).

한편, 종중의 대표 자격이 있는 연고항존자가 직접 종중총회를 소집하지 아니하였다 하더라도 그가 다른 종중원의 종중총회 소집에 동의하여 그

종중원으로 하여금 소집하게 하였다면 그와 같은 종중총회 소집을 권한 없는 자의 소집이라고 할 수 없다(대법원 2002. 5. 14. 선고 2000다42908 판결 등 참조).

나아가 종중총회는 종중원에 관한 세보(世寶)의 기재가 잘못되었다는 등의 특별한 사정이 없는 한 그 세보에 의하여 소집통지 대상이 되는 종중원의 범위를 확정한 후, 가능한 노력을 다 하여 종중원들의 소재를 파악하여 국내에 거주하고 소재가 분명하여 통지가 가능한 종중원에게 개별적으로 소집통지를 하되, 그 소집통지의 방법은 반드시 서면으로 하여야만 하는 것은 아니고, 구두 또는 전화로 하거나 다른 종중원이나 세대주를 통하여 하여도 무방하며(대법원 1994. 5. 10. 선고 93다51454 판결, 대법원 2007. 9. 6. 선고 2007다34982 판결 등 참조), 소집통지를 받지 아니한 종중원이 다른 방법에 의하여 이를 알게 된 경우에는 그 종중원이 종중총회에 참석하지 않았다고 하더라도 그 종중총회의 결의를 무효라고 할 수 없다(대법원 1995. 6. 9. 선고 94다42389 판결 참조). (대법원 2012. 4. 13. 선고 2011다70169 판결).

종중이 어느 한 쪽의 당사자로 되는 소송에서는 종중의 실체에 관하여 또는 종중총회 소집절차의 하자에 관하여 다투어지곤 한다. 만약 종중의 실체가 인정되지 않거나 종중총회의 결의에 하자가 있는 것으로 밝혀진다면 다툼의 대상인 땅의 소유권이 누구에게 있는지 여부를 따질 것도 없이 '소각하'라는 쉽고 편한 방법으로 소송을 끝낼 수 있기 때문이다. 따라서 적법한 소집통지 절차는 종중총회에서 매우 중요한 의미를 갖는다.

종중원이 소집통지를 받았다는 점 내지 그가 종중총회의 소집 사실을 알았다는 점에 대한 입증책임(立證責任)은 해당 종중총회가 유효한 총회임을 주장하는 당사자가 부담하여야 함은 물론이다.

대법원 2011. 9. 8. 선고 2011다34743 판결

1. 종중의 규약이나 관행에 의하여 매년 일정한 날에 일정한 장소에서 정기적으로 종중원들이 집합하여 종중의 대소사를 처리하기로 되어 있는 경우에는 별도로 종중총회의 소집절차가 필요하지 않고(대법원 1994. 9. 30. 선고 93다27703 판결, 대법원 2005. 12. 8. 선고 2005다 36298 판결, 대법원 2007. 5. 11. 선고 2005다56315 판결 등 참조), <u>종중이 매년 정해진 날짜의 시제에 특별한 소집절차 없이 정기적으로 총회를 열어 종중 재산관리에 관하여 결의를 하여 왔다면 위 결의는 종중의 관례에 따른 것으로서 유효한 것</u>으로 보아야 할 것이다(대법원 1967. 11. 21. 선고 67다2013 판결, 대법원 1991. 8. 13. 선고 91다1189 판결, 대법원 1992. 12. 11. 선고 92다18146 판결, 대법원 1993. 7. 16. 선고 92다53910 판결 등 참조).

2. 원심판결 이유에 의하면, 원심은 그 판시와 같은 사실을 인정한 다음, 총유물의 보존에 있어서는 공유물의 보존에 관한 민법 제265조의 규정이 적용될 수 없고, 특별한 사정이 없는 한 민법 제276조 제1항의 규정에 따라 사원총회의 결의를 거쳐야 하므로, 법인 아닌 사단인 종중이 그 총유재산에 대한 보존행위로서 소송을 하는 경우에도 특별한 사정이 없는 한 종중총회의 결의를 거쳐야 하고(대법원 2010. 2. 11. 선고 2009다8360 판결), 종중총회의 결의는 특별한 규정이나 종친회의 관례가 없는 한 과반수의 출석에 출석자의 과반수로 결정하여야 한다고(대법원 1994. 11. 22. 선고93다40089 판결) 전제한 후, 원고 종중이

이 사건 제1심판결 선고 후인 2010. 11. 20. 종중원 41명이 참석하여 정기총회를 개최하여 소외인이 원고 종중의 대표자이고, 이 사건 임야인 군산시 성산면 도암리 산 114-1 임야 20,231㎡에 대한 소송을 소외인에게 위임한다는 내용의 결의를 새로 한 사실을 인정할 수 있으나, 위 정기총회에 종중원 과반수 이상이 참석하지 않았음이 분명하여 여전히 결의의 방법에 중대한 하자가 있으므로 이 사건 소는 원고 종중의 적법한 종중총회 결의 없이 제기된 소로서 부적법하다고 판단하였다.

3. 그러나 원심의 위와 같은 판단은 다음과 같은 이유로 수긍하기 어렵다. <u>원고 종중은 시제일인 매년 음력 10. 15.에 종중원들이 모여 시제를 모시고 종중의 대표자 선출이나 종중 재산의 처분 등 종중 대소사를 참석 종중원의 과반수로써 결의하여 온 것이 원고 종중의 관례라는 취지로 주장하고 있으므로</u>(2011. 3. 15.자 준비서면 참조) <u>만일 위와 같은 원고 종중의 관례가 존재한다면 원고 종중의 시제일에 모인 종중원의 과반수로써 소외인을 원고 종중의 대표자로 선출하고 이 사건 임야에 대한 소송을 소외인에게 위임한다는 내용의 결의를 한 것은 무효라고 할 수 없음에도</u> 불구하고 원심은 종중규약이나 종중관례가 존재하지 않는 경우의 종중총회의 원칙적인 의결정족수에 관하여 설시한 후 원고 종중의 정기총회 결의가 위와 같은 의결정족수를 충족하지 못하였다는 이유로 원고 종중의 결의 방법에 중대한 하자가 있다고만 판단하고 위 관례의 존재 여부에 관하여서는 전혀 심리한 흔적이 보이지 아니하는 바, 결국 원심판결에는 종중총회의 결의 방법에 관한 법리를 오해함으로써 이에 관한 심리를 다하지 아니한 잘못이 있다. 이 점을 지적하는 상고이유 주장은 이유 있다.

「민법」은 여러 사람이 부동산을 공동으로 소유하는 형태에 관하여 ① 개인들이 모여 각자의 단독지분으로 소유하는 형태를 '공유(共有)', ② 개인들이 모여 동업적 관계 또는 조합이 소유하는 형태를 '합유(合有)', ③ 비법인사단이 소유하는 것을 '총유(總有)'로 각각 구분하였다.

공유물과 합유물의 보존행위는 각 구성원이 단독으로(다른 공유자나 합유자의 동의 없이) 할 수 있음이 원칙이다. 그러나 총유물의 경우에는 그 처분행위는 두말할 것도 없이 보존행위(保存行爲 : 재산을 지키거나 그 효용가치를 높이는 행위)도 그 구성원은 물론 대표자도 단독으로 할 수는 없다. 즉 구성원 전체의 의사인 총회의 결의를 거쳐야만 유효한 보존행위로 인정을 받는 것이다. 위 판례는 위 총유물의 보존과 관련한 결의방법에 관하여 설명하고 있다.

위 판례에 의하면 종중총회의 의결정족수라는 요건이 충족되었는지 여부를 판단하는 기준을 두 가지로 구분하여 판단하고 있다. 즉 종충총회의 결의에 관하여 특별한 규정이나 관례가 없는 경우에는 과반수의 출석과 과반수의 찬성이 있어야만 결의가 성립하지만, 특별한 규정이나 관례가 있는 경우에는 그 규정이나 관례에 따르면 된다는 것이다.

위 판례에 나타난 종중의 경우에는 매년 1회 시제일에 종중의 정기총회를 열어 대소사를 결의함에 있어 참석자 중 과반수로 결의하는 관행이 있었으므로, 그 총회에 모인 종중원의 수(의사정족수)는 분제 삼지 않고, 찬성자의 수(의결정족수)가 과반에 이르렀으므로 유효한 결의라고 판단하였다.

비법인사단인 종중의 토지에 대한 수용보상금은 종원의 총유에 속하고, 그 수용보상금의 분배는 총유물의 처분에 해당하므로(대법원 1994. 4. 26. 선고 93다32446 판결 참조), 정관 기타 규약에 달리 정함이 없는 한 종중총회의 결의에 의하여 그 수용보상금을 분배할 수 있고, 그 분배 비율, 방법, 내용 역시 결의에 의하여 자율적으로 정할 수 있다.

그러나, 종중은 공동선조의 분묘수호와 제사 및 종원 상호간의 친목 등을 목적으로 하여 구성되는 자연발생적인 종족집단으로 그 공동선조와 성과 본을 같이 하는 후손은 그 의사와 관계없이 성년이 되면 당연히 그 구성원 (종원)이 되는 종중의 성격에 비추어, 종중재산의 분배에 관한 종중총회의 결의내용이 현저하게 불공정하거나 선량한 풍속 기타 사회질서에 반하는 경우 또는 종원의 고유하고 기본적인 권리의 본질적인 내용을 침해하는 경우 그 결의는 무효라고 할 것이다. 여기서 종중재산의 분배에 관한 종중총회의 결의내용이 현저하게 불공정한 것인지 여부는 종중재산의 조성 경위, 종중재산의 유지·관리에 대한 기여도, 종중행사 참여도를 포함한 종중에 대한 기여도, 종중재산의 분배 경위, 전체 종원의 수와 구성, 분배 비율과 그 차등의 정도, 과거의 재산 분배 선례 등 제반사정을 고려하여 판단하여야 한다.

그런데, 공동선조와 성과 본을 같이 하는 후손은 남녀의 구별 없이 성년이 되면 당연히 그 구성원(종원)이 되는 것이므로(대법원 2005. 7. 21. 선고 2002다13850 전원합의체 판결 참조), 종중재산을 분배함에 있어 단순히 남녀 성별의 구분에 따라 그 분배 비율, 방법, 내용에 차이를 두는 것은 개인의 존엄과 양성의 평등을 기초로 한 가족생활을 보장하고, 가족 내의 실질적인 권리와 의무에 있어서 남녀의 차별을 두지 아니하며, 정치·경제·사회·문화 등 모든 영역에서 여성에 대한 차별을 철폐하고, 남녀평등을 실현할 것을 요구하는 우리의 전체 법질서에 부합하지 아니한 것으로 정당성과 합리성이 없어 무효라고 할 것이다(대법원 2010. 9. 30. 선고 2007다74775 판결).

위 판례는 "분배 비율, 방법, 내용 역시 결의에 의하여 자유로이 정할 수 있다."고 말하고 있으나, 대법원의 다른 판결들에서는 그 분배 비율에 있어서 최소의 금액에 해당하는 분배를 받은 사람에 비하여 최다액의 분배를 받은 사람의 몫이 '2배'를 넘는 경우에는 합리적인 이유 없는 차별이라고 판단하는 것이 주류이다.

총유물인 종중 토지 매각대금의 분배는 정관 기타 규약에 달리 정함이 없는 한 종중총회의 결의에 의하여만 처분할 수 있고, 이러한 분배결의가 없으면 종원이 종중에 대하여 직접 분배청구를 할 수 없다(대법원 1994. 4. 26. 선고 93다32446 판결 등 참조). 따라서, 종중 토지 매각대금의 분배에 관한 종중총회의 결의가 무효인 경우, 종원은 그 결의의 무효확인 등을 소구(訴求)하여 승소판결을 받은 후 새로운 종중총회에서 공정한 내용으로 다시 결의하도록 함으로써 그 권리를 구제받을 수 있을 뿐이고, 새로운 종중총회의 결의도 거치지 아니한 채 종전 총회결의가 무효라는 사정만으로 곧바로 종중을 상대로 하여 스스로 공정하다고 주장하는 분배금의 지급을 구할 수는 없다(2010. 9. 9. 선고 2007다42310, 42327 판결).

종원에 관한 족보가 발간되었다면 그 족보의 기재가 잘못되었다는 등의 특별한 사정이 없는 한 그 족보에 의하여 종중총회의 소집통지 대상이 되는 종중원의 범위를 확정하여야 하고(대법원 1993. 3. 9. 선고 92다424

39 판결, 대법원 1994. 5. 10. 선고 93다51454 판결, 대법원 2000. 2. 25. 선고 99다20155 판결 등 참조), 여기에서 <u>발간된 족보란 소집통지 대상이 되는 종중원의 범위를 확정하기 위하여 필요한 것이므로 반드시 사건 당사자인 종중이 발간한 것일 필요는 없고, 그 종중의 대종중 등이 발간한 것이라도 무방하다</u>(대법원 1999. 5. 25. 선고 98다60668 판결 참조).

한편, 연고항존자인지 여부는 원칙적으로 법원이 제출된 증거를 취사선택하여 자유로운 심증에 따라 인정할 수 있는 것이기는 하나, <u>소집통지 대상 종중원의 범위 확정을 위하여 족보를 살펴보아야 할 것이라면 소집통지 대상자에 대응하는 소집권자인 연고항존자의 확정도 그 족보를 포함하여 판단함이 상당하다</u>(대법원 2009. 10. 29. 선고 2009다45740 판결).

일반적으로 우리의 관행에 의하면 족보는 보통 수십 년에 한 번씩 발행된다. 더구나 대종중의 족보발행은 그 텀(term)이 길다. 게다가 과거의 족보에는 여성의 이름은 기재하지 아니한 족보도 매우 많다. 따라서 가장 최근에 발행된 족보라고 할지라도 일부 종중원의 이름은 족보의 기재에서 누락되기 마련이다. 그렇다고 하여 족보의 기재에서 누락된 종중원은 총회소집에서 통보의 대상이 아니라고 판단하면 안 된다.

제9절 명의신탁(名義信託)

제1관 서언

1995. 7. 1. 「부동산 실권리자명의 등기에 관한 법률」(이하 "부동산실명법"이라 한다)이 시행되면서부터는 원칙적으로 명의신탁약정은 무효로 된다.

과거 우리나라 종중의 관행에 의하면 땅의 사정(査定) 당시 또는 사정 이후에도 종중이 소유하는 땅의 소유명의(사정명의)를 종중원에게 명의신탁을 해두는 경우가 많았다. 사정 당시에는 종중은 토지 소유권의 주체가 될 수 없었기 때문이다. 그 명의수탁자(名義受託者)는 일반적으로 종손가(宗孫家)의 장남 또는 종손가의 장남 및 다른 종중원이 공동으로 수탁하는 형태를 보였다.

이 명의신탁약정과 관련하여 과거 소유권에 관한 분쟁이 잦았다. 사실상 종중의 소유임에도 불구하고 땅의 명의수탁자인 종중원이 그 땅을 임의로 처분해버리는 경우도 있고, 사실은 명의인인 자연인이 정당한 소유자로서 사정을 받았거나 양수한 것임에도 불구하고 종중이 이를 특별조치법에 의하여 종중 명의로 등기를 마치는 따위에서 발생하는 다툼들을 말한다. 따라서 조상 땅 찾는 일을 하는 사람으로서는 명의신탁과 관련한 대법원의 태도를 충분히 검토할 필요가 있다.

제2관 관습법(慣習法)

오래 전부터 우리나라에서는 중간생략등기 및 명의신탁에 관하여 대법원이 '관습법'으로 이를 인정해왔다. 이에 따라 이들을 투기, 탈세 및 규제의 회피수단으로 악용하는 사례가 횡행하였다.

마침내 중간생략등기를 근절하기 위해서 「부동산등기 특별조치법」이 제정·시행(시행일 : 1990. 9. 2.)되었고, 명의신탁을 규제하기 위하여 「부동산 실권리자명의 등기에 관한 법률」이 제정되어 시행(1995. 7. 1. 시행)되기에 이르렀다.

명의신탁과 관련하여 관습법의 태도를 요약하면 다음과 같다. ① 명의신탁자와 명의수탁자 사이에는 언제나 그 부동산의 소유권은 명의신탁자에게 있다. ② 명의신탁자·명의수탁자 및 제3자 사이에서는 그 부동산의 소유권은 원칙적으로 명의수탁자에게 있는 것으로 본다. ③ 제3자가 그 부동산을 취득하기 위하여 명의수탁자의 명의신탁자에 대한 배신행위를 교사하거나 그 배임행위에 적극 가담한 경우에는 명의수탁자와 제3자의 거래행위는 무효로 한다.

제3관 「부동산 실권리자명의 등기에 관한 법률」

제1항 명의신탁약정의 효력

「부동산 실권리자명의 등기에 관한 법률」(이하 '실명법'이라고 약기함)이 시행된 1995. 7. 1. 전에는 아무런 제한 없이 명의신탁약정이 허용되었다.

'명의신탁약정'이란 부동산에 관한 소유권이나 그 밖의 물권(이하 "부동산물권"이라 한다)을 보유한 자 또는 사실상 취득하거나 취득하려고 하는 자(이하 "실권리자"라 한다)가 타인과의 사이에서 대내적(명의신탁자와 명의수탁자 사이)으로는 실권리자가 부동산물권을 보유하거나 보유하기로 하고, 그에 관한 등기(가등기 포함)는 그 타인의 명의로 하기로 하는 약정(위임·위탁매매의 형식에 의하거나 추인에 의한 경우 포함)을 말한다. 다만, 양도담보, 가등기담보, 상호명의신탁 및 신탁재산인 경우에는 예외로 한다.

명의신탁을 이해함에 필요한 용어를 정리한다. '위탁매매(委託賣買)'는 위탁매매인이 고객의 위탁을 받아 위탁자의 명의가 아닌 위탁매매인의 명의로 매매하는 것을 말한다(「상법」 제101조).

'추인(追認)'은 효력이 없는 법률행위를 훗날 승인함으로써 그 법률행위의 효력을 행위시에 소급하여 유효하게 하는 것이다.

'양도담보(讓渡擔保)'는 담보의 목적물인 재산권을 채권자에게 양도한 후 채무

를 변제하면서 그 소유권을 되찾아오는 방식으로 제공하는 담보물권이다.

'가등기담보(假登記擔保)'는 「가등기담보 등에 관한 법률」의 규정에 따른 담보물권을 말한다.

'상호명의신탁(相互名義信託)'은 부동산의 위치와 면적을 특정하여 2인 이상이 구분소유하기로 약정을 하고, 그 등기는 구분소유자의 '공유'로 하는 소유관계를 말한다.

'신탁재산(信託財産)'은 「신탁법」 또는 「자본시장과 금융투자업에 관한 법률」에 따른 신탁재산을 말한다.

명의신탁약정은 무효로 한다(실명법 제4조 제1항). 명의신탁약정에 따른 등기로 이루어진 부동산물권변동은 무효로 한다. 다만, 부동산물권을 취득하기 위한 계약에서 명의수탁자가 어느 한쪽 당사자가 되고 상대방 당사자(매도인)는 명의신탁약정이 있다는 사실을 알지 못한 경우에는 그러하지 아니하다(실명법 제4조 제2항). 이상의 무효는 제3자에게 대항하지 못한다(실명법 제4조 제3항).

위 제4조 제2항 단서의 취지는 이렇다. 가령 명의신탁자 甲의 매매대금으로 매도인 丙으로부터 부동산을 매수함에 있어 그 매수인은 명의수탁자인 乙의 명의로 계약을 체결하고, 甲은 이러한 명의신탁약정이 있다는 사실을 모르는 경우이다. 이러한 매매계약은 유효하므로 乙은 그 부동산을 적법하게 취득한다. 그러나 이러한 명의신탁약정이 있었다는 사실을 丙이 알고 있었다면 그 매매계약은 무효로 된다. 실명법의 중요한 조항을 아래에 인용한다.

부동산 실권리자명의 등기에 관한 법률(약칭: 부동산실명법)

[시행 2020. 3. 24.] [법률 제17091호, 2020. 3. 24., 타법개정]

제1조(목적) 이 법은 부동산에 관한 소유권과 그 밖의 물권을 실체적 권리관계와 일치하도록 실권리자 명의(名義)로 등기하게 함으로써 부동산 등기제도를 악용한 투기·탈세·탈법행위 등 반사회적 행위를 방지하고 부동산 거래의 정상화와 부동산 가격의 안정을 도모하여 국민경제의 건전한 발전에 이바지함을 목적으로 한다.

제2조(정의) 이 법에서 사용하는 용어의 뜻은 다음과 같다.

1. "명의신탁약정"(名義信託約定)이란 부동산에 관한 소유권이나 그 밖의 물권(이하 "부동산에 관한 물권"이라 한다)을 보유한 자 또는 사실상 취득하거나 취득하려고 하는 자[이하 "실권리자"(實權利者)라 한다]가 타인과의 사이에서 대내적으로는 실권리자가 부동산에 관한 물권을 보유하거나 보유하기로 하고 그에 관한 등기(가등기를 포함한다. 이하 같다)는 그 타인의 명의로 하기로 하는 약정[위임·위탁매매의 형식에 의하거나 추인(追認)에 의한 경우를 포함한다]을 말한다. 다만, 다음 각 목의 경우는 제외한다.

   가. 채무의 변제를 담보하기 위하여 채권자가 부동산에 관한 물권을 이전(移轉)받거나 가등기하는 경우

   나. 부동산의 위치와 면적을 특정하여 2인 이상이 구분소유하기로 하는 약정을 하고 그 구분소유자의 공유로 등기하는 경우

   다. 「신탁법」 또는 「자본시장과 금융투자업에 관한 법률」에 따른 신탁재산인 사실을 등기한 경우

2. "명의신탁자"(名義信託者)란 명의신탁약정에 따라 자신의 부동산에 관한 물권을 타인의 명의로 등기하게 하는 실권리자를 말한다.

3. "명의수탁자"(名義受託者)란 명의신탁약정에 따라 실권리자의 부동산에 관한 물권을 자신의 명의로 등기하는 자를 말한다.

4. "실명등기"(實名登記)란 법률 제4944호 부동산실권리자명의등기에관한법률 시행 전에 명의신탁약정에 따라 명의수탁자의 명의로 등기된 부동산에 관한 물권을 법률 제4944호 부동산실권리자명의등기에관한법률 시행일 이후 명의신탁자의 명의로 등기하는 것을 말한다.

제3조(실권리자명의 등기의무 등) ① 누구든지 부동산에 관한 물권을 명의신탁약정에 따라 명의수탁자의 명의로 등기하여서는 아니 된다.

② 채무의 변제를 담보하기 위하여 채권자가 부동산에 관한 물권을 이전받는 경우에는 채무자, 채권금액 및 채무변제를 위한 담보라는 뜻이 적힌 서면을 등기신청서와 함께 등기관에게 제출하여야 한다.

제4조(명의신탁약정의 효력) ① 명의신탁약정은 무효로 한다.

② 명의신탁약정에 따른 등기로 이루어진 부동산에 관한 물권변동은 무효로 한다. 다만, 부동산에 관한 물권을 취득하기 위한 계약에서 명의수탁자가 어느 한쪽 당사자가 되고 상대방 당사자는 명의신탁약정이 있다는 사실을 알지 못한 경우에는 그러하지 아니하다.

③ 제1항 및 제2항의 무효는 제3자에게 대항하지 못한다.

제5조(과징금) ① 다음 각 호의 어느 하나에 해당하는 자에게는 해당 부동산 가액(價額)의 100분의 30에 해당하는 금액의 범위에서 과징금을 부과한다.

1. 제3조 제1항을 위반한 명의신탁자

2. 제3조 제2항을 위반한 채권자 및 같은 항에 따른 서면에 채무자를 거짓으로 적어 제출하게 한 실채무자(實債務者)

② 제1항의 부동산 가액은 과징금을 부과하는 날 현재의 다음 각호의 가액에 따른다. 다만, 제3조 제1항 또는 제11조 제1항을 위반한 자가 과징금을 부과받은 날 이미 명의신탁관계를 종료하였거나 실명등기를 하였을 때에는 명의신탁관계 종료 시점 또는 실명등기시점의 부동산 가액으로 한다.

1. 소유권의 경우에는 「소득세법」 제99조에 따른 기준시가

2. 소유권 외의 물권의 경우에는 「상속세 및 증여세법」 제61조 제5항 및 제66조에 따라 대통령령으로 정하는 방법으로 평가한 금액

③ 제1항에 따른 과징금의 부과기준은 제2항에 따른 부동산 가액(이하 "부동산평가액"이라 한다), 제3조를 위반한 기간, 조세를 포탈하거나 법령에 따른 제한을 회피할 목적으로 위반하였는지 여부 등을 고려하여 대통령령으로 정한다.

④ 제1항에 따른 과징금이 대통령령으로 정하는 금액을 초과하는 경우에는 그 초과하는 부분은 대통령령으로 정하는 바에 따라 물납(物納)할 수 있다.

⑤ 제1항에 따른 과징금은 해당 부동산의 소재지를 관할하는 특별자치도지사·특별자치시장·시장·군수 또는 구청장이 부과·징수한다. 이 경우 과징금은 위반사실이 확인된 후 지체 없이 부과하여야 한다.

〈개정 2016. 1. 6.〉

⑥ 제1항에 따른 과징금을 납부기한까지 내지 아니하면 「지방행정제재·부과금의 징수 등에 관한 법률」에 따라 징수한다.

⑦ 제1항에 따른 과징금의 부과 및 징수 등에 필요한 사항은 대통령령으로 정한다.

제6조(이행강제금) ① 제5조 제1항 제1호에 따른 과징금을 부과받은 자는 지체 없이 해당 부동산에 관한 물권을 자신의 명의로 등기하여야 한다. 다만, 제4조 제2항 단서에 해당하는 경우에는 그러하지 아니하며, 자신의 명의로 등기할 수 없는 정당한 사유가 있는 경우에는 그 사유가 소멸된 후 지체 없이 자신의 명의로 등기하여야 한다.

② 제1항을 위반한 자에 대하여는 과징금 부과일(제1항 단서 후단의 경우에는 등기할 수 없는 사유가 소멸한 때를 말한다)부터 1년이 지난 때에 부동산평가액의 100분의 10에 해당하는 금액을, 다시 1년이 지난 때에 부동산평가액의 100분의 20에 해당하는 금액을 각각 이행강제금으로 부과한다.

③ 이행강제금에 관하여는 제5조 제4항부터 제7항까지의 규정을 준용한다.

제8조(종중, 배우자 및 종교단체에 대한 특례) 다음 각 호의 어느 하나에 해당하는 경우로서 조세 포탈, 강제집행의 면탈(免脫) 또는 법령상 제한의 회피를 목적으로 하지 아니하는 경우에는 제4조부터 제7조까지 및 제12조 제1항부터 제3항까지를 적용하지 아니한다.

1. 종중(宗中)이 보유한 부동산에 관한 물권을 종중(종중과 그 대표자를 같이 표시하여 등기한 경우를 포함한다) 외의 자의 명의로 등기한 경우

2. 배우자 명의로 부동산에 관한 물권을 등기한 경우

3. 종교단체의 명의로 그 산하 조직이 보유한 부동산에 관한 물권을 등기한 경우

제11조(기존 명의신탁약정에 따른 등기의 실명등기 등) ① 법률 제4944호 부동산실권리자명의등기에관한법률 시행 전에 명의신탁약정에 따라 부동산에 관한 물권을 명의수탁자의 명의로 등기하거나 등기하도록 한 명의신탁자(이하 "기존 명의신탁자"라 한다)는 법률 제4944호 부동산실권리자명의등기에관한법률 시행일부터 1년의 기간(이하 "유예기간"이라 한다) 이내에 실명등기하여야 한다. 다만, 공용징수, 판결, 경매 또는 그 밖에 법률에 따라 명의수탁자로부터 제3자에게 부동산에 관한 물권이 이전된 경우(상속에 의한 이전은 제외한다)와 종교단체, 향교 등이 조세 포탈, 강제집행의 면탈을 목적으로 하지 아니하고 명의신탁한 부동산으로서 대통령령으로 정하는 경우는 그러하지 아니하다.

② 다음 각 호의 어느 하나에 해당하는 경우에는 제1항에 따라 실명등기를 한 것으로 본다.

1. 기존 명의신탁자가 해당 부동산에 관한 물권에 대하여 매매나 그 밖의 처분행위를 하고 유예기간 이내에 그 처분행위로 인한 취득자에게 직접 등기를 이전한 경우

2. 기존 명의신탁자가 유예기간 이내에 다른 법률에 따라 해당 부동산의 소재지를 관할하는 특별자치도지사·특별자치시장·시장·군수 또는 구청장에게 매각을 위탁하거나 대통령령으로 정하는 바에 따라 「한국자산관리공사 설립 등에 관한 법률」에 따라 설립된 한국자산관리공사에 매각을 의뢰한 경우. 다만, 매각 위

탁 또는 매각의뢰를 철회한 경우에는 그러하지 아니하다.

③ 실권리자의 귀책사유 없이 다른 법률에 따라 제1항 및 제2항에 따른 실명등기 또는 매각처분 등을 할 수 없는 경우에는 그 사유가 소멸한 때부터 1년 이내에 실명등기 또는 매각처분 등을 하여야 한다.

④ 법률 제4944호 부동산실권리자명의등기에관한법률 시행 전 또는 유예기간 중에 부동산물권에 관한 쟁송이 법원에 제기된 경우에는 그 쟁송에 관한 확정판결(이와 동일한 효력이 있는 경우를 포함한다)이 있은 날부터 1년 이내에 제1항 및 제2항에 따른 실명등기 또는 매각처분 등을 하여야 한다.

제12조(실명등기의무 위반의 효력 등) ① 제11조에 규정된 기간 이내에 실명등기 또는 매각처분 등을 하지 아니한 경우 그 기간이 지난날 이후의 명의신탁약정 등의 효력에 관하여는 제4조를 적용한다.

② 제11조를 위반한 자에 대하여는 제3조 제1항을 위반한 자에 준하여 제5조, 제5조의2 및 제6조를 적용한다. 〈개정 2016. 1. 6.〉

③ 법률 제4944호 부동산실권리자명의등기에관한법률 시행 전에 명의신탁약정에 따른 등기를 한 사실이 없는 자가 제11조에 따른 실명등기를 가장하여 등기한 경우에는 5년 이하의 징역 또는 2억원 이하의 벌금에 처한다.

대법원 2019. 6. 20. 선고 2013다218156 전원합의체 판결

1. 부동산 실권리자명의 등기에 관한 법률(이하 '부동산실명법'이라 한다)
   은 부동산에 관한 물권의 실권리자가 타인과 사이에서 대내적으로는
   실권리자가 부동산에 관한 물권을 보유하거나 보유하기로 하고 그에
   관한 등기는 그 타인의 명의로 하기로 하는 약정을 '명의신탁약정'이라
   고 정의하고(제2조 제1호), 명의신탁약정과 그에 따른 물권변동을 무효
   라고 선언하고 있다(제4조 제1항, 제2항).
   이 사건의 쟁점은, 부동산실명법을 위반하여 무효인 명의신탁약정에
   따라 명의수탁자 명의로 등기를 한 경우에, 명의신탁자가 명의수탁자
   를 상대로 그 등기의 말소를 구하는 것이 민법 제746조의 불법원인급
   여를 이유로 금지되는지 여부, 농지법에 따른 제한을 회피하고자 명의
   신탁을 한 것이 결론에 영향을 미치는지 여부이다.

2. 부동산실명법을 위반하여 무효인 명의신탁약정에 따라 마친 명의 신탁
   등기가 불법원인급여에 해당하는지 여부
   부동산실명법 규정의 문언, 내용, 체계와 입법 목적 등을 종합하면,
   부동산실명법을 위반하여 무효인 명의신탁약정에 따라 명의수탁자
   명의로 등기를 하였다는 이유만으로 그것이 당연히 불법원인 급여에
   해당한다고 단정할 수는 없다(대법원 2003. 11. 27. 선고 2003다4172
   2 판결 등 참조). 이 사건과 같이 농지법에 따른 제한을 회피하고자
   명의신탁을 한 경우에도 마찬가지이다. 구체적인 이유는 다음과 같다.

   가. 부동산실명법은 부동산 소유권을 실권리자에게 귀속시키는 것을

전제로 <u>명의신탁약정과 그에 따른 물권변동을 규율</u>하고 있다. 첫째, 부동산실명법은 명의신탁약정(제4조 제1항)과 명의신탁약정에 따른 등기로 이루어진 부동산에 관한 물권변동(제4조 제2항 본문)을 무효라고 명시하고 있다. 명의신탁약정에 따라 명의수탁자 앞으로 등기를 하더라도 부동산에 관한 물권변동의 효력이 발생하지 않는다. 이것은 명의신탁약정에 따라 명의신탁자로부터 명의수탁자에게 소유권이전등기가 이루어지는 등기명의신탁의 경우 부동산 소유권은 그 등기와 상관없이 명의신탁자에게 그대로 남아있다는 것을 뜻한다[부동산에 관한 물권을 취득하기 위한 계약에서 명의수탁자가 어느 한쪽 당사자가 되고 상대방 당사자가 명의신탁약정이 있다는 사실을 알고 있는 경우에도 그 등기로 이루어진 물권변동이 무효인데(부동산실명법 제4조 제2항 단서의 반대해석), 이때에는 부동산 소유권이 매도인 등 상대방 당사자에게 귀속하는 것을 전제로 한다. 이 경우에도 불법원인급여에 해당하지 않는다는 점은 마찬가지인데, 이하에서는 등기명의신탁만을 다룬다]. 그 결과 <u>명의신탁자는 부동산 소유자로서 소유물방해배제청구권에 기초하여 명의수탁자를 상대로 그 등기의 말소를 청구할 수 있다.</u>

부동산실명법 제4조 제3항에서는 명의신탁약정과 그에 따른 물권변동의 무효는 "제3자에게 대항하지 못한다."라고 정하고 있다. 이 규정은 제3자를 보호하기 위한 것으로 명의신탁자가 소유자로서 명의수탁자 명의의 등기를 무효라고 주장하면서 그 말소등기절차의 이행을 청구할 수 있다는 것을 전제로 한다. 이와 달리 명의신

탁의 경우 부동산 소유권이 명의수탁자에게 귀속된다면, 제3자는 당연히 그 소유권을 기초로 한 권리를 취득할 수 있기 때문에 제4조 제3항의 제3자 보호 규정을 둘 필요가 없을 것이다.

이러한 내용을 담고 있는 부동산실명법 제4조는 부동산실명법의 기본골격을 이루는 규정이다. 이를 벗어나는 해석은 불합리한 결과를 피하기 위하여 반드시 필요한 경우에 한하여 예외적으로만 허용할 수 있다.

둘째, 부동산실명법은 실권리자명의 등기의무를 위반한 명의신탁자에 대하여 위반행위 자체에 대한 제재로서 과징금을 부과하는 것에 그치지 않고(제5조 제1항 제1호) 부동산에 관한 물권을 지체 없이 명의신탁자의 명의로 등기할 의무를 지우며, 이를 위반할 경우 과징금 외에 이행강제금을 추가로 부과하도록 하고 있다(제6조). 이러한 이행강제금 제도는 명의신탁자에게 심리적 압박을 주어 등기명의와 실체적 권리관계의 불일치 상태를 해소할 것을 간접적으로 강제함으로써 위법상태를 제거하고 부동산실명법의 실효성을 확보하려는 데 그 취지가 있다(대법원 2016. 6. 28. 선고 2014두6456 판결 등 참조). 이행강제금 제도 역시 명의신탁자로 하여금 신탁부동산에 관한 등기를 회복하도록 명하는 것으로서 신탁부동산의 소유권이 실권리자에게 귀속되는 것을 전제로 하고 있다.

나. 부동산실명법을 제정한 입법자의 의사는 신탁부동산의 소유권을 실권리자에게 귀속시키는 것을 전제로 하고 있다.

부동산실명법 제정 당시 명의신탁을 효과적으로 억제하기 위하여 취할 수 있는 다양한 방안이 논의되었다. 입법자는 신탁부동산의 소유권을 명의수탁자에게 귀속시키는 법률안이 아니라 명의신탁자에게 귀속시키는 법률안을 기초로 부동산실명법을 제정하였다. 국회에는 명의신탁자와 명의수탁자 사이에서는 명의신탁자에게 신탁부동산의 소유권이 귀속된다고 보았던 판례를 바꾸는 내용의 법률안도 제출되어 있었으나, 이것은 채택되지 않았다. 그 이유는 신탁부동산의 소유권을 명의수탁자에게 귀속시킬 경우 발생할 혼란과 당사자들의 반발, 우리 사회의 일반적 법의식을 바탕으로 형성된 오랜 관행과 거래 실무를 존중할 필요가 있다고 보았기 때문이다.

다. 명의신탁에 대하여 불법원인급여 규정을 적용한다면 재화 귀속에 관한 정의 관념에 반하는 불합리한 결과를 가져올 뿐만 아니라 판례의 태도나 부동산실명법 규정에도 합치되지 않는다.

민법 제746조의 불법원인급여 규정은 부당이득반환청구권에 대한 특칙으로서, 불법원인급여를 한 자, 즉 반환청구자에 대한 법적 보호를 거절함으로써 소극적으로 법적 정의를 유지하려는 데 그 취지가 있다(대법원 1994. 12. 22. 선고 93다55234 판결 참조). 불법원인급여인지가 다루어지는 대부분의 사례에서 정도의 차이는 있지만 불법원인은 급여자와 수익자 모두에게 존재한다. 당사자들 사이에서는 수익자가 급여를 보유하는 것이 정당성을 인정받기 어려운 사정이 있다. 따라서 불법원인급여 규정을 적용한 결과가 실체적 정의에 반한다면 불법원인급여 규정을 적용하는 것을 삼가야 한다. 대법원도 민법 제746조의 '불법'의 개념을 엄격하게 해석함으로써 불법원인급여 규정을 획일적으로 적용하거나 함부로 적용범위를 확장하는 것을 경계해 왔다.

제3자에게 뇌물을 전달해달라고 교부한 금전은 불법원인급여에 해당하여 금전 소유권이 수익자에게 귀속된다(대법원 1999. 6. 11. 선고 99도275 판결 참조). 성매매를 할 사람을 고용하면서 성매매의 유인·권유·강요의 수단으로 선불금을 지급한 경우에도 불법원인급여 규정이 적용되어 선불금의 반환청구가 금지된다(대법원 2004. 9. 3. 선고 2004다27488, 27495 판결, 대법원 2013. 6. 14. 선고 2011다65174 판결 등 참조). 뇌물제공 목적의 금전 교부 또는 성매매 관련 선불금 지급과 같이 불법원인급여에 해당하는 전형적인 사례에서는 급여자의 급부가 선량한 풍속 그 밖의 사회질서에 반하여 그 반환청구를 거부해야 한다는 데에 우리 사회 구성원 모두가 인식을 같이 하고 있다. 이러한 경우에는 법원이 그 반환청구를 받아 들이지 않는 것이 관련 법규범의 목적에도 부합한다. 그러나 <u>명의신탁자를 형사처벌하거나 명의신탁자에게 과징금을 부과하는 등 법률 규정에 따라 제재하는 것을 넘어, 부동산실명법에서 명의신탁을 금지하고 있다는 이유만으로 명의신탁자로부터 부동산에 관한 권리까지 박탈하는 것은 일반 국민의 법감정에 맞지 않는다.</u>

민법 제746조 단서는 '불법원인이 수익자에게만 있는 때'에는 불법의 원인으로 급여한 재산이라 하더라도 급여자가 반환을 청구할 수 있다고 정하고 있다. 선량한 풍속 그 밖의 사회질서를 위반하는 법률행위에 관해 불법원인급여 규정이 적용되는 경우에도 수익자에게만 불법원인이 있다면, 수익자와 동일하게 급여자를 보호하지 않는 것은 법적 정의감에 반하기 때문이다. 나아가 수익자의 불법성이 급여자의 불법성보다 현저히 커서 급여자의 반환청구를 허용하지 않는 것이 오히려 공평과 신의칙에 반하는 경우에는 민법 제746조 본문의 적용을 배제함으로써 급여자의 반환청구를 허용하고 있다(대법원 2007. 2. 15. 선고 2004다50426 전원합의체 판결 등 참조). 이는 불법원인급여 제도 자체에 내재하고 있는 모순을 극복하는 방향으로 민법 제746조를 해석·적용한 것이다.

명의수탁자는 명의신탁자를 위해 자신의 명의를 빌려주는 행위가 법률에서 금지하는 행위임을 알면서도 명의신탁약정을 하고 또 그에 협조하였다. 이 사건과 같이 농지법에 따른 처분명령을 회피하기 위한 목적으로 이루어진 명의신탁약정의 경우 명의신탁자뿐만 아니라 명의수탁자의 불법성도 작지 않다. 명의수탁자는 신탁부동산을 취득하는 데 아무런 대가를 지급하지 않았다. 그런데도 명의신탁에 대하여 불법원인급여 규정을 적용함으로써 명의신탁약정을 통해 불법에 협조한 명의수탁자에게 부동산 소유권을 귀속시키는 것은 정의관념에 부합하지 않는다.

특히 대법원은 농지임대차가 구 농지법에 위반되어 무효인 경우 임대인이 임차인에게 임대차기간 동안 권원 없는 점용을 이유로 손해배상을 청구한 사안에서 불법원인급여의 '불법'이 있다고 하려면, "급부의 원인이 된 행위가 그 내용이나 성격 또는 목적이나 연유 등으로 볼 때 선량한 풍속 기타 사회질서에 위반될 뿐 아니라

반사회성·반윤리성·반도덕성이 현저하거나, 급부가 강행법규를 위반하여 이루어졌지만 이를 반환하게 하는 것이 오히려 규범 목적에 부합하지 아니하는 경우 등에 해당하여야 한다."라고 판단하였다(대법원 2017. 3. 15. 선고 2013다79887, 79894 판결 등 참조). 이는 강행법규 위반행위가 민법 제103조 위반에 해당하는 경우에도 위반의 대상이 된 강행법규의 규범 목적을 고려하여 민법 제746조의 적용이 제한될 수 있다는 것을 보여준다.

부동산실명법을 위반하여 무효인 명의신탁등기가 불법원인급여인지를 판단하기 위해서는 부동산실명법의 규정과 그 규범 목적을 고려하여 판단해야 한다. 입법자는 신탁부동산의 소유권이 명의신탁자에게 귀속됨을 전제로 규정함으로써, 민법 제103조와 제746조의 관계를 부동산실명법 자체에서 명확하게 해결하고 있는 것이다. 이러한 입법 체계에 비추어 볼 때 부동산실명법에서 금지한 명의신탁에 관하여 반사회적인지 아닌지를 구분하여 불법원인급여의 적용을 달리 하려는 시도는 바람직하지 않다.

라. 모든 국민의 재산권은 보장되고, 그 내용과 한계는 법률로 정한다(헌법 제23조 제1항).

<u>명의신탁을 금지하겠다는 목적만으로 부동산실명법에서 예정한 것 이상으로 명의신탁자의 신탁부동산에 대한 재산권의 본질적 부분을 침해할 수는 없다.</u>

만일 부동산실명법에서 명의신탁약정만을 무효로 하고 그에 따른 물권변동을 유효라고 정하였다면, 신탁부동산에 관한 권리가 언제나 명의수탁자에게 확정적으로 귀속되는 결과가 되어 명의신탁

자는 그 부동산에 관한 권리를 상실하게 된다. 이러한 경우 명의신탁자는 자신의 재산을 직접적으로 박탈당하는 결과를 감수하여야 하므로 재산권의 본질적 부분을 침해할 소지가 크다. 헌법재판소에서 부동산실명법 제4조 제1항과 제2항 본문을 헌법에 위반되지 않는다고 한 이유도 이와 같다(헌법재판소 2001. 5. 31. 선고 99헌가18 등 전원재판부 결정 참조).

부동산실명법은 명의신탁약정과 그에 따른 물권변동을 모두 무효로 함으로써 명의신탁자가 소유권을 온전하게 회복할 가능성을 열어놓았고, 명의신탁자가 다른 법률관계에 기초하여 등기회복 등이 권리행사를 하는 것까지 금지하지는 않음으로써 명의신탁자의 재산권보장과 법이 추구하는 목적달성의 조화를 꾀하고 있다(대법원 2002. 8. 27. 선고 2002다373 판결, 헌법재판소 2001. 5. 31. 선고 99헌가18 등 전원재판부 결정 참조). 부동산 명의신탁을 규제하되 헌법상의 재산권 보장과 조화를 꾀하고자 한 것이 부동산실명법의 태도이다.

마. 농지법에 따른 제한을 회피하고자 명의신탁을 한 사안이라고 해서 불법원인급여 규정의 적용 여부를 달리 판단할 이유는 없다. 농지법에 따르면 농지를 취득하고자 하는 자는 소재지관서의 장이 발급하는 농지취득자격증명을 갖추어야 하고, 허위나 부정한 방법으로 농지취득자격증명을 발급받아 농지를 소유한 것이 밝혀진 경우에는 3년 이하의 징역 또는 3천만원 이하의 벌금에 처할 수 있으며 해당 농지를 처분할 의무가 발생한다. 정당한 사유 없이 처분명령을 불이행할 경우 매년 1회의 이행강제금이 부과된

다. 그러나 단순한 행정명령에 불과한 농지법상의 처분명령을 이행하지 않았다고 해서 그 행위가 강행법규에 위반된다고 단정할 수도 없거니와, 그 이유만으로 처분명령 회피의 목적으로 이루어진 급여를 불법원인급여라고 할 수도 없다.

부동산실명법은 명의신탁을 금지하면서 실권리자 등기의무를 위반한 명의신탁자에게는 5년 이하의 징역 또는 2억 원 이하의 벌금을, 명의수탁자에게는 3년 이하의 징역 또는 1억 원 이하의 벌금을 부과할 수 있도록 하고 있다. 뿐만 아니라 명의신탁자에게는 해당 부동산 가액의 30/100 범위 내에서 과징금을 부과하고, 과징금을 부과받고도 해당 부동산에 관한 물권을 자신의 명의로 등기하지 않을 경우 매년 1회의 이행강제금을 부과할 수 있다. 이처럼 실권리자등기의무를 위반한 경우가 농지법을 위반하여 부정한 방법으로 소재지관서의 증명을 받은 경우보다 징역형의 상한과 벌금형의 상한이 더 높다. 농지법상 처분명령을 이행하지 않은 자에 대해서는 이행강제금을 부과할 수 있는 반면, 부동산실명법상 실권리자 등기의무를 위반한 명의신탁자에 대해서는 징역, 벌금의 형벌뿐만 아니라 과징금, 나아가 이행강제금까지 동시에 부과할 수 있다.

이러한 부동산실명법과 농지법의 규율 내용, 제재수단의 정도와 방법 등을 고려하면, 부동산실명법 위반이 농지법 위반보다 위법성이 더 크다고 볼 수밖에 없다. 부동산실명법을 위반한 명의신탁약정에 따라 마친 명의신탁등기를 불법원인급여라고 인정할 수 없음은 위에서 본 바와 같다. 농지법상의 처분명령을 회피하는

방법으로 명의 신탁약정을 한 이 사건의 경우처럼 명의신탁약정과 그보다 위법성이 약한 단순한 행정명령 불이행의 행위가 결합되어 있다고 하더라도, 그 이유만으로 불법원인급여 규정의 적용 여부를 달리 판단할 수는 없다.

3. 원심판단의 당부

원심은 이 사건 부동산에 관해 소외 1과 소외 2 사이의 명의신탁약정에 기해 마친 소외 2 명의의 소유권이전등기가 무효이고, 소외 2가 사망하자 협의분할에 의한 상속을 원인으로 이 사건 부동산에 관해 소유권이전등기를 마친 피고는 망 소외 1의 이 사건 부동산에 대한 권리를 상속한 원고에게 이 사건 부동산에 관해 진정명의회복을 원인으로 한 소유권이전등기절차를 이행할 의무가 있다고 판단하였다.

원심판단은 위에서 본 법리에 따른 것으로서 정당하다. 원심판단에 농지법상 처분명령을 회피하기 위한 명의신탁약정의 반사회성 또는 불법원인급여에 관한 법리오해의 잘못이 없다.

4. 결론

피고의 상고는 이유 없어 이를 기각하고 상고비용은 패소자가 부담하도록 하여, 주문과 같이 판결한다. 이 판결에는 대법관 조희대, 대법관 박상옥, 대법관 김선수, 대법관 김상환의 반대의견이 있는 외에는 관여 법관의 의견이 일치하였고, 다수의견에 대한 대법관 김재형의 보충의견과 반대의견에 대한 대법관 조희대, 대법관 박상옥의 보충의견이 있다.

「부동산 실권리자명의 등기에 관한 법률」(이하 "부동산실명법"이라고 한다) 제4조 제1항, 제2항에 의하면 명의신탁자와 명의수탁자가 이른바 계약명의신탁약정을 맺고 명의수탁자가 당사자가 되어 명의신탁약정이 있다는 사실을 알지 못하는 소유자와의 사이에 부동산에 관한 매매계약을 체결한 후 그 매매계약에 따라 당해 부동산의 소유권이전등기를 수탁자 명의로 마친 경우에는 명의신탁자와 명의수탁자 사이의 명의신탁약정의 무효에도 불구하고 명의수탁자는 당해 부동산의 완전한 소유권을 취득하게 되고, 다만, 명의수탁자는 명의신탁자에 대하여 부당이득반환의무를 부담할 뿐이다. 그런데, 그 계약명의신탁약정이 부동산실명법 후에 이루어진 경우에는 명의신탁자는 애초부터 당해 부동산의 소유권을 취득할 수 없었으므로, 위 명의신탁약정의 무효로 인하여 명의신탁자가 입은 손해는 당해 부동산 자체가 아니라 명의수탁자에게 제공한 매수자금이라 할 것이고, 따라서 명의수탁자는 당해 부동산 자체가 아니라 명의신탁자로부터 제공받은 매수자금만을 부당이득한다고 할 것이다(대법원 2008. 2. 14. 선고 2007다69148 판결 등 참조).

그 경우 계약명의신탁의 당사자들이 그 명의신탁약정이 유효한 것, 즉 명의신탁자가 이른바 내부적 소유권을 가지는 것을 전제로 하여 장차 명의신탁자 앞으로 목적 부동산에 관한 소유권등기를 이전하거나 그 부동산의 처분대가를 명의신탁자에게 지급하는 것 등을 내용으로 하는 약정을 하였다면 이는 명의신탁약정을 무효라고 정하는 부동산실명법 제4조 제1항에 좇아 무효라고 할 것이다.

그러나, 명의수탁자가 앞서 본 바와 같이 명의수탁자의 완전한 소유권취득을 전제로 하여 사후적으로 명의신탁자와의 사이에 위에서 본 매수자금

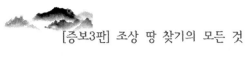

> 반환의무의 이행에 갈음하여 명의신탁된 부동산 자체를 양도하기로 합의하고, 그에 기하여 명의신탁자 앞으로 소유권이전등기를 마쳐준 경우에는 그 소유권이전등기는 새로운 소유권 이전의 원인인 대물급부의 약정에 기한 것이므로, 그 약정이 무효인 명의신탁약정을 명의신탁자를 위하여 사후에 보완하는 방책에 불과한 등의 다른 특별한 사정이 없는 한 유효하다고 할 것이고, 그 대물급부의 목적물이 원래의 명의신탁 부동산이라는 것만으로 그 유효성을 부인할 것은 아니다(대법원 2014. 8. 20. 선고 2014다30483 판결).

위 판례가 언급하고 있는 '계약명의신탁약정'은 丙이 甲의 부동산을 매수함에 있어 그 매매계약의 매수인 명의는 乙의 명의를 차용하는 형태의 명의신탁약정을 말한다.

위 판례가 말하는 '대물급부(對物給付)'는 '대물변제'라고도 하는데, 이는 채무자가 채권자의 승낙을 얻어 원래의 채무에 갈음하여 다른 급부를 이행하는 것을 말한다. 위 사안에서는 명의수탁자가 명의신탁자에게 부당이득에 따른 금전급부를 부담하고 있었으므로, 위 금전에 갈음하여 부동산을 이전해주는 것은 대물변제에 해당한다는 것이 대법원의 입장이다.

그런데, 이와 같은 대물급부의 약정이 사전적(事前的)인 경우 - 부동산실명법 시행 전인 경우 - 에는 효력이 없다는 점은 위 판례가 설명하였다.

위 사안과 같은 이른바 '계약명의신탁'의 경우에도 부동산실명법이 시행되기 전에는 그 부동산의 매도인이 그 명의신탁약정이 있었다는 사실을 알았든 몰랐든 가리지 않고 명의신탁자와 명의수탁자 사이에서는 언제나 명의신탁자의 소유로 취급하였다는 점에 관하여는 앞에서 검토하였다.

대법원 2021. 9. 9. 선고 2018다284233 전원합의체 판결

1. 사안의 개요

원심판결 이유와 기록에 따르면 다음과 같은 사실을 알 수 있다.

가. 원고는 2010. 3. 31. 이 사건 부동산에 관하여 소유자인 소외인과 매매계약을 체결하고, 2010. 5. 13.까지 소외인에게 매매대금 10억 원을 모두 지급하였다. 소외인은 원고와 피고의 명의신탁약정에 따라 2010. 5. 17. 이 사건 부동산에 관하여 피고 명의로 소유권이전등기를 마쳐주었다.

나. 피고는 2014. 12. 11. 주식회사 한국스탠다드차타드은행(이하 'SC은행'이라 한다)으로부터 5억 원을 대출받으면서 이 사건 부동산에 채권 최고액 6억 원인 이 사건 근저당권을 설정하였다.

다. 이 사건 근저당권설정등기는 원심 변론종결 시까지 말소되지 않았다.

2. 원심의 판단과 쟁점

가. 원고는, 명의수탁자인 피고가 이 사건 근저당권을 설정하고 대출을 받음으로써 피담보채무액 상당의 이익을 얻었고 그로 인하여 원고에게 같은 금액의 손해를 가하였다고 주장하면서, 피고를 상대로 부당이득반환을 구하였다.

원심은, 3자간 등기명의신탁의 경우 명의신탁약정과 그에 따른 소유권이전등기가 모두 무효로 되고 부동산의 소유권은 매도인에게 남아 있으므로 이 사건 근저당권설정으로 손해를 입은 자는 매도인이자 소유자인 소외인이지 원고가 아니라는 이유로 원고의 부당이득반환 청구를 받아들이지 않았다.

나. 이 사건 쟁점은, 3자간 등기명의신탁에서 명의수탁자가 제3자에게 부동산을 매도하거나 부동산에 관하여 근저당권을 설정하는 등으로 처분행위를 하고 제3자가 「부동산 실권리자명의 등기에 관한 법률」(이하 '부동산실명법'이라 한다) 제4조 제3항에 따라 부동산에 관한 권리를 취득하게 되는 경우, 그 과정에서 명의수탁자가 얻은 이익에 관하여 명의신탁자가 명의수탁자를 상대로 직접 부당이득반환을 청구할 수 있는지 여부이다.

3. 대법원의 판단

가. 3자간 등기명의신탁에서 명의수탁자가 제3자에게 부동산에 관한 소유명의를 이전하였을 때 명의신탁자가 명의수탁자에게 직접 부당이득반환청구를 할 수 있는지 여부

3자간 등기명의신탁에서 명의수탁자의 임의처분 또는 강제수용이나 공공용지 협의취득 등을 원인으로 제3자 명의로 소유권이전등기가 마쳐진 경우, 특별한 사정이 없는 한 제3자는 유효하게 소유권을 취득한다(부동산실명법 제4조 제3항). 그 결과 매도인의 명의신탁자에 대한 소유권이전등기의무는 이행불능이 되어 명의신탁자로서는 부동산의 소유권을 이전받을 수 없게 되는 한편, 명의수탁자는 부동산의 처분대금이나 보상금 등을 취득하게 된다. 판례는, 명의수탁자가 그러한 처분대금이나 보상금 등의 이익을 명의신탁자에게 부당이득

으로 반환할 의무를 부담한다고 보고 있다(대법원 2011. 9. 8. 선고 2009다49193, 49209 판결, 대법원 2015. 9. 10. 선고 2015다2072 35 판결, 대법원 2019. 7. 25. 선고 2019다203811, 203828 판결 등 참조). 이러한 판례는 타당하므로 그대로 유지되어야 한다. 그 이유는 다음과 같다.

  1) 3자간 등기명의신탁은, 명의신탁자가 소유자로부터 부동산을 양수하면서 명의수탁자와 명의신탁약정을 하여 소유자로부터 바로 명의수탁자 명의로 해당 부동산의 소유권이전등기를 하는 것이다.

    이러한 경우 명의신탁약정은 부동산실명법 제4조 제1항에 따라 무효이므로 명의신탁자와 명의수탁자 사이에 부동산에 관하여 직접적인 법률관계는 존재하지 않는다. 그러나 명의신탁자는 여전히 매도인에 대하여 매매계약을 원인으로 하는 소유권이전 등기청구권을 가지고 있고, 매도인은 명의신탁자에게 매매계약 에 따른 소유권이전등기의무를 부담함과 동시에 명의수탁자에 게 소유권에 기한 방해배제청구권으로서 소유권이전등기의 말 소 또는 진정등기명의 회복을 원인으로 소유권이전등기의 이행 을 구할 수 있으며, 명의수탁자는 매도인에 대하여 소유권이전등 기의 말소의무 또는 진정등기명의 회복을 원인으로 소유권이전 등기의무를 부담하는 지위에 있다. 이와 같이 3자간 등기명의신 탁관계에 있는 명의신탁자, 명의수탁자 및 매도인은 부동산에 관하여 계약상 또는 법률상의 권리를 가지면서 그에 대응하는 의무를 부담하게 된다. 이는 부동산에 관한 소유권과 그 밖의

물권을 실체적 권리관계에 일치하도록 실권리자 명의로 등기하게 한다는 부동산실명법의 목적과 취지에 부합한다.

그런데 명의수탁자의 임의처분, 강제수용이나 공공용지 협의취득 등을 원인(이러한 소유명의 이전의 원인관계를 통틀어 이하에서는 '명의수탁자의 처분행위 등'이라 한다)으로 부동산에 관하여 제3자 명의로 소유권이전등기가 마쳐진 경우에는, 부동산실명법 제4조 제3항에 따라 제3자가 유효하게 소유권을 취득함으로써 명의신탁자, 명의수탁자 및 매도인이 앞에서 본 바와 같이 가지는 권리·의무에 변동이 발생하게 된다. 이러한 상황에서는 실체저 권리관계에 부합하도록 부동산 실권리자 명의로 등기하게 한다는 부동산실명법의 목적은 더 이상 달성할 수 없게 된다. 이와 같이 제3자 보호규정의 적용으로 인하여 명의신탁자, 명의수탁자 및 매도인이 부동산에 관하여 가지는 계약상 또는 법률상 권리와 그에 대응하는 의무에 변동이 발생하는 경우, 그로 인한 이해관계를 부당이득반환을 통하여 조정함에 있어서는, 부동산 실권리자명의등기의 실현이라는 부동산실명법의 목적 및 취지와 더불어 공평·정의의 이념에 근거하여 법률상 원인 없이 재산상 이익을 얻은 자에게 그 이익으로 인하여 손해를 입은 자에 대하여 반환의무를 부담시킨다는 부당이득반환 제도의 취지를 함께 고려할 필요가 있다.

2) 명의수탁자는 부동산 매매계약의 당사자도 아니고 부동산의 소유권을 유효하게 취득한 자도 아니어서 부동산에 관하여 아무런 권리를 가지지 않는다. 그런데 <u>명의수탁자의 처분행위 등과 부</u>

동산실명법 제4조 제3항에 따라 부동산 소유권이 제3자에게 유효하게 이전되는 경우, 명의수탁자는 부동산의 소유자가 아님에도 소유명의를 가지고 있었음을 이유로 제3자와의 관계에서 처분대금이나 보상금 등을 취득하게 된다. 그러나 그 이익은 명의수탁자가 부동산의 소유자가 아님에도 그 부동산의 교환가치로 취득한 것이므로 법률상 원인 없는 이익으로서 정당한 권리자에게 반환하여야 한다.

3) 명의신탁자는 매매대금 지급이라는 매매계약상 의무를 이행하였으면서도 소유권을 취득하지 못한 상태였으므로, 매도인에 대한 소유권이전등기청구권을 피보전권리로 삼아 매도인의 명의수탁자에 대한 소유권이전등기의 말소등기청구권 또는 진정등기명의 회복을 원인으로 한 소유권이전등기청구권을 대위행사하여 매도인 앞으로 소유명의를 회복시킨 후 매도인을 상대로 자기에게 소유권이전등기를 이행할 것을 청구할 수 있는 지위에 있다. 그런데 부동산의 소유권이 명의수탁자의 처분행위 등과 부동산 실명법 제4조 제3항에 따라 제3자에게 유효하게 이전되면 매도인의 명의신탁자에 대한 소유권이전등기의무는 이행불능이 되므로, 명의신탁자는 매도인에게 매매대금을 지급하였으면서도 그에 대한 반대급부인 부동산의 소유권을 이전받을 권리를 상실하는 손해를 입게 된다.

4) 매도인은 명의신탁자의 요구에 따라 명의수탁자 명의로 소유권이전등기를 하여 주었음에도 명의신탁약정과 명의수탁자 명의의 소유권이전등기가 무효로 됨으로써 명의수탁자로부터 부동

산 소유명의를 되찾아 명의신탁자에게 매매계약을 원인으로 한 소유권이전등기를 마쳐 주어야 하는 지위에 있다. 그런데 명의수탁자의 처분행위 등이 있으면 앞서 본 바와 같이 매도인의 명의신탁자에 대한 소유권이전등기의무는 이행불능이 된다. 대법원은 부동산실명법이 시행되기 이전에 매도인이 명의신탁자의 부탁에 따라 명의수탁자에게 등기명의를 이전하여 준 사안에서 명의수탁자의 처분행위 등이 있는 경우 매도인에게 매매계약의 체결이나 그 이행에 관하여 귀책사유가 있다고 보기 어려우므로 명의신탁자가 실명등기를 하지 아니한 사정에 기인하여 매도인에게 매매대금의 반환을 구하거나 명의신탁자 앞으로 재차 소유권이전등기를 마칠 것을 요구하는 것은 신의칙상 허용되지 않는다고 하였다(대법원 2002. 3. 15. 선고 2001다61654 판결 참조). 부동산실명법이 시행된 이후에 3자간 등기명의신탁이 이루어진 경우에도 마찬가지로, 매도인에게 매매계약의 체결이나 그 이행에 관하여 귀책사유가 있다고 보기 어렵고, 설령 귀책사유가 있다고 하더라도 부동산실명법 위반상태를 야기한 명의신탁자가 매도인에 대하여 매매대금의 반환을 구하거나 소유권이전등기의무의 이행불능에 따른 손해배상청구를 하는 것은 여전히 신의칙상 허용되지 않는다. 매도인은 명의수탁자의 처분행위 등으로 인하여 부동산실명법 제4조 제3항에 따라 부동산의 소유권을 상실하고 명의신탁자에 대하여 소유권이전등기의무와 그 이행불능으로 인한 손해배상책임도 부담하지 않게 되는 한편 명의신탁자로부터 받은 매매대금은 그대로 보유하게 되므로,

명의수탁자의 처분행위 등으로 인하여 매도인에게 경제적 손실이 발생한다고 할 수 없다.

5) 명의수탁자가 부동산의 처분행위 등에 대한 대가로 받은 이익은 명의수탁자의 처분행위 등과 부동산실명법 제4조 제3항에 따라 제3자가 유효하게 소유권을 취득함에 따라 얻게 된 이익이고, 명의신탁자는 당초 매도인을 통하여 부동산 소유권을 취득할 수 있는 권리를 가지고 있다가 위와 같은 제3자의 유효한 소유권 취득으로 인하여 매도인을 매개로 하더라도 부동산 소유권을 취득할 수 없는 손해를 입은 한편, 매도인은 위와 같이 제3자의 유효한 소유권 취득에도 불구하고 그의 재산에 경제적 손실을 입었다고 할 수 없다. 이러한 사정을 고려하면, <u>명의수탁자가 부동산의 처분행위 등으로 법률상 원인 없이 얻은 이익은 사회통념상 명의신탁자가 입은 손해로 인한 것으로서 명의신탁자에게 반환되어야 한다.</u>

6) 이와 같이 3자간 등기명의신탁에서 명의수탁자의 처분행위 등으로 제3자가 부동산의 소유권을 취득할 경우, 그로 인하여 법률상 원인 없이 이익을 얻은 명의수탁자가 명의신탁자에 대하여 직접 부당이득반환의무를 부담한다고 보더라도, 3자간 등기명의 신탁관계의 한 당사자인 매도인으로부터 권리를 박탈하거나 의무를 추가적으로 부담하게 하는 것이 아니고, 명의수탁자도 원래 명의신탁자나 매도인에 대하여 독자적인 항변권 등을 가지지 않았기 때문에 명의수탁자로부터 권리를 박탈하거나 추가적인 의무를 부담하게 하는 것이 아니며, 명의신탁자에게 부당한 이익

이나 권리를 부여하는 것도 아니다.

오히려 3자간 등기명의신탁에서 명의신탁자와 매도인 사이의 매매계약에 기한 소유권이전등기의무가 이행불능이 됨으로써 발생하는 계약해제나 손해배상의 법률관계, 매도인과 명의수탁자 사이에서 명의수탁자가 매도인의 소유권을 침해함으로써 발생하는 부당이득반환 또는 불법행위로 인한 손해배상의 법률관계를 각각 구분하여 개별적으로 이해관계를 조정하게 될 경우, 구체적 사정에 따라서는 부당이득반환청구권이나 손해배상청구권 등이 인정되지 않는 경우도 있고 과실상계 등의 사유로 인하여 제한적으로 인정되는 경우도 있을 수 있어서, 손해의 보전이 충분하지 못함과 동시에 예상치 못한 이익을 얻게 되는 결과가 발생하게 된다. 이러한 결과를 용인하는 것은 공평의 이념에 기초한 부당이득반환 제도의 취지에 배치된다.

7) 3자간 등기명의신탁에서 명의신탁자, 명의수탁자 및 매도인은 3자 간 합의, 즉 명의신탁자와 명의수탁자 사이의 명의신탁약정과 매도인이 명의신탁자의 요청으로 명의수탁자에게 등기명의를 이전하기로 하는 합의에 따라 매도인이 명의신탁자로부터 매매대금을 지급받고 명의수탁자에게 부동산의 등기명의를 이전함으로써 매매계약이 모두 이행되고 법률관계가 종료되었다고 인식한다. 이후 명의수탁자의 처분행위 등으로 명의신탁자가 부동산의 소유권을 취득하지 못하게 되더라도 이에 대해 매도인에게 귀책사유가 없다고 보는 이상 매도인은 명의신탁자로부터 받은 매매대금을 그대로 보유하게 되고 경제적 손실도 입지 않는

다. 비록 명의수탁자의 처분행위 등으로 명의신탁자, 명의수탁자 및 매도인 3자 사이에 이해관계를 조정해야 하는 법률관계가 형성되더라도 위와 같은 지위에 있는 매도인을 명의수탁자의 처분행위 등으로 인한 이해관계 조정에 끌어들일 필요가 없다. 명의수탁자의 처분행위 등으로 인한 명의신탁자, 명의수탁자 및 매도인 사이의 권리·의무의 변동은 명의신탁자와 명의수탁자 사이에서 이루어진 명의신탁약정이 무효인 데서 비롯된 것이므로 이에 따른 이해관계 조정의 문제도 명의신탁약정의 당사자인 명의신탁자와 명의수탁자 사이에서 해결하는 것이 타당하고 이 과정에서 매도인이 반드시 개입해야 할 논리 필연적 이유도 없기 때문이다. 설령 매도인을 이해관계 조정에 참여시키더라도 명의수탁자가 처분행위 등으로 얻은 처분대금이나 보상금 등의 이익은 실제 매도인을 거쳐 명의신탁자에게 귀속되는 것과 같다. 그러므로 군이 매도인을 끌어들이는 것보다는 명의신탁자가 명의수탁자에게 직접 부당이득반환청구권을 행사하도록 하는 것이 법률관계를 간명하게 해결하는 것으로서 합리적이다.

나. 3자간 등기명의신탁에서 명의수탁자가 부동산에 관하여 근저당권을 설정하였을 때 명의신탁자가 명의수탁자에 대하여 직접 부당이득반환청구를 할 수 있는지 여부

명의수탁자가 부동산에 관하여 제3자에게 근저당권을 설정하여 준 경우에도 부동산의 소유권이 제3자에게 이전된 경우와 마찬가지로 보아야 한다.

명의수탁자가 제3자에게 부동산에 관하여 근저당권을 설정하여 준

경우에 제3자는 부동산실명법 제4조 제3항에 따라 유효하게 근저당권을 취득한다. 이 경우 매도인의 부동산에 관한 소유권이전등기의무가 이행불능된 것은 아니므로, 명의신탁자는 여전히 매도인을 대위하여 명의수탁자의 부동산에 관한 진정명의회복을 원인으로 한 소유권이전등기 등을 통하여 매도인으로부터 소유권을 이전받을 수 있지만, 그 소유권은 명의수탁자가 설정한 근저당권이 유효하게 남아 있는 상태의 것이다. 명의수탁자는 제3자에게 근저당권을 설정하여 줌으로써 피담보채무액 상당의 이익을 얻었고, 명의신탁자는 매도인을 매개로 하더라도 피담보채무액만큼의 교환가치가 제한된 소유권만을 취득할 수밖에 없는 손해를 입은 한편, 매도인은 명의신탁자로부터 매매대금을 수령하여 매매계약의 목적을 달성하였으면서도 근저당권이 설정된 상태의 소유권을 이전하는 것에 대하여 손해배상책임을 부담하지 않으므로 실질적인 손실을 입지 않는다.
따라서 3자간 등기명의신탁에서 명의수탁자가 부동산에 관하여 제3자에게 근저당권을 설정한 경우 명의수탁자는 근저당권의 피담보채무액 상당의 이익을 얻었고 그로 인하여 명의신탁자에게 그에 상응하는 손해를 입혔으므로, 명의수탁자는 명의신탁자에게 이를 부당이득으로 반환할 의무를 부담한다.

다. 이 사건에 관한 판단

1) 원고의 상고이유 중 부당이득반환청구 부분(상고이유 제4, 5점)에 관하여

위 1.항의 사실관계를 앞서 본 법리에 비추어 살펴보면, 명의수탁자인 피고가 SC은행에 이 사건 근저당권설정등기를 마쳐줌으로

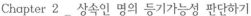

써 SC은행은 유효한 근저당권을 취득하였고, 명의수탁자인 피고는 자기 소유가 아닌 이 사건 부동산으로 근저당권의 피담보채무액 상당의 이익을 얻었으며, 명의신탁자인 원고는 피담보채무액만큼의 교환가치가 제한된 소유권을 취득할 수밖에 없는 손해를 입었으므로, 피고는 원고에게 그 이익을 부당이득으로 반환하여야 한다.

이와 달리 원고의 부당이득반환청구를 받아들이지 않은 원심의 판단에는 3자간 등기명의신탁에서 부당이득반환의 법률관계에 관한 법리를 오해하여 판결에 영향을 미친 잘못이 있다. 이를 지적하는 원고의 이 부분 상고이유 주장은 이유 있다.

명의신탁자가 그 소유인 부동산의 등기명의를 명의수탁자에게 이전하는 이른바 양자 간 등기명의신탁의 경우에 있어서 명의신탁자와의 명의신탁약정에 의하여 행하여진 명의수탁자 명의의 소유권이전등기는 법률 제4944호 부동산실명법의 유예기간이 경과한 1996. 7. 1. 이후에는 원인무효로서 말소되어야 한다. 그리하여 명의수탁자로서는 명의신탁자는 물론 제3자에 대한 관계에서도 수탁된 부동산에 대한 소유권자임을 주장할 수 없고, 소유권에 기한 물권적 청구권을 행사할 수도 없다고 할 것이다(대법원 2014. 2. 13. 선고 2012다97864 판결).

위 판례가 말하는 이른바 '양자간 등기명의신탁'의 경우에는 실명등기를 해야 하는 유예기간이 경과함으로써 무효가 되므로, 그 명의신탁등기는 말소되어야 한다. 따라서 명의수탁자는 계약명의신탁과는 달리 부당이득반환의무를 지지 않는다. 양자간 등기명의신탁이란 원래부터 명의신탁자 명의이던 부동산의 명의를 명의수탁자 앞으로 이전해 둔 경우의 명의신탁을 말한다.

「부동산 실권리자등기명의등기에 관한 법률」에 의하면 이른바 3자간 등기 명의신탁의 경우 같은 법에서 정한 유예기간 경과에 의하여 기존 명의신탁 약정과 그에 의한 등기가 무효로 되고, 그 결과 명의신탁된 부동산은 매도인 소유로 복귀하므로, 매도인은 명의수탁자에게 무효인 그 명의 등기의 말소를 구할 수 있게 되고, 한편 같은 법은 매도인과 명의신탁자 사이의 매매계약의 효력을 부정하는 규정을 두고 있지 아니하여 유예기간 경과 후로도 매도인과 명의신탁자 사이의 매매계약은 여전히 유효하므로, 명의신탁자는 매도인에 대하여 매매계약에 기한 소유권이전등기를 청구할 수 있고, 그 소유권이전등기청구권을 보전하기 위하여 매도인을 대위하여 명의수탁자에게 무효인 그 명의 등기의 말소를 구할 수도 있다(대법원 2002. 3. 15. 선고 2001다61654).

위 판례가 설명하고 있는 취지는 이러하다. 이는 부동산을 실제로 매수하는 丙이 매수대금을 甲에게 주어 매도인 甲과 乙 사이에 매매계약을 체결한 경우에 관한 문제이다.

이러한 매매계약에서 甲이 乙과 丙 사이에 명의신탁약정이 있다는 사실을 알지 못하는 경우에는 위 매매계약은 유효하지만, 甲이 그 명의신탁약정이 있다는 사실을 알고 있었다면 甲과 乙의 매매계약은 무효로 된다.

甲과 乙의 매매계약이 무효로 되는 경우에는 甲과 乙 사이에는 원상회복의 의무가 있다. 대법원의 견해에 의하면 이러한 경우에도 丙과 甲의 매매계약이 유효하게 성립한 것으로 취급한다. 따라서 丙은 甲에 대하여 등기청구권을 갖고 있으므로, 甲이 乙에 대하여 갖고 있는 등기명의 반환청구권을 丙이 甲을 대위(代位)하여 행사할 수 있다는 것이 위 판례가 말하는 취지이다. 매우 어색한 논리구성이라고 보이지만, 이것이 이른바 '3자간 등기명의신탁'에 관련한 대법원의 확립된 입장이다.

여기에서 말하는 '대위'는 채권자대위권을 행사하는 것을 의미한다. '채권자대위권'을 규정한 「민법」 제404조는 "채권자는 자기의 채권을 보전하기 위하여 채무자의 권리를 행사할 수 있다. 그러나 일신에 전속한 권리는 그러하지 아니하다. 채권자는 그 채권의 기한이 도래하기 전에는 법원의 허가 없이 채권자대위권을 행사하지 못한다. 그러나 보전행위는 그러하지 아니하다."고 규정하였다.

> 부동산의 매수인이 목적물을 인도받아 계속 점유하는 경우에는 매도인에 대한 소유권이전등기청구권은 소멸시효가 진행되지 않는다 할 것이고(대법원 1976. 11. 6. 선고 76다148 전원합의체 판결 등 참조), 이러한 법리는 위와 같이 3자간 등기명의신탁에 의한 등기가 유효기간의 경과로 무효로 된 경우에도 마찬가지로 적용된다 할 것이다. 따라서, 그 경우 목적 부동산을 인도받아 점유하고 있는 명의신탁자의 매도인에 대한 소유권이전등기청구권 역시 소멸시효가 진행되지 않는다고 할 것이다(대법원 2013. 12. 12. 선고 2013다26647 판결).

위 판례가 말하는 취지는 이렇다. 위 사안은 부동산실명법이 시행되기 전에 이루어진 3자간 계약명의신탁에서 부동산실명법이 정한 실명등기 유예기간이

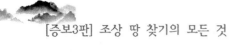

경과하도록 실명등기가 이행되지 아니함에 따라 명의수탁자 명의의 등기는 무효로 되었다.

따라서 그 부동산에 대한 소유권은 매도인에게 소급적으로 환원되었다. 이러한 경우에서 명의신탁자는 매도인에 대하여 그 부동산에 대한 소유권이전등기청구권을 갖는다.

그런데 대법원의 확립된 견해에 의하면 부동산을 매수한 자가 그 부동산을 점유하고 있는 동안에는 그 부동산에 대한 소유권이전등기청구권은 소멸시효에 걸리지 않는다. 위 사안에서 명의신탁자는 명의수탁자를 직접점유자로 하여 그 부동산을 간접점유하고 있다. 따라서 부동산을 간접점유하고 있는 명의신탁자의 매도인에 대한 부동산소유권이전등기청구권도 소멸시효에 걸리지 않는다는 것이다.

> 양자 간 등기명의신탁에서 명의수탁자가 신탁된 부동산을 처분하여 제3취득자가 유효하게 소유권을 취득하고, 이로써 명의신탁자가 신탁부동산에 대한 소유권을 상실하였다면 명의신탁자의 소유권에 기한 물권적 청구권, 즉 말소등기청구권이나 진정명의회복을 원인으로 한 이전등기청구권도 더 이상 그 존재 자체가 인정되지 않는다고 할 것이다(대법원 2013. 2. 28. 선고 2010다89814 판결).

위 판례에 의하면, '양자 간 등기명의신탁'에서는 실명법 시행 전의 관습법에서와 마찬가지로 명의신탁자·명의수탁자 대(vs) 제3자의 관계에서는 명의수탁자의 소유로 함에는 동일한 법리가 적용되고, 명의수탁자로부터 해당 부동산을 취득한 제3자는 정당한 소유자로 된다는 것이다.

부동산경매절차에서 부동산을 매수하려는 사람이 매수대금을 자신이 부담하면서 타인의 명의로 매각허가결정을 받기로 함에 따라 그 타인이 경매절차에 참가하여 매각허가가 이루어진 경우에도 그 경매절차의 매수인은 어디까지나 그 명의인이므로, 경매목적 부동산의 소유권은 매수대금을 실질적으로 부담한 사람이 누구인가와 상관없이 그 명의인이 취득한다 할 것이고, 이 경우 매수대금을 부담한 사람과 이름을 빌려준 사람 사이에는 명의신탁관계가 성립한다(대법원 2008. 11. 27. 선고 2008다62687 판결 등 참조).

이러한 경우 매수대금을 부담한 명의신탁자와 명의를 빌려준 명의수탁자 사이의 명의신탁약정은 「부동산 실권리자명의 등기에 관한 법률」(이하 '부동산실명법') 제4조 제1항에 의하여 무효이나(대법원 2009. 9. 10. 선고 2006다73102 판결 등 참조), 경매절차에서의 소유자가 위와 같은 명의신탁약정 사실을 알고 있었거나 소유자와 명의신탁자가 동일인이라고 하더라도 그러한 사정만으로 그 명의인의 소유권취득이 부동산실명법 제4조 제2항에 따라 무효로 된다고 할 것은 아니다.

비록 경매가 사법상 매매의 성질을 보유하고 있기는 하나 다른 한편으로는 법원이 소유자의 의사와 관계없이 그 소유물을 처분하는 공법상 처분으로서의 성질을 아울러 가지고 있고, 소유자는 경매절차에서 매수인의 결정 과정에 아무런 관여를 할 수 없는 점, 경매절차의 안정성 등을 고려할 때 경매부동산의 소유자를 위 제4조 제2항 단서의 '상대방 당사자'라고 볼 수는 없기 때문이다(대법원 2012. 11. 15. 선고 2012다69197 판결).

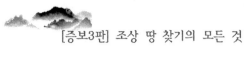

일반적으로 부동산의 소유자명의만을 다른 사람에게 신탁한 경우에 등기필
증과 같은 권리관계를 증명하는 서류는 실질적인 소유자인 명의신탁자가
소지하는 것이 상례이므로, 명의신탁자라고 주장하는 사람이 이러한 권리
관계 서류를 소지하고 있는 사실은 명의신탁을 뒷받침하는 유력한 자료가
되는 것이지만(대법원 1990. 4. 24. 선고 89다카14530 판결 등 참조),
이와 같은 권리관계 서류를 명의수탁자가 소지하게 된 특별한 사정이 있는
경우에는 그 서류 소지 사실이 명의신탁관계의 성립을 인정하는 데에 방해
가 되지 아니한다(대법원 2012. 2. 23. 선고 2011다71582, 71599 판결).

제2항 종중 · 배우자 · 종교단체의 특례

① 종중이 보유한 부동산물권을 종중(종중과 대표자를 같이 표시하여 등기한
경우를 포함한다) 외의 자의 명의로 등기한 경우, ② 배우자 명의로 부동산물권을
등기한 경우 및 ③ 종교단체의 명의로 그 산하 조직이 보유한 부동산물권을
등기한 경우로서 조세포탈, 강제집행의 면탈 또는 법령상 제한의 회피를 목적으로
하지 않는 경우에는 이를 무효인 명의신탁약정으로 보지 않는다(실명법 제8조).

부동산실명법 제8조 제2호는 '배우자 명의로 부동산에 관한 물권을 등기
한 경우'로서 조세포탈, 강제집행의 면탈 또는 법령상 제한의 회피를
목적으로 하지 아니하는 경우에는 그 명의신탁약정과 그 약정에 기하여
행하여진 물권변동을 무효로 보는 위 법률 제4조 등을 적용하지 아니한다
고 규정하고 있다.

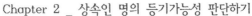

명의신탁을 받은 사람이 사망하면 그 명의신탁관계는 그 재산상속인과의 사이에 그대로 존속한다고 할 것인데, 부동산실명법 제8조 제2호의 문언상 명의신탁약정에 따른 명의신탁등기의 성립 시점에 부부관계가 존재하고 있을 것을 요구하고 있을 뿐 부부관계의 존속을 그 효력요건으로 삼고 있지 아니한 점, 부동산실명법 제8조 제2호에 따라 일단 유효한 것으로 인정된 부부간 명의신탁에 대하여 그 후 배우자 일방의 사망 등으로 부부관계가 해소되었음을 이유로 이를 다시 무효화하는 별도의 규정이 존재하지 아니한 점, 부부간 명의신탁이라 하더라도 조세포탈 등 목적이 없는 경우에 한하여 위 조항이 적용되는 것이므로, 부부관계가 해소된 이후에 이를 그대로 유효로 인정하더라도 새삼 부동산실명법의 입법 취지가 훼손될 위험성은 크지 아니한 점 등에 비추어 보면, 부동산실명법 제8조 제2호에 따라 부부간 명의신탁이 일단 유효한 것으로 인정되었다면 그 후 배우자 일방의 사망으로 부부관계가 해소되었다 하더라도 그 명의신탁약정은 사망한 배우자의 다른 상속인과의 관계에서도 여전히 유효하게 존속한다고 보아야 할 것이다(대법원 2013. 1. 24. 선고 2011다99498 판결).

어느 재산이 종중재산임을 주장하는 당사자는 그 재산이 종중재산으로 설정된 경위에 관하여 주장·입증을 하여야 할 것이나 이는 반드시 명시적임을 요하지 아니하며, 어느 재산이 종중재산이라는 주장·입증 속에 그 설정 경위에 관한 사실이 포함되어 있다고 볼 수 있으면 족하고, 그 설정 경위의 입증은 간접사실 등을 주장·입증함으로써 그 요건사실을 추정할 수 있으면 족하다 할 것이며(대법원 1997. 10. 10. 선고 95다4428

3 판결 등 참조), 한편 명의신탁은 등기의 추정력을 전제로 하면서 그 등기가 명의신탁계약에 의해 성립된 사실을 주장하는 것이므로, 그 등기에 추정력이 있다고 하더라도 명의신탁자는 명의수탁자에 대하여 등기가 명의신탁에 의한 것임을 주장할 수 있다(대법원 1998. 3. 13. 선고 97다54253 판결 등 참조). (대법원 2007. 2. 22. 선고 2006다68506 판결).

'요건사실(要件事實)'은 '주요사실'이라고도 하는데, 이는 법률효과를 발생시키는 법률요건, 즉 매매계약의 체결 사실, 명의신탁약정이 체결된 사실 등을 말한다. 위 판례가 말하고 있는 요건사실은 명의신탁약정이 있었다는 사실이다.

'간접사실(間接事實)'은 '증빙(證憑)'이라고도 하는데, 이는 주요사실의 있고 없음을 경험상 추측케 하는 자료를 말하는 것으로써, 이를 입증하는 증거를 '간접증거'라고 한다.

종중의 명의신탁과 관련하여 살펴보자면, 주요사실인 명의신탁약정의 존재와 관련한 간접사실로는 사정명의인과 종중과의 관계, 사정명의인이 여러 사람인 경우에는 그들 상호간의 관계, 사정명의인이 한 사람인 경우에는 그 한 사람 명의로 사정받게 된 연유, 종중 소유의 다른 토지가 있는 경우에는 그에 대한 사정 또는 등기관계, 사정된 토지의 규모 및 시조(始祖)를 중심으로 한 종중 분묘의 설치 상태, 분묘수호와 봉제사의 실태, 토지의 관리 상태, 토지에 대한 수익이나 보상금의 수령 및 지출 관계, 제세공과금의 납부 관계, 등기필증(현행 「부동산등기법」에서는 '등기완료통지서')의 소지 관계 등이 될 수 있다.

> 토지조사부나 임야조사부에 소유자로 등재된 자는 재결에 의하여 사정 내용이 변경되었다는 등의 반증이 없는 이상 토지의 소유자로 사정받고 그 사정이 확정된 것으로 추정되며, 토지의 사정을 받은 자는 그 토지를 원시취득하는 것이므로(대법원 1984. 1. 24. 선고 83다카1152 판결, 1986. 6. 10. 선고 84다카1773 전원합의체 판결, 1996. 7. 30. 선고 96다17127, 17134 판결 등 참조), 사정을 이유로 소유권을 취득하였음을 주장하는 자는 그 사정 사실 외에 사정 이전의 토지 취득 경위까지 입증할 필요는 없다. 반면에, 타인에게 명의를 신탁하여 사정을 받은 것이라고 주장하는 자는 그 명의신탁 사실에 대한 입증책임이 있고, 사정명의자 쪽에서 사정 이전의 취득 경위에 관하여 주장하더라도 이는 명의신탁 주장에 대한 부인에 해당하고 새로운 취득권원을 주장한 것이라고 할 수 없으므로, 이에 대하여 입증하지 못하였다고 하여 당연히 명의신탁 사실이 인정되어야 하는 것은 아니다(대법원 1998. 9. 8. 선고 98다13686 판결).

위 판례는 토지조사부나 임야조사부에 사정명의인으로 기재된 사실에 대하여 그 사정명의인이 정당한 권리자라고 추정된다는 사실을 설명하고 있다.

이 법리는 미등기인 부동산이나 사정명의인의 명의로 등기된 경우에도 그대로 적용된다. 그러나 사정명의인 아닌 자가 특별조치법에 의하여 등기를 마친 경우에는 위 법리를 그대로 적용할 수는 없다. 그 이유는 특별조치법에 터 잡은 등기에는 강력한 적법추정이 인정되기 때문이다.

대법원 1997. 10. 16. 선고 95다57029 전원합의체 판결

어느 토지가 특정 묘의 위토로 되는 경위는 그 특정 묘와 관계있는 종중이 그 토지의 소유권을 취득하여 위토설정을 하는 경우도 있지만 후손 중의 어느 개인이 그 소유의 토지를 특정 선조 묘의 위토로 설정하는 경우 등이 있을 수 있으므로 <u>위토라는 사실만으로 종중 소유의 토지라고 볼 수는 없고</u>(대법원 1995. 11. 14. 선고 95다21471 판결, 1985. 11 .26. 선고 85다카847 판결, 1984. 3. 13. 선고 83도1726 판결 등 참조), 또한 <u>위토라고 하여 반드시 묘주의 소유라고 단정할 수도 없다</u>고 할 것이다(대법원 1970. 9. 22. 선고 70다1441, 1442 판결 참조). 이와 다른 견해를 취한 대법원 1960. 9. 1. 선고 4292민상966 판결은 이를 변경하기로 한다.

묘지에서 지내는 제사비용을 마련하기 위해서 경작하는 논이나 밭을 '위토(位土)'라고 한다.

위 판례가 위토라는 사실만으로 종중 소유의 토지라고 볼 수는 없고, 묘주(墓主)의 소유라고 단정할 수도 없다고 말하면서도 그 이유를 위 판결에서는 구체적으로 설명하지 않았으나, 이는 「구 농지개혁법」에 의하여 3정보(약 9천 평)를 초과하는 농지는 자경(自經)하는 것일지라도 국가가 이를 강제로 매수하여 소농가에 분배를 하였기 때문에 위 3정보를 초과하는 농지를 소유한 부호들이 위 「구 농지개혁법」에 의한 강제매매를 회피할 목적으로 허위의 위토신고를 한 사례가 적지 않았기 때문일 것이다. 「농지개혁법」 시행 당시 1위(位)의 분묘마다 2단보(약 600평)까지의 위토는 위 3정보를 초과하더라도 매수대상에서 제외를

해주었다.

이 무렵에 농지를 위토로 신고하면 읍·면에서는 '위토대장(位土臺帳)'을 작성·비치하였는데, 위토대장에는 위토의 소재·지번·지목·면적·소유자·관리인 등이 기재되었다. 그리고 위토로 인정해달라는 취지의 신고서인 '위토인허신청서(位土認許申請書)'에는 그 농지가 어느 분묘의 위토라는 사실을 기재해두었다. 그러나 위토를 신고한 사례는 그리 많지 않은 듯하다.

제3항 기존 명의신탁약정에 따른 등기의 실명등기의무

부동산실명법 시행 전에 명의신탁약정에 따라 부동산물권을 명의수탁자의 명의로 등기했거나 등기하도록 한 기존의 명의신탁자는 부동산실명법 시행일로부터 1년의 유예기간 이내에 실명등기를 하여야 한다(실명법 제11조 제1항). 이 의무를 위반하면 이는 무효인 명의신탁과 같이 취급된다. 그리고 과징금 부과 등의 제재도 받는다.

제10절 친일반민족행위자 관련 특별법

제1관 서언

중국은 1946년 4월부터 1948년 9월까지 사이에 친일파를 색출하여 처벌하였다고 전해진다. 사법처리건수는 4만5천여건, 형의 집행이 확정된 친일파는 1만4천9백여명이며, 359명에 대하여는 사형이 집행되었다고 한다.

북한과 타이완도 친일파를 색출하여 처벌함으로써 우리와 같은 친일 논란은 사라졌다고 한다.

프랑스는 나치가 프랑스를 점령했던 4년여 기간 동안 나치정권에 협력했던 자들을 '나치협력자'라 명명하고, 전국에 나치협력자재판소를 설치하여 처벌했다고 전해진다. 5만5천여건의 재판이 있었고, 이 중 6천7백여명이 사형선고를 받았으며, 767명에 대해서는 실제로 사형을 집행했다고 한다.

제2관 1948년 친일 청산 노력

제1항 「반민족행위처벌법」

반민족행위처벌법

[시행 1948. 9. 22.] [법률 제3호, 1948. 9. 22., 제정]

제1주 일본정부와 통모하여 한일합병에 적극 협력한 자, 한국의 주권을 침해하는 조약 또는 문서에 조인한 자와 모의한 자는 사형 또는 무기징역에 처하고 그 재산과 유산의 전부 혹은 2분지 1 이상을 몰수한다.

제2조 일본정부로부터 작을 수한 자 또는 일본제국의회의 의원이 되었던 자는 무기 또는 5년 이상의 징역에 처하고 그 재산과 유산의 전부 혹은 2분지 1 이상을 몰수한다.

제3조 일본치하 독립운동자나 그 가족을 악의로 살상·박해한 자 또는 이를 지휘한 자는 사형, 무기 또는 5년 이상의 징역에 처하고 그 재산의 전부 혹은 일부를 몰수한다.

제4조 좌의 각 호의 1에 해당하는 자는 10년 이하의 징역에 처하거나 15년 이하의 공민권을 정지하고 그 재산의 전부 혹은 일부를 몰수할 수 있다.

　1. 습작한 자

　2. 중추원 부의장, 고문 또는 참의 되었던 자

---

3. 칙임관 이상의 관리 되었던 자

4. 밀정행위로 독립운동을 방해한 자

5. 독립을 방해할 목적으로 단체를 조직했거나 그 단체의 수뇌간부로 활동하였던 자

6. 군, 경찰의 관리로서 악질적인 행위로 민족에게 해를 가한 자

7. 비행기, 병기 또는 탄약등 군수공업을 책임경영한 자

8. 도, 부의 자문 또는 결의기관의 의원이 되었던 자로서 일정에 아부하여 그 반민족적 죄적이 현저한 자

9. 관공리 되었던 자로서 그 직위를 악용하여 민족에게 해를 가한 악질적 죄적이 현저한 자

10. 일본국책을 추진시킬 목적으로 설립된 각 단체 본부의 수뇌간부로서 악질적인 지도적 행동을 한 자

11. 종교, 사회, 문화, 경제 기타 각 부문에 있어서 민족적인 정신과 신념을 배반하고 일본침략주의와 그 시책을 수행하는데 협력하기 위하여 악질적인 반민족적 언론, 저작과 기타 방법으로써 지도한 자

12. 개인으로서 악질적인 행위로 일제에 아부하여 민족에게 해를 가한 자

제5조 일본치하에 고등관 3등급 이상, 훈 5등 이상을 받은 관공리 또는 헌병, 헌병보, 고등경찰의 직에 있던 자는 본법의 공소시효 경과 전에는 공무원에 임명될 수 없다. 단, 기술관은 제외한다.

제6조 본법에 규정한 죄를 범한 자 개전의 정상이 현저한 자는 그 형을 경감 또는 면제할 수 있다.

제7조 타인을 모함할 목적 또는 범죄자를 옹호할 목적으로 본법에 규정한 범죄에 관하여 허위의 신고, 위증, 증거인멸을 한 자 또는 범죄자에게 도피의 길을 협조한 자는 당해 내용에 해당한 범죄규정으로 처벌한다.

제8조 본법에 규정한 죄를 범한 자로서 단체를 조직하는 자는 1년 이하의 징역에 처한다.

제9조 반민족행위를 예비조사하기 위하여 특별조사위원회를 설치한다. 특별조사위원회는 위원 10인으로써 구성한다. 특별조사위원은 국회의원 중에서 좌기의 자격을 가진 자를 국회가 선거한다.

1. 독립운동의 경력이 있거나 절개를 견수하고 애국의 성심이 있는 자

2. 애국의 열성이 있고 학식, 덕망이 있는 자

제10조 특별조사위원회는 위원장, 부위원장 각 1인을 호선한다. 위원장은 조사위원회를 대표하며 회의에 의장이 된다. 부위원장은 위원장을 보좌하고 위원장이 사고가 있을 때에는 그 직무를 대리한다.

제11조 특별조사위원은 기 재임 중 현행범 이외에는 특별조사위원장의 승인이 없이 체포·심문을 받지 않는다.

제12조 특별조사위원회는 사무를 분담하기 위하여 서울시와 각 도에 조사부, 군부에 조사지부를 설치할 수 있다. 조사부책임자는 조사위원회에서 선거하여 국회의 승인을 받아야 한다.

제13조 특별조사위원회에서 채용하는 직원은 친일모리의 세평이 없는 자라야 한다.

제14조 조사방법은 문서조사, 실지조사의 2종으로 한다. 문서조사는 관공문서, 신문 기타 출판물을 조사하여 피의자명부를 작성한다. 실지조사는 피의자명부를 기초로 하고 현지출장 기타 적당한 방법으로 증거를

수집하여 조사서를 작성한다.

제15조 특별조사위원회로부터 조사사무를 집행하기 위하여 정부 기타의 기관에 대하여 필요한 보고기록의 제출 또는 기타 협력을 요구할 때에는 이에 응하여야 한다.

제16조 특별조사위원이 직무를 수행할 때에는 특별조사위원장의 신임장을 소지케 하며 그 행동의 자유를 보유하는 특권을 가지게 된다.

제17조 특별조사위원회가 조사를 완료할 때에는 10일 이내에 위원회의 결의로 조사보고서를 작성하고 의견서를 첨부하여 특별검찰부에 제출하여야 한다.

제18조 특별조사위원회의 비용은 국고부담으로 한다.

제19조 본법에 규정된 범죄자를 처단하기 위하여 대법원에 특별재판부를 부치한다. 반민족행위를 처단하는 특별재판부는 국회에서 선거한 특별재판부부장 1인, 부장재판관 3인, 재판관 12인으로써 구성한다. 전항의 재판관은 국회의원 중에서 5인, 고등법원 이상의 법관 또는 변호사 중에서 6인, 일반사회인사 중에서 5인으로 하여야 한다.

제20조 특별재판부에 특별검찰부를 병치한다. 특별검찰부는 국회에서 선거한 특별검찰부검찰관장 1인, 차장 1인, 검찰관 7인으로써 구성한다.

제21조 특별재판관과 특별검찰관은 좌의 자격을 가진 자 중에서 선거하여야 한다.

  1. 독립운동에 경력이 있거나 절개를 견수하고 애국의 성심이 있는 법률가

  2. 애국의 열성이 있고 학식, 덕망이 있는 자

제22조 특별재판부부장과 특별재판관은 대법원장 및 법관과 동일한 대우

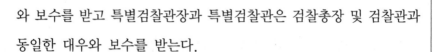

와 보수를 받고 특별검찰관장과 특별검찰관은 검찰총장 및 검찰관과 동일한 대우와 보수를 받는다.

제23조 특별재판부의 재판관과 검찰관은 그 재임 중 일반재판관 및 일반 검찰관과 동일한 신분의 보장을 받는다.

제24조 특별재판부의 재판관과 검찰관은 그 재임 중 국회의원, 법관과 검찰관 이외의 공직을 겸하거나 영리기관에 참여하거나 정당에 관여하지 못한다.

제25조 특별재판부에 3부를 두고 각 부는 재판장 1인과 재판관 4인의 합의로써 재판한다.

제26조 특별검찰관은 특별조사위원회이 조사보고서아 일반검찰사실을 기초로 하여 공소를 제기한다. 특별검찰관은 검찰상 필요에 의하여 특별조사위원 또는 사법경찰관을 지휘·명령할 수 있다.

제27조 특별검찰관은 특별조사위원회의 조사보고서를 접수한 후 20일 이내에 기소하여야 하며 특별재판부는 기소된 사건에 대하여 30일 이내에 공판을 개정하여야 한다. 단, 특별재판부는 부득이한 사정이 있을 때에는 기간을 연장할 수 있으되 30일을 초과할 수 없다.

제28조 본법에 의한 재판은 단심제로 한다.

소송절차와 형의 집행은 일반형사소송법에 의한다.

제29조 본법에 규정한 범죄에 대한 공소시효는 본법 공포일로부터 기산하여 2년을 경과하므로써 완성된다. 단, 도피한 자나 본법이 사실상 시행되지 못한 지역에 거주하는 자 또는 거주하던 자에 대하여는 그 사유가 소멸된 때로부터 시효가 진행된다.

제30조 본법의 규정은 한일합병 전후부터 단기 4278년 8월 15일 이전의

행위에 이를 적용한다.

제31조 본법에 규정한 범죄자로서 대한민국헌법 공포일로부터 이후에 행한 그 재산의 매매, 양도, 증여 기타의 법률행위는 일체무효로 한다.

제32조 본법은 공포일로부터 시행한다.

제2항 친일 청산에 실패한 이유

위 법에 따라 구성된 반민족행위자특별조사위원회(약칭 '반민특위')는 친일파를 체포, 조사하는 활동을 시작했다. 688건을 입건하여 이 중 559건은 특별검찰부에 송치하였고, 이 중에서 공소가 제기된 건수는 221건에 불과했다. 구형까지 진행된 경우는 41건에 불과했다고 한다. 결국 형이 확정되어 처벌을 받은 친일파는 단 한명도 없었다.

반민특위가 이처럼 초라한 성적마저 마무리하지 못한 채 사라진 이유는 대통령 이승만의 반민특위 와해작전 때문이다. 그 와해작전이라는 것은 재판부에 대하여 압력을 넣어 피고인들을 모두 무죄 또는 병보석으로 석방하게 한 것을 두고 하는 말이다. 한편, 이승만은 고문기술자로도 악명이 높았던 대표적인 친일경찰 노덕술을 비호하기도 하였다.

노덕술은 일제 시대 일본경찰의 앞잡이가 되어 고문 등 악행을 저지른 자이다. 특히 독립운동가들을 구속하고, 그의 아내를 겁탈하는가 하면 재산을 탈취한 것으로 알려져 있다.

이승만은 노덕술이 빨갱이를 잘 잡는다는 이유로 수도경찰청 수사반장에 임명하였다. 노덕술은 이때에도 고문을 하여 피의자를 사망하게 하였고, 그 시체를 한강에 버린 적도 있다.

반민특위가 친일행위자 노덕술을 체포하여 구속하자 이승만은 반민특위를 해체시키면서까지 노덕술을 석방시켜 복직케 하였다. 이러한 노덕술은 나중에는 헌병장교로 임관되기도 했다.

제3관 노무현 정부의 친일 청산 활동

제1항 「일제강점하 반민족행위 진상규명에 관한 특별법」

이 법은 일본제국주의의 국권침탈이 시작된 러·일전쟁 개전시(1904. 2. 8.) 부터 1945. 8. 15.까지 일본제국주의를 위하여 행한 친일반민족행위의 진상을 규명하는 것 등을 목적으로 제정되었다.

이 법은 2005. 1. 27. 공포와 동시에 시행되었다. 이 법에 의하여 대통령 지속기관으로 한시적(限時的)인 기구인 친일반민족행위자진상규명위원회를 설치하였다. 이 위원회는 1,005명에 대하여 친일반민족행위자로 결정하였다.

구한말 조선이 청·일·러의 3국간섭을 받던 시기에 청·일전쟁(淸日戰爭)에서 승리(1895년)한 일본은 만주와 조선에서의 지배권을 확보하기 위하여 러·일 간에 여러 가지의 협상을 진행하였다. 이 과정에서 원만한 협상이 성립되지 않자 일본은 1904년 2월 8일 러시아(소련)를 기습적으로 공격함으로써 시작된 전쟁이 러일전쟁이다.

일제강점하 반민족행위 진상규명에 관한 특별법(약칭: 반민족규명법)

[시행 2012. 10. 22.] [법률 제11494호, 2012. 10. 22., 일부개정]

제1조(목적) 이 법은 일본제국주의의 국권침탈이 시작된 러·일전쟁개전
시부터 1945년 8월 15일까지 일본제국주의를 위하여 행한 친일반민족
행위의 진상을 규명하여 역사의 진실과 민족의 정통성을 확인하고 사회

정의 구현에 이바지함을 목적으로 한다.

제2조(정의) 이 법에서 "친일반민족행위"라 함은 일본제국주의의 국권침탈이 시작된 러·일전쟁 개전시부터 1945년 8월 15일까지 행한 다음 각 호의 어느 하나에 해당하는 행위를 말한다.

1. 국권을 지키기 위하여 일본제국주의와 싸우는 부대를 공격하거나 공격을 명령한 행위

2. 국권을 회복하기 위하여 투쟁하는 단체 또는 개인을 강제해산시키거나 감금·폭행하는 등의 방법으로 그 단체 또는 개인의 활동을 방해한 행위

3. 독립운동 또는 항일운동에 참여한 자 및 그 가족을 살상·처형·학대 또는 체포하거나 이를 지시 또는 명령한 행위

4. 독립운동을 방해할 목적으로 조직된 단체의 장 또는 간부로서 그 단체의 의사결정을 중심적으로 수행하거나 그 활동을 주도한 행위

5. 밀정행위로 독립운동이나 항일운동을 저해한 행위

6. 을사조약·한일합병조약 등 국권을 침해한 조약을 체결 또는 인하거나 이를 모의한 행위

7. 일제로부터 작위를 받거나 이를 계승한 행위. 다만, 이에 해당하는 사람이라 하더라도 작위를 거부·반납하거나 후에 독립운동에 적극 참여한 사람 등으로 제3조에 따른 친일반민족행위진상규명위원회가 결정한 사람은 예외로 한다.

8. 일본제국의회의 귀족원의원 또는 중의원으로 활동한 행위

9. 조선총독부 중추원 부의장·고문 또는 참의로 활동한 행위

10. 일본제국주의 군대의 소위(少尉) 이상의 장교로서 침략전쟁에 적극 협력한 행위

11. 학병·지원병·징병 또는 징용을 전국적 차원에서 주도적으로 선전(宣傳) 또는 선동하거나 강요한 행위

12. 일본군을 위안할 목적으로 주도적으로 부녀자를 강제동원한 행위

13. 사회·문화 기관이나 단체를 통하여 일본제국주의의 내선융화 또는 황민화운동을 적극 주도함으로써 일본제국주의의 식민통치 및 침략전쟁에 적극 협력한 행위

14. 일본제국주의의 전쟁수행을 돕기 위하여 군수품 제조업체를 운영하거나 대통령령이 정하는 규모 이상의 금품을 헌납한 행위

15. 판사·검사 또는 사법관리로서 무고한 우리민족 구성원을 감금·고문·학대하는 등 탄압에 적극 앞장선 행위

16. 고등문관 이상의 관리, 헌병 또는 경찰로서 무고한 우리민족 구성원을 감금·고문·학대하는 등 탄압에 적극 앞장선 행위

17. 일본제국주의의 통치기구의 주요 외곽단체의 장 또는 간부로서 일본제국주의의 식민통치 및 침략전쟁에 적극 협력한 행위

18. 동양척식회사 또는 식산은행 등의 중앙 및 지방조직 간부로서 우리민족의 재산을 수탈하기 위한 의사결정을 중심적으로 수행하거나 그 집행을 주도한 행위

19. 일본제국주의의 식민통치와 침략전쟁에 협력하여 포상 또는 훈공을 받은 자로서 일본제국주의에 현저히 협력한 행위

20. 일본제국주의와 일본인에 의한 민족문화의 파괴·말살과 문화유산의 훼손·반출에 적극 협력한 행위

제3조(친일반민족행위진상규명위원회의 설치) 친일반민족행위의 진상규명에 관한 업무를 수행하기 위하여 대통령 소속으로 친일반민족행위진상규명위원회(이하 "위원회"라 한다)를 둔다.

제4조(위원회의 업무 등) 위원회는 다음 각 호의 사항을 심의·의결한다.

1. 친일반민족행위 조사대상자(이하 "조사대상자"라 한다)의 선정

2. 조사대상자가 행한 친일반민족행위의 조사

3. 친일반민족행위와 관련된 국내외 자료의 수집 및 분석

4. 위원회 활동에 관한 조사보고서의 작성·발간 및 친일반민족행위에 관한 사료의 편찬 및 사료관 건립에 관한 사항

5. 제1호의 규정에 따라 선정된 조사대상자의 친일반민족행위의 결정에 관한 사항

6. 그 밖에 진상규명을 위하여 필요한 사항으로서 대통령령이 정하는 사항

제8조(위원회의 활동기간) ① 위원회는 그 구성을 마친 날부터 4년 이내에 활동을 완료하여야 한다.

② 위원회는 제1항에서 정한 기간 이내에 활동을 완료하기 어려운 경우에는 재적위원 3분의 2 이상의 찬성에 의한 의결로 그 활동기간을 1회에 한하여 6개월 연장할 수 있다.

제19조(조사대상자의 선정 및 이의신청) ① 위원회는 친일반민족행위에 해당한다고 인정할 만한 상당한 근거가 있고 그 내용이 중대하다고 인정하는 때에는 의결로써 조사대상자를 선정하여 필요한 조사를 할 수 있다. 이 경우 국민들로부터 제보를 받을 수 있다.

② 위원회는 제1항의 규정에 의하여 조사대상자가 선정된 때에는 그

선정사실을 당해 조사대상자, 그 배우자와 직계비속 또는 이해관계인에게 통지하여야 한다.

③ 조사대상자, 그 배우자와 직계비속 또는 이해관계인의 주소불명 등으로 제2항의 규정에 의한 통지를 할 수 없을 때에는 조사대상자의 성명, 출생지 등의 인적사항을 다음 각 호의 방법으로 공고함으로써 제2항의 통지에 갈음할 수 있다. 이 경우 공고일로부터 14일이 경과한 때에 통지된 것으로 본다. 〈신설 2006. 4. 28.〉

1. 위원회 게시판 게시

2. 관보·공보 또는 일간신문 게재

3. 전지통신매체를 이용한 공시

④ 위원회는 제2항(제3항의 규정에 따라 통지에 갈음하는 경우를 포함한다)의 규정에 의한 통지를 함에 있어서 통지대상자에게 이의신청의 제기 및 그 절차와 기간 그 밖에 필요한 사항을 알려야 한다. 〈개정 2006. 4. 28.〉

⑤ 제2항 및 제3항의 규정에 의하여 통지를 받은 자는 그 조사대상자의 선정에 대하여 이의가 있는 경우에는 통지를 받은 날부터 60일 이내에 위원회에 서면으로 이의신청을 할 수 있다.

⑥ 위원회는 이의신청을 받은 날부터 30일 이내에 이의신청에 대하여 결정하고 그 결과를 신청인에게 지체없이 서면으로 통지하여야 한다. 〈개정 2006. 4. 28.〉

⑦ 제5항의 규정에 따른 이의신청의 절차에 관하여 필요한 사항은 대통령령으로 정한다. 〈개정 2006. 4. 28.〉

제20조(조사의 대상) ① 위원회는 제19조 제1항의 규정에 의하여 조사를

개시하는 경우 조사대상자가 국내외에서 일제의 국권침탈을 반대하거나 독립운동에 참여 또는 지원한 사실이 있는 때에는 이러한 사실을 함께 조사하여야 한다.

② 위원회는 제1항의 규정에 따라 조사한 내용을 제25조의 규정에 의한 조사보고서 및 제26조의 규정에 의한 사료에 기재하여야 한다.

제24조(의견진술 기회의 부여) 위원회는 조사대상자의 친일반민족행위를 조사함에 있어서 제19조의 규정에 따라 선정된 조사대상자, 그 배우자와 직계비속 또는 이해관계인에게 의견을 진술할 기회를 주어야 한다. 이 경우 의견을 진술할 자는 조사보고서의 작성근거가 되는 증거자료의 열람을 청구할 수 있으며, 변호인을 선임할 수 있다.

제27조(조사보고서 등의 공개) 위원회는 제25조의 규정에 의한 조사보고서 및 제26조의 규정에 의한 사료를 공개하여야 한다.

제28조(조사결과에 대한 이의신청) ① 위원회는 제25조의 규정에 의한 조사보고서 또는 제26조의 규정에 의한 사료에 기재될 조사대상자의 친일반민족행위를 확정하여 그 내용을 제19조의 규정에 따라 선정된 조사대상자, 그 배우자와 직계비속 또는 이해관계인에게 통지하여야 한다.

② 조사대상자, 그 배우자와 직계비속 또는 이해관계인의 주소불명 등으로 제1항의 규정에 의한 통지를 할 수 없을 때에는 조사대상자에게 적용된 제2조 각 호 중 해당하는 행위를 적시하여 다음 각 호의 방법으로 공고함으로써 제1항의 통지에 갈음할 수 있다. 이 경우 공고일로부터 14일이 경과한 때에 통지된 것으로 본다.

1. 위원회 게시판 게시

2. 관보·공보 또는 일간신문 게재

3. 전자통신매체를 이용한 공시

③ 위원회는 제1항(제2항의 규정에 따라 통지에 갈음하는 경우를 포함한다)의 규정에 의한 통지를 함에 있어서 통지대상자에게 이의신청의 제기 및 그 절차와 기간 그 밖에 필요한 사항을 알려야 한다. 〈개정 2006. 4. 28.〉

④ 제1항 및 제2항의 규정에 의하여 통지를 받은 자는 통지받은 내용이 사실에 맞지 아니하다고 인정하는 경우에는 통지를 받은 날부터 60일 이내에 위원회에 서면으로 이의신청을 할 수 있다.

⑤ 위원회는 이의신청을 받은 날부터 30일 이내에 이의신청에 대하여 결정하고 그 결과를 신청인에게 지체없이 서면으로 통지하여야 한다. 〈개정 2006. 4. 28.〉

⑥ 제4항 및 제5항의 규정에 따른 이의신청의 절차에 관하여 필요한 사항은 대통령령으로 정한다. 〈개정 2006. 4. 28.〉

위 법조항이 말하는 '밀정행위(密偵行爲)'는 조선의 독립운동가 등 애국자들에 대한 동태를 살피거나 미행하는 등의 수법으로 얻어낸 정보를 일본 경찰이나 일본군 헌병에게 제공하는 등의 행위를 말한다.

'작위(爵位)'는 일제강점기에 일제가 조선인에게 귀족의 계급 내지 서열을 표상하기 위하여 수여한 것으로서 공작(公爵), 후작(侯爵), 백작(伯爵), 자작(子爵) 및 남작(南爵)을 말한다.

일제는 1931년 대륙침략을 위한 교두보를 마련할 목적으로 만주사변을 일으키고, 다음 해에 만주를 점령하였다. 그리고 만주사변 이후 조선을 병참기지화

하기 위하여 통치체제를 전체주의적 동원체제로 개편함에 있어 선일융합(鮮日融合)·내선일체(內鮮一體) 등을 내세우면서 조선의 인력을 총동원하는 정책을 펼쳤다. 이러한 민족말살정책을 시행할 목적으로 일제가 밖으로만 내세운 정강을 통칭하여 '황국신민화정책(皇國臣民化政策)'이라 한다. 이 법은 이를 내선융화 또는 황민화운동이라고 표현하였다.

'고등문관(高等文官)'은 판임관(判任官 : 장관이 임의로 임명할 수 있는 하급관리)보다 높은 고등관에 속하는 등급의 행정관리를 말한다.

제2항 「친일반민족행위자 재산의 국가귀속에 관한 특별법」

이 법은 2005. 12. 29. 공포와 동시에 시행되었다. 이 법은 일본제국주의에 협력하고 우리민족을 탄압한 반민족행위자가 당시에 친일반민족행위로 축재(蓄財)한 재산을 국가에 귀속시키는 것을 주된 목적으로 제정되었다.

이 법에서 말하는 '친일반민족행위자의 재산'이라 함은 친일반민족행위자가 러·일전쟁이 시작된 때(1904. 2. 8.)부터 1945. 8. 15.까지 사이에 일본제국주의에 협력한 대가로 취득하거나 이를 상속받은 재산 또는 친일재산임을 알면서 유증(遺贈 : 유언에 의한 증여)이나 증여를 받은 재산을 말한다.

이 경우 러·일전쟁 개전시(開戰時)부터 1945. 8. 15.까지 친일반민족행위자가 취득한 재산은 친일행위의 대가로 취득한 재산으로 '추정(推定)'한다.

친일재산은 그 취득·증여 등 원인행위 당시로 소급하여 국가의 소유로 한다. 그러나 제3자가 선의로 취득하거나 정당한 대가를 지급하고 취득한 권리는 보호된다.

이 법에 의하여 대통령 직속기관으로 친일반민족행위자재산조사위원회를 설치하였다. 그러나 위원회의 활동기간은 약 4년에 불과하였다.

친일반민족행위자 재산의 국가귀속에 관한 특별법

(약칭: 친일재산귀속법)

[시행 2011. 5. 19.] [법률 제10646호, 2011. 5. 19., 일부개정]

제1조(목적) 이 법은 일본 제국주의의 식민통치에 협력하고 우리 민족을 탄압한 반민족행위자가 그 당시 친일반민족행위로 축재한 재산을 국가에 귀속시키고 선의의 제3자를 보호하여 거래의 안전을 도모함으로써 정의를 구현하고 민족의 정기를 바로 세우며 일본제국주의에 저항한 3.1운동의 헌법이념을 구현함을 목적으로 한다.

제2조(정의) 이 법에서 사용하는 용어의 정의는 다음과 같다.

1. "재산이 국가에 귀속되는 대상인 친일반민족행위자(이하 "친일반민족행위자"라 한다)"라 함은 다음 각 목의 어느 하나에 해당하는 자를 말한다.

   가. 「일제강점하 반민족행위 진상규명에 관한 특별법」 제2조 제6호·제8호·제9호의 행위를 한 자(제9호에 규정된 참의에는 찬의와 부찬의를 포함한다). 다만, 이에 해당하는 자라 하더라도 후에 독립운동에 적극 참여한 자 등으로 제4조의 규정에 따른 친일반민족행위자재산조사위원회가 결정한 자는 예외로 한다.

   나. 「일제강점하 반민족행위 진상규명에 관한 특별법」 제3조에 따른 친일반민족행위진상규명위원회가 결정한 친일반민족행위자 중 일제로부터 작위(爵位)를 받거나 이를 계승한 자. 다만, 이에 해당하는 자라 하더라도 작위를 거부·반납하거나

후에 독립운동에 적극 참여한 자 등으로 제4조에 따른 친일반
민족행위자재산조사위원회가 결정한 자는 예외로 한다.

다. 「일제강점하 반민족행위 진상규명에 관한 특별법」 제2조의
규정에 따른 친일반민족행위를 한 자 중 제4조의 규정에
따른 친일반민족행위자재산조사위원회의 결정에 따라 독립운
동 또는 항일운동에 참여한 자 및 그 가족을 살상·처형·학대
또는 체포하거나 이를 지시 또는 명령한 자 등 친일의 정도가
지극히 중대하다고 인정된 자

2. "친일반민족행위자의 재산(이하 "친일재산"이라 한다)"이라 함은
친일반민족행위자가 국권침탈이 시작된 러·일전쟁 개전시부터
1945년 8월 15일까지 일본제국주의에 협력한 대가로 취득하거나
이를 상속받은 재산 또는 친일재산임을 알면서 유증·증여를 받
은 재산을 말한다. 이 경우 러·일전쟁 개전시부터 1945년 8월
15일까지 친일반민족행위자가 취득한 재산은 친일행위의 대가로
취득한 재산으로 추정한다.

제3조(친일재산의 국가귀속 등) ① 친일재산(국제협약 또는 협정 등에
의하여 외국 대사관이나 군대가 사용·점유 또는 관리하고 있는 친일재
산 및 친일재산 중 국가가 사용하거나 점유 또는 관리하고 있는 재산도
포함한다)은 그 취득·증여 등 원인행위시에 이를 국가의 소유로 한다.
그러나 제3자가 선의로 취득하거나 정당한 대가를 지급하고 취득한
권리를 해하지 못한다.

② 친일재산의 국가귀속에 관한 구체적 절차와 그 밖의 필요한 사항
에 관하여는 대통령령으로 정한다.

제4조(친일반민족행위자재산조사위원회의 설치) 친일재산의 조사 및 처리 등에 관한 사항을 심의·의결하기 위하여 대통령 소속하에 친일반민족행위자재산조사위원회(이하 "위원회"라 한다)를 둔다.

제5조(위원회의 업무 등) ① 위원회의 업무는 다음 각 호와 같다.

1. 친일반민족행위자의 조사 및 선정

2. 친일반민족행위자의 재산조사 및 친일재산 여부의 결정

3. 일본인 명의로 남아있는 토지에 대한 조사 및 정리

4. 그 밖에 대통령령이 정하는 사항

② 위원회는 제1항의 규정에 따른 업무를 수행하기 위하여 국가기관, 지방자치단체 그 밖의 관련 기관 또는 단체에 대하여 필요한 자료제출 및 사실조회 등 협조를 요청할 수 있다.

③ 제2항의 규정에 따라서 위원회로부터 협조요청을 받은 국가기관 등은 특별한 사정이 없는 한 이에 응하여야 한다.

④ 제1항 제1호의 규정에 따른 조사 및 선정을 함에 있어서 「일제강점하 반민족행위 진상규명에 관한 특별법」 제3조의 규정에 따른 친일반민족행위진상규명위원회가 조사한 결과를 원용할 수 있다.

제19조(조사의 개시 등) ① 위원회는 친일재산에 해당한다고 인정할 만한 상당한 이유가 있는 때에는 의결로써 그 대상재산의 소유관계 및 친일반민족행위자의 재산상태 등에 관하여 필요한 조사를 개시하여야 한다. 이 경우 위원회는 법원에 보전처분을 신청하여야 한다.

② 친일재산에 해당한다고 의심할만한 재산에 관하여 「공공기관의 정보공개에 관한 법률」에 따른 공개요청이 있는 경우 국가 및 지방자치단체는 위원회에 친일재산 여부에 대한 조사를 의뢰하여야 한다. 이

경우 위원회는 조사를 개시하여 친일재산 여부의 결정을 한 후 그 결과를 국가나 지방자치단체에 통지하여야 한다.

③ 국가 및 지방자치단체는 필요하다고 인정할 때는 위원회의 조사결정 때까지 제2항의 규정에 따른 정보공개절차를 중지할 수 있다.

④ 친일재산에 해당한다고 의심되는 재산에 관하여 소송이 계속 중인 경우 법원은 직권이나 당사자의 신청으로 위원회에 친일재산 여부에 대한 조사를 의뢰할 수 있다. 이 경우 위원회는 조사를 개시하여 친일재산 여부의 결정을 한 후 그 결과를 법원에 통지하여야 한다.

⑤ 법원은 필요하다고 인정한 때에는 위원회의 결정이 있을 때까지 제4항의 규정에 따른 소송절차를 중지할 수 있다.

⑥ 위원회는 제1항의 규정에 따라 조사대상자나 대상재산을 선정한 때에는 그 선정사실을 당해 조사대상자, 그 배우자와 직계비속 또는 이해관계인에게 통지하여야 한다.

⑦ 위원회는 제6항의 규정에 따른 통지를 함에 있어서 통지대상자에게 이의신청의 제기 및 그 절차와 기간 그 밖에 필요한 사항을 알려야 한다.

⑧ 제7항의 규정에 따라 통지를 받은 자는 그 조사대상자 및 대상재산의 선정에 대하여 이의가 있는 경우 통지를 받은 날부터 60일 이내에 위원회에 서면으로 이의신청을 할 수 있다.

⑨ 위원회는 이의신청을 받은 날부터 30일 이내에 이의신청에 대하여 결정을 하고 그 결과를 신청인에게 지체 없이 서면으로 통지하여야 한다.

⑩ 제7항의 규정에 따른 이의신청의 절차에 관하여 필요한 사항은 대통령령으로 정한다.

제20조(조사의 방법) ① 위원회는 조사를 수행함에 있어서 다음 각 호의 조치를 할 수 있다.

　1. 친일재산을 관리·소유하고 있는 자에 대하여 재산상태 및 관련 자료의 제출요구

　2. 친일재산을 관리·소유하고 있는 자의 출석요구 및 진술청취

　3. 관련 국가기관·시설·단체 등에 대한 관련 자료 또는 물건의 제출요구

　4. 감정인의 지정 및 감정의 의뢰

② 위원회는 필요하다고 인정할 때에는 위원 또는 소속 직원으로 하여금 제1항 각 호의 조치를 하게 할 수 있다.

③ 위원회는 필요하다고 인정할 때에는 위원 또는 소속 직원으로 하여금 친일반민족행위자의 재산상태 등을 규명하기 위하여 필요한 장소에서 관련 자료·물건 또는 시설에 대한 실지조사를 하게 할 수 있다. 이 경우 위원회는 위원 또는 소속 직원으로 하여금 대통령령이 정하는 바에 의하여 지정된 장소에서 친일반민족행위자의 후손 또는 이와 관련된 자의 진술을 청취하게 할 수 있다.

④ 제3항의 규정에 따라 실지조사를 하는 위원 또는 소속 직원은 실지조사의 대상인 기관·시설·단체 등이나 그 직원 또는 친일반민족행위자의 후손에 대하여 필요한 자료 또는 물건의 제출을 요구할 수 있다. 이 경우 자료 또는 물건의 제출요구는 조사목적 달성에 필요한 최소한의 범위 안에 그쳐야 하며, 자료 또는 물건의 제출요구를 받은 기관 등이나 그 직원 또는 친일반민족행위자의 후손은 지체 없이 이에 응하여야 한다.

⑤ 제3항 및 제4항의 규정에 따라 조사를 하는 위원 또는 소속 직원은 그 권한을 표시하는 증표를 지니고 이를 관계인에게 내보여야 한다.

⑥ 제1항 제4호의 규정에 따라 감정인으로 지정된 자는 허위의 감정을 하여서는 아니 된다.

⑦ 조사의 절차 그 밖에 필요한 사항에 관하여는 대통령령으로 정한다.

제21조(이의신청 등 불복절차) ① 위원회의 실지 조사, 자료제출 요구, 진술청취 등에 있어서 친일재산과 직접적인 이해관계가 있는 자는 이의신청을 할 수 있다.

② 제1항의 규정에 따른 이의신청은 그 행위가 있은 날부터 60일 이내에 위원회에 서면으로 할 수 있고, 이 경우 위원회는 이의신청을 받은 날부터 30일 이내에 이의신청에 대하여 결정을 하고 그 결과를 신청인에게 지체 없이 서면으로 통지하여야 한다.

제23조(결정 등의 통지) ① 위원회는 친일재산이라는 이유로 이를 국가에 귀속시키는 결정을 제7조의 규정에 따라 의결한 경우에는 그 대상 재산을 관리·소유하고 있는 자에게 이를 통지하여야 한다.

② 제1항의 규정에 따른 의결에 대하여 이의가 있는 자는 행정심판 또는 행정소송을 제기할 수 있다.

제25조(국가귀속재산의 사용) 이 법에 따라 국가에 귀속되는 친일재산은 「독립유공자예우에 관한 법률」 제30조의 규정에 의한 용도에 우선적으로 사용하도록 하여야 한다.

친일반민족행위자 재산의 국가귀속에 관한 특별법(이하 "특별법"이라 한다) 제2조 제2호(이하 "이 사건 추정조항"이라 한다)는 "친일재산이라 함은 친일반민족행위자가 국권침탈이 시작된 러·일전쟁 개전시부터 1945년 8월 15일까지 일본제국주의에 협력한 대가로 취득하거나 이를 상속받은 재산 또는 친일재산임을 알면서 유증·증여를 받은 재산을 말한다. 이 경우 러·일전쟁 개전시부터 1945년 8월 15일까지 친일반민족행위자가 취득한 재산은 친일행위의 대가로 취득한 재산으로 추정한다."고 규정하고 있다.

따라서, <u>이 사건 추정조항에 의한 추정력을 번복하기 위해서는 재산의 취득시기가 러·일전쟁 개전시부터 1945년 8월 15일까지 사이라는 전제사실에 대하여 법원의 확신을 흔들리게 하는 반증(反證)을 제출하거나 또는 취득한 재산이 친일행위의 대가가 아니라는 추정사실에 반대되는 사실의 존재를 증명하여야 한다</u>(대법원 2013. 3. 28. 선고 2010두28335 판결 등 참조).

한편, 토지 및 임야조사사업을 통한 사정은 그 결과 작성된 토지대장, 임야대장을 토대로 근대적 등기제도를 시행함으로써 근대적 의미의 소유권을 처음으로 창설하였고, 원칙적으로는 소유자의 신고에 의하여 진행되고 일정한 확인절차를 거쳐 신고자 명의로 사정이 이루어졌던 것이기는 하나, 당시는 일제강점기로서 매우 혼란한 시기여서 소유권신고를 하지 않은 토지나 무주부동산, 귀속불명토지에 대한 사정이 이루어지기도 하였으므로 사정이라는 제도가 반드시 사정명의인의 해당 토지나 임야에 대한 기존의 소유권을 확인받는 절차에 불과하다고 볼 것은 아니며, 토지나 임야의 사정명의인은 해당 토지나 임야를 원시취득하는 것으로서 당해

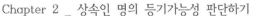

토지에 관한 기존의 권리관계는 모두 소멸되고 사정으로 인하여 소유권을 창설적으로 취득하는 것이므로(대법원 1986. 6. 10. 선고 84다카1773 전원합의체 판결 등 참조), 이 사건 추정조항에서 규정한 취득에는 사정(査定)을 원인으로 소유권을 취득하는 경우도 포함된다고 봄이 상당하다(대법원 2013. 5. 23. 선고 2011두31390 판결).

「구 친일반민족행위자 재산의 국가귀속에 관한 특별법」(2011. 5. 19. 법률 제10646호로 개정되기 전의 것. 이하 "특별법"이라고 한다)은 제2조 제1호 가목 본문에서 「일제강점하 반민족행위 진상규명에 관한 특별법」 제2조 제6호 내지 제9호의 행위를 한 자(제9호에 규정된 참의에는 찬의와 부찬의를 포함한다)를 친일반민족행위자의 하나로 정의하고 있고, 제2조 제2호 후문에서 러·일전쟁 개전시부터 1945년 8월 15일까지 친일반민족행위자가 취득한 재산(이하 "친일재산"이라 한다)은 친일행위의 대가로 취득한 재산으로 추정하면서, 제3조 제1항 본문(이하 "이 사건 귀속조항"이라고 한다)에서 그러한 친일재산은 그 취득·증여 등 원인행위시에 국가의 소유로 한다고 정하고 있다. 그런데, 이 사건 귀속조항은 다음과 같은 이유로 소급입법에 의하여 재산권을 박탈하거나 과잉금지원칙을 위반함으로써 재산권을 침해하는 것으로 볼 수 없으므로, 헌법에 위배되지 아니한다고 봄이 타당하다(헌법재판소 2011. 3. 31. 선고 2008헌바141 등 결정 참조).
(중략)

원심은 제1심판결을 인용하여, 원심판시 별지 목록 기재 부동산 중 원고들의 선대의 분묘가 설치된 토지[화성시 봉담읍 덕우리 (번지생략) 임야를 말한다]를 제외한 나머지 토지들에 대하여는 점유사실을 인정할 증거가 없고, 위 (번지생략) 임야에 관하여는 특별법 제2조 제2호에 정한 친일재산은 친일반민족행위자조사위원회가 국가귀속결정을 하였는지 여부에 관계없이 같은 법 제3조 제1항에 의하여 그 취득·증여 등 원인행위시에 소급하여 당연히 국가의 소유로 되는 점에다가 특별법의 입법취지 등을 감안하면, <u>특별법상 친일재산에 관하여는 친일반민족행위자나 그 상속인들에 의한 시효취득이 허용되지 아니한다</u>는 이유로 원고들의 선대인 공소외인이 사정받은 토지들에서 순차 분할된 이 사건 토지들에 관한 원고들의 점유취득시효 내지 등기부취득시효 완성의 주장을 모두 배척하였다.

(중략)

원심의 위와 같은 판단은 정당하다(대법원 2012. 2. 23. 선고 2010두17557 판결).

위 판례가 언급한 '참의(參議)'는 중추원(中樞院)에 속한 정삼품(正三品) 급의 벼슬 이름이다.

「친일반민족행위자 재산의 국가귀속에 관한 특별법」(이하 "특별법"이라 한다) 제3조 제1항 본문은 "친일반민족행위자의 재산(이하 "친일재산"이라 한다)은 그 취득·증여 등 원인행위시에 이를 국가의 소유로 한다"고 규정하고 있을 뿐, 친일반민족행위자재산조사위원회(이하 "위원회"라 한

다)의 결정이 있어야만 국가귀속의 효력이 발생한다고 규정하고 있지 아니하다. 또한, 위원회의 활동기간은 4년에 불과하고 1회에 한하여 2년을 연장할 수밖에 없으므로(특별법 제9조) <u>위원회 활동기간 종료 후에도 친일재산 국가귀속의 문제를 지속적으로 해결할 필요가 있다.</u>

위와 같은 규정들의 취지와 내용에 비추어 보면, <u>특별법 제2조 제2호에 정한 친일재산은 위원회가 국가귀속결정을 하여야 비로소 국가의 소유로 되는 것이 아니라 특별법의 시행에 따라 그 취득 · 증여 등 원인행위시에 소급하여 당연히 국가의 소유로 되는 것이고, 위원회의 국가귀속결정은 당해 재산이 친일재산에 해당한다는 사실을 확인하는 이른바 준법률행위적 행정행위의 성격을 가지는 것이다.</u>

한편, 특별법 제1조는 선의의 제3자를 보호하여 거래의 안전을 도모하는 것도 특별법의 입법 목적으로 함께 규정하고 있고, 특별법 제3조 제1항 단서는 "제3자가 선의로 취득하거나 정당한 대가를 지급하고 취득한 권리를 해하지 못한다"고 규정하고 있을 뿐, 제3자가 특별법 시행 전에 취득한 권리만 보호한다는 취지로 제3자의 범위를 한정하고 있지 아니하다. 또한, 친일재산의 국가귀속이라는 입법 목적이 형해화되는 것을 방지하기 위하여는 친일재산을 보유하는 친일반민족행위자, 그 상속인 또는 악의의 수증자(이하 "친일반민족행위자 등"이라 한다)가 그 재산을 제3자에게 처분함으로써 얻은 이득을 재판 또는 별도의 입법을 통하여 반환받거나 환수하는 것이 가능하고, 이와 같이 친일반민족행위자 등으로부터 이득을 반환받거나 환수하는 것이 가능함에도 불구하고 친일반민족행위자 등과 아무런 관련이 없는 선의의 제3자에게 위험을 전가시키는 것은 기본권(재산권) 침해의 최소화라는 헌법원리에도 맞지 않으며, 일반 거래의 안전을

해칠 우려가 크다.

위와 같은 규정들의 취지와 내용에 비추어 보면, 특별법 제3조 제1항 단서에 정한 "제3자"는 특별법 시행일 전에 친일재산을 취득한 자뿐만 아니라 특별법 시행일 이후에 친일재산을 취득한 자도 포함하는 것으로 보아야 한다(2008. 11 .13. 선고 2008두13491 판결).

위 판례는 친일반민족행위자재산조사위원회가 친일반민족행위자등의 재산에 대하여 국가귀속결정을 하는 행위의 성격과 관련하여 이를 확인행위(준법률적 행정행위)로 보았다.

조선총독부 중추원은 근본적으로 일제의 총독정치와 식민지배의 합리화 도구로 설치된 기구이고, 그 간부에 해당하는 중추원 고문 및 참의는 일제의 조선통치에 도움이 된 자 또는 통치과정에서 새로이 공로가 있는 자, 일제의 식민정책이나 지방통치 등에 적극적으로 협력해온 자들이 발탁·임명되어 왔으며, 중추원 고문 및 참의 등은 그 시기에 따라 내선융 화정책을 추진하는 데 활용되거나 침략전쟁과 황민화정책의 선전, 징병과 징용 등의 선전 및 선동에 동원되는 등 일제의 식민통치를 소극적으로 합리화하거나 적극적으로 협조하는 등의 역할을 맡아왔다.

이러한 조선총독부 중추원의 반민족적인 자문기구로서의 성격과 기능, 중추원에 참여한 인물들이 발탁된 경위, 중추원 고문과 참의로서 활동한 내용 등에 비추어보면 일제의 총독정치와 식민지배의 협조에 중추적인 역할을 해온 중추원 고문이나 참의로 활동해왔다면 그 자체로 친일반민족행위라고 볼 수 있다. 따라서, 「일제강점하반민족행위 진상규명에 관한 특별법」 제2조 제9호가 친일반민족행위의 구체적인 행위유형을 세부적으로 규정하지 않은 채 조사대상자가 조선총독부 중추원 고문이나 참의로 활동한 행위 자체를 친일반민족행위로 규정하고 있다고 하더라도 특별법 제정 목적과 입법취지 등을 고려하면 위와 같은 특별법 규정에 의하여 보호되는 공익이 침해되는 조사대상자 또는 직계비속의 권익보다 크다고 봄이 상당하다(서울행정법원 2009구합49732).

제3항 친일반민족행위자 재산을 둘러싼 여러 가지 문제점

약 4년 동안 활동한 적이 있는 친일반민족행위자재산조사위원회는 1,006명의 친일반민족행위자를 확정·발표한 바 있고, 친일반민족행위자의 상속인들이 소유하던 부동산을 국가에 귀속하는 절차를 진행하였다. 그러나 활동 기간이 짧은 탓에 미완성으로 끝을 맺었다고 평가할 수 있다.

친일반민족행위에 의하여 취득한 재산으로서 친일반민족행위자 및 그의 상속인(이하 '친일반민족행위자등'이라 한다)이 소유한 재산은 그 원인행위(취득) 당시에 소급하여 국가의 소유로 된다. 그리고 친일반민족행위자가 취득한 재산은 친일반민족행위에 의하여 취득한 것으로 추정한다.

앞에서 검토한 법률들의 규정 및 대법원의 견해를 종합해 보면 다음과 같은 의문점들이 생긴다.

① 친일반민족행위자등이 소유하던 재산(여기에서는 '부동산'만을 말함)을 직접 취득한 자가 소유하는 재산의 운명은? 가령 친일반민족행위자의 상속인 甲이 소유하던 부동산을 양수한 乙이 현재 소유하고 있는 경우의 문제이다.

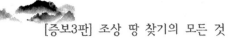
乙이 소유권을 취득할 당시에 선의(善意)이며 과실 없이, 즉 甲이 친일반민족행위자등에 해당한다는 사실을 알지 못하고, 알지 못한 데에 과실이 없는 상태에서 해당 부동산의 소유권을 취득한 경우라면 乙의 소유권은 보호를 받는다.

그러나 乙이 해당 부동산의 소유권을 취득할 당시에 악의(惡意)인 경우 또는 과실이 인정되는 경우에는 사정이 다르다. 즉, 乙이 甲으로부터 소유권을 취득할 당시에 甲은 친일반민족행위자등에 해당한다는 사실을 알았거나 알지 못했더라도 그 알지 못한 데에 과실이 인정되는 경우에는 乙의 소유권은 보호를 받지 못한다. 이 경우에는 乙에게는 시효취득도 인정될 수 없으므로 해당 부동산은 국가에 귀속되기 때문이다.

② 친일반민족행위자등인 甲으로부터 부동산의 소유권을 취득한 乙이 악의인 경우에서, 乙로부터 해당 부동산을 전득(轉得)한 丙의 소유권은 안전한가?

만약 丙도 악의인 경우라면 丙은 해당 부동산에 대한 소유권을 취득하지 못한다. 그러나 丙이 소유권을 취득할 당시에 선의이며 과실이 없었다면, 즉 乙의 소유권은 완전한 것이라고 믿었고, 그렇게 믿은 데에 과실도 없는 경우라면 그 결과는 둘로 나뉜다. 丙이 乙로부터 소유권을 이전받은 때로부터 10년이 경과한 때에 丙은 등기부취득시효의 관련 규정에 따라 완전한 소유권자가 된다. 그러나 丙이 소유권을 취득한 때로부터 아직 10년이 경과하지 않았다면 丙의 소유권은 여전히 불안정한 상태에 놓여 있다고 보아야 한다. 대한민국(법무부)이 소유권을 주장할 가능성도 있기 때문이다.

③ 친일반민족행위자등이 소유하고 있거나, 친일반민족행위자등이 소유하던 부동산을 취득 또는 전득한 사람이 현재 소유하고 있는 부동산과 관련하여 행정부(이하 '법무부'라고 함)는 앞으로도 국가귀속조치를 취할 것인가?

친일반민족행위자재산조사위원회는 오래 전에 그 임무를 마쳤다. 위 위원회가 남긴 잔무(殘務)는 법무부(검찰국)가 승계하였다. 그런데 법무부는 위 위원회가 활동을 하던 당시에 계속중이던 소송(국가가 당사자인 소송)과 관련한 사무만을 승계하여 수행하였을 뿐 새로이 친일반민족행위자등의 재산을 추적하여 국가에 귀속케 하는 절차에는 적극적이지 아니한 것으로 보인다(조직 및 인원 등을 감안한 추론임). 특별한 사정이 없는 한 앞으로도 그러할 것으로 예상된다.

④ 사인(私人) 사이에 민사소송이 진행되는 과정에서 계쟁물(係爭物 : 다툼의 대상인 부동산)이 국가귀속 대상인 친일반민족행위자등 관련 재산임이 밝혀진다면 해당 소송의 결과는?

법원은 민사소송절차에서 이와 관련한 사항을 직권으로 조사할 수는 없다. 즉, 계쟁물이 국가귀속 대상에 해당하는지 여부를 직권탐지할 수는 없다. 그러나 소송의 당사자 사이에 공격과 방어를 하는 과정에서 계쟁물의 소유권이 대한민국에 있음이 밝혀진 경우라면 법원으로서는 그 판결에서 대한민국의 소유임을 선언할 수밖에 없을 것이다. 그렇지만, 법원이 법무부장관에게 그 사실 - 계쟁물이 국가에 귀속되어야 하는 부동산이라는 사실 -을 통지해야 할 의무를 부담하는 것은 아니다.

제4항 확정된 친일반민족행위자 명단

매국(賣國) · 수작(受爵)

고영희(高永喜), 권중현(權重顯), 김사철(金思轍), 김성근(金聲根), 김학진(金鶴鎭), 김병익(金炳翊), 김영철(金永哲), 김종한(金宗漢), 김춘희(金春熙), 남정철(南廷哲), 민병석(閔丙奭), 민상호(閔商鎬), 민영규(閔泳奎), 민영기(閔泳

綺), 민영린(閔泳璘), 민영소(閔泳韶), 민영휘(閔泳徽), 민종묵(閔種默), 민형식(閔炯植), 박영효(朴泳孝), 박용대(朴容大), 박제빈(朴齊斌), 박제순(朴齊純), 성기운(成岐運), 송병준(宋秉畯), 윤덕영(尹德榮), 윤용렬(尹雄烈), 윤택영(尹澤榮), 이건하(李乾夏), 이근명(李根命), 이근상(李根湘), 이근택(李根澤), 이근호(李根澔), 이기용(李埼鎔), 이병무(李秉武), 이봉의(李鳳儀), 이완용(李完用), 이완용(李完鎔), 이용원(李容元), 이용태(李容泰), 이윤용(李允用), 이재각(李載覺), 이재곤(李載崑), 이재극(李載克), 이재완(李載完), 이정로(李正魯), 이지용(李址鎔), 이하영(李夏榮), 이항구(李恒九), 이해승(李海昇), 이해창(李海昌), 장석주(張錫周), 조동윤(趙東潤), 조동희(趙同熙), 조민희(趙民熙), 조희연(趙羲淵), 한창수(韓昌洙)

습작(襲爵)

고중덕(高重德), 고흥겸(高興謙), 고희경(高羲敬), 권태환(權泰煥), 김교신(金敎莘), 김덕한(金德漢), 김석기(金奭基), 김세현(金世顯), 김영수(金英洙), 김용국(金容國), 김정록(金正祿), 김호규(金虎圭), 남장희(南章熙), 민건식(閔健植), 민규현(閔奎鉉), 민병삼(閔丙三), 민영욱(閔泳頊), 민철훈(閔哲勳), 민충식(閔忠植), 민홍기(閔弘基), 박경원(朴經遠), 박부양(朴富陽), 박서양(朴敍陽), 박승원(朴勝遠), 박정서(朴禎緒), 박찬범(朴贊汎), 성일용(成一鏞), 성주경(成周絅), 송종헌(宋鐘憲), 윤강로(尹强老), 윤의섭(尹毅燮), 이강식(李康軾), 이경우(李卿雨), 이규원(李圭元), 이규환(李圭桓), 이기원(李起元), 이능세(李能世), 이달용(李達鎔), 이덕용(李德鎔), 이덕주(李德柱), 이동훈(李東薰), 이범팔(李範八), 이병길(李丙吉), 이병옥(李丙玉), 이병주(李丙周), 이영주(李永柱), 이완종(李完鍾), 이원호(李原鎬), 이인용(李寅鎔), 이장훈(李長薰), 이종승(李鍾承), 이중환(李重桓), 이창수(李彰洙), 이창훈(李昌薰), 이충

312

세(李忠世), 이택주(李宅柱), 이풍한(李豊漢), 이홍묵(李鴻默), 임낙호(任洛鎬), 임선재(任宣宰), 장인원(張寅源), 정두화(鄭斗和), 정주영(鄭周永), 정천모(鄭天謨), 조대호(趙大鎬), 조용호(趙龍鎬), 조원세(趙源世), 조원흥(趙源興), 조중구(趙重九), 조중수(趙重壽), 조중헌(趙重獻), 최정원(崔正源), 한상기(韓相琦), 한상억(韓相億)

중추원 간부

강경희(姜敬熙), 강동희(姜東曦), 강리황(姜利璜), 강번(姜藩), 강병옥(康秉鈺), 고원식(高源植), 고원훈(高元勳), 고일청(高一淸), 권봉수(權鳳洙), 김갑순(金甲淳), 김경수(金景壽), 김경진(金慶鎭), 김관현(金寬鉉), 김교성(金敎聲), 김기수(金基秀), 김기태(金琪邰), 김기홍(金基鴻), 김돈희(金暾熙), 김동준(金東準), 김두찬(金斗贊), 김명규(金命圭), 김명수(金明秀), 김명준(金明濬), 김병규(金炳奎), 김병욱(金秉旭), 김병원(金炳鵷), 김상설(金相卨), 김상섭(金商燮), 김상형(金相亨), 김성규(金成圭), 김신석(金信錫), 김연상(金然尙), 김영무(金英武), 김영진(金英鎭), 김영한(金榮漢), 김원근(金元根), 김윤정(金潤晶), 김재환(金在煥), 김정석(金定錫), 김정태(金禎泰), 김정호(金正浩), 김제하(金濟河), 김종흡(金鍾翕), 김준용(金準用), 김진수(金晋洙), 김창수(金昌洙), 김필희(金弼熙), 김창한(金彰漢), 김태집(金泰潗), 김하섭(金夏涉), 김한목(金漢睦), 김한승(金漢昇), 김현수(金顯洙), 김화준(金化俊), 김희작(金熙綽), 나수연(羅壽淵), 남궁영(南宮營), 남규희(南奎熙), 남백우(南百祐), 노영환(盧泳奐), 노준영(盧俊泳), 노창안(盧蒼顔), 문종구(文鍾龜), 민병덕(閔丙德), 민영은(閔泳殷), 민영찬(閔泳瓚), 민재기(閔載祺), 박경양(朴慶陽), 박기동(朴起東), 박기석(朴箕錫), 박보양(朴普陽), 박봉주(朴鳳柱), 박봉진(朴鳳鎭), 박상준(朴相駿), 박승봉(朴勝鳳), 박영철(朴榮喆), 박용구(朴容

九), 박의병(朴義秉), 박이양(朴彝陽), 박제환(朴齊瓛), 박종렬(朴宗烈), 박중양(朴重陽), 박지근(朴智根), 박철희(朴喆熙), 박필병(朴弼秉), 박희옥(朴禧沃), 박흥규(朴興奎), 박희양(朴熙陽), 방인혁(龐寅赫), 상호(尙灝), 서병조(徐丙朝), 서병주(徐炳柱), 서상훈(徐相勛), 석명선(石明瑄), 성원경(成元慶), 손재하(孫在廈), 손조봉(孫祚鳳), 송문화(宋文華), 송지헌(宋之憲), 서회보(徐晦輔), 성하국(成夏國), 송헌빈(宋憲斌), 신석린(申錫麟), 신석우(申錫雨), 신응희(申應熙), 신창휴(申昌休), 신태유(申泰游), 신현구(申鉉求), 신희련(申熙璉), 심선택(沈璿澤), 심환진(沈晥鎭), 안병길(安炳吉), 안종철(安鍾哲), 양재홍(梁在鴻), 엄준원(嚴俊源), 엄태영(嚴台永), 염중모(廉仲模), 오세호(吳世皞), 오재풍(吳在豊), 오제영(吳悌泳), 오태환(吳台煥), 원덕상(元悳常), 원병희(元炳喜), 원응상(元應常), 위기철(韋基喆), 위정학(魏楨鶴), 유기호(柳基浩), 유빈겸(俞斌兼), 유성준(俞星濬), 유승흠(柳承欽), 유익환(柳翼煥), 유진순(劉鎭淳), 유태설(劉泰卨), 유혁로(柳赫魯), 유흥세(柳興世), 윤갑병(尹甲炳), 윤정현(尹定鉉), 윤치오(尹致旿), 윤치호(尹致昊), 이갑용(李甲用), 이강원(李康元), 이건춘(李建春), 이겸제(李謙濟), 이교식(李敎植), 이근수(李瑾洙), 이근우(李根宇), 이기승(李基升), 이기찬(李基燦), 이도익(李度翼), 이동우(李東雨), 이만규(李晩奎), 이명구(李明求), 이병렬(李炳烈), 이병학(李柄學), 이봉로(李鳳魯), 이선호(李宣鎬), 이승구(李承九), 이승우(李升雨), 이영찬(李泳贊), 이은우(李恩雨), 이익화(李翊華), 이장우(李章雨), 이재정(李在正), 이종덕(李鍾悳), 이종섭(李鍾燮), 이준상(李濬相), 이충건(李忠健), 이택규(李宅珪), 이택현(李澤鉉), 이항직(李恒稙), 이흥재(李興載), 이희적(李熙迪), 인창환(印昌桓), 임창수(林昌洙), 임창하(林昌夏), 장대익(張大翼), 장상철(張相轍), 장석원(張錫元), 장용관(張龍官), 장응상(張鷹相), 장준영(張俊英), 장헌식(張憲植), 전덕룡(田德龍), 전석영(全錫泳), 전승수(全承洙), 정건

유(鄭健裕), 정관조(鄭觀朝), 정난교(鄭蘭敎), 정대현(鄭大鉉), 정석모(鄭碩謨), 정동식(鄭東植), 정병조(鄭丙朝), 정석용(鄭錫溶), 정순현(鄭淳賢), 정재학(鄭在學), 정진홍(鄭鎭弘), 정태균(鄭泰均), 정해붕(鄭海鵬), 정호봉(鄭鎬鳳), 조병건(趙秉健), 조상옥(趙尙鈺), 조영희(趙英熙), 조희문(趙羲聞), 주영환(朱榮煥), 지희열(池喜烈), 진희규(秦喜葵), 차남진(車南鎭), 천장욱(千章郁), 최석하(崔錫夏), 최양호(崔養浩), 최연국(崔演國), 최윤(崔潤), 최재엽(崔在燁), 최정묵(崔鼎默), 최준집(崔準集), 최지환(崔志煥), 최창조(崔昌朝), 최창호(崔昌鎬), 최형직(崔馨稷), 피성호(皮性鎬), 하준석(河駿錫), 한규복(韓圭復), 한상봉(韓相鳳), 한영원(韓永源), 한익교(韓翼敎), 한진창(韓鎭昌), 한창동(韓昌東), 허진(許璡), 현기봉(玄基奉), 현은(玄檼), 현준호(玄俊鎬), 홍성연(洪聖淵), 홍우석(洪祐晳), 홍운표(洪運杓), 홍종국(洪鍾國), 홍종철(洪鍾轍), 홍치업(洪致業), 황종국(黃鍾國)

고위관료

강필성(姜弼成), 계광순(桂珖淳), 계응규(桂應奎), 계찬겸(桂燦謙), 고긍명(高亘明), 고희준(高羲駿), 구자경(具滋璟), 권중식(權重植), 권중환(權重煥), 김규년(金圭年), 김기영(金璣泳), 김대우(金大羽), 김동훈(金東勳), 김병태(金秉泰), 김상연(金祥演), 김서규(金瑞圭), 김시권(金時權), 김시명(金時明), 김영묵(金永默), 김영배(金永培), 김영상(金永祥), 김영수(金永壽), 김우영(金雨英), 김종순(金鍾淳), 김학성(金學成), 김형운(金炯運), 김희덕(金熙德), 류시환(柳時煥), 박기환(朴基煥), 박용섭(朴墉燮), 박용현(朴龍鉉), 박재홍(朴在弘), 박정수(朴定守), 박제륜(朴濟輪), 박제승(朴齊昇), 박철(朴澈), 박호근(朴浩根), 백낙삼(白樂三), 백홍기(白興基), 석진형(石鎭衡), 소진은(蘇鎭殷), 손영목(孫永穆), 송문헌(宋文憲), 송주순(宋柱淳), 송찬도(宋燦道), 신우선(申佑

善), 신태건(申泰建), 안용백(安龍伯), 양재하(楊在河), 엄창섭(嚴昌燮), 여구현(呂求鉉), 오광은(吳光殷), 오두환(吳斗煥), 오해건(吳海建), 원의상(元宜常), 원진희(元晋喜), 유만겸(俞萬兼), 유진명(俞鎭明), 윤관(尹灌), 윤상희(尹相曦), 윤태빈(尹泰彬), 이계한(李啓漢), 이규완(李圭完), 이기방(李基枋), 이두황(李斗璜), 이범관(李範觀), 이성근(李聖根), 이운붕(李雲鵬), 이원규(李源圭), 이원보(李源甫), 이원창(李源昌), 이윤세(李允世), 이윤영(李胤榮), 이종국(李鍾國), 이종은(李鍾殷), 이진호(李軫鎬), 이찬용(李燦容), 이창근(李昌根), 이해용(李海用), 이희순(李熙淳), 임문석(林文碩), 임헌영(林憲永), 임헌평(林憲平), 장기창(張基昌), 장수길(張壽吉), 장윤식(張潤植), 장헌근(張憲根), 전창림(全昌林), 정교원(鄭僑源), 정기창(鄭基昌), 정민조(鄭民朝), 정연기(鄭然基), 정용신(鄭用信), 정운성(鄭雲成), 정찬선(鄭燦先), 조경하(趙鏡夏), 조경호(趙京鎬), 조동민(趙東敏), 조상만(趙尙滿), 조춘원(趙春元), 주시헌(朱時憲), 최만달(崔晩達), 최병혁(崔丙赫), 최익하(崔益夏), 최정덕(崔廷德), 최창홍(崔昌弘), 최태봉(崔泰鳳), 최하영(崔夏永), 최항묵(崔恒默), 최형직(崔炯稷), 한동석(韓東錫), 허섭(許燮), 홍승균(洪承均), 홍영선(洪永善), 황덕순(黃德純)

사법(司法)

강동진(姜東鎭), 김낙헌(金洛憲), 김두일(金斗一), 김세완(金世玩), 김응준(金應駿), 김준평(金準枰), 나진(羅瑨), 노상구(魯相龜), 노용호(盧龍鎬), 문승모(文昇謨), 민병성(閔丙晟), 박만서(朴晩緒), 박제선(朴齊璿), 백윤화(白允和), 백한성(白漢成), 변옥주(卞沃柱), 송화식(宋和植), 신재영(申載永), 오완수(吳完洙), 원종억(元鍾億), 유동작(柳東作), 유영(柳瑛), 이근창(李根昌), 이명섭(李明燮), 이수현(李守鉉), 임영찬(林英贊), 전병하(全炳夏), 최호선(崔浩善),

함성욱(咸晟昱), 홍승근(洪承瑾), 홍인석(洪仁錫), 홍종억(洪鍾檍)

군인

강재호(姜在浩), 구동욱(具東旭), 권승록(權承錄), 김기원(金基元), 김석범(金錫範), 김석원(金錫源), 김응선(金應善), 김인욱(金仁旭), 김찬규(金燦奎), 김홍준(金洪俊), 박두영(朴斗榮), 백선엽(白善燁), 백홍석(白洪錫), 송석하(宋錫夏), 신우균(申羽均), 신응균(申應均), 신태영(申泰英), 신현준(申鉉俊), 어담(魚潭), 엄주명(嚴柱明), 오문강(吳文剛), 유관희(柳寬熙), 유기성(柳冀聖), 이대영(李大永), 이응준(李應俊), 이제정(李濟楨), 이종찬(李鍾贊), 이희두(李熙斗), 장인근(張寅根), 정훈(鄭勳), 조성근(趙性根), 최명하(崔鳴夏), 홍사익(洪思翊), 홍청파(洪淸波)

경찰

강인수(姜寅秀), 강태만(姜泰萬), 계란수(桂蘭秀), 고정순(高正淳), 고피득(高彼得), 구연수(具然壽), 권중익(權重翼), 김극일(金極一), 김덕기(金悳基), 김면규(金冕圭), 김병련(金秉連), 김시욱(金時昱), 김윤복(金允福), 김재열(金在烈), 김종구(金鍾球), 김진탁(金晋卓), 김찬욱(金燦旭), 김찬희(金贊凞), 김철홍(金哲弘), 김태석(金泰錫), 김해룡(金海龍), 김홍걸(金弘傑), 김홍육(金弘六), 노기주(魯璣柱), 노덕술(盧德述), 노주봉(盧周鳳), 류창렬(柳昌烈), 박근수(朴根壽), 박명석(朴命石), 박을수(朴乙守), 박정순(朴正純), 백성수(白聖洙), 신상호(申相鎬), 신양재(慎良縡), 신현규(申鉉奎), 양성순(梁星淳), 양익현(梁益賢), 오병욱(吳炳旭), 오세윤(吳世尹), 유승운(劉承雲), 유진후(俞鎭厚), 은한섭(殷漢燮), 이경화(李景和), 이관호(李官浩), 이명흠(李明欽), 이민호(李敏浩), 이벽송(李碧松), 이병식(李秉植), 이영수(李榮洙), 이중수(李仲

秀), 이태순(李泰淳), 임병식(林炳湜), 임학래(林學來), 장석영(張錫永), 정인하(鄭寅夏), 정재범(鄭載範), 정재춘(鄭在椿), 정충원(鄭忠源), 조종춘(趙鍾春), 조종훈(趙鐘勛), 조진호(趙振浩), 조희갑(趙羲甲), 조희창(趙熙彰), 진용섭(陳瑢燮), 최기남(崔基南), 최두천(崔斗天), 최석현(崔錫鉉), 최연(崔燕), 최인범(崔仁範), 최일환(崔日煥), 최진태(崔鎭泰), 최탁(崔卓), 하판락(河判洛), 한정석(韓定錫), 한종건(韓鍾建), 함희창(咸熙昌), 허준(許俊), 황금룡(黃金龍)

헌병

강병일(姜炳一), 김성규(金聖奎), 박요섭(朴堯燮), 배정자(裵貞子), 선우갑(鮮于甲), 선우순(鮮于(金+筍))

경제

김사연(金思演), 김시현(金時鉉), 김연수(金秊洙), 김영택(金泳澤), 김한규(金漢奎), 문명기(文明琦), 민규식(閔奎植), 박경석(朴經錫), 박기효(朴基孝), 박흥식(朴興植), 방규환(方奎煥), 방의석(方義錫), 백낙승(白樂承), 백남신(白南信), 백완혁(白完爀), 백인기(白寅基), 손홍원(孫弘遠), 신용욱(愼鏞項), 양재창(梁在昶), 예종석(芮宗錫), 이강혁(李康爀), 이봉래(李鳳來), 장우식(張友植), 장직상(張稷相), 장홍식(張弘植), 정치국(丁致國), 조병상(曺秉相), 조진태(趙鎭泰), 최승렬(崔昇烈), 최창학(崔昌學), 한상룡(韓相龍), 홍충현(洪忠鉉)

교육

고황경(高凰京), 김성수(金性洙), 김윤정(金玧禎), 김활란(金活蘭), 박관수(朴寬洙), 박인덕(朴仁德), 배상명(裵祥明), 손정규(孫貞圭), 송금선(宋今璇), 신

봉조(辛鳳祚), 오긍선(吳兢善), 유각경(俞珏卿), 유억겸(俞億兼), 이숙종(李淑鍾), 임숙재(任淑宰), 장덕수(張德秀), 장응진(張膺震) 조기홍(趙圻烘), 조동식(趙東植), 허하백(許河伯), 현헌(玄櫶), 홍승원(洪承嫄)

정치 · 사회단체

김규창(金奎昌), 김사영(金士永), 김석태(金錫泰), 김재곤(金載坤), 김재룡(金在龍), 김정국(金鼎國), 김준모(金浚模), 김진태(金振泰), 김택현(金澤鉉), 박기순(朴基順), 박노학(朴魯學), 박영래(朴榮來), 박지양(朴之陽), 백낙원(白樂元), 박해묵(朴海默), 서창보(徐彰輔), 신태항(申泰恒), 안태준(安泰俊), 양재익(梁在翼), 원세기(元世基), 유두환(柳斗煥), 유학주(俞鶴柱), 윤시병(尹始炳), 윤정식(尹定植), 윤필오(尹弼五), 이동혁(李東爀), 이범찬(李範贊), 이범철(李範喆), 이용구(李容九), 이종춘(李鐘春), 이학재(李學宰), 장재훈(張東煥), 전부일(全富一), 전성욱(全聖旭), 정규환(鄭圭煥), 조덕하(趙悳夏), 조병렬(趙炳烈), 조인성(趙寅星), 조희붕(趙羲鵬), 차종호(車宗鎬), 채기두(蔡基斗), 최운섭(崔雲燮), 한경원(韓景源), 한교연(韓敎淵), 한국정(韓國正), 한남규(韓南奎), 한창회(韓昌會), 홍긍섭(洪肯燮), 홍윤조(洪允祖)

학술

김두정(金斗禎), 김성률(金聲律), 김한경(金漢卿), 배상하(裵相河), 신태악(辛泰嶽), 유맹(劉猛), 유정수(柳正秀), 정운복(鄭雲復), 이각종(李覺鍾), 이능화(李能和), 이묘묵(李卯默), 이성환(李晟煥), 이영근(李泳根), 인정식(印貞植), 차재정(車載貞), 최남선(崔南善), 최병협(崔秉協), 한준석(韓準錫), 현영섭(玄永燮), 홍희(洪憙)

문학

김기진(金基鎭), 김동인(金東仁), 김동환(金東煥), 김문집(金文輯), 김억(金億), 김용제(金龍濟), 김종한(金鍾漢), 노천명(盧天命), 모윤숙(毛允淑), 박영희(朴英熙), 백세철(白世哲), 서정주(徐廷柱), 유진오(俞鎭午), 윤두헌(尹斗憲), 이광수(李光洙), 이무영(李無影), 이석훈〔李錫(水+熏)〕, 이찬(李燦), 임학수(林學洙), 장덕조(張德祚), 장은중(張恩重), 정비석(鄭飛石), 정인섭(鄭寅燮), 정인택(鄭人澤), 조용만(趙容萬), 조우식(趙宇植), 주영섭(朱永燮), 주요한(朱耀翰), 채만식(蔡萬植), 최재서(崔載瑞), 최정희(崔貞熙)

연극

김관수(金寬洙), 김태진(金兌鎭), 박영호(朴英鎬), 서항석(徐恒錫), 송무현(宋武鉉), 안정호(安禎浩), 유치진(柳致眞), 이서구(李瑞求), 임승복(林勝福), 함대훈(咸大勳)

영화

김정혁(金貞赫), 방한준(方漢駿), 서광제(徐光霽), 안석주(安碩柱), 안용희(安龍熙), 이창룡(李滄龍), 최인규(崔寅奎)

음악

계정식(桂貞植), 김복원(金福源), 김영길(金永吉), 박경호(朴慶浩), 박순동(朴順東), 이철(李哲), 임동혁(任東爀), 조영출(趙靈出), 현제명(玄濟明), 홍영후(洪永厚)

무용

조택원(趙澤元)

야담(野談)

신정언(申鼎言)

미술

김기창(金基昶), 김은호(金殷鎬), 김인승(金仁承), 심형구(沈亨求)

언론

김동진(金東進), 김상회(金尙會), 김선흠(金善欽), 김환(金丸), 노성석(盧聖錫), 노창성(盧昌成), 민원식(閔元植), 박남규(朴南圭), 박희도(朴熙道), 방응모(方應謨), 방태영(方台榮), 변일(卞一), 서춘(徐椿), 선우일(鮮于日), 송순기(宋淳夔), 신광희(申光熙), 심우섭(沈友燮), 양재하(梁在廈), 유광렬(柳光烈), 이기세(李基世), 이상협(李相協), 이익상(李益相), 이원영(李元榮), 이윤종(李允鍾), 이장훈(李章薰), 이정섭(李晶燮), 정우택(鄭禹澤), 이창수(李昌洙), 정인익(鄭寅翼), 최영년(崔永年), 함상훈(咸尙勳), 홍순기(洪淳起), 홍승구(洪承耈)

유교

김완진(金完鎭), 나일봉(羅一鳳), 박치상(朴稚祥), 안인식(安寅植), 어윤적(魚允迪), 유진찬(俞鎭贊), 이경식(李敬植), 이대영(李大榮), 이명세(李明世), 이인직(李人稙), 정만조(鄭萬朝), 정봉시(鄭鳳時)

불교

강대련(姜大蓮), 곽법경(郭法鏡), 권상로(權相老), 김용곡(金龍谷), 김태흡(金泰洽), 박윤진(朴允進), 이종욱(李鍾郁), 이회광(李晦光), 허영호(許永鎬)

기독교

갈홍기(葛弘基), 구자옥(具滋玉), 김길창(金吉昌), 김응순(金應珣), 노기남(盧基南), 박연서(朴淵瑞), 백낙준(白樂濬), 신흥우(申興雨), 양주삼(梁柱三), 유일선(柳一宣), 윤치소(尹致昭), 이동욱(李東旭), 전필순(全弼淳), 정인과(鄭仁果), 정춘수(鄭春洙), 채필근(蔡弼近), 황종률(黃鍾律)

천도교

김병제(金秉濟), 박완(朴浣), 백중빈(白重彬), 이단(李團), 이돈화(李敦化), 이종린(李鍾麟), 정광조(鄭廣朝), 조기간(趙基竿), 최린(崔麟), 최안국(崔安國)

기타 종교

김재순(金在珣), 이준용(李埈鎔)

중국 지역 경찰

김재필(金梓弼), 김창영(金昌永), 김학성(金學聲), 안창호(安昌鎬), 이경재(李庚在), 이오익(李五翼), 홍순봉(洪淳鳳), 최창락(崔昌洛), 현시달(玄時達)

중국 지역 단체

강현묵(姜鉉默), 김경환(金景煥), 김동렬(金東烈), 김동한(金東漢), 김명여(金鳴汝), 김송렬(金松烈), 김여백(金汝伯), 김영수(金榮秀), 김용국(金用國), 김

유영(金裕泳), 김은성(金殷盛), 박봉순(朴逢舜), 박원식(朴元植), 백형린(白衡璘), 손지환(孫枝煥), 엄주익(嚴柱翊), 유중희(柳重熙), 이경빈(李京彬), 이동성(李東成), 이완구(李完求), 이인수(李寅秀), 이정근(李貞根), 이해수(李海秀), 이희덕(李熙悳), 장지량(張之亮), 주림(朱林), 최정규(崔晶圭), 한영휘(韓英輝), 허기락(許基洛), 허기열(許基烈), 허진성(許鎭星)

만주국 관리

김사용(金司鏞), 김태호(金泰昊), 박석윤(朴錫胤), 신기석(申基碩), 유홍순(劉鴻洵), 윤명선(尹明善), 윤상필(尹相弼), 이범익(李範益), 장규원(張逵源), 진양근(陳洋根), 진학문(秦學文), 최창현(崔昌鉉)

일본 지역

권혁주(權赫周), 김인엽(金仁燁), 박춘금(朴春琴), 이기동(李起東), 이동화(李東華), 이선홍(李善洪), 임용길(任龍吉), 홍준표(洪埈杓)

밀정(密偵)

박용환(朴容煥), 이희간(李喜侃)

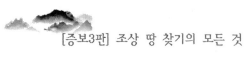

제11절 취득시효의 문제

제1관 점유의 의의

조상이 소유하던 땅의 소재를 어렵게 확인하고, 그 땅의 현재 소유관계를 알아보면 십중팔구는 타인의 명의로 등기가 마쳐져 있을 것이다. 경우에 따라서는 여러 번에 걸쳐 타인 명의로 소유권이 이전된 경우도 있다. 그리고 상당수의 경우는 타인 명의로 소유권보존등기 또는 소유권이전등기가 마쳐진 때로부터 수십 년은 족히 지났을 것이다. 이러한 경우에는 꼭 짚어 보아야 하는 것이 취득시효의 문제이다.

대부분은 '등기부취득시효'가 문제로 되겠지만, '점유취득시효'가 문제점으로 대두되는 경우도 있다.

취득시효는 일정한 기간 이상 땅을 점유한 사람이 무권리자임에도 불구하고 그에게 그 땅의 소유권을 취득케 하는 제도이므로, 이를 제대로 파악하기 위해서는 먼저 '점유(占有)'에 관한 이해가 필요하다.

「민법」 제192조에서는 '물건을 사실상 지배'하는 자에게는 점유권이 있고, 이 사실상의 지배를 상실하면 점유권이 소멸한다고 규정하였으며, 제193조는 점유권은 상속인에게 이전한다고 규정하였다. '사실상의 지배'의 의미에 관해서는 잠시 뒤에서 대법원의 태도를 검토하기로 한다.

「민법」 제194조는 "지상권, 전세권, 질권, 사용대차, 임대차, 임치, 기타의 관계로 타인으로 하여금 물건을 점유하게 한 자는 간접으로 점유권이 있다."고 규정하였다. '간접점유'에 관한 내용이다.

위 규정이 열거한 것 등 간접점유를 성립케 한 원인을 '점유매개관계(占有媒介關係)'라고 한다. 이 점유매개관계에 의하여 직접점유를 하는 자에게는 점유권이 인정되지 않기 때문에 여기에서의 직접점유자(지상권자, 전세권자, 질권자, 사용차주, 임차인, 수치인 등)는 시효취득의 주체가 될 수 없다.

「민법」 제195조에서는 "가사상, 영업상 기타 유사한 관계에 의하여 타인의 지시를 받아 물건에 대한 사실상의 지배를 하는 때에는 그 타인만을 점유자로 한다."고 규정하였다. 가령 백화점의 점원이나 회사의 사원에게는 점유권이 인정되지 않는다는 의미이다. 이들은 '점유보조자'에 불과하기 때문이다.

물건에 대한 점유란 사회관념상 어떤 사람의 사실적 지배에 있다고 보이는 객관적 관계를 말하는 것으로서 사실상의 지배가 있다고 하기 위하여는 반드시 물건을 물리적, 현실적으로 지배하는 것만을 의미하는 것은 아니고, 물건과 사람의 시간적, 공간적 관계와 본권 관계, 타인 지배의 배제 가능성 등을 고려하여 사회관념에 따라 합목적적으로 판단하여야 할 것이며, 특히 임야에 대한 점유의 이전이나 점유의 계속은 반드시 물리적이고 현실적인 지배를 요한다고 볼 것은 아니다(대법원 2012. 7. 5. 선고 2011 다101353, 101360 판결 등 참조).

원심은, 이 사건 토지에 관한 망 소외 1 명의의 소유권보존등기와 피고 명의의 소유권이전등기가 원인무효로서 말소되어야 한다고 판단한 다음, 망 소외 1과 피고가 망 소외 2와 소외 3을 통하여 이 사건 토지를 점유하였다고 보기 어렵다는 이유로 점유취득시효가 완성되어 위 각 등기가 실체관계에 부합하는 유효한 등기라는 피고의 항변을 배척하였다.

그러나, 원심의 이러한 판단은 다음의 점에서 그대로 수긍하기 어렵다. 원심판결 이유와 기록에 의하면, 망 소외 1이 1975. 2. 10. 이 사건 토지에 관하여 소유권보존등기를 할 무렵 망 소외 2에게 이 사건 토지의 관리를 위탁한 사실, 이에 망 소외 2는 이 사건 토지의 관리를 위하여 지적도에 이 사건 토지를 포함하여 인근에 있는 망 소외 1 소유의 토지를 빨간색

동그라미로 표시한 도면을 작성하여 보관하였고, 소외 3의 도움을 받아 이 사건 토지에 낙엽송을 심은 사실, 망 소외 2는 망 소외 1이 1992년 사망한 후에도 1996년경 자신이 사망할 때까지 위 도면을 보관하고 있었고, 그 후에는 소외 3이 위 도면을 보관한 사실, 망 소외 2 외 소외 3은 이 사건 토지를 망 소외 1과 피고 소유의 토지이자 자신들의 관리 대상 토지로 인식하면서도 낙엽송에 대한 별다른 관리가 필요하지 않아 이 사건 토지에 관한 구체적인 관리행위를 할 필요가 없었던 사실, 이 사건 토지는 그 지목이 전으로 되어 있으나 실질은 임야인 사실을 알 수 있다. 위 사실을 앞서 본 법리에 비추어 살펴보면, <u>망 소외 2, 소외 3이 이 사건 토지의 등기부상 소유자로부터 관리를 위탁받아 지적도에 소유관계를 표시한 도면을 보관하면서 이 사건 토지에 낙엽송을 심고, 이 사건 토지를 자신들의 관리 대상으로 인식한 행위는 사회관념상 이 사건 토지를 사실적으로 지배한 행위로 평가할 수 있으므로, 망 소외 1과 피고가 망 소외 2와 소외 3을 통하여 이 사건 토지를 점유한 것으로 봄이 타당하다</u>(대법원 2014. 5. 29. 선고 2014다202622 판결).

위 판례가 언급한 '본권(本權)'은 '점유'를 법률상 정당하게 하는 권리를 말한다. 소유권, 지상권, 전세권, 임차권, 유치권, 질권 등이 그것이다.

위 판례에 의하면 타인의 소유인 임야에 대하여 권원 없이 소유권이전등기를 마친 피고가 제3자를 통하여 그 임야를 간접점유하였으며, 그 점유의 방법에 있어서도 제3자를 통하여 낙엽송을 1회 식재한 뒤에는 관념적으로만 지배를 하였지만, 대법원은 원심의 판단과는 달리 등기부취득시효가 완성되었다고 보아 피고의 소유권을 인정하였다.

> 민법 제198조 소정의 점유계속추정은 동일인이 전후 양 시점에 점유한 것이 증명된 때에만 적용되는 것이 아니고, 이 사건과 같이 <u>전후 양 시점의 점유자가 다른 경우에도 점유의 승계가 입증되는 한 점유계속은 추정된다</u> (대법원 1996. 9. 20. 선고 96다24279, 24286 판결).

「민법」 제198조는 "전후 양시에 점유한 사실이 있는 때에는 그 점유는 계속한 것으로 추정한다."고 규정하였다. 위 규정이 말하는 '전후 양시'란 앞과 뒤의 두 시점을 말하는 것이므로 그 사이의 점유는 문제 삼지 않겠다는 의미이다. 위 판례에 나타난 사안의 경우에는 전과 후의 양 시점 사이에 점유자의 승계가 있었다.

제2관 점유취득시효

「민법」 제245조 제1항은 "20년간 소유의 의사로 평온, 공연하게 부동산을 점유하는 자는 등기함으로써 그 소유권을 취득한다."고 규정하였다. 이를 '점유취득시효'라고 한다.

여기에서의 '평온(平穩)'은 폭력이 없는 것을 뜻하고, '공연(公然)'은 숨김이 없는 것, 즉 은비(隱祕)하지 아니함을 말한다. 위 규정이 말하는 '소유의 의사'는 해당 부동산을 점유하는 사람의 주관적인 의사를 말하는 것이 아니라, 점유를 개시한 권원(權原)이 무엇인가를 기초로 판단하는 것이 대법원의 입장이다.

「민법」 제245조 제1항이 말하는 '등기'는 소유권이전등기를 말한다. 점유취득시효에 따른 소유권의 취득은 원시취득(原始取得)이므로 등기 없이도 소유권을 취득하는 것으로 해석할 수 있다. 그러나 「민법」은 특별히 점유취득시효에 관한 요건을 갖춘 소유권취득자일지라도 소유권이전등기를 마친 경우에만 소유권을 취득하는 것으로 규정하였다. 즉, 소유의 의사로 평온, 공연하게 20년 이상 해당 부동산을 점유함으로써 점유취득시효의 요건을 갖춘 자에게는 종전 소유자에 대하여 등기청구권이 생긴다는 의미이다. 이 등기청구권은 소송 밖에서도 행사할 수 있지만 대부분의 경우에는 소(訴)를 제기하는 방법으로 행사할 수밖에 없을 것이다. 소유권을 잃는 자가 등기 절차에 협조하지 않을 것이기 때문이다.

그리고 부동산을 점유하는 자는 소유의 의사로 평온, 공연히 점유하는 것으로 추정한다(「민법」 제197조 제1항). 이는 '법률상의 추정'이므로 소송에서 이 추정을 뒤집으려는 당사자는 그 추정과 양립(兩立)할 수 없는 증거, 즉 반증(反證 : 추정을 받는 사실에 대한 반대사실의 증거)를 제출하여야 할 것이다.

> 부동산의 점유권원의 성질이 분명하지 않을 때에는 민법 제197조 제1항의 규정에 의하여 점유자는 소유의 의사로 선의, 평온 및 공연하게 점유한 것으로 추정되는 것이며, 이러한 추정은 지적공부 등의 관리주체인 국가나 지방자치단체가 점유하는 경우에도 마찬가지로 적용되고, 점유자가 스스로 매매 또는 증여와 같이 자주점유(自主占有)의 권원을 주장하였으나 이것이 인정되지 않는 경우에도 그러한 사유만으로 자주점유의 추정이 번복된다거나 그 점유가 타주점유로 되는 것이 아니다(대법원 2002. 2. 26. 선고 99다72743 판결, 대법원 2007. 2. 8. 선고 2006다28065 판결 등 참조).
> 따라서, 국가 등이 취득시효의 완성을 주장하는 토지의 취득절차에 관한 서류를 제출하지 못하고 있다고 하더라도 그 점유의 경위와 용도, 국가 등이 점유를 개시한 후에 지적공부 등에 그 토지의 소유자로 등재된 자가

소유권을 행사하려고 노력하였는지 여부, 함께 분할된 다른 토지의 이용 또는 처분관계 등 여러 가지 사정을 감안할 때 국가 등이 점유 개시 당시 공공용 재산의 취득절차를 거쳐서 소유권을 적법하게 취득하였을 가능성을 배제할 수 없는 경우에는 국가의 자주점유의 추정을 부정하여 무단점유로 인정할 것이 아니다(대법원 2010. 8. 19. 선고 2010다33866 판결 등 참조). (대법원 2014. 3. 27. 선고 2010다94731, 94748 판결).

점유취득시효의 요건을 규정한 「민법」 제245조 제1항은 "소유의 의사로"라고 표현하였다. 소유의 의사가 있는 점유를 '자주점유(自主占有)'라 하고, 소유의 의사가 없는 점유를 '타주점유(他主占有)'라고 한다.

자주점유인가 타주점유인가를 구별하는 결정적 판단기준은 점유자의 주관적인 의사가 아니라 '점유의 권원(權原)'이다. 일반적으로 매매, 증여 등을 원인으로 하여 점유를 개시하면 자주점유로 인정될 수 있지만, 권원 없이 타인의 토지를 점유하는 경우(무단점유) 또는 전세권자·임차인 등의 점유는 타주점유가 된다.

가령 甲이 사정받은 토지이지만 소유권보존등기를 마치지 아니한 상태로 방치하던 중 乙이 권원 없이 이를 점유하다가 丙에게 매도하고, 丙이 이를 20년 이상 점유하였다고 가정하자. 이러한 경우 乙의 점유는 타주점유임이 명백하다. 그러나 丙의 점유는 자주점유가 될 수 있다.

점유자가 점유 개시 당시에 소유권취득의 원인이 될 수 있는 법률행위 가타 법률요건이 없이 그와 같은 법률요건이 없다는 사실을 잘 알면서 타인 소유의 부동산을 무단점유한 것임이 입증된 경우, 특별한 사정이

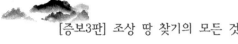

> 없는 한 점유자는 타인의 소유권을 배척하고 점유할 의사를 갖고 있지
> 않다고 보아야 할 것이므로, 이로써 소유의 의사가 있는 점유라는 추정은
> 깨졌다고 할 것이다(대법원 1997. 8. 21. 선고 95다28625 전원합의체
> 판결 등 참조). (2012. 1. 12. 선고 2010다87757 판결).

'법률행위(法律行爲)'는 권리변동(권리의 발생·변경·소멸)이라는 법률효과를 발생시키는 원인 중 하나이다. 법률행위의 특징이라면 행위자가 바라는 대로 사법상(私法上)의 효과를 발생하게 하는 점이다. 따라서 이는 당사자의 의사표시를 그 요소로 한다. 부동산의 시효취득과 관련하여 의미 있는 법률행위는 매매·증여·교환이라고 말할 수 있다.

'법률요건(法律要件)'은 법률효과를 발생케 하는 사실을 말하는데, 여기에 해당하는 주된 것은 법률행위이지만, 준법률행위(법률의 규정에 의하여 법적 효과가 생기는 것, 즉 의사의 통지 및 관념의 통지 등 법률행위 이외의 적법한 행위)·불법행위·부당이득·사무관리(법률상·계약상 의무 없이 타인을 위하여 사무를 처리함으로써 생기는 법정채권관계)도 여기에 포함된다.

위 판결은 소종중이 대종중을 상대로 소를 제기한 사안이다. 소종중 소유 부동산을 종중원 6명의 공동명의로 명의신탁하여 등기를 마쳐 두었던 토지인데 명의수탁자 5명은 이미 사망하였고, 나머지 한 명의 명의수탁자는 임의로 대종중에게 그 토지의 소유권을 이전함과 동시에 나머지 토지는 특별조치법에 의하여 대종중의 명의로 소유권이전등기를 마친 사안에서 대법원은 원고인 소종중의 손을 들어 주었다.

민법 제245조 제1항에 따라 취득시효 완성으로 토지에 대한 소유권을 취득하기 위하여는 그로 인하여 소유권을 상실하게 되는 시효 완성 당시의 소유자를 상대로 소유권이전등기청구를 하는 방법에 의하여야 하는 것이지, 제3자에 불과한 국가를 상대로 자기에게 소유권이 있음의 확인을 구할 이익은 없다(대법원 1995. 5. 9. 선고 94다39123 판결 등 참조). 또한, 취득시효기간이 완성되었다고 하더라도 그것만으로 바로 소유권취득의 효력이 생기는 것이 아니라 이를 원인으로 하여 소유권취득을 위한 등기청구권이 발생하는 것에 불과하고, 미등기부동산이라 하여 취득시효 기간의 완성만으로 등기 없이도 점유자가 소유권을 취득한다고 볼 수 없다(대법원 1981. 9. 22. 선고 80다3121 판결, 대법원 2006. 9. 28. 선고 2006다22074, 22081 판결 등 참조). (대법원 2013. 9. 13. 선고 2012다5834 판결).

취득시효완성으로 인한 소유권취득은 부동산의 원시취득(原始取得)이다. 원래 사정(査定), 분배농지 상환완료 등 원시취득의 경우에는 소유권보존등기를 한다. 그러나 앞에서도 필자가 언급한 바와 같이 대법원은 점유취득시효의 완성자는 종전의 소유자에 대한 '소유권이전등기청구권'을 취득하는 것으로 보고, '소유권이전등기'를 마쳐야만 비로소 소유권을 취득하는 것으로 이론을 구성하고 있다, 실무에서도 소유권이전등기를 하고 있다.

대법원 2000. 3. 16. 선고 97다37661 전원합의체 판결

부동산의 점유취득시효에서 점유자의 점유가 소유의 의사 있는 자주점유인지 아니면 소유의 의사 없는 타주점유인지는 점유자의 내심의 의사에 의하여 결정되는 것이 아니라 점유취득의 원인이 된 권리의 성질이나 점유와 관계가 있는 모든 사정에 의하여 외형적·객관적으로 결정되어야 한다. 다만, 그 점유권원의 성질이 분명하지 않을 때에는 민법 제197조 제1항에 의하여 소유의 의사로 점유한 것으로 추정되므로, 점유자가 스스로 그 점유권원의 성질에 의하여 자주점유임을 증명할 책임이 없고, 점유자의 점유가 소유의 의사 없는 타주점유임을 주장하는 상대방에게 타주점유에 대한 증명책임이 있다.

따라서, 점유자가 스스로 매매 등과 같은 자주점유의 권원을 주장한 경우에 그것이 인정되지 않는다고 하더라도 그 사유만으로 자주점유의 추정이 번복되거나 점유권원의 성질상 타주점유라고 볼 수는 없다(대법원 1983. 7. 12. 선고 82다708, 709, 82다카1792, 1793 전원합의체 판결, 대법원 1997. 8. 21. 선고 95다28625 전원합의체 판결 등 참조).

그리고, 민법 제197조 제1항이 규정하고 있는 점유자에게 추정되는 소유의 의사는 사실상 소유할 의사가 있는 것으로 충분한 것이지 반드시 등기를 수반하여야 하는 것은 아니므로, 등기를 수반하지 아니한 점유임이 밝혀졌다고 하여 이 사실만 가지고 바로 점유권원의 성질상 소유의 의사가 결여된 타주점유라고 할 수도 없을 것이다.

형사소송절차에서는 검사가 입증책임을 부담한다. 그러나 민사소송절차에서는 원고가 피고를 공격하기 위하여 어떤 권리를 주장한다. 그리고 권리를 주장하는 자가 그 주장하는 사실을 증명하여야 하고, 만약 이를 증명하지 못하는 경우에는 그 소송절차에서 불이익을 받는다. 여기의 불이익이란 원고가 주장하는 사실이 법원에 의하여 받아들여지지 아니함을 뜻한다. 이를 '입증책임'이라고 한다.

위 판례에서는 원고가 문제의 부동산을 일정기간 점유함에 따라 그 소유권을 취득하였다고 주장하였다. 그렇다면 시효취득을 주장한 원고가 자주점유(소유의 의사로 하는 점유)였다는 사실을 입증하여야 한다. 그러나 민법 제197조 제1항에서는 특별히 '추정규정'을 마련해 두었다. 즉, 원고의 입증책임에 관한 부담을 경감해 주기 위하여 "점유자의 점유는 자주점유로 추정"케 한 것이다. 따라서 이제는 자주점유의 추정을 뒤집을 만한 증거를 피고가 제출하지 못하면 그 불이익은 피고에게 돌아간다.

대법원 2009. 11. 26. 선고 2009다50421 판결

부동산의 점유권원의 성질이 분명하지 않을 때에는 민법 제197조 제1항에 의하여 점유자는 소유의 의사로 선의, 평온 및 공연하게 점유한 것으로 추정되는 것이며, 이러한 추정은 지적공부 등의 관리주체인 국가나 지방자치단체가 점유하는 경우에도 마찬가지로 적용된다.

그리고 부동산 취득시효에 있어서 점유자가 그 성질상 소유의 의사가 없는 것으로 보이는 권원에 바탕을 두고 점유를 취득한 사실이 증명되었거나, 점유자가 진정한 소유자라면 통상 취하지 아니할 태도를 나타내거나 소유자라면 당연히 취했을 것으로 보이는 행동을 취하지 아니한 경우 등 외형적·객관적으로 보아 점유자가 타인의 소유권을 배척하고 점유할

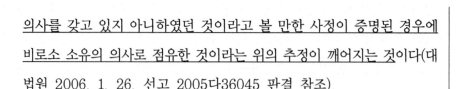

의사를 갖고 있지 아니하였던 것이라고 볼 만한 사정이 증명된 경우에 비로소 소유의 의사로 점유한 것이라는 위의 추정이 깨어지는 것이다(대법원 2006. 1. 26. 선고 2005다36045 판결 참조).

위 판례는 '자주점유의 추정'이 깨지는 유형을 설명하고 있다. 즉, 점유취득시효를 부정하려는 당사자는 다음에 열거하는 사유 중 어느 하나를 입증하여야 함을 알 수 있다. ① 소유의 의사가 없는 것으로 보이는 권원에 바탕을 두고 점유를 취득한 사실, ② 점유자가 진정한 소유자라면 통상 취하지 아니하였을 태도를 나타낸 사실, ③ 점유자가 진정한 소유자라면 당연히 취했을 것으로 보이는 행동을 취하지 아니한 사실이 그것이다.

위 ①과 관련하여 "소유의 의사가 없는 것으로 보이는 권원"이란 전세권자·지상권자·임차인의 점유 및 무단점유(아무런 권원도 없는 점유) 등을 말한다. 이에 반하여 소유의 의사가 있는 점유로는 매수인의 점유, 증여를 받은 자의 점유 등이 있다.

부동산에 대한 점유취득시효가 완성된 후 취득시효 완성을 원인으로 한 소유권이전등기를 하지 않고 있는 사이에 그 부동산에 관하여 제3자 명의의 소유권이전등기가 경료된 경우라 하더라도 당초의 점유자가 계속 점유하고 있고, 소유자가 변동된 시점을 기산점으로 삼아도 다시 점유취득시효기간이 경과한 경우에는 점유자로서는 제3자 앞으로의 소유권 변동시를 새로운 점유취득시효의 기산점으로 삼아 2차의 취득시효완성을 주장할 수 있다.

그리고, 취득시효기간이 경과하기 전에 등기부상의 소유명의자가 변경된다고 하더라도 그 사유만으로는 점유자의 종래의 사실상태의 계속을 파괴한 것이라고 볼 수 없어 취득시효를 중단할 사유가 되지 못하므로, 새로운 소유 명의자는 취득시효완성 당시 권리의무 변동의 당사자로서 취득시효완성으로 인한 불이익을 받게 된다 할 것이어서 시효완성자는 그 소유명의자에게 시효취득을 주장할 수 있는바, 이러한 법리는 위와 같이 새로이 2차의 취득시효가 개시되어 그 취득시효기간이 경과하기 전에 등기부상의 소유명의자가 다시 변경된 경우에도 마찬가지로 적용된다고 봄이 상당하다(대법원 2009. 7. 16. 선고 2007다15172, 15189 전원합의체 판결 참조). (대법원 2009. 9. 10. 선고 2006다609 판결).

타인 소유의 토지에 관하여 「부동산소유권이전등기 등에 관한 특별조치법」에 따라 소유권보존등기를 마친 자는 그 보존등기에 의하여 비로소 소유자로 된다고 할 것이고, 그 등기가 마쳐지기 전에 그 토지를 점유하는 자의 취득시효기간이 경과되었다면 특별한 사정이 없는 한 등기명의인은 점유자의 시효완성 후의 새로운 이해관계자라 할 것이므로, 점유자로서는 취득시효 완성으로 그 등기명의인에게 대항할 수 없다고 할 것이나(대법원 1997. 12. 26. 선고 97다42663 판결 등 참조), <u>점유로 인한 소유권취득 당시 미등기로 남아있던 토지에 관하여 소유권을 가지고 있던 자가 취득시효 완성 후에 그 명의로 소유권보존등기를 마쳤다 하더라도 이는 소유권의 변경에 관한 등기가 아니므로 그러한 자를 그 취득시효 완성 후의 새로운 이해관계인으로 볼 수 없고, 또 그 미등기토지에 대하여 소유자의 상속인</u>

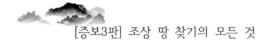
> 명의로 소유권보존등기를 마친 것도 시효취득에 영향을 미치는 소유자의
> 변경에 해당하지 않으므로, 이러한 경우에는 그 등기명의인에게 시효취득
> 완성을 주장할 수 있는 것이다(대법원 1995. 2. 10. 선고 94다28468
> 판결, 1998. 4. 14. 선고 97다44089 판결 등 참조). (대법원 2007.
> 6. 14. 선고 2006다84423 판결).

위 판례가 말하는 취지는 이렇다. 甲이 사정받은 미등기 토지에 대하여 乙이
20년간 점유함으로써 소유권취득의 요건을 갖춘 경우에서 甲이 아닌 제3자(丙)
가 소유권보존등기를 경료한 경우에는 乙은 점유취득을 주장할 수 없다. 丙은
새로이 소유권을 취득한 자이기 때문이다.

한편, 이 경우에도 丙이 소유권에 관한 등기를 마친 때로부터 20년이 지나면
乙이 丙에 대하여 점유취득시효의 완성을 주장할 수 있다는 점에 관하여는
앞에서 살펴보았다.

甲 또는 甲의 상속인이 소유권보존등기를 마친 경우에는 乙은 이에 대항하여
점유취득시효기간의 완성을 원인으로 하여 소유권을 취득하였다고 주장할 수
있다는 것이 위 판례의 설명이다.

甲 또는 甲과 동일시할 수 있는 그의 상속인의 보존등기는 기존 소유자가
공시를 위하여 하는 등기일뿐 새로운 권원에 의한 '취득'이 아니라고 평가되기
때문이다. 상속인은 피상속인의 하자(瑕疵 : 흠결)도 상속한다.

> 원심은, 그 채용증거를 종합하면 원고들이 1958. 12. 28.경부터 군산시
> 옥도면 선유도리 산3의1 임야 608,443㎡ 중 판시 각 특정 부분을 소유의

의사로 점유해온 사실을 인정한 다음, 점유를 시작하고부터 20년이 경과한 1978. 12. 28. 각자의 점유 부분에 관하여 취득시효가 완성되었다는 이유로 피고들(선정당사자와 선정자를 포함한다. 이하 같다)은 그 특정 부분에 대한 피고들의 각 공유지분에 관하여 1978. 12. 28. 취득시효 완성을 원인으로 한 소유권이전등기절차를 이행할 의무가 있다고 판단하였다. 그러나, 부동산에 대한 점유취득시효가 완성되었다고 하더라도 이를 등기하지 아니하고 있는 사이에 그 부동산에 관하여 제3자에게 소유권이전등기가 마쳐지면 점유자는 그 제3자에게 대항할 수 없는 것인바, 원심판결 이유에 의하더라도 이 사건 토지는 미등기 국유지로서 피고들이 취득시효기간이 경과한 이후인 1989. 10. 7. 소외 대한민국 명의의 소유권보존등기와 같은 날 피고들 명의의 지분소유권이전등기가 각각 경료되었다는 것이므로, 피고들은 취득시효기간이 만료된 후에 소유권이전등기를 경료한 제3자로서, 원고들은 피고들에 대하여 취득시효 완성을 주장할 수 없고, 피고들의 이전등기 원인이 원고들의 취득시효 완성 전인 1949. 10. 17.자 양여라 하더라도 마찬가지이다(대법원 1993. 9. 28. 선고 93다22883 판결, 1994. 3. 22. 선고 93다55685 판결 등 참조). (대법원 1998. 7. 10. 선고 97다45402 판결).

「민사소송법」 제53조 제1항은 "공동의 이해관계를 가진 여러 사람이 제52조의 규정에 해당하지 아니하는 경우에는, 이들은 그 가운데에서 모두를 위하여 당사자가 될 한 사람 또는 여러 사람을 선정하거나 이를 바꿀 수 있다."고 규정하였다.

모두 또는 일부의 원고나 피고를 위하여 선정된 당사자를 '선정당사자(選定當事者)'라 하고, 선정당사자를 선정한 후 소송에서 탈퇴한 당사자를 '선정자'라고 부른다. 이 경우 선정당사자의 소송행위의 결과는 소송에서 탈퇴한 선정자에게도 효력이 미친다.

이 선정당사자 제도는 여러 명의 상속인들이 있는 경우 조상이 소유하던 땅과 관련하여 - 변호사를 선임하지 않고 - 소송을 직접 수행하는 경우에는 유용한 제도가 될 것이다.

선정당사자는 한 사람에 국한하지 않으므로 복수의 선정당사자를 선정할 수도 있고, 한 번 선정하면 상급심까지도 효력이 있다. 또 일부의 선정자만을 위한 선정당사자도 있을 수 있다. 「민사소송법」 제52조는 '비법인사단'과 '비법인재단'을 규정하였다.

「국유재산법」 제5조에서는 국유재산(國有財産)을 '행정재산'과 '일반재산'으로 구분하고, 행정재산은 다시 공용재산, 공공용재산, 기업용재산 및 보존용재산으로 세분하며, 위 행정재산에 해당하지 않는 모든 국가 재산은 '일반재산'으로 분류하였다.

일반재산은 과거에는 '잡종재산'이라고 하였는데, 대법원의 견해에 의하면 시효취득의 대상이 될 수 있는 국유재산은 일반재산(구 잡종재산)에 한정된다.

'양여(讓與)'는 일제강점기에 임야의 사실상 소유자이면서도 사정 당시 임야조사부에는 소유자가 아닌 '특별연고자'로만 기재된 사람에게 해당 임야를 무상으로 주던 것을 이르는 말이라는 점은 앞서 살펴보았다.

> 공유부동산은 공유자의 한 사람이 전부를 점유하고 있다고 하여도 그 권원의 성질상 특별한 사정이 없는 한 다른 공유자의 지분비율의 범위 내에서는 이를 타주점유라고 볼 수밖에 없을 것인바(대법원 1996. 7. 26. 선고 95다51861 판결 참조), 이 사건 원심의 사실인정과 같이 <u>소외</u>

2가 다른 상속인들과 함께 이 사건 토지를 공동으로 상속한 것이라면 그 토지는 상속인들의 공유에 속하는 것이므로, 설사 소외 2가 이 사건 토지의 전부를 점유하여 왔다고 하더라도 다른 특별한 사정이 없는 한 자신의 상속지분을 초과하는 부분의 점유에 대해서는 권원의 성질상 이를 타주점유라고 봄이 상당하다 할 것이다(대법원 2008. 9. 25. 선고 2008다 31485 판결).

공동소유자 중 한 사람 또는 일부의 공유자가 공유물인 토지나 임야 전부를 20년 이상 점유한 경우에도 위 판례의 견해와는 달리 자주점유로 인정되는 경우도 있다. '구분소유적 공유'가 그것이다.

구분소유적 공유란 공동소유 관계에서 특정 공유자가 공유토지 중 특정 부분만을 단독으로 점유를 계속하는 경우이다. 이러한 경우에는 그 특정 부분이 담, 울타리 등에 의하여 구분이 될 수 있는 특정 징표가 있다면 시효취득의 대상이 될 수 있다.

6 · 25전쟁 중 멸실된 임야대장이 구 지적법(1975. 12. 31. 법률 제2801호로 개정되기 전의 것) 시행 당시 당사자의 신고에 의하여 복구되었다면 그 복구된 임야대장상 소유자란의 기재는 소유권의 귀속을 증명하는 자료가 될 수 없다는 것이 당원의 확립된 견해이나(당원 1991. 3. 27. 선고 90다13536 판결, 1992.5. 22. 선고 92다8699 판결, 1992. 6. 26. 선고 92다12216 판결, 1993. 9. 14. 선고 93다15779 판결 등 참조), 이는 당해 토지의 소유권이 이러한 임야대장의 소유자란에 기재된 자에게 귀속

된 것으로 추정할 수 없다는 것에 지나지 아니하므로, 그 임야대장에 특정인이 사정받은 것으로 기재된 경우 그 명의로 사정되었다고 인정할 자료로도 삼을 수 없는 것이라고 할 수는 없다.

상고이유로 주장하는 바는 원심에서 주장하지 아니하였던 것일 뿐만 아니라, 공공사업의 시행자가 토지수용법에 의하여 그 사업에 필요한 토지를 취득하는 경우, 그것이 협의에 의한 취득이고, 토지수용법 제25조의2의 규정에 의한 협의성립의 확인이 없는 이상 그 취득행위는 어디까지나 사경제 주체로서 행하는 사법상의 취득으로서(당원 1992. 10. 27. 선고 91누3871 판결, 1994. 12. 13. 선고 94다25209 판결 등 참조) 승계취득한 것으로 보아야 할 것이고, 재결(裁決)에 의한 취득과 같이 원시취득한 것으로 볼 수는 없다(당원 1978. 11. 14. 선고 78다1528 판결 참조)고 할 것이므로, 이와 다른 견해에서 피고 한국토지개발공사의 이 사건 토지 취득이 원시취득에 해당함을 전제로 한 상고이유는 받아들일 수 없다(대법원 1996. 2. 13. 선고 95다3510 판결).

위 판례가 말하는 취지를 보충하면 다음과 같다. ① 멸실된 토지대장을 1976. 3. 31. 이전에 복구한 경우, 그 소유자란에 기재된 사람은 권리추정력을 인정받지 못한다(소유자로 추정되지 않는다). ② 그러나 위 토지대장(임야대장도 같다)이라고 하더라도 그 토지에 대한 토지조사부·임야조사부에 기재된 사정명의인이 사정받은 자라는 사실을 인정함에는 장애가 되지 않는다. ③ 토지수용법(현행 「공익사업을 위한 토지 등의 취득 및 보상에 관한 법률」)에 의한 토지수용의 경우, 협의에 의한 취득은 원시취득이 아니므로 시효취득의 대상이 되는 토지이다. 다만, 협의가 성립하지 않아 재결절차를 거친 취득은 원시취득이다. 토지수용은 원시취득이지만 소유권이전등기를 한다.

도로와 같은 인공적 공공용 재산은 법령에 의하여 지정되거나 행정처분으로써 공공용으로 사용하기로 결정한 경우 또는 행정재산으로 실제로 사용하는 경우의 어느 하나에 해당하여야 행정재산으로 되는 것이므로, 토지의 지목이 도로이고 국유재산대장에 등재되어 있다는 사정만으로는 바로 그 토지가 도로로서 행정재산에 해당한다고 판단할 수는 없고(대법원 1995. 2. 24. 선고 94다18195 판결, 1995. 4. 28. 선고 94다60882 판결 등 참조), 한편 1필의 토지의 일부 부분이 다른 부분과 구분되어 시효취득자의 점유에 속한다는 것을 인식하기에 족한 객관적인 징표가 계속하여 존재하는 경우에는 그 일부 부분에 대한 시효취득을 인정할 수 있다(대법원 1993. 12. 14. 선고 93다5581 판결 참조). (대법원 1996. 1. 26. 선고 95다24654 판결).

위 판례의 앞부분에서는 국가나 지방자치단체의 소유인 토지 중 사인(私人)이 시효취득을 할 수 있는 재산과 그렇지 아니한 재산의 구별에 관한 기준을 제시하고 있다.

위 판례의 뒷부분에서는 이른바 '상호명의신탁'에 의하여 공유자가 특정 일부의 토지를 점유함으로써 시효취득을 할 수 있는 요건에 관하여 설명하였다.

상호명의신탁이라 함은 공유자들이 그 공유하는 토지를 서로 구획을 나누어 특정 부분을 단독소유처럼 사용하는 관계를 말한다. 가령 2인의 공유자가 소유명의는 공유(共有)로 등기를 마쳤지만, 해당 토지를 절반씩 구획하고, 甲은 서쪽을 乙은 동쪽을 각각 점유하는 것과 같은 점유관계를 말한다. 이 경우에 있어서의 구획은 외부에서 인식하기에 충분한 표상, 즉 담장, 울타리 등으로 구획이 되어 있어야 한다.

명의신탁된 부동산에 대하여 점유취득시효가 완성된 후, 시효취득자가 그 소유권이전등기를 경료하기 전에 명의신탁이 해지되어 그 등기명의가 명의수탁자로부터 명의신탁자에게로 이전된 경우에는 그 부동산에 대한 내부적인 소유권변동은 없으나, 대외적으로는 그 소유권에 변동이 있을 뿐만 아니라 그 등기명의에도 변동이 있고, 명의신탁제도가 대외적 관계에서는 등기명의자만이 소유자로 취급될 뿐이고, 시효완성 당시 시효취득자에게 져야 할 등기의무도 대외적으로는 명의신탁자에게 있지 아니하고, 명의수탁자에게 있음에 불과하므로 <u>대외적 등기명의자인 수탁자로부터 소유자로 취급되지 않던 명의신탁자에게 등기가 옮겨간 것도 점유시효취득자 등과의 관계와 같은 외부적 관계에서는 완전한 새로운 권리변동으로 보아야 할 것</u>이다.

따라서, 이 사건 신탁자인 종중의 등기취득이 등기의무자의 배임행위에 적극 가담한 반사회적인 행위에 근거한 등기라든가 또는 기타 다른 이유로 인한 원인무효의 등기인 경우는 별론으로 하고라도 단순히 그 등기가 명의수탁자에게서 명의신탁자에게로 옮겨진 등기이기 때문에 보호할 만한 실질적 거래행위가 없다는 이유만으로 시효취득자의 등기청구권에 우선할 수 없다고 보는 것은 잘못된 법리이다.

따라서, 이 사건의 명의신탁자는 취득시효 완성 후에 소유권을 취득한 자에 해당하므로, 그에 대하여 시효취득을 주장할 수 없다고 보아야 할 것이다(대법원 1995. 5. 9. 선고 94다22484 판결).

위 판례의 사안을 간략히 정리하자면 이렇다. 甲의 소유인 토지를 乙에게 명의신탁하여 乙의 명의로 소유권에 관한 등기가 마쳐진 후에 丙이 어떤 사유로 자주점유를 시작하여 20년이 경과한 뒤에 丙이 아직 시효취득에 따른 등기를 마치지 아니한 상태에서 그 등기명의가 乙로부터 甲의 명의로 변경된 경우이다.

이 경우 丙이 소유권을 취득할 수 없는 이유는 부동산물권의 변동에 관하여 우리 법이 형식주의를 채용하고 있기 때문이다. 즉, 丙은 소유권이전등기를 마쳐야만 그 부동산에 대한 소유권을 취득한다. 甲과 乙 사이에는 소유권의 변동이 없지만, 甲·乙 대 丙의 관계(대외적 관계)에서는 소유권이 변경된 것이기 때문에 그 등기명의가 乙로부터 甲에게로 옮겨진 뒤에는 丙은 甲이나 乙에 대하여 시효취득을 주장할 수 없다는 것이 위 판례가 설명하는 내용이다.

> 토지매수인이 매매계약에 기하여 목적토지의 점유를 취득한 경우에는 그 매매가 설사 타인의 토지의 매매로써 그 소유권을 취득할 수 없다고 하더라도 다른 특별한 사정이 없는 이상 매수인의 점유는 소유의 의사로써 하는 것이라고 해석되는 것이다(당원 1990. 11. 27. 선고 90다카27280 판결 참조). (대법원 1993. 10. 12. 선고 93다1886 판결).

위 판례가 말하는 '타인의 토지의 매매'는, 가령 甲의 소유인 토지를 乙이 丙에게 매도한 경우를 말한다. 이러한 경우에도 丙은 그 토지를 시효의 완성에 의하여 취득할 수 있다. 다만 乙과 丙의 매매계약 당시 丙으로서는 乙이 그 토지를 매도할 수 있는 권원이 있다고 믿은 데에 과실이 없어야 할 것이다.

> 소유자의 변동이 없는 토지에 관하여 점유시효취득을 주장함에 있어서는
> 그 점유의 기산점을 어디에 두든지 간에 그 시효기간이 경과한 사실만
> 확정되면 이를 인정할 수 있는 것이다(대법원 1990. 11. 9. 선고 88다카22
> 763 판결 등 참조). 〔대법원 1992. 9. 8. 선고 92다20941, 92다20958(반
> 소) 판결〕.

위 판례가 말하는 취지는 이러하다. 가령 甲이 소유자인 토지에 대하여 乙이
20년 이상 소유의 의사로 평온·공연하게 점유한 경우에는 그 점유기간 20년을
계산함에 있어서 점유의 기산점(起算點)을 지금으로부터 20년 전으로 할 수도
있고, 25년 전으로 정할 수도 있다는 것이다. 다만 이 경우 그 소유자는 계속하여
甲일 것을 요구한다.

> 취득시효는 부동산에 대하여 소유의 의사로써 하는 사실적 지배(점유)가
> 일정기간 지속되는 경우 그 상태가 진실한 권리관계에 부합하는지 여부를
> 묻지 않고 그 점유자에게 소유권을 취득하게 하는 제도로서, 그 부동산의
> 소유자는 그 소유권을 주장하거나 다른 사람이 소유권을 주장하는 것을
> 방어하는 것만으로는 권리행사를 다하였다고 할 수 없고, 그 점유자의
> 점유를 배제하거나 그 점유의 태양(態樣)을 변경시킴으로써 그 소유권취
> 득기간의 진행을 막아야 할 것이며, 그렇지 않으면 그 시효의 진행을
> 중단시켜야 할 것인바, 위와 같은 사유는 법이 정하는 중단사유의 어느
> 것에도 해당한다고 할 수 없다.
> 자주점유는 소유의 의사, 즉 소유자와 동일한 지배를 사실상 행사하려는

의사를 가지고 하는 점유를 의미하는 것이지, 그러한 지배를 할 수 있는 법률상의 권원을 가지거나 소유권이 있다고 믿고서 하는 점유만을 의미하는 것이 아니다(대법원 1992. 6. 23. 선고 92다12698, 92다12704 판결).

「민법」제247조 제2항은 "취득시효의 중단에 관하여는 소멸시효의 중단에 관한 규정을 준용한다"고 규정하였고, 소멸시효의 중단에 관한 내용은 「민법」제162조부터 제178조에서 규정하였다.

원심판결 이유에 의하면 원심은 그 증거에 의하여 이 사건 토지는 원래 망 신춘권이 사정받은 것을 판시와 같은 경위로 원고가 상속한 것인데, 피고의 아버지인 소외 망 김주호가 1955. 9. 30.경 원고의 피상속인이던 소외 망 신학희의 승낙을 받아 이 사건 토지의 일부 위에 주택 1동을 신축하여 거주하여 오다가 1961. 6. 25. 위 신춘권의 재산상속인인 신봉휘임을 자처하는 사람으로부터 위 토지를 백미 15말에 매수한 이래 소유의 의사로 그 일부는 텃밭으로 일구고 일부는 위 주택의 부지로 점유하였고, 1971. 2. 17. 그가 사망하자 공동상속인들 간의 협의분할에 의하여 피고가 이를 단독으로 상속한 후 현재까지 이를 점유·관리하고 있는 사실을 인정한 다음, 1961. 6. 25.부터 소유의 의사로 평온·공연하게 이 사건 토지를 점유하여 1981. 6. 25.경 그 취득시효가 완성되었다고 판단하였는바, 기록에 비추어 원심의 판단은 수긍이 가고, 거기에 지적하는 바와 같은 법리의 오해나 채증법칙위배, 심리미진의 위법이 없다.
이 사건 토지가 위토로서 위토대장에 등재되어 있었다 하여 시효취득의 대상이 되지 아니한다고 볼 수 없고, 이 사건 토지의 일부가 농지라 하더라도 그에 관하여 소유권이전등기가 마쳐진 이상 농지매매에 관한 소재지관서의 증명이 있었다고 추정되는 터에 그 증명에 관한 사항은 직권조사사항도 아닌 것이며, 기록을 살펴보아도 원고가 이에 대하여 주장·입증을 한 바도 없다(대법원 1992. 1. 21. 선고 91다33377 판결).

'직권조사사항'은 민사소송절차에서 당사자의 주장이 없더라도 법원이 조사하여 판단하여야 하는 사항을 말한다.

제3관 분묘기지권(墳墓基地權)

이 사건 기록을 검토하여 보면, 원심이 피고가 관리·수호하고 있는 이 사건 분묘는 피고의 증조모 경주최씨의 분묘로서 피고의 증조모가 사망한 무렵인 1880년 내지 1890년대에 설치되었다고 봄이 상당하고, 그렇지 않다고 하더라도 적어도 소외 김삼만이 이 사건 분묘를 관리하여 온 1972년경에는 설치되었나고 할 것이며, 피고가 이 사건 분묘가 설치된 시점부터 현재까지 20년이 넘도록 평온, 공연하게 위 분묘의 기지를 점유하여 왔으므로, 피고는 지상권 유사의 물권인 분묘기지권을 취득하였다고 판단하였음은 정당하다고 인정된다.

평온한 점유란 점유자가 점유를 취득 또는 보유하는데 있어 법률상 용인될 수 없는 강포행위(强暴行爲)를 쓰지 아니하는 점유이고, 공연한 점유란 은비(隱祕)의 점유가 아닌 점유를 말하는바(당원 1993. 5. 25. 선고 92다5

2764, 52771 판결 참조), 설사 원고의 주장과 같이 원고가 세운 경고판을 피고가 넘어뜨리고, 피고가 자신의 소재를 들어내지 않았다고 하더라도 피고의 점유를 평온한 점유가 아니라고 할 수 없고, 또한 원고가 이 사건 분묘를 발견하였다는 1988년 이전에는 이 사건 분묘가 평장의 형태였다고 볼 자료가 없어 피고의 점유가 공연한 점유가 아니라고 할 수도 없다. 그리고, <u>타인 소유의 토지에 소유자의 승낙 없이 분묘를 설치한 경우에는 20년간 평온, 공연하게 그 분묘의 기지를 점유하면 지상권 유사의 관습상 의 물권인 분묘기지권을 시효로 취득하는데, 이러한 분묘기지권은 봉분 (封墳) 등 외부에서 분묘의 존재를 인식할 수 있는 형태를 갖추고 있는 경우에 한하여 인정되고, 평장(平葬)되어 있거나 암장되어 있어 객관적으 로 인식할 수 있는 외형을 갖추고 있지 아니한 경우에는 인정되지 않으므 로</u>(당원 1991. 10. 25. 선고 91다18040 판결 참조), <u>이러한 특성상 위 분묘기지권은 등기 없이 취득한다고 봄이 상당하다</u>(대법원 1996. 9. 14. 선고 96다14036 판결).

'분묘기지권(墳墓基地權)'은 「민법」상의 지상권(地上權)과 유사한 물권이다. 이는 법률의 규정에 의한 물권은 아니지만, 우리 대법원이 오래 전부터 관습법(慣 習法)으로 인정해 온 것이다.

그리고 '평장(平葬)'은 봉분(封墳)이 없는 분묘(墳墓)를 말하는데, 이는 외부에 서 인식할 수 없기 때문에 분묘기지권이 인정되지 않는다. '암장(暗葬)'은 남몰래 만드는 묘지라는 의미이다.

분묘기지권이 인정되는 경우 그 범위는 해당 '분묘를 관리·수호함에 필요한 범위'이고, 그 기간은 제한이 없다는 것이 대법원의 입장이다.

2001. 1. 13. 「장사 등에 관한 법률」이 시행되었다. 이 법률이 시행될 당시까지 이미 성립한 분묘기지권은 앞으로도 계속하여 존속한다. 등기도 필요하지 않다.

대법원 2017. 1. 19. 선고 2013다17292 전원합의체 판결

대법원은 분묘기지권의 시효취득을 우리 사회에 오랜 기간 지속되어 온 관습법의 하나로 인정하여, 20년 이상의 장기간 계속된 사실관계를 기초로 형성된 분묘에 대한 사회질서를 법적으로 보호하였고, 민법 시행일인 1960. 1. 1.부터 50년 이상의 기간 동안 위와 같은 관습에 대한 사회 구성원들의 법적 확신이 어떠한 흔들림도 없이 확고부동하게 이어져 온 것을 확인하고 이를 적용하여 왔다.

대법원이 오랜 기간 동안 사회 구성원들의 법적 확신에 의하여 뒷받침되고 유효하다고 인정해 온 관습법의 효력을 사회를 지배하는 기본적 이념이나 사회질서의 변화로 인하여 전체 법질서에 부합하지 않게 되었다는 등의 이유로 부정하게 되면, 기존의 관습법에 따라 수십 년간 형성된 과거의 법률관계에 대한 효력을 일시에 뒤흔드는 것이 되어 법적 안정성을 해할 위험이 있으므로, 관습법의 법적 규범으로서의 효력을 부정하기 위해서는 관습을 둘러싼 전체적인 법질서 체계와 함께 관습법의 효력을 인정한 대법원판례의 기초가 된 사회 구성원들의 인식·태도나 사회적·문화적 배경 등에 의미 있는 변화가 뚜렷하게 드러나야 하고, 그러한 사정이 명백하지 않다면 기존의 관습법에 대하여 법적 규범으로서의 효력을 유지할 수 없게 되었다고 단정하여서는 아니 된다.

우선 2001. 1. 13.부터 시행된 장사 등에 관한 법률(이하 개정 전후를 불문하고 '장사법'이라 한다)의 시행으로 분묘기지권 또는 그 시효취득에 관한 관습법이 소멸되었다거나 그 내용이 변경되었다는 주장은 받아들이기 어렵다. 2000. 1. 12. 법률 제6158호로 매장 및 묘지 등에 관한 법률을 전부 개정하여 2001. 1. 13.부터 시행된 장사법[이하 '장사법(법률 제6158호)'이라 한다] 부칙 제2조, 2007. 5. 25. 법률 제8489호로 전부 개정되고 2008. 5. 26.부터 시행된 장사법 부칙 제2조 제2항, 2015. 12. 29. 법률 제13660호로 개정되고 같은 날 시행된 장사법 부칙 제2조에 의하면, 분묘의 설치기간을 제한하고 토지 소유자의 승낙 없이 설치된 분묘에 대하여 토지 소유자가 이를 개장하는 경우에 분묘의 연고자는 토지 소유자에 대항할 수 없다는 내용의 규정들은 장사법(법률 제6158호) 시행 후 설치된 분묘에 관하여만 적용한다고 명시하고 있어서, 장사법(법률 제6158호)의 시행 전에 설치된 분묘에 대한 분묘기지권의 존립 근거가 위 법률의 시행으로 상실되었다고 볼 수 없다.

또한 분묘기지권을 둘러싼 전체적인 법질서 체계에 중대한 변화가 생겨 분묘기지권의 시효취득에 관한 종래의 관습법이 헌법을 최상위 규범으로 하는 전체 법질서에 부합하지 아니하거나 정당성과 합리성을 인정할 수 없게 되었다고 보기도 어렵다.

마지막으로 화장률 증가 등과 같이 전통적인 장사방법이나 장묘문화에 대한 사회 구성원들의 의식에 일부 변화가 생겼더라도 여전히 우리 사회에 분묘기지권의 기초가 된 매장문화가 자리 잡고 있고 사설묘지의 설치가 허용되고 있으며, 분묘기지권에 관한 관습에 대하여 사회 구성원들의 법적 구속력에 대한 확신이 소멸하였다거나 그러한 관행이 본질적으로 변경되었다고 인정할 수 없다.

그렇다면 타인 소유의 토지에 분묘를 설치한 경우에 20년간 평온, 공연하게 분묘의 기지를 점유하면 지상권과 유사한 관습상의 물권인 분묘기지권을 시효로 취득한다는 점은 오랜 세월 동안 지속되어 온 관습 또는 관행으로서 법적 규범으로 승인되어 왔고, 이러한 법적 규범이 장사법(법률 제6158호) 시행일인 2001. 1. 13. 이전에 설치된 분묘에 관하여 현재까지 유지되고 있다고 보아야 한다.

민법 제185조에 따르면 물권은 법률 또는 관습법에 의하는 외에는 임의로 창설할 수 없는 것이나, 타인의 토지에 합법적으로 분묘를 설치한 자는 관습상 그 토지 위에 지상권에 유산한 일종의 물권을 취득한다(당원 1962. 4.26. 선고 4294민상1451 판결 참조). 이것이 소위 분묘수호를 위한 유사지상권 또는 분묘기지권이라고 일컫는 것인바, 그 존속기간에 관하여는 민법의 지상권에 관한 규정에 따를 것이 아니라 당사자 사이에 약정 있는 등 특별한 사정이 있으면 그에 따를 것이며, 그런 사정이 없는 경우에는 권리자가 분묘의 수호와 봉사를 계속하는 한 그 분묘가 존속하고 있는 동안은 분묘기지권은 존속한다고 해석함이 타당한바, 이런 취지에서 한 원심의 판단은 정당 하며, 반대의 견해로 민법 제280조, 제281조에 의하지 아니한 원판시에는 법률위반이 있다는 소론은 채택할 바 못된다(대법원 1982. 1. 26. 선고 81다1220 판결).

분묘의 기지인 토지가 분묘소유권자 아닌 다른 사람의 소유인 경우에 그 토지 소유자가 분묘소유자에 대하여 분묘의 설치를 승낙한 때에는 그 분묘의 기지에 대하여 분묘소유자를 위한 지상권 유사의 물권(분묘기지권)을 설정한 것으로 보아야 하므로, 이러한 경우 그 토지소유자는 분묘의 수호·관리에 필요한, 상당한 범위 내에서는 분묘기지가 된 토지 부분에 대한 소유권의 행사가 제한될 수밖에 없는 것이고, 한편 분묘의 부속시설인 비석 등 제구를 설치·관리할 권한은 분묘의 수호·관리권에 포함되어 원칙적으로 제사를 주재하는 자에게 있다. 따라서, 만약 제사주재자 아닌 다른 후손들이 비석 등 시설물을 설치하였고 그것이 제사주재자의 의사에 반하는 것이라 하더라도, 제사주재자가 분묘의 수호·관리권에 기하여 철거를 구하는 것은 별론으로 하고, 그 시설물의 규모나 범위가 분묘기지권의 허용범위를 넘지 아니하는 한, 분묘가 위치한 토지의 소유권자가 토지소유권에 기하여 방해배제청구로서 그 철거를 구할 수는 없다고 할 것이다(대법원 2000. 9. 26. 선고 99다14006 판결).

분묘기지권은 타인 소유 토지에 토지 소유자의 승낙을 받지 아니한 채 분묘를 설치하고 20년의 기간이 완성된 경우에도 인정되지만, 토지 소유자의 승낙을 받아 분묘를 설치한 경우에도 인정된다.

대법원 2021. 4. 29. 선고 2017다228007 전원합의체 판결

2000. 1. 12. 법률 제6158호로 전부 개정된 구 장사 등에 관한 법률(이하 '장사법'이라 한다)의 시행일인 2001. 1. 13. 이전에 타인의 토지에 분묘를 설치한 다음 20년간 평온·공연하게 분묘의 기지(基地)를 점유함으로써 분묘기지권을 시효로 취득하였더라도, 분묘기지권자는 토지소유자가 분묘기지에 관한 지료를 청구하면 그 청구한 날부터의 지료를 지급할 의무가 있다고 보아야 한다.

관습법으로 인정된 권리의 내용을 확정함에 있어서는 그 권리의 법적 성질과 인성 취시, 낭사사 사이의 이익형량 및 전체 법질서와의 조화를 고려하여 합리적으로 판단하여야 한다. 취득시효형 분묘기지권은 당사자의 합의에 의하지 않고 성립하는 지상권 유사의 권리이고, 그로 인하여 토지 소유권이 사실상 영구적으로 제한될 수 있다. 따라서 시효로 분묘기지권을 취득한 사람은 일정한 범위에서 토지소유자에게 토지 사용의 대가를 지급할 의무를 부담한다고 보는 것이 형평에 부합한다.

취득시효형 분묘기지권이 관습법으로 인정되어 온 역사적·사회적 배경, 분묘를 둘러싸고 형성된 기존의 사실관계에 대한 당사자의 신뢰와 법적 안정성, 관습법상 권리로서의 분묘기지권의 특수성, 조리와 신의성실의 원칙 및 부동산의 계속적 용익관계에 관하여 이러한 가치를 구체화한 민법상 지료증감청구권 규정의 취지 등을 종합하여 볼 때, 시효로 분묘기지권을 취득한 사람은 토지소유자가 분묘기지에 관한 지료를 청구하면 그 청구한 날부터의 지료를 지급하여야 한다고 봄이 타당하다.

위 판례는 「장사 등에 관한 법률」이 시행된 2001. 1. 13. 이전에 성립한 '취득시효형 분묘기지권'과 관련한 내용이다.

이러한 분묘기지권자는 위 법이 시행된 이후에 토지소유자가 분묘로 사용되는 토지의 사용료를 달라고 요구하면 그 요구를 받은 때부터는 그 사용료를 지급하여야 한다는 것이다.

위 법이 시행되기 전에는 분묘기지권자는 지료(地料)를 부담하지 않는다는 것이 대법원의 확립된 태도였는데, 위 전원합의체 판결이 이를 변경하였다.

판례가 변경됨에 따라 앞으로 새로운 분쟁들이 발생할 것으로 예상된다. 그 사용료의 청구권자는 누가 될 것인가, 청구의 상대방은 누구인가, 사용료의 적정한 가격은 얼마로 정해야 하는가 등의 문제들이 새로운 분쟁을 불러올 것으로 예상되기 때문이다.

대법원 2001. 8. 21. 선고 2001다28367 판결

분묘기지권은 분묘를 수호하고 봉제사하는 목적을 달성하는 데 필요한 범위 내에서 타인의 토지를 사용할 수 있는 권리를 의미하는 것으로서(대법원 1993. 7. 16. 선고 93다210 판결), 이 분묘기지권에는 그 효력이 미치는 지역의 범위 내라고 할지라도 기존의 분묘 외에 새로운 분묘를 신설할 권능은 포함되지 아니하는 것이므로, 부부 중 일방이 먼저 사망하여 이미 그 분묘가 설치되고 그 분묘기지권이 미치는 범위 내에서 그 후에 사망한 다른 일방을 단분(單墳)형태로 합장하여 분묘를 설치하는 것도 허용되지 않는다고 할 것이다(대법원 1997. 5. 23. 선고 95다29086 판결 참조).

대법원 1999. 3. 18. 선고 98다32175 전원합의체 판결

원고의 상고이유를 판단한다.

1. 원심판결 이유에 의하면, 원심은, 피고가 1970. 3. 11. 망 소외인에게 원심판결 청구취지 기재 임야들의 각 17분의 1 지분(이하 이 사건 임야라고 한다)을 매도 및 인도하였고 위 망인이 1971. 12. 29. 원고에게 이 사건 임야를 매도 및 인도한 사실을 인정하고, 따라서 이 사건 임야에 관하여 피고는 위 망인의 상속인들인 제1심 공동피고 2 등 9인에게 위 1970. 3. 11. 매매를 원인으로 한 소유권이전등기절차를, 위 제1심 공동피고 2 등 9인은 원고에게 위 1971. 12. 29. 매매를 원인으로 한 소유권이전등기절차를 각 이행할 의무가 있다고 일단 판시한 후, 위 망인의 피고에 대한 소유권이전등기청구권이 시효소멸 되었다는 피고 소송대리인의 항변에 대하여, 부동산 매수인이 매매목적물을 인도받아 사용·수익하고 있는 경우에는 그의 이전등기청구권은 소멸시효에 걸리지 아니하지만 매수인이 그 목적물의 점유를 상실하여 더 이상 사용·수익하고 있는 상태가 아니라면 그 점유 상실 시점으로부터 매수인의 이전등기청구권에 관한 소멸시효는 진행한다고 보아 위 망인이 원고에게 이 사건 임야를 인도하여 점유를 상실한 1971. 12. 29.경부터 10년이 경과하였으므로 위 망인의 피고에 대한 소유권이전등기청구권은 시효소멸하였다고 판단하여 원고의 이 사건 소유권이전등기청구를 배척하였다.

2. 그러나 시효제도는 일정 기간 계속된 사회질서를 유지하고 시간의 경과로 인하여 곤란해지는 증거보전으로부터의 구제를 꾀하며 자기

권리를 행사하지 않고 소위 권리 위에 잠자는 자는 법적 보호에서 이를 제외하기 위하여 규정된 제도라 할 것인바, 부동산에 관하여 인도, 등기 등의 어느 한 쪽만에 대하여서라도 권리를 행사하는 자는 전체적으로 보아 그 부동산에 관하여 권리 위에 잠자는 자라고 할 수 없다 할 것이고, 매수인이 목적 부동산을 인도받아 계속 점유하는 경우에는 그 소유권이전등기청구권의 소멸시효가 진행하지 않는다는 것이 당원의 확립된 판례인바(당원 1976. 11. 6. 선고 76다148 전원합의체 판결, 1988. 9. 13. 선고 86다카 2908 판결, 1990. 12. 7. 선고 90다카25208 판결 등 참조), 부동산의 매수인이 그 부동산을 인도받은 이상 이를 사용 · 수익하다가 그 부동산에 대한 보다 적극적인 권리행사의 일환으로 다른 사람에게 그 부동산을 처분하고 그 점유를 승계하여 준 경우에도 그 이전등기청구권의 행사 여부에 관하여 그가 그 부동산을 스스로 계속 사용 · 수익만 하고 있는 경우와 특별히 다를 바 없으므로 위 어느 경우에나 이전등기청구권의 소멸시효는 마찬가지로 진행되지 않는다고 보아야 할 것이다(당원 1976. 11. 23. 선고 76다 546 판결, 1977. 3. 8. 선고 76다1736 판결, 1988. 9. 27. 선고 86다카2634 판결 참조).

이와 다른 취지의 당원 1996. 9. 20. 선고 96다68 판결, 1997. 7. 8. 선고 96다53826 판결, 1997. 7. 22. 선고 95다17298 판결의 견해는 이를 변경하기로 한다.

3. 결국 위 망인이 이 사건 임야를 인도받아 사용 · 수익하다가 원고에게 이 사건 임야를 처분하고 그 점유를 승계하여 준 사실을 인정하면서도 위 망인의 피고에 대한 소유권이전등기청구권이 시효소멸하였다고

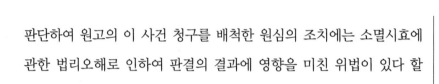

> 판단하여 원고의 이 사건 청구를 배척한 원심의 조치에는 소멸시효에
> 관한 법리오해로 인하여 판결의 결과에 영향을 미친 위법이 있다 할
> 것이고, 이 점을 지적하는 상고이유의 주장은 이유 있다.
> 그러므로 원심판결을 파기하고, 사건을 원심법원에 환송하기로 하여,
> 대법관 이돈희, 김형선, 신성택, 송진훈, 조무제를 제외한 관여 대법관
> 들의 일치된 의견으로 주문과 같이 판결한다.

제4관 등기부취득시효

「민법」 제245조 제2항은 "부동산의 소유자로 등기한 자가 10년간 소유의
의사로 평온, 공연하게 선의이며, 과실 없이 그 부동산을 점유한 때에는 소유권을
취득한다."고 규정하였다. 이를 '등기부취득시효'라고 한다.

앞에서 살펴본 점유취득시효는 그 점유기간이 20년임에 비하여 등기부취득시
효는 그 점유기간이 10년이다. 그러나 등기부취득시효에서는 점유취득시효에서
의 요건이 아닌 '선의(善意)' 및 '무과실'을 그 요건으로 추가하였다.

위 규정에서 말하는 '소유의 의사(자주점유)', '평온', '공연', '선의(善意 : 모르
는 것)'는 「민법」의 규정에 의하여 추정되지만, '무과실'은 추정되지 않는다.

점유취득시효와 등기부취득시효의 상호관계를 살펴본다. 등기부취득시효는
원칙적으로 자기 앞으로 소유권에 관한 등기를 마친 자가 10년 이상 계속하여
해당 부동산을 점유한 경우에 성립한다. 그러나 점유취득시효에서는 점유자가
자기 앞으로 등기를 마쳤는지 여부와는 관련이 없다.

가령 자기 앞으로 등기를 마치기 전부터 점유를 개시한 자가 20년 이상 점유를
계속하였고, 자기 앞으로 등기를 마친 때로부터 기산하여도 10년이 경과함으로
써 위 두 개의 취득시효 관련 규정이 정하는 요건을 모두 갖추었다고 가정해

본다.

이러한 경우에서 점유자가 소송의 원고(原告)라면 위 두 개의 취득시효를 선택적 또는 예비적으로 주장할 수 있다. 또 당사자가 피고(被告)인 경우에는 위 두 개의 시효취득 요건 중 어느 하나를 선택하여 항변사유(抗辯事由)로 삼을 수도 있지만, 두 개의 요건을 모두 항변사유로 삼을 수도 있다.

대법원 1989. 12. 26. 선고 87다카2176 전원합의체판결

등기부취득시효에 관하여 민법 제245조 제2항은 "부동산의 소유자로 등기한 자가 10년간 소유의 의사로 평온, 공연하게 선의이며 과실 없이 그 부동산을 점유한 때에는 소유권을 취득한다"고 규정하고 있는데 그 뜻은 위 규정에 의하여 소유권을 취득하는 자는 10년간 반드시 그의 명의로 등기되어 있어야 하는 것은 아니고 앞사람의 등기까지 아울러 그 기간 동안 부동산의 소유자로 등기되어 있으면 된다는 것으로 풀이하여야 할 것이다.

왜냐하면 등기부취득시효에 있어서의 등기와 점유는 권리의 외관을 표상하는 방법에서 동등한 가치를 가진다 할 것이므로 등기에 관하여서도 점유의 승계에 관한 민법 제199조를 유추적용함이 타당할 뿐만 아니라 위 규정이 "부동산의 소유자로 등기한 자"라는 문언을 썼다하여 반드시 그 앞사람의 등기를 거기에서 배제하는 것이라고는 볼 수 없기 때문이다. 더구나 구 의용민법 제162조 제2항의 단기취득시효에 있어서는 거기에서 규정한 10년간의 점유만으로도 바로 소유권을 취득하였던 것인데 현행 민법이 물권변동에 관하여 형식주의를 채택하는 과정에서 등기부취득시효제도를 도입하여 점유 외에 등기를 갖추게 함으로써 그에 의한 소유권취

> 득을 훨씬 어렵게 하는 한편, 민법 제245조 제1항이 규정하는 점유취득시
> 효의 요건인 점유에 있어서의 평온, 공연 외에 선의, 무과실을 더 추가하면
> 서도 그 기간을 20년에서 10년으로 단축한 것이므로 이와 같은 입법의
> 배경이나 취지로 보아 민법 제245조 제2항이 규정한 "부동산의 소유자로
> 등기한 자"를 위와 같이 해석하는 것이 물권변동에 관하여 형식주의를
> 취하면서도 등기에 공신력을 주고 있지 아니한 현행법체계하에서 등기를
> 믿고 부동산을 취득한 자를 보호하려는 등기부취득시효제도에 부합한다
> 할 것이다.
>
> 따라서 이 견해에 어긋나는 당원 1968.7.16. 선고 67다752 판결; 1971.
> 7.29. 선고 71다1132 판결; 19794.24. 선고 78다2373 판결; 1980.7.2
> 2. 선고 80다780 판결; 1983.3.8. 선고 80다3198 판결; 1985.1.29.
> 선고 83다카1730 판결 등은 모두 폐기하기로 한다.

위 판례가 "10년간 반드시 그의 명의로 등기되어 있어야 하는 것은 아니고 앞사람의 등기까지 아울러 그 기간 동안 부동산의 소유자로 등기되어 있으면 된다."고 설명하고 있는 부분을 부연하여 설명하자면 이러하다.

가령, 갑이 4년 동안 등기명의자였고, 그 다음으로는 을이 5년 동안 등기명의자였다고 가정한다. 이러한 상태에서 병이 을로부터 해당 부동산을 양수한 후 병의 명의로 소유권이전등기를 마치고 1년이 경과한 경우에는 병의 등기부 취득시효가 완성된다. 병의 앞에 있는 소유명의자가 몇 명인가는 따지지 않기 때문이다.

부동산의 점유권원의 성질이 분명하지 않을 때에는 민법 제197조 제1항에 의하여 점유자는 소유의 의사로 선의, 평온 및 공연하게 점유한 것으로 추정되지만, 점유자가 점유개시 당시에 소유권 취득의 원인이 될 수 있는 법률행위 기타 법률요건이 없이 그와 같은 법률요건이 없다는 사정을 잘 알면서 타인 소유 부동산을 무단점유한 것임이 입증된 경우에는 자주점유의 추정이 깨어진다(대법원 1997. 8. 21. 선고 95다28625 전원합의체 판결 등 참조). 나아가, 등기부취득시효에 있어서는 점유의 개시에 과실이 없었음을 필요로 하고, 여기서 무과실이라 함은 점유자가 자기의 소유라고 믿은 데 과실이 없음을 말한다(대법원 2005. 5. 23. 선고 2005다12704 판결 등 참조). (대법원 2011. 9. 29. 선고 2009다78801 판결).

'선의(善意)'는 착한 마음이 아니라 점유할 권원이 있다고 오신(誤信)하는 것(점유할 권원이 없다는 사실을 모르는 것)을 말하고, '평온(平穩)'은 폭력이 아님을 의미하며, '공연(公然)'은 은비(隱秘 : 비밀, 숨김)하지 아니함을 말한다.

상속에 의하여 점유권을 취득한 경우에는 상속인은 새로운 권원에 의하여 자기 고유의 점유를 개시하지 않는 한 피상속인의 점유를 떠나 자기만의 점유를 주장할 수 없고, 또 선대의 점유가 타주점유인 경우 선대로부터 상속에 의하여 점유를 승계한 자의 점유도 상속 전과 그 성질 내지 태양을 달리하는 것이 아니어서, 특단의 사정이 없는 한 그 점유가 자주점유로는 될 수 없고, 그 점유가 자주점유가 되기 위하여는 점유자가 소유자에

대하여 소유의 의사가 있는 것을 표시하거나 새로운 권원에 의하여 다시 소유의 의사로써 점유를 시작하여야만 하는 것이다(대법원 1995. 1. 12. 선고 94다19884 판결, 1987. 2. 10. 선고 86다카550 판결, 1975. 5. 13. 선고 74다2136 판결 등 참조).

이 사건에 있어서 원심이 인정한 사실관계와 기록에 의하면, 피고 차운섭은 1955. 4. 10. 그의 부(父)인 망 차윤경의 사망으로 호주상속인으로서 상속에 의하여 이 사건 임야에 대한 점유를 개시하였고, 위 차윤경 역시 피고들의 조부(祖父)인 망 차선필의 사망으로 상속에 의하여 이 사건 임야에 대한 점유를 개시하였음을 엿볼 수 있는바, 사정이 이와 같다면 피고들이 새로운 권원에 의히어 그 점유를 개시하였다거나 소유자에 대하여 소유의 의사가 있는 것으로 표시하였다고 볼 수 없는 한(피고들이 보증서를 발급할 자격이 없는 보증인들의 보증서에 의하여 피고들 명의로 소유권보존등기를 마쳤다는 사실만으로는 피고들이 원고에 대하여 소유의 의사가 있음을 표시한 것으로 볼 수 없다(대법원 1966. 10. 18. 선고 66다1256 판결 참조).),

피고들의 이 사건 임야의 점유가 과연 자주점유인가 타주점유인가는 피상속인인 위 망 차선필의 점유의 성질에 의하여 결정할 수밖에 없다고 할 것이다(대법원 1996. 9. 20. 선고 96다25319 판결).

위 판례가 취급하고 있는 사건은 피상속인 망 차선필 명의의 소유권보존등기가 특별조치법에 의하여 이루어졌는데, 당시 보증서를 작성한 사람이 보증인 자격이 없는 사람인 경우이고, 이 사람이 작성한 보증서에 터 잡아 보존등기를 마친 사실이 밝혀진 경우이다.

그 후 위 차선필이 사망하였고, 그의 상속인이 등기부취득시효가 완성되었다고 주장하였으나 받아들여지지 않았다. 상속인은 피상속인이 점유할 당시 가지고 있던 하자(瑕疵)도 상속하기 때문이다.

민법 제245조 제2항에 의한 부동산의 등기부취득을 인정하기 위하여는 소유자로 등기한 자가 10년간 소유의 의사로 평온, 공연하게 선의로 부동산을 점유하였다는 요건 외에 점유의 시초에 과실이 없었음을 필요로 하며, 이 <u>무과실에 관한 입증책임은 그 등기부시효취득을 주장하는 자에게 있다</u>(대법원 1986. 5. 27. 선고 86다카280 판결).

대법원 1985. 1. 29. 선고 83다카1730 전원합의체 판결

먼저 원고 소송대리인의 상고이유중 취득시효에 관한 법리오해 있다는 부분을 본다.

원심판결 이유에 의하면 원심은 당사자 사이에 다툼이 없는 사실과 그 채택한 증거들을 종합하여 소외 주식회사 태원건설(1978. 10. 25. 상호변경전의 명칭 보림건설주식회사)은 1971. 2. 19. 당시 이 사건 임야의 등기부상의 명의인이나 실제로는 무권리자인 제1심 공동피고 1로부터 그를 소유자로 알고 위 임야를 매수하여 이를 인도받고 같은 해 2. 22. 부산지방법원 접수 제8204호로 위 매매를 원인으로 하는 소유권이전등기를 경료함과 동시에 위 임야에 채석장을 개설하여 채석작업을 계속하는 한편 위 임야에 관하여 1976. 5. 4. 같은 법원 접수 제17446호로서 피고를 채권자로 하는 근저당권설정등기를 경료하고, 이에 터 잡은 임의경매절차에서 피고가 이를 경락받아 1976. 7. 20. 같은 법원 접수 제28604호로서 같은 법원 1976. 6. 24.자 경락허가결정을 원인으로 하는 소유권이전등기를 경료함과 아울러 위 임야를 즉시 인도받아 1978. 가을께까지 이를 사용하여 한우목장을 경영하였으며 곧이어 1978. 11. 15. 부산해운항만청에 위 임야의 점유를 바탕으로 그에 연접된 공유수면매립신청을 하는 등 현재까지 이를 점유하고 있는 사실을 확정하고 나서, 그렇다면 위 주식회사 태원건설 매수당시인 1971. 2. 22.부터 소유의 의사로서 평온, 공연하게 선의이며 과실 없이 점유하게 된 것으로 보아야 할 것이고, 피고 역시 위 경매법원으로 부터 이를 경락받아 그 명의로 소유권이전등기를 경료함과 동시에 선의, 무과실로 평온, 공연히게 이를 점유히였으니, 피고는 위 1971. 2. 22.부터 10년이 경과되는 1981. 2. 22. (원심판시의 일자 2는 22의 오기로 보인다) 위 임야에 대한 취득시효기간 완성을 원인으로 소유권을 취득하였다 할 것이므로, 결국 위 임야에 관한 피고 명의의 소유권이전등기는 실체관계에 부합하는 유효한 등기로 돌아간다고 하고, 따라서 피고 명의의 위 등기가 원인무효임을 전제로 하는 원고의 이 사건 청구는 이유 없다고 판시하고 있다.

그러나 민법 제245조 제2항은 "부동산의 소유자로서 등기한 자가 10년간 소유의 의사로 평온, 공연하게 선의이며 과실 없이 그 부동산을 점유한 때에는 소유권을 취득한다"라고 규정하고 있는 바 이는 부동산의 소유자로 등기된 기간과 점유기간이 때를 같이하여 다같이 10년임을 요한다는 취지를 규정한 것이라 함이 당원의 판례(당원 1968. 7. 16. 선고 67다752 판결; 1974.11.12. 선고 73다1744 판결; 1981. 1. 13. 선고 80다2179 판결등 참조)이므로 원심이 이와 견해를 달리하여 피고가 이 사건 임야에 관하여 소유자로 등기된 것은 1976. 7. 20.인데도 소외 태원건설주식회사가 소유자로 등기된 1971. 2. 22.부터 기산하여 10년이 경과되는 1981. 2. 22. 이 사건 임야에 대한 취득시효가 완성하였다고 판시하였음은 민법 제245조 제2항에 규정된 취득시효의 법리를 오해하여 판결에 영향을 미친 위법을 저질렀다 할 것이고, 이는 소송촉진등에 관한 특례법 제12조 제2항의 파기사유에 해당한다고 할 것이니 이 점에 관한 상고논지는 이유 있다.

그러므로 나머지 상고이유에 대한 판단을 생략한 채 원심판결을 파기하고 사건을 원심인 대구고등법원에 환송하기로 하여 대법원판사 강우영, 이정우, 윤일영, 김덕주, 이회창, 오성환의 반대의견을 제외한 나머지 법관의 일치된 의견으로 주문과 같이 판결한다.

부동산의 소유자로 등기한 자가 시효로 소유권을 취득하기 위하여는 10년간 소유의 의사로 과실 없이 점유하여야 하는 것이고, 점유와 무과실의 입증책임은 취득시효를 주장하는 사람에게 있는 것인바, 부동산을 매수하는 사람으로서는 특별한 사정이 없는 한 매도인이 권리자인지 여부를 알아보아야 할 것이고, 이를 알아보았더라면 매도인이 무권리자임을 알 수 있었을 것임에도 그와 같은 조사를 하지 아니하였다면 부동산의 점유에 대하여 과실이 없다고 할 수 없고(당원 1990. 10. 16. 선고 90다카16792 판결 참조), 매도인 명의로 된 등기를 믿고 샀다고 하여 이것만 가지고 과실이 없다고 할 수 없다(대법원 1991. 11. 12. 선고 91다27082 판결).

위 판례에 나타난 사안은 甲이 소유자인 부동산임에도 불구하고 乙이 이를 丙에게 매도하였고(타인권리의 매매), 丙이 등기부취득시효기간을 완성한 경우이다. 이러한 경우에 丙이 과실 없이 점유를 개시한 것으로 인정받기 위해서는 매매 당시에 乙이 진정한 권리자인지 여부를 조사했어야 한다는 것이 위 판례가 지적하는 취지이다.

위 판례는 丙에게 과실이 있다고 인정하였다. 그러나 위와 동일한 사안에서 丙이 乙에 관하여 충분히 조사를 했더라도 乙이 무권리자라는 사실을 알 수 없는 특수한 경우에는 丙에게 무과실이 인정될 수 있다.

우리 대법원은 부동산등기부에 공신력(公信力)을 인정하지 않는다. 즉, 등기부의 기재는 일반인에게 널리 알리는 의미의 공시(公示)만을 위한 것이라고 판단한다.

'공신력'은 외형적 사실을 신뢰한 사람에 대하여 그 외형에 진실한 권리가 없을 때에도 실제로 그와 동일한 권리가 있는 것과 같은 법률상 효과를 주는 힘을 말한다.

이 사건 부동산은 원고들의 아버지인 소외 망 김만수의 소유였는데, 그가 사망한 후인 1966. 12.경 원고들의 어머니인 소외 이봉수가 마음대로 부동산을 소외 정성룡에게 매도하고, 위 정성룡은 1969. 10. 4. 이를 소외 이학수에게, 위 이학수는 1974. 6. 22. 이를 피고에게 매도하여 순차로 소유권이전등기가 마쳐졌고, 원고들이 위 정성룡, 이학수를 상대로 그들 앞으로 된 위 등기의 말소등기절차이행청구의 소송을 제기하여 승소판결을 받고, 그 판결이 1971. 12. 14. 확정되었으나 피고가 위와 같이 이 사건 부동산을 매수할 때는 아직 원고들이 위 판결에 따른 말소등

> 기를 하지 아니하고 예고등기까지 말소되어 있어서 중개인과 사법서사 등으로부터 위 부동산에 저당권설정등기가 된 것 외에는 아무런 하자가 없다는 설명을 듣고 이를 매수하여 그 때부터 이를 점유하고 있다면, 피고가 위 이학수를 진정한 소유자로 믿은데 과실이 있다고 할 수 없다(대법원 1992. 1. 21. 선고 91다36918 판결).

예고등기(豫告登記)는 해당 부동산에 대하여 소유권에 관한 법적 다툼이 현재 진행중이며, 그 소송의 결과에 따라 현재의 소유자가 앞으로 바뀔 수도 있음을 알릴 목적으로 부동산등기부에 기입하던 등기이다. 이 예고등기 제도는 2011년 폐지되었다.

이 예고등기는 등기원인의 무효나 취소를 이유로 등기의 말소 또는 회복의 소가 제기된 경우에 이를 제3자에게 경고하기 위하여 법원의 촉탁에 따라 하는 등기이다. 이 등기의 말소도 법원의 촉탁에 의하여 실행한다. 한편, 사법서사(司法書士)는 '법무사'의 과거 명칭이었다.

위 판례에 나타난 사안을 요약하면 이렇다. ① 김만수 사망으로 원고들이 상속하였으나, 상속등기를 마치지 아니한 상태에서 상속인들의 어머니가 정성룡에게 매도하고 이전등기 → ② 정성룡이 이학수에게 매도하고 이전등기 → ③ 원고들의 정성룡 및 이학수에 대한 소유권이전등기말소청구소송 승소확정 → ④ 말소등기를 실행하기 전에 피고가 이학수로부터 매수 → ⑤ 원고들이 피고를 상대로 등기말소청구를 한 사안에서 원고들 청구기각

이 판례에 앞서 소개한 판례(91다27082)는 등기만을 믿고 매수한 사람에게 과실이 있음을 인정하였다. 그러나 이 판례에서는 등기를 믿고 매수한 사람에게는 과실이 없다고 판단하였다.

그 이유를 살펴보면, 피고가 이 사건 부동산을 매수할 당시에 중개인과 법무사의 조언이 있었고, 예고등기가 말소된 흔적을 발견할 수 있었기 때문으로 보인다.

우리의 「부동산등기법」은 '1부동산 1등기 주의'를 채용하고 있다. 따라서 동일한 부동산에 관하여 소유자를 달리하는 소유권보존등기가 2개 존재하는 경우에는 먼저 이루어진 등기가 원인무효가 아닌 한 뒤에 마쳐진 등기('중복등기'라고 한다)는 말소되어야 한다.

한편, 중복등기(후등기)상 소유명의인은 10년 이상 점유를 하더라도 등기부취득시효에 의하여 소유권을 취득할 수 없다. 이와 관련한 대법원의 입장은 아래 판례가 설명하고 있다.

대법원 1996. 10. 17. 선고 96다12511 전원합의체 판결

피고소송수행자의 상고이유를 본다.

1. 회복등기의 효력에 관한 상고이유(제1점)에 대한 판단

   기록에 의하면, 행정구역 변경 전의 강원 양양군 (주소 1 생략) 답 1,027평(아래에서는 이 사건 분할 전 토지라고 한다)에 관하여 1956. 10. 15. 원고들의 피상속인 망 소외 1 명의로 경료된 멸실회복에 인한 소유권이전등기의 전등기(前登記)의 접수일자, 접수번호 및 원인일자 등이 '불명'으로 기재되어 있는 것을 알 수 있으나, 이와 같이 <u>전등기의 접수일자, 접수번호 및 원인일자 등이 '불명'으로 기재된 멸실회복등기라도 특별한 사정이 없는 한 멸실회복등기의 실시요강에 따라 등기공무원이 토지대장등본 등 전등기의 권리를 증명할 공문서가 첨부된 등기신청서에 의하여 적법하게 처리한 것이라고 추정되고</u>(당원 1981.

11. 24. 선고 80다3286 전원합의체 판결, 1995. 3. 17. 선고 93다61
970 판결 등 참조), 기록을 살펴보아도 상고이유에서 지적하는 바와
같이 위 회복등기가 토지소유권을 대외적으로 증명할 수 있는 권한이
없는 자에 의한 소유증명에 터 잡아 경료된 것이라고 볼 자료가 없으므
로 이 사건 회복등기는 적법한 절차에 의하여 경료된 것이라고 보아야
할 것이다.

위 회복등기가 유효함을 전제로 한 원심의 판단은 정당하고, 거기에
회복등기의 유효성에 관한 법리오해의 위법이 없다.

그리고 상고이유에서 내세우는 당원판결은 사안을 달리하여 이 사건에
원용하기에 적절한 것이 되지 못하므로, 원심판결에 대법원판결에
배치된 판단을 하거나 이에 대한 판단을 유탈한 잘못이 있다는 주장도
받아들일 수 없다.

2. 점유취득시효의 완성 여부에 관한 상고이유(제2점)에 대한 판단

원심판결의 별지목록 제3 토지 중 별지도면 표시 (가) 부분의 토지를
망 소외 1과 그의 상속인들인 원고들이 그 판시 임차인들에게 임대하여
경작하게 하는 방법으로 1973년경부터 20년간 소유의 의사로 평온·
공연하게 점유하였다는 점에 관한 원심의 인정 판단은 기록과 관계
증거에 비추어 정당한 것으로 여겨지고, 거기에 상고이유에서 지적하
는 바와 같은 채증법칙 위배나 심리미진 또는 민법 제245조에 대한
법리오해로 판결에 영향을 미친 위법이 있다고 할 수 없다.

또한, 기록에 나타난 위 토지의 관리 경위, 토지현황 등 여러 사정에
비추어 보면, 철도청의 국유재산 관리대장에 위 토지가 행정재산 및

보존재산이라고 기재되어 있다는 사유만으로 위 토지가 국유의 행정재산이라고 단정할 수 없다 할 것이므로, 같은 취지의 원심판단은 정당하고, 거기에 지적하는 바와 같은 채증법칙 위배, 심리미진, 국유재산법 제5조 제2항에 대한 법리오해 등의 위법이 없다.

상고이유로 내세운 주장은 모두 이유가 없다.

3. 소유권보존등기말소등기청구 부분에 관한 상고이유(제3점과 4점)에 대한 판단

가. 원심판단의 요지

원심 및 원심이 인용한 제1심판결 이유에 의하면, 원심은, 이 사건 분할 전 토지에 관하여 1956. 10. 15. 망 소외 1 명의의 소유권이전등기의 회복등기가 된 사실, 위 토지에서 분할되어 나온 토지 중의 하나인 강원 양양군 (주소 2 생략) 토지 1,759㎡가 지목과 행정구역의 변경으로 속초시 (주소 3 생략) 철도용지 1,759㎡로 된 후 그 토지에 관하여 1983. 4. 4. 피고 명의의 소유권보존등기가 경료된 사실 및 그 뒤 위 (주소 3 생략) 토지가 다른 토지와 합병되어 원심판결 별지목록 기재 제3 토지로 되었는데 위 합병된 (주소 3 생략) 토지는 원심판결의 별지목록 기재 제3 토지 중 별지도면 표시 (마) 부분에 해당하는 사실{아래에서는 이 토지 부분을 (마) 부분 토지라고 한다} 등을 인정한 다음, 위 (마) 부분 토지에 관한 피고 명의의 위 소유권보존등기는 중복등기로서 무효라고 할 것이므로 피고는 분할 전의 토지에 관한 위 망 소외 1 명의의 소유권이전등기의 기초가 된 소유권보존등기가 원인무

효라는 점에 관한 주장·입증을 하지 않는 한 그의 상속인들인 원고들에게 위 (마) 부분 토지에 관한 피고 명의의 위 소유권보존등기를 말소할 의무가 있다고 판시한 다음, 위 (마) 부분 토지에 관한 피고 명의의 소유권보존등기가 중복등기로서 무효라고 할지라도 피고가 이 부분 토지에 관하여 소유권보존등기를 경료한 후 소외 2, 소외 3, 소외 4에게 국유재산사용허가를 하여 그들을 통하여 10년 이상 소유의 의사로 점유함으로써 등기부 시효취득을 하였고 따라서 이 부분 토지에 관한 피고 명의의 소유권보존등기는 실체관계에 부합되는 유효한 등기이므로 원고들의 등기말소청구에 응할 수 없다는 피고의 주장에 대하여, 을 제3호증의 1 내지 3, 을 제7호증의 1, 2의 기재에 의하면 국유재산 대부장부에 피고가 위 (마) 부분 토지 1,759㎡(532평) 중 213평을 1976. 1. 1.부터 1978. 12. 31.까지는 소외 2에게, 1979. 1. 1.부터 1985. 12. 31.까지는 소외 3에게, 1990. 1. 1.부터 1993. 12. 31.까지는 소외 4에게 피고가 대부한 것으로 되어 있으나, 소외 4가 증인으로 나와 주신문에서는 위 토지 중 706㎡ 등 1,046㎡를 대부 받아 경작하고 있다고 진술하다가 반대신문에서는 대부 받은 토지 중 2분의 1은 소외 5 경작하고 있고 자신은 약 150평 정도만 경작하고 있다고 진술하고 있을 뿐만 아니라 위 (마) 부분 토지 중 위 소외 2, 소외 3, 소외 4 등이 경작한 부분을 특정할 수 없고, 가사 취득시효에 관한 일부 주장이 인정된다고 하여도 1부동산 1등기용지주의를 취하는 현행 부동산등기법 아래에서는 피고가 먼저 경료된 등기부상의 소유자인 원고들을 상대로 시효취득을 원인으로

한 소유권이전등기를 구하는 것은 몰라도 나중에 경료된 피고 명의의 소유권보존등기가 실체관계에 부합한다는 이유로 그 등기에 대한 말소청구를 거절할 수는 없다고 판시하여 위 주장을 배척하고 있다.

나. 중복등기의 효력에 관한 상고이유(제3점)에 대한 판단

동일 부동산에 관하여 등기명의인을 달리하여 중복된 소유권보존등기가 경료된 경우에는 먼저 이루어진 소유권보존등기가 원인무효가 되지 아니하는 한 뒤에 된 소유권보존등기는 실체권리관계에 부합되는지의 여부를 따질 필요도 없이 무효라고 할 것인데(당원 1990. 11. 27. 선고 87다카2961, 87다453 전원합의체 판결 참조), 이 사건 분할 전 토지에 관하여 망 소외 1 명의로 경료된 위에 본 멸실회복에 인한 소유권이전등기의 기초가 된 소유권보존등기가 무효라고 볼 자료가 없는 이 사건에 있어서 특별한 사정이 없는 한 위 토지의 일부에 해당하는 (마) 부분토지에 관하여 그 후에 피고 명의로 경료된 소유권보존등기는 무효라고 보아야 할 것이다.

이와 같은 취지의 원심판단은 옳고, 거기에 중복등기에 관한 법리오해의 위법이 있다고 할 수 없다. 이에 배치되는 주장은 이유가 없다.

다. 등기부취득시효에 대한 법리오해의 점에 관한 상고이유(제4점)에 대한 판단

민법 제245조 제2항은 부동산의 소유자로 등기한 자가 10년간 소유의 의사로 평온·공연하게 선의이며 과실 없이 그 부동산을 점유한 때에는 소유권을 취득한다고 규정하고 있는바, 위 법 조항의 '등기'는 부동산등기법 제15조가 규정한 1부동산 1용지주의에 위배되지 아니한 등기를 말하므로, 어느 부동산에 관하여 등기명의인을 달리하여 소유권보존등기가 2중으로 경료된 경우 먼저 이루어진 소유권보존등기가 원인무효가 아니어서 뒤에 된 소유권보존등기가 무효로 되는 때에는 뒤에 된 소유권보존등기나 이에 터 잡은 소유권이전등기를 근거로 하여서는 등기부취득시효의 완성을 주장할 수 없다고 보아야 할 것이다(당원 1978. 1. 10. 선고 77다1795 판결 참조).

이와 다른 견해를 취한 당원 1988. 4. 12. 선고 87다카1810 판결 및 1994. 4. 26. 선고 93다16765 판결은 이를 변경하기로 한다. 이 사건의 경우 관계 증거를 살펴보면, 피고가 위 (마) 부분 토지에 관하여 소유권보존등기를 경료한 후에 그 중 일정 부분을 소외 3, 소외 4 등에게 대부하여 10년 이상 점유·경작시켰던 사실은 인정되나{원심이 위 소외 3 등이 점유·경작한 부분을 특정할 수 없다고 판시한 것은 제1심 감정인이 위 (마) 부분 토지가 지적법 제38조 제2항의 규정에 의거 등록사항(면적) 정정 대상 토지로서 경작지 구분이 불가능하다고 한 것에 기인한 것으로 보이지만(기록 189면), 위 지적법 제38조 제2항 소정의 정정대상 토지라고 해서 현실적인 점유·경작에 따른 면적 측량이 불가능한 것은 아니라 할 것이다.}, 위에서 본 바와 같이 위 (마) 부분 토지에 관한 피고 명의의 소유권보존등기가 중복등기로서 무효인 이상 이와 같은 무효인 등기를 근거로 하여서는 등기부취득시효의 완성을 주장할 수 없다고 할 것이고 따라서 등기부취득시효가 완성되었음을 전제로 위 (마) 부분 토지에 관한 피고 명의의 소유권보존등기가 실체관계에 부합하므로 원고의 말소등기청구에 응할 수 없다는 피고의 주장은 받아들일 수 없다고 할 것이니 원심이 피고의 위 주장을 배척한 것은 결론에 있어 정당하다.

원심판결에는 상고이유로 지적하는 바와 같은 등기부취득시효에 관한 법리오해 등의 위법이 있다고 할 수 없다. 이 점에 관한 상고이유도 받아들일 수 없다.

4. 그러므로 피고의 상고를 기각하고 상고비용은 패소자인 피고의 부담으로 하기로 관여 대법관 전원의 의견이 일치되어 주문과 같이 판결한다.

제12절 경지정리 및 환지의 문제

제1관 경지정리(耕地整理)에 대한 이해

농가별로 소유하는 경지가 여러 곳에 산재하는 경우에는 토지의 경계(예 : 논두렁)에 필요 이상의 농지 면적이 희생된다. 따라서 농지를 소유자별로 집단화할 필요가 있다. 그리고 영농의 기계화 및 수로(水路)의 관리에도 어려움이 많다. 이러한 비생산적이고 불합리한 문제점들을 시정하려는 것을 실무상 '경지정리'라고 한다. 법률에서는 이를 '농지개량사업'이라고 정의하고 있다.

농경지의 정리는 토지 경계의 재획정과 농업수리개량(용수로, 배수로의 개량) 등이 필연적으로 수반된다. 즉, 토목공사가 그 중심이 되는 것이다. 따라서 그 대상 지역이 광범위하고 많은 자금도 투하되어야 한다. 그리고 농가들의 이해관계도 첨예하게 대립한다.

위와 같은 여러 사정을 종합해보면, 농지개량사업은 국가와 지방자치단체가 개입하여 지원할 수밖에 없는 사업이다. 과거 일제강점기인 1927년 12월에는 「조선토지개량령」에 근거하여 논을 대상으로 개량사업을 시작하였고, 이 사업은 1962. 1. 21.까지 이어졌다. 그러나 많은 농지에 대하여 이루어진 것은 아니라고 한다.

대한민국의 주도로 이 사업이 본격적으로 시행된 때는 1970. 1. 12. 「농촌근대화촉진법」이 제정·시행되면서부터이다. 이 법에 근거하여 농지개량조합과 농업진흥공사가 발족되었다. 농지개량사업의 시행은 이들이 주관하였는데, 농지개량조합의 사업구역은 각 지방별로 지역을 구획하였으며, 농업진흥공사는 전국을 사업지역으로 하였다.

지방자치단체 및 토지소유자가 사업의 시행자가 되는 경우도 있었다. 다만, 이들이 시행하는 경우는 소규모였다. 위 법은 1996. 6. 30. 폐지되었다.

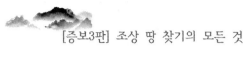

제2관   농지개량사업 관련 환지(換地)에 대한 이해

농지개량사업에는 필연적으로 환지계획을 수립 · 시행하게 된다. '환지'란 농지개량사업을 시행하기 전부터 그 사업 시행지역 내에 농지를 소유한 사람에 대하여 종전의 농지를 사업시행 후에 조성된 농지로 바꾸어주는 것을 말한다. 환지계획에는 '각 필지별 환지명세(筆別 換地明細)'가 포함된다.

환지를 받을 수 있는 자는 농지개량사업 시행지구 안에 종전부터 농지를 소유한 자이다. 이 경우에 토지의 매매 · 양도 · 교환 · 분합(分合) 등의 사유로 사실상의 소유권은 변동되었으나, 소유권변동에 관한 등기를 필하지 못하였을 경우에는 그 토지를 관할하는 구청장 · 시장 · 군수의 사실증명에 의하여 그 사실이 확인된 때에는 등기부상 소유자로 추정한다[1970 1 12 시행「농촌근대화촉진법」(제정법) 제126조 제4항)].

환지를 정할 때 상계할 수 없는 부분이 있는 경우와 환지계획구역 안에 100평 이하의 토지소유자가 있는 경우 또는 1구획의 환지를 받고 잔여토지가 100평 이하인 토지소유자가 있을 경우에는 금전으로 청산한다(위 같은 조 제5항).

고시된 환지계획에 의하여 교부될 환지는 환지계획을 고시한 날의 다음날부터 종전의 토지로 본다(위 법 제129조 제1항). 농지개량사업 시행자는 사업의 준공 후 농림부장관의 인가를 받고, 해당 환지의 등기를 촉탁 또는 신청하여야 한다(위 법 제127조 제1항 및 제133조 제1항).

이상에서 사용한 용어를 정리한다. '분합(分合)'이란 분필(分筆), 합필(合筆) 및 분합필(分合筆)을 말한다. '분필'은 하나의 필지를 둘 이상의 필지로 쪼개는 것을, '합필'은 둘 이상의 필지를 하나의 필지로 합치는 것을, '분합필'은 하나의 필지를 쪼개어 그 중 일부만을 다른 필지에 합치는 것을 각각 말한다.

여기에서의 '상계(相計)'는, 가령 갑이 소유하는 A농지와 을이 소유하는 B농지의 교환을 의미한다.

폐지된 「구 농어촌근대화촉진법」(1994. 12. 22. 법률 제4823호로 개정되기 전의 것) 제126조, 제127조, 제129조는 농지개량사업에 의한 환지계획에 의하여 교부될 환지는 농림수산부장관이 환지계획을 고시한 날의 다음날부터 이를 종전토지로 보도록 규정하고 있으므로, 환지계획을 고시한 날의 다음날부터는 종전의 토지소유자는 같은 법 제133조에 의한 토지등기가 없어도 환지된 토지의 소유권을 취득하고, 사업시행자가 소유자를 오인하여 소유자가 아닌 다른 사람에게 환지를 교부하였다 하더라도 다른 사람이 소유권을 취득하는 것이 아니며, 종전토지의 소유자는 환지처분 후 종전토지의 소유권에 기하여 환지된 토지의 소유권을 주장할 수 있고, 소유권 없는 자 앞으로 경료된 소유권이전의 등기가 같은 법 제126조 제4항의 사실증명을 바탕으로 이루어진 것이라 하여 다를 바 없다고 할 것이다(대법원 1985. 2. 8. 선고 84다343, 84다카1403 판결, 1998. 10. 13. 선고 97다21291 판결 등 참조).

따라서, 같은 법에 의한 환지등기가 「부동산소유권이전등기 등에 관한 특별조치법」에 의한 등기와 같은 추정력이 있다는 논지는 이유 없다(대법원 1999. 5. 25. 선고 99다1789 판결).

경지정리(토지개량)사업에 있어 환지를 교부하는 것은 종전토지 소유자에 대하여 종전토지에 갈음하는 대토(代土)를 주는 것을 의미하는 것이고, 환지계획의 인가와 고시가 있으면 환지는 종전토지로 간주되어 종전토지의 소유자는 종전토지에 대한 권리를 잃고 환지에 대하여 그 소유권을

> 취득하는 것이고, 환지를 받을 자는 원칙적으로 종전토지의 소유자인
> 것이다. 또 환지계획을 작성하고 확정하는 업무는 사업시행자가 하는
> 것이니만큼 사업시행자가 아닌 판시 환지분배위원회 따위에서 환지계획
> 을 세웠다 하더라도 이는 사업시행자의 환지업무를 보조하는 것에 불과하
> 다 할 것이다(대법원 1987. 9. 8. 선고 87다카1067, 87다카1068 판결).

환지는 「농촌근대화촉진법」 외의 다른 법률에 의해서도 교부되는 경우가
있는데, 어느 법률에 의한 것이든 불문하고 환지계획은 고시를 하며, 고시된
다음날부터 종전의 토지 수유자는 환지의 소유권을 당연히 취득한다.

따라서 조상이 소유하던 토지가 환지로 주어진 경우에는 여전히 환지에 대하여
상속인에게 소유권이 있다. 다만, 타인이 시효취득을 했는지 여부는 별개의
문제이다. 종전 토지에 대한 환지는 어느 토지가 주어졌는지는 환지를 시행할
당시에 사업시행자가 고시한 '환지계획' 중 '필지별 환지명세'를 살펴보면 알
수 있다. 환지의 지번·지목·면적 등은 한국토지정보시스템에서도 확인할 수
있다.

제3관 「농촌근대화촉진법」

이 법은 1970. 1. 12. 시행된 이래 11회에 걸쳐 개정이 되었다. 그리고 1996.
6. 30. 폐지되었다. 제정법의 공포번호는 제2199호이다.

이 법의 맹점이라면 농지개량사업을 시행할 당시에 해당 농지 등의 소유자가
행방불명 등으로 그의 소재를 알 수 없는 경우에 사업시행자가 취해야 할 조치에
관하여는 아무런 규정을 두지 않았다는 점이다.

조상이 소유했던 땅의 소재를 찾고 보니 그 땅이 훗날 농지개혁사업구역

내에 포함되었던 사실이 밝혀진다면 해당 지역에 대한 농지개량사업의 주체 및 당시의 고시(특히 '환지계획') 등을 조사하여 소유자의 소재를 알 수 없는 토지를 어떠한 방법으로 처리하였는지를 파악하여야 할 것이다.

이 법에 의한 농지개량사업은 그 시행자가 개인인 경우에만 기존 농지 소유자 전원의 동의를 받아 사업을 시행할 수 있도록 하였고, 다른 시행자들의 경우에는 전원의 동을 받지 않더라도 사업을 시행할 수 있도록 하였다. 따라서 일부 농지의 소유자를 알 수 없는 경우에도 농지개량조합 등 시행자는 사업을 시행할 수 있었다. 여기에서는 최초로 시행된 법률인 제정법의 주요 내용만을 인용하기로 한다.

농촌근대화촉진법

[시행 1970. 1. 12.] [법률 제2199호, 1970. 1. 12., 제정]

제1조(목적) 이 법은 농지의 개량·개발·보전 및 집단화와 농업의 기계화에 의한 농업생산력을 증진시키고 농가주택을 개량함으로써 농촌근대화를 촉진하게 함을 목적으로 한다.

제2조(정의) 이 법에서 사용되는 용어의 정의는 다음과 같다.

1. "농지개량사업"이라 함은 이 법에 의하여 시행하는 다음의 사업을 말한다.

    가. 관개·배수시설·농업용 도로·기타 농지의 보전이나 그 이용에 필요한 시설(이하 "농지개량시설"이라 한다)의 설치·관리·변경 또는 폐합

    나. 구획정리

다. 개답 또는 개전

라. 농업을 목적으로 하는 매립 또는 간척

마. 농지 또는 농지의 보전이나 그 이용에 필요한 시설의 재해복구

바. 농지에 관한 권리 및 그 농지의 이용에 필요한 토지에 관한 권리, 농업용 시설과 물의 사용에 관한 권리의 교환·분합

사. 기타 농지의 개량 또는 보전을 위하여 필요한 사업

제5조(농지개량사업에의 참여자격) ① 농지개량사업에 참여할 수 있는 자는 농지개량사업의 시행구역 안에 있는 토지에 관하여 다음 각 호의 1에 해당하는 권리를 가지고 있는 자로 한다.

1. 농업의 목적으로 사용·수익하는 토지소유자

2. 농업의 목적으로 사용·수익하기 위하여 토지에 소유권 이외의 물권(등기된 임차권을 포함한다. 이하 이 조에서는 같다)을 가지고 있는 자

3. 농업 이외의 목적으로 사용·수익하는 토지소유자나 농업 이외의 목적으로 사용·수익하기 위하여 토지에 소유권 이외의 물권을 가지고 있는 자로서 대통령령이 정하는 바에 의하여 서울특별시장·부산시장 또는 도지사가 농지개량사업에의 참여자격자로 인정한 자

② 이 법의 적용에 있어서 다음 각 호의 1에 해당하는 자는 전항의 자격이 있는 자로 본다.

1. 농지개혁법에 의하여 농지의 분배를 받은 자로서 그 토지를 농업의 목적으로 사용·수익하고 있는 자

제6조(이해관계인의 범위) 이 법에서의 이해관계인이라 함은 당해 농지개

량사업 또는 농가주택개량사업에 관계가 있는 토지 및 그 토지에 부착된
물건의 소유자나 그 토지 또는 물건에 관하여 등기된 권리를 가진 자
또는 어업권자와 수산업법 제40조의 규정에 의한 종래의 관행에 의하여
어업하는 자를 말한다.

제7조(농지개량사업의 시행자) 농지개량사업은 국가 · 지방자치단체 · 농
업진흥공사 · 농지개량조합 또는 토지소유자가 시행한다.

제19조(조합원) 조합이 설립된 때에는 그 조합구역 안에 있는 토지에 관하
여 제5조에 규정한 자격이 있는 자는 그 조합의 조합원이 된다.

제37조(사업) 조합은 조합구역 내에서 다음 각 호의 사업을 시행한다.

　　1. 농지개량시설의 유지관리사업

　　2. 구획정리사업과 그 부대사업

　　3. 개답 및 개전

　　4. 농사개량사업

　　5. 농지 또는 농지의 보존이나 그 이용에 필요한 시설의 재해복구

　　6. 기타 조합목적을 달성하기 위하여 필요한 사업

제38조(사업의 위탁) 조합은 필요하다고 인정할 때에는 전조의 사업의
일부를 농업진흥공사에 위탁하여 시행할 수 있다.

제69조(설립과 목적) ① 이 법에 의한 농지개량사업 · 농업기계화사업 및
농가주택개량사업을 종합적으로 수행하고 시범농촌의 육성과 조합업
무를 지원하게 하기 위하여 토지개량조합연합회와 지하수개발공사를
합병하여 농업진흥공사(이하 "공사"라 한다)를 설립한다.

② 공사는 토지개량조합연합회와 지하수개발공사의 권리의무를 포괄
승계한다.

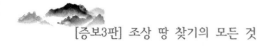

제83조(사업) 공사는 제69조의 목적을 달성하기 위하여 다음 각 호의 사업을 한다.

1. 관개 · 배수시설의 설치에 관한 사업
2. 개간 · 하천정리 · 매립 또는 간척사업
3. 구획정리사업
4. 농업용 도로의 개설에 관한 사업
5. 농지개량사업에 수반하는 환지
6. 초지조성에 관한 사업
7. 농지개량사업(초지조성을 포함한다)에 관한 조사 · 측량 및 설계
8. 농지개량사업시행지구의 지적측량
9. 농지개량사업용 중기와 농림부장관이 정하는 농기구의 제작 · 공급 · 구입 및 그 알선 또는 운영관리와 사용기술의 교육
10. 농지개량사업용 중기와 농림부장관이 정하는 농기구의 제작 · 정비시설의 설치운영과 투자
11. 농가주택의 건설 · 개량 및 그 자재알선과 기술지도
12. 시범농촌조성에 관한 사항
13. 조합이 시행하는 농지개량사업과 농지개량사업에 대한 기술지원
14. 조합의 농지개량시설의 유지관리에 대한 기술지원
15. 조합업무에 필요한 자재등의 알선
16. 국가 · 지방자치단체 · 조합 또는 토지소유자가 위탁한 농지개량사업
17. 농지개량사업에 관한 기술 · 용역의 수출
18. 전 각 호 이외에 법령에 의하여 위임된 사업이나 농림부장관이

위촉한 사업

19. 기타 공사의 목적을 달성하기 위하여 필요한 사업

제1절 농지개량사업의 시행
제1관 국가의 사업시행

제91조(신청에 의한 시행) ① 지방자치단체·조합 또는 20인 이상의 토지소유자는 대통령령이 정하는 바에 따라 일정한 지역을 정하여 국가에서 농지개량사업을 시행할 것을 농림부장관에게 신청할 수 있다.

② 전항의 신청을 함에 있어서는 그 지역 안에 있는 토지에 관한 제5조의 자격자 3분의 2이상의 동의를 얻어야 한다.

제92조(심사와 고시) ① 농림부장관은 전조의 규정에 의한 신청이 있을 때에는 그 신청내용을 심사하여 적당하다고 인정할 때에는 농지개량사업계획을 수립하여야 한다.

② 농림부장관은 전항의 규정에 의하여 농지개량사업계획을 수립한 때에는 지체없이 그 취지를 고시하고, 10일 이상 20일 이내의 기간을 정하여 당해 농지개량사업계획을 이해관계인에게 열람시켜야 한다.

제93조(이의신청) ① 이해관계인은 전조의 규정에 의한 농지개량사업계획에 대하여 이의가 있을 때에는 전조 제2항의 고시가 있은 날로부터 40일 이내에 농림부장관에게 이의를 신청할 수 있다.

② 농림부장관은 전항의 규정에 의한 이의신청이 있을 때에는 전조 제2항의 고시가 있은 날로부터 90일 이내에 그 적부를 결정하여 신청인에게 통지하여야 한다.

③ 농림부장관은 제1항의 기간 내에 이의신청이 없거나 이의신청이

이유 없다고 기각한 때에는 당해 농지개량사업계획에 의한 사업을 시행하여야 한다.

제94조(신청에 의하지 아니한 시행) ① 농림부장관은 제1조의 목적을 달성하기 위하여 필요하다고 인정되는 때에는 제91조의 규정에 의한 신청이 없더라도 대통령령으로 정하는 바에 따라 농지개량사업계획을 수립하여 농지개량사업을 시행할 수 있다.

② 농림부장관은 전항의 규정에 의하여 농지개량사업을 시행하고자 할 때에는 그 농지개량사업계획의 개요 기타 필요한 사항을 고시하고 그 농지개량사업을 시행하고자 하는 지역 안에 있는 토지에 관한 제5조의 자격자 3분의 2이상의 동의를 얻어야 한다.

③ 전항의 경우에는 제92조 제2항 및 제93조의 규정을 준용한다.

제95조(구획정리사업시행의 특례) ① 농림부장관은 구획정리사업을 특히 촉진할 필요가 있다고 인정될 때에는 제91조 내지 제94조의 규정에 불구하고 지방자치단체와 공동으로 구획정리사업을 시행할 수 있다.

② 전항의 규정에 의하여 구획정리사업을 시행하고자 할 때에는 지체없이 그 사업계획의 개요와 기타 필요한 사항을 고시하고 10일 이상의 기간을 정하여 이해관계인에게 열람시켜야 한다.

③ 농림부장관과 지방자치단체는 제1항의 규정에 의하여 구획정리사업을 시행하는 경우 국가와 지방자치단체가 담당할 사업내용의 기준은 대통령령으로 정한다.

제97조(구획정리사업의 병행) 국가는 이 법에 의한 농지개량시설의 설치·개간·매립 또는 간척사업을 시행하는 경우에 구획정리사업도 함께 실시하는 것이 당해 농지개량사업의 효과를 높이고, 그 토지에 관한

농업경영의 합리화에 기여한다고 인정하는 때에는 이를 병행하여 시행하여야 한다.

제2관 지방자치단체의 사업시행

제103조(인가신청) ① 지방자치단체가 농지개량사업을 시행하고자 할 때에는 당해 의회의 의결을 거쳐 농지개량사업계획과 기타 농림부령으로 정하는 서류를 작성하여 농림부장관에게 농지개량사업의 시행인가를 신청하여야 한다.

② 지방자치단체는 전항의 인가신청을 하고자 할 때에는 그 농지개량사업계획의 개요 기타 필요한 사항을 고시하고 그 사업을 시행하고자 하는 지역 내의 토지에 관한 제5조의 자격자 3분의 2이상의 동의를 얻어야 한다.

제104조(심사와 고시) ① 농림부장관은 전조의 신청이 있을 때에는 농지개량사업계획을 심사하고 그 적부를 결정하여 신청인에게 통지하여야 한다.

② 농림부장관은 전항의 규정에 의하여 그 신청이 적당하다고 결정한 때에는 지체없이 그 취지를 고시하고 10일 이상 20일 이내의 기간을 정하여 그 결정에 관한 농지개량사업계획을 이해관계인에게 열람시켜야 한다.

제105조(이의신청) ① 이해관계인은 전조 제2항의 규정에 의한 고시에 관계되는 농림부장관의 결정에 대하여 이의가 있을 때에는 그 고시가 있은 날로부터 40일 안에 이의를 신청할 수 있다.

② 농림부장관은 전항의 규정에 의한 이의신청이 있을 때에는 전조

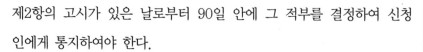

제2항의 고시가 있은 날로부터 90일 안에 그 적부를 결정하여 신청인에게 통지하여야 한다.

③ 농림부장관은 제1항의 규정에 의한 이의신청이 이유 있다고 결정한 때에는 제103조 제1항의 규정에 의한 신청을 기각하여야 한다.

제106조(시행의 인가) ① 농림부장관은 전조 제1항의 규정에 의한 기간 안에 이의신청이 없거나, 이의신청이 이유 없다고 기각한 때에는 그 농지개량사업의 시행을 인가하여야 한다.

② 농림부장관은 농지개량사업의 시행을 인가한 때에는 지체없이 이를 고시하여야 한다.

제3관 조합의 사업시행

제110조(인가신청) ① 조합이 그 조합구역 안의 토지에 관하여 제37조 제1호·제4호 및 제6호 이외의 농지개량사업을 시행하고자 할 때에는 농지개량사업계획서와 총회의 결의서 기타 농림부령으로 정하는 서류를 구비하여 농림부장관에게 농지개량사업의 시행인가를 신청하여야 한다. 다만, 천재·지변 기타 불가항력적인 재해가 발생하여 제37조 제5호의 재해복구사업을 긴급히 시행할 필요가 있을 때에는 예외로 한다.

② 농림부장관이 전항의 농지개량사업의 시행인가를 하고자 할 경우에는 제103조 제2항과 제104조 내지 제106조의 규정을 준용한다.

제4관 공사의 사업시행

제115조(인가신청) ① 공사가 농지개량사업을 시행하고자 할 때에는 농지개량사업계획과 기타 농림부령으로 정하는 서류를 작성하여 농림부장관에게 농지개량사업의 시행인가를 신청하여야 한다.

② 전항의 인가신청과 그 인가에 있어서는 제103조 제2항과 제104조 내지 제106조의 규정을 준용한다.

제5관 토지소유자의 사업시행

제119조(인가신청) ① 토지소유자 1인 또는 수인이 일정한 구역을 정하여 농지개량사업을 시행하고자 할 때에는 농지개량사업계획과 규약(수인 공동의 경우에 한한다) 기타 농림부령으로 정하는 서류를 작성하여 농림부장관에게 농지개량사업의 시행인가를 신청하여야 한다.

② 전항의 규정에 의한 인가신청을 하고자 할 때에는 당해 사업시행지구 내의 토지에 관한 제5조의 자격자 전원의 동의를 얻어야 한다.

③ 농림부장관이 전항의 농지개량사업의 시행인가를 하고자 하는 경우에는 제104조 내지 제106조의 규정을 준용한다.

제126조(환지계획) ① 환지계획에는 농림부령이 정하는 바에 의하여 다음 각 호의 사항을 정하여야 한다.

　1. 환지설계

　2. 각 필별 환지명세

　3. 청산금명세

　4. 환지를 정하지 아니하는 토지 및 기타 특별한 취급을 하는 토지

의 명세

5. 기타 농림부령으로 정하는 사항

② 환지계획에 있어서의 환지는 종전의 토지의 지목·지적·등급·토성·수리·경사·온도 기타의 자연조건 및 이용조건 등을 참작하여 그 환지가 종전의 토지와 상응하여야 하되 종전의 토지는 공부상 지목이 전답이거나 공부상 지목은 전답이 아니더라도 사실상 전답으로서 실지 경작하고 있는 토지라야 한다.

③ 경작자의 농업경영을 합리화하기 위하여 필요하다고 농림부장관이 인정하는 경우에는 전항 전단의 규정에 의하지 아니하고 환지를 정할 수 있다.

④ 환지를 받을 수 있는 자는 등기부상의 토지소유자로 하여야 한다. 이 경우에 토지의 매매·양도·교환·분합 등의 사유로 사실상의 소유권은 변동되었으나 소유권 변동에 관한 등기를 필하지 못하였을 경우에는 그 토지를 관할하는 구청장·시장·군수의 사실증명에 의하여 그 사실이 확인된 때에는 등기부상 소유자로 추정한다.

⑤ 제2항 전단 및 제3항의 규정에 의하여 환지를 정하는 경우에 상계할 수 없는 부분이 있는 경우와 환지계획구역 안에 100평 이하의 토지소유자가 있는 경우 또는 1구획의 환지를 받고 잔여토지가 100평 이하의 토지소유자가 있을 경우에는 금전에 의한 청산을 하되 당해 환지계획에서 그 금액의 지불 및 징수의 방법과 시기를 정하여야 한다.

⑥ 종전의 토지의 전부 또는 일부에 대하여 소유권 이외의 권리 또는 처분의 제한이 있는 경우에 이와 교환될 환지에 있어서는 그 권

리나 처분의 제한의 목적이 되는 토지 또는 그 부분을 지정하여야 한다.

⑦ 환지는 1지번의 구역이 2이상의 구·시·읍·면에 걸치게 정하여서는 아니 된다.

제127조(환지계획의 인가) ① 농지개량사업시행자는 농지개량사업의 공사를 준공한 후 필요하다고 인정할 때에는 지체없이 환지계획을 작성하여 농림부장관의 인가를 받아야 한다.

② 전항의 환지계획은 경작자의 농업경영의 합리화에 기여할 수 있도록 작성되어야 한다.

③ 농지개량사업시행자는 제1항의 규정에 의한 인가를 받고자 할 때에는 환지계획의 개요 기타 필요한 사항을 14일 이상 이를 공고하고 그 구역안의 토지에 관한 제5조의 자격자 3분의 2이상의 동의를 얻어야 한다.

④ 농림부장관은 제1항의 규정에 의한 인가를 한 때에는 지체없이 그 사실을 고시하고 이를 관할구청장·시장 또는 군수와 등기소에 통지하여야 한다.

제129조(환지처분의 효과와 청산금) ① 제127조 제4항의 규정에 의하여 고시된 환지계획에 의하여 교부될 환지는 제162조 제1항의 경우를 제외하고는 그 환지계획을 고시한 날의 익일부터 이를 종전의 토지로 본다.

② 전항의 규정은 행정상 또는 재판상의 원본에 의하여 종전의 토지에 전속하는 권리에 대하여는 영향을 미치지 아니한다.

③ 제127조 제4항의 규정에 의한 고시가 있은 때에는 농지개량사업시행자는 그 고시된 환지계획에 의하여 청산금을 지불하거나 징수하

여야 한다.

제133조(환지처분에 의한 등기) ① 농지개량사업시행자는 제127조 제1항의 규정에 의한 인가가 있은 때에는 지체없이 당해 환지계획에 관한 토지 및 건물에 관한 등기를 촉탁 또는 신청하여야 한다.

② 환지처분이 없는 경우에도 농지개량사업으로 인하여 이미 등기된 토지의 표시에 변경이 있을 때에는 시행자는 토지표시의 변경등기를 촉탁 또는 신청하여야 한다.

제154조(토지등의 수용·사용과 보상) ① 농지개량사업 또는 농가주택개량사업의 시행자는 그 사업의 시행을 위하여 필요한 경우에는 사업시행지역 안에 있는 토지 또는 물건을 수용·사용 또는 제거하거나 변경을 가할 수 있다.

② 전항의 경우에 수용 또는 사용에 관하여는 이 법에서 규정한 것을 제외하고는 토지수용법을 준용한다. 이 경우에 이 법에 의한 농림부장관의 사업시행인가는 토지수용법상의 사업인정으로 본다.

③ 제1항의 규정에 의하여 토지 또는 물건을 제거하거나 변경한 경우에 그 행위로 인하여 손실을 받은 자가 있을 때에는 정당한 보상을 하여야 한다.

제164조(고시의 효과) ① 이 법의 규정에 의하여야 할 사항은 이를 고시한 후가 아니면 제3자에게 대항할 수 없다.

제4관 「토지구획정리사업법」

조상이 소유하던 땅의 소재를 찾고 보니 농지개량사업이 시행된 지역이 아님에도 불구하고 그 땅의 지번이 없어진 경우도 흔히 발견된다. 토지구획정리사업이 시행되어 환지가 교부되면서 구 토지에 대한 토지대장 및 등기부가 폐쇄된 경우일 가능성이 있다. 환지의 교부 없이 금전청산이 된 경우에도 마찬가지이다.

환지가 이루어진 경우에는 구 토지의 소유자는 환지의 소유자가 되는데, 과거 환지처분을 할 수 있는 근거 법령이 여럿 있었고, 현재에도 환지는 이루어지고 있다.

「토지구획정리사업법」은 1966. 8. 3. 시행(공포번호 : 법률 제1822호)된 후 14회에 걸쳐 개정 시행되다가 2000. 7. 1. 폐지되었다. 이 법은 주로 도시지역에서 대지의 효용증진과 공공시설의 정비를 위하여 토지의 교환·분합(分合) 기타 구획변경, 지목 또는 형질의 변경이나 공공시설의 설치·변경에 관한 사업의 시행과 관련한 사항을 규정하였다. 제정법의 주요 규정은 다음과 같다.

토지구획정리사업법

[시행 1966. 8. 3.] [법률 제1822호, 1966. 8. 3., 제정]

제1조(목적) 이 법은 토지구획정리사업의 집행절차·방법 및 비용부담 등에 관한 사항을 규정함으로써 토지구획정리사업을 촉진하고 도시의 건전한 발전과 공공복리의 증진에 기여함을 목적으로 한다.

제2조(용어의 정의) ① 이 법에서 사용하는 용어의 정의는 다음과 같다.

　1. "토지구획정리사업"이라 함은 대지로서의 효용증진과 공공시설의 정비를 위하여 이 법의 규정에 의하여 실시할 토지의 교환·분합

기타의 구획변경, 지목 또는 형질의 변경이나 공공시설의 설치·
변경에 관한 사업을 말한다.

2. "공공시설"이라 함은 도로·공원·광장·하천, 의무교육에 필요
한 학교교지 기타 공공의 용에 공하는 시설로서 대통령령이 정하
는 것을 말한다.

3. "토지소유자"라 함은 토지구획정리사업시행지구(이하 "施行地區"
라 한다)내의 토지에 관하여 소유권을 가진 자와 소유권 이외의
권리로서 대통령령이 정하는 권리를 가진 자를 말한다.

② 토지구획정리사업과 병행하여 시행하는 건축물 기타의 공작물 또
는 물건(이히 "建築物등"이라 한다)의 실지·판리 또는 처분에 관한
사업이나 매립에 관한 사업은 이를 토지구획정리사업으로 본다.

③ 이 법의 적용에 있어서 공유수면매립법 제4조의 규정에 의하여
면허를 받은 자는 토지소유자로 보고, 그 공유수면을 토지로 본다.

제3조(사업의 시행지) 토지구획정리사업(이하 "區劃整理事業"이라 한다)
은 도시계획법 제4조의 규정에 의하여 결정된 도시계획구역 또는 국토
건설종합계획법 제6조 제2항의 규정에 의하여 지정된 특정지역의 토지
에 대하여 이를 시행한다.

제5조(권한의 위임) 이 법의 규정에 의한 건설부장관의 권한은 대통령령
이 정하는 바에 의하여 서울특별시장·부산시장 또는 도지사에게 그
일부를 위임할 수 있다.

제2장 토지구획정리사업의 시행자

제1절 통칙

제6조(토지소유자 · 조합 및 대한주택공사의 시행) ① 구획정리사업은 토지소유자 또는 토지소유자가 설립하는 토지구획정리조합(이하 "組合"이라 한다)이 이를 실시한다.

② 대한주택공사(이하 "公社"라 한다)는 도시계획으로 결정된 구획정리사업(이하 "計劃事業인 區劃整理事業"이라 한다)을 실시할 수 있다.

제7조(지방자치단체의 시행) ① 건설부장관은 계획사업인 구획정리사업에 관하여 다음 각 호의 1에 해당하는 사유가 있을 때에는 전조의 규정에 불구하고 관계 지방자치단체에 대하여 구획정리사업의 시행을 명할 수 있다.

1. 토지소유자가 제10조 제1항의 규정에 의하여 지정된 기간 내에 제9조 또는 제16조의 규정에 의한 인가의 신청을 하지 아니하거나 신청된 내용이 위법 또는 부당하다고 인정한 때

2. 제77조 제3항의 규정에 의하여 인가를 취소한 때

3. 천재 · 지변 기타의 사유로 인하여 긴급히 구획정리사업을 시행할 필요가 있어 제10조에 규정하는 절차를 취할 수 없다고 인정한 때

4. 지방자치단체의 장이 집행하는 도시계획이나 공공시설에 관한 사업과 병행하여 시행할 필요가 있다고 인정한 때

② 건설부장관이 전항의 규정에 의하여 구획정리사업의 시행을 지방자치단체에게 명한 때에는 대통령령이 정하는 바에 의하여 이를 공고하여야 한다.

제8조(국가의 시행) ① 건설부장관이 시행하는 공공시설에 관한 사업과 병행하여 구획정리사업을 시행할 필요가 있거나 제6조 또는 전 조의 규정에 의하여 구획정리사업을 토지소유자 · 조합 · 공사 또는 지방자

치단체에게 시행시킬 수 없는 특별한 사유가 있을 때에는 건설부장관은 대통령령이 정하는 바에 의하여 이를 직접 시행할 수 있다.

② 전조 제2항의 규정은 전항의 경우에 이를 준용한다.

제2절 토지소유자의 시행

제9조(토지소유자의 시행인가) 제6조 제1항의 규정에 의하여 토지소유자가 구획정리사업을 시행하고자 할 때에는 대통령령이 정하는 바에 의하여 작성된 규약(共同施行의 경우에 限한다) 및 사업계획서를 첨부하여 건설부장관의 인가를 받아야 한다.

제11조(토지소유자의 동의) 제9조의 규정에 의한 시행인가를 신청하는 경우에 시행지구 안의 토지에 관하여 신청자 이외에 다른 토지소유자가 있는 경우에는 그 토지소유자의 동의를 얻어 이를 신청하여야 한다. 다만, 계획사업인 구획정리사업에 있어서는 그 시행지구 안의 토지소유자의 총수 및 그 토지면적의 각각 5분의 4이상에 해당하는 토지소유자의 동의를 얻어야 한다.

제13조(인가의 공고) 건설부장관이 제9조의 규정에 의한 인가를 한 때에는 지체 없이 대통령령이 정하는 바에 의하여 이를 공고하여야 한다.

제3절 토지구획정리조합의 시행

제16조(조합설립의 인가) 제6조 제1항의 규정에 의하여 조합을 설립하여 구획정리사업을 시행하고자 할 때에는 대통령령이 정하는 바에 의하여 시행지구 안의 토지소유자 7인 이상이 정관 및 사업계획을 정한 후

조합의 설립과 그 구획정리사업의 시행(이하 "組合設立"이라 한다)에 관하여 건설부장관의 인가를 받아야 한다.

제17조(조합설립에 대한 토지소유자의 동의) 전조의 규정에 의하여 조합설립의 인가를 신청할 때에는 시행지구 안의 토지면적의 3분의 2 이상에 해당하는 토지소유자의 동의를 미리 받아야 한다.

제18조(등기) ① 조합은 조합설립의 인가가 있은 날로부터 30일 이내에 주된 사무소의 소재지에서 대통령령이 정하는 사항을 등기하여야 한다.

② 조합은 전항의 규정에 의하여 등기함으로써 성립한다.

제21조(조합원) 조합의 시행지구안의 토지소유자는 조합원이 된다.

제4절 지방자치단체와 공사의 시행

제32조(지방자치단체등의 시행인가) ① 제6조 제2항 또는 제7조의 규정에 의하여 지방자치단체 또는 공사가 구획정리사업을 시행하고자 할 때에는 대통령령이 정하는 바에 의하여 시행규정 및 사업계획을 정한 후 그 시행에 관하여 건설부장관의 인가를 받아야 한다.

② 전항의 규정에 의한 시행규정은 지방자치단체의 조례로 정한다.

제34조(준용) 제13조 및 제14조의 규정은 제32조 제1항의 규정에 의한 지방자치단체 또는 공사에 대한 시행인가의 경우와 시행규정 또는 사업계획을 변경하거나 구획정리사업을 중지 또는 폐지하는 경우에 이를 준용한다.

제5절 국가의 시행

제35조(시행규정등) ① 제8조의 규정에 의하여 건설부장관이 구획정리사업을 시행하고자 할 때에는 대통령령이 정하는 바에 의하여 미리 시행규정 및 사업계획을 정하여야 한다.

② 전항의 규정에 의한 시행규정은 건설부령으로 정한다.

③ 제12조 및 제13조의 규정은 제1항의 경우에 이를 준용한다.

④ 건설부장관이 사업계획을 변경하거나 구획정리사업을 중지 또는 폐지한 때에는 대통령령이 정하는 바에 의하여 지체없이 이를 공고하여야 한다.

제3징 구획정리사업의 시행
제1절 통칙

제43조(토지의 분할 및 합병) ① 시행자는 구획정리사업의 시행을 위하여 필요한 경우에는 토지소유자에 갈음하여 토지의 분할 또는 합병의 절차를 행할 수 있다.

② 시행자는 제44조의 규정에 의한 통지를 할 때에 1필의 토지가 시행지구의 내외나 2이상의 공구에 걸치는 경우에는 그 통지와 함께 당해 토지의 분할의 절차를 행하여야 한다.

제44조(등기소등에의 통지) 시행자는 구획정리사업시행 등의 공고가 있은 때에는 관할시장 또는 군수와 등기소에 공고사항 중 건설부령이 정하는 사항을 통지하여야 한다.

제2절 환지계획

제46조(환지계획) ① 시행자는 시행지구 내의 토지에 관한 환지처분을 행하기 위하여 환지계획을 정하여야 한다.

② 전항의 환지계획에는 다음 사항을 정하여야 한다.

1. 환지설계

2. 필별로 된 환지명세

3. 필별과 권리별로 된 청산금명세

4. 제54조의 규정에 의한 체비지 또는 보류지의 명세

5. 기타 건설부령이 정하는 사항

제47조(환지계획의 인가등) ① 시행자(建設部長官을 제외한다)가 전 조 제1항의 규정에 의하여 환지계획을 정하고자 할 때에는 서울특별시장·부산시장 또는 도지사(施行者가 서울特別市·釜山市·道 또는 公社인 경우에는 建設部長官)의 인가를 받아야 한다.

② 제33조의 규정은 시행자가 전항의 규정에 의한 인가를 신청하고자 할 때와 건설부장관이 환지계획을 정하고자 할 때에 이를 준용한다.

③ 전항의 규정에 의하는 외에 제11조의 규정은 개인토지소유자인 시행자가 제1항의 규정에 의한 인가를 신청하고자 할 때에 이를 준용한다.

제48조(환지계획의 기준) 환지계획은 종전의 토지 및 환지의 위치·지목·지적·토질·수리·이용 상황·환경 기타의 사항을 종합적으로 고려하여 합리적으로 정하여야 한다.

제49조(동의에 의한 환지의 불지정) 토지소유자의 신청 또는 동의가 있을 때에는 환지계획에서 당해 토지의 전부 또는 일부에 관하여 환지를 정하지 아니할 수 있다. 이 경우에 시행자는 당해 토지에 관하여 임차권·지상권 기타 사용 또는 수익할 권리(이하 "賃借權 등"이라 한다)를 가진 자(이

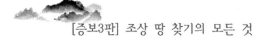
하 "賃借權者등"이라 한다)가 있을 때에 는 그 동의를 받아야 한다.

제50조(지적의 적정화) ① 지방자치단체 또는 건설부장관인 시행자(이하 "行政廳인 施行者"라 한다)는 재해나 위생상의 위해를 예방하기 위하여 토지지적의 규모를 조정할 특별한 필요가 있을 때에는 환지계획에 있어서 지적이 협소한 토지에 관하여 과소토지가 되지 아니하도록 환지를 정할 수 있다.

② 전항의 경우에 행정청인 시행자는 특히 필요한 때에는 과소토지를 환지대상에서 제외하거나 특히 지적이 광대한 토지의 지적을 감소하여 환지를 정하고 과소토지의 지적을 증가하여 환지를 정할 수 있다.

③ 제1항의 과소토지의 기준이 될 지적은 내통령령이 정하는 범위 안에서 행정청인 시행자(建設部長官을 제외한다)가 서울특별시장 · 부산시장 또는 도지사(施行者가 서울特別市 · 釜山市 또는 道인 경우에는 建設部長官)의 인가를 받아 이를 정한다.

제51조(입체환지) 행정청인 시행자는 환지계획에 있어서 과소토지가 되지 아니하게 하기 위하여 특히 필요한 때에는 토지소유자의 동의를 얻어 환지의 목적인 토지에 갈음하여 행정청인 시행자가 처분할 권한을 갖는 건축물의 일부와 그 건축물이 있는 토지의 공유지분을 주도록 환지계획을 정할 수 있다.

제52조(청산금) 환지를 정하거나 그 대상에서 제외한 경우에 그 과부족분에 대하여는 종전의 토지 및 환지의 위치 · 지목 · 지적 · 토질 · 수리 · 이용 상황 · 환경 기타의 사항을 종합적으로 고려하여 금전으로 이를 청산하여야 한다.

제4절 환지처분

제61조(환지처분) ① 환지처분은 환지계획구역의 전부에 대하여 공사가
완료한 후 지체없이 이를 하여야 한다. 다만, 규약·정관 또는 시행규정
에 특별한 규정이 있는 경우에는 환지계획구역의 전부에 대하여 공사가
완료되기 전에 이를 행할 수 있다.

② 시행자가 환지처분을 하고자 할 때에는 환지계획에 정한 사항을
토지소유자에게 통지하고 이를 공고하여야 한다.

제62조(효과) ① 환지처분의 공고가 있은 경우에는 환지계획에서 정하여
진 환지는 그 환지처분의 공고가 있은 날의 익일부터 종전의 토지로
보며, 환지계획에서 환지를 정하지 아니한 종전의 토지상에 존재하던
권리는 그 환지처분의 공고가 있은 날이 종료한 때에 소멸한다.

② 전항의 규정은 행정상 또는 재판상의 처분으로서 종전의 토지에
전속하는 것에 대하여는 영향을 미치지 아니한다.

③ 시행지구내의 토지에 관한 지역권은 제1항의 규정에 불구하고 종
전의 토지에 존속한다. 다만, 구역정리사업의 시행으로 인하여 행사
할 이익이 없어진 지역권은 환지처분의 공고가 있은 날이 종료하는
때에 소멸한다.

④ 제51조의 규정에 의한 환지계획에 의하여 환지처분을 받은 자는
환지처분의 공고가 있은 날의 익일에 환지계획의 정하는 바에 의하여
당해 건축물의 일부와 그 건축물이 있는 토지의 공유지분을 취득한
다. 이 경우에 종전의 토지에 관한 저당권은 당해 환지처분의 공고가
있은 날의 익일로부터 그 건축물의 일부와 그 건축물이 있는 토지의
공유지분에 존재하는 것으로 본다.

⑤ 제52조의 규정에 의한 청산금은 환지처분의 공고가 있은 날의 익일에 확정된다.

⑥ 제54조의 규정에 의한 체비지(第57條 第4項의 規定에 의하여 이미 處分된 것을 제외한다)는 시행자가, 보류지는 환지계획에 정한 자가 환지처분의 공고가 있은 날의 익일에 각각 그 소유권을 취득한다.

제65조(등기) ① 시행자는 환지처분의 공고가 있은 때에는 지체없이 이를 관할등기소에 통지하여야 한다.

② 구획정리사업 또는 환지처분으로 인하여 시행지구 안의 토지 또는 건축물에 관한 권리에 변동이 있는 때에는 시행자는 환지처분의 공고가 있은 후 지체없이 대통령령이 징하는 바에 의하여 이에 관한 등기를 신청 또는 촉탁하여야 한다.

③ 환지처분의 공고가 있은 후에는 시행지구 안의 토지 또는 건축물에 관하여는 전항의 규정에 의한 등기가 있을 때까지 다른 등기를 할 수 없다. 다만, 등기신청인이 확정일부 있는 서류에 의하여 환지처분의 공고일전에 등기원인이 발생한 것임을 증명한 경우에는 그러하지 아니하다.

④ 시행지구 안의 토지 또는 건축물의 등기에 관하여는 대통령령으로 부동산등기에 대한 특례를 설정할 수 있다.

토지구획정리사업은 대지로서의 효용증진과 공공시설의 정비를 위하여 실시하는 토지의 교환·분합 기타의 구획변경, 지목 또는 형질의 변경이

나 공공시설의 설치·변경에 관한 사업으로서, 그 시행지구 내에 편입된 모든 토지를 일체로 취급하여 우선 필요한 공공시설의 용지를 먼저 결정하고, 남은 토지들을 구획을 나누어 정연하게 배치하여 체비지 또는 보류지를 지정하기도 하며, 그 나머지 토지들을 종전 토지의 소유권 기타의 권리의 특성에 맞추어 정리 후의 토지로 이동시키는 환지처분의 절차를 거치게 된다(대법원 1998. 8. 21. 선고 98다1607, 1614 판결 참조). 그리고, 「구 토지구획정리사업법」(1982. 12. 31. 법률 제3642호로 개정되기 전의 것, 이하 "법"이라 한다) 제62조, 제63조에 따라 환지처분의 공고가 있는 날의 다음날, 위와 같은 공공시설용지는 그 관리자의 구분에 따라 국가 또는 지방자치단체에, 체비지는 시행자에게, 보류지는 환지계획에서 정한 자에게 각 귀속되고, 환지계획에서 정하여진 환지는 종전의 토지소유자들에게 귀속된다.

이러한 토지구획정리사업의 절차 및 사업의 완료에 따라 조성된 토지들의 소유권귀속 관계 등을 종합해보면, 법 제63조에 따라 국가나 지방자치단체에 귀속되는 공공시설용지라는 것은 우선적으로 공공시설의 용도로 배정된 토지, 즉 종전토지의 소유자들에게 귀속되는 환지에는 해당하지 않는 토지를 의미하는 것으로 보아야 한다.

따라서, 설령 환지처분에 따라 종전토지 소유자에게 배정된 토지가 환지계획상 도로이고, 실제로도 환지처분 이후 도로로 이용되었다고 하더라도 이는 국가나 지방자치단체에 귀속되는 공공시설용지는 아니라고 할 것이다(대법원 2012. 5. 10. 선고 2011다52017 판결).

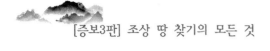

체비지(替費地)와 보류지(保留地)는 토지구획정리사업의 시행자가 필요한 경비 등에 충당할 목적으로 환지에서 제외한 땅을 말한다. 이는 환지계획에 의하여 정해진다.

> 부동산등기부상의 지적표시 부분이 무효라는 취지의 확인을 구하는 소는 사법상의 권리나 법률관계의 존부확인을 구하는 것이 아니라 단순한 사실관계의 확인을 구하는 것에 지나지 않으므로 확인의 소의 대상이 될 수 없는 것이고, 또 토지구획정리사업의 시행자에 대하여 환지를 받은 종전 토지의 소유자가 직접 환지등기의 촉탁절차의 이행을 소구하는 것도 허용될 수 없다 할 것이다(대법원 1993. 10. 22. 선고 93다29976 판결).

「구 토지구획정리사업법」 제65조에 의하면 토지구획정리사업의 시행자는 시행지구 안의 토지에 변동이 있을 때에는 등기를 신청 또는 촉탁하도록 규정하였다. 여기에서 말하는 사업시행자는 국가, 지방지치단체 및 토지구획정리조합 등을 말한다.

> 「구 토지구획정리사업법」(1997. 12. 13. 법률 제5453호로 개정되기 전의 것, 이하 "법"이라 한다) 제62조 제1항에 의하면, 환지처분의 공고가 있는 경우에는 환지계획에서 정하여진 환지는 그 환지처분의 공고일 다음날부터 종전의 토지로 간주되므로, 종전의 토지 위에 존재하던 권리관계는 환지에 그 동일성을 유지하면서 이전하게 되고, 환지의 면적이 종전토지에 감보율을 적용한 권리면적보다 큰 이른바 증평환지의 경우에 있어서도 환지 전체를 종전의 토지로 보는 효과에는 아무런 영향이 없는 것이다

(대법원 1998. 4. 14. 선고 97누13856 판결 등 참조). (대법원 2005. 4. 29. 선고 2003두3284 판결).

토지구획정리사업을 시행하는 과정에서 기존 토지를 소유한 자에게 이른바 대토(代土 : 환지)를 주는 과정에서는 기존 토지의 평가액 등을 고려하여 기존 토지보다 덜 주는 경우가 생길 수밖에 없다. 이 때 기존토지보다 덜 받게 되는 비율을 '감보율(減步率)'이라고 하고, '증평환지(增坪換地)'는 종전 토지에 감보율을 적용한 권리면적보다 더 넓은 면적이 주어지는 경우의 환지를 말한다.

증평환지를 받는 토지소유자는 면적이 증가한 부분에 대한 토지 매수대금을 사업시행자에게 더 주어야 한다.

「토지구획정리사업법」에 따른 환지처분은 사업시행자가 환지계획구역의 전부 또는 그 구역 내의 일부 공구(工區)에 대하여 공사를 완료한 후 환지계획에 따라 환지교부 등을 하는 처분으로써 일단 공고되어 그 효력을 발생하게 된 이후에는 환지 전체의 절차를 처음부터 다시 밟지 않는 한 그 일부만을 따로 떼어 환지처분을 변경할 수는 없다(당원 1990. 9. 25. 선고 88누2557 판결, 1991. 4. 26. 선고 90다11295 판결, 1992. 6. 26. 선고 91누11728 판결 참조).

환지처분의 내용은 모두 환지계획에 의하여 미리 결정되는 것이며, 환지처분은 다만 환지계획구역에 대한 공사가 완료되기를 기다려서 환지계획에 정하여져 있는 바를 토지소유자에게 통지하고 그 뜻을 공고함으로써 효력이 발생되는 것이고, 따라서 <u>환지계획과는 별도의 내용을 가진 환지</u>

처분은 있을 수 없는 것이므로, 환지계획에 의하지 아니하고 환지계획에 도 없는 사항을 내용으로 하는 환지처분은 그 효력을 발생할 수 없다 할 것이다(당원 1990. 10. 10. 선고 89누4673 판결 참조). (대법원 1993. 5. 27. 선고 92다 14878 판결).

대법원 1990. 6. 12. 선고 89다카9552 전원합의체판결

토지구획정리사업법 제52조 제1항의 규정에 의하면 환지를 정하거나 그 대상에서 제외한 경우에 그 과부족분에 대하여는 종전의 토지 및 환지의 위치, 지목, 면적, 토질, 수리, 이용 상황, 환경 기타의 사항을 종합적으로 고려하여 금전으로 이를 청산하도록 되어 있으므로, 구 토지구획정리사업법(1966. 8. 3. 법률 제1822호) 제53조 제2항 후문의 규정에 따라 사도 또는 기타의 공공의 용에 사실상 제공되고 있는 토지(이하 '사도등 사유지'라 한다)에 대하여 환지를 지정하지 아니한 경우에도 이를 금전으로 청산하여야 함은 더 말할 나위도 없다.

그런데 사업시행자가 위 구 토지구획정리사업법 제53조 제2항 후문에 따라 사도등 사유지에 대하여 환지를 지정하지 아니하면서 청산금도 지급하지 않기로 결정하여 환지계획의 청산금명세에 포함시키지 않은 채 사업을 시행하고 환지처분의 공고를 거쳐 그 토지의 소유권을 상실시켰다면, 환지를 지정하지 않은 것 자체는 위 법규정에 따른 것이어서 위법하다고 할 수 없으므로 이로 인한 그 토지소유권의 상실을 사업시행자의 위법행위로 야기된 손해라고 볼 수는 없으나, 청산금을 지급치 않기로 한 것은 위법한 처분으로서 이로 인하여 토지소유자는 그 토지소유권 상실에 대한 손실보상금인 청산금을 청구할 수 없게 된 손해를 입었다고 할 것이므로 이 한도 내에서 사업시행자는 불법행위의 책임을 면할 수 없는바, 이 경우에 토지소유자가 입은 손해의 범위는 그 토지소유권상실에 대한 손실보상금인 청산금 상당액이라고 보아야 할 것이다(당원 1975. 4. 22. 선고 74다1548 전원부판결 참조).

한편 위와 같은 청산금 상당액은 토지구획정리사업법 제52조 제1항의 규정취지에 비추어 사도등 사유지의 위치, 지목, 면적, 토질, 수리, 이용상황, 환경 기타 사항을 종합적으로 고려하여 평가한 객관적인 거래가액에 의하여 산정하는 것이 타당한바, 그 평가의 기준시기에 관하여 살펴보건대, 1980. 1. 4. 법률 제3255호로 개정된 토지구획정리사업법 제46조 제2항 제3호는 환지계획에서 청산금명세 대신에 청산대상토지명세만을 정하도록 하고 또 제52조 제2항은 환지를 정하거나 그 대상에서 제외하는 경우에 그 과부족분에 대한 청산금은 제49조 및 제50조의 경우를 제외하고 환지처분시 결정하도록 규정하고 있으므로, 위 법규정하에서 환지처분을 한 경우에 환지를 지정하지 아니하고 청산금도 지급하지 않기로 한 사도등 사유지에 대한 청산금 상당액은 환지처분시를 기준으로 위에서 본 종전토지의 위치, 지목 등 여러 사정을 참작하여 사업시행으로 인한 개발이익이 포함되지 않은 객관적인 거래가액을 평가한 후 이에 따라 산정하여야 할 것이다.

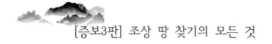

제5관 기타 환지에 대한 이해

위에서 살펴본 것들 외에도 환지와 관련이 있으면서 폐지된 법률로는 「조선시가지계획령」(1934년 6월 28일 제령 제18호로 시행, 1962. 1. 20. 법률 제9845호 건축법 부칙 제2항에 따라 폐지), 「토지개량사업법」(1962. 1. 21.부터 1970. 1. 12.까지 시행), 「주택개량에 관한 임시조치법」(1973. 3. 5.부터 1981. 12. 31.까지의 한시법), 「도시재개발법」(1977. 7. 1.부터 2003. 7. 1.까지 시행) 등이 있다.

현재 시행중인 법률로는 「주택법」, 「농어촌정비법」, 「도시 및 주거환경정비법」 등이 있다. 이들 법률과 관련한 내용은 대법원 판례를 통하여 간략히 소개한다.

광주시도시계획사업 제1도지구획정리시행규칙(을 제13호증의 2) 제9조에 의하면, 시유지로서 현 지목이 도로 또는 구거로 사용되었거나 도로 및 구거로 형성되어 있는 토지에 대하여는 환지하지 않는다고 규정되어 있어서 본건 토지에 대한 위 환지처분은 동 시행규칙 제9조에 위반된 것임이 분명한데, 동 시행규칙은 내무부장관으로부터 그 당시 시행중이던 조선시가지계획령 제44조 제2항에 의하여 토지구획정리사업시행 명령을 받은 광주시장이 1957. 12. 13. 이를 제정하여 광주시 제1토지구획정리사업계획 인가신청을 하고, 1958. 1. 16. 인가를 받은 것으로서 이는 그 당시 시행중이던 조선시가지계획령과 이에 의하여 준용되는 조선토지개량령에 의거하여 위 구획정리사업을 규율하는 근본 준칙으로 제정된 것이므로, 동 시행규칙에 위반되는 환지처분은 중대하고 명백한 하자 있는 행정처분으로서 당연무효의 것이라고 할 것이다(대법원 1974. 3. 12. 선고 73다825 판결).

토지구획정리사업의 시행으로 인하여 생긴 공공시설의 용도에 제공된 토지는 특별한 사정이 없는 한 환지처분의 공고가 있은 날의 다음날에 그 관리자인 국가 또는 지방자치단체에 귀속하는 것인바(대법원 1998. 8. 21. 선고 98다1607, 1614 판결 참조), 이러한 법리에 따라 <u>개인소유이던 어떤 토지가 도시개발사업(토지구획정리사업)에 의하여 도로용지가 되어 그 소유권이 지방자치단체에 귀속되었다고 하려면 당해 토지가 재개발사업구역(토지구획정리사업구역) 내의 토지로서 관리처분계획(환지계획)에 따른 환지의 대상에 포함되는 것임이 전제되어야 할 것이다</u>(이 사건 재개발사업의 준거법인 「구 주택개량에 관한 임시조치법」은 1981. 12. 31.까지 효력을 가진 한시법이나, 위 법에 의한 재개발사업은 구 도시재개발법(1976. 12. 31. 법률 제2968호) 부칙 제2항에 따라 「도시재개발법」에 의한 절차로 보아 도시재개발법이 적용되는 바, 도시재개발법상의 관리처분계획에 관하여는 「구 토지구획정리사업법」(2000. 7. 1. 폐지되기 전의 것, 이하 같다)에 의한 환지에 관한 규정이 준용되므로, 예컨대 도시재개발법의 관리처분계획은 토지구획정리사업법의 환지계획에 해당하고 도시재개발법의 분양처분의 고시는 토지구획정리사업법의 환지처분 공고와 같은 효력을 갖는 것인바, 원심은 두 법의 용어를 혼용하고 있으나 이하에서는 도시재개발법에 따른 용어로 통일하여 사용하기로 한다).

나아가, 환지처분의 내용은 모두 환지계획에 의하여 미리 결정되는 것이며, 환지처분은 다만 환지계획구역에 대한 공사가 완료되기를 기다려서 환지계획에 정하여져 있는 바를 토지소유자에게 통지하고 그 뜻을 공고함으로써 효력이 발생되는 것이고, 따라서 환지계획과는 별도의 내용을 가진 환지처분은 있을 수 없는 것이므로(대법원 1997. 5. 27. 선고 92다14878 판결 참조), 이 사건에서 만일 <u>관리처분계획의 변경이 있었다면 어떤</u>

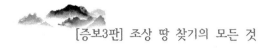
토지가 환지의 대상에 포함되는지 여부는 최종적으로 변경된 관리처분계획을 기준으로 판단하여야 할 것이고, 처음에는 재개발사업에 의한 환지의 대상인 토지에 포함된 것이라고 하더라도 도중에 관리처분계획이 변경되어 재개발사업구역에서 제외되었다면, 그 토지에 대하여는 분양처분의 고시에 따른 환지의 확정으로 인한 효력이 미칠 수 없음은 당연하다고 하겠다(대법원 2007. 1. 11. 선고 2005다70151 판결).

「구 도시재개발법」(1981. 3. 31. 법률 제3409호로 개정되기 전의 것) 제47조는 "대지 및 건축시설은 관리처분계획에 의하여 이를 처분 또는 관리하여야 한다."고 규정하고 있고, 제49조 제1항은 "제41조 제5항의 규정에 의하여 고시된 관리처분계획에 따라 대지 또는 건축시설을 분양받을 자는 제48조 제5항의 규정에 의한 분양처분의 고시가 있은 다음날에 그 분양받을 대지 또는 건축시설에 대한 소유권을 취득한다."고 규정하고 있어, 재개발구역 안의 토지 등의 소유자가 재개발사업의 시행 결과 조성된 대지에 관한 소유권을 취득하는지 여부는 관리처분계획에 따른 분양처분에 의하여 정하여지는 것이므로, 비록 「구 도시재개발법」 제48조 제3항의 규정에 의한 재개발공사완료공고가 있었다고 하더라도 재개발사업시행자의 관리처분계획의 수립 및 분양처분이 없었다면 재개발구역 안의 토지 등의 소유자가 재개발사업의 시행 결과 새로 조성된 대지에 관한 소유권을 취득하지 못한다(대법원 2006. 4. 27. 선고 2004다38150, 38167, 38174, 38181 판결).

제13절 토지수용의 문제

제1관 서언

조상이 남긴 땅이 있을 것으로 믿고 그 땅의 소재를 찾아 나선 사람들은 일반적으로 가장 먼저 지방자치단체의 민원실을 찾아가서 '조상 땅 찾아주기' 서비스를 받아본다. 그 다음으로는 토지조사부와 임야조사부를 찾아본다. 이러한 조사부가 보존되어 있지 않은 지역에서는 토지대장이나 조선총독부 관보 등도 뒤적여 본다.

어떤 방법으로 찾았는지를 불문하고 조상이 남긴 흔적이 있는 토지의 소재를 발견하면 폐쇄된 등기부등본과 등기사항전부증명서를 발급받아 볼 수밖에 없다.

그런데 폐쇄등기부등본 또는 등기사항전부증명서를 보았더니 등기원인란에 '공공용지 협의취득' 또는 '토지수용'이라는 기록이 보인다. 이러한 경우에는 「공익사업을 위한 토지 등의 취득 및 보상에 관한 법률」을 살펴보아야 한다. 토지수용 보상금의 공탁과 밀접한 관련이 있기 때문이다.

위 법은 2003. 1. 1.부터 시행되었다. 이 법이 시행되기 전에는 「토지수용법」이 시행되었다.

'공공용지 협의취득'은 사인(私人)들 사이에서 이루어지는 매매계약과 같은 '법률행위'에 의한 소유권이전이다. 그리고 '토지수용'은 법률의 규정에 따른 소유권이전이다.

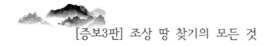

제2관 「공익사업을 위한 토지 등의 취득 민 보상에 관한 법률」

공익사업을위한토지등의취득및보상에관한법률(약칭: 토지보상법)

[시행 2003. 1. 1.] [법률 제6656호, 2002. 2. 4., 폐지제정]

제1조(목적) 이 법은 공익사업에 필요한 토지등을 협의 또는 수용에 의하여 취득하거나 사용함에 따른 손실의 보상에 관한 사항을 규정함으로써 공익사업의 효율적인 수행을 통하여 공공복리의 증진과 재산권의 적정한 보호를 도모함을 목적으로 한다.

제2조(정의) 이 법에서 사용하는 용어의 성의는 다음과 같다.

1. "토지등"이라 함은 제3조 각 호에 해당하는 토지·물건 및 권리를 말한다.

2. "공익사업"이라 함은 제4조 각 호의 1에 해당하는 사업을 말한다.

3. "사업시행자"라 함은 공익사업을 수행하는 자를 말한다.

4. "토지소유자"라 함은 공익사업에 필요한 토지의 소유자를 말한다.

5. "관계인"이라 함은 사업시행자가 취득 또는 사용할 토지에 관하여 지상권·지역권·전세권·저당권·사용대차 또는 임대치에 의한 권리 기타 토지에 관한 소유권외의 권리를 가진 자 또는 그 토지에 있는 물건에 관하여 소유권 그 밖의 권리를 가진 자를 말한다. 다만, 제22조의 규정에 의한 사업인정의 고시가 있은 후에 권리를 취득한 자는 기존의 권리를 승계한 자를 제외하고는 관계인에 포함되지 아니한다.

6. "가격시점"이라 함은 제67조 제1항의 규정에 의한 보상액 산정의

기준이 되는 시점을 말한다.

　7. "사업인정"이라 함은 공익사업을 토지등을 수용 또는 사용할 사업으로 결정하는 것을 말한다.

제3조(적용대상) 이 법은 사업시행자가 다음 각 호에 해당하는 토지·물건 및 권리를 취득 또는 사용하는 경우에 이를 적용한다.

　1. 토지 및 이에 관한 소유권외의 권리

　2. 토지와 함께 공익사업을 위하여 필요로 하는 입목, 건물 기타 토지에 정착한 물건 및 이에 관한 소유권외의 권리

　3. 광업권·어업권 또는 물의 사용에 관한 권리

　4. 토지에 속한 흙·돌·모래 또는 자갈에 관한 권리

제4조(공익사업) 이 법에 의하여 토지등을 취득 또는 사용할 수 있는 사업은 다음 각 호의 1에 해당하는 사업이어야 한다.

　1. 국방·군사에 관한 사업

　2. 관계 법률에 의하여 허가·인가·승인·지정 등을 받아 공익을 목적으로 시행하는 철도·도로·공항·항만·주차장·공영차고지·화물터미널·삭도·궤도·하천·제방·댐·운하·수도·하수도·하수종말처리·폐수처리·사방·방풍·방화·방조(防潮)·방수·저수지·용배수로·석유비축 및 송유·폐기물처리·전기·전기통신·방송·가스 및 기상관측에 관한 사업

　3. 국가 또는 지방자치단체가 설치하는 청사·공장·연구소·시험소·보건 또는 문화시설·공원·광장·운동장·시장·묘지·화장장·도축장 그 밖의 공공용 시설에 관한 사업

　4. 관계 법률에 의하여 허가·인가·승인·지정 등을 받아 공익을

목적으로 시행하는 학교·도서관·박물관 및 미술관의 건립에 관한 사업

5. 국가·지방자치단체·정부투자기관·지방공기업 또는 국가나 지방자치단체가 지정한 자가 임대나 양도의 목적으로 시행하는 주택의 건설 또는 택지의 조성에 관한 사업

6. 제1호 내지 제5호의 사업을 시행하기 위하여 필요한 통로·교량·전선로·재료적치장 그 밖의 부속시설에 관한 사업

7. 그 밖에 다른 법률에 의하여 토지등을 수용 또는 사용할 수 있는 사업

제3장 협의에 의한 취득 또는 사용

제14조(토지조서 및 물건조서의 작성) ① 사업시행자는 공익사업의 수행을 위하여 제20조의 규정에 의한 사업인정 전에 협의에 의한 토지등의 취득 또는 사용이 필요한 때에는 토지조서 및 물건조서를 작성하여 서명 또는 날인을 하고 토지소유자 및 관계인의 서명 또는 날인을 받아야 한다. 다만, 토지소유자 및 관계인이 정당한 사유 없이 서명 또는 날인을 거부하거나 또는 토지소유자 및 관계인을 알 수 없거나 그 주소·거소를 알 수 없는 등의 사유로 인하여 서명 또는 날인을 할 수 없는 경우에는 그러하지 아니하되, 사업시행자는 해당 토지조서 및 물건조서에 그 사유를 기재하여야 한다.

② 토지와 물건의 소재지, 토지소유자 및 관계인 등 토지조서 및 물건조서의 기재사항과 작성에 관하여 필요한 사항은 대통령령으로 정한다.

제16조(협의) 사업시행자는 토지등에 대한 보상에 관하여 토지소유자 및 관계인과 성실하게 협의하여야 하며, 협의의 절차 및 방법 등 협의에 관하여 필요한 사항은 대통령령으로 정한다.

제17조(계약의 체결) 사업시행자는 제16조의 규정에 의한 협의가 성립된 때에는 토지소유자 및 관계인과 계약을 체결하여야 한다.

제18조(보존등기 등이 되어 있지 아니한 토지등에 대한 보상의 특례) ① 사업시행자는 공익사업의 수행을 위하여 필요한 토지등에 대한 보상금을 지급함에 있어서 소유권의 보존등기 또는 실제의 소유자에게 이전등기가 되어 있지 아니한 토지등이 있는 때에는 대통령령이 정하는 바에 따라 당해 지역을 관할하는 시장·구청장 또는 읍·면장(도농복합형태인 시의 읍·면장을 포함한다. 이하 이 조에서 같다)이 발급한 확인서에 의하여 정당한 권리자로 인정되는 자에게 보상금을 지급한다.

② 제1항의 규정에 의한 확인서의 발급신청을 받은 시장·구청장 또는 읍·면장은 대통령령이 정하는 바에 따라 30일 이상 그 사실을 공고한 후 확인서를 발급하여야 한다.

③ 제2항의 규정에 의한 공고의 내용에 대하여 이의가 있는 자는 제2항의 규정에 의한 공고기간 이내에 시장·구청장 또는 읍·면장에게 서면으로 이의를 제기할 수 있다.

④ 시장·구청장 또는 읍·면장은 제3항의 규정에 따라 이의가 제기된 때에는 사실을 조사·확인한 후 제2항의 규정에 의한 공고기간이 종료된 날부터 20일 이내에 확인서를 발급하거나 그 신청을 기각하여야 한다.

⑤ 제1항의 규정에 의하여 정당한 권리자로 확인된 자의 토지등에 대

하여는 법률 제471호 민법 부칙 제10조(법률 제1668호 민법 중 개정 법률로 개정된 것을 포함한다)의 규정을 적용하지 아니한다.

⑥ 사업시행자가 제1항의 규정에 따라 보상금을 지급하고 토지등의 취득을 위한 소유권의 이전등기 또는 보존등기의 신청을 함에 있어서 제출하여야 하는 부동산등기법 제40조 제1항 제2호의 등기원인을 증명하는 서면은 다음 각 호의 서류로 이를 갈음하고, 동항 제3호의 등기의무자의 권리에 관한 등기필증은 이를 제출하지 아니한다.

 1. 제1항의 규정에 의하여 시장·구청장 또는 읍·면장이 발급한 확인서

 2. 보상금의 지급을 증명하는 서류

⑦ 제6항의 규정에 의한 소유권의 이전등기는 부동산등기법 제28조의 규정에 불구하고 등기권리자가 이를 신청할 수 있다.

제4장 수용에 의한 취득 또는 사용
제1절 수용 또는 사용의 절차

제19조(토지등의 수용 또는 사용) ① 사업시행자는 공익사업의 수행을 위하여 필요한 때에는 이 법이 정하는 바에 따라 토지등을 수용 또는 사용할 수 있다.

② 공익사업에 수용 또는 사용되고 있는 토지등은 특별히 필요한 경우가 아니면 이를 다른 공익사업을 위하여 수용 또는 사용할 수 없다.

제20조(사업인정) ① 사업시행자는 제19조의 규정에 따라 토지등을 수용 또는 사용하고자 하는 때에는 대통령령이 정하는 바에 따라 건설교통부

장관의 사업인정을 받아야 한다.

제22조(사업인정의 고시) ① 건설교통부장관은 제20조의 규정에 의한 사업인정을 한 때에는 지체없이 그 뜻을 사업시행자, 토지소유자 및 관계인, 관계 시·도지사에게 통지하고 사업시행자의 성명 또는 명칭·사업의 종류·사업지역 및 수용 또는 사용할 토지의 세목을 관보에 고시하여야 한다.

② 제1항의 규정에 의하여 사업인정의 사실을 통지받은 시·도지사는 관계 시장·군수 및 구청장에게 이를 통지하여야 한다.

③ 사업인정은 제1항의 규정에 따라 고시한 날부터 그 효력을 발생한다.

제26조(협의 등 절차의 준용) ① 제20조의 규정에 의한 사업인정을 받은 사업시행자는 토지조서 및 물건조서의 작성, 보상계획의 공고·통지 및 열람, 보상액의 산정과 토지소유자 및 관계인과의 협의의 절차를 거쳐야 한다. 이 경우 제14조 내지 제16조 및 제68조의 규정을 준용한다.

② 사업인정 이전에 제14조 내지 제16조 및 제68조의 규정에 의한 절차를 거쳤으나 협의가 성립되지 아니하여 제20조의 규정에 의한 사업인정을 받은 사업으로서 토지조서 및 물건조서의 내용에 변동이 없는 때에는 제1항의 규정에 불구하고 제14조 내지 제16조의 규정에 의한 절차를 거치지 아니할 수 있다. 다만, 사업시행자 또는 토지소유자 및 관계인이 제16조의 규정에 의한 협의를 요구하는 때에는 협의하여야 한다.

제28조(재결의 신청) ① 제26조의 규정에 의한 협의가 성립되지 아니하거

나 협의를 할 수 없는 때(제26조 제2항 단서의 규정에 의한 협의의 요구가 없는 때를 포함한다)에는 사업시행자는 사업인정고시가 있은 날부터 1년 이내에 대통령령이 정하는 바에 따라 관할 토지수용위원회에 재결을 신청할 수 있다.

제29조(협의성립의 확인) ① 사업시행자와 토지소유자 및 관계인간에 제26조의 규정에 의한 절차를 거쳐 협의가 성립된 때에는 사업시행자는 제28조 제1항의 규정에 의한 재결의 신청기간 이내에 당해 토지소유자 및 관계인의 동의를 얻어 대통령령이 정하는 바에 따라 관할 토지수용위원회에 협의성립의 확인을 신청할 수 있다.

② 제28조 제2항·제31조·세32소·세34소·제35조·제52조 제7항·제53조 제4항·제57조 및 제58조의 규정은 제1항의 규정에 의한 협의성립의 확인에 관하여 이를 준용한다.

③ 사업시행자가 협의가 성립된 토지의 소재지·지번·지목 및 면적 등 대통령령이 정하는 사항에 대하여 공증인법에 의한 공증을 받아 제1항의 규정에 의한 협의성립의 확인을 신청한 때에는 관할토지수용위원회가 이를 수리함으로써 협의성립이 확인된 것으로 본다.

④ 제1항 및 제3항의 규정에 의한 학인은 이 법에 의한 재결로 보며, 사업시행자·토지소유자 및 관계인은 그 확인된 협의의 성립이나 내용을 다툴 수 없다.

제30조(재결신청의 청구) ① 사업인정고시가 있은 후 협의가 성립되지 아니한 때에는 토지소유자 및 관계인은 대통령령이 정하는 바에 따라 서면으로 사업시행자에게 재결의 신청을 할 것을 청구할 수 있다.

② 사업시행자는 제1항의 규정에 의한 청구를 받은 때에는 그 청구가

있은 날부터 60일 이내에 대통령령이 정하는 바에 따라 관할 토지수용위원회에 재결을 신청하여야 한다. 이 경우 수수료에 관하여는 제28조 제2항의 규정을 준용한다.

③ 사업시행자가 제2항의 규정에 의한 기간을 경과하여 재결을 신청한 때에는 그 경과한 기간에 대하여 소송촉진 등에 관한 특례법 제3조의 규정에 의한 법정이율을 적용하여 산정한 금액을 관할 토지수용위원회에서 재결한 보상금에 가산하여 지급하여야 한다.

제33조(화해의 권고) ① 토지수용위원회는 그 재결이 있기 전에는 그 위원 3인으로 구성되는 소위원회로 하여금 사업시행자·토지소유자 및 관계인에게 화해를 권고하도록 할 수 있다. 이 경우 소위원회는 위원장이 지명하거나 위원회에서 선임한 위원으로 구성하되, 그 구성에 관하여 그 밖의 필요한 사항은 대통령령으로 정한다.

② 제1항의 규정에 의한 화해가 성립된 때에는 당해 토지수용위원회는 화해조서를 작성하여 화해에 참여한 위원·사업시행자·토지소유자 및 관계인이 이에 서명 또는 날인을 하도록 하여야 한다.

③ 제2항의 규정에 따라 화해조서에 서명 또는 날인이 된 경우에는 당사자간에 화해조서와 동일한 내용의 합의가 성립된 것으로 본다.

제34조(재결) ① 토지수용위원회의 재결은 서면으로 한다.

② 제1항의 규정에 의한 재결서에는 주문 및 그 이유와 재결의 일자를 기재하고, 위원장 및 회의에 참석한 위원이 이에 기명날인한 후 그 정본을 사업시행자·토지소유자 및 관계인에게 송달하여야 한다.

제2절 수용 또는 사용의 효과

제40조(보상금의 지급 또는 공탁) ① 사업시행자는 제38조 또는 제39조의 규정에 의한 사용의 경우를 제외하고는 수용 또는 사용의 개시일(토지수용위원회가 재결로서 결정한 수용 또는 사용을 개시하는 날을 말한다. 이하 같다)까지 관할 토지수용위원회가 재결한 보상금을 지급하여야 한다.

② 사업시행자는 다음 각 호의 1에 해당하는 때에는 수용 또는 사용의 개시일까지 수용 또는 사용하고자 하는 토지등의 소재지의 공탁소에 보상금을 공탁할 수 있다.

1. 보상금을 받을 자가 ㄱ 수령을 거부하거나 보상금을 수령할 수 없는 때

2. 사업시행자의 과실 없이 보상금을 받을 자를 알 수 없는 때

3. 관할 토지수용위원회가 재결한 보상금에 대하여 사업시행자의 불복이 있는 때

4. 압류 또는 가압류에 의하여 보상금의 지급이 금지된 때

③ 사업인정고시가 있은 후 권리의 변동이 있는 때에는 그 권리를 승계한 자가 제1항의 규정에 의한 보상금 또는 제2항의 규정에 의한 공탁금을 수령한다.

④ 사업시행자는 제2항 제3호의 경우 보상금을 받을 자에게 자기가 산정한 보상금을 지급하고 그 금액과 토지수용위원회가 재결한 보상금과의 차액을 공탁하여야 한다. 이 경우 보상금을 받을 자는 그 불복의 절차가 종결될 때까지 공탁된 보상금을 수령할 수 없다.

제42조(재결의 실효) ① 사업시행자가 수용 또는 사용의 개시일까지 관할

토지수용위원회가 재결한 보상금을 지급 또는 공탁하지 아니한 때에는 당해 토지수용위원회의 재결은 그 효력을 상실한다.

② 사업시행자는 제1항의 규정에 의하여 재결의 효력이 상실됨으로 인하여 토지소유자 또는 관계인이 입은 손실을 보상하여야 한다.

③ 제9조 제4항, 제80조의 규정은 제2항의 경우에 이를 준용한다.

제5장 토지수용위원회

제49조(설치) 토지등의 수용과 사용에 관한 재결을 하기 위하여 건설교통부에 중앙토지수용위원회를, 시·도에 지방토지수용위원회를 둔다.

제50조(재결사항) ① 토지수용위원회의 재결사항은 다음 각 호와 같다.

　1. 수용 또는 사용할 토지의 구역 및 사용방법

　2. 손실의 보상

　3. 수용 또는 사용의 개시일과 기간

　4. 그 밖에 이 법 및 다른 법률에서 규정한 사항

② 토지수용위원회는 사업시행자·토지소유자 또는 관계인이 신청한 범위 안에서 재결하여야 한다. 다만, 제1항 제2호의 손실의 보상에 있어서는 증액재결을 할 수 있다.

제6장 손실보상 등
제1절 손실보상의 원칙

제61조(사업시행자 보상) 공익사업에 필요한 토지등의 취득 또는 사용으

로 인하여 토지소유자 또는 관계인이 입은 손실은 사업시행자가 이를
보상하여야 한다.

제62조(사전보상) 사업시행자는 당해 공익사업을 위한 공사에 착수하기
이전에 토지소유자 및 관계인에 대하여 보상액의 전액을 지급하여야
한다. 다만, 제38조의 규정에 의한 천재·지변시의 토지의 사용과 제39
조의 규정에 의한 시급을 요하는 토지의 사용 또는 토지소유자 및 관계
인의 승낙이 있은 때에는 그러하지 아니하다.

제63조(현금보상 등) ① 손실보상은 다른 법률에 특별한 규정이 있는
경우를 제외하고는 현금으로 지급하여야 한다.

② 사업시행자가 국가·지방자치단체 그 밖에 대통령령이 정하는 정
부투자기관 및 공공단체인 경우로서 다음 각 호의 1에 해당되는 경우
에는 제1항의 규정에 불구하고 당해 사업시행자가 발행하는 채권으로
지급할 수 있다.

1. 토지소유자 또는 관계인이 원하는 경우

2. 사업인정을 받은 사업에 있어서 대통령령이 정하는 부재부동산
   소유자(不在不動産所有者)의 토지에 대한 보상금이 대통령령이
   정하는 일정금액을 초과하는 경우로서 그 초과하는 금액에 대하
   여 보상하는 경우

③ 제2항의 규정에 따라 채권으로 지급하는 경우 채권의 상환기한은
5년을 넘지 아니하는 범위 안에서 정하여야 하며, 그 이율은 3년 만
기 정기예금 이자율(당해 계산기간 중에 그 이자율이 변동되거나 은
행에 따라 이자율이 다른 경우에 적용할 이자율은 그해 1월 1일 현재
은행법에 의하여 설립된 금융기관 중 전국을 영업구역으로 하는 은행

이 적용하는 이자율을 평균한 이자율로 한다)로 한다.

제64조(개인별 보상) 손실보상은 토지소유자 또는 관계인에게 개인별로 행하여야 한다. 다만, 개인별로 보상액을 산정할 수 없는 때에는 그러하지 아니하다.

제65조(일괄보상) 사업시행자는 동일한 사업지역 안에 보상시기를 달리하는 동일인 소유의 토지 등이 수개 있는 경우 토지소유자 또는 관계인의 요구가 있는 때에는 일괄하여 보상금을 지급하도록 하여야 한다.

제8장 환매권

제91조(환매권) ① 토지의 협의취득일 또는 수용의 개시일(이하 이 조에서 "취득일"이라 한다)부터 10년 이내에 당해 사업의 폐지·변경 그 밖의 사유로 인하여 취득한 토지의 전부 또는 일부가 필요 없게 된 경우 취득일 당시의 토지소유자 또는 그 포괄승계인(이하 "환매권자"라 한다)은 당해 토지의 전부 또는 일부가 필요 없게 된 때부터 1년 또는 그 취득일부터 10년 이내에 당해 토지에 대하여 지급받은 보상금에 상당한 금액을 사업시행자에게 지급하고 그 토지를 환매할 수 있다.
② 제1항의 규정은 취득일부터 5년 이내에 취득한 토지의 전부를 당해 사업에 이용하지 아니한 때에 이를 준용하되, 이 경우 환매권은 취득일부터 6년 이내에 이를 행사하여야 한다.
③ 제74조 제1항의 규정에 따라 매수 또는 수용한 잔여지는 그 잔여지에 접한 일단의 토지가 필요 없게 된 경우가 아니면 이를 환매할 수 없다.

④ 토지의 가격이 취득일 당시에 비하여 현저히 변동된 경우 사업시행자 및 환매권자는 환매금액에 대하여 서로 협의하되, 협의가 성립되지 아니한 때에는 그 금액의 증감을 법원에 청구할 수 있다.

⑤ 제1항 내지 제3항의 규정에 의한 환매권은 부동산등기법이 정하는 바에 의하여 공익사업에 필요한 토지의 협의취득 또는 수용의 등기가 된 때에는 이를 제3자에게 대항할 수 있다.

⑥ 국가·지방자치단체 또는 정부투자기관이 사업인정을 받아 공익사업에 필요한 토지를 협의취득 또는 수용한 후 당해 공익사업이 제4조 제1호 내지 제4호에 규정된 다른 공익사업으로 변경된 경우 제1항 및 제2항의 규정에 의한 환매권 행사기간은 관보에 당해 공익사업의 변경을 고시한 날부터 기산한다. 이 경우 국가·지방자치단체 또는 정부투자기관은 공익사업의 변경사실을 대통령령이 정하는 바에 따라 환매권자에게 통지하여야 한다.

제92조(환매권의 통지 등) ① 사업시행자는 제91조 제1항 및 동조 제2항의 규정에 따라 환매할 토지가 생긴 때에는 지체없이 이를 환매권자에게 통지하여야 한다. 다만, 사업시행자가 과실 없이 환매권자를 알 수 없는 때에는 대통령령이 정하는 바에 따라 이를 공고하여야 한다.

② 환매권자는 제1항의 규정에 의한 통지를 받은 날 또는 공고를 한 날부터 6월이 경과한 후에는 제91조 제1항 및 동조 제2항의 규정에 불구하고 환매권을 행사하지 못한다.

대법원 1993. 1. 19. 선고 91누8050 전원합의체 판결

1. 원심판결 이유에 의하면, 원고가 이 사건 청구원인으로서, 원고 소유의 이 사건 부동산은 판시 사업시행지구에 포함되어 있지 않음에도 불구하고, 소외 서울특별시장은 1986. 12. 23. 위 부동산이 포함된 지역 일대에 대한 사업시행을 인가하고, 피고는 이에 터잡아 1991. 2. 23. 위 부동산을 수용하는 수용재결처분을 하였으니, 위 인가처분은 명백히 목적물이 될 수 없는 물건을 목적으로 삼은 행위로서 당연무효이고, 이에 기초한 피고의 이 사건 수용재결처분도 역시 당연무효이므로 그 무효확인을 구한다고 주장함에 대하여, 원심은 본안에 앞서 그 소의 적법성 여부에 관하여 다음과 같이 판단하고 있다.

즉, 토지수용법 제73조 내지 제75조의2의 각 규정에 의하면, 토지수용에 관한 중앙 또는 지방토지수용위원회의 수용재결에 대하여 이의가 있는 자는 재결서의 정본을 송달받은 날로부터 1월 이내에 중앙토지수용위원회에 이의를 신청하여야 하고, 중앙토지수용위원회의 이의신청에 대한 재결에도 불복이 있으면 그 재결서의 정본이 송달된 날로부터 1월 이내에 그 처분에 대한 행정소송을 제기하도록 규정하고 있는바, 위 각 규정의 취지에 비추어 보면 토지수용에 관한 쟁송에 있어서는 이의재결처분만이 행정소송의 대상이 될 수 있을 뿐이고, 수용재결처분은 행정소송의 대상이 될 수 없다 할 것이며, 이는 그 재결처분이 위법하다 하여 취소를 구하는 경우뿐만 아니라 당연무효임을 전제로 무효확인을 구하는 경우에 있어서도 마찬가지로 해석함이 상당하다 할 것이므로, 원고가 그 소유의 위 부동산에 대한 피고의 1991. 2. 23.자 수용재결에 불복하여 위 수용재결의 무효확인을 구하는 이 사건 소는 그 대상이 될 수 없는 처분을 대상으로 한 것이어서 부적법하다고 보아 원고의 이 사건 소를 각하하였다.

2. 그러나 행정처분이 무효인 경우에는 그 효력은 처음부터 당연히 발생하지 아니하는 것이어서 행정처분의 취소를 구하는 경우와는 달리 행정심판을 거치는 등의 절차나 그 제소기간에 구애받지 않고 그 무효확인을 구할 수 있는 것인바, 토지수용에 관한 중앙 또는 지방토지수용위원회의 수용재결이 그 성질에 있어 구체적으로 일정한 법률효과의 발생을 목저으로 하는 점에서 일반의 행정처분과 전혀 다를 바 없으므로, 수용재결처분이 무효인 경우에는 그 재결 자체에 대한 무효확인을 소구할 수 있다고 보아야 할 것이다.

만약 소정의 기간 내에 이의신청을 하지 않았다 하여 그 무효를 소구하거나 주장할 수 없다고 한다면 무효인 수용재결에 대하여 특별히 하자의 치유를 인정하여 이를 유효한 것으로 보게 되는 결과가 되고 피수용자는 권리구제를 받을 수 있는 길이 막히게 되어 매우 부당하다고 아니할 수 없다.

3. 토지수용법 제73조 내지 제75조의2의 각 규정과 관련하여, 중앙 또는 지방토지수용위원회의 수용재결에 대하여 불복이 있는 자는 중앙토지수용위원회에 이의신청을 하고, 중앙토지수용위원회의 이의재결에도 불복이 있으면 수용재결이 아닌 이의재결을 대상으로 행정소송을 제기하도록 해석·적용한 것은(당원 1990.6.22. 선고 90누1755 판

결; 1991.2.12. 선고 90누288 판결 등 참조), 어디까지 나 토지수용에 관한 재결이 위법 부당함을 이유로 그 취소를 소구하는 경우에 한하는 것이지, 이 사건과 같이 수용재결 자체가 당연무효라 하여 그 무효확인을 구하는 경우에까지 그와 같이 해석할 수는 없다 할 것이다.

위 법규정에 정하여진 수용재결에 대한 이의신청 절차는 원재결에 대한 일종의 불복절차로서 실질적으로 행정심판의 성질을 갖는 것인 만큼, 수용재결에 대한 무효확인을 구하는 경우에도 반드시 위와 같은 이의절차를 거쳐야 한다고 볼만한 합리적인 근거를 찾아볼 수는 없다. 이 점에 관하여 당원은 1983. 6. 14. 선고 81누254 판결 중에서 이와 견해를 달리하여, 중앙토지수용위원회의 이의신청에 대한 재결이 아닌 중앙토지수용위원회의 수용재결은 행정소송의 대상으로 삼을 수 없으므로 그 수용재결의 무효확인을 구하는 소는 부적법하다고 볼 것이라는 취지의 견해를 표명한 바 있으나, 이 부분을 폐기하기로 한다.

대법원 1997. 10. 16. 선고 96다11747 전원합의체 판결

1. 원심판결 이유에 의하면, 원심은, 피고가 경기 고양군 송포면 주엽리 699 전 4,592㎡를 수용하기 위하여 서울지방법원 의정부지원 90년 금제4580호로서 피공탁자를 '개풍군 중면 대용리 소외 1'로 하여 수용보상금 270,995,000원을 공탁하였음을 인정하고, 위 공탁금에 대한 출급청구권이 원고들에게 상속되었음을 전제로 그 확인을 구하는 원고들의 이 사건 소에 대한 피고의 주장, 즉 기업자인 피고는 이미 관계 법령에 따라 이 사건 토지의 수용보상금을 공탁하여 수용보상금 지급의무를 면하였으므로 피고를 상대로 위공탁금출급청구권이 원고들에게 있음의 확인을 구하는 이 사건 소는 권리 보호의 이익이 없다는 피고의 다툼에 대하여, 공탁사무처리규칙(이하 '규칙'이라 한다) 제30조는 공탁물을 출급하려고 하는 사람은 공탁물출급청구서에 '출급청구권을 갖는 것을 증명하는 서면'을 첨부하여야 한다고 규정하고 있는데 피고의 공탁은 공탁물을 수령할 자가 누구인지 전혀 몰라 절대적 불확지의 공탁을 한 경우에 해당하고, 이 경우 그 공탁금의 출급청구권을 주장하는 자는 이를 다투는 기업자를 상대로 공탁금출급청구권 확인의 소를 제기하여 승소 확정판결을 받아 이를 위 '출급청구권을 갖는 것을 증명하는 서면'으로 제출하여 공탁금출급청구를 할 수 있다 할 것이므로 기업자인 피고를 상대로 한 원고들의 이 사건 공탁금출급청구권 확인의 소는 확인의 이익이 있다고 판단하였다.

2. 원심이 인정한 사실과 이 사건 기록에 의하면, 기업자인 피고는 이 사건 공탁서에 공탁물의 수령자(피공탁자)인 소외 1의 주소를 미수복

지구(未收復地區)에 속하는 '개풍군 중면 대용리'로 기재하고 이 사건 토지 소재지의 공탁소에 그 보상금을 공탁하면서 공탁서에 '공탁을 하게 된 관계 법령'을 '토지수용법 제61조 제2항 제1호'로 기재한 사실을 알 수 있는바, 공탁제도는 공탁공무원의 형식적 심사권, 공탁 사무의 기계적, 형식적인 처리를 전제로 하여 운영되는 것이어서 피공탁자가 특정되어야 함이 원칙이고 또한 피공탁자가 특정되었다고 하려면 피공탁자의 동일성에 대하여 공탁공무원의 판단이 개입할 여지가 없고 그 공탁통지서의 송달에 지장이 없는 정도에 이르러야 할 것인데, 이 사건의 경우는 피공탁자의 주소의 표시가 제대로 되지 아니하고 공탁통지서도 송달할 수 없으므로 피공탁자가 특정되지 아니하였다고 할 것이고, 그렇다면 이 사건공탁은 위에 본 '공탁을 하게 된 관계 법령'의 기재가 사실에 합치되지 아니하여 바로 무효로 되는 것은 아니고, 이러한 경우라도 객관적으로 진정한 공탁 원인이 존재하면 그 공탁을 유효로 해석하여야 하므로 이 사건 공탁을 토지수용법 제61조 제2항 제2호에서 정한 '기업자가 과실 없이 보상금을 받을 자를 알 수 없는 때'에 허용되는 절대적 불확지의 공탁으로 볼 수밖에 없다.

3. 변제공탁제도는 채무자가 채무의 목적물을 공탁소에 공탁함으로써 채무를 면하게 하는 변제자를 위한 제도로서 그 공탁이 국가의 후견적 관여 하에 이루어진다고 하더라도 본질적으로는 사인 간의 법률관계를 조정하기 위한 것이므로, 우리 공탁제도는 채무자(공탁자)가 공탁을 함에 있어서 채권자(피공탁자)를 지정할 의무를 지며 (규칙 제19조 제2항 (바)목, 제20조 제3항, 제27조의2) 공탁공무원은 형식적 심사권만을 갖고 채무자가 지정해 준 채권자에게만 공탁금을 출급하는 등의

업무를 처리하는 것(규칙 제29조, 제30조)을 그 기본 원리로 삼고 있다. 그러므로 우리 공탁제도상 채권자가 특정되거나 적어도 채권자가 상대적으로나마 특정되는 상대적 불확지의 공탁만이 허용될 수 있는 것이고 채권자가 누구인지 전혀 알 수 없는 절대적 불확지의 공탁은 허용되지 아니하는 것이 원칙이다. 그러나 토지수용법 제61조 제2항 제2호는 토지수용의 주체인 기업자가 과실 없이 보상금을 받을 자를 알 수 없을 때에는 절대적 불확지의 공탁이 허용됨을 규정하여, 기업자는 그 공탁에 의하여 보상금 지급의무를 면하고 그 토지에 대한 소유권을 취득하도록 하고 있는바, 이와 같이 절대적 불확지의 공탁을 예외적으로 허용하는 것은 공익을 위하여 신속한 수용이 불가피함에도 기업자가 당시로서는 과실 없이 채권자를 알 수 없다는 부득이한 사정으로 인한 임시적 조치로서 편의상 방편일 뿐이므로, 기업자는 위 공탁으로 수용보상금 지급의무는 면하게 되지만, 이로써 위에 본 공탁제도상 요구되는 채권자지정의무를 다하였다거나 그 의무가 면제된 것은 아니라 할 것이다.

그리고 확인의 소에 있어서는 권리 보호 요건으로서 확인의 이익이 있어야 하고 그 확인의 이익은 원고의 권리 또는 법률상의 지위에 현존하는 불안·위험이 있고 그 불안·위험을 제거함에는 피고를 상대로 확인판결을 받는 것이 가장 유효적절한 수단일 때에만 인정된다고 할 것이므로 확인의 소의 피고는 원고의 권리 또는 법률관계를 다툼으로써 원고의 법률상의 지위에 불안·위험을 초래할 염려가 있는 자이어야 하고 그와 같은 피고를 상대로 하여야 확인의 이익이 있다 할 것인데, 이 사건과 같이 기업자가 보상금 수령권자의 절대적

불확지를 이유로 수용보상금을 공탁한 경우 자기가 진정한 보상금 수령권자라고 주장하는 자의 입장에서 보면 기업자가 적극적으로 그에게 공탁금출급청구권이 없다고 '부인(否認)'하지는 아니하고 단순히 '부지(不知)'라고 주장하더라도 이는 보상금수령권자의 지위를 다툰 것이고 언제 다른 사람이 진정한 권리자라고 주장함에 대하여 기업자가 이를 긍정할지 알 수 없는 것이므로 그 법률상의 지위에 불안·위험이 현존하는 것으로 보아야 할 것이고, 또한 공탁제도상으로도 수용 토지의 원소유자가 기업자를 상대로 절대적 불확지의 공탁이 된 공탁금에 대한 출급청구권이 자신에게 귀속되었다는 확인판결을 받아 그 판결이 확정되면 그 확정판결 정본은 규칙 제30조 제2호에 정한 '출급청구권을 갖는 것을 증명하는 서면'에 해당하여 수용 토지의 원소유자는 위 판결정본을 공탁금출급청구서에 첨부하여 공탁소에 제출함으로써 공탁금을 출급받을 수 있으므로, 수용 토지의 원소유자가 기업자를 상대로 하는 공탁금출급청구권 확인의 소는 절대적 불확지공탁의 공탁금 출급을 둘러싼 법적 분쟁을 해결하는 유효적절한 수단이어서 그 확인의 이익이 있다고 할 것이다.

위 판례에서 언급한 「토지수용법」 제61조 제2항 제1호는 "기업자는 기업자의 과실 없이 보상금을 받을 자를 알 수 없을 때에는 수용 또는 사용의 시기까지 수용 또는 사용하고자 하는 토지소재지의 공탁소에 보상금을 공탁할 수 있다."고 규정하였다.

「공익사업을 위한 토지 등의 취득 및 보상에 관한 법률」에서는 위와 동일한 내용을 제40조 제2항 제2호에서 규정하였다.

대법원 1995. 12. 5. 선고 95다4209 판결

원심판결 이유에 의하면, 원심은 이 사건 수용토지(순천시 조례동 584의 5 구거 162㎡)에 관하여 1940. 4. 1. 피고 회사 앞으로 소유권이전등기가 경료되어 있었는데 1991. 4. 30. 소외 대한주택공사가 이를 수용하여 수용보상금 20,574,000원을 피공탁자를 피고 회사로 하여 공탁한 다음 1991. 7. 1. 소유권이전등기를 마쳤으며, 한편 이 사건 수용토지는 나중에 원고 조합에게 흡수합병된 소외 순천수리조합이 1957. 3. 31. 조례저수지 완공 무렵부터 계속하여 구거로 사용하면서 점유하여 온 사실을 인정하고, 위 점유는 소유의 의사로 평온, 공연하게 이루어진 것으로 추정되므로 위 점유 개시일로부터 20년이 경과한 1977. 3. 31. 이 사건 수용토지에 대한 취득시효 기간이 완성되었으나, 그 이후 이 사건 토지가 수용됨으로써 피고 회사의 소유권이전등기 의무는 이행불능이 되었고, 한편 피고 회사는 위 토지수용으로 인하여 공탁된 토지수용 보상금의 출급청구권을 취득하였으므로, 원고 조합은 대상청구권을 행사하여 피고 회사에 대하여 위 공탁금출급 청구권을 양도할 것을 구할 수 있다 할 것이어서 위 공탁금출급 청구권은 원고 조합에게 귀속한다고 하여 이 사건 확인청구를 인용하였다.

그러나 원고 조합이 이 사건 수용토지를 시효취득하였다고 하더라도 취득시효 기간 완성 당시의 소유권자는 피고 회사이고, 원고 조합은 피고 회사에 대하여 채권적 효력을 가진 소유권이전등기 청구권을 취득하게 될 뿐이므로, 그 이후 취득시효가 완성된 토지가 수용됨으로써 그 소유권이전등기 의무가 이행불능이 된 경우에는 원고 조합으로서는 이른바 대상청구권의 행사로서 피고 회사에 대하여 그가 토지수용의 대가로 취득한 토지수용 보상금의 공탁금출급청구권의 양도를 청구할 수는 있으나, 피고 회사를 상대로 공탁된 토지수용 보상금의 수령권자가 원고 조합이라는 확인을 구할 수는 없다고 할 것이다(대법원 1995. 7. 28. 선고 95다2074 판결, 1995. 8. 11. 선고 94다21559 판결 각 참조).

따라서 원심이 위와 같은 법률상의 사항을 명백히 하지 아니한 채 위의 사실관계하에서 위 공탁금출급 청구권이 원고에게 있음의 확인청구를 인용한 제1심판결을 그대로 유지하였음은 취득시효 완성의 효력과 대상청구권에 관한 법리를 오해한 위법이 있다고 할 것이므로, 이 점을 지적하는 논지는 이유 있다.

'대상청구권'이라 함은 채무자가 채무자의 잘못 없이 채무를 이행할 수 없게 되었지만, 그 채무와 관련하여 어떤 이익을 얻은 경우에 채권자가 그 이익을 넘겨달라고 청구할 수 있는 권리를 말한다.

위 판례가 다룬 사안의 경우에는 갑이 을 소유 토지를 소유의 의사로 평온·공연히 20년 이상 점유함으로써 시효취득 요건을 성취하였다. 그런데 갑이 을에 대하여 소유권이전등기청구권을 행사하지 않고 있는 동안에 병이 위 토지를 수용하였다. 결국 을은 소유권이전등기에 협력하여야 할 채무를 이행할 수 없게 되었으나, 병으로부터 수용보상금을 수령함으로써 이익을 얻었다.

따라서 갑으로서는 을에 대하여 그 수용보상금을 갑에게 넘겨달라고 청구할 수 있게 되었다. 갑의 을에 대한 이 청구권을 대상청구권(代償請求權)이라고 한다. 법률에는 규정이 없지만 우리 대법원이 인정하고 있다.

조상 땅을 찾다보면 이러한 사례가 발견되곤 하는데, 이 청구권은 을이 수용보상금을 수령한 때로부터 10년이 지난 뒤에는 행사할 수 없다는 점도 아울러 고려해야 한다. 대상청구권은 채권이고, 이 채권의 소멸시효는 10년이기 때문이다.

제14절 창씨개명(創氏改名) 및 귀속재산(歸屬財産)

제1관 창씨개명

한일강제병합 이후 일본제국에 아첨하는 조선인들이 자진하여 일본식 성명을 사용하자 조선총독부는 1911. 11. 1. 「조선인의 성명 개칭에 관한 건」(총독부령 제124호)을 제정하여 조선인은 일본인으로 혼동될 수 있는 성명을 호적에 기재할 수 없게 하는 한편, 이미 일본식으로 개명(改名)한 성명도 다시 조선의 방식으로 개명하도록 강제하였다.

그러다가 중·일전쟁(1937. 7. 7.∽1945. 8. 15.) 당시 전시동원체제에 조선 인들의 자발적인 동원을 이끌어낼 필요가 생기게 되자 조선총독부는 내선일체 (內鮮一體 : 조선과 일본은 한 몸이라는 뜻으로, 조·일간의 결혼장려 등 정책을 펼침)를 강조하면서 창씨개명을 허용 내지 강제하였다. 1940. 2. 11. 개정·시행 된 「조선민사령」(제령 제19호)이 그것이다.

개정된 「조선민사령」에 의하면, 조선식 성명제를 폐지하면서 이 영의 시행일로 부터 6개월 이내에 호주는 새로운 일본식 성씨를 제정하여 신고하게 하였고, 조선에서도 서양자(婿養子 : 사위를 삼을 목적으로 입양하는 양자)를 허용하되, 서양자는 처가의 성씨를 따르게 하였으며, 이성양자(異姓養子 : 다른 성씨의 양자)를 인정하되, 양자의 성은 양가(養家)의 성을 따르도록 하였다.

처음에는 자진하여 신고하도록 유도하였으나, 호응도가 높지 않자 조선총독부 는 유명인사 및 권력기구를 동원하여 회유의 방법을 쓰기도 하고, 이에 따르지 않는 조선인을 노무징용의 우선대상자로 지목하거나 불령선인(不逞鮮人 : 일제

강점기에 식민통치에 순응하지 않는 조선인을 부르던 말)으로 지목하여 경찰의
사찰을 받도록 하는 등 강제의 방법을 썼다.

그 결과 1940년 10월경에는 창씨 또는 창씨개명을 한 조선인의 비율이 79.3%
에 이르렀다고 한다. 반면, 이를 거부하기 위하여 자결을 하거나 구속된 사람도
많았다고 한다.

끝내 창씨개명을 하지 않은 사람으로는 여운형 · 김병로 · 송진우 · 윤보선 ·
박헌영 등이 있었다. 이에 반하여 적극적으로 친일행위를 하는 한편 창씨개명에
앞장선 사람으로는 송병준(정미7적)이 '노다헤이지로(野田平次郎)'로, 정일권
(전 국무총리)이 '나카지마잇켄(中島一權)'으로, 김석범(2대 해병대 사령관)이
'카네야마쇼우(金山照)'로 각 창씨개명을 하였다고 전해진다.

이는 1946. 10. 23. 미군정의 「조선성명복구령」(군정법령 제122호)이 발효되
면서 당연히 창씨는 폐지되고, 본래의 조선 성명을 되찾게 되었다.

당시에 창씨개명을 하였다고 하더라도 그 모두가 친일반민족행위자는 아니다.
일본식으로 바꾸었다고 하여 모두가 이름까지 바꾼 것은 아니었고, 성만을 바꾼
경우가 더 많았다.

문제는 일본이 제2차 세계대전에서 패망한 후 미군정을 거쳐 대한민국정부가
수립되면서 일본국, 일본국 단체 및 일본인이 소유하던 부동산은 미군정을 거쳐
대한민국의 국유로 편입되었는데, 이 당시 대한민국의 개인이 소유하던 토지임
에도 불구하고 행정 당국이 일본인의 소유로 오인함에 따라 국가의 소유로
귀속된 재산이 상당히 많았다는 점이다.

「조선성명복구령」이 시행됨에 따라 당연히 일본식 성명은 조선의 성명으로
복구되었지만, 부동산등기부에 이미 기재된 일본식 성명은 복구되지 아니한
경우가 많았기 때문이다. 조상이 소유하던 땅 중에도 이러한 사례가 있을 가능성
이 있다면 「귀속재산처리법」의 규정을 검토하여야 할 것이다.

제2관 귀속재산

「귀속재산처리법」은 1949. 12. 19.부터 현재까지 시행되고 있다. 이 법에 의하면 귀속재산은 원칙적으로 매각하도록 하고, 국유나 공유로 할 필요가 있는 토지(제5조 참조)는 국가나 공공단체의 소유로 하는 것이 이 법의 골자이다.

따라서 조상이 소유한 토지 중에서 일본인의 것으로 오인되어 귀속조치가 된 토지를 발견한 경우라면, 현재까지 국가나 공공기관에서 소유하고 있는 경우와 매각된 경우는 그 접근방법을 달리하여야 한다.

매각된 부동산의 경우에는 10년의 취득시효에 걸리게 되지만 국·공유지로 남아 있다면 조상이 창씨개명을 한 사실을 입증하여 국가 등에 대하여 그 반환을 청구할 수 있을 것이다. 아래는 제정(制定) 「귀속재산처리법」의 주요한 규정이다.

귀속재산처리법

[시행 1949. 12. 19.] [법률 제74호, 1949. 12. 19., 제정]

제1조 본법은 귀속재산을 유효적절히 처리함으로써 산업부흥과 국민경제의 안정을 기함을 목적으로 한다.

제2조 본법에서 귀속재산이라 함은 단기 4281년 9월 11일부 대한민국정부와 미국정부간에 체결된 재정 및 재산에 관한 최초협정 제5조의 규정에 의하여 대한민국정부에 이양된 일체의 재산을 지칭한다. 단, 농경지는 따로 농지개혁법에 의하여 처리한다.

제3조 귀속재산은 본법과 본법의 규정에 의하여 발하는 명령의 정하는 바에 의하여 국유 또는 공유재산, 국영 또는 공영기업체로 지정되는 것을 제한 외에는 대한민국의 국민 또는 법인에게 매각한다.

제4조 귀속재산은 전조에 의하여 지정 또는 매각될 때까지 타법률에 특별한 규정이 없는 한 본법의 정하는 바에 의하여 정부가 이를 관리한다. 귀속재산 중 국영 또는 공영으로 지정된 후 당해재산에 관한 법령이 실시될 때까지는 정부가 이를 관리한다.

제5조 귀속재산 중 대한민국헌법 제85조에 열거된 천연자원에 관한 권리 및 영림재산으로 필요한 임야, 역사적 가치 있는 토지, 건물, 기념품, 미술품, 문적 기타 공공성을 유하거나 영구히 보존함을 요하는 부동산과 동산은 국유 또는 공유로 한다. 정부, 공공단체에서 공용, 공공용 또는 공인된 교화, 후생기관에서 공익사업에 공하기 위하여 필요한 부동산과 동산에 대하여도 전항과 같다.

제7조 전2조에 의하여 국유 또는 공유, 국영 또는 공영으로 되는 재산과 기업체의 지정에 관한 절차는 대통령령으로 정한다.

제37조 본법에 규정하는 사무를 관장하기 위하여 국무총리 직속 하에 관재청을 둔다. 관재청의 사무를 분장하기 위하여 지방에 관재국 또는 출장소를 둘 수 있다. 전항에 규정하는 각 기관의 명칭과 관할구역직제와 공무원의 종류 · 정원과 보수에 관한 규정은 대통령령으로 정한다.

제38조 국무총리 직속 하에 귀속재산에 관한 중요사항을 조사 · 심의하기 위하여 관재위원회를 둔다. 관재위원회의 조직과 직제 기타 필요한 사항은 대통령령으로 정한다.

부   칙 〈**법률 제74호, 1949. 12. 19.**〉

제43조 본법을 시행하기 위하여 필요한 규정은 대통령령으로 정한다.

귀속농지를 포함한 귀속재산의 점유자는 군정법령 제33호의 제3조에 의하여 미군정청에 대하여 보관의무를 지고 있으므로 그 점유는 권원의 성질상 타주점유에 해당하고, 1948. 9. 11. 「대한민국정부와 미국정부간에 체결된 재정 및 재산에 관한 최초협정」 제5조의 규정에 의하여 귀속재산 일체는 대한민국정부에 그 권리가 이양되었으므로, 귀속농지의 점유자는 이때부터 대한민국정부에 대한 보관자의 지위에 있게 되어 역시 타주점유가 되는 것이다.

한편, 「귀속재산처리법」 제2조가 동법상의 귀속재산을 위 협정 제5조에 의하여 대한민국정부에 이양된 일체의 재산을 칭하되 농경지는 따로 「농지개혁법」에 의해 처리한다고 규정한 취지는 귀속농지도 「귀속재산처리법」상의 귀속재산에 해당하지만, 그 처리에 관하여만 「농지개혁법」을 따르도록 한 것이라고 해석할 것이므로, 위 군정법령 제33호의 제3호 및 「귀속재산처리법」 제4조에 의하여 귀속농지의 점유자에게 부과된 보관의무는 「농지개혁법」에 의하여 농지분배가 되는 등 별다른 조치가 있을 때까지는 여전히 존속하므로, 그 점유자가 농지분배를 받는 등 새로운 권원에 의한 자주점유를 개시하지 아니하는 한 여전히 타주점유를 하는 것이 되며, 「귀속재산처리에 관한 특별조치법」(1963. 5. 29. 법률 제1346호) 제2조 제1호, 부칙 제5조에 의하여 귀속재산이 1965. 1. 1.부터 국유재산으로 되었다 하더라도 그에 대한 점유가 타주점유에서 자주점유로 전환되는 것은 아니고, 이때에도 점유를 개시하게 된 권원의 성질에 의하여 그 소유의사 유무를 결정하여야 될 것이다(당원 1995. 11. 28. 선고 94다54924 판결 참조). (대법원 1996. 11. 29. 선고 95다54204 판결).

위 판례가 설명하는 취지는 이렇다. 일본국 또는 일본인이 소유하던 토지를 점유한 조선인은 1945년 해방과 동시에 미군정이 소유하는 토지를 보관하는 지위로 바뀌었다가 대한민국정부가 수립되면서부터는 대한민국 소유인 토지를 보관하는 지위에 있게 되므로, 이는 타주점유에 해당한다.

따라서 이러한 토지를 점유한 대한민국 국민(법인 및 법인 아닌 사단·재단 포함)은 취득시효의 완성으로 인하여 소유권을 취득할 수는 없다.

「구 귀속재산처리에 관한 특별조치법」(1963. 5. 29. 법률 제1346호, 실효) 제2조 제1호 및 부칙 제5조에 의하면 1964. 12. 말일까지 매매계약이 체결되지 아니한 귀속재산은 무상으로 국유로 한다고 규정되어 있으므로, 그 날까지 매각되지 아니한 귀속재산은 1965. 1. 1.부터 국유재산이 되어 그 이후에는 소유의 의사로 이를 점유하는 것이 가능하나(대법원 1997. 3. 28. 선고 96다51875 판결 참조), 그렇다고 이에 대한 점유가 그때부터 당연히 타주점유에서 자주점유로 전환되는 것은 아니고, 이 경우에도 소유의사의 유무는 점유취득의 원인이 된 권원의 성질이나 점유와 관계가 있는 모든 사정에 의하여 외형적·객관적으로 결정하여야 한다(대법원 1996. 11. 29. 선고 95다54204 판결 참조). (대법원 2015. 1. 15. 선고 2012다36081 판결).

「귀속재산의 처리에 관한 특별조치법」은 1963. 10. 28. 시행되어 2007. 3. 23. 폐지된 법률이다. 이 법은 귀속휴면법인(일본의 영리법인·조합·기타 단체 중 그 주식이나 지분의 2분의 1 이상이 귀속된 것으로서 1945. 8. 9. 이후 기능이 상실되어 재무부장관 또는 지방관재국장이 사실상 소멸된 것으로 인정하는 것)이 소유한 재산의 매각에 관한 사항, 귀속된 주식 또는 지분이 있는 영리법인·조합·단체로서 미수복지구(未收復地區) 내에 본점이나 주사무소가 있으면서 미수복지구 이남에 있는 재산의 매각에 관한 사항, 귀속재산을 매수한 자가 이 법 시행일 이후 일정한 기간 안에 매각대금의 체납액을 납부하지 아니하는 경우에 매매계약의 당연해제 등에 관하여 규정하였다.

1945. 8. 9. 현재 등기부상 일본인 소유 명의로 있는 재산은 미군정법령 제33호 제2조에 의하여 미군정청이 취득하였다가 「대한민국정부와 미국정부간에 체결된 재정 및 재산에 관한 최초협정」 제5조에 의하여 대한민국정부에 이양된 귀속재산이 되는 것이므로, 가사 그 이전에 이미 한국인이 일본인으로부터 매수 기타 원인으로 그 소유권을 취득하였다고 하더라도 소정기간 내에 그 취득원인사실을 들어 미군정법령 제103호와 1948. 4. 17.자, 1948. 7. 28.자 각 군정장관지령에 의한 재산소청위원회에서의 귀속해제의 재결 또는 간이소청절차에 의한 귀속해제결정 및 법률 제102호, 제230호에 의한 확인을 받거나 혹은 법원으로부터 확정판결에 의한 귀속해제를 받지 아니하는 한 그 소유권을 주장할 수 없고, 그 소유권은 국가에 귀속된다.

6·25사변으로 멸실되기 전의 임야대장에 터 잡아 전국의 귀속임야를 기재한 귀속임야대장이 만들어졌고, 이를 근거로 1952. 7. 26.자 국유화 결정이 이루어졌으며, 이 결정이 이루어지자 그 대상 임야들을 귀속임야 국유화대장, 귀속재산국유화조치대장, 국유화결정귀속임야대장, 국유(전귀속)임야대장에 기재한 데 이어 재무부와 농림부의 협의로 국유화결정귀속임야대장의 정비작업이 이루어진 것이므로, 국유(전귀속)임야대

장은 결국 6·25사변으로 멸실되기 전의 임야대장에 터 잡아 이루어졌다고 할 수 있고, 따라서 위 임야대장 중 소유자란 기재에 부여된 권리추정력은 위 국유(전귀속)임야대장에도 그대로 이어진다고 할 수 있으므로, 국유(전귀속)임야대장에 귀속재산으로 기재되어 있는 임야는 1945. 8. 9. 현재 일본인의 소유라고 봄이 상당하다고 할 것이나, 그렇다고 하여 국유(전귀속)임야대장에 귀속재산으로 기재되어 있지 아니한 임야는 1945. 8. 9. 현재 일본인의 소유가 아닌 것으로 단정할 것은 아니다(대법원 1996. 11. 15. 선고 96다32812 판결).

위 판례의 설명에 의하면 1945. 8. 9. 이전에 일본인으로부터 매수한 토지는 「귀속재산처리법」의 시행 이후 일정한 기간 안에 적법한 절차에 따라 등기를 마치지 아니한 경우에는 해당 토지는 국유로 되었다.

그러나 6·25전쟁 당시 임야대장이 멸실된 경우로서 '국유임야대장' 또는 '전귀속임야대장'에 일본인의 소유라고 기재되지 아니한 임야의 경우는 일본인 소유가 아니라고 단정할 수는 없지만, 국유로 귀속될 수도 없다는 의미이다.

대법원 1984. 12. 11. 선고 84다카557 전원합의체 판결

「귀속재산처리법」에 의한 관재기관의 매각행위는 행정처분으로서 같은 법 제22조의 규정취지에 비추어 매수자가 그 매수대금을 완납하면 그 소유권은 등기를 필요로 하지 아니하고 자동적으로 매수자에게 이전된다고 할 것이다(당원 1962. 2. 15. 선고 4294행상126 판결, 1962. 8. 30.

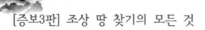

선고 62누67 판결, 1963. 9. 12. 선고 63누32 판결, 1968. 5. 21. 선고 68다416 판결, 1980. 4. 22. 선고 80다164 판결, 1981. 7. 14. 선고 80다2289 판결 등 참조).

이에 저촉되는 당원 1966. 10. 25. 선고 66다1437 판결, 1967. 10. 23. 선고 67다1555 판결, 1968. 6. 4. 선고 67다763 판결, 1968. 11. 19. 선고 67다1211 판결 등은 이를 폐기하기로 한다.

CHAPTER **3**

등기부시효취득에 따른 손해배상청구

제3장 등기부시효취득에 따른 손해배상청구

제1절 개관

제3장에서는 조상이 소유하던 토지의 소재·지번을 오래 전에 잊어버린 경우에 있어서 그 토지의 소재 및 지번을 찾은 때의 문제를 검토한다.

이러한 토지의 많은 경우는 조상의 명의로부터 제3자의 명의로 소유명의가 이전되었다. 이들 토지는 권원 없는 제3자가 조상의 명의로부터 소유권이전등기를 마친 다음 이를 다시 그러한 사실을 알지 못하는 제3자(전득자)에게 처분한 경우도 있다.

그리고 전득자(轉得者)가 등기부취득시효에 의하여 완전한 소유권을 취득함으로써 조상의 상속인은 토지의 소유권을 상실한 경우도 있다. 이 장에서는 이러한 문제의 해결 방법을 모색하고자 한다.

이 장에서 검토하고자 하는 토지에 관한 등기의 소유권 변동 모습을 다음 표와 같이 상정한다.

---

① 조상(소유자) → ② 위법한 소유권이전등기 행위자(불법행위자)

→ ③ 전득자(시효취득자)

위 표에서 ①은 토지의 정당한 소유자인 나의 조상이다. ②는 정당한 권원이 없으면서 원인무효인 소유권이전등기(소유권보존등기도 같다)를 마친 자이다. ③은 ②의 등기가 위법한 등기라는 사실을 알지 못한 채 - 선의(善意)로 -

소유권을 취득하여 소유권이전등기를 마치고, 10년 이상 소유의 의사로 평온(平穩)·공연(公然)히, 그리고 과실 없이 소유함으로써 해당 부동산을 등기부시효취득한 전득자(轉得者)이다.

③으로부터 소유권을 취득한 자가 시효취득자인 경우에도 마찬가지이다. 아래의 판례는 이 장에서 다루게 될 모든 문제점을 잘 설명하고 있다.

대법원 2008. 6. 12.선고 2007다36445 판결

1. 무권리자가 위법한 방법으로 그의 명의로 소유권보존등기나 소유권이전등기를 경료한 후 그 부동산을 전전매수한 제3자의 등기부 시효취득이 인정됨으로써 소유자가 소유권을 상실하게 된 경우, 무권리자의 위법한 등기 경료행위가 없었더라면 소유자의 소유권 상실이라는 결과가 당연히 발생하지 아니하였을 것이고, 또한 이러한 소유권 상실은 위법한 등기 경료행위 당시에 통상 예측할 수 있는 것이라 할 것이므로, 무권리자의 위법한 등기 경료행위와 소유자의 소유권 상실 사이에는 상당인과관계가 있다고 할 것이다(대법원 1993. 6. 11. 선고 92다50874 판결 등 참조).

원심은 그 채용 증거들을 종합하여, 원고의 소유이던 경기 광주읍 송정리 (지번 1 생략) 임야 43,736㎡(이하 '(지번 1 생략) 임야'라 한다)에 관하여 무권리자인 피고 1과 소외 1이 1970. 11. 26. 「구 임야소유권이전등기 등에 관한 특별조치법」(1969. 5. 21. 법률 제2111호, 실효)의 규정에 위반하여 위 2인 명의로 소유권보존등기(이하 '이 사건 보존등기'라 한다)를 경료한 사실, 그 후 (지번 1 생략) 임야로부터

분할된 경기 광주읍 송정리 (지번 2 생략) 임야 21,868m²(이하 '이 사건 임야'라 한다)에 관하여 이 사건 보존등기에 터 잡아 1982. 6. 3. 소외 1 단독 명의의 소유권이전등기가, 1982. 9. 18. 소외 2 명의의 소유권이전등기가 순차로 각 경료된 사실, 원고가 피고 1과 소외 1의 상속인들인 나머지 피고들 및 소외 2를 상대로 위 각 등기의 말소를 구하는 소송(이하 '전 소송'이라 한다)을 제기하였으나, 이 사건 임야의 최종 매수인인 소외 2의 부동산 시효취득 주장이 받아들여져 결국 원고는 이 사건 임야의 소유권을 상실하게 된 사실 등을 인정한 다음, 피고 1과 소외 1의 위법한 이 사건 보존등기 경료행위와 원고의 소유권 상실 사이에는 상당인과관계가 인정된다 할 것이므로, 피고 1과 소외 1은 공동불법행위자이고, 따라서 피고 1과 소외 1의 상속인들인 나머지 피고들은 원고에게 이 사건 임야 소유권의 상실로 인한 손해를 배상할 책임이 있다고 판단하였다.

앞서 본 법리와 기록에 비추어 살펴보면, 원심의 이러한 사실인정과 판단은 옳은 것으로 수긍이 가고, 거기에 상고이유의 주장과 같은 채증법칙위배나 공동불법행위의 성립 및 상당인과관계에 관한 법리오해 등의 위법이 있다고 할 수 없다.

2. 순차로 경료된 등기들의 말소를 청구하는 소송은 권리관계의 합일적인 확정을 필요로 하는 필요적 공동소송이 아니라 통상공동소송이며, 이와 같은 통상공동소송에서는 공동당사자들 상호간의 공격·방어방법의 차이에 따라 모순되는 결론이 발생할 수 있고, 이는 변론주의를 원칙으로 하는 소송제도 아래에서는 부득이한 일로서 판결의 이유모순

이나 이유불비가 된다고 할 수 없으며(대법원 1991. 4. 12. 선고 90다9
872 판결 등 참조), 이 경우 후순위 등기에 대한 말소청구가 패소
확정됨으로써 그 전순위 등기의 말소등기 실행이 결과적으로 불가능하
게 되더라도, 그 전순위 등기의 말소를 구할 소의 이익이 없다고는
할 수 없으므로(대법원 1993. 7. 13. 선고 93다20955 판결, 대법원
1998. 9. 22. 선고 98다23393 판결 등 참조), 이 점을 다투는 상고이유
의 주장은 받아들일 수 없다.

3. 민사재판에 있어서는 다른 민사사건 등의 판결에서 인정된 사실에
   구속받는 것은 아니라 할지라도 이미 확정된 관련 민사사건에서 인정
   된 사실은 특별한 사정이 없는 한 유력한 증거가 된다 할 것이므로,
   합리적인 이유설시 없이 이를 배척할 수 없다는 것이 당원의 확립된
   견해이고, 특히 전후 두 개의 민사소송이 당사자가 같고 분쟁의 기초가
   된 사실도 같으나 다만 소송물이 달라 기판력에 저촉되지 아니한 결과
   새로운 청구를 할 수 있는 경우에 있어서는 더욱 그러하다 할 것이다(대
   법원 2000. 7. 4. 선고 2000다 20748 판결 등 참조).
   원심은 그 채용 증거들을 종합하여, 원고가 피고들을 상대로 제기한
   전 소송에서 피고들이 "소외 3(피고 1의 부)과 소외 1이 1934년경
   원고의 선대인 소외 4로부터 (지번 1 생략) 임야와 경기 광주읍 송정리
   (지번 3 생략) 임야 19,965㎡{이하 '(지번 3 생략) 임야'라 한다}를
   매수한 후 그 중 (지번 3 생략) 임야만을 소외 5 외 4인에게 매도하고
   (지번 1 생략) 임야는 계속 보유하고 있었고, 따라서 피고 1과 소외
   1이 (지번 1 생략) 임야의 사실상 소유자이므로, 이 사건 보존등기는

실체적 권리관계에 부합하는 유효한 등기이다"라는 주장을 하였으나, 피고들이 증거로 제출한 (지번 3 생략) 임야에 관한 매도증서〔소외 3, 소외 1이 1935.경 소외 5 외 4인에게 (지번 3 생략) 임야를 매도하였다는 취지와 등기필의 기재가 되어 있음)만으로는 1934년경 소외 3, 소외 1이 소외 4로부터(지번 1 생략) 임야를 매수하였다고 인정하기 부족하고 달리 이를 인정할 증거가 없다는 이유로 위 주장이 배척되었고, 결국 피고들에 대하여 이 사건 임야에 관한 이 사건 보존등기와 소외 1 명의의 소유권이전등기의 각 말소등기절차의 이행을 명하는 판결이 선고되어 확정된 사실을 인정한 다음, 피고들이 이 사건에서 "원고의 서대인 소외 4가 1935년경 이미 (지번 1 생략) 임야를 소외 3, 소외 1에게 매도하고 소유권이전등기까지 경료함으로써 소유권을 가지지 않은 상태였으므로, 피고 1과 소외 1이 이 사건 임야에 관하여 위법하게 이 사건 보존등기를 경료하였다 하더라도 소외 4의 상속인인 원고는 이 사건 임야의 소유권 상실이라는 손해를 입었다고 할 수 없다"는 주장을 하고 있으나, 이에 관하여 피고들이 제출한 증거들은 전 소송에서 이미 배척된 바 있는 (지번 3 생략) 임야에 관한 매도증서(이 사건의 을 제6호증) 및 그 매도증서의 증거가치를 보강하는 증거들에 불과하여, 이로써 전 소송의 확정판결의 인정 사실을 배척하고 위 주장 사실을 인정하기에 충분하다고 할 수 없고, 달리 이를 인정할 증거가 없다는 이유로 위 주장을 배척하였다.

앞서 본 법리와 기록에 비추어 살펴보면, 원심의 이러한 사실인정과 판단은 옳은 것으로 수긍이 가고, 거기에 상고이유의 주장과 같은 채증법칙위배나 기판력 내지 관련 민사 확정판결의 증명력에 관한

법리오해 등의 위법이 있다고 할 수 없다.

4. 기록에 의하면, 피고들이 원심에서 2007. 4. 12.자 준비서면의 진술로 "설령 소외 4가 소외 3, 소외 1에게 (지번 1 생략) 임야를 매도한 것이 아니라 하더라도, 소외 4가 1935. 7. 이전에 성명불상의 제3자에게 (지번 1 생략) 임야를 양도하고 소유권이전등기까지 경료함으로써 소유권을 가지지 않게 되었으므로, 원고가 이 사건 임야의 소유권 상실이라는 손해를 입었다고 할 수 없다"는 취지의 주장을 하였으나, 원심이 이에 관하여 아무런 판단을 하지 아니하였음은 상고이유의 주장과 같다.

그러나, 기록을 살펴보더라도 위 주장과 같이 소외 4가 1935. 7. 이전에 성명불상의 제3자에게 (지번 1 생략) 임야를 양도하고 소유권이전등기까지 경료하였다고 인정할 아무런 증거를 찾을 수 없으므로, 결국 피고들의 위 주장은 이유가 없어 배척될 경우임이 명백하고, 당사자의 주장에 대한 판단유탈의 잘못이 있다 하더라도 그 주장이 배척될 경우임이 명백한 때에는 판결결과에 영향을 미친 위법이라 할 수 없으므로, 이 점에 관한 상고이유의 주장은 받아들일 수 없다.

5. <u>가해행위와 이로 인한 현실적인 손해의 발생 사이에 시간적 간격이 있는 불법행위에 기한 손해배상채권의 경우, 소멸시효의 기산점이 되는 '불법행위를 한 날'의 의미는 단지 관념적이고 부동적인 상태에서 잠재적으로만 존재하고 있는 손해가 그 후 현실화되었다고 볼 수 있는 때, 즉 손해의 결과발생이 현실적인 것으로 되었다고 할 수 있을 때로</u>

보아야 할 것인바(대법원 1990. 1. 12. 선고88다카25168 판결 등 참조), 무권리자가 위법한 방법으로 그의 명의로 부동산에 관한 소유권보존등기나 소유권이전등기를 마친 다음 제3자에게 이를 매도하여 제3자 명의로 소유권이전등기를 마쳐준 경우, 제3자가 소유자의 등기말소청구에 대하여 시효취득을 주장하는 때에는 제3자 명의의 등기의 말소 여부는 소송 등의 결과에 따라 결정되는 특별한 사정이 있으므로, 소유자의 소유권 상실이라는 손해는 소송 등의 결과가 나오기까지는 관념적이고 부동적인 상태에서 잠재적으로만 존재하고 있을 뿐 아직 현실화되었다고 볼 수 없고, 소유자가 제3자를 상대로 제기한 등기말소 청구소송이 패소확정될 때에 그 손해의 결과발생이 현실화된다고 볼 것이며, 그 등기말소청구소송에서 제3자의 등기부시효취득이 인정된 결과 소유자가 패소하였다고 하더라도 그 등기부취득시효 완성 당시에 이미 손해가 현실화되었다고 볼 것은 아니다(대법원 2001. 1. 30. 선고 2000다18196 판결, 대법원 2005. 9. 15. 선고 2005다29474 판결 등 참조).

위 법리와 기록에 비추어 살펴보면, 원고가 소외 2를 상대로 제기한 전 소송에서 이 사건 임야에 관하여 1982. 9. 18. 소외 2 명의로 경료된 소유권이전등기의 말소를 청구하였으나, 소외 2가 위 소유권이전등기의 경료시부터 10년간 소유의 의사로 평온, 공연하게 선의이며 과실 없이 이 사건 임야를 점유함으로써 등기부취득시효가 완성되었음이 인정되어 결국 원고의 위 등기말소청구가 2004. 2. 27. 패소 확정되었음을 알 수 있는바, 이 때 비로소 원고의 이 사건 임야 소유권 상실이라는 손해의 결과발생이 현실화되었다고 볼 것이므로, 원고의 피고들

에 대한 손해배상청구권의 소멸시효의 기산점은 위 말소등기청구의
패소확정 시점인 2004. 2. 27.이라고 할 것이다.

이 부분 원심판결의 이유 설시에는 다소 부적절한 점이 있으나, 원심이
원고의 피고들에 대한 손해배상청구권의 소멸시효의 기산점을 원고가
소외 2를 상대로 제기한 전 소송에서 이 사건 임야에 관한 소외 2
명의의 소유권이전등기에 대한 말소청구가 패소확정된 2004. 2. 27.
이라고 판단한 결론에 있어 옳다고 할 것이므로, 거기에 상고이유의
주장과 같은 손해배상청구권의 소멸시효 기산점에 관한 법리오해 등의
위법이 있다고 할 수 없다.

6. 위 5.항에서 본 바와 같이, 피고 1과 소외 1의 이 사건 공동불법행위로
인한 원고의 손해의 결과발생이 현실화된 것은 전 소송에서 원고의
소외 2에 대한 소유권이전등기 말소청구가 패소확정된 2004. 2. 27.이
라고 보는 이상, 그 손해배상액도 위 말소청구의 패 소확정 당시의
이 사건 임야의 시가에 의하여 산정되어야 할 것이다.

같은 취지의 원심의 판단은 옳고, 거기에 상고이유의 주장과 같은
손해배상액 산정 기준시점에 관한 법리오해 등의 위법이 있다고 할
수 없다.

7. 손해배상청구소송에서 피해자에게 과실이 인정되면 법원은 손해배상
의 책임 및 그 금액을 정함에 있어서 이를 참작하여야 하며, 배상의무자
가 피해자의 과실에 관하여 주장하지 않는 경우에도 소송자료에 의하
여 과실이 인정되는 경우에는 이를 법원이 직권으로 심리·판단하여야

할 것이지만(대법원 1996. 10. 25. 선고 96다30113 판결 등 참조), 피해자의 부주의를 이용하여 고의로 불법행위를 저지른 자가 바로 그 피해자의 부주의를 이유로 자신의 책임을 감하여 달라고 주장하는 것은 다른 특별한 사정이 없는 한 허용될 수 없다(대법원 2005. 10. 7. 선고 2005다32197 판결 등 참조).

따라서, 설사 원고에게 상고이유의 주장과 같이 이 사건 임야에 관한 권리행사를 장기간 해태함으로써 소외 2의 이 사건 임야에 관한 등기부 취득시효가 완성되도록 한 과실이 있다고 하더라도, (지번 1 생략) 임야를 미등기상태로 방치하고 있는 원고의 부주의를 이용하여 무권리자인 피고 1과 소외 1이 위법하게 그들 명의로 이 사건 모존등기를 경료함으로써 고의의 불법행위를 저질렀다고 볼 이 사건에서 피해자인 원고의 과실을 들어 과실상계를 하는 것은 허용되지 아니한다고 할 것이므로, 이와 다른 전제에 선 이 부분 상고이유의 주장도 받아들일 수 없다.

'채증법칙위배(採證法則違背)'는 법관이 증거를 채택함에 있어 기본적으로 지켜야 할 원칙을 위반하는 것을 말하고, '기판력(旣判力)'은 확정된 재판의 판단 내용이 소송의 당사자 및 후소법원(後訴法院)을 구속하여 이와 모순되는 주장·판단을 하지 못하는 소송법상의 효력을 말한다.

'증명력(證明力)'은 소송에서 사실의 인정에 쓸모가 있는 증거의 가치를 말하고, '과실상계(過失相計)'는 채무불이행이나 불법행위에서 채권자에게도 과실이 있는 경우에 손해배상책임과 금액을 결정함에 있어 그 과실(過失)을 참작하여 위법행위자의 손해배상액을 감경하는 것을 말한다.

위 판례에 나타난 사안을 요약하면 이렇다. 해당 임야는 甲이 소유자이다(다만, 소유권보존등기를 마치지는 않았다). 이 임야에 대하여 乙이 위법한 방법으로 - 매매계약서를 위조하여 - 소유권이전등기를 마친 다음 丙에게 매도하였다.

이러한 사실을 뒤늦게 알게 된 甲의 상속인은 원고가 되어 乙과 丙을 상대로 각 소유권보존등기 및 소유권이전등기의 말소등기절차를 이행하라는 청구취지로 소를 제기하였다(제1차소송).

이 소송의 결과 법원은 乙의 등기는 원인무효의 등기이므로 말소되어야 한다고 판단하면서도 丙이 소유의 의사로 선의이며 과실 없이 소유권이전등기를 마치고 10년 이상 점유함으로써 등기부취득시효에 의하여 소유권을 취득하였다는 이유로 원고패소를 선고하였다.

이에 대하여 甲의 상속인은 乙을 상대로 손해배상을 청구하여 승소판결을 받았다(제2차소송). 위 판례는 제2차소송에 대한 대법원의 판단이다.

제2절 제1차소송(등기말소청구)

앞서 개관에서 살펴본 사례의 경우에 토지의 진정한 소유자(조상의 상속인)는 소를 제기할 수 있다. 불법행위를 저지른 자의 위법한 등기와 그 이후의 모든 등기를 말소하라고 청구하는 것이다.

원고가 이 소를 제기할 당시에는 시효취득이 인정될 당사자(피고)가 존재하는지 여부를 알 수 없기 때문에 소유권이전등기를 마친 때로부터 10년이 경과한 등기명의인이 존재하더라도 일단은 소를 제기하여야 할 것이다. 피고의 등기기간이 10년을 경과했다고 하여 반드시 시효취득이 인정된다는 보장은 없기 때문이다.

이 소송의 심리절차에서 등기부시효취득이 인정되는 전득자(轉得者)가 존재

할 경우에는 법원으로서는 불법행위자의 소유권이전등기(또는 소유권보존등기)
는 원인무효의 등기이므로, 말소되어야 할 등기라는 점에 관하여 판단을 하면서
도 그로부터 소유권을 이전받은 자 또는 전전취득한 자는 시효취득을 하였기
때문에 전득자의 소유권이전등기는 말소할 수 없다는 선언을 하게 된다.

위 판례가 설명하고 있는 바와 같이 이 소송은 '통상공동소송'이므로, 각 피고들
에 대한 판단이 상호 모순되는 결과가 될 수도 있기 때문에 위와 같은 판단이
가능하다.

제1차소송의 판결이 확정되면 원고로서는 최종적으로 토지의 소유권을 상실
하였다는 점을 확인하게 된다. 즉, 불법행위자가 누구이며, 그로 인하여 소유권
을 상실함에 따른 손해가 발생하였다는 점을 비로소 인식하게 되는 것이다.
따라서 피고의 위법행위(소유권 상실)에 의한 손해배상청구권이 발생한 사실을
알게 된 것이다.

제3절 제2차소송(손해배상청구)

제1관 불법행위 및 손해배상청구권

「민법」의 관련 규정

제750조(불법행위의 내용) 고의 또는 과실로 인한 위법행위로 타인에게
손해를 가한 자는 그 손해를 배상할 책임이 있다.

제760조(공동불법행위자의 책임) ① 수인이 공동의 불법행위로 타인에게
손해를 가한 때에는 연대하여 그 손해를 배상할 책임이 있다.

② 공동 아닌 수인의 행위 중 어느 자의 행위가 그 손해를 가한 것인지를 알 수 없는 때에도 전항과 같다.

③ 교사자나 방조자는 공동행위자로 본다.

제766조(손해배상청구권의 소멸시효) ① 불법행위로 인한 손해배상의 청구권은 피해자나 그 법정대리인이 그 손해 및 가해자를 안 날로부터 3년간 이를 행사하지 아니하면 시효로 인하여 소멸한다.

② 불법행위를 한 날로부터 10년을 경과한 때에도 전항과 같다.

제763조(준용규정) 제393조, 제394조, 제396조, 제399조의 규정은 불법행위로 인한 손해배상에 준용한다.

제393조(손해배상의 범위) ① 채무불이행으로 인한 손해배상은 통상의 손해를 그 한도로 한다.

② 특별한 사정으로 인한 손해는 채무자가 그 사정을 알았거나 알 수 있었을 때에 한하여 배상의 책임이 있다.

제394조(손해배상의 방법) 다른 의사표시가 없으면 손해는 금전으로 배상한다.

제396조(과실상계) 채무불이행에 관하여 채권자에게 과실이 있는 때에는 법원은 손해배상의 책임 및 그 금액을 정함에 이를 참작하여야 한다.

제399조(손해배상자의 대위) 채권자가 그 채권의 목적인 물건 또는 권리의 가액전부를 손해배상으로 받은 때에는 채무자는 그 물건 또는 권리에 관하여 당연히 채권자를 대위한다.

앞에서 검토한 판례(대법원 2007다36445 판결)가 설명한 바와 같이 무권리자가 위법한 방법으로 그의 명의로 부동산에 관한 소유권보존등기나 소유권이전등기를 마친 다음 제3자에게 이를 매도하여 제3자 명의로 소유권이전등기를 마쳐 준 경우에서, 제3자가 소유자의 등기말소청구에 대하여 시효취득을 주장하는 때에는 제3자 명의의 등기의 말소 여부는 소송의 결과에 따라 결정되는 특별한 사정이 있다.

따라서 소유자의 소유권 상실에 따른 손해는 소송의 결과가 나오기까지는 관념적(觀念的)이고 부동적(不動的)인 상태에서 잠재적(潛在的)으로만 존재하고 있을 뿐 아직 현실화되었다고 볼 수 없고, 소유자가 제3자를 상대로 제기한 등기말소청구소송(제1차소송)이 패소확정될 때에 그 손해의 결과발생이 현실화된다고 볼 것이지, 그 등기말소청구소송에서 제3자의 등기부시효취득이 인정된 결과 소유자가 패소하였다고 하더라도 그 등기부취득시효 완성 당시에 이미 손해가 현실화되었다고 해석할 것은 아니다.

그리고 무권리자인 乙의 위법한 소유권이전등기 경료행위가 언제 저질러졌는 지를 불문하고 「민법」 제766조가 규정하는 손해배상청구권의 소멸시효는 제1차 소송이 확정된 때로부터 진행하게 된다.

제2관 손해배상청구의 상대방

손해배상청구의 상대방은 불법행위자이다. 불법행위자는 정당한 소유자의 토지에 대하여 위법한 방법으로 소유권이전등기를 마침으로써 결과적으로 원고의 소유권을 상실케 한 乙이다.

문제는 불법행위자가 이미 사망한 경우이다. 상속인은 원칙적으로 피상속인의 채무를 상속한다. 다만, 상속을 포기하거나 상속한정승인심판을 청구하여 그 심판이 확정된 상속인은 예외로 취급될 뿐이다.

'상속포기'는 피상속인이 남긴 재산 중 소극재산(채무)이 적극재산을 초과할 것이라고 예상되는 경우에 상속인이 법원에 대하여 상속포기신청을 함으로써 재산상속을 하지 않는 것이다.

'상속한정승인'은 상속인으로서는 피상속인이 남긴 재산 중 적극재산이 소극재산을 초과하는지 여부를 알 수 없는 경우에 있어서 법원에 신청하는 절차인데, 나중에 피상속인이 남긴 재산을 조사해본 결과 적극재산이 소극재산을 초과하는 경우에만 그 초과하는 부분에 관하여는 재산을 상속하고, 반대로 소극재산이 적극재산을 초과하는 경우에는 상속을 포기한다는 취지이다.

따라서 원고로서는 불법행위자의 상속인 중 상속을 포기했거나 상속한정승인 심판이 확정된 사람이 있다는 사실을 안 경우라면 그러한 상속인은 피고로 지정하는 것을 피해야 할 것이다.

제3관 청구할 손해배상금

원고가 청구할 손해배상의 금액과 관련하여 앞의 판례는 "그 손해배상액도 위 말소청구(제1차소송)의 패소확정 당시의 이 사건 임야의 시가에 의하여 산정되어야 할 것이다."라고 짧게 설명하였다. 여기에서 말하는 '시가(時價)'는 '감정가'를 뜻한다. 따라서 제2차소송의 소송계속중 원고가 법원에 대하여 토지에 대한 시가감정을 신청하고, 이에 따라 감정인이 법원에 제출한 감정가가 손해배상액이라고 이해하면 될 것이다.

손해배상을 청구함에 있어 주의할 점은 공동상속이 이루어진 경우이다. 즉, 불법행위자(위법한 소유권이전등기 행위자)가 사망하고, 그의 상속인이 여러 사람인 경우에 주의할 점이다.

손해배상채무는 금전채무이다. 금전채무는 가분채무(可分債務)이다. 피상속인의 가분채무는 피상속인의 사망과 동시에 각 공동상속인들의 각 법정상속분(法定相續分)에 따라 상속된다. 다만, 상속포기 또는 상속한정승인을 선택한 상속인의 경우에는 예외로 취급되어야 한다.

따라서 원고는 상속인들 전원을 상대로 손해배상을 청구하여야 할 것이다. 그러나 이 손해배상청구소송(제2차소송)은 고유필수적 공동소송은 아니므로 반드시 상속인 전원을 피고로 지정해야 하는 것은 아니다.

이와 관련하여 한 가지 문제를 더 검토한다. 불법행위자가 사망한 뒤 그 공동상속인들이 상속협의분할을 하여 공동상속인들의 각 상속분과 달리 분할한 경우의 문제이다. 이 경우에도 원고는 상속협의분할의 결과는 무시한 채 상속인들 각자의 상속분에 따라 손해배상을 청구하여야 한다.

> 금전채무와 같이 급부의 내용이 가분인 채무가 공동상속된 경우, 이는 상속개시와 동시에 당연히 법정상속분에 따라 공동상속인에게 분할되어 귀속되는 것이므로, 상속재산분할의 대상이 될 여지가 없다고 할 것이다. 따라서, 위와 같이 상속재산분할의 대상이 될 수 없는 상속채무에 관하여 공동상속인들 사이에 분할의 협의가 있는 경우라면, 이러한 협의는 민법 제1013조에서 말하는 상속재산의 협의분할에 해당하는 것은 아니지만, 위 분할의 협의에 따라 공동상속인 중의 1인이 법정상속분을 초과하여 채무를 부담하기로 하는 약정은 면책적 채무인수의 실질을 가진다고 할 것이어서, 채권자에 대한 관계에서 위 약정에 의하여 다른 공동상속인이 법정상속분에 따른 채무의 일부 또는 전부를 면하기 위하여는 민법 제454조의 규정에 따른 채권자의 승낙을 필요로 한다고 할 것이다. 여기에 상속재산분할의 소급효를 규정하고 있는 민법 제1015조가 적용될 여지는 전혀 없다(대법원 1997. 6. 24. 선고 97다8809 판결).

위 판례가 말하는 '면책적 채무인수(免責的 債務引受)'를 규정한 「민법」 제454

조는 "제삼자가 채무자와의 계약으로 채무를 인수한 경우에는 채권자의 승낙에 의하여 그 효력이 생긴다. 채권자의 승낙 또는 거절의 상대방은 채무자나 제삼자 이다."고 규정하였다.

여기에서 말하는 '채권자'는 손해배상청구의 소(제2차소송)를 제기한 원고이고, '채무자'는 피고들이다.

제4절 시효취득 아닌 사유로 소유권을 상실한 경우의 문제

제1관 토지수용 및 공공용지협의취득

토지수용의 주체(기업자)가 토지를 수용할 때에는 먼저 토지에 대하여 시가감정을 실시하여 각 토지별로 감정가를 산출한다. 그 다음으로는 각 토지의 소유자와 토지의 매매에 관한 '협의'를 진행한다. 협의가 성립하면 매매계약을 체결하여 소유권이전등기를 마친다. 이때의 등기원인은 '공공용지의 협의취득'이다.

수용의 주체가 토지를 협의취득하는 경우에, 이는 토지의 원시취득인 토지수용이 아니라 매매에 해당한다. 따라서 수용의 주체가 소유권이전등기를 마친 때로부터 10년이 경과한 경우에는 등기부시효취득을 할 수 있으므로, 이 경우에는 등기부취득시효와 관련이 있는 대법원판례(대법원 2008. 6. 12. 선고 2007다 36445 판결 등)의 법리가 그대로 적용될 수 있을 것이다.

수용의 주체와 토지 소유자 사이에 협의가 성립하지 않는 경우에는 '재결(裁決)'이라는 절차에 의하여 토지를 수용하게 된다. 재결은 강제에 의한 매매에 해당하는 토지수용이다. 따라서 이는 원시취득이므로 시효취득의 문제는 논의할 여지가 없다.

이러한 경우에는 토지의 '수용일'에 원소유자의 소유권이 확정적으로 상실되었다고 해석하여야 할 것이다. 즉, 재결에 잘못이 있는 경우 등을 원인으로

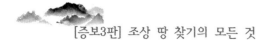

수용의 주체를 상대로 손해배상을 청구하는 경우라면 그 손해배상청구권의 소멸시효는 '수용의 날'부터 진행한다.

토지수용에 있어서 <u>기업자가 토지 소유자와 협의하여 토지를 매수함으로써 소유권을 취득하여 토지수용의 효과를 거두었다 할지라도 토지수용법 제25조의2의 규정에 의하여 관할 토지수용위원회로부터 그 협의성립의 확인을 받지 아니한 것이면 토지수용위원회의 재결에 의한 토지수용의 경우와는 달리 그 토지를 원시적으로 취득한 것으로는 볼 수 없고, 원래 소유자로부터의 승계취득을 한 것이라고 해석할 수 밖에 없다</u> 할 것이므로, 원심이 같이 보는 취지에서 기업자가 토지소유자와의 협의성립으로 매수하여 소유권을 이전받았으나 협의성립의 확인을 받지 아니한 토지부분에 대하여는 피고가 전 소유자로부터 해당 토지소유권을 승계취득한 것으로 볼 것이라고 하였음은 정당하고, 토지수용에 관한 법리오해의 위법이 있다는 논지는 부당하여 이유 없다(대법원 1978. 11. 14. 선고 78다1528 판결).

제2관 경매 및 공매

토지소유자가 조세를 체납한 경우에 실시되는 '공매'와 민사집행의 절차 중 하나인 '경매'는 넓은 의미로는 매매에 해당한다. 그러나 이들 절차에 의한 취득은 법률의 규정에 의한 원시취득이므로 특별한 경우(경매 또는 공매 절차에 중대한 하자가 있는 경우 등)가 아니라면 시효취득의 문제는 생길 여지가 없다.

따라서 불법행위자가 토지를 소유하던 중 해당 토지가 경매 또는 공매 절차에 의하여 제3자에게 소유권이 이전됨에 따라 원소유자가 소유권을 상실하는 시기, 즉 불법행위의 종료시기는 위 공매 또는 경매 절차에 따라 매매가 성립하는

시기로 보아야 한다. 매매가 성립하는 시기는 매수인이 매수대금을 완납하는
때이다.

제3관 환지미교부(금전청산)

농지개량사업 또는 토지구획정리사업 등을 시행하는 과정에서는 필연적으로
환지(이른바 '대토')가 교부된다. 그러나 사업시행자와 토지 소유자의 협의 또는
법률의 규정에 의하여 환지를 교부하지 아니하는 경우도 있다. '금전청산'이
그것이다.

금전청산을 함으로써 환지를 교부하지 않기로 하는 내용이 기재된 환지계획이
고시되면 종전토지의 소유자는 소유권을 상실한다. 즉, 전소유자의 소유권을
침해하는 불법행위의 완성 시기는 위 환지계획이 고시되는 시기와 같다고 이해하
여야 할 것이다. 이때부터는 손해배상청구권의 소멸시요가 진행함을 의미한다.

원심은 그 판시 제1내지 제6목록 기재 부동산은 원고 김교호의 선대
망 김응희의 소유로서 동인 명의로 소유권이전등기가 경료되었고, 제7
내지 제9목록 부동산은 원고 김정학의 선대 망 김교승이가, 제10 내지
제20목록 부동산은 위 망 김교승과 망 김응희 외 19인이 1931. 2. 19.
당시 조선총독으로부터 각각 양여받아 소유권이전등기를 경료하였다는
사실을 인정하여, 위 제1 내지 제6목록 기재 부동산에 관한 원고 김교호의,
위 제7 내지 제9목록 기재 부동산에 관한 원고 김정학의, 위 제10 내지
제20목록 기재 부동산 중 각 21분의 1 공유지분에 관한 원고들의 각
소유권확인청구를 인용하고 있다.

그러나, 원심이 채택하고 있는 갑 제8호증의 5(환지계획서)의 기재에

의하면, 원심이 농지개량사업으로 인하여 1973. 10. 3.자로 환지가 이루어졌다고 인정한 이 사건 토지들 중 그 판시 제5목록인 고성군 오성면 벽촌리 566의2 구거 30평, 제8목록인 같은 곳 578의2 구거 146평, 제18 내지 제20목록인 같은 곳 581의6 구거 84평, 581의8 구거 104평 및 581의10 구거 105평은 그 환지계획에서 환지의 지정이 없이 금전으로서 청산이 되었음을 알 수가 있다. 그렇다면, 특별한 사정이 없는 한 위 토지들에 관하여는 그 환지계획이 인가되고 고시됨에 따라 종전토지 소유자들의 소유권은 상실되었다고 봄이 상당하다 할 것이므로, 위 종전토지들이 원고들의 소유 또는 공유였다 하더라도 원고들은 피고에 대하여 이 토지들에 대한 소유권확인을 청구할 수는 없다고 할 것이다(대법원 1978.9.12. 선고 78다682 판결).

아래에 인용하는 판례는 과거의 판례를 변경한 대법원 전원합의체의 판결이다. 아래의 사례는 앞에서 우리가 검토한바 있는 사례처럼 진정한 소유자의 상속인인 원고가 제기한 제1차소송에서 전득자가 등기부시효취득을 함에 따라 패소한 뒤 제2차소송에서는 불법행위자를 상대로 손해배상을 청구하였다. 그러나 원심은 이를 '불법행위에 따른 손해배상', 즉 「민법」 제750조에 의한 손해배상을 명하지 아니하고, 「민법」 제390조에 의한 손해배상을 명하였다. 이에 대법원은 과거에는 이러한 사안에서 「민법」 제390조에 의한(이행불능을 이유로 하는) 손해배상을 적용해 왔지만 이제부터는 허용할 수 없다면서 과거의 판례를 변경한 내용이다.

「민법」 제390조는 "채무자가 채무의 내용에 좇은 이행을 하지 아니한 때에는 채권자는 손해배상을 청구할 수 있다. 그러나 채무자의 고의나 과실 없이 이행할 수 없게 된 때에는 그러하지 아니하다."고 규정하였다.

대법원 2008. 8. 21. 선고 2007다17161 판결(변경)

1. 원심의 판단

가. 원심이 인정한 사실은 다음과 같다.

경기 화성군 팔탄면 매곡리 (지번 생략) 임야 5,109㎡(이하 '이 사건 토지'라고 한다)에 관하여 1974. 6. 26. 피고 앞으로 소유권보존등기가 경료되었고, 이 사건 토지 중 각 5,109분의 2,554.5 지분에 관하여 1997. 12. 2.자 매매를 원인으로 하여 1998. 1. 22. 소외 1 및 소외 2(이하 ' 소외 1 등'이라고 한다) 앞으로 각 소유권이전등기가 경료되었다.

원고가 피고를 상대로 위 소유권보존등기(이하 '이 사건 소유권보존등기'라고 한다)의, 소외 1 등을 상대로 위 소유권이전등기의 각 말소등기를 청구한 소유권보존등기말소 등 사건(서울중앙지방법원 2008 가합94375호)에서 법원은 2009. 4. 2.에 피고에 대한 청구는 인용하고, 소외 1 등에 대한 청구는 이를 기각하는 판결을 선고하였다. 그 이유는, "원고의 선대인 소외 3이 이 사건 토지를 사정받은 것으로 추정되고, 피고 명의의 이 사건 소유권보존등기는 원인무효이므로, 피고는 소외 3의 재산을 최종적으로 단독상속한 원고에게 그 말소등기절차를 이행할 의무가 있고", 한편 "이 사건 토지에 관한 소외 1 등 명의의 소유권이전등기가 경료된 날로부터 10년이 경과한 2008. 1. 22. 등기부취득시효가 완성되었으므로, 소외 1 등의 소유권이전등

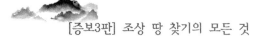

기는 실체관계에 부합하는 유효한 등기"라는 것이다. 이 판결은 200
9. 4. 30.에 최종 확정되었다(이하 이를 '이 사건 선행소송'이라고
한다).

나. 이어서 원심은 원고의 손해배상청구에 대하여 다음과 같이 판단하였다.
위 인정사실에 의하면, 이 사건 소유권보존등기는 원인무효의 등기이
므로, 피고는 이 사건 토지의 소유권을 상속한 원고에게 위 소유권보
존등기의 말소등기절차를 이행할 의무가 있다고 할 것인데, 피고
명의의 이 사건 소유권보존등기에 터 잡아 소외 1 등 명의로 소유권이
전등기가 경료된 이후 이 사건 선행소송에서 소외 1 등 명의의 소유권
이전등기가 취득시효 완성을 이유로 유효한 것으로 인정됨에 따라
피고의 위 말소등기절차 이행의무는 결국 이행불능이 되었다고 할
것이다. 따라서 피고는 특별한 사정이 없는 한 원고에게 위 말소등기
절차 이행의무의 이행불능으로 인한 손해를 배상할 의무가 있다.
나아가, 피고에게 아무런 귀책사유가 없다는 피고의 주장을 그 판시와
같은 이유로 배척하고, 그 손해배상의 범위에 대하여는 피고의 소유권
보존등기 말소등기절차 이행의무는 위 소송에서 원고의 패소판결이
최종 확정된 때인 2009. 4. 30.에 이행불능에 이르렀다고 할 것이므
로, 피고는 그 당시의 이 사건 토지의 시가 상당액을 원고에게 지급할
의무가 있다는 것이다.

2. 그러나 원심이 피고의 말소등기절차 이행의무가 이행불능되었음을
이유로 그로 인한 손해의 배상을 인정한 것은 수긍하기 어렵다.

가. <u>소유자가 자신의 소유권에 기하여 실체관계에 부합하지 아니하는 등기의 명의인을 상대로 그 등기말소나 진정명의회복 등을 청구하는 경우에, 그 권리는 물권적 청구권으로서의 방해배제청구권(민법 제214조)의 성질을 가진다. 그러므로 소유자가 그 후에 소유권을 상실함으로써 이제 등기말소 등을 청구할 수 없게 되었다면, 이를 위와 같은 청구권의 실현이 객관적으로 불능이 되었다고 파악하여 등기말소 등 의무자에 대하여 그 권리의 이행불능을 이유로 민법 제390조상의 손해배상청구권을 가진다고 말할 수 없다. 위 법규정에서 정하는 채무불이행을 이유로 하는 손해배상청구권은 계약 또는 법률에 기하여 이미 성립하여 있는 채권관계에서 본래의 채권이 동일성을 유지하면서 그 내용이 확장되거나 변경된 것으로서 발생한다. 그러나 위와 같은 등기말소청구권 등의 물권적 청구권은 그 권리자인 소유자가 소유권을 상실하면 이제 그 발생의 기반이 아예 없게 되어 더 이상 그 존재 자체가 인정되지 아니하는 것이다. 이러한 법리는 이 사건 선행소송에서 이 사건 소유권보존등기의 말소등기청구가 확정되었다고 하더라도 그 청구권의 법적 성질이 채권적 청구권으로 바뀌지 아니하므로 마찬가지이다.</u>

그렇게 보면, 비록 이 사건 선행소송에서 법원이 피고가 원고에 대하여 그 소유권보존등기를 말소할 의무를 부담한다고 판단하고 원고의 등기말소청구를 인용한 것이 변론주의 원칙에 비추어 부득이한 일이라고 하더라도, 원고가 이미 소외 1 등의 등기부취득시효 완성으로 이 사건 토지에 관한 소유권을 상실한 사실에는 변함이 없으므로,

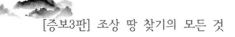

원고가 불법행위를 이유로 소유권 상실로 인한 손해배상을 청구할
수 있음은 별론으로 하고, 애초 피고의 등기말소의무의 이행불능으로
인한 채무불이행책임을 논할 여지는 없다고 할 것이다.

이와 달리 물권적 청구권인 말소등기청구권의 이행불능으로 인하여
전보배상청구권이 인정됨을 전제로 한 대법원 2008. 8. 21. 선고 20
07다17161 판결, 대법원 2009. 6. 11. 선고 2008 다53638 판결 등
은 이 판결의 견해와 저촉되는 한도에서 변경하기로 한다.

나. 한편, 원고는 소장에서 청구원인으로 다음과 같은 취지로 주장하였다.
즉, 원고 소유의 이 사건 토지에 판하여 피고가 위법한 방법으로
자신 앞으로 소유권보존등기를 경료하였다. 그 후 이 사건 토지를
소외 1 등에게 매도하여 소외 1 등이 등기부 시효취득함으로써 원고가
소유권을 상실하게 되었다. 따라서 피고에 대하여 이 사건 토지의
소유권 상실로 인한 손해배상을 구한다.

이에 대하여 피고는 이 사건 소유권보존등기를 경료한 데에 위법성과
귀책사유가 인정되지 않으므로 불법행위에 따른 손해배상책임이 없
다고 다투었다. 그리고 원고는 피고의 과실상계 주장에 대하여, 고의
의 불법행위를 저지른 피고는 과실상계를 주장할 수 없다고 다투었다.

이상과 같은 사정에 의하면, 원고의 청구원인은 피고의 불법행위로
인한 소유권 상실의 손해배상을 구하는 것임이 명백하고, 원고가
그 후 청구원인을 변경하였음을 인정할 자료는 기록상 찾을 수 없다.
그럼에도 원심은, 원고의 청구원인을 위에서 본 대로 '소유권보존등기
말소등기절차 이행의무의 이행불능'으로 인한 손해배상청구라고 함

부로 파악하고, 그 손해배상책임을 인정하였다.

다. 따라서 <u>원심판결에는 물권적 청구권의 이행불능으로 인한 전보 배상에 관한 법리를 오해하였을 뿐만 아니라 처분권주의에 위반하여 당사자가 신청하지 아니한 사항에 대하여 판결한 위법이 있다.</u>

3. 그러므로 나머지 상고이유에 대하여 판단할 필요 없이 원심판결 중 피고 패소부분을 파기하고, 이 부분 사건을 다시 심리·판단하게 하기 위하여 원심법원에 환송하기로 하여 주문과 같이 판결한다. 이 판결에 대하여는 대법원장 양승태, 대법관 이상훈, 대법관 김용덕의 별개의견이 있는 외에는 관여 법관의 의견이 일치하였고, 다수의견에 대한 대법관 양창수의 보충의견이 있다.

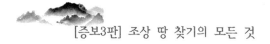

제5절 소유권이전등기 절차 이행의무의 상속

부동산소유권이전등기 의무자가 그 목적물을 제3자에게 양도하고 아직 그 소유권이전등기를 경유하지 아니한 경우에는 특단의 사유가 없는 한 위 소유권이전등기의무는 이행불능의 상태에 있다고 볼 수 없음은 물론 위 소유권이전등기의무를 상속한 위 제3자가 그 명의로 소유권이전등기를 경료하였다고 할지라도 상속한 소유권이전등기의무가 이행불능이 되었다고는 볼 수 없다(대법원 1984.4.10. 선고 83다카1222 판결).

위 판례는 소유권이전등기를 실행해주어야 할 의무가 있는 사람이 사망한 경우의 문제이다.

의무자의 상속인은 그 의무를 상속한다. 채무도 상속하기 때문이다. 상속인이 당해 부동산을 상속을 원인으로 소유권이전등기를 마친 경우는 물론 피상속인으로부터 증여 또는 매매를 원인으로 이전받은 경우에도 마찬가지이다.

또 소유권이전등기를 실행해주어야 할 의무를 부담하고 있던 피상속인 甲이 해당 부동산을 제3자인 乙에게 이전해준 뒤 사망하고, 그의 상속인인 丙이 어떤 경위로든지 乙로부터 소유권을 이전받으면 丙은 그 소유권이전등기 의무를 부담한다.

> 환지처분의 효과로서 종전 토지소유자는 법률상 당연히 환지확정된 토지의 소유권을 취득하게 되고, 다만 그 면적의 증감에 따라 청산금을 받거나 납부할 권리, 의무만이 남게 되므로(「토지구획정리사업법」 제62조 제1항, 제68조 참조) 상속개시 전 피상속인이 토지를 취득한 후 그 토지에 관하여 환지처분이 확정된 경우에는 환지처분으로 인하여 증가된 토지상의 권리도 당연히 상속재산에 포함된다고 할 것이다(대법원 1992. 4. 24. 선고 91도1609 판결).

위 판례에 나타난 사안은 피상속인이 토지를 소유하다가 사망한 뒤 해당 토지에 대하여 증평환지(增坪換地)가 교부된 경우이다. 가령, 피상속인 甲이 토지 100㎡를 소유했는데, 甲이 사망한 다음 위 토지에 대하여 상속인 乙에게 대토(代土) 110㎡가 환지로 교부되면 원래의 토지 면적을 초과한 10㎡ 부분도 乙의 상속재산에 포함된다는 것이 위 판례의 설명이다.

이 법리는 「토지구획정리사업법」상의 환지뿐만 아니라 경지정리사업 등 모든 사업의 시행과정에서 교부되는 환지의 경우에도 똑같이 적용된다.

CHAPTER 4

상속분(相續分)의 분석

제4장 상속분(相續分)의 분석

제1절 호적 및 가족관계등록제도에 대한 이해

제1관 호적부 및 제적부

제1항 호적의 연혁

잃어버린 조상 땅을 찾고 보면 상속인의 범위와 상속분이 문제되는 경우가 많다. 상속이 단 한번만으로 끝나지 않고 제2차, 제3차에 걸쳐 거듭된 경우도 많다.

상속과 관련한 여러 가지 제도 등을 잘 이해하기 위해서는 먼저 호적 제도와 가족관계등록 제도를 이해할 필요가 있다.

고려시대에는 계구적민(計口籍民), 조선시대에는 호구단자(戶口單子) 등의 형태로 호적이 존재했는데, 호적제도가 비교적 체계적으로 정비된 시기는 고려시대라고 알려져 있다. 조세를 징수하고 요역(徭役)을 부과하기 위하여 호(戶)와 구(口)를 조사하여 기록하고, 호의 대표자와 배우자, 동거하는 자녀, 형제, 조카 등의 연령 · 신분 · 직업 등을 기재하였다고 전해진다.

상속과 관련하여 매우 중요한 의미를 갖는 '호주(戶主)'라는 명칭이 처음 등장한 것은 1896년 9월 1일 고종 칙령 제61호로 「호구조사규칙」이 시행되면서부터이다. 현대적 의미의 호적은 1909년 3월에 제정된 「민적법(民籍法)」이라고 말할 수 있다. 이때부터 가족 구성원 사이의 관계가 '호주권'의 관점에서 파악되기 시작했다고 말할 수 있기 때문이다. 지금처럼 호적업무의 감독권을 법원이 갖게 된 때는 1923년 7월 「조선호적령」이 시행되면서부터이다.

지금부터는 1960. 1. 1.부터 2007. 12. 31.까지 시행되었던 「호적법」의 내용 중 재산의 상속과 밀접한 관련이 있는 내용만을 발췌하여 소개하기로 한다.

제2항 호주(戸主)

1960. 1. 1. 시행된 「호적법(법률 제535호)」에 의하면 호적은 호주를 기준으로 가(家)별로 편제하였다.

일가의 계통을 계승한 자, 분가(分家)한 자 또는 기타 사유로 인하여 일가를 창립하거나 부흥(復興)한 자는 호주가 된다. 호주가 사망하면 호주상속인이 되는 사람은 원칙적으로 가(家)의 장남(長男)이었다. 차남 이하의 중자(衆子)가 혼인하면 분가하면서 '신호주'가 되었다.

따라서 장남인 호주가 사망하면 그 호주상속은 분가호주인 차남의 몫이 아니라 장남인 호주와 가(家)를 같이하는 사람 중 호주상속순위에 따라 호주가 결정되었다.

1960. 1. 1. 시행된 「민법」(법률 제471호) 제984조에 의하면 전호주가 사망한 때에 호주상속인이 되는 순위는 ① 피상속인의 직계비속 남자, ② 피상속인의 가족인 직계비속 여자, ③ 피상속인의 처, ④ 피상속인의 가족인 직계존속 여자, ⑤ 피상속인의 가족인 직계비속의 처의 순이라고 규정하였다.

1960. 1. 1. 이후에도 한동안 호주제도는 유지되었지만, 이때부터는 호주상속인이 재산을 단독으로 상속하지는 않았다.

제3항 입적(入籍) 및 제적(除籍)

'입적'은 호적부에 성명·본·성별·출생연월일 등을 기재하는 것을 말한다. 입적사유로는 출생, 인지, 입양, 혼인 등이 있다. '인지(認知)'는 혼인외의 출생자를 친생부나 친생모가 자기의 자식이라고 인정하고 출생신고를 하는 것을 말한다.

'제적'은 종전의 호적에서 제외되는 것을 말하는데, 신호적이 편제된 자, 타가에 입적하는 자, 사망자, 실종선고를 받은 자, 국적을 상실한 자는 제적되었다. 파양(罷養 : 양자관계의 해소)과 이혼도 제적 사유이다.

제4항 분가(分家) 및 신호적편제

호주 아닌 남자가 혼인하면 분가하면서 신호적이 편제되었다. 여자가 혼인하면 전호주를 떠나 신호주의 호적에 입적되었다. 국적취득도 신호적을 편제하는 사유이다.

제2관 가족관계등록부

2007. 12. 31. 「호적법」이 폐지되면서 다음날부터는 「가족관계의 등록 등에 관한 법률(법률 제8435호)」(이하 '가족관계등록법'이라고 약기함)이 시행되었다. 「호적법」의 폐지로 인하여 2007. 12. 31. 현재 생존한 대한민국의 국민은 모두 제적부가 생산되었다. 가족관계등록부가 만들어졌기 때문이다.

가족관계등록법이 시행되면서 크게 바뀐 내용은 호주제의 폐지를 들 수 있다. 그리고 종전에는 호주를 중심으로 가별로 조제하던 '호적부'는 사람별로 편제하는 '가족관계등록부'로 바뀌었다.

또한 증명서의 교부요건이 매우 엄격해진 점도 특징이다. 증명서의 종류는 가족관계증명서, 기본증명서, 혼인관계증명서, 입양관계증명서 및 친양자입양관계증명서로 세분하였다.

'가족관계증명서'에는 본인의 등록기준지·성명·성별·본·출생연월일 및 주민등록번호, 부모·양부모, 배우자, 자녀의 성명·성별·본·출생연월일 및 주민등록번호가 기재된다.

'기본증명서'에는 본인의 등록기준지·성명·성별·본·출생연월일 및 주민등록번호, 본인의 출생, 사망, 국적상실·취득 및 회복 등에 관한 사항이 기재된다.

혼인 및 이혼에 관한 사항은 '혼인관계증명서'에 의해서, 입양 및 파양(罷養)에 관한 사항은 '입양관계증명서'에 의해서 각각 확인할 수 있다.

위 5종의 증명서와 제적등본은 전국의 모든 시·구·읍·면·동(주민자치센터)에서 발급한다.

제2절 「민법」 시행 전(구 관습)

제1관 구 관습상의 상속법 이해

대한민국에서 「민법」이 처음 시행되던 전날인 1959. 12. 31.까지는 구 관습에 의하여 상속이 이루어졌다(「조선민사령」 제11조). 이 시기에는 호주(戶主)가 사망한 경우 원칙적으로 호주의 지위를 승계하는 사람이 전호주의 재산을 단독으로 상속하였다. 이를 '가독상속(家督相續)'이라고 한다.

호주제도는 「가족관계등록 등에 관한 법률」이 시행되기 전날인 2007. 12. 31.까지(「구 호적법」이 폐지될 때까지) 존속하였다. 호주는 가부장적·봉건적·유교적 가족질서에서 1가(家)의 우두머리라는 의미를 갖는다. 호주에게는 재산을 상속하는 권리뿐만 아니라 친족회소집청구권·가봉자(加捧子) 입적(入籍)에 따른 거가동의권(去家同意權) 및 타가(他家)의 호주 아닌 자를 입적하는 입적권(入籍權) 등이 인정되었다.

호주는 상속 외에 분가(分家)·일가창립·폐가부흥·무후가부흥으로 그 지위를 취득하였다. '분가'란 호주 아닌 자가 혼인하면 자동적으로 별도의 가(家)를 창설하여 호주가 되는 것을 말한다. 1991. 1. 1.부터는 호주제도가 폐지될 때까지 짧은 기간 동안 여호주제도가 채택되기도 하였다. 「민법」이 시행되기 전의 여호주는 가(家)의 대를 이을 남자가 태어나거나 입양이 되면 호주의 지위를 넘겨주었는데, 제정 「민법」에서는 이러한 경우에도 여호주의 지위를 계속 유지하게 하였다.

호주의 사망에 따라 호주상속을 한 장남은 호주상속과 동시에 일단 전호주의 유산(遺産) 전부를 승계한 후 자기의 상속분(2분의1)을 제외한 나머지를 차남 이하의 중자(衆子 : 맏아들 외의 모든 아들)에게 분배할 의무가 있고, 차남 이하의 중자는 호주상속을 한 장남에 대하여 상속재산에 대한 응분의 분배를 요구할 수 있는 분재청구권(分財請求權)을 가졌다.

이 분재청구권은 권리자(중자)가 혼인하여 분가(分家)하는 경우에 이를 행사

할 수 있었다. 그러나 실질에 있어서는 호주의 처분만을 바랄뿐이었고, 호주도 알아서 분배를 해주는 것이 관례였다고 한다.

피상속인이 소유하던 땅을 상속받는 순위는 일단 호주의 승계순위에 따라 호주가 재산 전부를 상속하였다고 이해하면 된다. 그리고 호주 아닌 가족이 사망한 때에는 '유산상속(遺産相續)'이 이루어졌는데, 이에 관하여는 뒤에서 따로 검토하기로 한다.

제2관 호주상속(戶主相續)의 순위

제1순위 : 직계비속 남자(장남, 장손, 생전양자, 유언양자, 서자, 사후양자, 차양자) 순으로 단독상속하며, 대습상속을 인정함

제2순위 : 직계존속 여자

제3순위 : 피상속인의 처

제4순위 : 가족인 직계비속의 처

제5순위 : 가족인 직계비속 여자

'서자(庶子)'는 첩에게서 태어난 아들을 말하고, '사후양자(死後養子)'는 자손 없이 죽은 호주의 대를 잇기 위하여 들이는 양자를 말하며, '차양자(次養子)'는 자식 없이 죽은 맏아들에게 양자로 될 만한 사람이 없을 때 조카뻘 되는 사람을 양자로 삼는 때의 양자를 뜻한다.

'대습상속(代襲相續)'은 법이 정한 상속권자가 어떤 사유로 상속권을 잃은 경우에 그 상속권을 잃은 사람을 상속할 사람이 상속권을 잃은 사람의 지위(상속 순위)를 대신하여 상속하는 것을 말한다.

가령 甲의 상속인 乙이 甲보다 먼저 사망한 경우에 있어서 甲이 뒤에 사망하면 乙의 상속인인 丙이 乙의 상속권을 이어받아 피상속인 甲의 재산을 상속하는

경우이다. 대습상속인이 여러 명(공동상속)인 경우에는 그 여러 명에게 돌아가는 상속분의 합은 피대습자(乙)의 상속분의 범위이다.

현행 「민법」상 대습상속이 이루어지는 사유는 상속인이 될 자(피대습자)가 피상속인보다 먼저 사망한 경우와 상속결격자로 된 경우이다. 상속결격사유는 주로 패륜행위를 저지른 경우를 말하는데, 「민법」 제1004조에서 규정하고 있다.

민법

[시행 2021. 1. 26.] [법률 제17905호, 2021. 1. 26., 일부개정]

제1004조(상속인의 결격사유) 다음 각 호의 어느 하나에 해당한 사는 상속인이 되지 못한다. 〈개정 1990. 1. 13., 2005. 3. 31.〉

1. 고의로 직계존속, 피상속인, 그 배우자 또는 상속의 선순위나 동순위에 있는 자를 살해하거나 살해하려한 자
2. 고의로 직계존속, 피상속인과 그 배우자에게 상해를 가하여 사망에 이르게 한 자
3. 사기 또는 강박으로 피상속인의 상속에 관한 유언 또는 유언의 철회를 방해한 자
4. 사기 또는 강박으로 피상속인의 상속에 관한 유언을 하게 한 자
5. 피상속인의 상속에 관한 유언서를 위조·변조·파기 또는 은닉한 자

민법 시행 전의 관습상 기혼 장남이 사망한 경우에 가통(家統)을 유지하기 위하여 망 장남을 위하여 그 장남의 자의 항렬(行列)에 있는 혈족 남자를 입양시켜 사자(祠者)로 하는 것이 통례라 하더라도 망 장남과 동렬에 있는 혈족 남자를 입양시켜 장래 그 자가 낳은 남자를 장남의 사자로 하는 것도 무방하며, 후자를 일컬어 이른바 차양자(次養子)제도라 하는데 (대법원 1976. 9. 28. 선고 76다1143 판결 참조), 차양자의 출생자는 조선민사령이 입양에 관하여 신고주의를 취하는 내용으로 1922. 12. 7. 개정되어 시행되기 전에는 당연히 망 장남의 양자가 되는 것이 관습이라 할 것이므로, 호적에 양자로 입양하였다고 기재되었는지는 입양의 효력발생에 아무런 영향이 없다(대법원 1991. 10. 25. 선고 91다25987 판결 등 참조).

한편, 민법 시행 전에 호주가 사망한 경우 그 유산은 호주상속인이 상속하는 것이 그 당시의 관습인데(대법원 1990. 10. 30. 선고 90다카23301 판결 등 참조), 호주인 지위는 그 가(家)에서 조상의 제사자인 지위를 승계하는 자(남자에 한함)가 승계하고, 만일 제사자인 지위를 승계하는 자가 없는 때에는 특별한 경우(차양자가 있는 때)를 제외하고는 그 가에 있는 여자 중에서 가장 선순위에 있는 자가 호주의 지위를 승계한다(대법원 2012. 3. 15. 선고2010다79053 판결).

「조선민사령」은 1912. 3. 18. 조선총독부제령 제7호로 제정되어 같은 해 4월 1일부터 대한민국 「민법」이 시행될 때까지 시행되었다. 이를 일반적으로 '의용민법'이라고 부른다.

1960. 1. 1. 민법이 시행되기 전에는 「조선민사령」 제11조의 규정에 의하여 친족, 상속에 관하여는 관습에 의하도록 되어 있는바, 우리나라의 구 관습에 의하면 호주 사망시 호주상속인은 적출(嫡出)인 장남을 원칙으로 하고, 기혼인 장남이 상속개시 전 사망한 경우 그 가에 2남 이하의 자손이 있더라도 호주상속을 할 수 없으며, 사후양자 등 타에 호주상속인이 없으면 그 가는 절가(絶家)되고, 그 유산은 호주의 근친자에게 귀속되며, 그 최근친자는 호주와 가를 같이 할 것을 요하지 아니한다(대법원 1991. 5. 24. 선고 90다17729 판결).

위 판례에서는 '적출인 장남'을 원칙으로 한다고 설명하였는데, '적출(嫡出)'은 정실 또는 본처가 낳은 자식을 뜻하는 것이므로, 첩이 낳은 자식인 '서출(庶出)'은 상속에서는 선순위가 될 수 없음을 의미한다. 그리고 위 판례가 '2남'이라고 표현한 부분은 '차남(次男)'을 뜻한다.

민법 시행 전의 구 관습에 의하면 호주가 미혼으로 사망하고 그 가(家) 내에 다른 남자가 없는 때에는 선대인 망 호주(선대인 상남이 전호주보다 먼저 사망한 경우에는 망 장남)의 사후양자를 정하여 그 상속을 하도록 하고, 사후양자의 선정이 있을 때까지는 선대인 망 호주의 조모, 모, 처의 순서로 그 호주권 및 유산을 상속하는 것이나, 조모·모·처도 없고, 미혼의 남호주의 가족으로 여자 형제인 자(姉)나 매(妹)만 있는 경우에는 망 호주를 위하여 사후양자가 선정될 때까지 일시 장녀가 호주권 및 유산을 상속하게 된다.

한편, 절가(絕家)라 함은 호주의 흠결로 인하여 가가 소멸하는 경우로서 그 가에 제사상속인이 없고 혈족 중에 양자로 할 적격자가 없으며, 또 그 가에 호주로 되어야 할 여자도 없을 때 비로소 발생하는 것이고, 만약 사후양자가 선정되지 않은 채 호주상속을 하였던 여호주가 사망하거나 출가하여 호주상속할 자가 없게 되더라도 곧바로 절가가 되는 것은 아니며, 그 여호주가 사망 또는 출가한 때로부터 상당한 기간 내에 사후양자가 선정되지 않으면 그 때에 비로소 절가가 된다(대법원 1995. 4. 11. 선고 94다46411 판결, 대법원 2006. 11. 9. 선고 2006다41044 판결, 대법원 2012. 3. 15. 선고 2010다53952 판결 등 참조).

그리고, 위와 같이 <u>여호주가 된 여자가 상속개시 당시 이미 사실상 혼인을 하거나 재혼을 하였더라도 가적(家籍)을 이탈하지 않고 있다면 호주상속인의 신분에 영향을 받지 않는다</u> 할 것이고(대법원 1970. 1. 27. 선고 69다1954 판결, 대법원 1979. 6. 26. 선고 79다720 판결 참조), <u>이는 미혼의 남호주의 가족으로 여자 형제만이 있어 호주를 위하여 사후양자가 선정될 때까지 일시 장녀가 호주권 및 유산을 상속하게 되는 경우, 그 장녀가 가적(家籍)을 이탈하지 않은 채 사실혼 상태에 있는 경우에도 마찬가지라</u> 할 것이다(대법원 2013. 4. 11. 선고 2012두26364, 26371 판결).

구 관습에서는 - 의용민법이 시행되던 때에는 - 재산의 승계를 호주상속과 구분하기 위하여 '유산의 상속' 또는 '유산의 승계'라고 하였고, 이후 「민법」이 시행되면서부터는 유산상속을 '재산상속'이라 하여 호주상속과 구분하였다. 그리고 호주제도가 폐지된 때부터는 이들의 구분은 의미가 없게 됨에 따라 단순히 '상속'이라는 표현을 사용하고 있다.

민법 시행 이전에 타가의 양자로 된 자가 생가의 상속인이 없게 된 경우에는 양가의 제사와 함께 생가의 제사를 지내는 이른바 '생양가봉사(生養家奉祀)'의 관습이 존재하였던 것으로 보이나, 이러한 생양가봉사의 구 관습은 타가의 양자로 된 자가 생가의 사후양자가 입양되어 제사를 상속할 때까지 임시로 사실상 생가의 제사를 지내는 것에 지나지 않고, 그로써 그가 생가의 제사상속인이 되어 호주상속 및 제사상속까지 하게 된다고 보기는 어렵다.

또한, 종손(宗孫)이 사망하는 등으로 종가(宗家)에 제사상속을 할 후손이 없게 된 경우 차종손(次宗孫)이 종가의 제사상속을 할 수 있다고 하는 구 관습이 존재하였던 것으로 보이기는 하나, 사망 당시 미혼인 채로 사망한 그 종손의 부(父)에 대한 사후양자로서의 적격이 있는 혈족인 남자가 존재하는 경우에도 이러한 차종손상속(次宗孫相續)의 관습이 당연히 적용된다고 하기는 어렵다(대법원 2012. 3. 15. 선고 2009다85090, 85106 판결).

위 판례의 앞부분에서 말하는 취지는 이렇다. 가령 甲과 乙이 형제로서 甲이 형이라고 하고, 甲에게는 아들이 없으며, 乙의 아들로는 A와 B가 있다고 가정하자.

이러한 경우에는 관습상 일반적으로 A는 乙가를 떠나 甲의 양자로 입적(入籍)한다. 그 후 B가 사망하여 乙가에 상속인이 없게 되면 A는 양가(養家)인 갑가(甲家)의 제사와 생가(生家)인 을가(乙家)의 제사를 함께 모시게 되는데, 이것을 두고 '생양가봉사'라고 한다. 이 경우에서 乙가에 사후양자로 입적될 만한 적격자가 있는 경우에는 A는 乙가에서는 상속권이 없다.

위 판례의 뒷부분에서 설명하는 취지는 이러하다. 가령 종손(宗孫)인 甲의

동생으로 乙이 있고, 甲에게는 외아들 A가 있으며, 乙에게는 아들 B가 있는 경우에서 A가 미혼인 상태로 사망하여 종가(宗家)에 상속인이 없게 되었다고 가정하자.

이러한 경우에도 甲에게 사후양자로 될 적격자가 있는 경우에는 차종손(次宗孫)인 B가 甲을 상속할 수 없다. 여기에서 사후양자로 될 적격자라고 함은 甲의 다른 동생 丙의 아들 또는 B에게 동생이 있다면 그의 동생(또는 같은 항렬)인 남자 등을 말한다.

> 구 관습상 여호주가 혼인하면 호주상속 및 재산상속의 원인이 되고, 이로써 여호주는 그 상속재산을 상실하게 된다(대법원 1991. 12. 10. 선고 91다27808 판결).

제3관 유산상속(遺産相續)의 순위

가족인 기혼남자의 상속인

제1순위 : 동일 가적(家籍) 내에 있는 직계비속이 공동상속(양자 포함, 남자는 동일가적 불문, 여자는 동일 호적에 있는 자에 한함)

제2순위 : 피상속인이 장남인 경우에는 아버지, 피상속인이 차남인 경우에는 처

제3순위 : 직계존속

제4순위 : 호주

가족인 미혼남자 및 미혼여자의 상속인

제1순위 : 아버지(없으면 어머니)

제2순위 : 호주

가족인 모의 상속인

제1순위 : 동일 가적 내에 있는 직계비속이 평등비율로 공동상속(서출자는
　　　　　반분, 남자는 동일가적 여부 불문)

제2순위 : 남편

제3순위 : 호주

가족인 처의 상속인

피상속인의 직계비속 남녀가 동일 가적 불문 공동상속

대법원 78다1979,1980 판결

「의용민법」 시행 당시의 우리나라 관습에 의하면 여호주(女戶主)가 사망하고 상속인 없이 절가(絕家)가 된 경우의 유산은 그 절가된 가(家)의 가족이 이를 승계하고, 가족이 없을 때에는 그 가의 친족인 근친자(近親者), 즉 여호주의 망부(亡夫) 측의 본족(本族)에 속하는 근친자에게 권리가 귀속되고, 그런 자도 없을 때에는 여호주가 거주하던 이(里)·동(洞)에 권리가 귀속되므로, <u>여호주의 남동생은 유산의 승계자격이 없다.</u>

구 민법 하에서의 우리나라 관습상 호주 아닌 가족이 사망한 경우 그 유산상속은 남녀를 불구하고 동일 가적 내에 있는 직계비속에게 평등하게 상속된다(대법원 1979. 12. 11. 선고 97다1741 판결).

위 판례가 말하는 '구 민법'은 의용민법(「조선민사령」)을 말한다.

제4관 분재청구권(分財請求權)

의용민법에 의하면 호주상속이 이루어지면 그의 모든 재산이 호주상속인에게 이전되고, 차남 이하의 상속인들은 호주상속인에 대하여 재산의 분배를 청구할 권한만이 있을 뿐 구체적인 재산에 대하여는 아무런 권리를 취득하지 못하는 것이어서, 아직 호주상속인으로부터 재산의 분배를 받지 못한 상태에 있는 차남 이하 상속인들은 그 구체적인 재산이 다른 사람의 앞으로 등기가 되어 있다 하여 그 등기의 말소를 구할 법률상의 이해관계를 갖지 못한다(대법원 87다카1877 판결 참조).

민법 시행 전의 재산상속에 관한 관습법에 의하면 호주가 사망하여 그 장남이 호주상속을 하고, 차남 이하 중자가 여러 명 있는 경우에 그 장남은 호주상속과 동시에 일단 전호주의 유산 전부를 승계한 다음 그 약 1/2을 자기가 취득하고, 나머지는 차남 이하의 중자들에게 원칙적으로 평등하게 분여할 의무가 있고, 이에 대응하여 차남 이하의 중자는 호주인 장남에 대하여 분재를 청구할 권리가 있는바(대법원 1969. 11. 25. 선고 67므25 판결, 1994. 11. 18. 선고 94다36599 판결 등 참조), 위와 같은 <u>관습법상의 분재청구권은 일반적인 민사채권과 같이 권리자가 분가한 날부터 10년이 경과하면 소멸시효가 완성된다</u>(대법원 2007. 1. 25. 선고 2005다 26284 판결).

위 대법원판례의 견해와는 달리 그 후에 선고된 판결이면서도 분재청구권은 소멸시효에 걸리는 권리가 아니라고 하는 하급심의 판례도 발견된다(부산지법 동부지원 1999. 9. 10. 선고 98가합6601 판결 : 항소).

제3절 최초의 「민법」(제정 「민법」)

제1관 상속법의 특징(호주상속과 재산상속의 분리)

일본으로부터 나라를 되찾은 후에도 의용민법을 계속하여 사용하던 우리나라는 1960. 1. 1.부터 우리의 「민법」을 시행하였다. 이 「민법」 중 상속법 부분은 1978. 12. 31.까지는 변경이 없다.

제정된 「민법」의 특징이라면 호주상속 제도는 유지하였지만 호주상속과 재산상속을 분리하였다는 점이다. 여성에게도 상속이 인정되었다. 그리고 대습상속(代襲相續)도 인정하였다.

과거의 관습은 호주를 승계한 사람은 원칙적으로 전호주의 모든 재산을 단독으로 상속하였는데, 이제부터는 재산상속과는 별도로 「민법」 제996조에서 "분묘(墳墓)에 속한 1정보 이내의 금양임야(禁養林野)와 6백평 이내의 묘토(墓土)인 농지, 족보와 제구(祭具)의 소유권은 호주상속인이 승계한다."고 규정하였다.

「민법」 제996조의 규정은 호주 제도가 폐지된 뒤부터는 '호주' 대신 '제사를 주재하는 자'로 바꾸어 현재까지도 시행되고 있다. 호주 제도는 2007. 12. 31.까지 유지되었다.

'금양임야'는 국어사전적 의미로는 나무 등을 베지 못하게 하는 임야를 뜻하는데, 여기에서는 '선산(先山)' 내지 '선영(先塋)'으로 이해하여야 할 것이다. '묘토(墓土)'는 분묘를 둘러싼 땅이라는 의미로 쓰였다.

현재 다른 법률에서는 면적을 세는 단위로 '정보', '평' 등을 사용하지 않지만, 「민법」은 아직도 이를 바꾸지 않았다. 정확한 면적으로 환산하기는 어렵지만 과거에 사용하던 면적단위를 현재의 단위로 환산하는 요령을 소개한다. '1정보(町步)'는 약 3,000평, '1단보(段步)'는 약 300평, '1무보(武步)'는 약 30평을 말한다. '1평'을 현재의 면적단위(㎡)으로 환산하는 방법은 「평 × 3.305785」의 공식으로 계산한다.

제2관 재산상속의 순위

제1순위 : 피상속인의 직계비속

제2순위 : 피상속인의 직계존속

제3순위 : 피상속인의 형제자매

제4순위 : 피상속인의 8촌 이내의 방계혈족(傍系血族)

남편의 상속순위 : 처가 피상속인인 경우 부(夫)는 직계비속과 동순위로 공동상속인이 되고, 직계비속이 없는 경우에는 단독상속

처의 상속순위 : 피상속인의 처는 직계비속·직계존속이 있는 경우에는 그들과 공동상속인이 되고, 그들이 모두 없는 경우에는 단독상속

「구 민법」 시행 당시 관습에 의하여 기혼자인 호주가 상속할 남자 없이 사망함으로써 호주 및 유산상속을 한 망 호주의 장남의 처가 신민법 시행 후 사망한 경우 그녀의 재산에 대한 상속순위를 결정함에 있어서는 신민법이 적용되어야 하고, 피상속인인 여호주가 「구 민법」 시행 당시 관습에 의하여 시가(媤家)의 재산을 상속하였다고 하더라도 이와 달리 볼 것은 아니다(대법원 2008. 2. 14. 선고 2007다57619 판결).

위 판례가 설명하는 사안을 정리하면 이렇다. 甲이 제정 「민법」 시행 전에 피상속인인 시아버지로부터 호주 및 유산을 상속하였다. 甲은 「민법」 시행 전(의용민법 시행 당시)에 시가의 재산도 상속한 사실이 있다. 甲은 「민법」이 시행된 뒤에 사망하였다.

위 사안은 이러한 甲의 재산을 상속함에 있어 상속인의 범위에 관하여 설명하고 있다. 당연히 제정 「민법」의 상속순위에 따라 상속된다.

> 피상속인의 실종기간이 「구 민법」 시행 당시인 1955. 6. 3. 만료하였으나
> 그 실종이 신 민법 시행 후인 1962. 3. 3. 선고된 경우에는 민법부칙
> 제25조에 의하여 피상속인의 처자 등 현행 민법규정에 따른 재산상속인들
> 이 공동으로 상속할 것이고, 장남만이 단독으로 상속하는 것은 아니다(대
> 법원 1983. 4. 12. 선고 82다카1376 판결).

「민법」(법률 제471호) 제27조에서는 부재자의 생사가 5년간 분명하지 아니한 때, 전지(戰地)에 임한 자, 침몰한 선박 중에 있던 자, 기타 사망의 원인이 될 위난을 당한 자의 생사가 전쟁종지(戰爭終止) 후, 선박의 침몰 또는 기타 위난이 종료한 후 3년간 분명하지 아니한 때에는 실종선고를 하여야 한다고 규정하였고, 같은 법 제28조는 실종선고를 받은 자는 제27조의 기간이 만료한 때에 사망한 것으로 본다고 규정하였다.

위 판례에 나타난 사건의 원심은 위 규정들만을 적용하여 호주상속인은 재산도 단독으로 상속하는 것으로 해석하였다. 실종기간의 만료 시점은 의용민법이 시행되던 때였기 때문이다.

그러나 제정 「민법」의 부칙 제25조 제2항은 "실종선고로 인하여 호주 또는 재산상속이 개시되는 경우에 그 실종기간이 구법 시행기간 중에 만료하는 때에도 그 실종이 본법 시행일 후에 선고된 때에는 그 상속순위, 상속분 기타 상속에 관하여는 본법의 규정을 적용한다."는 경과규정을 두었다.

제3관 법정상속분(法定相續分)

동순위의 상속인이 여러 사람인 때에는 그 상속분은 균분(均分)으로 한다. 재산상속인이 동시에 호주상속을 한 경우에는 그 고유상속분의 50%를 가산(加

算)하고, 여자는 남자 상속분의 2분의 1로 한다. 동일 가적(家籍) 내에 없는 여자(출가녀)는 남자 상속분의 4분의 1로 한다. 피상속인의 처는 직계비속과 공동으로 상속하는 때에는 남자 상속분의 2분의 1로 하고, 직계존속과 공동으로 상속하는 경우에는 남자의 상속분과 같다(「민법」 제1009조).

제4절 개정 「민법」 중 상속법(1979. 1. 1.~1990. 12. 31.)

1979. 1. 1.부터 1990. 12. 31.까지 시행된 개정 「민법」(법률 제3051호)의 상속순위는 종전(제정 「민법」)의 그것과 같다. 다만, 「민법」 제1009조(상속분)를 아래와 같이 개정하였다.

동순위의 상속인이 여러 사람인 때에는 그 상속분은 균분(均分)으로 한다. 재산상속인이 동시에 호주상속을 할 경우에는 고유상속분에 50%를 가산한다. 동일 가적(家籍) 내에 없는 여자의 상속분은 남자 상속분의 4분의 1로 한다. 피상속인의 처의 상속분은 직계비속과 공동으로 상속하는 때에는 동일 가적 내에 있는 직계비속 상속분의 50%를 가산하고, 직계존속과 공동으로 상속하는 경우에는 직계존속 상속분의 50%를 가산한다(제1009조).

제5절 현행 「민법」

제1관 상속순위

제1순위 : 피상속인의 직계비속

제2순위 : 피상속인의 직계존속

제3순위 : 피상속인의 형제자매

제4순위 : 피상속인의 4촌 이내의 방계혈족

피상속인의 배우자의 상속순위 : 제1순위와 제2순위의 상속인이 있는 경우에는 그들과 같은 순위의 상속인이 되고, 그들이 모두 없는 경우에는 단독상속

제2관 법정상속분

동순위의 상속인이 여러 사람인 때에는 그 상속분은 균분(均分)으로 한다. 피상속인의 배우자의 상속분은 직계비속과 공동으로 상속하는 때에는 직계비속 상속분의 50%를 가산하고, 직계존속과 공동으로 상속하는 때에는 직계존속 상속분의 50%를 가산한다(제1009조). 태아(胎兒)는 상속순위에 관하여 이미 출생한 것으로 본다(제1000조 제3항).

제6절 대습상속(代襲相續) 및 동시사망의 추정

제1관 대습상속

상속인이 될 피상속인의 직계비속 또는 형제자매가 상속개시 전에 사망하거나 상속결격자가 된 경우에, 그에게 직계비속이 있는 때에는 그 직계비속이 사망하거나 상속결격된 자의 순위에 갈음하여 상속인이 된다(제1001조).

「민법」 제1001조의 규정을 다시 정리하면 이렇다. 가령 피상속인 甲보다 甲의 아들 乙이 먼저 사망한 경우 또는 乙이 상속결격자가 된 경우에서 乙에게 상속인이 있으면 乙의 상속인(또는 상속인들)은 乙이 먼저 죽지 않았거나 상속결격자가 되지 않았더라면 상속하였을 상속분의 범위 내에서 甲이 남긴 재산을 상속(또는 공동상속)한다.

상속결격자는 상속인의 자격이 없는 자를 말하는데, 여기에 해당하는 자는

① 고의로 직계존속, 피상속인, 피상속인의 배우자 또는 상속의 선순위나 동순위에 있는 자를 살해하였거나 살해하려고 한 자, ② 고의로 직계존속, 피상속인과 그 배우자에게 상해를 가하여 사망에 이르게 한 자, ③ 사기 또는 강박(强迫)으로 피상속인의 상속에 관한 유언이나 유언의 철회를 방해한 자, ④ 사기 또는 강박으로 피상속인에게 상속에 관한 유언을 하게 한 자, ⑤ 피상속인이 남긴 상속에 관한 유언서를 위조·변조·파기 또는 은닉한 자이다(제1004조).

「구 민법」(1990. 1. 13. 법률 제4199호로 개정되기 전의 것) 제773조는 "전처의 출생자와 계모 및 그 혈족, 인척 사이의 친계와 촌수는 출생자와 동일한 것으로 본다."고 규정하여 친생자와 동일한 지위를 갖게 되는 전처의 출생자는 계모의 상속인이 될 수 있었으므로, 위 「구 민법」 시행 당시 계모의 모(母)가 사망한 경우, 계모가 그 전에 이미 사망하였다면 전처의 출생자가 사망한 계모의 순위에 갈음하여 대습상속을 하게 된다 (대법원 2009. 10. 15. 선고 2009다42321 판결).

위 판례에서 다룬 사안을 시간의 흐름에 따라 정리하면 이렇다. 문제의 당사자(대습상속인)를 기준으로, ① 생모(生母) 사망, ② 아버지 사망, ③ 계모(繼母 : 새어머니) 사망, ④ 계모의 친정어머니 사망.

구민법(법률 제3723호) 시행 당시에는 계모는 생모와 동일한 친족으로 보았으므로, 위 사안에서 당사자(대습상속인)는 계모를 피대습자로 하여 계모의 친정어머니를 피상속인으로 하는 대습상속이 성립된다.

위 판례가 인용하고 있는 제773조는 1991. 1. 1. 시행된 「민법」(법률 제4199호)에서는 폐지되었다.

민법 제1000조 제1항, 제1001조, 제1003조의 각 규정에 의하면, 대습상속은 상속인이 될 피상속인의 직계비속 또는 형제자매가 상속개시 전에 사망하거나 결격자가 된 경우에 사망자 또는 결격자의 직계비속이나 배우자가 있는 때에는 그들이 사망자 또는 결격자의 순위에 갈음하여 상속인이 되는 것을 말하는 것으로, 대습상속이 인정되는 경우는 상속인이 될 자(사망자 또는 결격자)가 피상속인의 직계비속 또는 형제자매인 경우에 한한다 할 것이므로, 상속인이 될 자(사망자 또는 결격자)의 배우자는 민법 제1003조에 의하여 대습상속인이 될 수는 있으나, 피대습자(사망자 또는 결격자)의 배우자가 대습상속의 상속개시 전에 사망하거나 결격자가 된 경우, 그 배우자에게 다시 피대습자로서의 지위가 인정될 수는 없다 할 것이다(대법원 1999. 7. 9. 선고 98다64318, 64325 판결).

위 판례가 설명하는 취지는 이렇다. 가령 丙녀의 남편 乙이 乙의 아버지 甲보다 먼저 사망한 경우에 丙녀가 생존하고 있다면 丙녀는 乙을 피대습자로 하여 甲의 재산에 대하여 대습상속을 한다.

그러나 위 사안에서 丙녀가 甲보다 먼저 사망한 경우(사망순위가 ①乙-②丙-③甲인 경우)에는 乙과 丙을 모두 피대습자로 하는 대습상속은 허용되지 않는다. 즉, 乙·丙의 자녀들은 본위상속(本位相續)을 할 수는 있지만 대습상속을 하지는 못한다. 즉, 재대습(再代襲)은 허용되지 않는다.

구 관습법상 가족이 사망한 경우 그의 아들이 이미 사망하였을 때는 그의 손녀들이 조부의 유산을 대습상속한다(1969. 3. 18. 선고 65도1013 판결).

피상속인의 자녀가 상속개시 전에 전부 사망한 경우 피상속인의 손자녀는 본위상속이 아니라 대습상속을 한다(대법원 2001. 3. 9. 선고 99다13157 판결).

위 판례 중 앞의 것은 「민법」이 시행되기 전의 구 관습법(의용민법) 당시에도 대습상속이 인정되었음을 설명하는 판례이다. 여기에서 '가족'은 호주상속인이 아닌 사람을 말한다.

뒤의 판례는 상속분에서 차이가 있다는 점을 설명하고 있다. 대습자가 피대습자를 갈음하여 상속하는 경우를 '대습상속'이라고 하고, 상속인 자신이 고유의 상속인 지위에서 하는 상속을 '본위상속(本位相續)'이라고 한다.

대법원 2001. 3. 9. 선고 99다13157 판결

① 우리나라에서는 전통적으로 오랫동안 며느리의 대습상속이 인정되어 왔고, 1958. 2. 22. 제정된 민법에서도 며느리의 대습상속을 인정하였으며, 1990. 1. 13. 개정된 민법에서 며느리에게만 대습상속을 인정하는 것은 남녀평등·부부평등에 반한다는 것을 근거로 하여 사위에게도 대습상속을 인정하는 것으로 개정한 점, ② 헌법 제11조 제1항이 누구든지 성별에 의하여 정치적·경제적·사회적·문화적 생활의 모든 영역에 있어서 차별을 받지 아니한다고 규정하고 있고, 헌법 제36조 제1항이 혼인과 가족생활은 양성의 평등을 기초로 성립되고 유지되어야 하며 국가는 이를

보장한다고 규정하고 있는 점, ③ 현대사회에서 딸이나 사위가 친정부모 내지 장인장모를 봉양, 간호하거나 경제적으로 지원하는 경우가 드물지 아니한 점, ④ 배우자의 대습상속은 혈족상속과 배우자상속이 충돌하는 부분인데, 이와 관련한 상속순위와 상속분은 입법자가 입법정책적으로 결정할 사항으로서 원칙적으로 입법자의 입법형성의 재량에 속한다고 할 것인 점, ⑤ 상속순위와 상속분은 그 나라 고유의 전통과 문화에 따라 결정될 사항이지 다른 나라의 입법례에 크게 좌우될 것은 아닌 점, ⑥ 피상속인의 방계혈족에 불과한 피상속인의 형제자매가 피상속인의 재산을 상속받을 것을 기대하는 지위는 피상속인의 직계혈족의 그러한 지위만큼 입법적으로 보호하여야 할 당위성이 강하지 않은 점 등을 종합하여 볼 때, 외국에서 사위의 대습상속권을 인정한 입법례를 찾기 어렵고, 피상속인의 사위가 피상속인의 형제자매보다 우선하여 단독으로 대습상속하는 것이 반드시 공평한 것인지 의문을 가져볼 수는 있다 하더라도, 이를 이유로 곧바로 <u>피상속인의 사위가 피상속인의 형제자매보다 우선하여 단독으로 대습상속할 수 있음이 규정된 민법 제1003조 제2항이 입법형성의 재량의 범위를 일탈하여 행복추구권이나 재산권보장 등에 관한 헌법규정에 위배되는 것이라고 할 수 없다.</u>

위 판례에서 다루고 있는 사안은 배우자와 장인 · 장모가 동시에 사망한 경우로서, 그 장인 · 장모에게는 사망 당시 형제자매가 있었다. 대법원은 사위에게 대습상속을 인정하여 사위를 상속인으로 확정하였다.

제2관 동시사망의 추정

2인 이상이 동일한 위난으로 사망한 경우에는 동시에 사망한 것으로 추정한다 (「민법」 제30조). 위 규정이 말하는 '위난(危難)'이라고 하면 항공기의 추락, 선박의 침몰, 지진, 화재, 대형 교통사고 등을 말한다.

동시에 사망한 것으로 법률상 추정을 받는 사람들끼리는 상속이 이루어지지 않는다. 아래의 판례는 피상속인과 피대습자가 동시에 사망한 경우에도 대습상속을 인정하여야 하는 이유를 설명하고 있다.

> 원래 대습상속제도는 대습자의 상속에 대한 기대를 보호함으로써 공평을 꾀하고 생존 배우자의 생계를 보장하여 주려는 것이고, 또한 동시사망의 추정규정도 자연과학적으로는 엄밀한 의미의 동시사망은 상상하기 어려운 것이나, 사망의 선후를 입증할 수 없는 경우 동시에 사망한 것으로 다루는 것이 결과에 있어 가장 공평하고 합리적이라는 데에 그 입법취지가 있는 것인바, 상속인이 될 직계비속이나 형제자매(피대습자)의 직계비속 또는 배우자(대습자)는 피대습자가 상속개시 전에 사망한 경우에는 대습상속을 하고, 피대습자가 상속개시 후에 사망한 경우에는 피대습자를 거쳐 피상속인의 재산을 본위상속을 하므로 두 경우 모두 상속을 하는데, 만일 피대습자가 피상속인의 사망, 즉 상속개시와 동시에 사망한 것으로 추정되는 경우에만 그 직계비속 또는 배우자가 본위상속과 대습상속의 어느 쪽도 하지 못하게 된다면 동시사망 추정 이외의 경우에 비하여 현저히 불공평하고 불합리한 것이라 할 것이고, 이는 앞서 본 대습상속제도 및 동시사망 추정규정의 입법취지에도 반하는 것이므로, <u>민법 제1001조의 '상속인이 될 직계비속이 상속개시 전에 사망한 경우'에는 '상속인이</u>

될 직계비속이 상속개시와 동시에 사망한 것으로 추정되는 경우'도 포함하는 것으로 합목적적으로 해석함이 상당하다(대법원 2001. 3. 9. 선고 99다13157 판결).

CHAPTER **5**

상속인 명의 등기 실행

제5장 상속인 명의 등기 실행

제1절 증거자료의 종류

제1관 서언

지금까지는 조상이 소유하던 땅의 소재를 찾는 방법, 그 땅을 상속인의 명의로 등기할 수 있는 가능성을 판단함에 필요한 여러 가지의 기초지식, 그리고 각 상속인들의 상속분(相續分) 등에 관하여 살펴보았다.

조상 땅을 찾는 일이 소기의 성과를 거두기 위해서는 다음 세 가지의 증거가 모두 있어야 한다. ① 조상이 땅의 소유자였다는 사실에 관한 증거, ② 땅을 소유하던 조상의 상속인이라는 증거 및 ③ 그 땅에 관하여 제3자가 적법한 절차에 의하여 소유권을 취득하지 않았다는 증거가 그것이다.

제5장에서는 위 증거가 모두 갖추어진 경우를 상정하여 나 또는 나와 공동상속인이 부동산의 실질적인 소유자로서 그 공시방법인 등기를 갖추는 절차에 관하여 구체적인 내용을 검토한다.

제2관 직접증거

앞에서 살펴본 바와 같이 ① 조상이 사정받은 것으로 기재된 '토지조사부' 또는 '임야조사부', ② 조상이 최초의 소유자로 등록된 '구 토지대장' 또는 '구 임야대장', ③ 조상의 성명이 소유자란에 기록된 '보안림편입고시', ④ 조상이 양여(讓與)를 받은 자로 기재된 '임야양여고시'는 직접적으로 그 조상이 그 부동산의 소유자였음을 증명하는 자료가 된다는 사실을 알았다. 이들 자료를 수집하는 요령도 검토하였다.

다만, 사방공사편입고시는 이 고시가 있었다는 사실만으로는 조상이 소유자였음을 직접 증명하기에 부족하고, 여기에는 보강증거(보충하는 증거)가 있어야 한다는 사실을 알 수 있었다. 이 경우에 보충하는 증거로는 선대(先代)의 분묘(墳墓)가 존재한다는 사실이 가장 유력할 것이다.   그리고 농지분배를 받아 상환(償還)을 완료한 사실을 입증할 수 있는 자료들도 조상이 소유자였다는 사실을 입증할 수 있는 자료들이 된다는 점에 관하여도 살펴보았다.

제3관 정황증거(간접증거)

조상이 땅을 소유했을 것이라는 유력한 자료는 될 수 있지만, 그 하나의 자료만으로는 이를 입증하기에 부족한 것으로는 ① 지적원도, ② 임야원도, ③ 지세명기장, ④ 임야세명기장 및 ⑤ 각종 농지분배 관련 자료 등이 있다는 사실은 앞에서 알아보았다.

이들 자료는 직접적인 증거자료의 증명력을 보충하는 자료로는 유용하지만 직접증거가 없다면 활용가치가 거의 없다고 보아야 할 것이다. 다음 판례는 이들 자료의 조합에 의하여 소유자로 추정받을 수 있는 요건을 설명하고 있다.

> 1975. 12. 31. 「지적법」 개정 전에 복구된 구 토지대장상의 소유자란에 이름이 기재되어 있다고 하더라도 그 기재에는 권리추정력을 인정할 수 없고, 분배농지상환대장이나 분배농지부는 분배농지확정절차가 완료된 후 상환에 필요한 사항을 기재하기 위하여 작성하는 서류이므로, 그 기재 사실에 권리변동의 추정력을 인정할 수는 없다.
> 따라서, 구 토지대장이나 분배농지상환대장 등에 일제 강점기 토지사정명의자가 아닌 사람이 소유자로 등재되어 있다 하더라도 그것만으로 그 명의자가 소유자로 추정된다고 할 수는 없다.

그러나, 구 토지대장이나 농지분배 관련 서류들의 기재 내용을 다른 사정 들과 종합하여 권리변동에 관한 사실인정의 자료로 삼는 데는 아무런 제약이 없으므로(대법원 2010. 4. 15. 선고 2009다87508 판결 등 참조), 농지소표, 분배농지부 등 분배대상 농지를 확인하는 서류나 상환대장 등 상환에 필요한 사항을 기재하는 서류뿐 아니라 농지를 국가에 매수당한 지주가 보상을 받는 과정에서 작성된 보상신청서, 지주신고서, 지가사정 조서, 지가증권 등 보상에 관한 서류에도 소유자 기재가 일치되어 있는 경우라면, 이러한 서류들은 적어도 농지분배 당시에는 그 토지의 소유권 이 그 명의자에게로 이전되어 있었다는 사실을 인정할 수 있는 유력한 자료가 된다고 할 것이다.

그리고, 이러한 경우 위와 같은 유력한 자료의 증명력을 배척하려면 그에 배치되는 합리적인 다른 사정이 있는지를 면밀히 살펴 신중하게 판단하여 야 한다(대법원 2013. 6. 27. 선고 2012다91354 판결).

제4관 상속을 증명하는 자료

토지조사사업을 시작한 때는 1910년이고, 임야조사사업이 시작된 해는 1918 년임을 감안해보면 상속인인 나는 고조부(高祖父), 증조부(曾祖父) 또는 조부의 상속인이 될 수 있다.

이러한 경우라면, 고조부(高祖父) - 증조부(曾祖父) - 조부(祖父) - 아버지 - 나를 잇는 각 상속관계를 증명할 수 있는 자료가 있어야만 소유권보존등기나 소유권이전등기(상속등기)를 마칠 수 있고, 소송(訴訟)을 시작할 때에도 마찬가 지이다. 등기의 신청 또는 소를 제기함에는 상속인이라는 사실을 증명하고야 하고, 공동상속의 경우에는 상속지분도 증명해야 하기 때문이다.

2007. 12. 31.까지는 「호적법」이 시행되었다. 「호적법」 시행 당시에는 죽은 사람에 대하여는 '제적부(除籍簿)'를, 살아있는 사람에 대하여는 '호적부(戶籍簿)'를 두었다.

2008. 1. 1.부터는 「가족관계의 등록 등에 관한 법률」이 시행된다. 이때부터는 기본증명서와 가족관계증명서를 통하여 가족사항이 공시된다. 이들 자료에 의하여 해당 토지에 대한 최초의 소유자인 조상(피상속인)으로부터 나(상속인)에 이르는 과정이 증명되어야 한다. 이들 자료는 시 · 구 · 읍 · 면에서 등본을 발급받을 수 있다.

> 1922. 12. 7. 개정된 「조선민사령」 제11조 제2항에 의하면 입양은 신고를 함으로써 그 효력이 발생하므로, 위 「조선민사령」이 시행된 이후에 사후양자로 선정되었다 하더라도 법률상 입양절차를 밟지 아니한 이상 그것만으로는 입양이나 상속에 관하여 아무런 효력이 없다(대법원 2009. 11. 12. 선고 2009다66792 판결).

상속에 따른 등기를 마치기 위해서는 반드시 피상속인으로부터 현재의 상속인까지 사이에 피상속인과 상속인의 관계라는 사실이 연결됨을 입증할 자료가 있어야 한다.

일반적으로는 제적등본 및 가족관계증명서에 의하여 이를 증명할 수 있지만, 과거의 제적부가 멸실된 경우에는 이를 직접 증명할 방법이 없다. 이러한 경우에는 족보상의 기록, 현재 생존하고 있는 고령자들의 증언(證言) 등에 의존하여 입증할 수밖에 없을 것이다.

여기에서 고령자들의 증언 내지 진술과 관련하여 중요한 사항 몇 가지를 정리한다. 어떤 사정으로 인하여 과거의 부동산등기부, 토지대장, 임야대장,

제적부 등이 소실 내지 분실된 경우에는 여러 가지의 정황증거들에 의존하여 필요한 증거를 보충할 수밖에 없다.

다른 증거들은 별론으로 하고, 노인들의 진술 내지 증언이 필요한 경우에는 그들에 대한 진술을 미리 확보해 둘 필요가 있다. 가장 좋은 방법이라면 미리 진술서를 작성한 다음 공증인으로부터 공증(인증)을 받아 두는 방법이 될 것이다. 이들의 기억을 잘 보존하는 방법이기 때문이다. 조상 땅 찾기에서는 이러한 방법도 매우 유용할 경우가 있다.

제2절 소유권보존등기

소유권보존등기를 할 수 있는 땅은 사정받은 주상이 소유권보존등기를 마치지 아니한 채 사망한 경우이다. 토지대장이나 임야대장에 조상이 소유자로 등록이 되어 있다면 「부동산등기법」 제65조에 터 잡아 상속인(공동상속인 전원 포함)의 명의로 즉시 소유권보존등기를 마칠 수 있다.

다만 1975. 12. 31. 전부개정되어 1976. 3. 31. 시행된 「지적법」이 시행되기 전에 '소유자복구'가 된 것으로 적혀 있는 토지대장과 임야대장으로는 위 등기를 신청할 수 없다. 위 전부개정법이 시행되기 전에 시행된 「지적법」에는 소유자복구를 할 수 있는 근거가 없었기 때문이다.

「부동산등기법」의 관련 규정

제65조(소유권보존등기의 신청인) 미등기의 토지 또는 건물에 관한 소유권보존등기는 다음 각 호의 어느 하나에 해당하는 자가 신청할 수 있다.

　1. 토지대장, 임야대장 또는 건축물대장에 최초의 소유자로 등록되

어 있는 자 또는 그 상속인, 그 밖의 포괄승계인

2. 확정판결에 의하여 자기의 소유권을 증명하는 자

3. 수용(收用)으로 인하여 소유권을 취득하였음을 증명하는 자

4. 특별자치도지사, 시장, 군수 또는 구청장(자치구의 구청장을 말한다)의 확인에 의하여 자기의 소유권을 증명하는 자(건물의 경우로 한정한다)

만약, 토지조사부 또는 임야조사부에는 조상이 소유자로 사정받은 사실이 나타나 있으나 토지대장이나 임야대장에는 소유자로 등록이 되어있지 아니한 경우라면, 먼저 「공간정보의 구축 및 관리 등에 관한 법률」에서 정하는 절차를 거쳐 소유자복구등록을 한 다음 소유권보존등기를 마칠 수 있다.

이 경우에는 해당 토지가 농지일지라도 농지취득자격증명은 필요하지 않다. 이러한 경우에서 만약 지방자치단체가 소유자복구등록을 거부하는 경우에는 국가를 상대로 소유권확인의 소를 제기할 수 있다.

소유권보존등기는 토지대장등본 또는 임야대장등본에 의하여 자기 또는 피상속인이 토지대장 또는 임야대장에 소유자로서 등재되어 있는 것을 증명하는 자(「부동산등기법」 제130조 제1호), 판결에 의하여 자기의 소유권을 증명하는 자(같은 법 제130조 제2호), 수용으로 소유권을 취득한 자(같은 법 제130조 제3호)가 신청할 수 있는데, 대장(토지대장, 임야대장)등본에 의하여 자기 또는 피상속인이 대장에 소유자로서 등록되어 있는 것을 증명하는 자는 대장에 최초의 소유자로 등록되어 있는 자 및 그 자를 포괄승계한 자이며, 대장상 소유권이전등록을 받았다 하더라도 물권변동에 관한 형식주의를 취하고 있는 현행 민법상 소유권을 취득했다고 할 수 없고, 따라서 대장상 소유권이전등록을 받은 자는 자기 앞으로 바로 보존등기를 신청할 수 없으며, 대장상 최초의 소유명의인 앞으로 보존등기를 한 다음 이전등기를 하여야 한다(대법원 2009. 10. 15. 선고 2009다48633 판결).

어느 토지에 관하여 등기부나 토지대장 또는 임야대장상 소유자로 등기 또는 등록되어 있는 자가 있는 경우에는 그 명의자를 상대로 한 소송에서 당해 부동산이 보존등기신청인의 소유임을 확인하는 내용의 확정판결을 받으면 소유권보존등기를 신청할 수 있는 것이므로, 그 명의자를 상대로 한 소유권확인청구에 확인의 이익이 있는 것이 원칙이지만, 토지대장 또는 임야대장의 소유자에 관한 기재의 권리추정력이 인정되지 아니하는 경우에는 국가를 상대로 소유권확인청구를 할 수 밖에 없다고 할 것이다(대법원 2010. 7. 8. 선고 2010다21757 판결).

원래 확인소송은 원고에게 '확인의 이익'이 있어야만 허용된다. 위 판례는 소유권보존등기와 관련하여 국가를 피고로 확인의 소를 제기함에 있어 확인의 이익이 있는 하나의 사례를 설명하였다.

앞에서도 살펴본 바와 같이 토지대장이나 임야대장에 복구된 소유자에 관하여 그 권리자추정을 받지 못하는 토지대장이나 임야대장(1975. 12. 31. 법률 제2801호로 전부개정된 「지적법」 시행 전의 「지적법」)의 경우에는 이를 등기원인서면으로 첨부하여 소유권보존등기를 신청하면 등기관이 그 등기신청을 반려 또는 각하한다.

따라서 위와 같은 토지대장이나 임야대장에 소유자로 등록된 사람 또는 그의 상속인으로서는 소유권보존등기를 신청하기 위해서는 국가를 상대로 소유권확인을 구하는 소를 제기할 것인지 여부를 검토할 수밖에 없다.

「구 임야대장규칙」(1920. 8. 23. 조선총독부령 제113호) 제2조에 의하여 준용되던 「구 토지대장규칙」(1914. 4. 25. 조선총독부령 제45호) 제2조에 의하면, "소유권이전에 관한 사항은 등기관리의 통지가 없으면 임야대장에 등록하지 아니한다."고 규정되어 있으므로, 구 임야대장상 소유자변동의 기재는 위 규정에 따라 등기공무원의 통지에 의하여 이루어진 것이라고 보지 않을 수 없다.

또한, 6·25사변으로 멸실되기 전의 임야대장에 터 잡아 전국의 귀속임야를 기재한 귀속임야대장이 만들어졌으므로, 6·25사변으로 멸실되기 전의 임야대장 중 소유자란 기재에 부여된 권리추정력은 그에 기초하여 작성된 귀속임야대장에 그대로 이어진다고 보아야 함이 원칙이다(대법원 1992. 6. 26. 선고 92다12216 판결, 대법원 1998. 7. 24. 선고 96다16506 판결 등 참조). 한편, 귀속임야대장에 구 임야대장상 소유자변동의 기재가 그대로 옮겨지지 않은 사정이 있어 그 기재 내용에 권리귀속에 관한 추정력은 인정할 수 없다 하더라도 진정성립이 추정되는 공문서인 이상 진실에 반한다는 등의 특별한 사정이 없는 한 그 내용의 증명력을 쉽게 배척할 수는 없다(대법원 2010. 1. 28. 선고 2009다72698 판결).

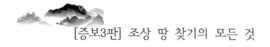

위 판례가 말하는 '귀속임야대장'에 소유자로 기재된 '국'은 그 임야에 대한 소유자로 추정이 된다. 귀속임야는 일본국 또는 일본인들이 소유하던 임야를 미군정을 경유하여 대한민국이 취득한 사실을 등록한 대장이기 때문이다.

위 귀속임야대장에 국이 소유자라고 등록된 것일지라도 종전 소유자인 대한민국의 국민이 창씨개명을 하였기 때문에 일본인으로 오인(誤認)을 받아 그의 소유 임야가 귀속임야로 처리된 경우도 있다는 점에 관하여는 앞에서 언급하였다.

이러한 경우에 있어 창씨개명을 하였던 조상의 상속인으로서는 국가를 상대로 소유권확인청구 또는 진정명의 회복을 원인으로 하는 소유권이전등기 청구를 할 수 있을 것이다.

제3절 상속등기 및 상속재산 협의분할

제1관 상속에 따른 등기

상속등기를 하여야 하는 경우는, 가령 할아버지까지는 소유권보존등기나 소유권이전등기가 마쳐져 있음이 확인되었는데 아버지가 상속등기를 마치지 아니한 경우이다. 이 경우에는 상속인이 상속지분에 따라 상속으로 인한 소유권이전등기를 마치면 된다(「부동산등기법」 제23조).

「부동산등기법」의 관련 규정

제23조(등기신청인) ① 등기는 법률에 다른 규정이 없는 경우에는 등기권리자(登記權利者)와 등기의무자(登記義務者)가 공동으로 신청한다.

② 소유권보존등기(所有權保存登記) 또는 소유권보존등기의 말소등기(抹消登記)는 등기명의인으로 될 자 또는 등기명의인이 단독으로 신

청한다.

③ 상속, 법인의 합병, 그 밖에 대법원규칙으로 정하는 포괄승계에 따른 등기는 등기권리자가 단독으로 신청한다.

④ 판결에 의한 등기는 승소한 등기권리자 또는 등기의무자가 단독으로 신청한다.

만약 6.25전쟁 당시에 등기부가 불에 타는 등으로 멸실되었지만 조상이 멸실회복등기를 하지 않았다면 현재의 상속인 명의로 직접 소유권보존등기를 마칠 수도 있다.

제2관 상속재산의 협의분할

피상속인은 유언으로 상속재산의 분할방법을 정하거나 이를 정할 것을 제3자에게 위탁할 수 있고, 상속개시의 날부터 5년을 초과하지 아니하는 범위에서 그 기간 안에는 분할을 금지할 수 있다(「민법」 제1012조).

「민법」 제1012조에 해당하지 아니하는 경우에는 공동상속인들은 언제든지 협의에 의하여 상속재산을 분할할 수 있다(「민법」 제1013조).

공동상속인 상호간에 상속재산에 관하여 협의분할이 이루어짐으로써 공동상속인 중 일부가 고유의 상속분을 초과하는 재산을 취득하게 되었다고 하여도 이는 상속개시 당시에 소급하여 피상속인으로부터 승계받은 것으로 보아야 하고, 다른 공동상속인으로부터 증여받은 것으로 볼 수 없다(대법원 1996. 2. 9. 선고 95누15087 판결 참조). (2002. 7. 12. 선고 2001두441 판결).

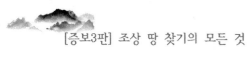

> 상속재산의 협의분할은 공동상속인 간의 일종의 계약으로서 공동상속인 전원이 참여하여야 하고, 일부 상속인만으로 한 협의분할은 무효라고 할 것이나(대법원 1995. 4. 7. 선고 93다53736 판결 등 참조), 반드시 한 자리에서 이루어질 필요는 없고, 순차적으로 이루어질 수도 있으며(대법원 2001. 11. 27. 선고 2000두9731 판결 등 참조), 상속인 중 한 사람이 만든 분할원안을 다른 상속인이 후에 돌아가며 승인하여도 무방하다(대법원 2010. 2. 25. 선고 2008다96963, 96970 판결).

상속재산의 협의분할에는 공동상속인 모두가 참여하여야 한다. 만약, 일부의 공동상속인을 제외한 분할협의는 무효로 된다.

위 판례는 그 분할협의서의 작성 방법에 관하여 설명하고 있다. 협의분할을 함에 있어서는 법정상속분과는 무관한 분할을 할 수 있고, 일부의 상속인에게는 재산이 분할되지 않는 방법으로도 협의를 할 수 있으며, 이러한 분할의 경우에도 증여의 문제는 생기지 않는다는 점에 관하여는 위 판례가 언급하였다.

> 적모(嫡母)와 미성년인 수인의 자 사이에 상속재산분할협의를 하게 되는 경우에는 미성년자 각자마다 특별대리인을 선임하여 그 각 특별대리인이 각 미성년자를 대리하여 상속재산 분할의 협의를 하여야 하고, 만약 특별대리인 1인이 수인의 미성년자를 대리하여 상속재산분할협의를 하였다면, 이는 민법 제921조에 위반된 것으로서 이러한 대리행위에 의하여 성립된 상속재산분할협의는 피대리자의 전원에 의한 추인이 없는 한 무효이다(대법원 1994. 9. 9. 선고 94다6680 판결).

부모는 미성년인 자(子)의 친권자가 되며, 양자의 친권자는 양부모(養父母)가 된다.

친권은 부모가 공동으로 행사하며, 어느 한쪽이 행사할 수 없을 때에는 다른 쪽 부나 모가 행사한다(「민법」 제909조). 친권자는 미성년자의 법정대리인이 된다(「민법」 제911조). 미성년인 자가 자기 명의로 취득한 재산은 그 특유재산으로 하고, 그 재산은 법정대리인이 관리한다(「민법」 제916조).

법정대리인인 친권자와 그 자 사이에 이해상반(利害相反)되는 행위를 함에는 친권자는 법원에 그 자의 특별대리인의 선임을 청구하여야 한다. 법정대리인인 친권자가 그 친권에 따르는 여러 명의 자 사이에 이해상반되는 행위를 할 때에도 법원에 그 자 중 일방의 특별대리인의 선임을 청구하여야 한다(민법 제921조). 특별대리인선임청구서의 양식은 뒤(부록)에서 소개한다.

특별대리인이 될 수 있는 사람은 누구인가? 일반적으로 실무에서 특별대리인으로 선임해달라는 청구를 할 때에는 미성년자와 가까운 관계에 있는 친족 또는 인척을 추천한다. 그리고 이 청구를 받은 가정법원도 그 추천된 사람을 특별대리인으로 선임하는 것이 실무관행이다. 만약, 미성년자에게 친족 및 인척이 존재하지 아니하는 경우라면 변호사 또는 법무사를 특별대리인으로 추천할 수도 있을 것이다.

'이해상반행위'라고 함은 부모와 자 사이에 어느 한쪽에는 이익이 되는 반면 어느 한쪽에는 불이익이 될 가능성이 있는 행위를 말하고, 미성년인 자들끼리도 어느 한쪽에게는 불이익이 될 수 있는 행위를 뜻한다.

상속재산의 협의분할은 이해상반되는 행위이다. 부모가 상속재산을 전혀 취득하지 않더라도 마찬가지이다.

아래 판례에 나타난 사안은 적모(嫡母 : 서자의 입장에서 보아 아버지의 본부인)와 관련한 내용이지만 이 법리는 친생부모나 양부모에게도 똑같이 적용된다.

대법원 1994. 9. 9. 선고 94다6680 판결

원심판결 이유에 의하면 원심은, 거시증거를 종합하여 판시 각 토지는 원래 망 소외 1의 소유였던 사실, 위 소외 1이 1988. 11. 22. 사망하여 처인 피고 1, 처와의 사이에 출생한 장남인 피고 2, 차남인 피고 3, 출가한 딸인 피고 4, 소외 2와의 사실상 혼인관계에서 출생한 혼인 외의 출생자들인 원고들, 소외 3과의 사실상 혼인관계에서 출생한 혼인 외의 출생자들인 소외 4, 소외 5가 망인의 공동재산상속인이 된 사실, 소외 6이 1989. 6. 20. 청주지방법원(89느115호 사건)에 의하여 당시 미성년자이던 원고 2, 원고 3, 소외 5, 소외 4의 특별대리인으로 선임된 사실, 위 소외 6이 위 미성년자들의 특별대리인으로서 같은 달 22.경 나머지 재산상속인들인 원고 1, 피고 1, 피고 2, 피고 3 등과 망인의 상속재산분할에 관하여 협의한 결과 상속재산을 원심판시와 같이 분할하기로 하여 이 사건 부동산에 관하여 그 판시와 같이 피고 1, 피고 2, 피고 3, 피고 4의 각 명의로 상속재산분할을 원인으로 한 소유권이전등기가 되고, 그 중 일부 부동산에 관하여는 위 등기에 터 잡아 위 피고들을 제외한 나머지 피고들 명의로 소유권이전등기가 된 사실을 인정한 다음, 나아가 다음과 같은 원고들의 주장, 즉 상속재산분할 당시 원고 2, 원고 3 등 미성년자들에 대하여는 친권자인 피고 1이 법률행위 대리권을 포함한 동인들에 대한 친권을 행사하여야 하나, 위 피고는 적모에 불과하므로 그 경우 구 민법(1990. 1. 13. 법률 제4199호로 개정되기 전의 것) 제912조에 의하여 후견인에 대한 규정이 적용되므로 민법 제950조에 따라 친족회의 동의를 얻어 피고 1이 원고 2, 원고 3 등을 대리하여야 함에도 불구하고, 이러한 절차를

거침이 없이 법원에 의하여 위 원고들 등의 특별대리인으로 선임된 위 소외 6이 위 원고들을 대리하여 상속재산의 분할 협의에 관여하였으니 위 상속재산분할협의는 무효이거나 취소할 수 있는 법률행위에 해당하고, 따라서 위 상속재산분할협의를 원인으로 하여 마쳐진 피고 1, 피고 2, 피고 3, 피고 4 명의의 각 소유권이전등기 및 이에 터 잡아 이루어진 나머지 피고들 명의의 각 소유권이전등기는 원고들의 상속지분 범위 내에서 무효이므로 말소되어야 한다는 주장에 대하여, 원심은 적모가 자기의 친생자가 아닌 미성년자 등을 대리하여 법률행위를 하여야 할 경우에 구 민법 제912조에 의하여 후견인에 관한 규정이 준용되어야 할 것임은 원고들 주장과 같지만, 이 사건상속재산협의분할과 같이 적모나 후견인이 그와 미성년자 내지 피후견인과의 사이에 서로 이해가 상반되는 행위를 함에 있어서는 친권자와 그 친자 사이에서와 마찬가지로 민법 제921조를 유추적용하여 미성년자 내지 피후견인을 위하여 특별대리인을 선임하여야 한다고 하여 원고들의 위 주장을 배척하였다.

살피건대, 적모는 위 구 민법 제909조 제2항에 의하여 자기의 친권에 복종하는 친생자가 아닌 미성년자를 대리하여 법률행위를 할 수 있다 하여도 적모가 그와 미성년자 사이에 이해가 상반되는 행위를 함에 있어서는 친족회의 동의를 얻어 미성년자를 대리할 수는 없고, 민법 제921조에 의하여 미성년자를 위하여 특별대리인을 선임하여야 하고, 민법 제921조의 이해상반행위란 행위의 객관적 성질상 친권자와 그 자 사이 또는 친권에 복종하는 수인의 자 사이에 이해의 대립이 생길 우려가 있는 행위를 가리키는 것으로서 친권자의 의도나 그 행위의 결과 실제로 이해의 대립이 생겼는가의 여부는 묻지 아니하는 것이라 할 것인바, 공동상속재산분할협의는 그 행위의 객관적 성질상 상속인 상호간의 이해의 대립이 생길 우려가 있는 행위라고 할 것이므로 공동상속인인 적모와 미성년자인 자 사이에 상속재산분할협의를 하게 되는 경우에는 미성년자를 위하여 특별대리인을 선임하여 그 특별대리인이 미성년자를 대리하여 상속재산분할의 협의를 하여야 함은 원심판단과 같다(당원 1993.3.9. 선고92다18481 판결 참조).

그러나 적모와 미성년자인 수인의 자 사이에 상속재산분할협의를 하게 되는 경우에는 미성년자 각자마다 특별대리인을 선임하여 그 각 특별대리인이 각 미성년자를 대리하여 상속재산분할의 협의를 하여야 하고 만약 특별대리인 1인이 수인이 미성년자를 대리하여 상속재산분할협의를 한 것이라면 이는 민법 제921조에 위반된 것으로서 이러한 대리행위에 의하여 성립된 상속재산분할협의는 피대리자의 전원에 의한 추인이 없는 한 무효라 할 것인바(당원 1993.4.13. 선고 92다54524 판결 참조), 소외 6 1인이 미성년자인 원고 2, 원고 3, 소외 5, 소외 4 등 전원을 대리하여 상속재산분할의 협의를 한 이 사건에 있어 원심은 피대리인들의 추인사실을 확정한 바도 없이 위 상속재산분할협의를 유효하다고 하였으니 원심은 결국 민법 제921조의 법리를 오해하여 판결결과에 영향을 미친 잘못을 저지른 것이라 할 것이고 이를 지적하는 취지도 포함된 논지는 이유 있다.

제4절 처분금지가처분

제1관 의의

쉽지 않은 과정을 통하여 조상이 소유했던 땅의 소재를 찾고, 그 땅에 대한 현재의 소유명의자가 상속인 및 피상속인과는 아무런 관련이 없는 자라는 사실을 확인하였으며, 소송절차를 통하여 상속인의 명의로 소유권에 관한 등기를 할 수 있다는 사실까지를 모두 확인하였다고 하자.

이제부터는 상속인 명의로 등기를 마치기 위해서 구체적인 소송자료(증거자료)를 수집하여 민사소송을 제기하는 절차가 남았다.

그런데 민사소송(본안소송)은 단기간에 끝나지 않는 절차이다. 본안소송(本案訴訟)을 제기하더라도 소공이 진행되는 과정에서 현재의 등기명의인이 그 땅을 처분할 수도 있다.

여기의 처분이라 함은 매매, 증여, 교환 등의 법률행위를 말한다. 그리고 해당 토지가 수용되는 경우도 있을 수 있다. 장차 진행하게 될 본안소송의 상대방(피고)은 대부분 개인이겠지만, 그 상대방이 법인이나 지방자치단체이든 국가이든 가릴 것 없이 가까운 장래에 처분가능성이 있다면 그 땅의 현재 상태를 보전할 필요가 있을 것이다.

이러한 경우에 그 땅의 소유권을 묶어두는 응급조치를 두고 「민사집행법」에서는 '처분금지가처분'이라고 명명하면서 그 요건, 절차 등에 관하여 규정하고 있다. 이를 실무에서는 일반적으로 '가처분'이라고 부른다.

가처분이 집행되어 부동산등기부에 처분금지명령이 기록된다고 하여 가처분채무자가 그 부동산을 처분하는 것 자체가 금지되지는 않는다.

다만, 이러한 명령이 집행된 후에 그 부동산을 처분한 자와 취득한 자는 나중에 가처분채권자(가처분신청인)가 본안소송에서 승소하면 그 가처분채권자에게 대항할 수 없을 뿐이다.

여기에서 대항하지 못한다고 함은 그 처분행위를 가지고 가처분채권자에게 유효함을 주장하지 못함을 의미한다.

다만, 처분금지가처분을 집행해 둘 것인지 여부는 신중한 검토가 필요할 것이다. 가처분을 집행하기 위해서는 상당한 금전을 법원에 공탁해야 하기 때문이다.

제2관 가처분의 요건

다툼의 대상에 관한 가처분은 현상이 바뀌면 당사자가 권리를 실행하지 못하거나 이를 실행하는 것이 매우 곤란할 염려가 있을 경우에 한다(「민사집행법」 제300조 제1항).

가처분채권자가 자기의 소유권을 주장하는 경우에는 자기의 수유임을 소명하는 것이 어렵지 않을 것이므로, 위 규정에서 말하는 이른바 '보전의 필요성'은 당연히 인정될 것이다.

제3관 가처분의 절차

가처분의 재판은 본안의 관할법원 또는 다툼의 대상이 있는 곳을 관할하는 지방법원이 관할한다(「민사집행법」 제303조).

법원은 신청목적을 이루는 데 필요한 처분을 직권으로 정한다. 가처분으로 보관인을 정하거나 상대방에게 어떠한 행위를 하거나 하지 말도록 또는 급여를 지급하도록 명할 수 있다.

가처분으로 부동산의 양도나 저당을 금지한 때에는 법원은 등기부에 그 금지한 사실을 기입하게 하여야 한다(「민사집행법」 제305조). 이와 관련하여 더 구체적인 사항에 관하여는 나중에(부록에서) 가처분신청서를 소개하면서 함께 설명하기로 한다.

제5절 민사소송의 이해

제1관 상속과 소송당사자

상속과 관련하여, 상속법의 변천에 따른 상속의 순위 및 상속분에 관하여는 앞에서 검토하였다. 이를 다시 정리해본다.

1959. 12. 31. 이전에는 원칙적으로 호주상속인(장남)이 피상속인의 재산을 전부 단독으로 상속하였다. 이 호주상속인이 미혼자인 상태에서 사망하면 그의 아버지에게 사후양자를 들여서 다시 호주상속 및 재산상속을 하도록 하였다.

1960. 1. 1. 이후에는 피상속인의 배우자 및 직계비속은 모두 상속인이 되었다. 다만, 그 상속분(相續分)에 있어서는 남녀가 다르고, 혼인하여 출가한 여자가 다르며, 호주상속인에게는 상속분이 가산되는 등 그 시대에 따라 달랐고, 호주제도가 폐지된 뒤에는 또 다른 상속분이 적용되고 있다.

조상이 소유하던 땅의 상속과 관련하여 가장 문제가 되는 것은 복잡한 상속제도 및 상속분에 관한 법률 적용상의 어려움이다.

상속이 1959. 12. 31. 이전에 이루어진 경우에는 그리 어렵지 않지만, 상속이 1960년 이후에 이루어진 경우, 그것도 여러 번에 걸쳐 상속이 개시된 경우(제2차 및 제3차 상속이 이루어진 경우)에는 매우 복잡한 양상을 띤다.

가령 1960년 이후에도 미등기 상태의 토지를 소유하던 피상속인 갑이 사망할 당시에 배우자 및 자녀 5명이 있었고, 이들 자녀도 각각 사망함으로써 이른바 제2차 이상의 상속이 개시된 후에 위 미등기 부동산의 소재를 찾아 어떤 소송을 시작하려고 한다면 위 5명 자녀들의 상속인 중 생존한 아들, 딸, 손자, 손녀는 모두 상속인이 된다. 이러한 경우에는 상속인의 수가 수십 명이 될 수도 있다.

이들 상속인 전원이 소송의 원고가 되거나 일부 상속인이 공유물의 보존행위로써 상속인 전원을 위하여 원고가 되어야 한다.

미성년자일지라도 당연히 상속인에 포함되어야 한다. 태아도 상속인에 포함된다. 외국에 거주하거나 외국인이 된 사람 및 소재불명인 사람(행방불명자)이라고 하더라도 그 사람을 상속인에서 제외시킬 수는 없다.

현재의 상속인들이 상속재산분할협의를 하는 경우에는 미성년자의 특별대리인도 선임하여야 할 것이다. 이러한 문제들은 이 책자의 뒷부분 부록에서 서식의 소개와 함께 자세히 언급하기로 한다.

제2관 민사소송의 절차

제1항 공격과 방어

소를 제기하는 원고는 소장(訴狀)을 제출하여야 한다. 소장에는 청구취지와 청구원인을 적는다.

청구취지에는 피고로 하여금 어떠한 행위를 하도록 명령하여 달라는 취지를 기재하거나(이행소송), 어떤 권리가 원고에게 있다는 사실을 확인해달라고 적는다(확인소송).

청구원인 부분에서는 그 권리가 무엇이며, 어떠한 이유로 그러한 권리가 원고에게 있다는 점, 피고가 그 권리를 언제 어떠한 방법으로 침해하였다는 사실을 설명하게 된다. 이들을 공격방법이라고 하고, 이에 대한 피고의 주장사실을 방어방법이라고 한다.

피고가 방어에만 그치지 않고, 원고의 주장에 대하여 항변(抗辯)을 하는 경우에는 그 부분에 관하여는 원고가 방어를 해야 함은 물론이다. 아래에서는 소의 종류를 나누어 원고의 공격방법을 살펴본다.

① 등기말소청구

소유권이 원고에게 있음에도 불구하고 그 부동산에 대한 정당한 권리가 없는 자가 소유권에 관한 등기(소유권보존등기 또는 소유권이전등기)를 마친 경우의

문제이다.

소유자는 법률의 범위 안에서 그 소유물을 사용, 수익, 처분할 권리가 있고(「민법」 제211조), 그 소유권을 방해하는 자에 대하여 방해의 제거를 청구할 수 있다(「민법」 제214조). 따라서 부동산의 소유자인 원고는 소유권을 방해하는 등기를 마친 피고에 대하여 그러한 등기의 말소절차를 이행하라고 청구할 수 있다.

이와 관련하여 원고가 피고를 공격하는 방법은, ㉮ 문제의 부동산은 어떠한 이유로 원고의 소유라는 점, ㉯ 피고는 언제 어떠한 방법으로 원고의 소유권을 침해하였다는 점, ㉰ 원고의 소유권을 침해한 피고 명의의 등기는 원인무효인 등기이므로, 이 등기에 터 잡아 마쳐진 다른 피고들(피고로부터 소유권을 전득한 자들) 명의의 등기들도 모두 무효인 등기라는 점, ㉱ 따라서 피고들의 등기는 말소되어야 한다는 점으로 정리할 수 있다. 즉, 원고는 위 사항들을 주장하고, 그 주장사실을 입증(立證)할 수 있는 증거를 제출하여야 한다.

② 진정명의 회복을 원인으로 한 소유권이전등기청구

진정명의 회복을 원인으로 한 소유권이전등기는 원고가 자기의 소유권을 침해하는 자를 피고로 하여 현재의 그 등기를 말소하라고 청구하는 대신 그 등기를 그대로 둔 채 원고에게 소유명의를 이전하는 등기절차를 이행하라고 청구하는 소를 말한다.

원고의 공격방법은, ㉮ 문제의 부동산은 원고의 소유라는 점, ㉯ 피고는 권원이 없으면서도 원고의 소유권을 침해하였다는 점, ㉰ 따라서 피고 명의의 등기는 원인무효인 등기이지만, 그 등기를 말소하는 대신 원고 앞으로 소유권이전등기 절차를 이행하라는 점이 된다.

대법원 2001. 9. 20. 선고 99다37894 전원합의체 판결

진정한 등기명의의 회복을 위한 소유권이전등기청구는 이미 자기 앞으로 소유권을 표상하는 등기가 되어 있었거나 법률에 의하여 소유권을 취득한 자가 진정한 등기명의를 회복하기 위한 방법으로 현재의 등기명의인을 상대로 그 등기의 말소를 구하는 것에 갈음하여 허용되는 것인데(대법원 1990. 11. 27. 선고 89다카12398 전원합의체 판결 등 참조), <u>말소등기에 갈음하여 허용되는 진정명의회복을 원인으로 한 소유권이전등기청구권과 무효등기의 말소청구권은 어느 것이나 진정한 소유자의 등기명의를 회복하기 위한 것으로서 실질적으로 그 목적이 동일하고, 두 청구권 모두 소유권에 기한 방해배제청구권으로서 그 법적 근거와 성질이 동일하므로, 비록 전자는 이전등기, 후자는 말소등기의 형식을 취하고 있다고 하더라도 그 소송물은 실질상 동일한 것으로 보아야 하고, 따라서 소유권이전등기말소청구소송에서 패소확정판결을 받았다면 그 기판력은 그 후 제기된 진정명의회복을 원인으로 한 소유권이전등기청구소송에도 미친다고 보아야 할 것이다.</u>

이와 달리 소유권이전등기말소청구소송에서 패소확정판결을 받은 당사자도 그 확정판결의 기판력이 진정명의회복을 원인으로 한 소유권이전등기청구소송에는 미치지 아니하므로 다시 진정명의회복을 위한 소유권이전등기청구소송을 제기할 수 있다고 본 대법원 1990. 11. 27. 선고 89다카12398 전원합의체 판결, 1990. 12. 21. 선고 88다카26482 판결, 1992. 11. 10. 선고 92다22121 판결, 1993. 7. 27. 선고 92다50072 판결, 1995. 3. 10. 선고 94다30829, 30836, 30843 판결, 1996. 12. 20.

> 선고 95다37988 판결, 1998. 9. 8. 선고 97다19878 판결 등의 견해는 이와 저촉되는 한도 내에서 변경하기로 한다.

위 판례에서는 "소유권이전등기말소청구소송에서 패소확정판결을 받았다면 그 기판력은 그 후 제기된 진정명의회복을 원인으로 한 소유권이전등기청구소송에도 미친다."고 설명하였다.

여기에서 말하는 기판력(旣判力)은 전소(前訴)가 진정명의회복을 원인으로 한 소유권이전등기청구의 소이고, 후소(後訴)는 소유권이전등기말소청구의 소인 경우에도 동일하게 미치므로, 어느 경우이든 재소금지(再訴禁止)의 원칙으로 인하여 다시 소를 제기할 수 없다.

다시 소를 제기할 수 없는 경우는 원고가 전소에서 패소확정판결을 받았거나 제1심 변론 종결 후에 소를 취하한 경우이다.

③ 소유권확인청구

원고가 부동산에 관하여 소유권확인을 구하는 경우를 살펴본다. 원고의 입장에서 보아 해당 부동산의 소유권은 원고에게 있지만, 어떤 사정으로 인하여 원고 명의로 소유권보존등기를 마칠 수 없는 경우이다. 즉, 소유권확인을 구하는 방법이 가장 유효적절한 수단인 때에는 소유권확인의 소를 제기하게 된다.

국가가 자기의 소유권을 주장하는 경우 또는 국가가 자기의 소유라고 주장하면서 다투지는 않지만 지적공부의 멸실 등으로 인하여 원고(상속인) 명의로 등기를 실행할 수 없는 경우가 여기에 해당하는 사유이다.

원고가 등기말소청구나 진정명의 회복을 원인으로 한 소유권이전등기청구를 하게 되면 그 소의 심리과정에서는 그 소유권이 원고에게 있는지 여부에 관하여

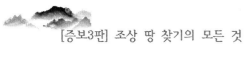

당연히 공격·방어 및 조사·판단을 하게 된다. 따라서 이러한 소를 제기할 수 있는 경우에는 확인의 소를 제기할 필요가 없을 것이므로 확인의 소는 허용되지 않는다. 확인의 이익이 없기 때문이다.

이 소에서의 공격방법은, ㉮ 해당 부동산의 소유권이 원고에게 있다는 점, ㉯ 원고에게는 소유권확인을 구할 이익(확인을 구하는 방법이 가장 유효적절한 수단이라는 점)이 된다.

제2항 증거의 제출

원고가 소장에서 주장한 사실, 피고가 원고의 주장에 대하여 답변에서 항변한 사실 및 원·피고가 준비서면에서 새로이 주장한 사실에 대하여는 각자의 주장을 뒷받침할 수 있는 증거를 제출함이 원칙이다.

여기에서는 이러한 증거를 어디에서 수집하여 어떠한 방법으로 제출할 것인가에 관하여 증거를 하나하나 나누어 검토한다.

① 토지조사부·임야조사부 : 이는 기초지방자치단체(시·구·군)에서 그 원본을 보관·관리하며, 누구에게나 열람 및 등본을 제공한다. 정보공개청구의 방법으로 이들의 등본을 발급받을 수도 있다.

그리고 지방자치단체가 원본 서류를 국가기록원에 이관한 경우에는 국가기록원에서도 마이크로필름으로 촬영한 것을 열람 및 등본을 제공하고 있다. 대부분의 지방자치단체에서는 이를 국가기록원에 이관을 하였다.

위 조사부들은 문서로 된 증거이므로, 법원에 제출할 때에는 서증(書證)의 신청방법에 따른다. 증거를 신청할 때에는 증명할 사실을 표시하여야 하고, 증거신청은 변론기일 전에도 할 수 있다(「민사소송법」 제289조).

당사자가 서증을 신청하고자 할 때에는 문서를 제출하는 방식 또는 문서를 가진 사람에게 그것을 제출하도록 명할 것을 신청하는 방식으로 한다(「민사소송법」 제343조).

㉮ 당사자가 소송에서 인용한 문서를 가지고 있는 때, ㉯ 당사자가 문서를 가지고 있는 사람에게 그것을 넘겨달라고 하거나 보겠다고 요구할 수 있는 사법상(私法上)의 권리를 가지고 있는 때, ㉰ 문서가 신청자의 이익을 위하여 작성된 경우 및 ㉱ 신청자와 문서를 가지고 있는 사람 사이의 법률관계에 관하여 작성된 것인 때에는 원칙적으로 그 문서를 가지고 있는 사람은 제출을 거부하지 못한다(「민사소송법」 제344조).

② 토지대장·임야대장 : 이들 문서는 기초지방자치단체에서 보관·관리하면서 누구에게나 열람과 등사를 허용한다. 따라서 당사자는 이들 문서의 등본을 발급받아 법원에 증거로 제출할 수 있다. 구 토지대장과 구 임야대장(폐쇄된 것)도 같다.

③ 부동산등기부 : 이는 지방법원, 지방법원 지원 및 등기소에서 보관·관리하면서 누구에게나 열람 및 등사를 허용한다. 따라서 그 등본을 교부받아 법원에 제출하는 방식으로 서증신청을 하면 된다. 폐쇄등기부도 마찬가지이다.

④ 가족관계증명서·제적등본 : 원고가 상속인의 지위에서 소를 제기하는 경우 또는 피고의 피상속인이 원고의 소유권에 관하여 침해행위를 한 경우에는 원고는 상속을 증명하는 서류를 제출하여야 한다.

원고가 자신에 관한 가족관계증명서 및 제적등본을 제출할 때에는 시·구·읍·면·동에서 발급해주는 것을 제출하면 된다.

그러나 피고의 것을 발급받기 위해서는 소송절차에서 그 서류가 필요하다는

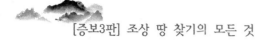

사실을 소명하여야 한다. 소명자료는 소를 제기하였다는 점을 소명할 수 있는 서류(소제기증명원) 등을 말한다. 피고의 주소를 증명하는 주민등록표등(초)본도 같은 요령으로 발급받을 수 있다.

⑤ 토지수용을 증명하는 서류 : 이 서류는 진정한 소유자인 원고의 토지임에도 불구하고 정당한 권원이 없는 자가 그 부동산을 자기의 명의로 등기하고 있다가 국가, 지방자치단체 또는 공기업으로부터 토지수용보상금을 수령한 경우의 문제이다.

이러한 경우 원고로서는 수용보상금을 지급한 주체(기업자)에 대하여 그 수용보상금을 수령한 사람이 언제, 얼마를 수령하였는지 등에 관한 사항을 알려달라는 정보공개를 청구할 수 있다.

이 청구를 받은 단체 등이 간혹 개인정보를 보호한다면서 충분한 정보를 제공하지 않는 경우도 있는데, 이러한 경우에는 일단 피고가 부당이득으로 취득하였을 것으로 추정되는 금액 중 일부만을 소장에 특정하여 일부청구를 하고, 그 다음에 법원에 대하여 서증신청을 하는 방법으로 해당 자료를 제출하도록 명령해줄 것을 신청할 수 있다.

위와 같은 절차를 거쳐 피고가 수령한 보상금의 수령일시 및 금액 등을 확인한 다음에는 '청구취지변경신청'을 함으로써 청구금액 등을 확정적으로 특정하면 된다. 이에 관련한 구체적인 방법 등은 뒤에 부록에서 설명한다.

제3항 변론절차

원고와 피고는 법원을 통하여 각종 서류를 주고받는다. 즉, 원고가 소장을 제출하면 피고는 법원으로부터 소장부본의 송달을 받고, 피고가 제출하는 답변서부본은 법원에서 원고에게 송달한다. 다시 원고와 피고가 법원에 제출하는

준비서면도 같은 요령으로 서로 주고받는다. 소장과 답변서는 준비서면으로 다루어진다.

준비서면을 통한 공격과 방어에 관하여 「민사소송법」이 특별히 횟수를 제한하지는 않으나, 법원이 볼 때 더 이상의 서면공방이 필요하지 않다고 판단하면 변론준비기일 또는 변론기일을 연다.

변론준비기일 또는 변론기일에는 당사자 또는 소송대리인이 법정에 출석하여야 하고, 출석한 당사자(또는 소송대리인)는 그동안 제출한 준비서면을 진술한다.

여기에서의 '진술'이라고 함은 이미 제출한 소장, 답변서 및 준비서면에 기재하여 제출한 내용을 일일이 읽는 절차가 아니라, 그 문서의 제목만을 지칭하면서 그 내용을 진술한다고 말하면 된다. 그러나 일반적으로는 재판장이 각 당사자가 제출한 준비서면 등을 진술한 것으로 처리하겠다고 말함으로써 법원사무관등으로 하여금 변론조서에 당사자가 진술한 것으로 기재하게 한다.

법정에 출석할 때에는 그동안 소장, 답변서 및 준비서면에 첨부하여 제출한 서증의 원본을 소지하고 출석한 다음 재판장이나 상대방이 그 확인을 요구하는 경우에는 이를 보여주어야 한다.

변론절차에서는 증인을 출석케 하여 진술을 듣기도 하고, 감정이나 검증 등의 절차를 진행할 수도 있다.

변론기일은 1회 또는 수회에 걸쳐 진행될 수 있는데, 변론절차는 재판장이 종결을 선언한다.

제4항 판결의 선고 및 상소(上訴)

법원이 변론을 종결하는 때에는 동시에 판결의 선고기일을 정한다. 법원이 판결을 선고하면 당사자에게 판결정본을 송달한다.

판결정본을 송달받은 당사자 모두가 (마지막으로 송달받은 사람을 기준으로)

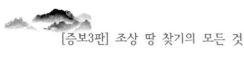

14일 이내에 항소를 제기하지 않는 경우에는 제1심판결은 그대로 확정이 된다.

그러나 당사자가 항소장을 제출하면 그 사건은 항소심에서 다시 심리와 재판을 하게 된다. 항소심판결에 불복하는 당사자는 14일 이내에 대법원에 상고를 할 수 있다.

제3관 소유권보존등기의 말소청구

조상이 소유한(사정받은) 땅임에도 불구하고 제3자가 소유권보존등기를 해 둔 이유는 여러 가지가 있다. 가장 많은 사례는 국가, 지방자치단체 등이 해당 토지를 수용한 경우일 것이다. 수용에 따른 대처방법은 뒤에서 따로 검토한다.

문제는 타인이 법률상 원인 없이 소유권보존등기를 마친 경우인데, 앞에서 검토하였듯이 각종의 특별조치법에 터 잡은 경우라면 보증서를 작성한 사람 중에 한 사람이라도 그 보증서를 허위로 작성한 사실을 인정하지 않는 한 원고가 그 소송에서 이길 가능성은 불가능에 가깝다고 해석하여야 한다.

다만, 해당 특별조치법에 의해서는 그 등기를 할 수 없는 사유가 있고, 원고가 그 사유를 증명할 수 있는 경우에는 그 등기를 말소하게 할 수 있을 것이다. 가령 인구 50만 이상의 도시지역에서는 해당 특별조치법을 적용하여 등기를 마칠 수 없음에도 불구하고 해당 특별조치법이 시행될 당시에 인구 50만이 넘는 도시지역에서 특별조치법에 의한 소유권이전등기를 마친 경우가 여기에 해당한다.

간혹 문제가 되는 경우는 오래 전에 국가가 법률상의 원인이 없음에도 불구하고 소관부처 공무원의 무지나 과실로 인하여 함부로 소유권보존등기를 마친 경우이다.

앞에서 검토한 바 있는 직접적인 증거자료가 있는 경우에는 국가를 피고로 소유권보존등기의 말소를 구하는 소를 제기할 수 있다. 보존등기 이후에 제3자 앞으로 몇 차례에 걸쳐 이전되었는가는 따질 필요가 없다. 다만, 이러한 경우라면 제3자(국가로부터 소유권을 이전받은 자)가 등기부취득시효에 의하여 소유권을

취득했을 수도 있다는 점은 잘 검토하여야 할 것이다.

소유권보존등기의 말소를 구하는 경우에는 그 보존등기에 터 잡아 이루어진 나머지 모든 등기, 즉 해당 등기부에 존재하는 모든 등기도 함께 말소등기절차를 이행하도록 청구하여야 한다. 소유권보존등기가 원인무효인 경우에는 그 소유권보존등기에 터 잡아 마쳐진 등기들도 모두 원인무효의 등기이기 때문이다. 다만, 등기부취득시효의 문제는 있다.

한편, 마지막 소유자만을 상대로 진정명의회복을 원인으로 한 소유권이전등기절차의 이행을 청구할 수도 있다.

> 도로부지에 편입된 토지에 관한 지적공부 등이 6·25전란으로 소실되었거나 기타의 사유로 존재하지 아니하는 등 그 토지의 취득절차에 관한 서류의 제출을 기대하기 어려운 사정이 있지도 않으며, 지적공부나 등기부 등에 국가 등이 소유권을 적법하게 취득한 것으로 볼 수 있는 기재가 없을 뿐 아니라, 오히려 종전소유자의 소유권이 그대로 유지되고 있는 것으로 기재되어 있다는 등의 사정이 입증된 반면, 당해 토지를 도로로 점유 사용하고 있는 국가 등이 자주점유의 추정을 유지하기 위한 적극반증 사유로서 그 토지를 도로에 편입시킨 경위 및 시기 등에 관한 사정과 아울러 그 토지의 취득절차에 관한 서류를 제출하지 못하는 납득할 만한 사유, 그 밖에 도로로 점유를 개시할 당시 공공용 재산의 취득절차를 거쳐서 소유권을 적법하게 취득했을 가능성을 배제할 수 없는 등의 사정에 관한 증거를 제시하지 못하는 경우에는 국가 등이 소유권취득의 법률요건 없이 그 토지를 도로에 편입시켜 무단점유한 것임이 증명되었다고 볼 수 있고, 그로써 자주점유의 추정은 깨어진다고 볼 것이다(대법원 2013. 1. 10. 선고 2012다73981 판결).

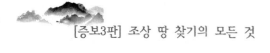

위 판례에서 다루고 있는 사안은 원고의 조상이 일제강점기에 사정을 받은 땅에 대하여 경기도 파주시가 아무런 권원 없이 도로에 편입하여 사인(私人)의 소유권을 침해한 사례이다. 위 판례는 피고의 시효취득 주장도 받아들이지 않았다. 피고의 점유는 타주점유이기 때문이다.

조상의 땅을 찾는 과정에서 위와 같은 사례는 어렵지 않게 발견된다. 위 사안과 같이 국가나 지방자치단체가 사인 소유의 땅을 무단으로 점유하여 도로로 사용하는 경우에는 그 토지의 사용료를 부당이득한 것이 된다. 따라서 최근 5년 동안의 토지사용료도 함께 청구할 수 있다.

사정명의인이 사정 이후에 그 토지를 다른 사람에게 처분한 사실이 인정된다면 사정명의인 또는 그 상속인들에게는 소유권보존등기 명의자를 상대로 하여 그 등기의 말소를 청구할 권원이 없게 되므로 그 청구를 인용할 수 없다(대법원 2008. 12. 24. 선고 2007다79718 판결 등 참조). 한편, 1975. 12. 31. 「지적법」 개정 전에 복구된 구 토지대장상의 소유자란에 이름이 기재되어 있다고 하더라도 그 기재에는 권리추정력을 인정할 수 없으나, 구 토지대장의 기재 내용을 다른 사정들과 종합하여 권리변동에 관한 사실인정의 중요 증거자료로 삼을 수 있다(대법원 2006. 6. 25. 선고 2006다8825 판결, 대법원 2010. 4. 15. 선고 2009다87508 판결 등 참조). (대법원 2012. 1. 12. 선고 2011다85987 판결).

위 판례가 시사하는 점은 이러하다. 현재의 소유자가 구 토지대장에 소유자로 복구된 경우에도 다른 정황에 의하여 그 소유권을 취득하였음을 짐작케 하는 경우에는 권리추정력을 인정받지 못하는 구 토지대장상의 소유자도 정당한 소유

자로 인정받을 수 있다는 점이다.

위 사안의 경우 현재의 소유자가 위 토지를 사정명의인으로부터 매수한 것이라는 직접적인 증거는 없다. 그러나 그 토지가 분할되어 일부는 도로로 사용되고 있는 점 등에 비추어 「지적법」 개정 전에 복등록구된 토지대장의 소유자복구 부분에 증명력을 부여하였다.

그리고 피상속인이 사정받은 토지에 대하여 현재의 상속인 아닌 자가 그 소유권보존등기를 마친 경우에서, 정당한 상속인이 원고가 되어 그 등기의 말소 또는 진정명의회복을 원인으로 하는 소유권이전등기를 청구하는 경우에는 입증 책임도 문제가 된다.

의용민법 시행 당시에는 소유권에 관한 등기 없이도 소유권이 이전되었다. 따라서 피상속인이 사정받은 토지에 관하여 상속인이 소를 제기한 경우에는 그 상속인인 원고가 자기 및 자기의 피상속인이 당해 토지를 양도하지 아니하였다는 사실을 입증(증명)하여야 한다(2008다79302 참조).

위 판례는 "1975. 12. 31. 「지적법」 개정"이라고 표시하였다. 그러나 이는 "1976. 3. 31. 「지적법」 개정"이라고 표시하여야 옳다. 개정된 「지적법」의 시행일은 1976. 3. 31.이기 때문이다.

제4관 소유권이전등기의 말소청구

내가 알지 못하는 사이에 제3자가 나의 조상이 소유했던 땅에 대하여 소유권이전등기를 마친 경우를 보면, 우선 「농지개혁법」에 터 잡은 경우가 있다. 분배농지에 대한 상환완료를 원인으로 소유권이 이전된 경우에는 나의 것으로 만드는 일은 결코 쉽지 않다고 보아야 한다. 그 취득자는 원시취득을 한 것이기 때문이다.

다음으로 예상할 수 있는 경우는 각종 특별조치법에 터 잡아 소유권이 이전된 경우인데, 이 또한 쉽지 않다. 설령 허위의 보증서에 근거하여 소유권이전등기를

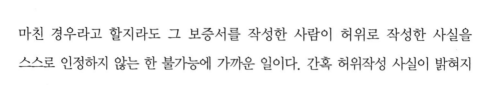

마친 경우라고 할지라도 그 보증서를 작성한 사람이 허위로 작성한 사실을 스스로 인정하지 않는 한 불가능에 가까운 일이다. 간혹 허위작성 사실이 밝혀지는 경우가 있긴 하지만 매우 어려운 일이라고 여겨진다.

해당 특별조치법으로는 그 등기를 실행할 수 없는 특수한 이유를 밝힐 수 있는 경우에는 예외적으로 그 등기의 말소를 소송으로 구할 수 있다는 점은 앞에서 살펴보았다.

보증서 및 확인서를 지방자치단체가 보존하는 기간은 원칙적으로 10년이다. 그러나 많은 기초지방자치단체에서는 이 보증서와 확인서를 영구적으로 보존하고 있다.

소유권이전등기의 말소를 청구하는 경우에는 그 소유권이전등기에 터 잡아 이루어진 다른 등기도 그 말소의 대상이 되므로, 이들 등기에 대한 말소도 동시에 청구하여야 할 것이다.

제6절 기타의 경우

제1관 수용된 경우

각종 공익사업을 위하여 토지가 수용된 경우이다. 공익사업의 시행자(기업자)는 수용보상금의 협의 및 지급을 위해서 토지의 소유자를 찾는다. 그런데, 토지의 소유자를 전혀 알 수 없는 경우, 즉 소유권보존등기가 되지 아니한 토지, 등기는 있으나 등기부상 주소에 우편물이 송달되지 않는 경우 및 등기는 있으나 등기부상의 소유자가 사망하였고, 그 상속인들을 찾는 것이 용이하지 아니한 경우 등의 문제이다.

이러한 경우에는 사업시행자가 수용보상금을 법원에 공탁한다. 피공탁자를 "불명" 또는 "망 ○○○의 상속인"으로 기재하여 공탁을 한다. 이러한 경우에도 공탁한 때로부터 10년이 경과하지 않았다면 공탁자(기업자)로 하여금 '공탁서정정신청'을 하게 한 다음 공탁금을 출급(出給)할 수 있다. 공탁금의 소멸시효는 10년이다. 소멸시효가 완성되면 공탁금은 국고에 귀속된다. 국가를 상대로 이를 반환해달라고 청구할 수 없음은 물론이다.

토지가 수용되는 경우에는 사업시행자가 소유권보존등기나 소유권이전등기를 실행하므로, 현재의 부동산등기사항전부증명서(또는 폐쇄등기부등본)에 의하여 누가 언제 수용을 하였는지를 확인할 수 있다.

제2관 법률상 원인 없이 사용하는 경우

이 경우는 주로 도로부지에서 문제가 된다. 국도, 고속국도 또는 지방도를 말하는데, 국가나 지방자치단체가 도로를 개설 또는 확장하면서 적법한 절차를 거침이 없이 타인의 토지를 임의로 사용하고 있는 경우가 있다.

이러한 경우에는 과거 5년 동안의 사용료를 청구할 수 있다. 손실보상금청구이다. 이 경우에 소유권보존등기나 소유권이전등기까지 마친 경우라면 위 손실보상금과는 별도로 부적합한 등기의 말소를 청구할 수 있음은 물론이다.

(1) 국가나 지방자치단체가 도로를 점유하는 형태는 도로관리청으로서의 점유와 사실상의 지배주체로서의 점유로 나누어볼 수 있는바, 기존의 사실상의 도로에 「도로법」에 의한 노선인정의 공고 및 도로구역의 결정이 있거나 「도시계획법」에 의한 도시계획사업의 시행으로 도로설정이 된 때에는 이때부터 도로관리청으로서의 점유를 개시한 것으로 인정할 수 있고, 이러한 「도로법」 등에 의한 도로의 설정행위가 없더라도 국가나 지방자치단체가 기존의 사실상 도로에 대하여 확장 · 도로

포장 또는 하수도 설치 등 도로의 개축 또는 유지·보수공사를 시행하여 일반 공중의 교통에 이용한 때에는 이때부터 그 도로는 국가나 지방자치단체의 사실상 지배하에 있는 것으로 보아 사실상 지배주체로서의 점유를 개시한 것으로 인정할 수 있다고 할 것이다(대법원 1994. 9. 9. 선고 94다23951 판결, 1995. 2. 24. 선고 94다13220 판결 등 참조).

(2) 지방자치단체가 건축허가를 함에 있어 건축주에게 기존에 사실상 인도로 사용되고 있던 토지 위에 보도블럭을 설치할 것을 조건으로 하였고, 건축주가 그 허가조건을 충족시키기 위하여 보도블럭을 설치한 경우, 건축주가 보도블럭을 설치한 때부터 지방자치단체가 사실상 지배주체로서 그 인도 부분에 대한 점유를 개시한 것으로 보아야 한다.

(3) 국가 또는 지방자치단체가 도로로 점유·사용하고 있는 토지에 대한 임료(賃料) 상당의 부당이득을 산정하기 위한 토지의 기초가격은 국가 또는 지방자치단체가 종전부터 일반 공중의 교통에 사실상 공용되던 토지에 사실상 필요한 공사를 하여 도로로서의 형태를 갖춘 다음 사실상 지배주체로서 도로를 점유하게 된 경우에는 도로로 제한된 상태, 즉 도로인 현황대로 감정평가를 하여야 함을 지적해 둔다(대법원 2001. 1. 19. 선고 2000다58576, 58583 판결 등 참조). (대법원 2002. 3. 12. 선고 2001다70900 판결).

위 판례의 (1) 부분은 도로관리청인 국가나 지방자치단체가 도로부지를 점용하는 유형에는 '도로관리청으로서의 점유'와 '사실상의 지배주체로서의 점유'로

나누어 볼 수 있음을 설명한다.

(2) 부분에서는 사실상의 지배주체로서의 점유의 한 사례를 설명하였고, (3) 부분에서는 타인의 토지를 무단점유한 도로관리청이 토지의 소유자에게 배상하여야 할 점용료의 평가방법에 관한 설명이다. 이 점용료 청구권의 소멸시효는 5년이다.

<u>부동산 점유권원의 성질이 분명하지 않을 때에는 민법 제197조 제1항에 의하여 점유자는 소유의 의사로 선의ㆍ평온 및 공연히 점유한 것으로 추정되는 것이며, 이러한 추정은 지적공부 등의 관리주체인 국가나 지방자치단체가 점유하는 경우에도 마찬가지로 적용된다.</u>

그리고, 국가나 지방자치단체가 취득시효의 완성을 주장하는 토지의 취득절차에 관한 서류를 제출하지 못하고 있다 하더라도, 그 토지에 관한 지적공부 등이 6.25전란으로 소실되었거나 기타의 사유로 존재하지 아니함으로 인하여 국가나 지방자치단체가 지적공부 등에 소유자로 등재된 자가 따로 있음을 알면서 그 토지를 점유하여 온 것이라고 단정할 수 없고, 그 점유의 경위와 용도 등을 감안할 때 국가나 지방자치단체가 점유개시 당시 공공용 재산의 취득절차를 거쳐서 소유권을 적법하게 취득하였을 가능성도 배제할 수 없다고 보이는 경우에는, 국가나 지방자치단체가 소유권취득의 법률요건이 없이 그러한 사정을 잘 알면서 토지를 무단점유한 것임이 증명되었다고 보기 어려우므로, 위와 같이 <u>토지의 취득절차에 관한 서류를 제출하지 못하고 있다는 사정만으로 그 토지에 관한 국가나 지방자치단체의 자주점유의 추정이 번복된다고 할 수는 없으</u>나(대법원 2005. 12. 9. 선고 2005다33541 판결, 대법원 2006. 1. 26.

선고 2005다36045 판결, 대법원 2007. 2. 8. 선고 2006다28065 판결, 대법원 2007. 12. 27. 선고 2007다42112 판결 등 참고), 다만, 이러한 경우와 달리 점유자가 점유개시 당시에 소유권취득의 원인이 될 수 있는 법률행위 기타 법률요건이 없이 그와 같은 법률요건이 없다는 사실을 잘 알면서 타인 소유의 부동산을 무단점유한 것임이 증명된 경우에는, 특별한 사정이 없는 한 점유자는 타인의 소유권을 배척하고 점유할 의사를 갖고 있지 않다고 보아야 할 것이므로, 이로써 소유의 의사가 있는 점유라는 추정은 깨어진다고 할 것인데(대법원 1997. 8. 21. 선고 95다28625 전원합의체판결 참조), 국가나 지방자치단체가 자신의 부담이나 기부의 체납 등 「지방재정법」 또는 「국유재산법」 등에 정한 공공용 재산의 취득절차를 밟거나 그 소유자들의 사용승낙을 받는 등 토지를 점유할 수 있는 일정한 권원 없이 사유 토지를 도로부지에 편입시킨 경우에는 위와 같이 국가나 지방자치단체가 소유권취득의 법률요건이 없다는 사실 등을 잘 알면서 토지를 무단점유한 것임이 증명되었다고 보기 어려운 사정이 있는 경우에 해당하지 아니하는 이상 자주점유의 추정은 깨어진다고 보아야 할 것이다(대법원 2001. 3. 27. 선고 2000다64472 판결 등 참조).

원심이 인용한 제1심판결 이유 및 기록에 의하면 피고가 1969년 이전부터 위 각 토지를 도로로 점유·사용하여 왔다고는 하나, 위 각 토지에 대하여는 이미 1963. 1. 23. 또는 1964. 12. 31. 구 토지대장이 복구되어 있었을 뿐만 아니라, 나아가 위 각 토지는 1969. 5. 5. 또는 1988. 12. 1.에서야 그 각 지목이 도로로 변경되었고, 1995. 10. 30. 지방도 322호로 노선인정되어 도로구역결정이 고시되었다는 것 이외에 그 구체적 도로개설 시기나 개설 경위 등을 전혀 알 수 없어 피고가 위 각 토지의 점유를 개시할

당시 「지방재정법」이나 「국유재산법」 등에 정한 공공용 재산의 취득절차를
밟거나 토지소유자의 사용승낙을 받는 등으로 적법하게 도로에 편입하였
을 가능성이 있다고 볼만한 자료로 삼을 수 있는 점유의 경위 등의 사정을
확인할 수 없으므로, 피고가 위 각 토지에 대한 점유개시 당시 지적공부
등에 소유자로 등재된 자가 따로 있음을 알면서 점유하여 온 것이라고
단정할 수 없거나 점유의 경위 등에 비추어 소유권을 적법하게 취득하였을
가능성을 배제할 수 없는 사정이 있는 경우에 해당한다고 보기는 어렵다
(대법원 2009. 9. 10. 선고 2009다32553 판결).

위 판례에서 언급한 '기부채납(寄附採納)'은 사인(私人)이 자기의 재산을
국가나 지방자치단체에 기부하는 것을 말한다. 즉 증여의 일종이다. 이는 일반적
으로 사인이 개발사업을 시행하는 과정에서 토지를 기부하는 형태로 나타난다.

위 판례가 다룬 사례는 무단으로 타인의 토지상에 도로를 개설한 경우이다.
분쟁이 종종 발생하는 사례라고 할 수 있다.

이 판례가 길게 설명하고 있는 내용은 자주점유(自主占有)인가 타주점유(他主
占有)인가의 판단기준, 즉 '소유의 의사'로 점유를 개시했는가 그렇지 않았는가의
판단기준에 관한 것이다.

법원은 소유의 의사로 점유를 개시하였는지 여부에 대한 판단기준으로써 점유
의 권원(權原)이 무엇인가를 고찰한다. 매수인, 토지수용의 주체, 증여받은 자
등의 점유는 소유의 의사가 있는 점유(자주점유)이지만 임차인, 전세권자, 지상
권자의 점유는 타주점유에 해당한다. 20년의 점유에 의한 점유취득시효와 관련
한 「민법」의 규정을 모두 옮겨 적어보면 다음과 같다.

〔20년간 소유의 의사로 평온·공연하게 부동산을 점유하는 자는 등기함으로

써 그 부동산을 취득한다(제245조 제1항). 점유자는 소유의 의사로 선의·평온
및 공연하게 점유한 것으로 추정한다(제197조 제1항).〕

위 규정에서 보았듯이 부동산을 점유하면 '소유의 의사', '선의', '평온' 및
'공연'이 추정되므로, 시효에 의하여 소유권을 취득하지 못하였음을 주장하는
당사자는 위와 같은 추정을 받는 사실 중 어느 하나를 뒤집을 수 있는 증거(반증)
를 제출하여야만 소송에서 이길 가능성이 있다.

(1) 국가 또는 상위 지방자치단체가 법령의 규정 등에 의하여 그 권한의
일부를 하위 지방자치단체의 장에게 기관위임을 함으로써 하위 지방
자치단체의 장이 수임관청으로서 그 사무처리를 위하여 두루의 부지
가 된 토지를 점유하는 경우, 일반적으로 간접점유의 요건이 되는
점유매개관계는 법률행위뿐만 아니라 법령의 규정 등에 의하여도 설
정될 수 있는 점, 사무귀속의 주체인 위임관청은 법령의 개정 등에
의한 기관위임의 종결로 수임관청에게 그 점유의 반환을 요구할 수
있는 지위에 있는 점 등에 비추어 위임관청은 법령의 규정 등을 점유매
개관계로 하여 법령상 관리청인 수임관청 또는 그가 속하는 지방자치
단체가 직접 점유하는 도로의 부지를 간접점유한다고 보아야 한다(대
법원 2010. 3. 25. 선고 2007다22897 판결, 대법원 2010. 10. 14.
선고 2008다92268 판결 등 참조).

(2) 법령상 지방자치단체의 장이 처리하도록 하고 있는 사무가 자치사무
인지 아니면 기관위임사무인지 여부를 판단함에 있어서는 그에 관한
법령의 규정 형식과 취지를 우선 고려하여야 할 것이지만, 그 밖에
그 사무의 성질이 전국적으로 통일적인 처리가 요구되는 사무인지,

그에 관한 경비부담과 최종적인 책임귀속의 주체가 누구인지 등도 함께 고려하여 판단하여야 한다(대법원 2003. 4. 22. 선고 2002두10 483 판결, 대법원 2009. 6. 11. 선고 2008도6530 판결 등 참조).

(3) 지방도의 설치 · 관리 등에 관한 관련 법령의 규정 내용과 그 연혁 및 취지 등을 종합해보면 1988. 4. 6. 법률 제4004호로 전부개정된 「지방자치법」이 시행되기 전인 1988. 4. 30.까지는 도지사가 지방도 의 관리청으로서 그 부지를 점유하였더라도 이는 국가의 위임에 따른 기관위임사무로서 점유한 것이고, 이 경우 국가는 법령의 규정을 점유매개관계로 하여 도지사 또는 그가 속하는 지방자치단체가 직접 점유하는 지방도의 부지를 간접점유한 것이라고 보아야 한다.

(4) 일제강점기에 「조선도로령」에 따라 지방도의 부지로 편입된 이 사건 토지는 지방도의 관리청인 경기도지사가 피고의 기관위임사무로서 이 를 점유하여 오다가 1963년 행정구역변경에 따라 이 사건 토지가 서울특 별시에 편입된 이후 1988. 4. 30.까지는 서울특별시장이 위 수임기관의 지위를 승계하여 이를 점유하여 왔다고 보아야 하고, 따라서 피고는 위와 같은 수임기관 또는 그가 속하는 지방자치단체의 직접점유를 통하 여 이 사건 토지를 간접점유한 것이므로, 이러한 20년이 넘는 기간의 간접점유에 기하여 이 사건 토지에 대한 피고의 점유취득시효는 완성되 었다고 볼 수 있다(대법원 2010. 12. 9. 선고 2008다71575 판결).

위 판례가 설명하는 골자는, 첫째 지방자치단체의 사무 중 기관위임사무와 고유사무의 구별에 관한 것, 둘째 간접점유에 있어 점유매개관계에 법령의 규정 도 포함이 된다는 점이다.

위 판례는 경기도지사가 한 지방도의 설치 및 관리(이후 행정구역변경으로 인하여 관리업무가 서울특별시장에게 승계됨) 사무를 국가의 위임사무로 보았다. 위 판례에서 말하는 피고는 대한민국이다.

간접점유의 점유매개관계라 함은 가령 갑이 자기가 소유하는 토지를 을에게 임대하는 경우에서 을(임차인)을 직접점유자라 하며, 갑을 간접점유자라고 하는 관계를 성립하게 하는 매개관계를 말한다.

위 판례의 설명에 따르면 이 점유매개관계는 법률행위뿐만 아니라 법령의 규정(위 판례의 경우에는 「조선도로령」)도 점유매개관계로 된다는 것이다.

위 판례에서 주목하여야 할 것 중 또 하나는 경기도지사의 점유에서 서울시장의 점유로 직접점유의 주체가 변경되었지만, 대한민국의 간접점유에는 변경이 없기 때문에 직접점유의 변경과는 관계없이 국가는 20년 동안의 간접점유에 의하여 도로부지의 소유권을 취득시효에 의하여 취득하였다는 점이다.

해당 토지의 직접점유자가 지방자치단체장인 경우에 있어서 그 피고를 누구로 지정할 것인가와 관련하여, 기관위임사무인 경우에는 대한민국(법률상 대표자 법무부장관)이 피고가 되며, 지방자치단체의 고유사무인 경우에는 해당 지방자치단체가 피고로 되어야 한다.

제7절 소유권확인소송

어느 부동산이 자기의 소유라고 주장하는 사람은 현재의 등기명의인을 상대로 그 등기의 말소절차를 이행하라는 내용의 소를 제기하거나 자기 앞으로 소유권을 이전할 것을 요구하는 소(진정명의회복을 원인으로 한 소유권이전등기청구의 소)를 제기하면 된다.

그러나 미등기인 부동산에 관하여 서로가 자기의 소유권을 주장하는 경우에는

소유권확인소송을 통하여 진정한 소유자를 가릴 수밖에 없다. 그리고 경우에 따라서는 국가를 상대로 소유권을 확인해달라는 소송을 제기할 경우도 있다.

이러한 소송에서 자기의 소유임이 확정되면 그 판결을 '등기원인을 증명하는 서면'으로 하여 소유권보존등기를 마칠 수 있다.

'확인소송'을 제기하는 경우에는 '확인의 이익'이 있다는 점이 인정되어야 한다. 이와 관련한 법리는 대법원의 판례를 통하여 살펴본다.

> 국가를 상대로 한 토지소유권확인청구는 그 토지가 ① 미등기이고, 토지대장이나 임야대장상에 등록명의자가 없거나 등록명의자가 누구인지 알 수 없을 때와 ② 그 밖에 국가가 등기 또는 등록명의자인 제3자의 소유를 부인하면서 계속 국가소유를 주장하는 등 특별한 사정이 있는 경우에 한하여 그 확인의 이익이 있다(대법원 1996. 7. 25. 선고 95다14817 판결 참조).
>
> 그리고, 어느 토지에 관하여 등기부나 토지대장 또는 임야대장상 소유자로 등기 또는 등록되어 있는 자가 있는 경우에는 그 명의자를 상대로 한 소송에서 당해 부동산이 보존등기신청인의 소유임을 확인하는 내용의 확정판결을 받으면 소유권보존등기를 신청할 수 있는 것이므로 그 명의자를 상대로 한 소유권확인청구에 확인의 이익이 있는 것이 원칙이지만, 토지대장 또는 임야대장의 소유자에 관한 기재의 권리추정력이 인정되지 아니하는 경우에는 국가를 상대로 소유권확인청구를 할 수밖에 없다(대법원 2010. 7. 8. 선고 2010다21757 판결 참조). (대법원 2010. 11. 11. 선고 2010다45944 판결).

위 판례에서 말하는 "토지대장 또는 임야대장의 소유자에 관한 기재에 권리추정력이 인정되지 아니하는 경우"란 1976 3. 31. 이전('지적법'이 법률 제2801호로 전면개정되어 시행되기 전의 것)에 복구된 토지대장 또는 임야대장상에 소유자로 복구등록된 경우가 대표적이다.

드문 경우이지만 토지대장이나 임야대장이 복구되지 아니한 경우에도 여기(확인소송)에 해당될 수 있다.

국가를 상대로 한 토지소유권확인청구는 그 토지가 미등기이고 토지대장이나 임야대장상에 등록명의자가 없거나 등록명의자가 누구인지 알 수 없을 때와 그 밖에 국가가 등기 또는 등록명의자인 제3자의 소유를 부인하면서 계속 국가소유를 주장하는 등 특별한 사정이 있는 경우에 한하여 그 확인의 이익이 있다고 할 것이다(대법원 1993. 9. 14. 선고 92다24899 판결, 1995. 7. 25. 선고 95다14817 판결 등 참조).

원심은, 그 채용증거들에 의하여 위 토지들에 관하여는 임야대장상에 원고의 증조부인 경선국 외 2인 명의로 소유자등록이 되어 있는 사실을 인정한 다음, 위 토지들에 관하여 피고 대한민국이 시효취득 하였다고 주장하면서 원고의 소유를 다투고 있는 이상, 원고가 피고 대한민국을 상대로 세기한 소유권확인청구는 확인의 이익이 있다고 판단하였다.

그러나, 피고 대한민국의 주장은 위 토지들에 관하여 취득시효 완성을 원인으로 한 소유권이전등기청구권이 있다는 주장에 불과한 것이지, 위 토지들에 관한 임야대장상의 등록명의자들의 소유를 부인하면서 피고 대한민국의 소유라 주장하는 것이라 볼 수는 없다고 할 것이고, 한편 원심이 확정한 바와 같이 위 토지들에 관하여는 이미 임야대장상에 경창, 경기중과 원고의 증조부인 경선국 등 3인 명의로 소유자등록이 되어

있는 사실을 알 수 있으므로, 원고로서는 일단 「부동산등기법」 제130조 등 위 법 소정의 절차에 따라 위 임야대장상의 등록명의자들 또는 그 상속인들 명의로 소유권보존등기를 마칠 수 있다 할 것이고, 나아가 경선 국을 제외한 경창, 경기중 명의에 관한 부분 역시 원고를 비롯한 경선국의 상속인들의 소유라고 주장하는 경우에는 이는 결국 경창, 경기중 또는 그 상속인들이나 피고 종중과의 사이의 소유권 다툼 문제로 귀착된다 할 것이므로, 별도로 국가를 상대로 소유권확인을 구할 이익이 있다고 할 수 없다(대법원 2003. 12. 12. 선고 2002다33601 판결).

위 판례에 나타난 사실관계를 정리하면 다음과 같다. 위 사안에 등장하는 '경선국', '경창' 및 '경기중'은 다툼의 대상인 임야들의 사정명의인들이고, 위 임야들은 원래 종중이 소유하던 것이었으나 위 종중원들에게 명의신탁을 하여 사정을 받은 이래 소유권보존등기를 하지 아니한 채 종중이 소유해왔다.

그 후 위 일부 사정명의인들(경창 및 경기중)의 상속인들로부터 위 임야를 매수한 피고 및 대한민국은 1994년 「부동산소유권이전등기 등에 관한 특별조치 법」에 터 잡아 소유권보존등기를 마쳤다.

이에 위 사정명의인 경선국의 상속인들이 원고가 되어 위 소유권보존등기가 원인무효임을 주장하면서 소를 제기하였고, 이 소송이 진행되는 과정에서 종중 은 총회를 열어 피고들에 대한 매매행위를 추인(追認)하였다.

위 판례가 설명하는 사항 중 피고 대한민국이 시효취득을 하였다고 주장하는 것은 사정명의인의 상속인(원고)에 대하여 처음부터 원고의 피상속인이 소유한 것이 아니라는 주장을 한 것이 아니라, 원고의 피상속인의 소유였던 사실은 인정함을 전제로 그 후에 대한민국이 10년의 등기부시효취득에 관한 요건을 완성하였다는 점을 주장하는 것에 불과하므로 원고가 대한민국을 상대로 소유권 확인을 구할 '확인의 이익'이 없다는 것이다.

피고 대한민국이 다투는 것은 원고의 소유(엄밀히 말하면 원고의 피상속인의 소유)를 부인하는 것이 아니고, 피고 대한민국의 새로운 소유권취득을 주장하는 것에 불과하기 때문이다.

CHAPTER **6**

부재(不在)와 실종(失踪)

제6장 부재(不在)와 실종(失踪)

제1절 개관

조상이 소유하던 땅의 소재지조차 알지 못하는 경우를 분석해보면 해당 조상이 급사(急死)하였거나 행방불명된 경우가 많다.

행방불명된 이유는 여러 가지가 있겠으나, 가장 많은 사람이 행방불명된 원인이라면 6·25전쟁 당시 북한 내무서원(內務署員)에 의한 납치일 것이다. 북한은 1950년에 약 9만 명의 양민을 납치했다고 전해진다. 가장 많은 사람이 납북된 지역은 서울이다. 가요 '단장의 미아리 고개'가 이를 대변한다.

피상속인이나 상속인 중 일부 사람이 행방불명된 경우에는 상속인의 범위에 문제가 생길 수 있다. 무엇보다도 공동상속인들 사이의 상속협의분할에 어려움을 겪는다. 상속협의분할은 공동상속인 중 어느 한 사람이라도 그 협의에서 제외되면 협의분할 자체가 성립할 수 없기 때문이다.

먼저 부재자의 문제를 고찰하고, 다음에는 실종선고와 관련한 문제를 살펴보기로 한다.

제2절 부재자

종래의 주소나 거소(居所)를 떠나 소식이 없는 자를 '부재자(不在者)'라고 한다. 떠난 이유는 묻지 않는다. 우리가 일상적으로 사용하는 용어에 의하면 '행방불명자'이다.

참고로, 경찰의 실무에서는 행방불명된 사람에 대한 신고를 가리켜 '실종신고'라는 용어를 사용하는 경우도 있는데, 이 표현은 적절치 않다. 그 이유는 뒤에서 검토할 '실종'과는 거리가 있기 때문이다. '부재자 발생신고' 또는 '가출인 발생신고'가 적절한 표현이 될 수 있을 것이다. 여기에서는 부재자가 소유하는 재산(특히 토지)을 둘러싼 문제들을 중심으로 검토한다.

제3절 부재자재산관리인

「민법」의 관련 규정

제22조(부재자의 재산의 관리) ① 종래의 주소나 거소를 떠난 자가 재산관리인을 정하지 아니한 때에는 법원은 이해관계인이나 검사의 청구에 의하여 재산관리에 관하여 필요한 처분을 명하여야 한다. 본인의 부재 중 재산관리인의 권한이 소멸한 때에도 같다.

② 본인이 그 후에 재산관리인을 정한 때에는 법원은 본인, 재산관리인, 이해관계인 또는 검사의 청구에 의하여 전항의 명령을 취소하여야 한다.

제1관 부재자재산관리인 선임절차

종전의 주소지와 거소지를 갑자기 떠난 부재자가 자신의 재산을 관리할 재산관리인을 정해두었을 가능성은 희박하다. 이러한 경우에서 부재자가 소유하는 재산을 관리할 필요가 있는 경우에는 「가사소송법」의 규정에 따라 가정법원에 부재자재산관리인을 선임해줄 것을 청구할 수 있다.

청구인이 될 수 있는 사람은 검사와 '이해관계인'이다. 여기에서 말하는 이해관계인이 누구인지에 관하여 법률은 분명한 언급을 하지 않았다. 실무에서는 부재자와 근친관계(近親關係)에 있는 사람으로 해석하고 있다. 즉, 직계존·비속

또는 형제자매는 이해관계인이 될 것이다. 그러나 근친자라고 하더라도 부재자와 이해(利害)가 상반(相反)되는 사람은 여기에서 제외되어야 할 것이다. 부재자의 채권자도 청구인이 될 수 있다.

부재자재산관리인으로는 누구를 선임할 것인가? 법률은 이에 관하여도 구체적으로 설명하지 않았다. 결국 누구를 선임할 것인가의 문제는 가정법원의 재량이므로 법원은 청구인의 의사나 희망에 구속되지 않는다.

그렇지만 법원이 적임자를 찾아내는 일은 쉽지 않기 때문에 통상 청구인으로부터 추천받은 사람을 재산관리인으로 선임하는 경우가 많다.

일반적으로는 청구인 자신을 재산관리인으로 선임해달라고 청구하지만, 반드시 청구인 자신을 추천해야 하는 것은 아니다. 법원은 추천된 사람이 재산관리에 부적당하다고 판단되는 경우에는 다른 사람을 추천하도록 보정명령을 하고, 그래도 적당한 사람을 발견하지 못한 때에는 중립적인 제3자를 선임한다. 중립적인 제3자란 변호사 또는 법무사 등을 말한다. 법인도 재산관리인이 될 수 있고, 복수의 재산관리인을 선임하는 것도 가능하다.

법원은 청구인이 추천한 사람을 재산관리인으로 선임할 때에는 미리 피추천인의 동의서를 제출하도록 한다. 그리고 청구인이 추천한 사람은 보통 청구인 또는 사건본인(부재자)과 밀접한 관계에 있는 사람일 것이므로 재산관리인의 보수 및 관리비용의 청구를 포기할 의사가 있는 경우가 많다. 이러한 경우에는 미리 '보수포기서'를 제출하는 것도 실무의 관행이다.

법원이 '재산관리인선임심판청구서'를 접수하면 부재자와 관련하여 출입국사실조회, 범죄경력조회 등을 하게 된다. 경우에 따라서는 청구인을 출석케 하여 심문할 수도 있다. 따라서 선임까지는 약간의 기간이 소요된다. 그 기간은 법원에 따라 다르지만 일반적으로 3개월 안팎이다.

제2관 부재자재산관리인의 권리 · 의무

「민법」의 관련 규정

제24조(관리인의 직무) ① 법원이 선임한 재산관리인은 관리할 재산목록을 작성하여야 한다.

② 법원은 그 선임한 재산관리인에 대하여 부재자의 재산을 보존하기 위하여 필요한 처분을 명할 수 있다.

③ 부재자의 생사가 분명하지 아니한 경우에 이해관계인이나 검사의 청구가 있는 때에는 법원은 부재자가 정한 재산관리인에게 전2항의 처분을 명할 수 있다.

④ 전3항의 경우에 그 비용은 부재자의 재산으로써 지급한다.

제25조(관리인의 권한) 법원이 선임한 재산관리인이 제118조에 규정한 권한을 넘는 행위를 함에는 법원의 허가를 얻어야 한다. 부재자의 생사가 분명하지 아니한 경우에 부재자가 정한 재산관리인이 권한을 넘는 행위를 할 때에도 같다.

┗ 제118조(대리권의 범위) 권한을 정하지 아니한 대리인은 다음 각 호의 행위만을 할 수 있다.

　1. 보존행위

　2. 대리의 목적인 물건이나 권리의 성질을 변하지 아니하는 범위에서 그 이용 또는 개량하는 행위

제26조(관리인의 담보제공, 보수) ① 법원은 그 선임한 재산관리인으로 하여금 재산의 관리 및 반환에 관하여 상당한 담보를 제공하게 할 수 있다.

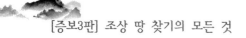

> ② 법원은 그 선임한 재산관리인에 대하여 부재자의 재산으로 상당한 보수를 지급할 수 있다.
>
> ③ 전2항의 규정은 부재자의 생사가 분명하지 아니한 경우에 부재자가 정한 재산관리인에 준용한다.

법원에 의하여 부재자재산관리인으로 선임된 사람(이하 '관리인'이라 한다)은 부재자의 재산으로부터 관리비용과 보수를 받을 수 있다. 그러나 변호사나 법무사 아닌 관리인은 대부분 이를 미리 포기한다.

「민법」 제118조는 대리인에 관한 규정인데 관리인이 이를 준용하고 있다. 즉, 법원이 선임한 관리인은 보존행위 및 물건의 성질이 변하지 않는 범위내의 이용행위는 자유로이 할 수 있지만, 보존행위를 넘어 재산의 처분행위(매매, 증여, 교환 등)를 하기 위해서는 그 행위마다 법원의 허가를 받아야 한다. 이를 관리인의 '권한초과행위허가'라고 한다.

관리인은 가정법원의 명령에 따라 보통 1년에 1회 관리상황을 가정법원에 보고해야 하지만, 실무상 담보를 제공하게 하는 경우는 드물다.

제3관 부재자재산관리인의 임무종료

관리인의 임무는 부재자가 돌아와서 스스로 재산을 관리할 수 있을 때에는 부재자 본인이나 관리인 또는 이해관계인의 청구에 의하여 법원의 해임에 따라 임무가 종료된다.

제4절 실종선고

제1관 실종선고의 요건

「민법」의 관련 규정

제27조(실종의 선고) ① 부재자의 생사가 5년간 분명하지 아니한 때에는 법원은 이해관계인이나 검사의 청구에 의하여 실종선고를 하여야 한다. ② 전지에 임한 자, 침몰한 선박 중에 있던 자, 추락한 항공기 중에 있던 자 기타 사망의 원인이 될 위난을 당한 자의 생사가 전쟁종지 후 또는 선박의 침몰, 항공기의 추락 기타 위난이 종료한 후 1년간 분명하지 아니한 때에도 제1항과 같다.

부재자의 생사가 5년 이상 분명하지 아니한 경우에는 검사 또는 '이해관계인'은 가정법원에 부재자에 대한 실종선고심판을 청구할 수 있다. 여기의 이해관계인은 추정상속인, 부재자재산관리인, 채권자 등을 말한다. '추정상속인'은 부재자가 실종선고를 받으면 상속인이 될 사람이다.

즉, 부재자에 대하여 실종선고심판이 확정됨에 따라 부재자가 그 실종만료의 시기(보통실종의 경우는 실종 후 5년, 특별실종은 위난종료 후 1년)에 사망한 것으로 의제되면 신분상 또는 재산상 이해관계를 갖는 사람은 청구인이 될 수 있다.

> 실종선고는 부재자를 법률상 사망한 것으로 간주케 하는 중대한 효과를 가지므로, 민법 제27조의 실종선고를 청구할 수 있는 이해관계인이라 함은 부재자의 법률상 사망으로 인하여 직접적으로 신분상 또는 경제상의 권리를 취득하거나 의무를 면하게 되는 사람만을 뜻한다고 할 것인바, 원심이 같은 취지에서 이 사건 부재자의 제1순위 상속인은 그 모 소외인이고, 재항고인은 부재자의 자매로서 제2순위 상속인에 불과할 뿐만 아니라 부재자에 대한 실종선고의 여부에 따라 재항고인의 상속지분에 차이가 생긴다고 하더라도 이는 위 부재자의 사망 간주시기에 따른 간접적인 영향에 불과하고, 부재자의 실종선고 자체를 원인으로 한 직접적인 결과는 아니라고 하여 재항고인은 부재자에 대한 실종선고를 청구할 이해관계인이 될 수 없다고 판단하였음은 정당하고, 거기에 이해관계인에 대한 해석을 잘못한 위법이 있다고 할 수 없다(대법원 1986. 10. 10. 선고 86스20 결정[실종신고])

여기에서는 특별히 '6·25전쟁납북자'와 관련하여 언급하고자 한다. 우리의 현실은 6·25전쟁 당시 납북된 사람에 관한 가족관계등록부(과거에는 '호적부'하고 하였다)는 다음 중 어느 하나의 모습으로 남아 있다. ① 실종선고심판을 받아 가족관계등록부를 사망 의제로 정리한 경우, ② 허위의 사망신고를 마친 경우, ③ 생존한 상태로 방치한 경우

위 ③과 관련하여 검토한다. 납북된 부재자에게 재산이 있거나 그가 상속인인 경우에는 그의 연령이 기대여명(期待餘命)을 넘었는지 여부를 따질 것도 없이 법원에 실종선고심판을 청구할 필요가 있다. 그리고 그 심판이 확정되면 가족관계등록부를 정리함으로써 상속관계를 분명히 할 수 있다. 그가 나중에 살아

돌아오면 실종선고심판을 취소하게 하는 방법이 존재하므로 특별히 문제될 것도 없다.

위 ②의 경우에도 문제가 되는 경우가 있다. 상속인의 범위와 관련한 문제이다. 우리 「민법」(의용민법을 말함)은 1959. 12. 31.까지는 전호주가 사망하면 호주상속인이 유산을 단독으로 상속하도록 하였다. 그러나 1960. 1. 1. 이후에는 피상속인의 배우자 및 직계비속이 공동상속하는 것으로 상속인의 범위를 확장하였다.

납북자 중 6·25전쟁 휴전협정체결 이후에 납북된 사람은 남한으로 돌아온 사례가 있지만, 6·25전쟁 당시 납북된 사람의 경우에는 남한으로 돌아온 사람에 관한 공식적인 보고서가 존재하지 않는다.

그런데 어떤 사유로 - 주로 상속과 관련한 문제로 - 납북자의 생사를 알 수 없고, 그의 기대여명도 많이 남아 있음에도 불구하고 허위의 사망신고를 마친 경우에는 그 사망신고를 언제 마쳤느냐에 따라 상속인의 범위가 달라질 수밖에 없다.

②의 사례에서 그 사망신고가 허위로 된 신고임이 명백하고, 납북자에게 아직 기대여명이 있는 경우라면 이해관계인은 가정법원에 '등록부정정허가신청'을 하여 납북자를 생존한 사람으로 되돌릴 수도 있다. 이 신청은 「가족관계의 등록 등에 관한 법률」 제104조에 근거한다.

「가족관계의 등록 등에 관한 법률」의 관련 규정

제104조(위법한 가족관계 등록기록의 정정) ① 가족관계등록부의 기록이 법률상 허가될 수 없는 것 또는 그 기재에 착오나 누락이 있다고 인정한 때에는 이해관계인은 사건본인의 등록기준지를 관할하는 가정

법원의 허가를 받아 등록부의 정정을 신청할 수 있다.

② 제1항의 경우에 가정법원의 심리에 관하여는 제96조 제6항을 준용한다.

제96조(국적취득자의 성과 본의 창설 신고) ① 외국의 성을 쓰는 국적취득자가 그 성을 쓰지 아니하고 새로이 성(姓)·본(本)을 정하고자 하는 경우에는 그 등록기준지·주소지 또는 등록기준지로 하고자 하는 곳을 관할하는 가정법원의 허가를 받고 그 등본을 받은 날부터 1개월 이내에 그 성과 본을 신고하여야 한다.

⑥ 제1항의 경우에 가정법원은 심리(審理)를 위하여 국가경찰관서의 장에게 성·본 창설허가 신청인의 범죄경력조회를 요청할 수 있고, 그 요청을 받은 국가경찰관서의 장은 지체없이 그 결과를 회보하여야 한다.

제2관 실종선고의 절차

실종선고심판청구서를 받은 가정법원은 6개월 이상 관보와 일간신문에 공고를 한다. 이른바 '수색공고'이다. 부재자의 소재를 알고 있는 이해관계인은 신고를 하라는 취지이다. 이 절차는 부재자재산관리인 선임절차에는 없는 절차이다. 따라서 실종선고의 절차는 부재자재산관리인 선임절차에 비하여 그 처리기간이 길다. 통상 1년 안팎의 기간이 소요된다.

제3관 실종선고의 효과

실종선고심판이 확정되면 부재자는 종래의 주소나 거소를 떠난 때로부터 5년, 항공기의 추락 및 선박의 침몰 등 위난을 당한 특별실종자는 그 위난이 종료한 날로부터 1년이 지난 때에 사망한 것으로 본다(「민법」 제28조 및 제27조).

「민법」 제28조 및 제27조의 규정에도 불구하고 1958. 2. 22. 제정되어 1960. 1. 1.부터 시행된 「민법」(법률 제471호) 부칙 제25조 제2항은 상속에 관하여 경과규정을 두었다. "실종선고로 인하여 호주 또는 재산상속이 개시되는 경우에 그 실종기간이 구법 시행기간 중에 만료하는 때에도 그 실종이 본법 시행일 후에 선고된 때에는 그 상속순위, 상속분 기타 상속에 관하여는 본법의 규정을 적용한다."는 것이 그것이다.

이 경과규정에 따라 1960. 1. 1.부터 1990. 12. 31.까지 사이에 실종선고심판이 확정된 경우에 있어서의 상속순위와 상속분(相續分)은 다음 표와 같다.

민법(법률 제471호. 1960. 1. 1. 시행)의 관련 규정

제1000조(재산상속의 순위) ① 재산상속에 있어서는 다음 순위로 상속인이 된다.

　1. 피상속인의 직계비속

　2. 피상속인의 직계존속

　3. 피상속인의 형제자매

　4. 피상속인의 8촌 이내의 방계혈족

② 전항의 경우에 동순위의 상속인이 수인인 때에는 최근친을 선순위로 하고 동친등의 상속인이 수인인 때에는 공동상속인이 된다.

제1001조(대습상속) 전조 제1항 제1호와 제3호의 규정에 의하여 상속인이 될 직계비속 또는 형제자매가 상속개시 전에 사망하거나 결격자가 된 경우에 그 직계비속이 있는 때에는 그 직계비속이 사망하거나 결격된 자의 순위에 갈음하여 상속인이 된다.

제1002조(처가 피상속인인 경우의 상속인) 처가 피상속인인 경우에 부는 그 직계비속과 동순위로 공동상속인이 되고 그 직계비속이 없는 때에는 단독상속인이 된다.

제1003조(처의 상속순위) ① 피상속인의 처는 제1000조 제1항 제1호와 제2호의 규정에 의한 재산상속인이 있는 경우에는 그 상속인과 동순위로 공동상속인이 되고 그 상속인이 없는 때에는 난독상속인이 된다.

제1009조(법정상속분) ① 동순위의 상속인이 수인인 때에는 그 상속분은 균분(均分)으로 한다. 그러나 재산상속인이 동시에 호주상속을 할 경우에는 상속분은 그 고유의 상속분의 5할을 가산하고 여자의 상속분은 남자의 상속분의 2분의 1로 한다.

② 동일가적내(同一家籍內)에 없는 여자의 상속분은 남자의 상속분의 4분의 1로 한다.

③ 피상속인의 처의 상속분은 직계비속과 공동으로 상속하는 때에는 남자의 상속분의 2분의 1로 하고 직계존속과 공동으로 상속하는 때에는 남자의 상속분과 균분으로 한다.

제1010조(대습상속분) ① 제1001조의 규정에 의하여 사망 또는 결격된 자에 갈음하여 상속인이 된 자의 상속분은 사망 또는 결격된 자의 상속분에 의한다.

위와 같은 경과규정은 1990. 1. 13. 개정된 「민법」(법률 제4199호) 부칙 제12조 제2항에서 "실종선고로 인하여 상속이 개시되는 경우에 그 실종기간이 구법 시행기간 중에 만료되는 때에도 그 실종이 이 법 시행일 후에 선고된 때에는 상속에 관하여는 이 법의 규정을 적용한다."고 규정하여 1991. 1. 1. 이후 실종선 고심판이 확정된 경우에 적용된다. 여기에 해당하는 경우에 있어서의 상속순위 및 상속분은 다음 표와 같다.

민법(법률 제4199호. 1991. 1. 1. 시행)의 관련 규정

제1000조(상속의 순위) ① 상속에 있어서는 다음 순위로 상속인이 된다.

　1. 피상속인의 직계비속

　2. 피상속인의 직계존속

　3. 피상속인의 형제자매

　4. 피상속인의 4촌 이내의 방계혈족

② 전항의 경우에 동순위의 상속인이 수인인 때에는 최근친을 선순위 로 하고 동친등의 상속인이 수인인 때에는 공동상속인이 된다.

③ 태아는 상속순위에 관하여는 이미 출생한 것으로 본다.

제1001조(대습상속) 전조 제1항 제1호와 제3호의 규정에 의하여 상속인이 될 직계비속 또는 형제자매가 상속개시 전에 사망하거나 결격자가 된 경우에 그 직계비속이 있는 때에는 그 직계비속이 사망하거나 결격된 자의 순위에 갈음하여 상속인이 된다.

제1003조(배우자의 상속순위) ① 피상속인의 배우자는 제1000조 제1항 제1호와 제2호의 규정에 의한 상속인이 있는 경우에는 그 상속인과

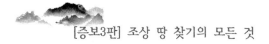

동순위로 공동상속인이 되고 그 상속인이 없는 때에는 단독상속인이 된다.

② 제1001조의 경우에 상속개시 전에 사망 또는 결격된 자의 배우자는 동조의 규정에 의한 상속인과 동순위로 공동상속인이 되고 그 상속인이 없는 때에는 단독상속인이 된다.

제1009조(법정상속분) ① 동순위의 상속인이 수인인 때에는 그 상속분은 균분으로 한다.

② 피상속인의 배우자의 상속분은 직계비속과 공동으로 상속하는 때에는 직계비속의 상속분의 5할을 가산하고, 직계존속과 공동으로 상속하는 때에는 직계존속이 상속분의 5할을 가산한다.

제1010조(대습상속분) ① 제1001조의 규정에 의하여 사망 또는 결격된 자에 갈음하여 상속인이 된 자의 상속분은 사망 또는 결격된 자의 상속분에 의한다.

② 전항의 경우에 사망 또는 결격된 자의 직계비속이 수인인 때에는 그 상속분은 사망 또는 결격된 자의 상속분의 한도에서 제1009조의 규정에 의하여 이를 정한다. 제1003조 제2항의 경우에도 또한 같다.

CHAPTER 7

공탁금, 부당이득반환청구

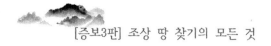

제7장 공탁금, 부당이득반환청구

제1절 공탁금의 출급

1. 원심판결 이유에 의하면 원심은, 피고가 경기 고양군 송포면 주엽리 699 전 4,592㎡을 수용하기 위하여 서울지방법원 의정부지원 90년 금제4580호로써 피공탁자를 '개풍군 중면 대용리 김순석'으로 하여 수용보상금 270,995,000원을 공탁하였음을 인정하고, 위 공탁금에 대한 출급청구권이 원고들에게 상속되었음을 전제로 그 확인을 구하는 원고들의 이 사건 소에 대한 피고의 주장, 즉 기업자인 피고는 이미 관계 법령에 따라 이 사건 토지의 수용보상금을 공탁하여 수용보상금 지급의무를 면하였으므로, 피고를 상대로 위 공탁금출급청구권이 원고 등에게 있음의 확인을 구하는 이 사건소는 권리보호의 이익이 없다는 피고의 다툼에 대하여, 「공탁사무처리규칙」(이하 "규칙"이라 한다) 제30조는 공탁금을 출급하려고 하는 사람은 공탁물출급청구서에 '출급청구권을 갖는 것을 증명하는 서면'을 첨부하여야 한다고 규정하고 있는데, 피고의 공탁은 공탁물을 수령할 자가 누구인지 전혀 몰라 절대적 불확지의 공탁을 한 경우에 해당하고, 이 경우 그 공탁금의 출급청구권을 주장하는 자는 이를 다투는 기업자를 상대로 공탁금출급권 확인의 소를 제기하여 승소 확정판결을 받아 이를 위 '출급청구권을 갖는 것을 증명하는 서면'으로 제출하여 공탁금 출급청구를 할 수 있다 할 것이므로, 기업자인 피고를 상대로 한 원고들의 이 사건 공탁금출급청구권

확인의 소는 확인의 이익이 있다고 판단하였다.

2. 원심이 인정한 사실과 이 사건 기록에 의하면, 기업자인 피고는 이 사건 공탁서에 공탁물의 수령자(피공탁자)인 김순석의 주소를 미수복지구(未收復地區)에 속하는 '개풍군 중면 대용리'로 기재하고, 이 사건 토지 소재지의 공탁소에 그 보상금을 공탁하면서 공탁서에 '공탁을 하게 된 관계 법령'을 '토지수용법 제61조 제1호'로 기재한 사실을 알 수 있는바, 공탁제도는 공탁공무원의 형식적 심사권, 공탁사무의 기계적, 형식적인 처리를 전제로 하여 운영되는 것이어서 피공탁자가 특정되어야 함이 원칙이고, 또한 피공탁자가 특정되었다고 하려면 피공탁자의 동일성에 대하여 공탁공무원의 판단이 개입할 여지가 없고, 그 공탁통지서의 송달에 지장이 없는 정도에 이르러야 할 것인데, 이 사건의 경우는 피공탁자의 주소지 표시가 제대로 되지 아니하고 공탁통지서도 송달할 수 없으므로 피공탁자가 특정되지 아니하였다고 할 것이고, 그렇다면 이 공탁은 위에서 본 '공탁을 하게 한 관계 법령'의 기재가 사실에 합치되지 아니하여 바로 무효로 되는 것은 아니고, 이러한 경우라도 객관적으로 진정한 공탁원인이 존재하면 그 공탁을 유효로 해석하여야 하므로, 이 사건 공탁을 토지수용법 제61조 제2항 제2호에서 정한 "기업자가 과실 없이 보상금을 지급받을 자를 알 수 없는 때"에 허용되는 절대적 불확지의 공탁으로 볼 수밖에 없다.

3. 변제공탁제도는 채무자가 채무의 목적물을 공탁소에 공탁함으로써 채무를 면하게 하는 변제자를 위한 제도로써 그 공탁이 국가의 후견적

관여하에 이루어진다고 하더라도 본질적으로는 사인간의 법률관계를 조정하기 위한 것이므로, 우리 공탁제도는 채무자(공탁자)가 공탁을 함에 있어서 채권자(피공탁자)를 지정할 의무를 지며(규칙 제19조 제2항 (바)목, 제20조 제3항, 제20조의2), 공탁공무원은 형식적 심사권만을 갖고 채무자가 지정해준 채권자에게만 공탁금을 출급하는 등의 업무를 처리하는 것(규칙 제29조, 제30조)을 그 기본원리로 삼고 있다. 그러므로, 우리 공탁제도상 채권자가 특정되거나 적어도 채권자가 상대적으로나마 특정되는 상대적 불확지의 공탁만이 허용될 수 있는 것이고, 채권자가 누구인지 전혀 알 수 없는 절대적 불확지의 공탁은 허용되지 아니하는 것이 원칙이다.

그러나, 토지수용법 제61조 제2항 제2호는 토지수용의 주체인 기업자가 과실 없이 보상금을 받을 자를 알 수 없을 때에는 절대적 불확지의 공탁이 허용됨을 규정하여, 기업자는 그 공탁에 의하여 보상금 지급의무를 면하고 그 토지에 대한 소유권을 취득하도록 하고 있는바, 이와 같이 절대적 불확지의 공탁을 예외적으로 허용하는 것은 공익을 위하여 신속한 수용이 불가피함에도 기업자가 당시로서는 과실 없이 채권자를 알 수 없다는 부득이한 사정으로 인한 임시적 조치로서 편의상 방편일 뿐이므로, 기업자는 위 공탁으로 수용보상금 지급의무는 면하게 되지만, 이로써 위에서 본 공탁제도상 요구되는 채권자 지정의무를 다하였다거나 그 의무가 면제된 것은 아니라 할 것이다.

그리고, 확인의 소에 있어서는 권리보호 요건으로서 확인의 이익이 있어야 하고, 그 확인의 이익은 원고의 권리 또는 법률상의 지위에 현존하는 불안·위험이 있고, 그 불안·위험을 제거함에는 피고를

상대로 확인판결을 받는 것이 가장 유효적절할 때에만 인정된다고 할 것이므로, 확인의 소의 피고는 원고의 권리 또는 법률관계를 다툼으로써 원고의 법률상의 지위에 불안·위험을 초래할 염려가 있는 자이어야 하고, 그와 같은 피고를 상대로 하여야 확인의 이익이 있다고 할 것인데, 이 사건과 같이 기업자가 보상금 수령권자의 절대적 불확지를 이유로 수용보상금을 공탁한 경우, 자기가 진정한 보상금 수령권자라고 주장하는 자의 입장에서 보면 기업자가 적극적으로 공탁금출급청구권이 없다고 부인(否認)하지는 아니하고 단순히 부지(不知)라고 주장하더라도 이는 보상금 수령권자의 지위를 다툰 것이고, 언제 다른 사람이 진정한 권리자라고 주장함에 대하여 기업자가 이를 긍정할지 알 수 없는 것이므로 그 법률상의 지위에 불안·위험이 현존하는 것으로 보아야 할 것이고, 또한 공탁제도상으로도 수용토지의 원소유자가 기업자를 상대로 절대적 불확지의 공탁이 된 공탁금에 대한 출급청구권이 자신에게 귀속되었다는 확인판결을 받아 그 판결이 확정되면 그 확정판결 정본은 규칙 제30조 제2호에 정한 '출급청구권을 갖는 것을 증명하는 서면'에 해당하여 수용 토지의 원소유자는 위 판결 정본을 공탁금출급청구서에 첨부하여 공탁소에 제출함으로써 공탁금을 출급할 수 있으므로, <u>수용 토지의 원소유자가 기업자를 상대로 하는 공탁금출급청구권 확인의 소는 절대적 불확지공탁의 공탁금 출급을 둘러싼 법적 분쟁을 해결하는 유효적절한 수단이어서 그 확인의 이익이 있다고 할 것이다</u>(대법원 1997. 10. 16. 선고 96다11747 전원합의체 판결).

수용보상금의 공탁은 여러 가지의 공탁 종류 중에서 '변제공탁'에 해당한다. 변제공탁에 관하여는 「민법」 제487조에서 규정하였다. 위 규정에서는 "채권자가 변제를 받지 아니하거나 받을 수 없는 때는 변제자는 채권자를 위하여 변제의 목적물을 공탁하여 그 채무를 면할 수 있다. 변제자가 과실 없이 채권자를 알 수 없는 경우에도 같다."고 규정하였다.

위 규정 중 "과실 없이 채권자를 알 수 없는 경우"란 채권자가 누구인지 전혀 알 수 없는 경우가 아니라, 채권자 중 진정한 채권자가 甲인지 乙인지를 알지 못하는 것과 같이 상대적으로 알지 못하는 경우를 말한다. 이 경우에는 '피공탁자'를 "갑 또는 을"로 기재하여 공탁을 할 수 있는데, 이를 '상대적 불확지 공탁'이라고 한다.

위 판례가 설명하였듯이 토지수용법에서만 인정하고 있는 "기업자가 과실 없이 보상금을 받을 자를 알 수 없을 때"에 하는 공탁은 '절대적 불확지 공탁'이라고 한다.

절대적 불확지의 공탁에서 피공탁자(토지소유자의 상속인)가 공탁금의 출급 청구를 하려면 자신이 피공탁자라는 사실을 증명해야 하는데, 공탁자인 기업자가 '공탁서정정'이라는 절차에 협력한다면 이에 의하여 공탁금을 출급할 수 있다. 그러나 공탁자가 이에 협력을 하지 않는다면 공탁자를 피고로 하여 자신이 피공탁자임을 확인해달라는 소를 제기할 수밖에 없을 것이다.

그런데 이와는 달리 위 상대적 불확지 공탁에서는 甲과 乙 중에는 정당한 피공탁자가 존재한다는 점은 이미 밝혀진 경우이므로, 甲과 乙이 서로 협의를 하거나 그들 상호간에 소송을 통하여 정당한 피공탁자가 누구인지를 가려야 한다. 이러한 경우에는 토지수용의 주체인 기업자는 피고가 될 수 없다는 점을 주의하여야 한다.

제2절 부당이득반환청구

제1관 의의

조상이 소유하던 땅의 소재를 찾았을 때 그 땅의 현재 모습을 정리해보면, ① 미등기인 상태, ② 타인이 권원 없이 소유권보존등기나 소유권이전등기를 마친 상태, ③ 위 ①의 상태에서 수용되면서 수용보상금이 공탁된 경우, ④ 위 ②의 상태에서 수용되었는데, 타인이 수용보상금을 수령한 경우로 나누어 볼 수 있다.

여기에서 검토할 내용은, ④의 경우이다. 즉, 조상이 소유하던 토지를 찾고 보니 그 토지는 수용이 되었고, 법률상 권원 없이 소유자로 등기한 자가 그 수용보상금을 수령한 경우의 문제이다.

이 경우 중에서도 그 타인이 수용보상금을 수령한 때로부터 10년이 지났으면 그 소멸시효가 완성되었으므로, 그가 부당이득을 취했지만 반환청구는 불가능하다. 결국 아직 소멸시효가 완성되지 아니한 부당이득의 반환청구만이 여기에서 검토할 대상임을 알 수 있다.

「민법」 제741조는 "법률상 권원 없이 타인의 재산 또는 노무로 인하여 이익을 얻고 이로 인하여 타인에게 손해를 가한 자는 그 이익을 반환하여야 한다."고 규정하였다. 부당이득의 내용에 관한 규정이다.

위 ④의 경우에는 법률상 권원 없이 상속인의 재산으로 인하여 공탁된 수용보상금을 법률상 원인 없는 자가 출급함으로써 이익을 얻었으므로, 그는 상속인에게 손해를 가한 것이다. 따라서 그 수익자의 부당이득은 상속인에게 반환되어야 한다.

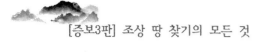

제2관 반환청구의 범위 및 방법

수익자는 그 이익으로 받은 목적물을 반환할 수 없는 때에는 그 가액을 반환하여야 한다(「민법」 제747조 제1항). 여기에서 말하는 '가액(價額)'은 수령한 수용보상금이 될 것이다.

부당이득의 반환청구는 반드시 소송의 방법으로만 해야 하는 것은 아니므로 수익자에게 말이나 문서로 청구할 수 있다. 이에 불응하는 경우에는 '부당이득금 반환청구의 소'를 제기할 수밖에 없을 것이다.

CHAPTER **8**

정보공개청구

제8장 정보공개청구

제1절 서언

조상이 소유했던 땅의 소재를 찾다보면 오래 전에 만들어진 공문서들을 추적할 수밖에 없다. 그리고 소송을 준비하는 단계에서도 여러 가지 문서를 갖추어야 한다. 그렇다고 하여 이들 공문서를 확인하기 위하여 해당 공문서를 보관하는 관공서를 모두 찾아다니는 것은 능률적이지 않다. 이러한 어려움을 해결할 수 있는 방법 중 하나는 정보공개청구 제도를 활용하는 것이다.

「공공기관의 정보공개에 관한 법률」은 국가, 지방자치단체 및 공공기관이 보관하는 문서는 원칙적으로 모든 국민에게 공개하도록 규정하고 있다.

다만, 「주민등록법」과 「가족관계의 등록 등에 관한 법률」에서는 주민등록등본(초본), 가족관계증명서, 제적등본 등은 원칙적으로 본인이나 동거가족 및 직계존·비속이 아니면 열람할 수 없도록 하는 특별한 규정을 마련해놓고 있다.

한편, 누구든지 수수료를 납부하고 발급을 받을 수 있는 부동산등기사항전부증명서, 토지대장등본, 지적도등본 등은 정보공개청구의 대상이 될 수 없다.

제2절 「공공기관의 정보공개에 관한 법률」

공공기관의 정보공개에 관한 법률(약칭: 정보공개법)

[시행 2021. 6. 23.] [법률 제17690호, 2020. 12. 22., 일부개정]

제1조(목적) 이 법은 공공기관이 보유·관리하는 정보에 대한 국민의 공개

청구 및 공공기관의 공개 의무에 관하여 필요한 사항을 정함으로써 국민의 알권리를 보장하고 국정(國政)에 대한 국민의 참여와 국정 운영의 투명성을 확보함을 목적으로 한다.

제2조(정의) 이 법에서 사용하는 용어의 뜻은 다음과 같다.

1. "정보"란 공공기관이 직무상 작성 또는 취득하여 관리하고 있는 문서(전자문서를 포함한다. 이하 같다) 및 전자매체를 비롯한 모든 형태의 매체 등에 기록된 사항을 말한다.

2. "공개"란 공공기관이 이 법에 따라 정보를 열람하게 하거나 그 사본·복제물을 제공하는 것 또는 「전자정부법」 제2조 제10호에 따른 정보통신망(이하 "정보통신망"이라 한다)을 통하여 정보를 제공하는 것 등을 말한다.

3. "공공기관"이란 다음 각 목의 기관을 말한다.

   가. 국가기관

   　1) 국회, 법원, 헌법재판소, 중앙선거관리위원회

   　2) 중앙행정기관(대통령 소속 기관과 국무총리 소속 기관을 포함한다) 및 그 소속 기관

   　3) 「행정기관 소속 위원회의 설치·운영에 관한 법률」에 따른 위원회

   나. 지방자치단체

   다. 「공공기관의 운영에 관한 법률」 제2조에 따른 공공기관

   라. 「지방공기업법」에 따른 지방공사 및 지방공단

   마. 그 밖에 대통령령으로 정하는 기관

   　↳ **「공공기관의 정보공개에 관한 법률 시행령」**

제2조(공공기관의 범위) 「공공기관의 정보공개에 관한 법률」(이하 "법"이라 한다) 제2조 제3호 마목에서 "대통령령으로 정하는 기관"이란 다음 각 호의 기관 또는 단체를 말한다.

1. 「유아교육법」, 「초·중등교육법」, 「고등교육법」에 따른 각급 학교 또는 그 밖의 다른 법률에 따라 설치된 학교

2. 삭제 〈2021. 6. 22.〉

3. 「지방자치단체 출자·출연 기관의 운영에 관한 법률」 제2조 제1항에 따른 출자기관 및 출연기관

4. 특별법에 따라 설립된 특수법인

5. 「사회복지사업법」 제42조 제1항에 따라 국가나 지방자치단체로부터 보조금을 받는 사회복지법인과 사회복지사업을 하는 비영리법인

6. 제5호 외에 「보조금 관리에 관한 법률」 제9조 또는 「지방재정법」 제17조 제1항 각 호 외의 부분 단서에 따라 국가나 지방자치단체로부터 연간 5천만원 이상의 보조금을 받는 기관 또는 단체. 다만, 정보공개 대상 정보는 해당 연도에 보조를 받은 사업으로 한정한다.

제3조(정보공개의 원칙) 공공기관이 보유·관리하는 정보는 국민의 알권리 보장 등을 위하여 이 법에서 정하는 바에 따라 적극적으로 공개하여야 한다.

제4조(적용 범위) ① 정보의 공개에 관하여는 다른 법률에 특별한 규정이 있는 경우를 제외하고는 이 법에서 정하는 바에 따른다.

② 지방자치단체는 그 소관 사무에 관하여 법령의 범위에서 정보공개에 관한 조례를 정할 수 있다.

③ 국가안전보장에 관련되는 정보 및 보안 업무를 관장하는 기관에서

국가안전보장과 관련된 정보의 분석을 목적으로 수집하거나 작성한 정보에 대해서는 이 법을 적용하지 아니한다. 다만, 제8조 제1항에 따른 정보목록의 작성·비치 및 공개에 대해서는 그러하지 아니한다.

제5조(정보공개 청구권자) ① 모든 국민은 정보의 공개를 청구할 권리를 가진다.

② 외국인의 정보공개 청구에 관하여는 대통령령으로 정한다.

제6조(공공기관의 의무) ① 공공기관은 정보의 공개를 청구하는 국민의 권리가 존중될 수 있도록 이 법을 운영하고 소관 관계 법령을 정비하며, 정보를 투명하고 적극적으로 공개하는 조직문화 형성에 노력하여야 한다. 〈개정 2020. 12. 22.〉

② 공공기관은 정보의 적절한 보존 및 신속한 검색과 국민에게 유용한 정보의 분석 및 공개 등이 이루어지도록 정보관리체계를 정비하고, 정보공개 업무를 주관하는 부서 및 담당하는 인력을 적정하게 두어야 하며, 정보통신망을 활용한 정보공개시스템 등을 구축하도록 노력하여야 한다. 〈개정 2020. 12. 22.〉

③ 행정안전부장관은 공공기관의 정보공개에 관한 업무를 종합적·체계적·효율적으로 지원하기 위하여 통합정보공개시스템을 구축·운영하여야 한다. 〈신설 2020. 12. 22.〉

④ 공공기관(국회·법원·헌법재판소·중앙선거관리위원회는 제외한다)이 제2항에 따른 정보공개시스템을 구축하지 아니한 경우에는 제3항에 따라 행정안전부장관이 구축·운영하는 통합정보공개시스템을 통하여 정보공개 청구 등을 처리하여야 한다.

⑤ 공공기관은 소속 공무원 또는 임직원 전체를 대상으로 국회규칙·

대법원규칙·헌법재판소규칙·중앙선거관리위원회규칙 및 대통령령으로 정하는 바에 따라 이 법 및 정보공개 제도 운영에 관한 교육을 실시하여야 한다. 〈신설 2020. 12. 22.〉

제6조의2(정보공개 담당자의 의무) 공공기관의 정보공개 담당자(정보공개 청구 대상 정보와 관련된 업무 담당자를 포함한다)는 정보공개업무를 성실하게 수행하여야 하며, 공개 여부의 자의적인 결정, 고의적인 처리 지연 또는 위법한 공개 거부 및 회피 등 부당한 행위를 하여서는 아니 된다.

제7조(정보의 사전적 공개 등) ① 공공기관은 다음 각 호의 어느 하나에 해당하는 정부에 대해서는 공개의 구체적 범위, 주기, 시기 및 방법 등을 미리 정하여 정보통신망 등을 통하여 알리고, 이에 따라 정기적으로 공개하여야 한다. 다만, 제9조 제1항 각 호의 어느 하나에 해당하는 정보에 대해서는 그러하지 아니하다.

 1. 국민생활에 매우 큰 영향을 미치는 정책에 관한 정보

 2. 국가의 시책으로 시행하는 공사(工事) 등 대규모 예산이 투입되는 사업에 관한 정보

 3. 예산집행의 내용과 사업평가 결과 등 행정감시를 위하여 필요한 정보

 4. 그 밖에 공공기관의 장이 정하는 정보

② 공공기관은 제1항에 규정된 사항 외에도 국민이 알아야 할 필요가 있는 정보를 국민에게 공개하도록 적극적으로 노력하여야 한다.

제8조(정보목록의 작성·비치 등) ① 공공기관은 그 기관이 보유·관리하는 정보에 대하여 국민이 쉽게 알 수 있도록 정보목록을 작성하여 갖추

어 두고, 그 목록을 정보통신망을 활용한 정보공개시스템 등을 통하여 공개하여야 한다. 다만, 정보목록 중 제9조 제1항에 따라 공개하지 아니할 수 있는 정보가 포함되어 있는 경우에는 해당부분을 갖추어 두지 아니하거나 공개하지 아니할 수 있다.

② 공공기관은 정보의 공개에 관한 사무를 신속하고 원활하게 수행하기 위하여 정보공개 장소를 확보하고 공개에 필요한 시설을 갖추어야 한다.

제8조의2(공개대상 정보의 원문공개) 공공기관 중 중앙행정기관 및 대통령령으로 정하는 기관은 전자적 형태로 보유·관리하는 정보 중 공개대상으로 분류된 정보를 국민의 정보공개 청구가 없더라도 정보통신망을 활용한 정보공개시스템 등을 통하여 공개하여야 한다.

제9조(비공개 대상 정보) ① 공공기관이 보유·관리하는 정보는 공개대상이 된다. 다만, 다음 각 호의 어느 하나에 해당하는 정보는 공개하지 아니할 수 있다. 〈개정 2020. 12. 22.〉

1. 다른 법률 또는 법률에서 위임한 명령(국회규칙·대법원규칙·헌법재판소규칙·중앙선거관리위원회규칙·대통령령 및 조례로 한정한다)에 따라 비밀이나 비공개 사항으로 규정된 정보

2. 국가안전보장·국방·통일·외교관계 등에 관한 사항으로서 공개될 경우 국가의 중대한 이익을 현저히 해칠 우려가 있다고 인정되는 정보

3. 공개될 경우 국민의 생명·신체 및 재산의 보호에 현저한 지장을 초래할 우려가 있다고 인정되는 정보

4. 진행 중인 재판에 관련된 정보와 범죄의 예방, 수사, 공소의 제

기 및 유지, 형의 집행, 교정(矯正), 보안처분에 관한 사항으로서 공개될 경우 그 직무수행을 현저히 곤란하게 하거나 형사피고인의 공정한 재판을 받을 권리를 침해한다고 인정할 만한 상당한 이유가 있는 정보

5. 감사 · 감독 · 검사 · 시험 · 규제 · 입찰계약 · 기술개발 · 인사관리에 관한 사항이나 의사결정 과정 또는 내부검토 과정에 있는 사항 등으로서 공개될 경우 업무의 공정한 수행이나 연구 · 개발에 현저한 지장을 초래한다고 인정할 만한 상당한 이유가 있는 정보. 다만, 의사결정 과정 또는 내부검토 과정을 이유로 비공개할 경우에는 제13조 제5항에 따라 통지를 할 때 의사결정 과정 또는 내부검토 과정의 단계 및 종료 예정일을 함께 안내하여야 하며, 의사결정 과정 및 내부검토 과정이 종료되면 제10조에 따른 청구인에게 이를 통지하여야 한다.

6. 해당 정보에 포함되어 있는 성명 · 주민등록번호 등 「개인정보보호법」 제2조 제1호에 따른 개인정보로서 공개될 경우 사생활의 비밀 또는 자유를 침해할 우려가 있다고 인정되는 정보. 다만, 다음 각 목에 열거한 사항은 제외한다.

가. 법령에서 정하는 바에 따라 열람할 수 있는 정보

나. 공공기관이 공표를 목적으로 작성하거나 취득한 정보로서 사생활의 비밀 또는 자유를 부당하게 침해하지 아니하는 정보

다. 공공기관이 작성하거나 취득한 정보로서 공개하는 것이 공익이나 개인의 권리 구제를 위하여 필요하다고 인정되는 정보

라. 직무를 수행한 공무원의 성명 · 직위

마. 공개하는 것이 공익을 위하여 필요한 경우로서 법령에 따라 국가 또는 지방자치단체가 업무의 일부를 위탁 또는 위촉한 개인의 성명·직업

7. 법인·단체 또는 개인(이하 "법인등"이라 한다)의 경영상·영업상 비밀에 관한 사항으로서 공개될 경우 법인등의 정당한 이익을 현저히 해칠 우려가 있다고 인정되는 정보. 다만, 다음 각 목에 열거한 정보는 제외한다.

　가. 사업활동에 의하여 발생하는 위해(危害)로부터 사람의 생명·신체 또는 건강을 보호하기 위하여 공개할 필요가 있는 정보

　나. 위법·부당한 사업활동으로부터 국민의 재산 또는 생활을 보호하기 위하여 공개할 필요가 있는 정보

8. 공개될 경우 부동산 투기, 매점매석 등으로 특정인에게 이익 또는 불이익을 줄 우려가 있다고 인정되는 정보

② 공공기관은 제1항 각 호의 어느 하나에 해당하는 정보가 기간의 경과 등으로 인하여 비공개의 필요성이 없어진 경우에는 그 정보를 공개 대상으로 하여야 한다.

③ 공공기관은 제1항 각 호의 범위에서 해당 공공기관의 업무 성격을 고려하여 비공개 대상 정보의 범위에 관한 세부 기준(이하 "비공개 세부 기준"이라 한다)을 수립하고 이를 정보통신망을 활용한 정보공개시스템 등을 통하여 공개하여야 한다.

④ 공공기관(국회·법원·헌법재판소 및 중앙선거관리위원회는 제외한다)은 제3항에 따라 수립된 비공개 세부 기준이 제1항 각 호의 비공개 요건에 부합하는지 3년마다 점검하고 필요한 경우 비공개 세부

기준을 개선하여 그 점검 및 개선 결과를 행정안전부장관에게 제출하여야 한다. 〈신설 2020. 12. 22.〉

제10조(정보공개의 청구방법) ① 정보의 공개를 청구하는 자(이하 "청구인"이라 한다)는 해당 정보를 보유하거나 관리하고 있는 공공기관에 다음 각 호의 사항을 적은 정보공개 청구서를 제출하거나 말로써 정보의 공개를 청구할 수 있다. 〈개정 2020. 12. 22.〉

1. 청구인의 성명·생년월일·주소 및 연락처(전화번호·전자우편주소 등을 말한다. 이하 이 조에서 같다). 다만, 청구인이 법인 또는 단체인 경우에는 그 명칭, 대표자의 성명, 사업자등록번호 또는 이에 준하는 번호, 주된 사무소의 소재지 및 연락처를 말한다.

2. 청구인의 주민등록번호(본인임을 확인하고 공개 여부를 결정할 필요가 있는 정보를 청구하는 경우로 한정한다)

3. 공개를 청구하는 정보의 내용 및 공개방법

② 제1항에 따라 청구인이 말로써 정보의 공개를 청구할 때에는 담당공무원 또는 담당 임직원(이하 "담당공무원등"이라 한다)의 앞에서 진술하여야 하고, 담당공무원등은 정보공개 청구조서를 작성하여 이에 청구인과 함께 기명날인하거나 서명하여야 한다.

③ 제1항과 제2항에서 규정한 사항 외에 정보공개의 청구방법 등에 관하여 필요한 사항은 국회규칙·대법원규칙·헌법재판소규칙·중앙선거관리위원회규칙 및 대통령령으로 정한다.

↳「공공기관의 정보공개에 관한 법률 시행령」

　제6조(정보공개의 청구방법 등) ① 법 제10조 제1항에 따른 정보공개 청구서는 공공기관에 직접 출석하여 제출하거나 우편·팩스 또는 정보통신망을 이용하여 제출한다.

② 공공기관은 정보공개 청구서를 접수하면 정보공개 처리대장에 기록하고 청구인에게 접수증을 발급하여야 한다. 다만, 다음 각 호의 어느 하나에 해당하는 경우에는 청구인이 요청할 때를 제외하고는 접수증을 발급하지 아니할 수 있다.

1. 즉시 또는 말로써 처리가 가능한 정보의 정보공개 청구서를 접수한 경우

2. 우편·팩스 또는 정보통신망을 통하여 정보공개 청구서를 접수한 경우

③ 삭제 〈2021. 6. 22.〉

④ 공공기관은 정보공개 청구서가 법 제11조 제5항에 해당하는 경우에는 다음 각 호의 사항을 구체적으로 적어 청구인에게 통지해야 한다.

1. 정보공개 청구에 따를 수 없는 법 제11조 제5항 각 호의 사유

2. 민원으로 처리함에 따른 처리결과

제11조(정보공개 여부의 결정) ① 공공기관은 제10조에 따라 정보공개의 청구를 받으면 그 청구를 받은 날부터 10일 이내에 공개 여부를 결정하여야 한다.

② 공공기관은 부득이한 사유로 제1항에 따른 기간 이내에 공개 여부를 결정할 수 없을 때에는 그 기간이 끝나는 날의 다음 날부터 기산(起算)하여 10일의 범위에서 공개 여부 결정기간을 연장할 수 있다. 이 경우 공공기관은 연장된 사실과 연장 사유를 청구인에게 지체 없이 문서로 통지하여야 한다.

③ 공공기관은 공개 청구된 공개 대상 정보의 전부 또는 일부가 제3자와 관련이 있다고 인정할 때에는 그 사실을 제3자에게 지체 없이 통지하여야 하며, 필요한 경우에는 그의 의견을 들을 수 있다.

④ 공공기관은 다른 공공기관이 보유·관리하는 정보의 공개 청구를 받았을 때에는 지체 없이 이를 소관 기관으로 이송하여야 하며, 이송한 후에는 지체 없이 소관 기관 및 이송 사유 등을 분명히 밝혀 청

구인에게 문서로 통지하여야 한다.

⑤ 공공기관은 정보공개 청구가 다음 각 호의 어느 하나에 해당하는 경우로서 「민원 처리에 관한 법률」에 따른 민원으로 처리할 수 있는 경우에는 민원으로 처리할 수 있다. 〈신설 2020. 12. 22.〉

1. 공개 청구된 정보가 공공기관이 보유·관리하지 아니하는 정보인 경우

2. 공개 청구의 내용이 진정·질의 등으로 이 법에 따른 정보공개 청구로 보기 어려운 경우

제13조(정보공개 여부 결정의 통지) ① 공공기관은 제11조에 따라 정보의 공개를 결정한 경우에는 공개의 일시 및 장소 등을 분명히 밝혀 청구인에게 통지하여야 한다.

② 공공기관은 청구인이 사본 또는 복제물의 교부를 원하는 경우에는 이를 교부하여야 한다. 〈개정 2020. 12. 22.〉

③ 공공기관은 공개 대상 정보의 양이 너무 많아 정상적인 업무수행에 현저한 지장을 초래할 우려가 있는 경우에는 해당 정보를 일정 기간별로 나누어 제공하거나 사본·복제물의 교부 또는 열람과 병행하여 제공할 수 있다. 〈신설 2020. 12. 22.〉

④ 공공기관은 제1항에 따라 정보를 공개하는 경우에 그 정보의 원본이 더럽혀지거나 파손될 우려가 있거나 그 밖에 상당한 이유가 있다고 인정할 때에는 그 정보의 사본·복제물을 공개할 수 있다.

⑤ 공공기관은 제11조에 따라 정보의 비공개 결정을 한 경우에는 그 사실을 청구인에게 지체 없이 문서로 통지하여야 한다. 이 경우 제9조 제1항 각 호 중 어느 규정에 해당하는 비공개 대상 정보인지를 포

함한 비공개 이유와 불복(不服)의 방법 및 절차를 구체적으로 밝혀야 한다. 〈개정 2020. 12. 22.〉

제14조(부분 공개) 공개 청구한 정보가 제9조 제1항 각 호의 어느 하나에 해당하는 부분과 공개 가능한 부분이 혼합되어 있는 경우로서 공개 청구의 취지에 어긋나지 아니하는 범위에서 두 부분을 분리할 수 있는 경우에는 제9조 제1항 각 호의 어느 하나에 해당하는 부분을 제외하고 공개하여야 한다.

제16조(즉시 처리가 가능한 정보의 공개) 다음 각 호의 어느 하나에 해당하는 정보로서 즉시 또는 말로 처리가 가능한 정보에 대해서는 제11조에 따른 절차를 거치지 아니하고 공개하여야 한다.

  1. 법령 등에 따라 공개를 목적으로 작성된 정보

  2. 일반국민에게 알리기 위하여 작성된 각종 홍보자료

  3. 공개하기로 결정된 정보로서 공개에 오랜 시간이 걸리지 아니하는 정보

  4. 그 밖에 공공기관의 장이 정하는 정보

제17조(비용 부담) ① 정보의 공개 및 우송 등에 드는 비용은 실비(實費)의 범위에서 청구인이 부담한다.

② 공개를 청구하는 정보의 사용 목적이 공공복리의 유지·증진을 위하여 필요하다고 인정되는 경우에는 제1항에 따른 비용을 감면할 수 있다.

③ 제1항에 따른 비용 및 그 징수 등에 필요한 사항은 국회규칙·대법원규칙·헌법재판소규칙·중앙선거관리위원회규칙 및 대통령령으로 정한다.

제18조(이의신청) ① 청구인이 정보공개와 관련한 공공기관의 비공개결

정 또는 부분 공개 결정에 대하여 불복이 있거나 정보공개 청구 후 20일이 경과하도록 정보공개 결정이 없는 때에는 공공기관으로부터 정보공개 여부의 결정 통지를 받은 날 또는 정보공개 청구 후 20일이 경과한 날부터 30일 이내에 해당 공공기관에 문서로 이의신청을 할 수 있다.

② 국가기관등은 제1항에 따른 이의신청이 있는 경우에는 심의회를 개최하여야 한다. 다만, 다음 각 호의 어느 하나에 해당하는 경우에는 심의회를 개최하지 아니할 수 있으며 개최하지 아니하는 사유를 청구인에게 문서로 통지하여야 한다. 〈개정 2020. 12. 22.〉

1. 심의회의 심의를 이미 거친 사항

2. 단순·반복적인 청구

3. 법령에 따라 비밀로 규정된 정보에 대한 청구

③ 공공기관은 이의신청을 받은 날부터 7일 이내에 그 이의신청에 대하여 결정하고 그 결과를 청구인에게 지체 없이 문서로 통지하여야 한다. 다만, 부득이한 사유로 정하여진 기간 이내에 결정할 수 없을 때에는 그 기간이 끝나는 날의 다음 날부터 기산하여 7일의 범위에서 연장할 수 있으며, 연장 사유를 청구인에게 통지하여야 한다.

④ 공공기관은 이의신청을 각하(却下) 또는 기각(棄却)하는 결정을 한 경우에는 청구인에게 행정심판 또는 행정소송을 제기할 수 있다는 사실을 제3항에 따른 결과 통지와 함께 알려야 한다.

제19조(행정심판) ① 청구인이 정보공개와 관련한 공공기관의 결정에 대하여 불복이 있거나 정보공개 청구 후 20일이 경과하도록 정보공개 결정이 없는 때에는 「행정심판법」에서 정하는 바에 따라 행정심판을

청구할 수 있다. 이 경우 국가기관 및 지방자치단체 외의 공공기관의 결정에 대한 감독행정기관은 관계 중앙행정기관의 장 또는 지방자치단체의 장으로 한다.

② 청구인은 제18조에 따른 이의신청 절차를 거치지 아니하고 행정심판을 청구할 수 있다.

③ 행정심판위원회의 위원 중 정보공개 여부의 결정에 관한 행정심판에 관여하는 위원은 재직 중은 물론 퇴직 후에도 그 직무상 알게 된 비밀을 누설하여서는 아니 된다.

④ 제3항의 위원은 「형법」이나 그 밖의 법률에 따른 벌칙을 적용할 때에는 공무원으로 본다.

제20조(행정소송) ① 청구인이 정보공개와 관련한 공공기관의 결정에 대하여 불복이 있거나 정보공개 청구 후 20일이 경과하도록 정보공개 결정이 없는 때에는 「행정소송법」에서 정하는 바에 따라 행정소송을 제기할 수 있다.

② 재판장은 필요하다고 인정하면 당사자를 참여시키지 아니하고 제출된 공개 청구 정보를 비공개로 열람 · 심사할 수 있다.

③ 재판장은 행정소송의 대상이 제9조 제1항 제2호에 따른 정보 중 국가안전보장 · 국방 또는 외교관계에 관한 정보의 비공개 또는 부분공개 결정처분인 경우에 공공기관이 그 정보에 대한 비밀 지정의 절차, 비밀의 등급 · 종류 및 성질과 이를 비밀로 취급하게 된 실질적인 이유 및 공개를 하지 아니하는 사유 등을 입증하면 해당 정보를 제출하지 아니하게 할 수 있다.

제3절 관련 대법원판례

「공공기관의 정보공개에 관한 법률」은 모든 공공기관은 모든 국민에게 원칙적으로 정보를 공개하라고 규정하였다. 그런데 공공기관의 실무자들은 정보공개에 소극적인 태도를 보이는 경향이 있다.

조상 땅을 찾는 과정에서, 또는 그 소재를 찾은 뒤에 권리행사를 위하여 필요한 소송 등을 준비하는 단계에서 반드시 손에 쥐어야만 하는 자료에 대하여 공공기관이 비공개하기로 결정을 하는 경우에 대비하여 대법원의 태도를 살펴본다.

대법원 2010. 12. 23. 선고 2008두13101 판결
[정보공개거부처분취소]

【원고, 피상고인】 원고
【피고, 상고인】 한국방송공사 (소송대리인 법무법인 삼흥종합법률사무소 담당변호사 김오수)

상고이유를 판단한다.

1. 소의 이익 유무
국민의 정보공개청구권은 법률상 보호되는 구체적인 권리이므로, 공공기관에 대하여 정보의 공개를 청구하였다가 공개거부처분을 받은 청구인은 행정소송을 통하여 그 공개거부처분의 취소를 구할 법률상의 이익이 있고, 공개청구의 대상이 되는 정보가 이미 다른 사람에게 공개되어 널리 알려져 있다거나 인터넷 등을 통하여 공개되어 인터넷검색 등을 통하여 쉽게 알 수 있다는 사정만으로는 소의 이익이 없다거나 비공개결정이

정당화될 수 없다(대법원 2007. 7. 13. 선고 2005두8733 판결, 대법원 2008. 11. 27. 선고 2005두15694 판결 참조).

원심판결 이유에 의하면, 원심은 피고 소속 프로듀서가 이 사건 프로그램의 방송용 가편집본 테이프에 더빙 및 자막 처리를 하여 작성한 이 사건 정보에 대한 피고의 정보공개거부처분의 취소를 구하는 이 사건 소가 소의 이익이 없어 부적법하다는 피고의 항변을 배척하였는바, 이에 관한 원심의 설시는 다소 미흡한 점이 없지 아니하나, 원고에게 이 사건 정보공개거부처분의 취소를 구할 소의 이익이 있다고 본 결론은 정당하고, 거기에 상고이유에서 주장하는 바와 같은 정보공개청구권의 본질 내지 정보공개청구의 요건에 관한 법리오해 등의 위법이 없다.

2. 정보공개청구권 남용 여부

공공기관의 정보공개에 관한 법률(이하 '정보공개법'이라고 한다)의 목적, 규정 내용 및 취지에 비추어 보면, <u>정보공개청구의 목적에 특별한 제한이 있다고 할 수 없으므로, 오로지 피고를 괴롭힐 목적으로 정보공개를 구하고 있다는 등의 특별한 사정이 없는 한, 정보공개의 청구가 권리남용에 해당한다고 볼 수 없다</u>(대법원 2004. 9. 23. 선고 2003두1370 판결, 대법원 2006. 8. 24. 선고 2004두2783 판결 등 참조).

위와 같은 법리에 비추어 보면, 원고를 포함한 다수인이 동일한 내용의 정보공개를 청구하였다 하더라도 그러한 사정만으로는 원고가 오로지 피고를 괴롭힐 목적으로 이 사건 정보공개를 청구하고 있다고 보기 어렵고 달리 원고의 정보공개청구가 권리의 남용에 해당한다고 볼 수 없다고 한 원심의 판단을 수긍할 수 있고, 거기에 상고이유의 주장과 같은 권리남용에 관한 법리오해 등의 위법이 없다.

3. 정보공개청구 대상기관 해당 여부

어느 법인이 정보공개법 제2조 제3호, 같은 법 시행령 제2조 제4호에 따라 정보를 공개할 의무가 있는 '특별법에 의하여 설립된 특수법인'에 해당하는지 여부는, 국민의 알 권리를 보장하고 국정에 대한 국민의 참여와 국정운영의 투명성을 확보하고자 하는 위 법의 입법 목적을 염두에 두고, 해당 법인에게 부여된 업무가 국가행정업무이거나 이에 해당하지 않더라도 그 업무 수행으로써 추구하는 이익이 해당 법인 내부의 이익에 그치지 않고 공동체 전체의 이익에 해당하는 공익적 성격을 갖는지 여부를 중심으로 개별적으로 판단하되, 해당 법인의 설립근거가 되는 법률이 법인의 조직구성과 활동에 대한 행정적 관리·감독 등에서 민법이나 상법 등에 의하여 설립된 일반 법인과 달리 규율한 취지, 국가나 지방자치단체의 해당 법인에 대한 재정적 지원·보조의 유무와 그 정도, 해당 법인의 공공적 업무와 관련하여 국가기관·지방자치단체 등 다른 공공기관에 대한 정보공개청구와는 별도로 해당 법인에 대하여 직접 정보공개청구를 구할 필요성이 있는지 여부 등을 종합적으로 고려하여야 한다(대법원 2010. 4. 29. 선고 2008두5643 판결 참조).

위와 같은 법리에 비추어 볼 때, 원심이 방송법이라는 특별법에 의하여 설립·운영되는 특수법인인 피고는 정보공개법 시행령 제2조 제4호의 '특별법에 의하여 설립된 특수법인'으로서 정보공개의무가 있는 공공기관에 해당한다고 판단한 것은 정당하고, 거기에 상고이유에서 주장하는 바와 같은 정보공개법 제2조 제3호의 '공공기관'에 관한 법리오해 등의 위법이 없다.

대법원 2012. 6. 18. 선고 2011두2361 전원합의체 판결
[정보공개청구거부처분취소]

상고이유를 판단한다.

1. 상고이유 제1점에 대하여

가. 구 공공기관의 정보공개에 관한 법률(2004. 1. 29. 법률 제7127호로
전부 개정되기 전의 것, 이하 '구 정보공개법'이라 한다) 제7조 제1항
제6호 본문은 비공개대상정보의 하나로 '당해 정보에 포함되어 있는
이름·주민등록번호 등에 의하여 특정인을 식별할 수 있는 개인에
관한 정보'를 규정하고 있었으나, 2004. 1. 29. 법률 제7127호로
전부 개정된 공공기관의 정보공개에 관한 법률(이하 '정보공개법'이
라 한다) 제9조 제1항 제6호 본문은 위 비공개대상정보를 '당해 정보
에 포함되어 있는 이름·주민등록번호 등 개인에 관한 사항으로서
공개될 경우 개인의 사생활의 비밀 또는 자유를 침해할 우려가 있다고
인정되는 정보'로 개정하였다.

일반적으로 사생활의 비밀은 국가 또는 제3자가 개인의 사생활영역을
들여다보거나 공개하는 것에 대한 보호를 제공하는 기본권이며, 사생
활의 자유는 국가 또는 제3자가 개인의 사생활의 자유로운 형성을
방해하거나 금지하는 것에 대한 보호를 의미한다(헌법재판소 2003.
10. 30. 선고 2002헌마518 결정 등 참조).

이러한 정보공개법의 개정 연혁, 내용 및 취지 등에 헌법상 보장되는
사생활의 비밀 및 자유의 내용을 보태어 보면, 정보공개법 제9조

제1항 제6호 본문의 규정에 따라 비공개대상이 되는 정보에는 구 정
보공개법상 이름 · 주민등록번호 등 정보의 형식이나 유형을 기준으
로 비공개대상정보에 해당하는지 여부를 판단하는 '개인식별정보'뿐
만 아니라 그 외에 정보의 내용을 구체적으로 살펴 '개인에 관한
사항의 공개로 인하여 개인의 내밀한 내용의 비밀 등이 알려지게
되고, 그 결과 인격적 · 정신적 내면생활에 지장을 초래하거나 자유로
운 사생활을 영위할 수 없게 될 위험성이 있는 정보'도 포함된다고
새겨야 한다. 따라서 <u>불기소처분 기록 중 피의자신문조서 등에 기재된
피의자 등의 인적사항 이외의 진술내용 역시 개인의 사생활의 비밀
또는 자유를 침해할 우려가 인정되는 경우 정보공개법 제9조 제1항
제6호 본문 소정의 비공개대상에 해당한다고 할 것이다.</u>

나. 한편 정보공개법 제9조 제1항 제6호 단서 (다)목은 '공공기관이 작성
하거나 취득한 정보로서 공개하는 것이 공익 또는 개인의 권리구제를
위하여 필요하다고 인정되는 정보'를 비공개대상정보에서 제외한다
고 규정하고 있는데, 여기에서 '공개하는 것이 개인의 권리구제를
위하여 필요하다고 인정되는 정보'에 해당하는지 여부는 비공개에
의하여 보호되는 개인의 사생활의 비밀 등의 이익과 공개에 의하여
보호되는 개인의 권리구제 등의 이익을 비교 · 교량하여 구체적 사안
에 따라 신중히 판단하여야 한다(대법원 2003. 12. 26. 선고 2002두1
342 판결, 대법원 2009. 10. 29. 선고 2009두14224 판결 등 참조).

대법원 2007. 6. 1. 선고 2007두2555 판결

[정보비공개결정처분취소]〈아파트 분양원가 정보공개 청구사건〉

상고이유를 판단한다.

1. 상고이유 제2점에 대하여

공공기관의 정보공개에 관한 법률(이하 '정보공개법'이라 한다) 제4조 제1항은 "정보의 공개에 관하여는 다른 법률에 특별한 규정이 있는 경우를 제외하고는 이 법이 정하는 바에 의한다"고 규정하고 있는바, 여기서 '정보공개에 관하여 다른 법률에 특별한 규정이 있는 경우'에 해당한다고 하여서 정보공개법의 적용을 배제하기 위해서는, 그 특별한 규정이 '법률'이어야 하고, 나아가 그 내용이 정보공개의 대상 및 범위, 정보공개의 절차, 비공개대상정보 등에 관하여 정보공개법과 달리 규정하고 있는 것이어야 할 것이다.

그런데 피고가 정보공개법 제4조 제1항 소정의 '다른 법률에 특별한 규정이 있는 경우'에 해당한다고 주장하는 임대주택법 시행규칙 제2조의3은 '법률'이 아니고 건설교통부령에 불과할 뿐만 아니라, 그 내용도 공공건설 임대주택의 입주자모집공고를 할 때에는 '입주자모집공고 당시의 주택가격, 임대의무기간 및 분양전환시기, 분양전환가격의 산정기준' 등을 포함시키도록 하여서 당해 임대주택의 공급을 신청하려는 사람들이 필요한 정보를 손쉽게 얻도록 하려는 것일 뿐, 그 이외의 정보에 대하여는 일반 국민이 정보공개법에 의하여 공개를 청구할 권리마저 제한하려는 취지는

아니라고 할 것이다.

같은 취지의 원심의 판단은 정당하고, 거기에 정보공개법 제4조 제1항에 관한 법리오해 등의 위법이 없다.

2. 상고이유 제3점에 대하여

정보공개법 제10조 제1항 제2호는 정보의 공개를 청구하는 자는 정보공개청구서에 '공개를 청구하는 정보의 내용' 등을 기재할 것을 규정하고 있는바, 청구대상정보를 기재함에 있어서는 사회일반인의 관점에서 청구대상정보의 내용과 범위를 확정할 수 있을 정도로 특정함을 요한다고 할 것이다(대법원 2003. 3. 28. 선고 2000두9212 판결, 2005. 1. 28. 선고 2002두12854 판결 등 참조).

또한, 정보비공개결정의 취소를 구하는 사건에 있어서, 만일 원고가 공개를 청구한 정보의 내용 중 너무 포괄적이거나 막연하여서 사회일반인의 관점에서 그 내용과 범위를 확정할 수 있을 정도로 특정되었다고 볼 수 없는 부분(이하 '특정되지 않은 부분'이라 한다)이 포함되어 있다면, 이를 심리하는 법원으로서는 마땅히 정보공개법 제20조 제2항의 규정에 따라 피고에게 그가 보유·관리하고 있는 공개청구정보를 제출하도록 하여 이를 비공개로 열람·심사하는 등의 방법으로 공개청구정보의 내용과 범위를 특정시켜야 할 것이고, 나아가 위와 같은 방법으로도 특정이 불가능한 경우에는 특정되지 않은 부분과 나머지 부분을 분리할 수 있고 나머지 부분에 대한 비공개결정이 위법한 경우라고 하여도 원고의 청구 중 특정되지 않은 부분에 대한 비공개결정의 취소를 구하는 부분은 나머지 부분과 분리하여서 이를 기각하여야 할 것이다.

원심판결 이유와 기록에 의하면, 원고가 공개를 청구한 정보의 내용은 '① 덕정지구 택지수용가 및 관련 자료 일체, ② 덕정지구 택지조성원가 및 관련 자료 일체, ③ 덕정지구 택지분양가 및 관련 자료 일체, ④ 덕정1단지 건설원가 및 관련 자료 일체, ⑤ 시공사 한양과 관련된 계약서 일체와 직접공사비 관련 자료 일체, ⑥ 공사비, 설계감리비, 부대비용, 귀 공사 마진 등 실질적인 건축비 산출 내역 및 관련 자료 일체'인 사실, 피고는 원심의 변론종결일 이후에 원심법원에 제출한 참고서면을 통하여 "원고가 공개를 구하는 이 사건 정보는 너무나 막연하게 관련 자료 일체를 공개하라는 주장을 담고 있을 뿐 구체적으로 특정되지 않아 사실상 그 공개가 불가능하다"고 주장하면서 "이와 관련하여 변론을 재개할 필요가 있다면 변론을 재개하여 달라"고 요청한 사실을 알 수 있고, 원고가 공개를 청구한 정보의 내용 중 '관련 자료 일체' 부분은 그 내용과 범위가 사회일반인의 관점에서 볼 때 일의적으로 확정할 수 있을 정도로 특정되었다고 보기 어려움에도 불구하고 원심은 앞에서 살펴본 필요한 조치를 다하지 아니한 채 만연히 이 사건 비공개결정 전부를 취소한 제1심판결에 대한 피고의 항소를 기각하고 말았으니, 이러한 원심판결에는 필요한 심리를 다하지 아니하였거나 정보공개법 제10조 제1항 제2호에 관한 법리를 오해하여 판결에 영향을 미친 위법이 있다.

부 록

부록 〈서식 작성 실무〉

〔부동산처분금지가처분신청서〕

부동산처분금지가처분신청

채권자 1.　　성명 :

　　　　　　　주소 :

　　　　　　　전화번호 :

　　　　　　　전자우편주소 :

채권자 2.　　성명 :

　　　　　　　주소 :

　　　　　　　전화번호 :

　　　　　　　팩스번호 :

채무자　　　　성명 :

　　　　　　　주소 :

목적물의 표시 : 별지 목록 기재와 같음

피보전권리의 내용 : 2021. ㅇ. ㅇ. 상속을 원인으로 한 소유권보존등기말
소등기청구권

목적물의 가격 : 100,000,000원

신 청 취 지

채무자는 별지 목록 기재 부동산에 대하여 매매, 증여, 저당권의 설정
그 밖의 일체의 처분행위를 하여서는 아니 된다.
라는 결정을 구합니다.

신 청 이 유

1. 별지 목록 기재 부동산은 1914. 3. 31. 채권자들의 할아버지인 망
   홍길동이 사정을 받은 토지입이다.

2. 위 부동산은 1959. ○. ○. 위 홍길동이 사망함에 따라 채권자들의
   아버지인 망 홍장남이 호주상속인으로서 단독으로 상속하였으며, 위
   홍장남이 2020. ○. ○. 사망하여 채권자들의 어머니 망 신순애가 3/7
   지분소유권을, 채권자들이 각각 2/7 지분소유권을 상속하였습니다.

3. 그런데 채무자는 20○○. ○. ○. 위 부동산에 대하여 법률상 권원이
   없으면서도 ○○지방법원 ○○등기소 접수 제○○○호로 소유권보존
   등기를 마쳤습니다.

4. 따라서 채권자들은 채무자 명의의 위 소유권보존등기의 말소청구소송
   을 준비하고 있는데, 채무자는 위 부동산을 처분할 우려가 있으므로
   위 청구권의 집행을 보전하기 위하여 이 사건 신청에 이른 것입니다.

5. 한편, 채권자들은 경제적 여유가 없으므로 이 사건 가처분명령의 손해
   담보에 관한 담보제공은 보증보험주식회사와 지급보증위탁계약을 맺
   은 문서를 제출하는 방법으로 할 수 있도록 허가하여 주시기 바랍니다.

소 명 방 법

1. 소갑 제1호증   토지조사부등본
1. 소갑 제2호증의 1, 2   구 토지대장등본
1. 소갑 제3호증의 1, 2   토지대장등본
1. 소갑 제4호증의 1, 2   부동산등기사항전부증명서
1. 소갑 제5호증의 1 내지 3   제적등본
1. 소갑 제6호증   가족관계증명서
1. 소갑 제7호증의 1, 2   개별공시지가확인원

첨 부 서 류

1. 위 소명방법   각1통
1. 등록세영수필확인서   2통
1. 부동산목록   5통

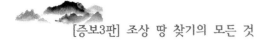

1. 송달료납부서　　　　　　　　　　1통. 끝.

　　　　　　　　　2021.　○.　○.

　　　　　　　　위 채권자　○○○

　　　　　　　　　　　　　　○○○

○○지방법원 귀중

(별지)

목적물의 표시

충청북도 ○○시 ○○로 ○○-○ 전 1,234.56㎡

충청북도 ○○시 ○○로 ○○-○ 답 2,345.67㎡. 끝.

〈참고〉

○ 당사자의 표시 : 채권자가 여러 명인 경우에는 그들 모두를 표시하여야
하고, 채무자가 여러 사람인 경우에도 그들 모두를 표시하여야 한다.
가처분명령은 원칙적으로 채무자가 알지 못하는 사이에 명령을 하게 되므
로, 채무자가 우편물을 송달받을 수 있는 주소 외에 다른 통신수단은 기재하

지 않더라도 무방하다. 그러나 채권자의 경우에는 주소 외에도 전자우편주
소 등 다른 통신수단을 기재한다.

○ 목적물의 표시 : 이 신청에 따라 법원이 가처분명령을 결정하고, 채권자가
손해담보금 등을 공탁하면 법원사무관등이 등기관에게 가처분명령을 해당
등기부에 기록하도록 촉탁을 함으로써 가처분명령이 집행된다. 이 때 채권
자가 이 신청서에 첨부한 목적물(부동산)목록의 일부도 등기소로 송부하게
된다. 따라서 부동산목록을 작성함에는 부동산등기사항전부증명서의 기재
와 동일한 내용으로 작성하여야 한다.

○ 목적물의 가격 : 이 가격은 공시지가로 계산하여 합계액을 기재한다. 이
가격에 근거하여 등록세 및 지방교육세를 납부한다.

○ 신청이유 : 신청이유는 신청취지가 이유 있다는 점을 소명(疏明)하는 부분
이다. 가처분명령은 채권자가 주장하는 신청이유에 기재된 소명에 터 잡아
일단 명령을 하는 재판절차이다.

위 사례는 2차에 걸쳐 상속이 이루어진 경우를 상정하였다. 상속인들의
각 상속지분을 표시함에는 분수로 표시하되, 분자에 소수점이 있는 경우에
는 공통분모를 만들어 그 소수점을 제거한다.

신청이유의 끝부분에서는 일반적으로 손해담보(채무자가 입을 수도 있는
손해의 담보)에 관하여 보증보험회사 등과 체결한 지급보증위탁계약체결
문서를 제공하는 방법으로 해달라는 취지를 기재한다.

통상 법원에서는 일부 현금과 일부 지급보증위탁계약체결문서를 제공하도
록 명령한다.

채권자가 공탁한 현금은 나중에 가처분명령이 해제되면 채권자가 회수하게
된다. 이 회수는 가처분으로 인하여 채무자에게 손해가 발생하지 아니할
것을 조건으로 함은 물론이다.

○ 소명방법 : 소명방법을 표시할 때에는 '소갑'으로 표시하는데, 동일 또는 유사한 사항에 대한 소명자료가 여러 개인 때에는 본번호에 부번(가지번호)을 붙이는 방법을 이용하는 것이 일반적이다.

위 사례에서 '토지조사부등본', '구 토지대장등본', '토지대장등본' 및 '부동산등기사항전부증명서'는 목적물인 부동산에 대한 진정한 소유권자는 채권자들이라는 사실과 현재의 소유명의자가 채무자라는 사실을 소명하는 자료이고, 개별공시지가확인원은 등록세 등의 금액을 소명하는 자료이다. 상속을 소명하는 자료인 제적등본 및 가족관계증명서를 첨부하므로, 이를 소명자료에 표시해준다.

○ 첨부서류 : 소명방법은 모두 자료를 첨부한다. 부동산에 대한 가처분은 부농산등기부에 기록을 하므로, 등기신청을 할 때에 납부하여야 하는 등록세 및 지방교육세를 미리 납부(부동산 소재지 관할 시·구·군에서 수납함)하고, 그 영수증인 등록세영수필확인서를 첨부한다.

〔소장 작성 요령〕

소   장

① 원고　성명 :

　　　　주민등록번호 :

　　　　주소 :

　　　　전화번호 :

　　　　전자우편주소 :

　피고　성명 :

　　　　주소 :

　　　　전화번호 :

② 소유권보존등기말소청구의 소

③ 청 구 취 지

1. 피고는 원고에 대하여 별지 목록 기재 부동산에 대한 ○○지방법원
   20○○. ○. ○. 접수 제○○○○호로 마친 소유권보존등기의 말소등
   기절차를 이행하라.
2. 소송비용은 피고의 부담으로 한다.
라는 판결을 구합니다.

④ 청 구 원 인

1.

2.

⑤ 입 증 방 법

1. 갑 제1호증

1. 갑 제2호증

1. 갑 제3호증

⑥ 첨 부 서 류

1. 위 입증방법   각1통

2. 송달료납부서   1통

3. 소장부본   2통

⑦ 2021. ○. ○.

⑧ 위 원고 ○ ○ ○ (기명날인 또는 서명)

⑨ ○○지방법원(가정법원) 귀중

〈참고〉

위 서식에 표시한 ①~⑨는 이 참고사항을 설명함에 도움이 되게 할 목적으로
붙인 것이다.

① 당사자의 표시 : 사건의 당사자인 원고와 피고가 자연인인 경우에는 성명과
주소를, 법인인 경우에는 상호 및 본점소재지를, 법인 아닌 사단(재단)의
경우에는 명칭 및 주사무소의 소재지를 각각 기재한다. 다만, 당사자가 국가,
국가기관 또는 지방자치단체인 경우에는 주소를 생략하여도 무방하다.
당사자가 자연인인 경우에는 주민등록번호를 적고, 부동산등기 관련 소송
에서 필요한 경우에는 한자를 병기(倂記)한다. 그리고 전화번호·전자우편
주소·팩스번호도 적는다. 다만, 이들 통신수단은 소송대리인이 있는 경우
에는 소송대리인의 것을 기재하면 된다.
주소를 기재할 때 서울특별시는 '서울'로, 부산광역시는 '부산'으로, 전라북
도는 '전북'으로 약기하고, 시(市)지역에서는 도(道)의 표시를 생략한다.
그러나 부동산의 소재지를 표시할 때에는 이처럼 생략할 수 없으며, 행정구
역의 명칭을 부동산등기부와 동일하게 기재한다.

(당사자의 '주소'와 '등기부상 주소'가 다른 경우의 예시)

피고   ○○○ (○○○○○○-○○○○○○○)

서울 ○○구 ○○길 ○○(우편번호 : ○○○○○)

(등기부상 주소) 서울 ○○구 ○○○로 ○○-○

(당사자가 '법인'인 경우의 예시)

피고   ○○○○주식회사

(공동대표이사 홍길동, 임거정)

안양시 동안구 ○○길 ○○ 행운빌딩 ○○○호(우편번호 : ○○

○○○)

(당사자가 '국가'인 경우의 예시)

피고   대한민국

(법률상 대표자 법무부장관 ○○○)

(당사자가 '종중'인 경우의 예시)

원고   김해김씨 ○○○공파 종중

(대표자 회장 ○○○)

경기도 ○○군 ○○로 ○○-○(우편번호 : ○○○○○)

(당사자가 미성년자인 경우의 예시)

원고   ○○○ (○○○○○○-○○○○○○○)

　　　　○○시 ○○길 ○○○-○○

　　　　미성년자이므로 법정대리인 부 ○○○, 모 ○○○

(주소와 송달장소가 다른 경우 '송달장소' 기재의 예시)

원고   연흥보 (○○○○○○-○○○○○○○)

　　　　서울 ○○구 ○○길 ○○○

　　　　(송달장소) 서울 ○○구 ○○길 ○○○-○○(우편번호 : ○○○

　　　　　　　　　　　　　　　　　　　　　　　　　　○○)

---

* 이 경우에는 별도로 '송달장소 및 송달영수인 신고서'를 제출한다.

② 사건의 명칭 : 사건의 명칭은 심판을 구하는 내용이 무엇인지를 가장 잘
   나타낼 수 있는 표시를 말하는데, 이는 반드시 표시하여야 하는 것은 아니
   다. '부동산소유권이전등기말소청구의 소'와 같은 요령으로 적는다.

③ 청구취지 : 청구취지는 심리(審理)가 종결된 뒤에 법원이 판결을 선고할
   때 판결의 '주문(主文)', 즉 원고가 승소하는 경우에 있어 법원이 피고에
   대하여 내리는 명령 부분에 해당하는 내용이다. 이는 원고가 법원에 대하여
   바라는 내용을 가장 짧게 요약하여 표시하는 부분이므로 그 문장은 간결하
   여야 하며, 명령문이 된다.

실무상으로는 "소송비용은 피고가 부담한다."라는 사항을 적어주고 있는데, 이는 원고가 표시하지 않더라도 법원은 판결 주문에 소송비용을 부담할 자와 그 부담비율을 반드시 적어야 한다.

일반적으로 금전의 지급을 명하는 청구를 하는 경우에는 "위 제2항은 가집행할 수 있다."와 같은 요령으로 가집행의 선고를 해달라는 내용을 청구취지에 기재하는데, 이것 또한 원고가 기재하지 않더라도 법원은 금전의 지급을 명령하는 판결에서는 원칙적으로 가집행선고를 해야 한다. '가집행'은 그 판결이 확정되기 전에 강제집행을 하는 것을 말한다.

④ 청구원인 : 청구원인은 청구취지를 이유 있게 하는 부분, 즉 청구취지가 정당함을 설명하는 부분이다. 이 부분도 간결하면서도 일목요연한 내용이 되어야 할 것이지만, 지나치게 짧은 문장이 되어서 법원이나 상대방이 이해할 수 없을 정도가 되면 안 될 것이다. 여기에서는 법원(구체적으로는 판사)에 대하여 설명 내지 보고하는 형식의 문장이 된다.

법령의 규정은 법원이 잘 알고 있으므로 여기에서 인용할 필요는 없으며, 사실관계만을 충분히 설명하면 된다. 설명이 필요한 증거를 첨부하는 경우에는 그 증거에 대한 설명도 함께 적어주는 것이 좋다. 그리고 주의할 점은 상대방인 피고의 반박자료에 의하여 들통이 날 수도 있는 거짓된 내용을 적어서는 곤란하다는 점이다. 이러한 경우에는 다른 진실한 사실마저도 의심받을 수도 있기 때문이다.

내용이 복잡 또는 난해하거나 긴 경우에는 소제목을 붙여줌으로써 법원과 상대방이 그 요지를 잘 파악할 수 있도록 배려하는 것도 바람직하다.

⑤ 입증방법 : 입증방법은 증거를 표시하는 부분이다. '증거'를 큰 틀에서 구분하면 '서증(書證)', '물증(物證)' 및 '인증(人證)'이 있는데, 서증은 문서로 된 증거를 말한다. 문서로 된 증거 중 원고가 가지고 있는 것은 소장

또는 준비서면을 제출할 때 청구이유에서 설명을 함과 아울러 제출하는 것이 일반적이다. 피고도 답변서나 준비서면을 제출할 때 함께 제출하는 것이 실무관행이다.

소송에서 원고는 자기가 주장한 사실을 증거로 입증(立證)하지 못하면 불이익을 받는다. 여기에서 말하는 불이익이란 증거가 없는 부분의 주장은 법원이 받아들여주지 않음을 의미한다.

피고는 원칙적으로 원고의 주장에 대하여 부인(否認 : 인정할 수 없음), 부지(不知 : 알지 못함) 또는 일부만 인정(일부자백)으로 답변함으로써 충분하다. 피고가 여기에서 더 나아가 원고의 주장을 뒤집을 만한 다른 주장을 할 수도 있는데, 이는 '항변(抗辯)'이라고 한다.

항변은 원고의 청구와 주장에 대한 부인 내지 부지를 넘어 새로운 주장을 하는 것이므로, 주장자인 피고가 그를 뒷받침할 수 있는 증거를 제출할 책임을 부담한다. 이와 같이 원고이든 피고이든 자기가 주장한 사실에 대하여 증거로써 그 주장을 뒷받침해야 할 책무를 '입증책임', '증명책임' 또는 '거증책임(擧證責任)'이라고 한다.

서증을 표시함에 있어서는 증거에 일련번호를 붙이는데, 원고가 제출하는 증거에는 '갑'이라는 표시를 하고, 피고가 제출하는 증거에는 '을'이라고 표시한다. 그리고 동일한 사실을 입증함에 있어 유사한 내용의 증거가 여러 개인 경우에는 그 일련번호는 같은 번호를 부여한 다음 부번(가지번호)을 이용한다. 가령 1천만원에 대한 영수증을 2회에 나누어 받았고, 그 영수증을 증거로 제출하는 경우라면 '갑 제2호증의 1', '갑 제2호증의 2'와 같은 요령이다. 을호증도 같은 요령으로 표시한다.

⑥ 첨부서류 : 첨부하는 서류를 모두 표시한다. 소장부본 1통(합의부 사건은 2통)을 첨부하는 취지도 여기에 표시를 하고, 송달료납부서도 여기에 표시

를 해준다.

당사자 중 어느 한쪽이라도 법인인 경우에는 법인등기사항증명서를, 원고가 법인 아닌 사단인 경우에는 대표자의 대표권한을 증명하는 서면(결의서 등) 및 정관이나 규약을, 선정당사자를 선정한 경우에는 당사자선정서 및 선정자들의 인감증명서를, 토지 관련 소송에서는 개별공시지가확인원, 토지대장이나 임야대장 및 부동산등기사항전부증명서를 첨부한다.

상속과 관련한 소송의 경우에는 제적등본, 가족관계증명서, 주민등록표등(초)본 등을 첨부한다.

⑦ 작성연월일 : 작성연월일은 필요적 표시사항은 아니지만 실무에서는 일반적으로 표시를 하고 있다.

⑧ 작성자 : 작성자에는 당연히 원고의 성명을 적고 원고가 서명을 하거나 기명날인을 하여야 한다. 도장은 인감인장이 아니더라도 무방하다.

⑨ 법원의 표시 : 법원을 표시함에 있어서는, 가령 '서울남부지방법원' 또는 '수원지방법원 성남지원'과 같은 요령으로 표시하면 된다.

〔소장 제출에 따른 비용의 계산 및 납부〕

소장을 제출할 때에는 「민사소송 등 인지법」(다음부터 '인지법'이라고 함) 및 「민사소송 등 인지규칙」(다음부터 '인지규칙'이라고 함)에서 규정하는 '인지'를 붙여야 한다(「인지법」 제1조).

인지법은 인지를 붙이라고 하였으나 실제로는 각 법원의 구내에 있는 은행의 지점이나 출장소에서 인지액에 해당하는 돈을 납부하고, 그 영수증을 소장의 표지 등에 덧붙여 제출하고 있다. 그리고 인지액이 1만원 이상이면 반드시 현금이나 신용카드로 납부하여야 한다(「인지규칙」 제27조 제1항, 제28조의2).

원고가 청구취지로써 구하는 범위 내에서 원고의 입장에서 보아 전부 승소할

경우에 직접 받게 되는 경제적 이익을 객관적으로 평가한 금액을 '소가(訴價)' 또는 '소송목적물의 값'이라고 한다. 소가를 산정함에 있어 금전지급청구를 하는 경우에는 그 청구금액을 기준으로(인지규칙 제12조 제3호 참조) 하여 인지법 제2조 제1항에서 규정하는 계산식에 따라 계산한 금액에 해당하는 인지액을 납부하여야 한다. 계산식은 다음 표와 같다.

(인지대 계산방법)

심급	소가	계산식	비고
제1심	1천만원 미만	소가×0.0045	계산한 인지액이 1천원 미만이면 1천원으로 하고, 1천원 이상이면 100원 미만은 계산하지 않는다.
	1천만원 이상 1억원 미만	소가×0.0045+5,000원	
	1억원 이상 10억원 이하	소가×0.0040+55,000원	
	10억원 이상	소가×0.0035+555,000원	
제2심		제1심 인지액×1.5	
제3심		제1심 인지액×2.0	
반소(反訴)			제1심 및 제2심과 동일함

소장을 제출하는 원고는 송달료를 예납하여야 한다. 송달료수납기관은 법원 구내에 있는 은행 지점이나 출장소이다. 제1심 송달료의 계산식은 〔당사자의 수 × 15회분 × 배달증명우편요금〕이다. 항소심과 상고심은 각각 8회분의 송달료를 예납한다.

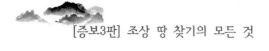

〔소유권보존등기 말소등기절차이행청구의 소장〕

소　　　장

원고　　성명 :

　　　　주민등록번호 :

　　　　주소 :

　　　　전화번호 :

　　　　전자우편주소 :

피고　　명칭 :

　　　　소재지 :

　　　　전화번호 :

부동산소유권보존등기말소청구의 소

청　구　취　지

1. 피고는 원고에게 전라북도 ○○군 ○○길 ○○-○ 전 4,321.12㎡에
　　대한 전주지방법원 ○○등기소 20○○. ○. ○. 접수 제○○○○호로
　　마친 소유권보존등기의 말소등기절차를 이행하라.

2. 소송비용은 피고가 부담한다.

라는 판결을 구합니다.

청 구 원 인

1. 전라북도 ○○군 ○○길 ○○−○ 전 4,321.12㎡는 원고의 증조부인 망 최일남이 19○○. ○. ○. 사정을 받은 토지입니다.

2. 위 부동산은 소유권보존등기를 하지 않은 상태에서 위 망 최일남이 19○○. ○. ○. 사망하여 원고의 조부인 망 최전주가 호주상속인으로 서 단독으로 상속하였고, 위 최전주가 19○○. ○. ○. 다시 사망함에 따라 원고의 부 망 최갑돌이 단독상속을 하였으며, 위 최갑돌도 19○ ○. ○. ○. 사망하여 원고가 이를 단독으로 상속하였습니다.

3. 원고가 위 부동산에 관하여 미쳐 소유권보존등기를 하지 못하고 있는 사이에 피고는 아무런 권원이 없으면서 20○○. ○. ○. 전주지방법원 ○○등기소 접수 제○○○○호로 소유권보존등기를 마쳤습니다. 따라 서 피고 명의의 위 부동산소유권보존등기는 원인무효의 등기이므로 말소되어야 할 것이므로 이 사건 소를 제기하게 되었습니다.

입 증 방 법

1. 갑 제1호증   토지조사부등본

1. 갑 제2호증   구 토지대장등본

1. 갑 제3호증   토지대장등본

1. 갑 제4호증의 1   폐쇄부동산등기부등본

1. 갑 제4호증의 2   부동산등기사항전부증명서

1. 갑 제5호증의 1, 2   각 제적등본

1. 갑 제6호증   가족관계증명서

첨 부 서 류

1. 위 입증방법   각1통

1. 소장부본   2통

1. 송달료납부서   1통

1. 개별공시지가확인원   1통 끝.

2021. ㅇ. ㅇ.

위 원고 최 ㅇ ㅇ (서명 또는 날인)

전주지방법원 귀중

〈참고〉

○ 부동산등기용 등록번호 : 법인 아닌 사단·재단 또는 외국인·재외국민이 부동산에 관한 등기를 하는 경우에는 '부동산등기용 등록번호'가 등기부에 기록된다. 이 번호는 자연인의 주민등록번호와 유사한 기능을 한다. 비법인 사단·재단에 대한 부동산등기용 등록번호는 시·구·군에서 부여한다.

○ 청구원인 : 청구원인 중에서 상속관계를 설명할 때, 특히 상속이 순차 이루어진 경우에는 각 상속개시 당시의 상속법에 따라 공동상속인 각자의 상속지분을 모두 표시하여야 한다. 이 때 상속지분의 표시는 분수로 표시하게 되는데, 분자에 소수점이 있는 경우에는 공통분모(최소공배수)로 환산하여 이를 정리해야 한다. 그리고 공동상속인 중에서 소를 제기하는 일에 협조하지 않는 사람이 있는 경우에도 그 상속인의 상속분을 반드시 표시하여야 한다.

상속관계가 매우 복잡하여 그 지분관계를 이해하는 것이 어려운 경우 등에는 별지에 가계도(家系圖)와 상속분 목록을 첨부하는 것도 좋은 방법이 될 것이다.

○ 입증방법 : 토지와 관련한 소를 제기할 때에는 그 소유권이 원고에게 있다는 사실을 증명할 수 있는 자료로써 해당 부동산에 관한 토지대장·임야대장 및 부동산등기사항전부증명서를 입증방법으로 제출하여야 하고, 상속이 이루어진 경우에는 상속관계 및 상속분을 증명할 수 있는 제적등본 및 가족관계증명서 등을 제출하여야 한다.

○ 첨부서류 : 문서로 된 증거로써 원고가 가지고 있거나 관공서에서 공개하는 자료는 원칙적으로 원고가 이를 확보하여 제출하여야 한다.

소장부본은 단독사건인 경우에는 1통을, 합의부사건(소가 2억원 초과 사건)인 경우에는 2통을 첨부한다. 송달료납부서는 언제나 첨부한다.

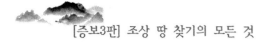

그리고 증거로 제출하는 서류들은 그 서류의 적당한 여백에 갑호증의 호수 (號數)를 표시하여 제출한다.

또한, 서류의 사본(寫本)을 제출하는 경우에는 해당 사본의 적당한 여백에 사본이라는 취지를 기재하고 작성자가 기명날인을 한다. 가령 "사본입니다. 2021. O. O. 원고 OOO(인)"과 같은 요령이다. 그리고 문서가 여러 장으로 구성되어 있는 경우에는 모든 페이지에 걸쳐 간인(間印 : 앞장과 뒷장 사이에 겹쳐서 도장을 찍음)을 한다.

개별공시지가확인원(또는 토지대장 · 임야대장)은 소가(訴價)를 산정하는 소명자료로써 첨부한다. 원인무효에 따른 소유권보존등기말소청구의 소가 는 목적물건 가액(공시지가)의 1/2로 한다.

〔소유권이전등기 및 근저당권설정등기 말소절차이행청구의 소장〕

소   장

원고 성명 :

   주민등록번호 :

   주소 :

   전화번호 :

   전자우편주소 :

피고 1. 성명 :

   주소 :

전화번호 :

피고 2. 성명 :

주소 :

전화번호 :

팩스번호 :

부동산소유권이전등기말소청구 등

청 구 취 지

1. 원고에게

가. 피고 이○○은 경기도 ○○군 ○○길 ○○ 답 5,555.55㎡에 대하여 19○○. ○. ○.자 매매를 원인으로 19○○. ○. ○. 서울지방법원 의정부지원 ○○등기소 접수 제○○○○호로 마친 소유권이전등기의 말소등기절차를 이행하고,

나. 피고 박○○는 위 부동산에 대한 20○○. ○. ○. 위 같은 등기소 접수 제○○○○호로 마친 근저당권설정등기의 말소등기절차를 이행하라.

2. 소송비용은 피고들의 부담으로 한다.

라는 판결을 구합니다.

청 구 원 인

1. 위 부동산은 원고의 부 망 김○○가 19○○. ○. ○. 서울지방법원
   의정부지원 ○○등기소 접수 제○○○호로 소유권이전등기를 마쳤으
   며, 위 김○○가 19○○. ○. ○. 사망함에 따라 원고가 단독으로 상속
   하였습니다.

2. 피고 이○○은 위 부동산에 대하여 아무런 권원이 없으면서 19○○.
   ○. ○. 서울지방법원 의정부지원 ○○등기소 접수 제○○○○호로
   19○○. ○. ○.자 매매를 원인으로 하여「부동산소유권이전등기 등에
   관한 특별조치법」(법률 제3562호)에 터 잡아 소유권이전등기를 마쳤
   습니다.

3. 피고 박○○는 위 제2항과 같이 원인무효인 피고 이○○ 명의의 소유권
   이전등기에 터 잡아 20○○. ○○. ○○. 서울지방법원 의정부지원
   ○○등기소 접수 제○○○○로 근저당권설정등기를 마쳤습니다.

4. 원고는 피고 이○○에게 위 부동산을 매도한 사실이 없을 뿐만 아니라
   피고가 마친 위 소유권이전등기의 등기원인일자는 19○○. ○. ○.자
   임을 알 수 있는데, 위 특별조치법 제3조에 의하면 위 특별조치법에
   의하여 소유권이전등기를 할 수 있는 경우는 1974. 12. 31. 이전에
   매매 · 증여 · 교환 등 법률행위로 인하여 사실상 양도된 부동산이라고
   규정하고 있습니다. 따라서 피고 이○○ 명의의 소유권이전등기는
   위 특별조치법으로는 할 수 없는 등기임을 알 수 있습니다.

5. 결국 피고들의 위 각 등기는 모두 원인무효의 등기이므로 위 등기들의
   각 말소등기절차의 이행을 구하고자 이 사건 소에 이르렀습니다.

입 증 방 법

1. 갑 제1호증   부동산등기사항전부증명서
1. 갑 제2호증의 1   제적등본
1. 갑 제2호증의 2   가족관계증명서

첨 부 서 류

1. 위 입증방법   각1통
1. 소장부본   2통
1. 송달료납부서   1통
1. 개별공시지가확인원   1통 끝.

2021.   ○. ○.

위 원고   김○○ (서명 또는 기명날인)

의정부지방법원 귀중

〈참고〉

○ 청구취지 : 위 사례의 청구취지 중 피고 박○○에 대한 근정당권설정등기의 설정자는 피고 이○○이다. 그런데 청구취지를 기재하면서는 그 근저당권 설정등기를 피고 이○○에게 말소하는 것이 아니라 '원고에게' 또는 '원고에 대하여' 말소하라고 하였다. 이 소송에서 원고가 승소한 뒤에 그 등기의 말소등기를 신청할 당사자는 원고이기 때문이다.

○ 청구원인 : 위 사례의 청구원인 중에서는 피고 이○○가 경료한 소유권이전 등기가 원인무효라는 이유 두 가지를 적시하였다. 하나는 원고의 피상속인 이 문제의 부동산을 피고에게 처분한 사실이 없다는 점이고, 다른 하나는 피고 명의의 소유권이전등기는 위 특별조치법에 의해서는 할 수 없는 등기 라는 사실이다. 이처럼 피고가 등기를 할 수 없는 이유가 복수인 경우에는 그 모든 이유를 적어주는 것이 원고에게 유리할 것이다.

○ 첨부서류 : 소장에는 소가(訴價)를 산정하는 근거서류를 첨부하여야 한다. 위 사례에서 개별공시지가확인원은 소유권이전등기의 말소 부분 소가산정 의 근거자료이고, 부동산등기사항전부증명서는 근저당권의 채권최고액을 소명하는 자료이다.

○ 비용 : 송달료는 (당사자의 수 3명 × 15회분 × 배달증명우편료)으로 계산한 돈을 송달료수납은행에 납부한다.

소가를 산정함에 있어서는 소유권이전등기의 말소등기 부분은 목적물건 가액의 1/2(공시지가 × 토지면적(㎡) × 50/100)을, 근저당권설정등기의 말소등기 부분은 그 등기상 채권최고액의 1/2을 각각 소가로 한다(「민사소 송 등 인지법」 및 「민사소송 등 인지규칙」 참조). 이들 소가에 따라 계산한 인지대의 합산액을 납부한다.

송달료는 소송이 종결된 뒤에 남음이 있으면 반환받을 수 있다. 소송이

재판상 화해 또는 조정의 성립으로 종결되면 납부한 인지대의 절반은 환급을 받는다. 그리고 인지대 및 소비한 송달료는 법원에 대하여 '소송비용액 확정결정신청'을 하여 그 결정이 확정되면 패소한 피고에 대하여 소송비용으로써 강제집행을 할 수 있음은 물론이다.

〔진정명의 회복을 원인으로 한 소유권이전등기절차이행청구의 소장〕

소　　　장

원고　　　성명 :

　　　　　주민등록번호 :

　　　　　주소 :

　　　　　전화번호 :

　　　　　전자우편주소 :

피고 1.　성명 :

　　　　　주소 :

　　　　　전화번호 :

피고 2.　성명 :

　　　　　주소 :

　　　　　전화번호 :

진정명의 회복을 원인으로 한 부동산소유권이전등기 등 청구의 소

청 구 취 지

1. 원고에 대하여
   가. 피고 이○○은 경기도 ○○군 ○○길 ○○ 답 5,555.55㎡에 대하여
      진정명의의 회복을 원인으로 한 소유권이전등기절차를 이행하고,
   나. 피고 박○○는 위 부동산에 대한 19○○. ○○. ○○. 서울지방법원
      의정부지원 ○○등기소 접수 제○○○○호로 마친 근저당권설정등
      기의 밀소등기절차를 이행하라.
2. 소송비용은 피고들의 부담으로 한다.
라는 판결을 구합니다.

청 구 원 인

1. 위 부동산은 원고의 부 망 김○○가 19○○. ○. ○. 서울지방법원의정
   부지원 ○○등기소 접수 세○○○호로 소유권이전등기를 마쳤으며,
   위 김○○가 19○○. ○. ○. 사망함에 따라 원고가 단독으로 상속하였
   습니다.

2. 피고 이○○은 위 부동산에 대하여 아무런 권원이 없으면서 1982.
   10. 20. 서울지방법원 의정부지원 ○○등기소 접수 제○○○○호로
   1975. 5. 10.자 매매를 원인으로 하여 「부동산 소유권이전등기 등에

관한 특별조치법」(법률 제3562호)에 터 잡아 소유권이전등기를 마쳤
습니다.

3. 피고 박○○는 위 제2항과 같이 원인무효인 피고 이○○ 명의의 소유권
   이전등기에 터 잡아 20○○. ○. ○. 서울지방법원 의정부지원 ○○등
   기소 접수 제○○○○로 근저당권설정등기를 마쳤습니다.

4. 원고는 피고 이○○에게 위 부동산을 매도한 사실이 없을 뿐만 아니라
   피고가 마친 위 소유권이전등기의 등기원인일자는 1975 5. 20.자임을
   알 수 있는데, 위 특별조치법 제3조에 의하면 위 특별조치법에 의하여
   소유권이전등기를 할 수 있는 경우는 1974. 12. 31. 이전에 매매ㆍ증
   여ㆍ교환 등 법률행위로 인하여 사실상 양도된 부동산이라고 규정하고
   있습니다.
   따라서 피고 이○○ 명의의 소유권이전등기는 위 특별조치법으로는
   할 수도 없는 등기임을 알 수 있습니다.

5. 결국 피고들의 위 각 등기는 모두 원인무효의 등기이므로 위 등기들은
   말소되어야 할 것이나, 피고 이○○ 명의의 소유권이전등기는 그 말소
   에 갈음하여 원고에게 진정명의 회복의 방법으로 소유권이전등기절
   차의 이행을, 피고 박○○에 대하여는 위 근저당권설정등기의 말소등
   기절차의 이행을 각각 구하기 위하여 이 사건 소에 이르렀습니다.

입 증 방 법

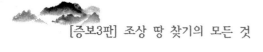

1. 갑 제1호증   부동산등기사항전부증명서

1. 갑 제2호증의 1   제적등본

1. 갑 제2호증의 2   가족관계증명서

첨 부 서 류

1. 위 입증방법   각1통

2. 소장부본   2통

3. 송달료납부서   1통

4. 개별공시지가확인원   1통 끝.

2021. ○. ○.

위 원고 김○○ (서명 또는 기명날인)

의정부지방법원 귀중

〈참고〉

○ 청구취지 : 진정명의의 회복을 원인으로 하는 소유권이전등기는 말소되어
야 할 소유권에 관한 등기(소유권보존등기 또는 소유권이전등기)의 말소에
갈음하여 원고(진정한 소유자)에게 소유권이전등기절차를 이행하게 하는
소이다.

이는 말소등기절차를 이행한 다음 다시 소유권보존등기(또는 소유권이전 등기)를 하는 번거로움으로부터 벗어나기 위하여 인정되는 것이다. 이 소에서 승소한 원고는 그 확정판결에 의하여 단독으로 소유권이전등기를 신청할 수 있음은 물론이다.

○ 주민등록번호 : 등기와 관련이 있는 소장에는 원고와 피고의 주민등록번호 를 성명의 옆에 적어주는 것이 원칙이다. 나중에 판결이 확정된 뒤 등기를 실행함에 어려움이 없도록 하기 위함이다.

〔부동산소유권확인 등 청구의 소장〕

소　　　장

원고　　　성명 :

　　　　주민등록번호 :

　　　　주소 :

　　　　전화번호 :

　　　　전자우편주소 :

피고　1.　대한민국

　　　　(법률상대표자 법무부장관 ○○○)

　　　2.　이몽룡 (○○○○○○ - ○○○○○○○)

　　　　주소 :

전화번호 :

3. 이도령 (○○○○○○-○○○○○○○)
주소 :
전화번호 :

부동산소유권보존등기말소 등

청 구 취 지

1. 피고 대한민국은 별지 목록 기재 부동산이 원고의 소유임을 확인한다.

2. 피고 이몽룡은 별지 목록 기재 부동산 중 1번 기재 부동산에 관하여
2000. 11. 27. 서울지방법원 의정부지원 철원등기소 접수 제○○○○
호로, 2번 기재 부동산에 관하여 같은 날 같은 등기소 접수 제○○○○
호로, 3번 기재 부동산에 관하여 같은 날 같은 등기소 접수 제○○○○
호로 각 마친 소유권보존등기의 각 말소등기절차를 이행하라.

3. 피고 이도령은 별지 목록 기재 부동산 중 1번 기재 부동산에 관하여
위 같은 날 같은 등기소 접수 제○○○○호로, 2번 기재 부동산에
관하여 같은 날 같은 등기소 접수 제○○○○호로, 3번 기재 부동산에
관하여 같은 날 같은 등기소 접수 제○○○○호로 각 2000. 11. 27.자
증여를 원인으로 마친 각 소유권이전등기의 각 말소등기절차를 이행하
라.

4. 소송비용은 피고들의 부담으로 한다.

라는 판결을 구합니다.

청 구 원 인

1. 별지 목록 기재 각 부동산은 1915. 5. 3. 원고의 조부 망 이ㅇㅇ가 사정을 받아 소유하던 중 위 이ㅇㅇ가 1947. 9. 18. 사망하여 그의 호주상속인인 원고의 부 망 이ㅇㅇ이 이를 단독으로 상속하였으며, 위 이ㅇㅇ이 1949. 11. 15. 다시 사망함에 따라 동인의 호주상속인인 원고가 이를 단독으로 상속하였습니다.

2. 별지 목록 기재 부동산에 관한 토지조사부 및 지적공부는 6 · 25전쟁 당시 모두 소실되었다가 1984. 4. 29. 각 지적복구가 되었으나 각 소유자복구는 되지 않은 상태였습니다.

3. 그런데 피고 이몽룡은 원고의 조부인 망 이ㅇㅇ의 삼남임에도 불구하고 1964. 11. 16. 서울지방법원 의정부지원으로부터 취적허가를 받음에 있어 1944. 2. 7. 위 망 이ㅇㅇ의 장남으로서 호주상속인인 것처럼 취적허가를 받아 두었다가 1998. 4. 2. 서울지방법원 의정부지원 98가 단ㅇㅇㅇㅇㅇ호로 대한민국을 상대로 별지 목록 기재 부동산을 피고 이몽룡이 위 이ㅇㅇ로부터 상속받은 것이라고 주장하면서 그 소유권확인의 소를 제기하여 제1심과 항소심에서는 패소하였으나 2000. 4. 7. 대법원 99다ㅇㅇㅇㅇㅇ호에 의하여 파기환송된 후 이를 환송받은 서울지방법원으로부터 2000. 10. 11. 서울지방법원 2000나ㅇㅇㅇㅇ

○호로 별지 목록 기재 부동산은 피고 이몽룡의 소유임을 확인한다는 판결을 선고받았으며, 그 판결은 그 무렵 확정되었습니다.

4. 피고 이몽룡은 위 확정판결에 의하여 2000. 11. 27. 별지 목록 기재 각 부동산에 관하여 서울지방법원 의정부지원 철원등기소 접수 제○○○○호, 제○○○○호 및 제○○○○호로 각 소유권보존등기를 마치고, 같은 날 위 같은 등기소 접수 제○○○○호, 제○○○○호 및 제○○○○호로 각 2000. 11. 27.자 증여를 원인으로 하여 피고 이도령 명의로 각 소유권이전등기를 마쳤습니다.

5. 그러나 피고 이몽룡은 별지 목록 기재 부동산의 상속인이 아님에도 불구하고 마치 그 상속인인 것처럼 법원을 기망하여 승소확정판결을 받고, 이에 터 잡아 별지 목록 기재 부동산이 피고 이몽룡의 소유인양 소유권보존등기를 마친 것이므로 피고 이몽룡 명의의 위 소유권보존등기들은 모두 무효의 등기이며, 피고 이도령 명의의 각 소유권이전등기도 그 부동산들을 처분할 권리가 없는 자로부터 취득하여 마친 등기들이므로 모두 무효인 등기입니다.

6. 원고는 6·25전쟁 당시 고향인 철원을 떠나 ○○시에서 거주해 오다가 근년 들어 고향에 있을 것으로 추정되는 선대들로부터 상속받은 땅을 찾기 위해 부단한 노력을 하던 중 피고 이몽룡은 원고가 상속받은 토지에 대하여 마치 자신이 상속받은 것처럼 등기를 마친 사실을 알게 되었습니다. 따라서 원고는 피고 대한민국에 대하여는 별지 목록 기재

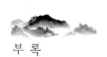
부동산들이 원고의 소유라는 확인을 구하고, 나머지 피고들에 대하여
는 무효인 등기의 각 말소등기절차의 이행을 구하고자 이 청구에 이르
렀습니다.

입 증 방 법

1. 갑 제1호증의 1 내지 3   각 부동산등기사항전부증명서
1. 갑 제2호증의 1 내지 3   각 폐쇄부동산등기부등본
1. 갑 제3호증의 1 내지 3   각 토지대장등본
1. 갑 제4호증의 1, 2   각 제적등본
1. 갑 제5호증   가족관계증명서
1. 갑 제6호증   판결(서울지방법원 의정부지원
                         98가단○○○○○호)
1. 갑 제7호증   판결(서울지방법원 98나○○○○○호)
1. 갑 제8호증   판결(대법원 99다○○○○○호)
1. 갑 제9호증   판결(서울지방법원 2000나○○○○○호)
1. 갑 제10호증   지적원도등본

첨 부 서 류

1. 위 입증방법   각1통
2. 개별공시지가확인원   각1통
3. 소장부본   2통

4. 송달료납부서   1통 끝.

2021. ○. ○.

위 원고 이 ○ ○ (날인 또는 서명)

의정부지방법원 귀중

(별지)

부동산 목록

강원도 철원군 철원읍 ○○리 51 대 3,121.07㎡

위 같은 리 52 전 8,720.33㎡

위 같은 리 53 답 6,700.44㎡. 끝.

〈참고〉

○ 사건의 개요 : 위 사례는 甲(원고의 조부)이 사정을 받았고, 그의 호주상속인
인 乙(원고의 아버지)이 단독으로 상속한 뒤 제2차 상속에서는 丙(원고)이
호주상속인으로서 단독으로 상속하였다.

그런데 그 이전에 피고2가 취적허가(「호적법」 시행 당시 호적이 멸실된
사람이 법원의 허가를 받아 호적을 제조케 하는 허가절차)를 받음에 있어

자신은 甲의 3남임에도 불구하고 장남인 것처럼 취적허가를 받아 취적하였고, 그 후 다툼의 대상인 부동산들에 관한 토지조사부 및 구 토지대장이 모두 멸실되었음을 기화로 증인들의 진술(증언) 등을 입증자료로 삼아 국가를 피고로 하여 제기한 소유권확인의 소에서 승소확정판결을 받았다.

〔부당이득금반환청구의 소장 – 수용보상금〕

소   장

원고 1.   성명 :

주소 :

전화번호 :

전자우편주소 :

2.   성명 :

주소 :

전화번호 :

3.   성명 :

주소 :

전화번호 :

전자우편주소 :

피고   명칭 : ○○○씨 ○○○○파종중

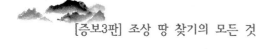

(대표자 회장 ○○○)

주사무소 :

전화번호 :

부당이득금반환청구의 소

청 구 취 지

1. 피고는 원고 김영자에게 돈 30,000,000원, 원고 이몽룡에게 돈 90,00
   0,000원, 원고 이도령에게 돈 60,000,000원 및 각 위 돈에 대하여
   20○○. ○. ○.부터 이 사건 소장부본 송달일까지는 연 5%의, 소장부
   본을 송달받은 다음 날부터 다 갚는 날까지는 연 12%의 각 비율로
   계산한 돈을 지급하라.
2. 소송비용은 피고의 부담으로 한다.
3. 제1항은 가집행할 수 있다.
라는 판결을 구합니다.

청 구 원 인

1. 기초적 사실관계
   가. 별지 목록 기재 부동산은 원고 이몽룡 및 이도령의 조부인 망 이조상
      이 1914. ○. ○. 사정을 받았고, 위 이조상이 1940. ○. ○. 사망하
      여 그의 장남(원고 김○○의 배우자) 망 이○○가 이를 단독으로
      상속하였습니다.

나. 별지 목록 기재 부동산은 위 이○○가 1960. ○. ○. 사망함에
　따라 원고들이 공동으로 상속하였습니다. 이에 따른 원고들의 각
　상속분은 위 이○○의 배우자인 원고 김영자가 1/6, 위 호주상속인
　인 원고 이몽룡이 3/6, 원고 이도령이 2/6입니다.

다. 그런데 별지 목록 기재 부동산은 위 피상속인들과 상속인들이 모두
　소유권보존등기를 마치지 않고 있던 중 피고가 청주지방법원 충주지
　원 1984. ○. ○. 접수 제○○○○호(부동산 목록번호 1번), 제○○
　○○호(부동산 목록 번호 2번)로 각 소유권보존등기를 마쳤습니다.

라. 위 부동산들은 2006. ○. ○. 충주시(당시에는 중원군)에 의하여
　토지수용이 되었고, 피고는 같은 해 3. 19. 위 충주시로부터 수용보
　상금 지급에 관한 사무를 위임받은 한국토지공사가 지급하는 수용
　보상금으로 돈 180,000,000원을 수령하였습니다.

2. 부당이득 및 그 반환의무
　가. 피고는 별지 목록 기재 부동산에 관하여 아무런 권원이 없으면서
　　위 부동산들이 미등기인 상태라는 점을 이용하여 함부로 소유권보
　　존등기를 마쳤습니다.

　나. 피고의 주장에 의하면 피고가 마친 위 소유권보존등기는 당시 시행
　　되던 「부동산소유권이전등기 등에 관한 특별조치법」(이하 ‘특별조
　　치법’이라고 약기함)에 터 잡은 것으로서 위 망 이조상에게 신탁하
　　였던 것이므로, 명의신탁해지를 원인으로 한 것이라고 합니다.

그러나 위 이조상은 피고로부터 명의신탁을 받은 사실도 없을 뿐만 아니라 위 이조상이 위 부동산에 관하여 사정받을 당시에는 피고는 종중으로서의 실체를 갖추지도 못하였습니다.

또한 위 특별조치법의 규정에 의하면 명의신탁해지를 원인으로 하여서는 위 특별조치법에 의한 등기를 마칠 수도 없습니다.

다. 결국 피고는 법률상 원인 없이 원고들의 재산으로 인하여 돈 180,000,000원의 부당이득을 얻음으로써 원고들에게 손해를 가한 것입니다. 따라서 피고가 부당이득한 돈 180,000,000원 중 원고 김영자는 돈 30,000,000원(6분의 1 지분)을, 원고 이몽룡은 돈 90,000,000원(6분의 3 지분)을, 원고 이도령은 돈 60,000,000원(6분의 2 지분)을 각 반환받음과 아울러 20○○. ○. ○.부터 이 사건 소장부본 송달일까지는 민법 소정의 이자를, 이 사건 소장부본이 피고에게 송달된 다음날부터 다 갚는 날까지는 지연손해금을 각 청구하기 위하여 이 사건 소에 이른 것입니다.

입 증 방 법

1. 갑 제1호증의 1, 2   각 토지조사부등본
1. 갑 제2호증의 1, 2   각 폐쇄토지대장등본
1. 갑 제3호증의 1, 2   각 토지대장등본
1. 갑 제4호증의 1, 2   각 부동산등기사항전부증명서
1. 갑 제5호증의 1, 2   각 제적등본
1. 갑 제6호증의 1, 2   각 가족관계증명서

1. 갑 제7호증	종중규약사본
1. 갑 제8호증	종중총회의사록사본
1. 갑 제9호증	○○이씨 ○○○○파 종중 세보사본
1. 정보공개	결정통지서(한국토지주택공사)

첨 부 서 류

1. 위 입증방법	각1통
2. 소장부본	2통
3. 송달료납부서	1통 끝.

2021. ○. ○.

위 원고   김영자 (인)

이몽룡 (인)

이도령 (인)

서울○○지방법원 귀중

〈참고〉

○ 원고 지정 문제 : 위 사례에서는 공동상속인 전원이 원고가 되었다. 이처럼 공동상속이 이루어진 경우에는 상속협의분할을 할 수 있고, 상속협의분할이 성립하면 그 분할의 효과는 상속개시 당시로 소급한다. 만약 상속협의분할에 의하여 상속재산의 분할을 받지 않는 상속인이 있다면 그는 원고에

포함시키지 않는다. 이러한 경우라면 그 입증자료로서 '상속재산분할협의서' 및 공동상속인 전원의 인감증명서를 제출하여야 한다.

공동상속인이 다수인인 경우에는 소장을 제출할 때 선정당사자를 선정할 수도 있다. 이는 뒤에서 소개한다.

○ 청구취지 : 부당이득의 반환청구는 금전의 지급을 구하는 청구이다. 따라서 피고가 부당이득을 얻은 다음날부터 소장부본이 피고에게 송달된 날까지는 「민법」 소정의 연 5%의 이자를 청구할 수 있고, 소장부본이 송달된 다음날부터 다 갚는 날까지는 「소송촉진 등에 관한 특례법」 소정의 연 12%의 지연손해금을 청구할 수 있다. 그리고 금전의 지급을 명하는 소는 가집행의 선고를 하여야 한다.

○ 관할법원 : 부동산에 관한 소송은 다툼의 대상인 부동산이 소재하는 곳을 관할하는 법원에 소장을 제출한다. 그러나 이 사례의 경우는 금전의 지급을 청구하는 소송이다. 따라서 원고(채권자) 중 어느 한 사람의 주소지를 관할하는 법원에 소장을 제출할 수 있다.

○ 인지대 및 송달료 : 인지대는 소송목적의 값이 1억원 이상 10억원 미만에 해당하므로, 각 원고가 청구하는 청구금액의 합계액에 0.004를 곱하고, 이에 55,000원을 더하여 계산한다.

송달료는 당사자의 수×15회분×배달증명우편료에 해당하는 금액을 법원 구내에 있는 송달료수납은행에 인지대와 함께 예납한다.

○ 세보사본 : 세보 또는 족보의 사본을 증거로 제출하는 경우에는 두터운 족보 전부를 등사하는 것은 능률적이지 않다. 따라서 세보(족보)의 표지, 해당 종중원들의 범위 및 족보의 편집인·발행인·발행일 등이 나타나는 부분만을 등사하면 충분하다. 그리고 그 사본임을 표시하고, 증거의 호수를 표시해준다.

〔**부당이득금반환청구의 소장 - 공탁금**〕

소   장

원고　1. 성명 :　　김영자 (○○○○○○-○○○○○○○)

　　　　　　주소 :

　　　　　　전화번호 :

　　　　　　전자우편주소 :

　　　2. 성명 :　　이몽룡 (○○○○○○-○○○○○○○)

　　　　　　주소 :

　　　　　　전화번호 :

　　　3. 성명 :　　이도령 (○○○○○○-○○○○○○○)

　　　　　　주소 :

　　　　　　전화번호 :

　　　　　　팩스번호 :

　　　　　　전자우편주소 :

피고　　　　　○○○이씨 ○○○○공파 소종중

　　　　　　(대표자 회장 ○○○)

　　　　　　주사무소 :

　　　　　　전화번호 :

　　　　　　팩스번호 :

부당이득금반환청구의 소

청 구 취 지

1. 피고는 원고 김영자에게 돈 30,000,000원, 원고 이몽룡에게 돈 90,000,000원, 원고 이도령에게 돈 60,000,000원 및 각 위 돈에 대한 20○○. ○. ○.부터 이 사건 소장부본 송달일까지는 연 5%의, 소장부본을 송달받은 다음날부터 다 갚는 날까지는 연 12%의 각 비율로 계산한 돈을 지급하라.

2. 소송비용은 피고의 부담으로 한다.

3. 제1항은 가집행할 수 있다.

라는 판결을 구합니다.

청 구 원 인

1. 기초적 사실관계

　　가. 별지 목록 기재 부동산은 원고 이몽룡 및 이도령의 조부인 망 이조상이 1914. ○. ○. 사성을 받았고, 위 이조상이 1940. ○○. ○. 사망하여 그의 장남(원고 김○○의 배우자)인 망 이○○가 이를 단독으로 상속하였습니다.

　　나. 별지 목록 기재 부동산은 위 이○○가 1960. ○. ○. 다시 사망함에 따라 원고들이 공동으로 상속하였습니다. 이에 따른 원고들의 각 상속분은 위 이○○의 배우자인 원고 김영자가 1/6, 호주상속인인

원고 이몽룡이 3/6, 원고 이도령이 2/6입니다.

다. 그런데 별지 목록 기재 부동산은 위 피상속인들과 상속인들이 모두 그 소유권보존등기를 마치지 않고 있던 중 피고가 청주지방법원 충주지원 1984. ○. ○. 접수 제○○○○호(부동산 목록번호 1번), 제○○○○호(부동산 목록 번호 2번)로 각 소유권보존등기를 마쳤습니다.

라. 위 부동산들은 2006. ○. ○. 충주시(당시에는 중원군)에 의하여 수용이 되었고, 피고는 같은 해 3. 19. 위 충주시로부터 수용보상금 지급에 관한 사무를 위임받은 한국토지공사가 서울○○지방법원 2006금제○○○호로 수용협의의 불성립을 이유로 하여 공탁한 수용보상금 돈 180,000,000원을 위 법원으로부터 출급하였습니다.

2. 부당이득 및 그 반환의무

가. 피고는 별지 목록 기재 부동산에 관하여 아무런 권원이 없으면서 위 부동산들이 미등기인 상태라는 사실을 이용하여 함부로 소유권보존등기를 마쳤습니다.

나. 피고의 주장에 의하면 피고가 마친 위 소유권보존등기는 당시 시행되던 「부동산소유권이전등기 등에 관한 특별조치법」(이하 '특별조치법'이라고 줄여 씀)에 터 잡은 것으로서 위 이조상에게 신탁하였던 것이므로, 명의신탁해지를 원인으로 한 것이라고 합니다.
그러나 위 이조상은 피고로부터 명의신탁을 받은 사실도 없을 뿐만 아니라 위 이조상이 위 부동산에 관하여 사정받을 당시에는 피고는 종중으로서의 실체를 갖추지도 못하였습니다.

또한 계쟁부동산에 관하여 설사 피고가 위 이조상에게 명의신탁을 한 부동산이라고 하더라도 명의신탁해지를 원인으로 하여서는 위 특별조치법에 의한 등기를 마칠 수도 없습니다.

다. 결국 피고는 법률상 원인이 없으면서 원고들의 재산으로 인하여 돈 180,000,000원의 부당이득을 얻음으로써 원고들에게는 같은 손해를 가한 것입니다.

따라서 피고가 부당이득한 돈 180,000,000원 중 원고 김영자는 돈 30,000,000원(6분의 1 지분)을, 원고 이몽룡은 돈 90,000,000원(6분의 3 지분)을, 원고 이도령은 돈 60,000,000원(6분의 2 지분)을 각 반환받음과 아울러 20○○. ○. ○.부터 이 사건 소장부본 송달일까지는 민법 소정의 이자를, 이 사건 소장부본이 피고에게 송달된 다음날부터 다 갚는 날까지는 지연손해금을 각 청구하기 위하여 이 사건 소를 제기하기에 이른 것입니다.

입 증 방 법

1. 갑 제1호증의 1, 2   각 토지조사부등본
1. 갑 제2호증의 1, 2   각 폐쇄토지대장등본
1. 갑 제3호증의 1, 2   각 토지대장등본
1. 갑 제4호증의 1, 2   각 부동산등기사항전부증명서
1. 갑 제5호증의 1, 2   각 제적등본
1. 갑 제6호증의 1, 2   각 가족관계증명서

1. 갑 제7호증   종중규약사본

1. 갑 제8호증   종중총회의사록사본

1. 갑 제9호증   ○○이씨 ○○○○파 종중 세보사본

1. 갑 제10호증   정보공개 결정통지서(한국토지주택

                      공사)

첨 부 서 류

1. 위 입증방법   각1통

2. 소장부본   2통

3. 송달료납부서   1통 끝.

2021. ㅇ. ㅇ.

위 원고   김영자 (인)

            이몽룡 (인)

            이도령 (인)

서울ㅇㅇ지방법원 귀중

〈참고〉

ㅇ 수용보상금 공탁 : 토지를 수용하는 주체(기업자)가 수용보상금을 공탁하는

  이유는 두 가지가 있다. 하나는 수용보상금을 수령할 자를 알지 못하는

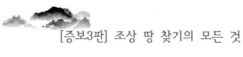

경우이고, 다른 하나의 이유는 수용보상금을 수령할 자와 협의가 성립하지 않는 경우이다.

어느 경우이든 해당 토지의 정당한 소유자가 아닌 자가 공탁된 수용보상금을 출급하는 경우에는 부당이득이 된다. 이 부당이득금반환청구권의 소멸시효는 10년이다. 그 시효의 기산점(起算點)은 공탁금을 출급한 때이다.

○ 정보공개청구 : 조상이 소유하던 땅의 소재를 알게 된 뒤에 그 토지의 현재 소유명의자가 상속인과 관련이 없는 자라는 사실을 확인한 경우에는 그 연유를 알아보기 위해서 여러 가지의 자료를 조사할 필요가 있다. 이러한 경우에는 '정보공개청구' 제도를 활용하는 것이 유효적절한 수단이 될 수 있는데, 이와 관련한 근거 법률은 앞서 검토한 「공공기관의 정보공개에 관한 법률」이다.

위 법률에 의하여 정보공개를 청구할 수 있는 대상인 '공공기관'은 국가기관, 지방자치단체, 「공공기관의 운영에 관한 법률」 제2조에서 정하는 공공기관, 각급 학교, 지방공사 및 지방공단, 각 지방자치단체의 조례로 정하는 기관, 사회복지법인, 국가나 지방자치단체로부터 연간 5천만 원 이상의 보조금을 받는 기관·단체 등이다.

정보공개청구는 해당 기관 등에 직접 출석하여 신청서를 작성·제출하거나 우편으로 할 수 있고, 많은 기관과 단체에서는 인터넷을 이용하여 신청을 받고 있다.

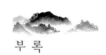

〔답변서〕

답 변 서

사건 2021가합○○○○○호 부동산소유권이전등기말소

원고 ○○○

피고 ○○○

위 사건에 관하여 피고는 다음과 같이 답변합니다.

청구취지에 대한 답변

1. 원고의 청구를 기각한다.

2. 소송비용은 원고의 부담으로 한다.

라는 재판을 구합니다.

청구원인에 대한 답변

1. -----

2. -----

입 증 방 법

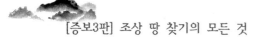

1. 을 제1호증 -----

1. 을 제2호증 -----

첨 부 서 류

1. 위 입증방법   각1통

1. 답변서부본   2통

1. -----   통 끝.

2021.   0.   0.

위 피고 ○ ○ ○ (인)

○○지방법원 민사합의 제○부 귀중

〈참고〉

○ 사건명 및 당사자의 표시 : 사건번호 및 사건명은 법원으로부터 소장부본

및 소송안내서를 송달받았을 때에 그 안내서에 적혀 있는 것을 그대로

옮겨 적는다.

당사자의 표시는 원고가 소장에 기재한 내용에 잘못이 없는 경우에는 원고

및 피고의 성명(명칭)만을 기재함으로써 충분하다. 그러나 원고가 기재한

피고의 주소 등의 기재에 오류가 있을 때에는 이를 바로잡는 의미에서 다시 기재한다.

○ 청구취지에 대한 답변 : 원고의 청구취지 중 그 전부를 인정하지 않는 경우에는 위 사례처럼 그 청구 전부를 기각해달라고 기재하면 된다. 그러나 원고의 청구 중 일부에 대하여는 자백(인정)을 하는 경우에는 청구취지 중에 그 부분을 특정하여 기재한다. 가령 "1번 청구취지 중 ----- 부분을 제외한 나머지 청구를 기각한다."와 같은 요령으로 기재할 수 있다.

○ 청구원인에 대한 답변 : 민사소송의 일반적인 절차를 간략히 요약하면 다음과 같다. ① 원고의 소장 제출 → ② 법원의 피고에 대한 소장부본 송달 및 답변서 제출 촉구 → ③ 피고의 답변서 제출 → ④ 법원의 원고에 대한 답변서부본 송달 → ⑤ 원고의 준비서면 제출 → ⑥ 법원의 피고에 대한 준비서면부본 송달 → ⑦ 피고의 준비서면 제출 → ⑧ 변론준비기일(또는 조정기일) → ⑨ 변론기일 → ⑩ 선고기일 → ⑪ 법원의 당사자들에 대한 판결 송달

소장은 원고가 한 번만 제출하는 것이 일반적이지만 경우에 따라서는 청구취지 및 청구원인을 변경(확장 또는 감축)할 수도 있다.

답변서는 피고가 소장부본을 받은 뒤 원칙적으로 30일 이내에 한 번만 제출한다. 따라서 이는 피고에게만 해당하는 사항이다. 물론 피고가 소장부본을 송달받은 뒤에 그 소에 응소할 생각이 없다면 이를 제출하지 않더라도 무방하지만, 이는 원고의 청구를 모두 인정하는 경우이므로 변론 없이 패소판결을 받게 된다.

○ 답변의 내용 : 피고가 원고의 청구 및 주장에 대하여 답변을 함에 있어서는 '자백', '부인', '부지' 또는 '침묵'의 형태로 나타난다.

'자백'은 피고가 원고의 주장사실에 대하여 다투지 않고 시인하는 진술을

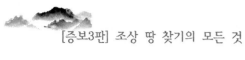

말한다. 원고의 주장 중 일부만을 시인하는 경우도 있고, 그 주장 전부에 대하여 시인하는 자백도 있다. 후자의 경우는 특별히 '청구의 인낙(認諾)'이라고 한다.

'부인'은 상대방이 주장하는 사실에 대하여 그런 사실은 존재하지도 않는다거나 진실이 아니라고 진술하는 것을 말한다. 이러한 경우에는 주장자인 원고가 주장한 사실(요건사실)이 진실함을 입증하여야 한다.

'부지(不知)'는 상대방의 주장사실에 대하여 모르겠다고 답하는 진술을 말하는데, 이는 '부인'으로 취급된다. 그러나 자기의 행위 또는 자기 명의의 문서에 관하여는 부지라는 대답을 할 수 없을 것이다.

'침묵'이라 함은 변론에서 상대방이 주장하는 사실에 관하여 명백히 다투지 않는 경우를 말한다. 법원이 보아 변론 전체의 취지에 비추어 명백히 다툰 것으로 인정되지 않으면 이는 자백한 것으로 취급된다.

○ 답변서의 작성 요령 : 피고의 답변 태도는 일반적으로 원고의 주장사실 중에서 어느 부분은 인정하지만 나머지 주장 부분에 관하여는 인정할 수 없다고 하는 형식이 된다. 드문 경우이지만 전부를 부인한다고 답변할 수도 있다.

○ 항변(抗辯) : '항변'은 부인과 유사하지만, 이를 구별하는 이유는 입증책임을 부담할 당사자가 어느 쪽인가에 관한 문제이기 때문이다. 즉 피고가 부인하는 부분에 관하여는 그 주장자인 원고가 입증책임을 부담하지만, 원고의 주장에 대하여 피고가 항변을 하는 경우에는 새로운 주장에 해당하므로 이 항변 부분에 관한 입증책임은 피고가 부담한다.

항변사유라 함은 일반적으로 법률효과의 발생에 장애가 되는 사유, 이미 발생한 법률효과를 소멸케 하는 사유, 발생한 법률효과의 행사를 저지(지연)시키는 사유를 말한다.

토지의 소유권에 관한 다툼의 소송에서는 원고의 소유권 주장에 대하여 피고가 시효취득을 주장하는 경우를 예상할 수 있는데, 이는 원고가 주장하는 법률효과를 소멸케 하는 항변의 대표적인 예라고 말할 수 있다.

○ 입증방법 및 첨부서류 : 입증방법이 없는 경우에는 이의 기재는 생략한다. 첨부서류 중 답변서부본의 경우에는 원고의 수에 1통을 더한 수(합의부사건의 경우에는 2통)만큼을 첨부한다.

○ 비용 : 답변서를 제출함에는 비용은 지출하지 않는다.

〔준비서면〕

준 비 서 면

사건   2021가단○○○호 부동산소유권이전등기말소

원고   ○○○

피고   ○○○

위 사건에 관하여 원고는 다음과 같이 변론을 준비합니다.

다 음

1. -----

2. -----

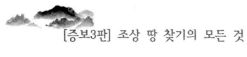

입증방법 및 첨부서류

1. – – – – –

2. 준비서면부본 2통.

3.

2021.　o.　o.

위 원고　o　o　o　(인)

oo지방법원 민사제o단독 귀중

〈참고〉

o 준비서면의 의의 및 기능 : 준비서면은 장차 있게 될 변론을 준비하는
과정이다. 법원은 당사자가 주고받는 준비서면을 통하여 당사자의 공격과
방어에 관한 쟁점을 정리하고, 당사자는 이 기회를 통하여 변론절차를
준비하는 과정이다. 소장과 답변서도 이러한 측면에서는 준비서면과 같은
기능을 한다.

o 기재할 내용 및 기재 방법 : 일반적으로 준비서면에서는 상대방이 주장하는
하나하나의 요건사실에 대하여 반박과 재반박을 하게 된다. 또는 새로운
주장을 하기도 하는데, 원고 스스로 소장에 기재한 청구취지와는 다른

새로운 주장을 하는 경우에는 청구취지를 변경(확장 또는 감축)하여야 할 것이며, 피고가 원고의 청구취지에 대한 반박(항변)을 넘어 새로운 주장을 하는 경우에는 '반소장'을 제출하여야 할 것이다.

준비서면을 기재함에 있어서는 상대방 주장들 중 어떤 부분은 옳고, 어떠한 부분은 그릇된 주장이라는 취지를 구체적으로 적어야 하며, 그에 따른 이유(논거)도 밝혀주어야 한다. 그리고 증거자료가 있는 경우에는 이를 첨부하여 제출하는 것도 바람직하며, 복잡한 내용이면 준비서면에서 충분히 설명을 함으로써 변론기일의 진행을 원활하게 할 수 있다.

준비서면의 형식은 법원에 대하여 사실을 보고하는 모습이 된다. 가능하면 6하원칙으로, 그리고 시간적 순서에 따라 기재하는 것이 좋을 것이다. 쟁점이 복잡하거나 증거의 종류가 많아 난해한 경우 등에는 쟁점과 증거를 설명하는 요약표를 작성하여 제출하는 것도 변론에 대비하는 준비행위로써 좋은 방법이 될 수 있으며, 이러한 요약표를 작성하는 경우에는 언제 제출한 어떤 주장 또는 증거는 어떠한 사항을 입증하는 부분이라는 점을 간추려 기재한다.

○ 제출시기 및 제출의 효과 : 준비서면은 소송의 진행 정도에 따라 상대방이 변론을 준비할 수 있는 기간을 두고 적당한 시기에 제출하면 되므로 특별히 정해진 제출기간은 없다. 다만, 준비서면에 기재하여 제출하지 아니한 사실은 상대방이 변론기일에 출석하지 아니한 때에는 주장하지 못함이 원칙이다.

준비서면을 제출하면 상대방이 변론기일에 출석하지 않더라도 준비서면에 기재한 사실은 주장(변론)할 수 있고, 원칙적으로 그 사실에 대하여는 상대방이 자백한 것으로 취급된다.

○ 비용 : 준비서면을 제출함에는 비용을 지출하지 않는다.

〔증인신청서〕

증 인 신 청 서

1. 사건 : 2021가단○○○○호 부동산소유권이전등기말소

2. 증인의 표시

이 름						
생년월일						
주 소						
전화번호	자택		사무실		휴대폰	
원·피고 와의 관계						

3. 증인이 이 사건에 관여하거나 그 내용을 알게 된 경위

4. 신문할 사항의 개요

①

②

⑨

5. 희망하는 증인신문방식

(해당란에 "v" 표시하고 희망하는 이유를 간략히 기재)

□ 증인진술서 제출방식   □ 증인신문사항 제출방식

□ 서면(공정증서)의 제출 방식

이유 :

6. 그 밖에 필요한 사항

2021. ○. ○.

원고(또는 피고) ○○○ ㉑

○○지방법원 제○민사부(또는 단독) 귀하

증인 ○○○에 대한 신문사항

사   건   2021가단○○○○호   부동산소유권이전등기 말소

원   고   ○○○

피   고   ○○○

증인은 ─────가요?

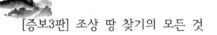
2. 증인은 -----지요?

3. 증인은 ----- 했습니까?

4.

5.

2021. ○○. ○○.

원고(또는 피고) ○○○ (날인 또는 서명)

연락처 : ○○○-○○○○-○○○○

○○지방법원 (○○지원) 제○민사부(단독) 귀중

증 인 진 술 서

사 건   2021가단ㅇㅇㅇㅇ호 부동산소유권이전등기 말소

원 고   김ㅇㅇ

피 고   이ㅇㅇ

진술인(증인)의 인적사항

이   름 :

생년월일 :

주   소 :

전화번호 :

1. 진술인은 ————— 하였습니다.

2. —————

3. ————— 하였습니다.

9. 기타

2021. ㅇ. ㅇ.

진술인 ㅇㅇㅇ (서명 또는 날인)

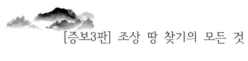
〈참고〉

○ 증인신청의 방식 및 시기 : 증인의 신청은 서면으로 하여야 한다. 증인을 신청할 때에는 증인 및 원·피고 사이의 관계와 증인이 사건에 관하여 알게 된(관여하게 된) 경위를 간단·명료하게 기재하여야 한다.

○ 증인의 조사 방식 : 증인에 대한 조사의 방식은 법원이 결정한다. 그 방식으로는 ① 증인진술서의 제출방식, ② 서면(공정증서)의 제출방식 및 ③ 증인신문사항의 제출방식이 있다. 가장 많이 채택되는 방식은 ③의 방식이다. 법원이 '증인진술서'를 제출하도록 명하는 경우는 대부분 그 증인이 해당 증인을 신청한 당사자와의 관계에서 가족, 친인척, 직장 동료 등 증인신청인이 그를 사실상 지배가능한 증인일 경우에 채택한다. 따라서 이러한 증인의 경우에는 법원이 그 증인의 진술에 높은 신빙성을 부여하기는 어려울 것이다.

'공정증서'를 제출하는 방식의 증인조사는 상대방 당사자가 그 증인의 채택에 관하여 이의를 제기하지 않는 등 특별한 경우에만 이를 채택한다. 상대방 당사자에게 하는 송달을 공시송달에 의하여 심리를 종결하는 경우나 상대방 당사자가 답변서만을 제출하고, 출석을 하지 아니하는 등 소송절차에 적극적으로 협력하지 않는 경우 등이 여기에 해당한다.

공정증시는 위에서 소개한 승인진술서에 준하는 진술서를 작성한 다음 해당 증인이 신분증을 휴대하고 공증사무소에 출석하여 확인을 받고, 증인을 신청한 당사자가 그 공정증서를 법원에 제출함으로써 증인의 출석을 생략하는 방식이다.

○ 증인신문의 방식 : 일반적인 증인의 조사방식은 '증인신문사항'을 제출하고, 증인을 법정에 출석하게 하여 당사자 쌍방 및 재판장이 증인을 직접 신문(訊問)하는 방식이다.

증인은 일반적으로 그 증인을 신청한 사람이 동행하여 출석한다. 법정에서는 증인을 신청한 당사자가 '주신문'을 한 다음 상대방 당사자가 '반대신문'을 하며, 재판장은 '보충신문'을 하는 방식으로 진행된다. 상황에 따라서는 재판장의 허가를 받아 '재주신문'과 '재반대신문'을 할 수도 있다. 증인신문사항은 상대방 당사자 및 증인에게 미리 제공(송달)된다.

○ 증인신문사항의 작성요령 : 증인신문사항을 작성할 때에는 질문은 비교적 길지만 답변은 가능한 한 짧게 하도록 하는 편이 좋을 경우가 많다. 그러나 단순히 "예"나 "아니요"라는 정도의 짧은 답이 되게 하여서는 곤란하다. 증인을 신청하고자 하는 경우에는 일반적으로 미리 증인으로 신청될 사람의 동의를 받는 것이 일반적인데, 증인이 될 사람은 보통 증인으로 출석하거나 공정증서를 작성해주는 것을 꺼리는 경우가 많다. 위증죄나 다른 구설에 휘말리는 것을 두려워하기 때문일 것이다.

참고로, 증인의 진술 중 증인의 기억과는 다른 내용을 진술하면 그 진술이 사실과 부합하더라도 '위증죄'가 성립하지만, 그 진술이 객관적 사실과는 다르더라도 증인의 기억에는 합치되는 경우라면 위증죄를 구성하지는 않는다.

○ 증인신청에 따른 비용 : 증인을 신청하는 당사자는 증인여비를 예납하여야 한다. 증인신청에 따른 비용은 증인이 출석하는 거리 등에 따라 그 액수가 다르므로, 미리 담당 재판부의 실무자에게 질문을 하는 것이 좋을 것이다.

〔문서제출명령신청서〕

문서제출명령신청

사　　건　2021가단○○○○호　부동산소유권보존등기말소

원　　고　○○○

피　　고　○○○

위 사건에 관하여 원고는 주장사실을 입증하기 위하여 다음과 같이 문서제출명령을 신청합니다.

1. 문서의 표시 :

2. 문서의 취지(내용) :

3. 문서를 가진 사람 :

4. 증명할 사실 :

5. 문서제출의무의 원인(해당란에 ✔표시)

□ 상대방이 소송에서 인용한 문서를 가지고 있음(인용문서)

□ 신청자가 문서를 가지고 있는 사람에게 그것을 넘겨달라고 하거나

보겠다고 요구할 수 있는 사법상의 권리를 가지고 있음(인도·열람문서)

☐ 문서가 신청자의 이익을 위하여 작성되었음(이익문서)

☐ 문서가 신청자와 문서를 가지고 있는 사람 사이의 법률관계에 관하여 작성된 것임(법률관계문서)

☐ 그 밖에 제출이 필요한 문서

사유 :

2021. ㅇ. ㅇ.

신청인   원고 ㅇㅇㅇ (날인 또는 서명)

(연락처) 010-ㅇㅇㅇㅇ-ㅇㅇㅇㅇ

ㅇㅇ지방법원 귀중

〈참고〉

ㅇ 문서의 제출방식 : 여기에서 말하는 '문서'란 그 기재 내용을 증거로 사용하는 경우를 말한다. 그것이 문서로 된 것일지라도 기재 내용을 증거로 사용하는 것이 아니라 외형 등 물리적인 부분이 증거로 되는 경우에는 이는 검증이나 감정의 대상은 될 수 있어도 서증의 대상은 되지 않는다.

당사자가 가지고 있는 문서는 소장, 답변서 및 준비서면을 제출할 때에 그 사본을 함께 제출하는 방법으로 증거의 채택을 신청할 수 있다.

그러나 상대방 또는 제3자가 가지고 있는 문서로서 그 사람이 제출할 의무가 있는 문서는 문서제출명령을 신청할 수 있다(「민사소송법」 제344조).
이 밖에도 신청인이 문서의 정본이나 등본을 신청하는 것이 어려운 문서는
법원에 대하여 문서송부촉탁을 신청할 수도 있다(「민사소송법」 제352조).

○ 문서제출명령에 불응한 효과 : 법원이 문서제출명령신청을 받아들여 상대
방에게 해당 문서의 제출을 명령하였음에도 불구하고, 상대방이 정당한
이유 없이 제출하지 아니하는 경우에는 법원은 문서의 기재 내용에 대한
신청인의 주장을 진실한 것으로 인정할 수 있다(「민사소송법」 제349조).

○ 비용 : 문서제출명령을 신청함에는 비용은 지출하지 않는다.

〔문서송부촉탁신청서〕

문서송부촉탁신청

사   건   2021가합○○○○호 부동산소유권이전등기말소

원   고   ○○○

피   고   ○○○

위 사건에 관하여 피고는 주장사실을 입증하기 위하여 아래와 같이 문서송
부촉탁을 신청합니다.

1. 기록의 보관처 :

2. 송부촉탁할 기록 :

3. 증명하고자 하는 사실 :

2021.   O.   O.

위 피고   OOO (날인 또는 서명)

(연락처) 010-OOOO-OOOO

OO지방법원 귀중

〈참고〉

O 문서송부촉탁의 대상 기관 : 국가기관 등에서 수수료를 받고 정본, 등본, 초본 등을 발급해주는 문서는 당사자가 이를 교부받아 서증으로 제출하여야 한다.

그러나 국가, 지방자치단체, 정부투자기관 등 공공단체 등에서 보관하는 문서로서 개인인 당사자가 스스로 수집하는 것이 불가능하거나 곤란한 문서는 법원에 대하여 문서송부촉탁을 신청할 수밖에 없다. 가령 타인의 재판기록, 수사기록, 납세기록 등이 여기에 해당한다. 민사·가사 등 사건에 관한 재판기록은 지방법원(또는 지원)에서, 형사사건에 관한 재판기록 및 수사기록은 지방검찰청(또는 지청)에서 각각 보관한다.

O 문서 송부 절차 및 비용 : 당사자의 신청을 받은 법원은 그 신청이 타당하다고 판단하면 그 문서를 보관하는 기관·단체에 문서송부촉탁서를 보낸다.

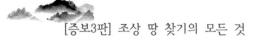

그 다음 이를 신청한 당사자는 해당 문서를 보관하는 기관·단체를 찾아가서 법원으로 촉탁할 부분을 지정해야 하는 경우도 있다. 이러한 경우에는 문서를 보관하는 주체가 해당 문서를 법원에 직접 제출하거나 신청인에게 그 등본을 교부한다. 이때 이를 신청한 당사자는 그 문서를 보관하는 주체에게 문서의 등사비용을 지출하는 경우도 있다.

〔당사자선정서〕

당 사 자 선 정 서

사건   2021가합○○○○호 부당이득금반환

원고   ○○○

피고   ○○○

위 사건에 관하여 원고들은 민사소송법 제53조 제1항에 따라 다음 사람을 원고들을 위한 당사자로 선정합니다.

다   음

성명 : ○○○ (생년월일 : ○○○○년 ○월 ○일생)

주소 :

연락처 :

첨부 : 인감증명서 6통.

2021. 0. 0.

선정자 1. 성명 : ○○○ (인)

주소 :

전화번호 :

2. 성명 : ○○○ (인)

주소 :

전화번호 :

3. 성명 : ○○○

주소 :

미성년자이므로 법정대리인   아버지 ○○○(인)

어머니 ○○○(인)

서울○○지방법원 귀중

〈참고〉

○ 선정당사자 및 선정자 : 선정당사자는 원고들 중에서 1명이나 여러 명
또는 피고들 중에서 1명이나 여러 명을 선정할 수 있다. 선정당사자는
반드시 공동의 원고들 또는 공동의 피고들 중에서 선정하여야 한다.

○ 첨부서류 : 선정자의 표시에는 선정당사자로 지정된 사람도 표시하며,

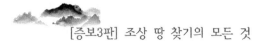

원고들 또는 피고들 중 선정자들 전원의 인감증명서를 첨부한다. 이 경우 미성년자인 당사자는 그의 법정대리인의 인감증명서를 첨부한다. 선정자의 수가 많은 경우에는 별지에 선정자 명단을 작성하는 것도 좋은 방법이 될 것이다.

○ 비용 : 당사자를 선정함에는 비용을 지출하지 않는다. 이는 소장, 답변서 또는 준비서면과 함께 제출하는 것이 일반적인 관행이다.

〔상속재산분할협의서〕

상속재산분할협의서

피상속인의 표시

    성명 :

    주민등록번호 :

    마지막주소 :

상속인의 표시

1. 성명 :

    주민등록번호 :

    주소 :

    피상속인과의 관계 :

2. 성명 :

    주민등록번호 :

    주소 :

　　　피상속인과의 관계 :

　3.　성명 :

　　　주민등록번호 :

　　　주소 :

　　　피상속인과의 관계 :

　4.　성명 :

　　　주민등록번호 :

　　　주소 :

　　　피상속인과의 관계 :

위 피상속인의 재산을 상속한 위 공동상속인들은 별지 기재 재산목록 및 분할의 내용과 같이 그 상속재산에 대한 분할을 협의합니다.

붙임 :　　1. 재산목록 및 분할의 내용.

　　　　　2. 인감증명서　　　　　　　　　　4통 끝.

　　　　　　　　　　　2021. ○. ○.

　　　　　　　　위 상속인　1. ○○○ (인감 날인)

　　　　　　　　　　　　　　2. ○○○ (인감 날인)

　　　　　　　　　　　　　　3. ○○○ (인감 날인)

　　　　　　　　　　　　　　4. ○○○ (인감 날인)

〈참고〉

○ 별지 목록 : 상속재산의 종류는 매우 다양하다. 부동산, 동산, 채권, 지식재

산권, 주식 등 적극재산 뿐만 아니라 여러 종류의 채무도 분할의 대상이 된다.

그리고 분할의 방법에 있어서도 협의분할을 하는 경우에는 법정의 상속분이 무시되는 특성상 어느 상속인은 상속재산의 분배를 받지 않을 수도 있고, 특정 상속인에게 모든 상속재산을 분배함과 동시에 나머지 상속인들은 재산의 분배를 받지 않는 방법도 가능하다. 따라서 여기에서는 그 목록의 기재예시는 생략하기로 한다.

ㅇ 협의의 방식 : 협의의 방식과 관련하여 살펴보자면, 공동상속인 전원이 한 자리에 모여서 협의하는 방식 외에도 동일한 문서를 순차 돌아가면서 검토한 후 동의하는 방법 또는 어느 상속인에게 위임하여 처리하는 방법 능 그 방법에는 특별한 제한이 없다.

다만, 상속인 중에 미성년자가 있는 경우에는 그의 법정대리인이 대리권을 행사할 수는 없고, 가정법원에 특별대리인의 선임을 신청하여야 한다. 이는 뒤에서 소개한다.

그리고 반드시 상속인 전원의 인감인장을 날인하여야 하고, 인감증명서도 첨부하여야 한다. 외국에 거주하는 상속인도 참여를 하여야 하고, 인감증명서가 없는 외국인은 그 나라에 주재하는 외교공관을 경유한 '서명'으로 이를 대신할 수 있다. 분할의 시기에는 제한이 없으므로 언제든지 가능하다. 외국인이나 외국에 거주하는 사람이 그 나라에서 본인서명을 한 사실을 공증하여 보내온 경우에 이를 법원이나 등기소에 제출할 때에는 번역문도 함께 제출하여야 한다. 번역인의 자격에는 제한이 없다.

[특별대리인선임 심판청구서]

특별대리인 선임심판 청구

청구인　　　　성명 :

　　　　　　　주민등록번호 :

　　　　　　　주소 :

　　　　　　　등록기준지 :

사건본인　1.　성명 : 이일남

　　　　　　　주민등록번호 :　　　　　-

　　　　　　　주소 :

　　　　　　　등록기준지 :

　　　　　2.　성명 : 이이남

　　　　　　　주민등록번호 :　　　　　-

　　　　　　　주소 :

　　　　　　　등록기준지 :

청 구 취 지

청구인과 사건본인들이 청구 외 망 ○○○ 소유의 별지목록 기재 부동산을

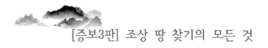

협의분할함에 있어 사건본인 이일남의 특별대리인으로 서울 ○○구 ○○
길 ○○ 거주 이몽룡을, 사건본인 이이남의 특별대리인으로 위 같은 곳에
거주하는 이도령을 각각 선임한다.
라는 심판을 구합니다.

1. 성명 : 이몽룡
    주민등록번호 :   ─
    주소 :
    사건본인과의 관계 :
2. 성명 : 이도령
    주민등록번호 :   ─
    주소 :
    사건본인과의 관계 :

청 구 원 인

청구외 망 ○○○의 사망으로 인하여 청구인과 사건본인들은 공동상속인
이 되었는바, 별지 목록 기재 부동산을 협의분할을 함에 있어 청구인과
사건본인들은 이해가 상반되는 법률행위이므로 사건본인 이일남을 위한
특별대리인으로 사건본인의 백부인 이몽룡을, 사건본인 이이남을 위한
특별대리인으로 사건본인의 숙부인 이도령을 각각 선임받고자 본 청구에
이른 것입니다.

첨 부 서 류

1. 제적등본(청구외 망 ○○○)   1통

1. 가족관계증명서(청구인 및 사건본인들)   1통

1. 가족관계증명서(특별대리인들)   각1통

1. 주민등록표등본(청구인 및 사건본인들)   1통

1. 주민등록표등본(특별대리인들)   각1통

1. 부동산등기사항전부증명서   3통 끝.

2021. ○. ○.

청구인 김 ○ ○ ○(인)

○○가정법원(○○지방법원) 귀중

(별지)

부동산 목록

1. 서울특별시 ○○구 ○○동 ○○○-○ 대 521.03㎡
2. 서울특별시 ○○구 ○○동 ○○-○○ 대 321.12㎡
3. 서울특별시 ○○구 ○○동 ○○-○ 　대 212.01㎡
4. 위 지상 철근콘크리트조 슬래브지붕 2층 단독주택
5. 지층 70.35㎡
6. 1층 81.62㎡
7. 2층 81.62㎡. 끝.

〈참고〉

○ 청구인 : 청구인은 미성년자의 법정대리인을 말하며, 친권의 행사는 부모가 공동으로 행사한다. 따라서 부와 모 모두가 청구인이 된다. 부부가 이혼한 경우에는 부와 모 중 친권자로 지정된 부나 모가 청구인이 된다. 그리고 친권자가 상속재산을 분배받지 않는 경우에도 특별대리인은 선임하여야 한다.

○ 사건본인 : 사건본인은 상속재산분할협의의 시점을 기준으로 만19세가 되지 않은 자를 말한다.

○ 특별대리인 : 특별대리인이 될 수 있는 사람에는 특별한 제한은 없다. 다만, 한 사람의 특별대리인이 사건본인 2명을 동시에 대리할 수는 없으므로 사건본인마다 특별대리인을 선임하여야 한다.

〔부재자재산관리인선임심판청구서〕

부재자재산관리인선임심판청구

청 구 인 　이○○(李○○)

　　　　　　1945년 ○월 ○○일생(45○○○○-1○○○○○○)

　　　　　　등록기준지 :

　　　　　　주소 :

　　　　　　전자우편주소 :

　　　　　　전화번호 :

사건본인 　이○○(李○○)

　　　　　　(부재자)　1917년 ○월 ○일생

　　　　　　등록기준지 :

　　　　　　최후주소 :

청　구　취　지

사건본인(부재자) 이○○의 재산관리인으로 청구인 이○○을 선임한다.
라는 심판을 구합니다.

청　구　원　인

1. 청구인은 사건본인 이○○의 아들입니다.

2. 사건본인은 서울 ○○구 ○○동 ○○○번지에 거주하면서 인천세관에 재직하던 공무원이었는데, 1950. 9. 26. 서울 성북구 돈암동에서 북한 내무서원에 의하여 납치된 이래 현재까지 소식을 알 수 없는 부재자입니다.

3. 사건본인이 최후의 주소지를 떠날 당시에 사건본인에게는 가족으로 배우자와 3남1녀의 자녀가 있었습니다.

4. 사건본인의 가족들은 그동안 사건본인이 소유하던 재산이 존재한다는 사실을 전혀 알지 못하고 살아왔습니다. 그런데 청구인은 최근 우연한 기회에 사건본인이 납북되기 전에 동인의 고향에 별지 목록 기재 토지 2필지를 소유했다는 사실을 발견하였습니다.

위 토지는 사건본인이 납북된 이후 남한으로 돌아온 사실이 없음에도 불구하고 권한 없는 제3자가 1960년에 위법한 방법으로 소유권이전등기를 마친 사실을 알게 되었습니다. 따라서 위 부동산의 현 소유명의자를 상대로 처분행위를 금지케 하는 등 신속히 보존조치를 취할 필요성이 있습니다.

그러나 사건본인은 자신의 재산을 관리할 재산관리인을 둔 사실이 없으므로 동인의 재산을 관리할 재산관리인으로 청구인을 선임하여 주시길 바라면서 이 청구에 이르렀습니다.

청구인에게 재산관리인의 자격을 허락하여 주신다면 그 임무를 성실히 수행하겠습니다. 그리고 관리비용이나 보수 등은 누구에게도 청구하지 아니할 것을 서약합니다.

첨 부 서 류

1. 제적등본(사건본인)   1통

1. 가족관계증명서(사건본인 및 청구인)   2통

1. 주민등록표등본(청구인)   1통

1. 인감증명서(청구인)   1통

1. 부동산폐쇄등기부등본   2통

1. 부동산등기사항전부증명서   2통

1. 납북자 결정 통지서   1통

1. 6 · 25전쟁 납북자(가족) 확인서   1통

1. 사실관계 진술 및 의견서(이ㅇㅇ)   1통

1. 부재자재산관리인 추천서(이ㅇㅇ)   1통

1. 부재자재산관리인 선임동의서(이ㅇㅇ)   1통

1. 송달료납부서   1통

2021. ㅇ. ㅇ.

청구인   이 ㅇ ㅇ

서울가정법원 귀중

〈참고〉

ㅇ 관할법원 : 관할법원은 사건본인의 최후주소지이다. 최후 주소지를 알
  수 없는 경우에는 서울가정법원이 관할법원이 된다.

○ 청구인 : 청구인은 이해관계인이다. 이해관계인이라고 함은 부재자의 재산을 보존할 필요가 있는 사람으로 해석된다. 부재자의 추정상속인(상속인이 될 수 있는 사람) 및 채권자가 여기에 해당할 것이다.

○ 부재자재산관리인 : 대부분의 경우에는 청구인이 직접 재산관리인이 되는 것을 희망할 것이나, 청구인과 밀접한 관계에 있는 사람을 추천할 수도 있다. 이러한 경우에는 추천된 사람의 승낙서와 관리비용·보수의 포기서를 미리 제출할 필요가 있을 것이다.

○ 첨부서류 : 위 예시는 부재자가 1950년에 납북된 경우로서 6·25전쟁납북자진상규명위원회에서 그 납북사실을 공식적으로 인정한 사람이다. 부재자가 최근에 행방불명된 사람인 경우에는 경찰서에서 발급하는 '가출인신고접수증'을 첨부하면 될 것이다.

〔실종선고 심판청구서〕

실 종 선 고 심 판 청 구

청구인　　(사건본인의 아들)

　　　　　성명 :

　　　　　주민등록번호 :

　　　　　주소 :

　　　　　등록기준지 :

　　　　　전화번호 :

사건본인 (부재자)

      성명 :

      주민등록번호 :

      주소 :

      등록기준지 :

청 구 취 지

부재자 ○○○의 실종을 선고한다.

라는 심판을 구합니다.

청 구 원 인

1. 청구인은 부재자 ○○○의 아들로서 청구인의 직업관계로 부재자인 ○○○과 각각 다른 곳에서 거주하고 있었습니다. 그런데 부재자는 최후주소지에서 살다가 20○○년 ○월 ○일 무단가출한 지 6년이 지난 오늘에 이르기까지 그 생사를 알 수가 없습니다.

2. 청구인은 부재자가 가출한 후 친척과 친지를 통하여 동인의 소재를 찾아보았으나 그 생사를 전혀 알 길이 없어 청구취지와 같은 심판을 구하고자 이 사건 청구에 이르렀습니다.

첨 부 서 류

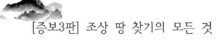

1. 가족관계증명서(사건본인)   1통
2. 주민등록표등본(사건본인)   1통
3. 가출인신고접수증   1통
4. 인우보증서   1통

2021. 0. 0.

위   청구인   ○○○ (서명 또는 날인)

○○가정법원 귀중

〈참고〉

실종선고심판 청구사건의 관할법원은 사건본인(부재자)의 최후주소지를 관할
하는 지방법원(또는 지방법원 지원)이다.

[증보3판] 조상 땅 찾기의 모든 것

2021년 12월 20일 증보3판 1쇄 인쇄
2021년 12월 30일 증보3판 1쇄 발행

저   자 최 종 배
발 행 인 김 용 성
발 행 처 법률출판사
서울시 동대문구 휘경로2길 3, 4층
☎ 02)962-9154   팩스 02)962-9156
등록번호 제1-1982호
ISBN 978-89-5821-393-2   13360
E-mail : lawnbook@hanmail.net

정가 65,000원